1980년대,
변혁의 시간
전환의 기록

1

학출활동가와
변혁운동

1980년대, 변혁의 시간 전환의 기록 1권: 학출활동가와 변혁운동

발행일 초판4쇄 2024년 11월 30일 | **지은이** 유경순
펴낸곳 봄날의박씨 | **펴낸이** 김현경 | **주소** 서울시 종로구 사직로8길 34 307호(내수동, 경희궁의아침 3단지) | **전화** 02-739-9918 | **팩스** 070-4850-8883 | **이메일** bookdramang@gmail.com

ISBN 978-89-97969-68-5 94910 978-89-97969-67-8(세트) | 이 도서의 국립중앙도서관 출판예정도서목록(CIP)은 서지정보유통지원시스템 홈페이지(http://seoji.nl.go.kr)와 국가자료종합목록 구축시스템(http://kolis-net.nl.go.kr)에서 이용하실 수 있습니다.(CIP제어번호: CIP2015012869)

인문 교양이 싹트는 출판사, 봄날의박씨는 북드라망의 자매브랜드입니다.

1980년대, 변혁의 시간 전환의 기록

1

학출활동가와 변혁운동

유경순 지음

봄날의박씨

일러두기

1 이 책에서는 대학교에서 학생운동을 하다가 그 연장선상에서 노동운동을 하기 위한 목적을 가지고 노동현장에 투신한 사람을 '학생운동 출신 활동가' 혹은 '학생운동 출신 노동자'로 칭합니다. 또 그 약칭인 학출활동가, 학출노동자, 학출 등을 함께 혼용해 사용합니다.

2 이 책에서 인용한 글들의 서지사항은 해당 서지가 처음 나올 때는 저자(편자)명, 글명, 책명, 출판사명, 출판 연도 순으로 상세히 표기했으나, 이후 같은 서지가 반복될 때는 저자명, 글명(또는 책명), 인용쪽수 순으로 간략히 표시했고, 특히 같은 페이지 안에서 반복될 때는 저자명, 앞의 글, 인용쪽수로 표시했습니다. 또한 참고하고 인용한 글들의 자세한 서지사항은 책 말미의 참고문헌 목록에도 모아 실었습니다.

3 이 책에서 인용한 구술의 경우에는 대괄호([]) 안에 인명을 적어서 [김세균 구술] 식으로 표기했습니다. 또한 구술문 인용에서 말줄임표 하나(…)는 말끝을 흐리거나 분명치 않게 말을 끝낸 것을 뜻하고, 말줄임표 두 개(……)는 중간 내용을 생략했다는 중략의 표시로 사용했습니다.

4 외래어는 국립국어연구원 「외래어표기법」에 따랐으나, 구술 인용 안의 인명표기는 구술자가 사용한 표현을 그대로 썼습니다. 예컨대 Karl Marx에 대한 외래어표기는 '마르크스'이지만 이 책에서는 '맑스'라는 표기도 함께 혼용되어 있습니다.

| 머리말 |

1990년대 말 역사연구를 시작할 즈음에 나에게는 두 가지 목적이 있었다. 그 하나는 노동자들이 학습할 수 있는 노동운동사를 정리해야겠다는 것이었다. 지금도 그렇지만, 노동자교육 관련 작업을 하던 1990년대 중후반 무렵에는 노동자들이 읽을 수 있는 책들이, 특히 제대로 된 노동운동사가 없어서 안타까웠다. 다른 하나는 내가 경험했던 1980년대 정치조직 활동에 대해서 정리해야겠다는 것이었다. 1988~90년 조직 내부의 논쟁과 분열로 많은 이들이 상처 입었던 과정을 당시 정리하지 못한 채, "왜 그래야만 했지, 정말 그것이 최선이었을까" 하는 의문을 가슴 한편에 묻어 두고 지나왔기에 그 과정을 제대로 규명하고 싶었던 것이다. 그러나 이 문제는 연구를 시작하면서는 막상 관련 자료가 없었고, 당시에는 문헌자료를 통한 연구방법밖에 알지 못했기 때문에, 또 80년대 상황을 생각하면 여전히 가슴 한편이 결려서 작업을 미룰 수밖에 없었다.

이후 구술사를 접하면서 자료에 드러나지 않았던 다양한 노동운동의 주체들을 만날 수 있었다. 2005년 구로동맹파업 기록작업 때 처음으로 '1980년대 학생운동 출신 노동자'('학출')들과 다소 진지한 구술작업과 자기역사쓰기를 했다. 노동운동이라는 집단적인 접근과 역사적 평가 이전에 '개인의 삶과 시대상황'에 대해 돌아보았다. 2년여에 걸친 작업을 마치면서 '80년대'가 조금 익숙해진 듯했다. 그 시대에 다시 다가갈 수 있을 것 같았다.

한편 현실 노동운동에서는 노동자 정치세력화 문제를 둘러싼 운동세력 간의 대립과 갈등, 민주노조운동의 정체성 문제 등이 심각하게 나타났고, 이런 문제들이 1980년대 노동운동에서 시작된 것은 아닐까 하는 생각을 하게 되었다. 실제 1980년대와 유사한 모습들이 벌어지기도 했다. 연구를 시작할 때의 관심영역이었던 개인적으로 경험한 정치조직 문제를 넘어 1980년대의 시대상황과 노동운동을 다시 돌아보기 시작했다.

1991년 사회주의권의 붕괴 이후 급속한 시대변화의 회오리 속에 노동운동가들은 떠밀려 가야 했고, 연구 역시 일부 정치노선적 접근 이외에는 1980년대 노동운동에 관해, 또 그 주체들에 대해 제대로 정리된 것이 없었다. 그 때문에 1980년대 노동운동과 그 주체들에 대해 어떤 방식으로라도 복원하기 위한 시도가 필요하다는 생각을 했다.

2010년 말, 몸이 좋지 않아 하던 일을 쉬기로 하고 1980년대 노동운동 관련 작업을 우선 학위논문의 형식으로 쓰기로 했다. 혼자 작업을 하다가는 중단할지도 모른다는 느낌에 논문이 외적 강제가 되어 줄 거라는 판단에서였다. 그 결과, 간신히 논문을 마치긴 했지만 논문심사 일정으로 시간과 심리적 부담에 쫓기면서 정리가 안 된 문제들이 많았다. 이후 내용을 보충하고 재정리할 필요가 있었지만, 다시 현실에서 벌어지는 일들과 건강문제, 그리고 그동안 미뤄 두고 있었던 여성문제와 씨름하느라 여력이 없었다. 그리고 아마 다시 80년대의 시대상황에 다가서는 것이 불편해서 피하고 싶었던 마음도 작업을 미룬 또다른 이유였던 것 같다.

연구를 실제 시작하면서 1980년대 노동운동 관련 자료를 검토해 보니 운동 주체들과 정치조직들에 대해 정리하기에는 턱없이 자료가 부족했다. 당시 그 수를 파악할 수 없을 정도로 '물밀듯이 공장으로 들어간' 학출노동자들의 활동은 비공개로 이루어졌고, 여러 정치조직의 활동 역시 비밀유지를 생명처럼 여겼기 때문에, 제대로 된 활동기록이 없었던 것이다. 그 때문에 활동 주체들의 구술자료를 주된 자료로 삼아야 했다. 구술작업 역시 그 많은 주체들 중에 누구를 해야 할지 판단이 필요했다. 1980년대 각 정치조직들의 흐름조차 제대로 정리된 것이 없었기 때문에, 이 작업을 먼저 해야 했다. 정치조직의 형성과 분화과정의 계보를 정리하고, 주위 분들의 도움을 받아 2010년 말부터 1980년대 운동 주체들의 구술작업에 들어갔다.

1980년대 학출들의 구술작업을 하면서 면담자인 나 자신이 잊고 있던 1980년대의 여러 상황과 사건들이 떠오르기 시작했다. 한동안 "이 시대를 거리 두고 제대로 접근할 수 있을까, 지금 이 작업을 하는 게 맞는가" 하는 고민에 빠지기도 했다. 한발 나아가 구술자료와 문헌자료를 정리하는 중에도 연구자로서 그 시대에 거리를 두는 것이 쉽지 않았다. "그 시대, 그 상황 속에서 무엇을 더 어떻게 할 수 있었을까." 분석해야 할 시대상황과 주체들의 활동 방향을 둘러싸고 자신의 경험이 이입되면서 거리두기가 어려웠다. 또 과거 정치적 입장을 달리했던 여러 구술자들을 만나 그들의 경험을 들으면서, 일면 당시 상황과 실천 방향에 대해 토론하기도 했다. 이런 내적 갈등을 겪는 과정에서 이 책은 쓰였다.

이 책은 1980년대 학출활동가에 대해, 변혁운동에 대해, 말을 걸기 위한 시도이다. 이 책을 계기로 1980년대 변혁적 노동운동, 특히 그 주체들의 삶과 활동에 대한 이야기와 연구가 보다 심층적으로 진척되기를 바라는 마음이다. 그 때문에 책 작업과정에서 2권을 새로 구성했다. 2권은 1980년대 학출활동가 자신들의 목소리로 세상과 소통해야 한다는 생각에서 시작되었지만, 다른 한편에서는 이후 연구를 위한 자료로 활용되기를 바라는 마음도 있다.

이 책은 구술을 해주신 분들이 없었다면 존재할 수 없었을 것이다. 구술자 한 분 한 분의 구술은 이 책의 내용구성에 도움이 되었고, 또 구술작업의 공간은 1980년대의 삶에 대해 다시 돌아볼 수 있는 소중한 자리였다. 마음 깊이 감사드린다.

배영미·장훈렬 선배는 재판자료를 찾도록 도움을 주셨고, 정태헌 지도교수님과 김원·신병현·최덕수·허은 교수님들께서는 이 책이 꼴을 갖추는 데 많은 도움을 주셨다. 김무용·신용옥·안태정 등 역사학연구소의 선배·동료들과 대학원의 현대사 후배들인 김승은·조형렬·이정은도 여러 조언을 해주었다. 현실 조건에 치이고 게으른 탓에 미루고 피하던(?) 책 작업이었는데, 강만길 선생님과 '내일을 여는 역사재단' 분들의 격려로 출판을 하게 되었다. 늦었지만 이 모든 분들께 진심으로 감사드린다. 그리고 출판을 위해 많은 수고를 해주신 출판-인쇄 노동자 분들께도 감사드린다.

2015년 5월

유경순

차례

2장
1980년대 학생운동가들의 집단적 노동현장 투신 157

3장

1980년대 중반기 노동자투쟁과 학생운동 출신 활동가 302

서론

1980년대 변혁적 노동운동 연구를 위한 모색

한국 현대 노동운동에서는 노동자 정치세력화의 필요성이 '1996·97년 노동법개정 총파업투쟁'을 통해 대중적으로 대두되었다. 이를 바탕으로 노동운동에는 크게 두 가지의 정치적 흐름이 등장했다. 하나는 합법 진보정당을 표방하는 민주노동당의 창당이고, 다른 하나는 '노동자의 힘'을 비롯한 비非민주노동당 계열 좌파정치조직들의 형성이었다.

1998년 이후 신자유주의의 공세 속에서 노동자들의 구조조정과 비정규직화가 급속히 진행되었고, 노동자들의 사업장 안의 저항을 노동자계급 전체의 문제로 전환시켜 나갈 정치적 지도력의 한계가 드러났다. 노동조합운동은 민주노총전국민주노동조합총연맹의 결성과 산업별 노동조합으로 전환하고 있음에도 현장투쟁에 대한 지도력을 형성하지 못하고 있고, 조합원들은 자본이 만들어 낸 정규직과 비정규직이라는 노동 분리를 넘어서지 못하고 있다.

민주노동당 역시 정치를 대중의 투쟁으로부터 분리시켜 의회정치와 선거정치로 협소화시켰으며, 2007년 이후 분당으로 그 일부가 진보신당으로 분리되었다가 다시 통합진보당, 진보정의당, 노동당으로 재편되었다. 한편 '노동자의 힘'을 비롯한 일부 좌파정치세력들은 2010년 비非제도권 사회주의정당 건설을 위한 '사회주의노동자정당건설공동실천위원회'를 중심으로 결집하였다. 그러나 이들도 2011년 다시 분립하면서 대안정치세력으로 등장하지 못하였다. 결국 노동자투쟁과 결합한 노동자 정치세력화라는 과제는 난관에 부딪혔다.

1) 1980년대 노동자 정치세력화 연구의 의미

노동자 정치세력화의 역사는 1980년대 변혁적 노동운동에서부터 시작되었다. 그러나 그 짧은 역사는 엄혹한 탄압으로 정치 경험을 축적하지 못한 채 단절되었다. 1990년대 초반 현실사회주의권의 붕괴 이후 1980년대 정치조직운동을 전개했던 일부 세력들은 사회주의 이념과 당건설운동을 청산했다. 한편 여전히 사회주의 이념을 견지하던 세력들도 청산적 움직임에 대한 비판 이상의 평가를 해내지 못한 채 잠복하였다. 이렇게 1980년대 노동운동은 그 시대와 단절을 선언한 세력이나 그 시대를 계승하려는 세력, 양편 모두에게 제대로 평가되지 못한 채 공백으로 남아 있게 되었다.

그러므로 1980년대 변혁적 노동운동에 대한 연구는 '청산되지 않은 과거'이자 노동운동의 역사에서 '공백'으로 남아 있는 경험과 실험을 복원하는 작업으로부터 시작되어야 한다. 이를 바탕으로 1980년대 노동운동이 노동운동사에서 갖는 의미와 한계를 규명해야 한다. 이 연구의 문제의식은 현실 노동운동이 안고 있는 한계를 그 출발의 역사에서부터 조명해, 단절과 계승의 지점을 밝혀내어 이후 정치운동의 대안을 모색하기 위한 기초로 삼는 데 있다.

이러한 문제의식을 바탕으로 1980년대 노동자계급의 독자적인 정치세력화를 추구하였던 변혁적 노동운동과 그 추동 주체인 학생운동 출신 활동가(약칭 '학출활동가')들에 대해 연구하는 것은 다음과 같은 의미를 갖고 있다.

첫째, 반공과 자유민주주의 이념으로 고착된 한국사회의 이념구조에 균열을 내고, 역사상 단절되었던 변혁적 노동운동 이념을 복원하려 한 주체였던 학출활동가들의 역할과 한계를 역사적으로 규명하는 것이다. 이는 1960년대 말·1970년대부터 1980년대에 걸친 학생운동가들의 노동현장 투신이 노동운동과 사회변혁운동에 미친 영향과 한계를 검토하려는 것이다.

1970년대에는 학생운동가들이 개인적으로 노동현장에 투신하는 것을 통해 변화의 싹을 틔워 나갔다면, 1980년대에는 학생운동가들이 집단적으로 노동현장에 투신하면서 노동운동에 변화가 나타났다. 이는 광주민중항쟁의 세례를 받은 학생운동이 이념적으로 급진화되면서 나타난 변화였다. 특히 1980년대 중반기 학생운동가들의 조직적 노동현장 투신은 대중운동이 침체된 상황 속에서도 변혁적 노동운동이 등장할 수 있는 기반이 되었다. 이들이 주도한 변혁적 노동운동은 폭압적 통제 아래 이념적 제한과 소통의 제약을 받으면서 관념성, 경직성, 분파주의 등의 부정적 모습으로 나타나기도 했다. 그럼에도 이들은 노동운동에 변혁 이념과 정치조직운동을 복원시켰으며, 학생운동가들의 사회적·역사적 임무에 대한 새로운 자각을 주었다. 따라서 학생운동가들의 노동현장 투신의 역사를 추적하는 것은 1980년대 변혁적 노동운동의 특징을 규명하는 데 기본 요소가 될 것이다.

둘째, 1980년대 노동운동에 대한 연구는 한국의 사회변혁운동에서 노동운동의 위치 전환을 이해하는 데 중요한 문제이다. 1953년 이후 단절된 노동운동을 아래로부터 복원시킨 1970년대 민주노조운동은 그 주된 이념적 기반과 사회적 지원을 종교계 등에 의존하고 있었다. 이 시기 노동운동은 민주화운동의 한 영역에 지나지 않았다. 그러나 1980년대 노동운동은 이념적 독자성과 그에 따른 주체형성을 시도하였고, 나아가 1985년 구로동맹파업(약칭 '구로동파')을 통해서 사회변혁운동에서 노동운동이 중심적인 역할을 할 수 있다는 가능성을 확인시켰다. 노동자들이 노동조합을 기반으로 정권에 저항할 수 있는 가능성을 연 것이었다. 이후 노동운동 내부에서는 노동자의 독자적 정치세력화를 위한 정치조직운동이 시도되었다. 1980년대 변혁적 노동운동은 1987년 노동자대투쟁과 1990년 전국노동조합협의회(약칭 '전노협') 건설 등 대중운동이 성장하는 데 바탕이 되었고, 1996·97년 노동법개정 총파업투쟁을 통해 대중적으로 제기된 정치세력화의 요구에 힘입어 정치조직운동을 추동하는 기반이 되었다. 따라서 1980년대 노동운동은 그 성격변화를 바탕으로 민주화운동과 노동운동의 관계, 즉 노동운동의 독자화과정을 이해하는 출발점을 제공해 주고 있다.

이와 같은 노동운동의 변화과정은 1980년대 변혁적 노동운동이 한국사회의 민주주의 발전에서 차지하는 의미를 규명하는 데도 중요한 문제이다. 1960년대 민족·민주적 성격의 사회운동은 1970년대 반反독재민주화운동으로 발전하였고, 1970년대 민주노조운동을 통해 노동자들은 민중·노동자의 생존권과 권리가 민주주의의 발전에 중요하다는 문제제기로 저항하며 민주화운동의 일부로서 자리잡았다. 그러나 1980년대 변혁적 노동운동은 그 지향과 주체 면에서 민주화운동과 대립·갈등·연대하면서 한국사회의 구조적 변혁의 필요성을 제기하였는데, 이는 1987년 노동자대투쟁을 통해 노동운동의 대중적 발전과정에서 '노동해방', '평등사회 건설'이라는 대중적 요구로 표출되기도 했다. 이처럼 1980년대 변혁적 노동운동은 반독재민주화투쟁을 주도하지는 못했지만 민주주의의 내용을 심화시키는 데 영향을 미쳤다.

셋째, 이 연구는 1980년대 정치조직운동과 대중운동의 관계를 중심으로 시도된 노동자 정치세력화의 한계와 가능성을 이해하는 데 필요한 작업이다. 이는 1990년대 이후 노동자 정치세력화를 둘러싼 한계를 인식하고 그 방향을 전망하는 데 바탕이 된다.

기존 연구들은 1980년대 변혁적 노동운동이 대중운동과의 결합에 실패했다고 평가해 왔다. 실제로 1980년대 노동운동은 대중운동과 정치운동의 결합을 실험하는 단계에서 실패로 귀결되었다. 일부에서는 그 원인을 소모적이며 관념적인 논쟁의 양산에서 찾았고, 1987년 노동자대투쟁부터 대중운동과 괴리되어 그 영향력을 상실했다는 비판을 하기도 했다. 다른 일부에서는 현실 사회주의권의 붕괴와 더불어 1980년대 변혁적 노동운동의 이념 및 실천방식이 잘못된 것이라 규정짓기도 했다.

그러나 1980년대 변혁적 노동운동은 1987년 노동자대투쟁의 바탕이 되면서 이후 대중운동에 적극적으로 결합하여 그 영향력을 확대해 갔다. 변혁적 노동운동은 1987년 노동자대투쟁에서부터 노동현장과 지역에서 나아가 전국 수준에서 대중운동과의 결합을 강화해 나갔으며, 특히 전국 각 지역에 노동상담소 등을 세워 활동하면서 노동단체운동이라는 새로운 영역을 확보해 내기도 했다. 노동단체운동은 1985년에 해고자들이 중심이 되어 정치투쟁을 벌이기 위해 형성된 '노동운동탄압저지투쟁위원회'(약칭 '노투')에서 시작되어, 1987년에는 각 지역과 전국에 형성된 해고자복직투쟁위원회 등의 공개단체를 만들어 대중운동의 변화에 발맞추어 발전된 것이라 할 수 있다.

이처럼 1987년 노동자대투쟁 이후 정치조직운동과 대중운동은 상호작용을 통해 다양한 시도와 경험을 보여 주었다. 이런 운동의 변화와 차이를 포착할 때만이 1980년대 변혁적 노동운동의 성과와 한계를 보다 분명히 할 수 있을 것이다.

1980년대 변혁적 노동운동에 이념적 분화가 나타난 것은 현실 사회주의권의 붕괴가 미친 영향, 절차적 민주주의의 확대 가능성, 정권의 집중적인 조직탄압사건 등의 조건 속에서였다. 이런 상황 속에서 일부 세력은 사회주의 이념과 정치조직 건설을 포기하고 공개 정치영역에서 정당·선거를 통해 지지를 얻으려는 합법주의로 변화했으며, 다른 일부 세력은 합법주의에 대한 대항전선을 형성하는 과정에 정권의 탄압으로 잠복하였다. 1996·97년 노동법개정 총파업투쟁 이후 전자를 중심으로 한 세력은 민주노동당을 출범시켰고, 후자를 중심으로 한 세력은 좌파정치조직들로 재조직되었다. 그러나 여전히 정치조직운동은 대중운동과의 관계에서 갈등과 균열을 노정하고 있다. 정치세력 간의 갈등과 분열 역시 1980년대 정치조직 간의 갈등을 재현하고 있다. 이러한 현실의 문제는 1980년대 변혁적 노동운동에 그 뿌리를 두고 있다고 할 수 있으며, 이에 대한 연구는 현실에서 벌어지고 있는 노동자 정치세력화의 여러 양상을 이해하는 데 바탕이 되는 작업이라고 본다.

2) 1980년대 노동운동에 대한 기존 연구

1980년대의 노동운동에 대한 연구는 1990년대 말까지 노선 논쟁을 중심으로 또는 개별 정치조직이나 주요 투쟁 등을 중심으로 일부 진행되었을 뿐이다.[1] 이 시기가 역사학에서는 여전히 거리를 두어야 하는 시대로 인식되어 있고, 정치학이나 사회학에는 이미 지나간 역사로 간주되기 때문에 주목받지 못한 부분도 있다. 하지만 그 시대적 의의에 비해 연구결과가 취약한 이유는 무엇보다도 1991년 사회주의권 붕괴와 한국사회의 정치지형의 변화 속에 사회변혁을 포기한 세력이나 변혁적 노동운동을 견지하는 세력에게도 1980년대의 노동운동은 무관심 내지 실패한 경험으로만 취급되는 경향 때문이다.

기존 연구에서는 1980년대 노동운동의 새로운 주체로 등장한 학생운동가들이 노동현장에 투신한 과정이나 이들이 벌인 대중운동과 정치조직운동에 대해 본격적으로 다루지 않았다. 1980년대 노동운동의 논쟁을 정치노선과 조직노선을 쟁점으로 정리한 일부 연구를 이종오, 「1980년대 노동운동의 전개과정」, 한국기독교산업개발원 편, 『한국노동운동의 이념』, 정암사, 1988. 찾아볼 수 있으며, 그밖에는 1980년대 노동운동사의 흐름에 대해 주로 운동 주체들이 발행한 몇몇의 개설서들[2]이 있는데, 그 내용은 주로 1980년대 주요한 대중투쟁의 흐름을 개괄하거나

1 우선 정치조직에 대한 연구로는 남한사회주의노동자동맹을 다룬 『현대 한국 사회운동과 조직』(조희연, 한울, 1993)이 있고, 서울노동운동연합의 활동에 대한 「서울노동운동연합의 성과와 한계」(유경순, 『기억과 전망』 17권, 2007)가 있다. 이 연구들은 개별 조직에 대한 연구로서 각 조직의 특성과 활동 방식을 규명하는 데 국한되어 있다. 또 주요 투쟁에 대한 연구로는 「구로동맹파업의 발생 원인에 대한 정치학적 연구」(최창우, 고려대 정외과 석사논문, 1987), 「1985년 구로동맹파업의 발생과 노동운동사적 위치」(유경순, 『역사연구』 11호, 2002)가 있다. 한편 1980년대 학출활동가에 대한 연구인 「1980년대 한국의 노동운동과 학생 출신 노동자」(오하나, 서울대 사회학과 석사논문, 2006)도 있는데, 이 연구는 노동운동에 나타난 학출활동가를 둘러싼 반지성주의적인 담론 분석을 중심으로 다루고 있다.

2 정대용, 「재야민주노동운동의 전개과정과 현황」, 『한국노동운동의 이념』; 김장한 외, 『80년대 한국 노동운동사』, 조국, 1989; 민영식, 『민주노조운동의 새출발』, 중원문화, 1989; 홍승태, 「광주민중항쟁의 좌절과 진보적 노동운동의 모색」, 『1970년대 이후 한국노동운동사』, 동녘, 1994 등.

논쟁을 소개하는 방식으로 서술되어 있다. 이러한 개설서들의 접근 방식은 1980년대 정치조직들 대부분이 비공개로 활동을 전개했기 때문에 그 면모를 제대로 파악하는 것 자체가 어려운 현실에서 나온 것일 수 있다. 하지만 대중투쟁에 대한 연구도 정치조직운동과 연결시켜 접근할 때, 그 시대의 전체적인 운동의 지형 속에서 평가하는 것이 가능하다고 본다. 더욱이 대중운동만을 중심으로 한 노동운동사 서술은 노동운동의 이념과 정치조직운동을 배제하는 결과를 낳기도 한다. 논쟁 중심의 연구 역시 노선의 정합성만을 평가하는 방식이기 때문에, 당시 주장된 노선들이 정치조직 주체들을 통해 대중운동과 어떻게 결합했는지, 정치조직운동과 대중운동과의 관계를 간과할 수 있다.

비교적 최근의 연구인 『한국 노동계급의 형성』(구해근, 창비, 2002) 역시 이러한 경향을 보이고 있다. 이 연구는 1970년대 여성노동자들의 민주노조운동을 중심으로 한 대중운동의 발전을 축으로 하여 노동계급의 형성과정을 추적하였다. 이 글은 1970년대 민주노조운동을 바탕으로 하고 1985년 대우자동차투쟁과 구로동맹파업을 매개로 한 움직임이 1987년 노동자대투쟁으로 자연스럽게 발전되는 과정을 보여 주고 있다. 그러나 이 연구는 1970년대 민주노조운동과 종교계의 관계에서 나타난 내부 균열과 이를 비판적으로 접근한 지식인들의 노동운동, 특히 1970년대 민주노조운동과 1980년대 노동운동의 대립과 갈등관계, 1980년대 학출활동가들의 변혁적 노동운동을 간과함으로써 두 시대의 정체성이 어떻게 상호 갈등·대립·분립하는지를 제대로 규명하지 못하였다. 이는 필자가 1980년대 노동운동을 '노동투쟁의 정치화'라는 제한된 개념으로 설명하고 학출활동가들이 주도한 변혁적 노동운동을 대우자동차투쟁과 구로동파에 한정해서 접근하여 결론을 도출해 냈기 때문이다. 이런 접근은 노동운동의 초점을 민주노조운동에만 맞춤으로써 노동자들의 노동조건 개선과 권리확보 차원의 운동으로 제한시키는 한계를 보였다.

기존 연구에서 1980년대 노동운동에 대한 평가는 크게 두 흐름으로 나타났다. 우선 이 시기의 노동운동이 관념적인 논쟁만을 벌였으며 지나치게 정치주의로 기울었고, 조직 간 주도권을 둘러싼 분파적 행동으로 대중운동과 분리되었다는 주장이 있다. 이 입장은 노동운동의 대중성을 중요하게 여기면서 대중운동의 흐름에 발맞춰 정치운동이 점진적 변화를 추구했어야 한다는 관점에 서 있다. 또 이러한 시각 속에서 1980년대 정치운동은 "노동조합주의의 청산, 체제변혁적 노동운동노선을 표방했음에도 조직활동상의 제약, 독자적 조직 원칙의 미확립, 대중노선의 실천 경시, 조직이기주의에 의한 분파" 등의 한계를 드러냈고, "관념적인 급진적 경향과 무단계적 무차별적 정치투쟁 편향" 등의 한계를 보였다는 비판을 제기했다.이원보, 「경제개발기의 노동운동」, 『한국노동운동사 대토론회』, 고려대 노동문제연구소, 1999. 이는 1991년 사회주의권의 붕괴 이후 1980년대 노동운동의 이념적 지향 전체를 비판의 대상으로 인식하는 경우이다. 1980년대 노동운동은 '스탈린주의의 폐해' 또는 마르크스·레닌주의의 세계사적 실패로, 한국 변혁운동의 이론적 기반이 무너지면서 쇠락할 수밖에 없었다는 것이다.[3]

3 이러한 제기는 일면 타당하나 마르크스주의, 특히 레닌주의가 한국 변혁운동에 어떻게 접맥되었으며 그 결과는 어떠했는지에 대한 규명이 제대로 되지 않았다. 그나마 「레닌주의와 한국의 변혁운동」(김동춘, 『역사비평』 13호, 1990)에서 지적하듯이 '제헌의회그룹'의 경우는 러시아

이와 다른 평가는 1980년대 전반기 노동운동과 논쟁이 이후의 운동을 준비하는 과정이었으며, 1987년 대투쟁이 일어날 수 있는 바탕을 마련하였다는 주장이다. 그러한 시각에서는 이 시기가 대중적이면서도 변혁적 노동운동을 만드는 모색과정으로 평가된다.김장한 외, 『80년대 한국 노동운동사』, 112~113쪽. 또 정치운동과 논쟁과정이 활동가들의 분열로 보이기도 하지만, 반면에 그들을 정치적으로 훈련시켰으며 조직이념을 통일하는 데 이바지하기도 했다는 것이다. 그 때문에 1980년대 노동운동을 1987년 이후 '노동운동의 질적 발전'을 위한 준비기로 보았다.김영수, 『한국 노동자 계급정치운동』, 현장에서미래를, 1999, 182~183쪽.

또 이런 시각은 "80년대의 변혁운동적 고민과 가치가 여전히 유효하나 이론과 실천의 결합에 실패"했다는 평가를 제기했다.[4] 1980년대 정치운동의 논쟁과 실천의 결과, 한국사회가 자본주의사회이며 자본주의 모순의 극복 주체는 노동자계급이고, 노동자의 독자적 정치세력화가 당면한 전략적 목표라는 점을 확인한 것을 긍정적으로 평가한 것이었다. 1987년 노동자대투쟁 이후 민주노조운동의 발전 속에서 노동자·민중의 독자적 정치세력화의 가능성을 현실화시켜 나갈 수 있었다고도 했다. 그러나 이러한 가능성은 1990년대 초반 사회주의권의 몰락으로 이념적·실천적으로 시련에 부딪혀 정치

의 혁명론, 조직론, 심지어 상황 인식까지 한국에 그대로 적용했던 것은 사실이다. 1980년대 노동운동 세력은 레닌의 조직이론을 받아들였다. 그러나 여러 정치세력들이 한국적 상황과 현실 역량 등을 고려해 서로 다른 방식으로 이를 적용하려 했다는 점을 간과하고 있다.

4 이광일, 「한국의 민주주의와 노동정치」, 성균관대 정외과 박사논문, 2000. ; 이해영, 「사상사로서의 1980년대 : 우리에게 1980년대란 무엇인가」, 김진균 외, 『1980년대 혁명의 시대』, 새로운 세상, 1999.

운동은 가능성을 현실성으로 전환시키지 못한 채, '해체'와 '청산', 그리고 '잠복'의 길을 걷게 되었다는 것이다. 오세철, 『21세기 자본주의와 한국사회변혁』, 현장에서미래를, 1996. 이런 주장은 노동운동의 정치적 주체형성에 중심을 두고 1980년대 노동운동을 바라보고 있다.

특히 이런 시각을 반영한 이광일의 「한국의 민주주의와 노동정치」는 1970년대 민주노조운동을 종교계 등의 자유주의 세력의 영향에서 발전한 경제주의·조합주의로 정리하였다. 또 이와 분립하는 1980년대 노동운동에 대해서는 급진적 노동운동과 자유주의적 노동운동 간의 논쟁을 둘러싼 이념 문제에 초점이 맞춰졌다. 이 연구는 1970년대 자유주의 종교계의 영향 속에 형성된 민주노조운동과 1980년대 노동운동의 이념적 단절과 전환과정에 대해 이념사적으로 규명하여 1980년대 노동운동의 이념적 위치를 보다 분명히 한 점에 그 의미가 있다. 그러나 1980년대 노동운동에서 정치운동과 대중운동의 관계, 이론과 실천의 문제를 규명하려 했음에도 전체 대중운동의 흐름 속에 정치조직들의 노선적 정합성을 통한 변화과정을 그려내는 데 머물러, 각 정치조직들의 주체형성 과정과 내적 상황, 실천을 통한 대중운동과의 관계에 대한 규명은 이 연구에서 여전히 사상되었다. 이는 정치조직운동에 대한 접근을 당시 문건과 문헌자료 등에만 의존한 연구방법론의 한계를 보여 주는 것이기도 하다.

위의 두 가지 연구 경향은 1980년대 정치운동의 몰락 또는 침체 원인에 대한 진단에서 이 시기 노동운동의 인식틀인 마르크스주의와 레닌주의의 한계 그리고 사회주의 몰락의 영향을 지적하는 점에서는 공통적이다. 다만 노동운동의 의미와 유산에 대한 평가를 달리하고 있을 뿐이다. 그러나 두 입장 모두 1980년대 노동운동에 대한 체계적인 연구를 바탕으로 정리했다기보다는 각자가 처한 정치적 입장에서 평가를 내리고 있는 것으로 보인다.

1980년대 노동운동의 평가는 정치조직의 사상·이론적 경향만을 가지고 평가할 수 없고, 오히려 각 정치조직이 노동운동에 대해 가졌던 인식과 그에 기초해 행했던 실천활동(대중운동과의 관계)을 토대로 접근해야만 그 성과와 한계를 제대로 판단할 수 있다. 1985년 이후 각 정치조직마다의 구체적인 조직화 방식, 조직 주체형성과 운영방식, 정치조직들과 대중운동의 결합방식 등이 검토될 때만이 짧은 기간 등장한 정치조직운동이 남긴 유산이 무엇인지를 제대로 파악할 수 있을 것이다.

3) 학생운동가들의 노동운동 투신의 역사

한국현대사에서 학생운동가들이 노동운동에 참여한 방식은 크게 두 가지로 볼 수 있다.[5] 노동현장 외부에서 노동운동에 참여하는 방식

5 '학생운동'은 대학 내의 문제나 사회문제에 대해 문제제기하는 활동을 말한다. 이러한 문제제기를 하는 행위는 사회 상황에 따라 규제가 따르는데 이를 감수하면서 지속적인 활동을 벌이는 이들을 학생운동가 또는 학생운동집단이라고 말할 수 있다. 즉 학생운동가나 학생운동집단은 자신들의 가치에 따라 대학 안팎으로 가해지는 제재조치, 특히 기득권의 포기를 무릅쓰고 행동하는 세력을 의미한다.
한국현대사에서 학생운동은 지속되어 왔다. 대학생들은 시대상황에 규정받으면서, 또 시대 문제에 대해 선도적으로 문제제기를 하는 집단으로 위치했다. 1960년대 학생운동은 운동 주체들이 지속성을 갖기 어려웠고 이념적 정체성 역시 '민족·민주'라는 모호한 범주에서 활동했다면, 1970년대 학생운동은 민주화운동의 중요한 영역으로 위치하였고, 비공개 영역에서는 사회문제를 사회구조에서 접근하는 이념서클이 형성되었다. 1970년대 전반기의 이념서클들은 정권의 탄압으로 지속성을 갖지 못했으나, 1975년 긴급조치 이후 형성된 이념서클들은 안정적으로 학생운동가들을 재생산하게 되면서, 이 시기 들어 '학생운동층' 또는 '학생운동가집단'이 형성

과 노동현장에 투신하는 방식이었다. 노동현장 외부에서의 참여란 학생운동가라는 자신의 존재를 노동자로 변화시키지 않고, 다만 운동의 영역을 변화시키는 수평적인 변화로 노동운동을 하는 것을 의미한다.[6]

이와 달리 노동현장 투신이란 학생운동가들이 중산층이자 준準지식인이라는 자신의 정체성을 바꾸어 생산직 노동자로 존재를 변화시키는 것을 의미한다. 즉 운동과정에서 획득한 이념에 따라 중산층 문화를 거부하고 노동자로 노동하고 생활하면서 존재를 변화시키는 '존재이전'이 노동현장 투신이었다. 이들의 목표는 노동자의 계급성과 문화를 습득하여 존재와 의식이 일치된 '직업적 혁명가'가 되는 것이었다.

여기서 고려할 것은 대학생들도 생업을 위해 사회에 진출하면 임금을 받는 노동자로 생활을 한다는 점이다. 이들은 주로 사무전문직에서 일했다. 그렇기 때문에 이들 역시 특정한 국면, 예를 들면 4·19 직후 교직원노동조합의 결성이나 1987년 이후 현재까지 사무전문직 노동조합의 등장처럼 생활의 장에서 노동자로서 노동운동에 참여하기도 했다. 이런 경우와 구별하여 학생운동가들의 노동현장 투신의 성격을 규정하기 위해서는 '학생운동'이라는 가치지향적인

되었다. 특히 이 시기의 학생운동 세력은 시위·집회를 주도하여 정부의 탄압으로 제적되면 기득권을 포기하고 지속적인 운동을 해야 한다는 의식도 형성되었다. 이어 1980년대 급진화된 학생운동은 '직업적 운동가'의 재생산을 목적으로 하는 이념서클을 확산시켰다.

6 이에 대해 살펴보면, 1970년대에는 종교계나 노동교육기관에서 실무자로 활동하면서 노동운동을 지원하는 경우가 있었고, 1985년 이후 정치조직이 등장하면서 조직활동에 바로 투신하는 이들도 일부 있었다. 마지막으로 1987년 노동자대투쟁 이후 대중운동을 지원하기 위해 지역과 전국 수준의 노동조합의 실무자로 노동운동을 하거나 노동상담소와 정치조직에서 활동을 하기도 했다.

운동의 연속성 위에서 인식해야 한다. 그러므로 1980년대 노동현장에 투신한 학생운동 출신자들에 대해 '대학생 출신 노동자' 또는 '지식인 출신 노동자'라 부르는 것은 일반 생산직 노동자들과 이들의 성장배경을 구분짓는 데 의미가 있을 수 있으나, 엄밀한 의미에서 학생운동의 연장에서 노동운동을 하기 위한 목적을 갖고 투신한 것이기 때문에 '학생운동 출신 활동가'(약칭 '학출활동가')라고 규정짓는 것이 타당하다고 본다. 이렇게 규정할 때만이 이들의 노동현장 투신이 시대마다 학생운동과 노동운동의 발전 정도에 따라 다르게 나타났던 점도 파악할 수 있다.

학생운동가들이 노동현장에 투신했던 역사는 일제강점기에 시작됐다. 학생·지식인들은 1910년 마산에서 시작된 노동야학에 참여하면서 노동문제에 관심을 갖기 시작했다. 야학활동을 통해 이들은 노동자들의 의식을 변화시켰으며, 또 노동자들의 파업투쟁을 지원했다. 1920년대 들어 사회주의운동의 등장으로 노동운동에 대한 관심이 높아졌으며, 특히 운동가들이 노동현장에 직접 투신해서 활동한 경우는 1930년대 혁명적 노동조합운동에서 다수 나타났다. 그러나 이들의 노동운동 참여 및 노동현장 투신은 해방과 한국전쟁을 거치면서 단절됐다.

이후 학생운동가들의 노동현장 투신은 1960년대 말에 시작되어 1970년 전태일 분신사건을 계기로 '나로드니키적' 민중지향성을 띠고 개별적인 양상으로 퍼져 나갔다.[7] 당시 노동현장에 투신한 이

7 '나로드니키'(Narodniki)는 러시아어로 '인민주의자'라는 뜻이고, 나로드니즘(Norodnism)은 인민주의를 의미한다. 1860년대 러시아에서 생겨난 혁명적 민주주의 입장의 사상과 운동으로, '브나로드'('인민 속으로')라는 슬로건으로부터 이 명칭이 생겨났다. 1870년대 중반에 나로드니

들은 소수였고 장기적 전망 속에 이루어졌기 때문에 민주노조운동에 영향을 미치거나 성과를 내지는 못했다. 그러나 1980년대 들어서 학생운동가들은 집단적인 노동현장 투신으로 노동운동의 새로운 주체로 등장하였다. 이러한 대규모의 집단적 노동현장 투신은 역사상 유례없는 현상으로, 이는 광주 민중이 학살당한 것에 대한 부채의식과 저항 주체인 민중의 발견을 통해 형성된 민중지향성에서 비롯되었다. 신군부 세력의 폭압구조 속에서 선택의 여지가 없었던 이들은 비공개 서클에서 사회과학 학습을 통해 초보적이나마 마르크스주의를 받아들이며 사회혁명을 꿈꿨다. 나아가 이들은 사회변혁을 위한 '직업적 혁명가'를 꿈꾸며 목적의식적인 노동현장 투신을 사회운동의 연장으로 여겼다.

이처럼 1980년대 학생운동가들은 투쟁과 경험을 통해 끊임없이 자기 경계를 뛰어넘어 자신의 미래를 사회의 변혁과 동일시하면서 당면한 현실의 장벽을 집단적으로 돌파하고자 하였고, 그 역사적 실험은 사회변혁운동의 새로운 출발점이 되었다.[8]

키는 보다 급진적인 강령을 세우고 조직을 재편성해 '토지와 자유당'을 결성했다. '토지와 자유당'은 1879년에 '인민의 의지'와 '흑토재분배'로 파벌이 나뉘었는데, '인민의 의지'파는 테러 등의 활동을 하다 1881년 해체되었고, '흑토재분배'파는 농민층을 기반으로 활동하다가 1880년대에 도시 프롤레타리아계급으로 관심을 돌렸다(황인평 편, 『볼셰비키와 러시아혁명』, 거름, 1985, 15~20쪽 참조). 한국에서 이 용어는, 1970년대 학출활동가들이 이념과 활동 목적이 뚜렷하지 않았던 점, 더욱이 장기간 기술을 습득해서 들어간 노동현장에서 비조직적이고 개인적으로 오랜 기간 성과없이 노동자로 살아갔던 점 등을 비판하면서 1980년대 사회변혁을 위한 노동자계급의 정치조직 건설을 지향했던 학출활동가들이 사용하였다.

8 그러나 학생운동가들의 '집단적' 노동현장 투신에 대해 고려해야 할 문제가 있다. 노동현장에 투신한 많은 이들이 노동현장 초기과정에서 힘든 노동과 노동자 문화에 적응하지 못하거나 성향 탓으로 대중활동을 못하고 현장생활을 정리했다. 1980년대 학생운동가들이 사회변혁과 직업적 혁명가가 되기를 꿈꾸며 노동현장에 투신한 것은 시대적 상황에 의해 규정된 것이었다. 또한 노동운동이 아니면 혁명운동으로 인정하지 않았던 경직된 학생운동의 집단문화를 반영한 것이라고도 할 수 있다. 학생운동가들은 '혁명'과 '계급'이란 잣대로 상호를 검열하였다. 그 과정

1980년대 학생운동가들의 대규모의 집단적 노동현장 투신은 노동운동에 크게 두 가지 변화를 가져왔다. 우선 대중운동 차원에서 중요한 변화가 나타났는데, 이는 1980년대 전반기 노동운동의 침체 속에서 수도권을 중심으로 새로운 노동운동의 흐름을 형성했다. 특히 1970년대 민주노조운동의 한계였던 연대 부족과 정치의식의 한계를 극복할 수 있는 단초를 1985년 구로동맹파업에서 마련하였다.

다음으로 1970년대 '나로드니키'적인 노동현장 투신에 비해 1980년대 학생운동가들의 노동현장 투신은 목적의식적이었고 조직적이었다. 즉 노동자계급을 사회변혁운동의 주체로 조직하기 위해 노동현장에 투신했으며, 특히 대중적으로 발전한 학생운동과 지속적 연계를 갖고 그 재생산 기반을 확보했던 점에서 이전 세대와 큰 차이가 있었다. 또 이들은 자신들이 받아들인 사회주의 이념을 노동운동과 결합시키려 시도하였고, 노동자계급의 독자적 정치세력화의 필요성을 노동운동의 중심과제로 제기했다. 이를 위해 이들은 정치조직을 결성하여 대중운동과의 결합을 모색하는 변혁적 노동운동을 형성했고, 이후 정치노선과 조직노선 논쟁을 통해 경쟁하면서, 학맥과 인맥을 바탕으로 각기 조직을 형성하며 분화해 나갔다.

이상에서 1980년대 노동운동을 '변혁적 노동운동'이라 규정하였는데, 이에 대해 잠시 짚고 넘어가겠다. 당시 운동 주체들이 발간한 비공개 팸플릿을 보면 '혁명적 노동운동', '혁명운동'과 같은 개념

에서 사회변혁운동의 다양한 의제와 다양한 운동영역의 발전이라는 측면은 제한되었다. 또 개인의 상황과 특성이 충분히 고려되지 못했다. 그 때문에 개인의 특성을 고려한 다양한 사회 진출을 통해서도 사회변혁운동에 참여할 수 있는 가능성 역시 제약되었다. 이는 1987년 노동자대투쟁 이후 주로 대학 출신자들이 중심인 사무전문직에서 노동조합운동이 발전하기 시작했던 것을 놓고도 생각해 볼 필요가 있다.

이 사용되었다. 또 1985년 이후 출판된 노동운동 관련 글에서도 이 시대 노동운동을 '변혁 지향적 노동운동'이란 개념으로 말했으며, 간혹 '정치적 노동운동'이란 표현을 사용하기도 했다. '혁명', '변혁지향적', 또는 '정치적'이라는 개념들은 당시 노동운동이 사회주의 이념에 기반하고 있으며 자본주의체제를 극복하고자 했다는 것을 의미하는 점에서는 동일했다. 다만 팸플릿은 익명과 비공개를 전제로 하여 운동 세력 간의 소통을 위한 용도로 제작되었기 때문에 직접적으로 혁명이라는 개념을 사용했지만, 출판된 책에서는 이를 좀더 우회적으로 표현한 것으로 보인다.

요컨대 변혁적 노동운동이란 사회주의를 지향하는 노동운동 세력이 대중운동과 상호작용하면서 노동자계급의 정치세력화를 추구하는 운동이라고 할 수 있겠다.[9] '정치세력화'란 추상적으로는 노동

9 노동조합은 노동자들의 계급적 이해를 실현시키기 위한 일반적인 대중운동조직으로서 조합원들의 불균등한 의식상태 및 노동조합운동의 주·객관적 조건의 불균등성을 통일시켜 내면서 정치운동의 주체로 참여하기에는 여러 한계를 안고 있다. 따라서 노조운동은 노동자계급 정치의 대중적 토대를 강화하기 위한 자주성과 민주성의 확보를 통해 대중 주체의 운동을 민주적으로 전개할 수 있도록 해야 한다(김세균, 「민주노총의 운동기조와 기본과제」, 『현장에서 미래를』 2호, 현장에서미래를, 1995, 23~25쪽). 또한 정치운동은 비합법적 또는 비제도권 조직을 건설하고 이를 통해 자본주의체제하의 모순을 소멸시키기 위해 정치권력에 대항하는 것이다. 자본주의적 국가구조 자체를 완전히 전복하고 난 후 본질적인 국가구조의 변화를 실현하는 것이다. 이러한 두 운동 사이에는 계급 간의 세력 관계에 따라 반(半)합법 혹은 합법의 노동단체운동이 독자 영역으로 존재하기도 한다. 노동단체운동은 정치조직운동이 대중운동과의 관계를 직접적으로 맺어나가기 어려운 상황에서 보다 공개적이고 대중적으로 정치활동을 결합해 나가기 위한 필요에 따라 등장하였다. 예를 들면 1970년대에는 연구소와 종교계의 교육기관을 활용한 노동교육 활동을 벌였고, 1984년 한국노동자복지협의회와 1985년 수도권지역에서 등장한 노동운동탄압저지투쟁위원회, 구로지역민주노조추진위원회 등은 노동문제를 정치문제화하기 위한 선전·선동과 정치투쟁을 수행하였다. 1987년 노동자대투쟁 이후 각 지역에 등장하는 노동상담소들은 노조활동 지원 및 정치교육을 실시했고 나아가 정치투쟁을 벌이는 역할을 담당했다. 그러다 1995년 이후 민주노총이 결성되면서 노동상담소운동은 노동연구소운동으로 변화했고, 민주노조운동의 침체 속에서 현실에서는 '현장실천 사회변혁 노동전선' 등이 등장했다. 이처럼 노동단체운동은 그 실천과제에 따라 활동 내용과 성격에 일정한 차이를 갖는다.

자계급이 자신의 정치적 이해와 요구를 표출하기 위해서 조직을 형성해 가는 과정이고, 그 궁극적인 목적은 정치권력의 획득과 변화에 있다.[10] 즉, 정치세력화는 노동자계급의 정치의식을 변화시켜 이들을 조직화하는 모든 과정을 포함한다고 할 수 있다.

4) 책의 구성과 주요 논점

이 책에서는 노동자 정치세력화를 지향했던 1980년대 변혁적 노동운동에 대해 구체적인 활동과정을 바탕으로 그 의의와 한계를 규명하고자 한다. 이를 위해 1980년대 변혁적 노동운동의 주체형성과정, 정치조직의 등장, 대중운동과 정치조직운동의 관계, 정치세력 간의 분립과 분열과정 등을 검토해 갈 것이다. 이에 대해 쟁점 중심으로 정리하면 다음과 같다.

우선 1980년대 노동운동의 성격을 전환시킨 주체는 학출활동

10 한 연구에서는 정치세력화에 대해 정치구조에 대한 인식, 계급 간의 대립에 대한 인식, 정치세력화의 구체적인 형태와 지향하는 사회를 기준으로 다음과 분류하였다. 첫째, 노동자계급의 정당과 같은 기제를 통하여 노동자계급 또는 조직이 기존의 정치지형에 적극적으로 참여하는 수준의 정치세력화이다. 이는 선거와 의회투쟁의 중요성을 강조한다. 이런 정치세력화는 계급적 주체가 정당과 같은 조직을 통하여 의회에서 다수를 획득하여 국가권력을 쟁취하며 점진적인 개혁을 추구하면서 대안적인 사회로 이행해 가는 것을 의미한다. 이는 다양한 계급, 계층과 연대를 통해서 이루어지는 것이기도 하다. 둘째, 국가와 노동자계급의 타협지점을 설정하고 이를 통해 국가나 노동자계급이 모두 이익을 취할 수 있도록 하는 정치세력화로서, 안정된 산업민주주의를 지향한다. 이는 자본주의사회 내에 존재하는 계급 갈등적 요소는 충분히 계급들 간의 타협을 통해서 이루어질 수 있다는 사실을 전제하는 것이다. 이를 위해 노동자계급은 노조에 우호적인 정당과 연대할 수도 있다. 셋째, 혁명적 성격을 갖는 집단을 중심으로 하여 제도권 정치의 외부에서 실력을 행사하는 정치세력화를 들 수 있다. 자본주의체제 내적인 합법적인 정치과정 속에서 정당을 결성하여 참여하는 정치세력화에 대해 부정을 의미하는 것이기도 하다(정영태, 「계급정치의 등장과 한계」, 『한국정치학회보』 25집 2호, 1990, 230~237쪽).

가들이다. 이에 1부에서는 학생운동가들이 언제부터 왜 노동현장에 투신했는지를 밝히고 그 영향은 무엇인지를 규명한다. 이는 변혁적 노동운동의 주체 형성을 이해하는 데 기본적 요소이다.

1부의 1장에서는 학생운동가들이 왜 노동문제에 관심을 갖고 언제부터 노동현장에 참여했는지와 노동문제에 대한 관심의 확산과정을 추적함으로써 거꾸로 학생운동과 노동자-학생의 연대노학연대 활동 또는 노동현장 투신의 움직임이 어떻게 상호영향을 주었는지 밝힐 수 있을 것이다. 기존 연구에서는 학생운동가들의 노동현장 참여 계기와 시기에 대해서 가볍게 언급할 뿐이었다. 대부분의 개설서에서는 학생운동가들이 전태일 분신사건의 영향으로 노동현장에 참여했다고 언급하고 있으며, 조희연 편, 『한국사회운동사: 한국변혁운동의 역사와 80년대의 전개과정』, 죽산, 1990, 101쪽. 일부에서는 1970년 전태일 분신사건 이후 민중·노동자의 현실에 관심을 가지다가 1970년대 후반기 '현장론'의 대두로 일반화되기 시작했다고 주장하였다. 조희연, 「80년대 학생운동과 학생운동론의 전개」, 『사회비평』 창간호, 나남, 1988, 129쪽. 이와 다른 주장은 현장론조차도 서울대 이념서클인 한국사회문제연구회와 한국문학연구회의 대립으로 전개되었다며 그 범주를 제한하기도 했다. 편집부, 『학생운동 논쟁사』, 일송정, 1990, 13쪽. 또 다른 주장은 학생운동가들의 노동현장 투신이 6·3항쟁 이후 시작되었다가 전태일 분신사건을 통해 본격적인 관심을 갖고 시작되었다는 것이다. 「인식과 전략」, 1983.

그러나 이 연구들은 1970년 전태일 분신사건이 어떻게 학생운동가들의 노동현장 투신으로 연결되는지 구체적으로 규명하지 않았다. 오히려 1960년대 말 소수이지만 학생운동가들이 노동현장 투신을 했고, 일부 학생운동가들이 노동문제에 관심을 갖는 과정에서 전태일 분신사건으로 노동문제에 관심을 더욱 기울이면서 노동현장 투신이 이루어졌다는 것을 분명히 할 필요가 있다. 이를 규명하는 것은 1970년대 학생운동가들의 노동현장 투신이 갖는 의미를 검토하고 1980년대 학생운동가들의 노동현장 투신과의 차이를 이해하는 데 필요한 문제이다.

1부 2장에서는 1970년대 극소수의 학생운동가들이 개인적으로 노동현장에 투신한 것과 달리 1980년대 학생운동가들이 집단적이고 조직적으로 참여한 이유는 무엇인지를 다룬다. 일반적으로는 1980년 광주민중항쟁 이후 학생운동의 급진화가 가장 중요한 요인으로 지목된다. 이에 대해서는 『잊혀진 것들에 대한 기억』(김원, 이후, 1999), 「1980년대 학생운동의 급진화에 대한 연구」(이창언, 2009, 고려대 사회학 박사논문) 등을 참조. 그러나 이를 좀더 진전시켜 1980년대 학생운동의 상황 및 주체들의 의식과 연관해서 1980년대 노동현장 투신자들과 1970년대 투신자들의 관계 또는 이들이 1970년대 세대의 노동현장 투신에 대해 어떻게 인식했는지, 노동현장 투신의 목적, 이전 방식, 노동운동 방식 등을 검토할 필요가 있다. 왜냐하면 1980년대는 변혁적 노동운동의 형성 요인을 규명하기 위한 출발이라고 보기 때문이다.

다음으로 1980년대 노동운동의 정치화는 필연적인 것이었는지, 또는 변혁적 노동운동은 어떤 과정을 통해 형성되었는지에 대한 검토가 필요하다. 이에 대한 지금까지의 연구에서 공통된 인식은 대부분 학생운동가들이 사회혁명을 목적으로 노동현장에 진출했기 때문이며, 이들이 구로동파 이후 급진화되어 정치조직을 형성했다는 것이었다. 그러나 이는 1980년대 중반기의 정치운동이 어떤 조건과 과정 속에서 등장했는지에 대한 구체적 과정을 간과하고 있다. 이를 해명하기 위해서는 다음의 문제들을 검토해야 한다고 본다.

우선 1970년대 민주노조운동과 1980년대 변혁적 노동운동의 관계에 대한 규명이 필요하다. 1970년대 민주노조운동과 1980년대 노동운동의 관계 문제는 두 시기의 노동운동이 연속성을 갖는지 또는 단절적인지를 중심으로 접근되었다. 1980년대 노동운동사를 다루는 개설서나 일부 연구논문에서는 1970년대 민주노조운동을 둘러싼 자유주의 이념은 1980년대 노동운동의 변혁지향성이 확립되면서 부정되어진다는 이념적 측면에서만 다루고 있다. 그러나 두 시대의 노동운동이 어떤 과정을 거쳐 단절되는가에 대한 구체적인 해명은 없다. 달리 말하면 1980년대 학출활동가들이 어떻게 실천지형에서 1970년대 민주노조운동의 흐름과 단절하면서 변혁적 노동운동의 흐름을 형성하는가를 해명해야 한다고 본다. 이를 위해서는 1970년대 민주노조운동을 계승한 한국노동자복지협의회(약칭 '한국노협')나 노동자 출신 활동가들(약칭 '노출활동가')과 1980년대 학출활동가 간의 구체적인 갈등과 대립, 분립의 과정에 대한 규명이 필요하다. 그 연장에서 1985년 구로동파의 형성과정과 평가논쟁의 의미를 살펴볼 필요가 있다.

이를 위해 2장 2절과 3절에서는 1980년대 중반기 학출활동가들의 노동현장 활동에 대해 검토한다. 1984~85년부터 학출활동가들은 노동현장에서 여러 투쟁의 모습을 드러내기 시작했다. 그 결과 다수의 학출활동가들이 현장 밖으로 밀려났고, 이에 대해 이들의 급진성, 관념성, 조급성에 대한 비판이 있었다.이목희 외, 『한국노동운동론』 1, 미래사, 1985, 204~206쪽. 이와 달리 노동현장을 벗어난 지역 차원의 운동틀을 형성할 필요성이 제기되기도 했다.송정남, 「지역 노동운동의 모색」, 『실천문학』

창간호, 1985, 340쪽. 그러나 당시의 이러한 논란 외에 노동운동사 연구에서 학출활동가들이 초기 노동현장에 어떻게 접근했는지에 대해서는 언급하지 않고 있다. 이 시기의 학출활동가들의 활동은 1985년 대우자동차투쟁과 구로동맹파업으로 대표되면서 이를 통해 '노동운동의 급진화' 또는 변혁적 노동운동이 등장한 것으로 정리되는 것이 1980년대 노동운동을 다루는 대부분의 개설서나 연구논문의 기조이다.김장한 외, 『80년대 한국 노동운동사』; 민영식, 『민주노조운동의 새출발』, 중원문화사, 1987; 이광일, 「한국의 민주주의와 노동정치」 등이 있다.

그러나 구로동파만으로는 노동운동을 급진화시키는 데 앞장선 서울노동운동연합(약칭 '서노련')의 등장을 설명할 수 없다. 구로동맹파업 이전에 노동현장에서 노조 결성을 시도하다 정권의 탄압으로 실패한 활동가들이 이미 가두에서 정치투쟁을 시도하거나 정치투쟁을 수행할 반공개 조직을 건설한 일들이 있었고, 이 과정에서 학출활동가들은 1970년대 노출활동가들과 갈등·분립하면서 정치투쟁의 중요성을 실천적 문제로 등장시켰다. 그러므로 이 책에서는 변혁적 노동운동의 형성과정을 1984년에서 1985년 해고자들의 정치투쟁 및 노동단체 결성에서 시작되어 구로동맹파업을 통해 본격화되는 과정으로 접근하고자 한다.

한편 학생운동가들의 조직적 현장이전과 정치서클의 재생산구조의 형성과정에 대한 접근이 필요하다. 1984년 말에서 1985년 이후 학생운동가들의 집단적이고 대규모적인 노동현장 투신은 대학생이 양적으로 증대한 졸업정원제 세대의 진출이자, 학생운동이 유화국면을 틈타 대중화된 상황의 반영이기도 했다. 그런데 이들의 집단적인 노동현장 투신은 당시 노동운동에 어떤 영향을 주었을까. 이는 1985년 이후 시작된 정치조직의 형성과 연관해 판단할 필요가 있다. 당시 대중운동이 침체되고 대중적 기반을 확보하지 못했음에도 정치조직들이 형성될 수 있었던 것은 주로 학생운동가들을 조직원으로 충원했고, 또 이들을 조직의 동원체계로 확보하였던 점이 중요한 요인이라고 할 수 있겠다. 예를 들면 서노련은 삼민투와 연계되었고, 서울남부지역노동자연맹(약칭 '남노련')은 고려대 캠퍼스 이전팀, NLPDR민족해방민중민주주의혁명(약칭 'NL')그룹은 '반미자주화반파쇼민주화투쟁위원회'(약칭 '자민투'), 제헌의회그룹은 '반제반파쇼민족민주투쟁위원회'(약칭, '민민투')와 연계되어 있었다.

마지막으로 1부 3장에서는 1980년대 중반기 노동운동에 영향을 미친 주요투쟁을 중심으로 학출활동가들과 대중운동의 결합관계에 대한 규명하려 한다. 우선 학출활동가들이 참여하여 노동운동에 큰 영향을 미친 두 개의 투쟁이 1985년에 일어났다. 그 하나는 남성노동자 중심의 사업장인 대우자동차에서 일어난 임금인상파업투쟁이었고, 다른 하나는 여성노동자가 중심인 사업장들에서 연대투쟁, 정치투쟁을 벌인 구로동맹파업이었다. 대우자동차투쟁과 구로동파는 경제주의-정치주의 논쟁을 일으키는 계기가 되기도 했다. 특히 구로동파는 노동운동의 방향을 전환시킨 투쟁이었다. 이에 이 두 투쟁에서 학출활동가들이 노동자들과 어떻게 결합해 들어갔는지에 대해 검토하려 한다.

다음으로 노동운동의 지평을 변화시킨 1987년 7·8·9월 노동자대투쟁과 학출활동가의 관계에 대해 검토하려 한다. 1985년 이후 수도권 지역에는 대중운동이 침체된 속에서도 다양한 정치서클과 조직들이 형성되기 시작했다. 1987년 노동자대투쟁을 통해 대중운동도 급속히 성장했다. 1980년대 변혁적 노동운동 또는 학출활동가들은 노동자대투쟁과는 어떤 관계였을까.

일부에서는 1980년대 노동운동은 소모적 논쟁만 벌였고 학출활동가들이 노동현장에서 떨어져 나왔으며 노동자대투쟁에 대응하지 못했다고 비판한다.임영일, 「한국 노동운동과 계급정치(1987~1995): 변화를 위한 투쟁, 협상을 위한 투쟁」, 부산대 사회학 박사논문, 1997, 67~69쪽. 그러나 이와 달리 1980년대 급진적 노동운동은 노동운동과 사회운동 속에서 그 지도력을 인정받았고, 노동자대투쟁 직후 노동자계급의 대중적 이해와 급진적 리더십의 이념성이 결합됐다는 주장도 존재한다. 문제는 1990년을 전후로 하여 급진적 리더십이 새로운 개혁적 프로그램을 개발하지 않은 채 이념성의 강화와 분열성으로 인해 대중운동과 괴리되기 시작했다는 것이다. 여기에 사회주의권이 몰락하면서 급속도로 대중 속에서 그 이념적 설득력을 상실하게 되었다는 주장도 있다.최장집, 「한국노동운동은 왜 정치세력화에 실패했는가」, 『한국 국가와 시민사회』, 한울, 1992, 248~251쪽. 반면 1980년대 노동운동이 노동자대투쟁을 준비하지는 못했지만, 노동자대투쟁 시기에 다양한 방식으로 대중투쟁에 결합해 들어갔다는 주장도 있다. 정치조직운동은 지역별노동조합협의회(약칭 '지노협')·전국노동조합협의회(약칭 '전노협')의 건설에도 영향을 미쳤다. 또한 정파연합의 형태로 전국노동운동단체협의회(약칭 '전노운협')를 결성해 민주노조운동을 지역과 전국에서 지원·지도하였다는 것이다.박성인, 「계급운동과 노동운동」, 2002(미간행) ; 이종호, 「노동운동단체의 역사」, 1999(미간행).

이러한 주장들은 같은 시기의 운동 상황에서 각기 다른 측면만을 부각시키는 방식으로 문제를 제기한다. 그러나 위의 주장들은 정치조직운동의 여러 시도에 대해 구체적인 연구를 수행하지 않았다. 우선 1987년 노동자대투쟁 때 변혁적 노동운동 세력은 조직적 대응을 하지 못했으나, 각 지역에서 현장과 지역 차원에서 다양한 방식으로 대투쟁에 적극 결합했다. 한편 노동자대투쟁 이후 변혁적 노동운동 세력은 대중운동과 결합을 지향하는 정치조직을 건설하기 위해 노력을 기울였고, 그 결과 여러 정치조직이 등장했다. 더욱이 이전 시기에 비해 대중운동에 다양한 방식으로 결합해 있었다. 그런데 대중운동에 대한 정치조직들의 영향력이 급속히 감소한 것은 생산직 중심의 노동운동이 사무전문직 중심의 업종노조들과의 통합과정에서 배제되었기 때문이다. 또 1991년 전후로 사회주의권의 붕괴와 그 영향으로 정치조직운동의 이념 분화과정에서 나타난 분열도 큰 영향을 주었다. 거기에 1989년 이후 정권의 집중적인 탄압으로 여러 정치조직들이 타격을 받으면서 활동이 위축된 것도 하나의 요인이라 할 수 있다.

이처럼 정치운동과 대중운동과의 관계는 다양한 정치조직의 활동과 대중운동의 관계를 검토하는 것을 통해 규명될 수 있다. 이에 대해서는 1987년 7·8·9월 노동자대투쟁을 중심으로 하여 두 시기로 나누어 살펴보고자 한다.

2부의 1장에서는 정치조직운동의 맹아로 볼 수 있는, 1980년에 결성되어 단명한 전국민주노동자연맹(약칭 '전민노련')의 결성배경 및 그 지향에 대해 검토한다. 전민노련을 추동한 세력은 1970년대 노동운동을 비판하면서 목적의식적 노동운동의 주체가 필요하다는 것을 선언하며 출발하였다. 그러나 전민노련은 주체 역량, 조직방식, 탄압국면 상황에서의 결성, 정치목표 등에서는 문제를 드러내기도 했다. 다음으로 정치조직운동의 형성시기에 대해 살펴보고자 한다. 이 시기는 1985년부터 1987년까지로, 변혁적 노동운동으로 처음 등장한 서노련서울노동운동연합과 남노련서울남부지역노동자연맹의 활동을 살펴볼 것이다. 또한 뒤이어 1986년 이념적 분화로 등장한 NLPDR세력과 제헌의회그룹의 활동, 그리고 이론을 재정립하여 등장하는 민족통일민주주의노동자동맹(약칭 '삼민동맹')과 인천노동자계급해방투쟁동맹(약칭 '투쟁동맹'), 정치적 대중조직을 표방하며 정파 통합적이었던 인천지역민주노동자연맹(약칭 '인민노련'), 다산보임그룹 등의 정치서클 형성과정에 대해서도 살펴보겠다.

2부 2장에서는 정치조직운동의 분화과정에 대해 검토한다. 1987년 노동자대투쟁 이후의 시기는 다양한 정치조직론에 따라 수도권을 중심으로 각양각색의 정치조직들이 등장한 시기라 할 수 있다. 이에 대해서는 먼저 노동자대투쟁과 변혁적 노동운동의 관계에 대해 살펴보겠다. 1987년 이후 정치세력화를 둘러싼 대립을 바탕으로 '정치조직론', '정치적 대중조직론', '선진노동자론', '혁명적 노동조합론' 등에 근거한 다양한 정치운동이 형성되었다. 이에 대해 '정치적 대중조직론'을 표방한 NL그룹의 인천부천민주노동자회(약칭 '인노회'), '위로부터의 전위조직 건설론'의 남한사회주의노동자동맹(약칭 '사노맹'), 현장운동을 근거로 지역정치조직 건설을 시도했던 인민노련과 반제국주의반파쇼민중민주주의(약칭 '제파PD')그룹의 활동을 중심으로 검토하겠다.

5) 구술사를 통한 사실 복원

앞에서 제기한 내용들을 규명하기 위해 이 책에서는 다음과 같은 연구방법을 사용한다. 첫째, 기존의 노동운동사 연구는 이념과 노선을 중심으로 또는 조직을 중심으로 접근하거나 또는 대중운동에만 착목하는 경향이 있었다. 이러한 접근은 노동운동사를 전체적으로 인식하는 데 제약이 있다. 즉 이념과 노선 중심의 연구는 주로 그 이론적 타당성을 중심으로 판단되어지기 때문에 이념과 노선을 견지한 조직 또는 주체들이 대중운동에서 어떻게 실천했는지를 판단하기 어려운 면이 있다. 반면에 대중운동을 중심으로 한 연구는 당시 대중운동과 정치조직운동이 어떻게 상호작용을 했는가를 판단하는 데 한계가 있다. 그럼에도 이러한 접근을 하는 것은 당시 조직 주체들의 활동을 파악할 수 있는 자료의 제약에 따른 것이기도 하다. 대부분의 자료가 정치조직들의 노선과 방침들을 담은 문건이나 재판기록들, 선전물 등이어서 그 노선과 방침이 실제 어떻게 실천되었는지는 확인할 수 없기 때문이다. 이에 이 책에서는 한계는 있지만 문헌자료와 주체의 구술자료를 바탕으로 정치조직운동과 대중운동의 결합방식 및 관계에 대해 가능한 한 접근해 보고자 했다.

둘째, 변혁적 노동운동의 '주체 형성과정'에 착목하고자 한다. 기존 노동운동사 연구에서는 그 주체 형성과정에 대해 간과하는 경향이 있었다. 이는 1980년대 변혁적 노동운동의 주체로서 등장한 학출활동가들의 노동현장 투신과정을 시대별·유형별로 접근해서 그 차이와 다양성을 확인하려는 것이고, 다음으로 1980년대 중반 이후 등장하는 정치조직들이 조직 주체를 형성하는 방식에서 어떤 차이를 갖는지 등에 착목하려는 것이다. 이는 1980년대 전반기 노동현장 투신자들이 1985년을 기점으로 어떻게 정치조직의 주체로 등장하는가를 파악하기 위한 것이며, 나아가 정치조직 간의 주체형성에서 나타나는 공통점과 차이를 규명하기 위한 것이다.

셋째, 변혁적 노동운동의 주체형성의 관점에서 학생운동과 노동운동의 관계, 즉 두 운동의 상호작용의 과정에 대해 접근하고자 한다. 기존 변혁운동사 연구는 학생운동, 노동운동 등 각 부문별 운동을 중심으로 한 접근에 머물렀다. 그나마 시대별 변혁운동을 아우르는 개설서에서만 부문운동의 특징을 개괄적으로 포괄하여 정리하는 방식이었다. 이는 현대 변혁운동사에서 부문운동의 연구조차 제대로 안 되었던 현실을 반영하는 것이기도 하다. 그러나 1970년대 민주화운동과 1980년대 사회변혁운동에서 학생운동과 노동운동은 인적·이념적·조직적으로 상호작용을 했다. 그러므로 이 책에서는 변혁적 노동운동의 주체형성과정의 특징을 파악하기 위해서 학생운동과 노동운동이 어떻게 상호작용했는지를 검토하고자 한다.

넷째, 자료와 사실에 근거하여 실증적으로 접근하고자 한다. 1980년대 노동운동사에 대한 연구는 일부 이념과 노선에 따른 접근 방식으로 진행되었고 그 구체적 상황에 대한 연구는 거의 없다. 그 때문에 당시 노동운동에 대한 주체 형성과정, 활동과 논쟁, 대중투쟁, 정치조직 건설과 활동 내용 등의 다양한 사건들에 대한 사실 규명이 필요하다. 그러므로 실증적 접근을 통해 1980년대 노동운동사의 체계적이고 구체적인 상을 복원하는 것이 필요하다.

다섯째, 위의 과제들을 규명하기 위해서는 당시 운동 주체들의 활동을 구체적으로 검토해야 하는데 문헌자료로는 이를 해명할 수 없다. 그 때문에 이 책에서는 구술사 방법을 중점적으로 활용하고자 한다.[11] 구술기록은 문서기록으로 접근하기 어려운 역사의 측면을 새롭게 조망해 주고 있다.[12] 그 때문에 한국 구술사 분야에서도 그 개념은 단순히 구술자료를 채록하는 것이 아니라 역사의 지평을 넓히는 '밑으로부터의 역사'로서 받아들이는 경향이 있다.[13] 구술자료의 기본적 특성을 결정하는 것은 구술 그 자체이다. 문자의 제약으로부터 자유로운 구술은 문자의 한계를 뛰어넘어 역사를 서술할 수 있는 가능성을 열어 준다. 그러므로 구술은 문자를 갖지 못한 사람들의 역사쓰기를 위한 대안적 수단으로 기대를 받았다. '권력'에서 배제되어 역사에 포함될 수 없었던 여러 영역을 역사화할 수 있는 가능성이 구술을 매개로 열리기 때문이다. 즉 국가 폭력이나 이념 대립의 질곡으로 인해 은폐된 역사를 드러내며, 또한 공식적 기록과 실체적 진실의 불일치 간극에 묻혀 버린 역사적 사실의 복원을 시도해 볼 수도 있기 때문이다.국사편찬위원회, 『현황과 방법, 구술·구술자료·구술사』, 국사편찬위원

11 구술사란 '구술기록에 근거한 역사 기술', 즉, '구술을 가지고 쓰는 역사'이다. 생애사, 자기보고, 사적 서술, 생애담, 구술전기, 회고록 및 증언 등이 속한다(한국교육사고, 『구술사 이론·방법 워크샵 자료집』, 2003, 2~3쪽).

12 미국의 구술사가인 스타(Louis Starr)는 구술사에 대해 "이제까지 이용되지 않았지만 보존할 가치가 있는 구술을 기록함으로써 생기는 1차적 자료", "과거에 대한 개인적인 기억들의 환기와 기록"으로 정의하여 기록관리학적 접근을 한다. 영국의 톰슨은 "구술사가 피지배층의 구술자료를 통해서 밑으로부터의 역사를 쓰는 작업이라고 정의한다. 영국의 대중기억연구회는 구술사를 "과거에 대한 개인들의 기억들의 환기와 기록"이라고 정의하며, 이탈리아 구술사가인 폴텔리는 "구술사는 특정한 형태의 담론, 구술을 표현의 매개로 하는 과거에 대한 서술"이라고 보았다(함한희·윤택림, 『새로운 역사쓰기를 위한 구술사 연구방법론』, 아르케, 2006, 47쪽).

13 김기석은 구술사를 "구술기록에 근거한 역사 기술"이라고 정의한다. 이는 구술사가 단순히 구술채록이 아니라 그것에 근거한 역사쓰기임을 의미한다. 허영란은 구술사를 역사 속에 녹아들지 못했던 "개인의 기억 또는 경험을 역사화하기 위한 기획"으로 정의한다. 또 이용기는 "구술사란 구술(자료)을 통해 쓰인 역사를 말한다"며 구술은 과거 경험에 관한 기억을 말로 풀어내는 것을 의미한다고 했다(함한희·윤택림, 앞의 책, 2006, 47~49쪽).

회, 2004, 12쪽. 그 때문에 역사학에서는 구술자료의 도움을 받아 복원해 가는 '사실'의 세계가 주된 관심 대상이며, 공식 역사에서 배제된 소수자·약자의 목소리를 끌어내어 구술자 입장에서 역사를 드러내는 작업들이 진행되었다.국사편찬위원회, 앞의 책, 14~15쪽.[14]

구술사는 노동운동사나 노동사연구에도 활용되고 있지만 아직 초기 단계로서 1970년대의 여성노동자들의 노동세계, 문화, 노동운동을 다루거나, 노동자 집단의 역사 속에 묻힌 개인들의 목소리를 위치짓는 방식으로 1980년대 연구에서도 일부 시도되었다.[15] 이런 연구들은 문헌 중심의 노동운동사 연구와는 달리 노동자들과 노동운동 주체들의 다양한 경험과 의식 등을 담아 연구의 폭을 넓힐 수 있는 가능성을 보여 주고 있다.

구술사의 다양한 의미와 가능성 중에서 이 책에서는 우선 문헌자료의 한계를 넘어서 해명되지 못한 불분명한 사실관계를 밝혀낼 수 있다는 점에 착목하고자 한다. 즉 모호하고 잘못 알려진 사실들에 대해 설명들을 제시하고 사건의 구체적 전개과정을 재구성하려는 것이다.국사편찬위원회, 앞의 책, 4~5쪽 ; 이용기, 「구술사의 올바른 자리매김을 위한 제언」, 376~382쪽, 378쪽. 또 '입에서 입으로 전해져' 오는 여러 활동들을 역사의 장으로 끌어들여 이를 역사화하고자 한다. 달리 말하면 구술사를 통해 노동운동사에서 누락되거나 배제된 주체들의 경험을 복원시키고

14 예로 일제시대 군위안부나 강제연행자, 제주 4·3사건과 민간인학살의 피해자 등 역사의 '피해자' 구술을 시작으로, 권력에 의해 배제된 민주화운동이나 노동운동 관련자들의 경험을 구술로 기록하는 것이다(국사편찬위원회, 『현황과 방법, 구술·구술자료·구술사』, 10쪽).

15 김원, 「여공담론의 남성주의 비판」, 서강대 정치학 박사논문, 2002. ; 전순옥, 『끝나지 않은 시다의 노래』, 한겨레출판사, 2004. ; 성공회대 노동사연구소, 『1960~70년대 한국의 산업화와 노동자 정체성』, 한울, 2005. ; 유경순, 『아름다운 연대: 들불처럼 타오른 1985년 구로동맹파업』, 메이데이, 2007 등.

자 한다. 기존 노동운동사 연구에서는 기층 노동자들만이 아니라 학출활동가들도 배제되어 있었다. 특히 1980년대 이후 노동운동사에서 노동운동의 주체로 등장한 학출활동가들의 활동은 잘 드러나지 않는다. 이들이 활동한 1980년대가 조직운동이 중심을 이루면서 개인보다는 조직을 우선시하였기 때문에 운동의 주체로서의 학출활동가 개인은 배제된 측면도 있다. 또 이들은 정권의 항상적인 감시와 탄압 속에서 자신들의 활동을 기록으로 남길 수 없었던 것도 이유이다. 그러나 더 중요한 이유는 노동운동에서 학출활동가는 다른 노동자들과 다른 이질적 존재로 구분되면서 이들 스스로 자신의 존재를 밝히지 못한 측면도 있었다.

그러므로 이 책에서는 구술사를 통해 당시 운동 주체들의 노동운동 참여과정, 의식, 대중활동과 정치조직활동 등의 내용을 채록하여, 문헌자료와의 비교검토를 통해 사실을 복원하여 1980년대 노동운동사를 재구성하고자 한다.

1부

노동현장에

투신한

학생운동가들

1장

1960·70년대

학생운동가들의

개별적 노동현장 투신

1절

일제강점기 학생과 지식인의 노동현장 투신

한국 근대사에서 학생·지식인의 노동운동에 대한 관심은 1910년 마산의 노동야학에 싹텄다.천성호, 『한국야학운동사』, 학이시습, 2009, 79쪽. 1920년대 전반기에 설립된 주요 노동야학 113개는 농민, 노동자, 도시빈민의 자제를 대상으로 했는데, 그 가운데 노동조합의 노동자를 교육하던 노동야학은 28개교였다.천성호, 앞의 책, 100쪽. 그중 노동운동에서 처음으로 전국적 규모를 갖추며 1920년에 창립된 조선노동공제회의 광주지회는 1921년 10월부터 노동야학을 시작하였는데, 지회교육부장인 김태열과 보통학교 교사 계왕순, 한진만, 정완섭, 최정균 등이 조선어, 일본어, 산술 등 보통교육을 하였고 90여 명의 노동자들이 참여했다.정근식·나간채, 「1920~30년대 광주지역의 노동운동」, 『호남문화연구』 21호, 1992, 130쪽. 또 노동공제회보다 온건한 노사협조를 표방하면서 노동자의 자질 향상과 상호부조를 목적으로 1920년 김광제 등이 중심이 되어 창설한 것이 노동대회勞動大會였다. 야학은 이들 노동, 사회운동단체에 의해 조직사업의 일환으로 설립되었다. 노동대회 원산지부는

1920년 7월 2일 438명의 회원으로 창립되었는데, 창립 후 얼마 지나지 않아 노동야학을 개최하였다.

노동야학은 1920년대를 기반으로 확장·성숙되었고, 1920년대 중·후반기를 거치면서 정치의식화 교육이 강화되었다. 그중 사회주의계열의 청년, 노동, 농민야학 등 진보적 야학운동그룹도 형성되었다.천성호, 『한국야학운동사』, 13쪽. 야학활동을 통해 지식인들은 노동자들의 의식변화를 위해 노력하면서 동시에 노동자 파업투쟁을 지원하는 모습도 나타났다. 1921년 9월 부산노동자들의 동맹파업 때 노동야학의 교사 손명표와 최태열, 김경직, 조동혁 등은 노동자들의 선전물을 써주고, 노동야학 등의 교육과정에서 노동자들의 단결된 행동이 필요하다는 것을 가르치면서 노동자들의 의식변화에 영향을 주었다.[1]

지식인·학생운동가들이 노동운동 또는 노동현장 참여에 대해 관심이 높아진 데는 1929년의 광주학생운동의 영향도 있었다. 광주학생운동 이전의 학생운동은 주로 학교 안에서 독서회 조직이나 동맹휴학투쟁 위주로 전개되었다. 그러나 광주학생운동 이후 학생운동의 주무대는 거리로 바뀌었다. 이러한 변화는 단지 학생운동의 차원에 그치지 않고 전체 민족해방운동의 전개과정에도 영향을 미쳐 각계각층의 대중투쟁이 고조되기도 했다. 광주학생운동 기간에 제

1 부산의 각 회사에서 석탄을 운반하여 주는 일꾼 1,000여 명은 9월 12일에 삯전의 4할 가량을 증가하여 달라는 탄원서를 제출하고 16~17일 양일간에 일제히 동맹파업을 하였다. 또 부두잔교에서 물건을 운반하는 일꾼 2,000여 명도 삯전을 올려 달라는 탄원서를 제출하였으나 회사측이 묵살하자, 9월 26일부터 5,000여 명의 노동자가 동맹파업을 단행했다. 결국 타협이 성립되어 1할에서 1할 5푼 가량 인상하기로 하고, 노동자들은 10월 3일부터 작업을 시작했다(김윤환, 『한국노동운동사 1: 일제하 편』, 청사, 1982, 99~100쪽).

기된 "노동자·농민의 혁명적 조합결성"(목포), "화전민문제, 수리조합문제의 해결"(함흥), "공장, 농촌, 어장, 광산, 학교로 몰려가서 우리들의 슬로건을 관철하자"(영주) 등의 주장은 이러한 변화를 상징적으로 보여 주는 것이었다. 한국역사연구회 근현대청년운동사연구반, 『한국근현대청년운동사』, 풀빛, 1995, 223~225쪽. 더욱이 사회주의운동 세력이 학생운동과 노동운동의 결합을 강조하는 경향이 강화되고, 혁명적 대중조직운동 노선으로 전환한 것이 결정적인 영향이었다.

이후 1930년대 내내 전개된 반제反帝동맹 조직운동, 특히 학생반제동맹은 학생층의 반제투쟁을 지도하고 이를 노동자, 농민의 반제투쟁과 연결시키는 것이 본래의 임무였으나 현실적으로는 학생운동 전반에 대한 지도기관의 성격으로 나아갔다. 반제동맹원들에게는 예비 공산주의청년원 또는 예비 노동현장 활동가라는 또 하나의 과제가 부과되어 갔다. 예를 들어 '원산중학교 반제동맹 조직준비회'(약칭 '원산중학반제동맹')의 경우 불과 두 달이 안 되어 혁명적 노조운동, 즉 노동운동에 투신할 활동가 조직으로 변하였다.[2] 1930년대 들어서 노동운동·농민운동·당재건운동이 긴급한 과제로 제기되는 현실 속에서 이들이 혁명적 노동·혁명적 농민운동 등을 도외시하고 반제동맹만을 사고할 수는 없었기 때문이었다. 그 때문에 대규모 산업단지이자 태평양노동조합계열이 압도적 영향을 미치고 있던 원산의 경우, 원산중학반제동맹은 즉각적으로 노동운동에 필요한 활동가를 키우는 조직으로 전화하는 형태로 나아갔다. 한국역사연구회 근현대

2 혁명적 노조운동은 일제가 대륙 침략을 본격화하면서 노동운동에 대한 탄압이 거세져 공개적 활동이 불가능해지면서 등장했다. 즉 비공개적 방식으로 '아래로부터' 노조를 결성하여 이를 토대로 조선공산당을 재건하려는 움직임이었다.

청년운동사연구반, 앞의 책, 456쪽.

또 다른 예로는 서울 숭인동 고학당학생 이학종, 정관진, 김태래가 모여 만든 '학생혁명당'의 후신인 '학생전위동맹'은 그 강령 중에 두번째가 "우리는 노동자·농민의 조직자를 양성하고 투쟁을 통하여 실현을 기한다"였다. 이처럼 이들은 단순한 학생운동의 차원을 넘어서 항일운동 및 노동운동의 지도자를 육성하고자 한 비밀결사조직의 성격을 띠고 있었다.김성보,「광주학생운동과 사회주의 청년·학생조직」,『역사비평』 6호, 1989, 129쪽.

이처럼 노동운동의 강조에 따라 학생운동이 학생 독자의 운동이 아닌 노동운동가의 양성장소로, 비합법적인 지하활동에 의한 반전·반제운동의 공간으로 재규정되어 갔다.김성보, 앞의 글, 135쪽. 실제 광주학생운동 이후 학생운동에 참여했던 이들이 혁명적 노조운동이나 조선공산당(약칭 '조공') 재건운동에 참여하기 시작했고 직접 노동현장에 들어가기도 했다

요컨대 1920년대 사회주의 운동의 등장으로 노동운동에 대한 관심과 결합이 높아졌으나, 학생운동가·지식인이 노동현장에 직접 투신해서 활동한 경우는 1930년대 혁명적 노동조합운동을 통해서 나타났다. 혁명적 노동조합운동은 비합법의 지하조직 형태로 지속되었다는 점에서 그 규모나 조직의 범위를 정확하게 아는 것은 거의 불가능하다.[3] 더욱이 지식인 출신이 공장에 취업해 직접 노동자로 일하면서 활동한 사례를 찾는 것도 한계가 있다. 이에 여기에서는 기

3 일제의 발표에 따르면 1931~1935년 사이에 혁명적 노동조합운동으로 검거된 건수는 70여 건에 달하고 투옥된 운동자의 수만 하더라도 1,759명에 이르고 있는 것으로 보고되고 있다(윤여덕, 『한국 초기노동운동 연구』, 일조각, 1991, 201쪽).

존 연구들을 참조하여 제한적이지만 확인되는 사례를 중심으로 살펴보겠다.

혁명적 노동조합운동을 대표하는 것으로는 함남의 흥남 일대를 중심으로 1930년대 말부터 1935년까지 4차에 걸쳐 전개된 이른바 태평양노동조합운동, 서울을 중심으로 1933년에서 1936년에 걸친 이재유그룹의 운동, 원산지방을 중심으로 1936년에서 1938년 사이에 활동한 혁명적 노동조합운동 등을 들 수 있다. 이밖에도 평양, 인천, 청진, 흥남, 신의주, 여수, 목포, 마산, 부산 등의 지역과 광산, 항만 등지에서 조직적 활동이 있었다.김경일, 『한국노동운동사: 일제하의 노동운동 1920~1945』, 지식마당, 2004, 269~270쪽.

먼저 이재유그룹을 살펴보면, 이 그룹은 경성트로이카 시기부터 노동자를 '적색노동조합=혁명적 노동조합'으로 묶어 세운다는 방침을 가지고 있었다. 이들이 구상한 혁명적 노조 건설 경로는 "공장 안에 거점 마련(공장오르그) → 3인으로 혁명적 노조의 기초구조 조직 → 공장 전체로 조직 확대 → 지역 단위의 산별 혁명적 노조운동 지도부 건설 → 전국적 범위의 산별 혁명적 노조의 완성"이었다. 경성트로이카는 공장 내에 공장반 및 공장분회를 조직하고, 그것을 지역별·산업별로 종횡으로 엮어 나가면서 전국 단위의 산별 혁명적 노동조합을 완성하고자 했던 것이다.이애수, 「이재유그룹의 당재건운동(1933~36)」, 『일제하 사회주의운동사』, 한길사, 1991, 185쪽.

경성트로이카의 활동가들은 '공장지대=노동자들의 집중지'에 파고들어 공장 안에서 노동하면서 활동거점을 만들고, 소속 공장 및 인근 공장 노동자를 조직하여 훈련시켰다. 경성트로이카는 조직사업을 촉진하고자 1933년 9월 이래 지역별로 혁명적 노동조합 준비조직을 결성하여 1934년 1월까지 섬유, 화학(고무), 금속(기계 및 기구), 전기, 일반노동(부두노동) 부문의 최소 12개 사업장에서 40여 명의 노동자를 획득하였다.이애수, 「이재유그룹의 당재건운동(1933~36)」, 『일제하 사회주의운동사』, 186쪽. 이 과정에서 이순금, 이종희, 유순희와 박진홍, 이원봉, 이효정, 이경선, 허마리아(허균), 이정숙 등의 지식인 출신 여성 노동운동가들이 노동현장에서 파업을 주도하며 활동을 했다. 김경일, 『이재유연구』, 창비, 1993, 47~55쪽, 198쪽.

이들 중에는 직접 공장에 취업해서 활동한 이들이 있었다. 이경선이 그 예인데, 그녀는 동덕여자고등보통학교에서 1932년 이관술의 지도 아래 적색독서회를 조직했고, 이후 이화여자전문학교에 입학했으나 곧 퇴학 처분을 받았다. 1932년 10월부터 이재유그룹에 참가하여 숙명여고보, 동덕여고보의 독서회운동 및 동맹휴학을 지도했다. 그후에 조선직물주식회사 인견공장에 여공으로 취업하여 여공들을 조직하다가 1935년 12월 구속되었다.강만길·성대경 편, 『한국사회주의운동 인명사전』, 창비, 1996, 313쪽. 같은 동덕여자고등보통학교 출신인 이순금도 노동자가 되어 활동했는데, 그녀 역시 동덕여고보에서 교사 이관술의 지도하에 사회주의 독서회활동에 참가했다. 이후 1932년 중앙고무와 동수제사공장의 노동자가 되었고, 1933년 8월 이후 이재유그룹의 용산지역 하부 트로이카에서 활동했다. 그녀는 별표고무공장 파업 때는 파업투쟁위원회를 만들어 파업을 주도했고, 9월 서울고무, 종연방직의 노동자파업에도 관여했다.강만길·성대경 편, 앞의 책, 373쪽. 이종희도 이순금과 같이 동수제사에 들어갔다. 이효정의 경우는 종연방직을 다니는 종고모의 소개로 취직했는데, 종연방직은 5백 명이 넘는 조선인 여성노동자들이 일하는 경성 일대에서 가장 큰 공장에 속했다.안재성, 『경성트로이카』, 사회평론, 2004, 85~90쪽. 또 박진홍도 용산제면회사, 대창직물, 대창고무공장 등에 노동자로 취직하여 노동운동을 시작했다. 유순희는 소화제사, 조선제사에서 노동자로 일하면서 1933년 무렵부터 이재유그룹에 참여해, 8월 소화제사공장 파업을 주도했다. 그 뒤 그녀는 경성방직 영등포공장을 중심으로 활동하였고, 1936년 이후 함흥 편창제사를 중심으로 함흥 일대에 섬유적색노조를 조직하기 위한 활동을 벌였다. 그러던 중 편창제사 노동자 700여 명의 파업을 지도하다가 구속되었다.강만길·성대경 편, 앞의 책, 296쪽.

노동현장에 참가한 여성들은 당시 일부의 여성 사회주의자들처럼 단발머리에 짧은 치마를 입고 아무 곳에서나 담배를 들고 다니는 '마르크스걸'이나 '레닌걸'처럼 할 수 없었다고 한다. 이들은 촌스러운 옷차림에 구식의 쪽진 머리를 하고 다녔는데, 이는 조직을 하려면 공장노동자의 정서에 따라야 한다는 원칙이 있었기 때문이었다. 보통의 여공들과 같은 복장, 같은 말투를 했다.안재성, 앞의 책, 128쪽.

노동현장에 들어간 이들에 대해 이재유는 모임을 만들어 각자 다니는 공장의 실태에 대해 토론하고, 사회주의 학습 모임을 조직하기 위한 방법과 학습내용에 대해 알려주었다. 일본에서 노동운동 경험이 있던 이재유는 정치의식이 없는 노동자들을 모으는 방법부터 사소한 싸움을 통해 훈련시키는 방법, 학습모임에서의 보안 규칙까지 노동자 조직활동 방식을 전했다.안재성, 앞의 책, 109쪽.

이재유그룹에는 영등포지역에서 활동하던 안삼원도 있었는데, 그는 휘문고등보통학교를 다닌 지식인 출신이었다. 안삼원은 1928년 4학년 때 공산주의 연구서클인 'ㄱ당'에 가입했다가 1930년 구속되었다. 1932년 출감한 그는 1933년 9월부터 용산공작주식회사 영등포공장 운반부 노동자가 되어 이재유그룹의 적색노조운동에 참여했다. 그는 영등포공장을 중심으로 산업별 적색노동조합 조직준비위원회를 결성하기 위해 노력하다가 1934년 5월 경찰에 검거되어 1935년 구속되었다.강만길·성대경 편, 『한국사회주의운동 인명사전』, 267~268쪽. 안삼원과 같이 트로이카를 이룬 안병춘도 기독교 학교를 다니던 중 해외에서 잠입해 들어온 사회주의자들을 만나 이념 세례를 받았다. 그는 이재유의 권유로 용산공작소 영등포공장에 취직해 노동자로서 노동운동을 시작했다.안재성, 『경성트로이카』, 110쪽.

이재유그룹과 별도로 경성에서 비교적 대중적인 기반을 갖고 있던 조직은 권영태그룹이었다. 권영태는 모스크바에서 동방노력자공산대학을 나온 후 국제적색노조 극동지부의 지시를 받고 경성 일대 조직을 맡아 활동하고 있었다. 그는 경성 시내 여러 공장에 조직원을 취업시켜 노동자 소모임을 만들고 있었고, 이재유가 등장하면서 몇 군데 공장에서 트로이카 조직과 부딪히게 되었다.

두 조직이 처음 부딪힌 곳은 '서울고무' 파업현장이었다. 당시 서울고무에는 양대 조직의 활동가들이 파견되어 있었는데, 파업이 일어나자 두 조직의 책임자 사이에 토론이 벌어졌다. 이재유 조직의 운동가는 파업을 응원해야 한다는 주장인 반면 권영태그룹의 활동가는 노동자를 지도해야 한다는 주장이었다. 이런 논쟁은 현장의 여성노동자들 사이에도 번져 열띤 토론 끝에, 응원과 지원을 받기로 결정이 났다.안재성, 앞의 책, 122~123쪽.

한편 반제운동과 혁명적 노조운동을 연결시켰던 조선적색노조 경성지방대책위원회(약칭 '적노경성대책위')도 활동하고 있었다. 이 단체에서 확인되는 것은 학생들의 독서회 및 연구회가 노동현장 이전을 전제로 한 준비활동도 하고 있었다는 점이다. 이는 학생층이 재학시절에는 독서회와 학내활동을, 이후에는 노동현장 이전을 준비하는 경로를 보여 준다.박한용, 「일제강점기 조선 반제동맹연구」, 고려대 한국사 박사논문, 2013, 188쪽. 이 단체는 이재중, 조정래 등이 반제동맹 결성 후 노동운동 방면의 사람들을 확보하는 데 나서면서 자신들의 모임 역할을 전全경성 적색노조의 지도적 역할을 담당하는 기구로 설정하며 출발했다. 이들은 초기에는 주로 학생들의 독서회, 연구회 결성을 중심적인 활동으로 삼았다. 아현리독서회는 이재중이 김중현을 통해 김낙제와 박인준을 소개받아 조직에 착수한 예였는데, 이재중이 체포되면서 구체적인 활동을 벌이지는 못했다.

또 적노경성대책위는 이원봉, 이순금 등이 참여하는 오르그의 양성을 목적으로 하는 오르그연구회를 결성해 『공장에서 조직활동』 등의 서적을 중심으로 활동을 준비했다. 이는 이전의 연구회에서는 『식민지문제』, 『프롤레타리아 경제학』 등 다소 이론에 치우친 책들을 사용한 것과 대조를 이루는 것이었다. 오르그연구회는 적노경성대책위 산하 독서회로서 이론 방면의 연구는 물론 공장에서 활동하기 위한 실천을 준비하는 역할을 했음을 알 수 있다.박한용, 앞의 글, 179쪽. 여러 독서회나 연구회에 있던 학생운동가들 중 이순금, 이경선, 박진홍 등은 윗글에서 본 것처럼 노동현장에 취업해 노동운동을 시작했다.

또 공원회[4]가 주도한 '적위대운동'도 서울을 중심으로 1930년대

4 공원회는 중앙고등보통학교 재학 중에 사회주의 사상을 수용했다. 그는 1926년 서울청년회에 가입, 집행위원이 되었고, 1928년 연희전문학교를 다니다 중퇴한 뒤 1929년 '전북공산당사건'에 연루되어 체포되었다. 1932년 8월 조선공산당 재건을 위해 적위대를 결성하고 그 책임자가 되었다(김경일, 『한국 근대 노동사와 노동운동』, 문학과지성사, 2004, 476쪽).

에 시작되었다. 이 단체는 1932년 공성회, 정길성, 이상덕 등이 참여해서 적색노동조합의 기초를 준비하기 위한 '대○' 조직을 결성했다. 이들의 시도 이전에 공장에 들어가 활동하려던 고수복이 부영버스 차장으로 취직해서 만난 노동자들을 정길성에게 소개해 주었고, 정길성은 이들을 '대○'에 통합·흡수하였다. 이상덕은 1929년 중앙고보를 졸업한 뒤 고무공장 직공으로 일하다가 다시 신문배달을 하였다. 그는 신문배달 노동자들, 그리고 RS협의회의 권태용 등과 함께 사회과학연구회를 조직하여 활동하다가, 비밀결사인 경성적색노조 건설협의회를 조직하기도 했다.김경일, 『한국 근대 노동사와 노동운동』, 480~481쪽. 적위대운동은 운동의 중심을 노동운동에 두었다. 조직의 기본임무는 서울에 적색노조를 조직하기 위한 준비기관으로 설정하고 이를 위해 공장 안에서 노동자의 조직, 파업투쟁의 선동, 공장뉴스나 기관지의 발행, 공장대표자회의의 소집 등의 활동을 시도하였다. 이들은 대부분 인쇄노동자나 신문배달원, 고무공장이나 철공소 직공 등의 노동자들을 조직했다.김경일, 앞의 책, 490쪽.

다음으로 흥남의 태평양노동조합운동에서 지식인의 노동현장 참여를 살펴보면 다음과 같다. 태평양노동조합은 상해에 본부를 두고 비합법으로 활동하면서 중국, 일본, 소련, 필리핀, 싱가포르, 인도네시아, 몽고 등 태평양 연안 국가들의 노동운동에 개입하였다. 태평양노동조합은 조선에서 노동운동의 중심지로 흥남의 조선질소비료주식회사에 주목하였다. 이 공장은 일제가 1931년 만주사변 이후 대륙침략 정책을 수행하기 위해 함남 일대에 건설한 이른바 중화학공업지대의 중심을 이루고 있었다.김경일, 『한국노동운동사』, 271쪽. 태평양노동조합의 운동과 직접적으로 관련한 활동으로는 정달헌, 주영하 등에 의한 연구회뷰로사무소, 사무국 등이 있었다. 이 조직의 활동은 1930년 11월 중순부터 주영하 등이 만든 공장의 노동사정을 조사하고 노동운동을 연구하기 위한 연구회에서 시작하였는데, 12월에 이 노동자 서클은 정달헌의 지도에 의해 각 직장의 부서연구회로 개조되었다. 연구회뷰로란 그것의 지도기관을 말하는데, 이듬해인 1931년 1월에 이 조직은 '좌익노동조합결성준비위원회'로 발전하였다. 이런 활동과정에서 지식인 출신이 공장에 직접 들어가 노동자를 조직하는 활동을 한 이가 상당수 있었다.

예를 들면 앞서 말한 주영하는 경성제국대학을 졸업하고 1925년 조선공산당에 입당했다. 그 뒤 그는 제1차 태평양노조 조직에 참여한 뒤에 조선질소비료주식회사 흥남공장(약칭 '흥남공장')의 직원으로 일하면서 노동자를 중심으로 연구회를 조직했다. 1930년 12월 연구회를 연구회뷰로로 고치고 총무가 되었다. 1931년 1월 연구회뷰로를 좌익노조 결성준비회로 고치고 조사부 책임자가 되었고, 2월 함흥위원회 결성에 참여하여 화학부 산업부문 책임자가 되었다. 그는 함흥노동연맹을 산업별 조직의 좌익연맹으로 개조하려 했으며 1932년 조선공산당 재건, 적색노조 조직을 위해 노력하다가 검거되어 구속되었다.강만길·성대경 편, 『한국사회주의운동 인명사전』, 470쪽. 또 송성관은 함흥사범학교 및 경성고등예비학교를 중퇴했고, 1928년 무렵 함흥청년동맹에 가입했다. 그 뒤 1931년 1월 흥남공장 노동자가 되어 독서회 결성에 참여하였고, 적색노조 재건을 도모하다가 1931년 12월 공장에서 해고되었다. 그는 1932년 3월 흥남좌익 결성에 참여하고 흥남공장 조선인부 책임을 맡았다. 이후 기관지 『노동자신문』을 조직원들에게 배포하다가 검거되어 1934년에 구속되었다.강만길·성대경 편, 『한국사회주의운동 인명사전』, 248쪽. 한편 주선규도 영생고등보통학교를 다니다가 중퇴하고 1931년 10월 흥남공장 노동자가 되어 적색노조운동에 참여하다가 1934년 '제2차 태평양노조사건'으로 구속되었다. 강만길·성대경 편, 앞의 책, 468쪽.

이러한 태평양노동조합 계열의 혁명적 노동조합운동 이외에도 흥남에는 엠엘ML: 마르크스-레닌계와 조선좌익노동조합전국평의회 계열의 운동가들이 활동을 하고 있었다. 그중에 지식인 출신으로는 박원진을 예로 들 수 있는데, 그는 회동학교 및 용정의 영신학교를 졸업하고 동일학교 교사로 일하다가 1927년 고려공산청년회에 가입하였다. 이어 1929년 6월에는 조선공산당재건설준비위원회에 가입했다. 그 뒤 그는 1930년 10월경 흥남공장에 노동자로 들어가 흥남공장 야체이카공산당조직의 기본단위인 '세포'의 러시아말를 조직하고 책임자가 되었다. 1931년 1월 공청부 야체이카를 조직하고 책임자가 되었고, 공청부 야체이카, 좌익노동조합야체이카 책임자들과 만나 뷰로야체이카를 조직했다. 그해 3월 조선공산당재건설준비위원회가 조선좌익노동조합전국평의회조직준비회로 개편된 후 함흥지역 책임자가 되었다가 1934년 6월에 구속되었다. 강만길·성대경 편, 앞의 책, 203쪽.

원산지역에서도 1929년의 원산총파업 이후 노동운동이 일시적으로 소강상태에 들어갔다가 1930년대 들어서 혁명적 노동조합운동은 활발하게 전개되었다. 원산지역의 혁명적 노조운동에서 가장 주목되는 것은 1936년 10월 무렵부터 1938년 10월에 이르기까지 대략 2년에 걸쳐 전개되었던 운동일 것이다. 이주하를 매개로 최용달, 이강국 등 인텔리 출신 공산주의자들의 도움을 얻어 방용필 등의 노동자들이 혁명적 노조운동과 민족해방통일전선운동을 전개했다. 이들은 1936년 10월에 혁명적 노동조합 준비기관을 결성함과 동시에 기관지 『노동자신문』 창간호를 발간하였다. 또 이들은 철도와 금속, 화학의 3대 부문을 조직활동 대상으로 설정하여 활동하였다.김경일, 『한국노동운동사』, 285쪽.

이주하는 1921년 휘문고등보통학교에 입학했다. 3학년 재학 중에 동맹휴학을 주도하여 퇴학당한 그는 1924년 니혼대학日本大學 재학 중에 사회주의 사상을 수용하고 공산청년동맹에 가담했다. 1928년 5월 귀국하여 원산 부두에서 화물을 운반하는 일고日雇일용노동에 종사하면서 원산노동연합회 재건에 노력했으며, 이 시기 원산무산청년연합회에 가입했다. 그는 1931년에 다시 태평양노동조합 국내조직위원 김호반의 지도하에 원산지역 노조운동에 참여했다. 4월 태로太勞 서북위원회 책임자가 되어 황해도와 평안도에 파견되었다. 평양에서 정달헌과 함께 평양노동연맹좌익위원회를 결성했다. 그는 1931년 여름 '제1차 태로사건'에 연루되어 검거되어 1933년 3월 구속되었다. 1936년 2월 출옥하여 원산으로 돌아와 4월 원산 철도노동자들 속에서 적색노조운동에 착수했다. 이후 그는 흥남, 원산, 평양, 진남포를 무대로 지하운동을 계속하였다.강만길·성대경, 앞의 책, 375쪽.

또 다른 지식인 출신인 송별립은 경성제2고등보통학교를 졸업하고 1931년 5월 원산지역 독서회의 통일기관으로 원산독서회책임자회 결성에 참여하였다. 그해 8월 원산열성자회를 조직한 후 적색노동조합 조직활동을 전개하다가 1932년 4월 '제2차 태평양노동조합사건'으로 검거되어 징역 3년을 선고받았다. 출옥 후 그는 부두노동에 종사했다. 1937년 이주하를 지도자로 하는 적색노조 원산좌익위원회에 참여하여 출판부 책임자가 되어, 기관지 『노동자신문』 제

7~9호를 발행하다가 1938년 10월 무렵 체포되었다. 강만길·성대경, 『한국 사회주의운동 인명사전』, 246~247쪽.

이처럼 혁명적 노조 건설운동이 활발했던 네 지역 이외에도 부산·경남지역에서도 당재건운동의 일환으로 혁명적 노조를 결성하기 위해 학생-지식인 출신들이 노동현장에 직접 들어간 경우들이 있었다. 1930년대 부산·경남지역에서 전개된 당재건운동의 출발은 엠엘ML당을 조직하는 데에 주도적 활동을 했으며, 모스크바 공산대학을 졸업한 한빈의 활동에 의해 이루어졌다. 그는 지역의 활동가 박용선, 전혁(전병건), 박제(박선우)와 함께 공장노동자를 중심으로 한 당조직에 착수하기 위해 공장에 취직하려 시도했다. 오미일, 「1920~1930년대 부산·경남지역 당재건 및 혁명적 노동운동의 전개와 파업투쟁」, 역사문제연구소 편, 『한국 근현대 지역운동사 1: 영남편』, 여강출판사, 1993, 102쪽. 또 한빈과 같이 활동하던 나영철이 마산청년동맹 집행위원이자 마산신간회지회장, 마산노동연맹원으로 지역운동을 하던 최명출을 공장활동을 하도록 끌어들인 것이다. 오미일, 앞의 글, 103~104쪽. 이는 노동자를 조직하기 위해 공장으로 들어가려는 시도를 보여 주는 것이다.

또 다른 움직임은 화요계조선공산당재조직준비위원회의 당재건운동으로, 이 조직의 부산지역 당재건 임무를 부여받은 이는 이영조였다. 그는 1929년 조선방직회사에 직공으로 들어가 노동자를 규합하려 했고, 그 과정에 1930년 조선방직회사 파업이 일어나자 이에 개입했다. 오미일, 앞의 글, 105쪽. 이 파업은 조선 노동운동사에서 최대의 투쟁이었던 원산총파업이 있은 지 1주년이 되는 시점에 일제 독점자본의 교두보라 할 부산 총독부의 지원금을 받는 미쓰이계 재벌기업소에서 일어났다는 점에서 전국적인 관심을 끌기에 충분했다. 파업을 주도한 세력은 중락회였는데 이영조는 조선방직공장에 취직한 뒤에 중락회에 참여해 파업에 같이 개입했다.

이들 외에 이 시기에 모스크바 공산대학 출신으로 혁명적 노조 건설을 위한 활동을 전개했던 이는 전수창이다. 그는 고려공산청년회원으로 1929년모스크바 공대에 유학을 갔다가 1931년 프로핀테른소련을 중심으로 결성된 공산주의계열 노동조합 국제조직의 지시에 따라 국내로 들어와 부산 양화직공조합과 고무공장에서 직공으로 일하면서 기존의 노조를 좌익화시키려고 노력하다 검거되었다.오미일, 앞의 글, 126쪽.

그밖의 지역에서도 1930년대 혁명적 노조운동을 전개하기 위해 지식인 출신들이 노동자가 된 경우도 더러 있었다. 확인된 예로는 우선 최공집을 들 수 있는데 그는 1927년 서울 보성고등보통학교에 입학해서 1930년 9월 동맹휴교를 주도하다가 퇴학당하였다. 그는 1932년 서울에서 가구점의 목공으로 일했고, 11월 모스크바 동방노력자공산대학 속성과에 입학했다. 그후 1933년 9월 조선공산당 재건을 위해 귀국하여 평양에서 목공으로 일하면서 혁명적노조를 조직하기 위해 노력하다가 구속되었다.강만길·성대경, 앞의 책, 487쪽. 또 정달헌은 1925년 연희전문 학생으로 6·10만세 운동에 가담하였다가 일본 경찰의 추적에 쫓겨 러시아로 들어가 동방노력자공산대학을 졸업했다. 그는 1931년 1월경 평양에 들어와 노동자 생활을 하면서 평양노동대회를 산업별 노조로 개편케 하는 한편 평양양말공장직공조합에 근거를 두고, 1932년 5월경에 적색노조를 결성하였다. 그후 평양시내의 평원고무, 세창고무 등 고무공장 파업을 지도했는데, 1933년 적색노조 활동이 발각되어 30여 명의 노동자가 검거되었다. 검거된 이들 가운데 정달헌 등은 처형되었으며, 강주룡 등 2명은 옥사하였다.김윤환, 『한국노동운동사 1: 일제하 편』, 282~283쪽.

또 한국형도 니혼대학日本大學 전문부 경제과에 입학했으나 1학기 만에 중퇴한 지식인이었다. 그는 1931년 3월경 노동운동을 하기 위해 진남포로 가서 운수조합에 가입하여 부두에서 노동을 하면서 활동을 했다.강만길·성대경, 『한국사회주의운동 인명사전』, 516쪽. 마지막으로 권우성은 1931년 서울 중앙고등보통학교 입학해서 1933년 2월 일제의 열하熱河출병에 반대하는 반전反戰격문을 살포하다가 구속되었다. 그는 1934년 6월 출옥하여 8월 마산에서 독서회, 적색노조 결성활동을 했다. 1935년 5월에는 서울에서 혁명적 노동조합 결성활동을 하다가 1937년 다시 구속되었다. 그는 마산에서 고무공업에 종사하면서 1940년 경성콤그룹에 참여해 마산 책임자로 활동하다가 1941년 검거되었다.강만길·성대경, 앞의 책, 36쪽.

이처럼 광주학생운동 전후로, 반제동맹운동과 더불어 노동·농촌현장에의 관심이 높아지고 학생운동가들이 직접 참여하는 움직임이 일어났다. 특히 노동운동의 경우 혁명적 노동조합운동을 중심으로 노동현장에 투신했던 학생·지식인들의 활동은 1940년대에는 지속적인 일제의 탄압으로 침체됐다. 그러나 1930년대 혁명적 노조운동은 해방공간에서 조직적이고 폭발적인 노동운동이 등장할 수 있는 바탕이 됐다.

2절

현대 학생운동의 초기적 노동문제 인식과 전태일 분신사건[1]

1) 1960년대 학생·지식인의 노동문제 인식

일제강점기에 사회주의를 지향하던 학생·지식인들의 노동현장 투신은 해방과 한국전쟁을 거치면서 단절되었다. 이후 1960년대 후반기부터 극히 일부의 학생운동가들이 노동현장에 투신했고, 1960년대 말 학생운동 내부에는 기존의 정치이슈 중심의 활동에서 벗어나 사회문제를 구조적으로 인식하려는 소수의 이념서클들이 싹트고 있었다. 전태일 분신사건은 이념서클들이 노동문제와 노동운동에 관심을 갖도록 촉발시키는 데 영향을 미쳤다.[2] 이에 대해 구체적으로 살

1 2절과 3절은 민주화운동기념사업회, 『기억과 전망』(29호, 2013)에 실렸던 「학생운동가들의 노동운동 참여 양상과 영향: 1970년대를 중심으로」를 수정·보완한 것이다.

2 학생운동가들의 노동현장 참여에 대해서 기존 연구에서는 전태일 분신사건의 영향으로 본격화되었다거나 또는 그 이전부터 학생운동가들이 노동문제에 관심이 있었다는 제기가 있다. 그런데 전태일 분신사건이 일어났을 때 대학생들이 곧바로 대응했는데, 이런 움직임이 어떻게 가능했는지, 즉 분신사건 직전의 학생운동의 변화의 내용이 무엇인지 또 이 변화에 어떤 영향을 준 것인지 제대로 규명되지 않았다.

펴보면 다음과 같다.

5·16군사쿠데타로 등장한 박정희정권은 군부, 정보기관, 관료기구 등을 골간으로 권력집단을 재편하여 강력한 국가권력을 유지하였다. 무엇보다도 절대권력을 가진 중앙정보부를 핵심적인 통치기구로 강화시켰으며, 미국 유학파가 주류인 기술 관료들이 참여한 경제기획원을 중심으로 '효율적'인 관료기구를 확대·강화했다. 이런 조건에서 1960년대는 첫째, 제1·2차 경제개발 5개년 계획을 통한 종속적 산업화의 진행, 둘째, 한일국교정상화와 베트남전쟁 개입으로 상징되는 한·미·일 지역통합체의 구축, 셋째, 제7대 국회의원 선거에서의 '6·8부정선거', 1969년 3선개헌 추진 등으로 1인 통치체제의 구축, 넷째, 한일회담 반대운동과 부정선거 규탄 및 3선개헌 반대운동 같은 학생운동에 대한 폭력적 억압 등으로 특징지을 수 있다.역사학연구소,『함께 보는 한국 근현대사』, 서해문집, 2004, '3장 박정희 군부정권의 등장' 편 참조 정리.

이러한 시대상황 속에서 1960년대 학생운동은 정치문제 중심으로 활동을 벌였다. 1964~65년의 한일회담 반대운동, 1967년의 6·8부정선거 규탄데모, 1969년의 3선개헌 반대운동 등이 대표적이었다. 1960년대 학생운동은 이념면에서 소박한 민족주의 정서와 자유민주주의 이념에 기반을 두고 있었고, 조직면에서 이념서클은 초보적 수준에 머물렀으며, 주로 학생회를 중심으로 운동이 전개되었다. 그 때문에 학생운동은 민주주의와 민족주의라는 대의에 크게 어긋나는 일들을 반대한다는 소극적인 성격이 두드러졌다. 정치문제가 제기될 때마다 간헐적으로 집회와 시위를 반복하는 이슈 중심의 투쟁일 뿐이었다.문용식,「1960~80년대의 청년학생운동」,『한국사』 20권, 한길사, 1994, 251쪽.

이런 학생운동의 분위기와 달리 1960년대 중반부터 노동문제와 노동운동에 관심을 가진 극소수의 움직임이 나타나기 시작했는데, 다음의 세 가지 흐름이 있었다.

① 노동현장에 직접 투신한 경우

먼저, 해방 전후 사회주의자들의 활동이 구전口傳되어 영향을 주는 상태에서 4·19혁명, 6·3항쟁 등의 패배로 학생운동의 한계를 벗어나기 위한 모색이 있었다.[3] 그 과정에서 서울대 정치학과 김정강(59학번)처럼 사회변혁을 지향하며 노동현장에 직접 들어간 경우가 있었다.[4] 1960년대 처음으로 노동현장에 들어간 김정강의 경우는, "5·16 쿠데타 이후 등장한 박정희 군부독재정권은 한국사회를 식민지 반봉건사회에서 점차 미국에 종속적이지만 독점자본주의로 발전시켜 갈 것"이고, 그러므로 "학생들은 10년 내지 20년 뒤를 바라보며 대비해야 된다"는, 자신이 정리한 한국사회에 대한 판단에 따른 행동이었다. 그는 1965년 불꽃회 사건으로 감옥에서 생활하면서 "독재정권

3 1964년 한일협정 반대투쟁은 6·3사태 이후 좌절되었다. 4·19혁명이 학생운동의 가능성을 열어주었다면, 6·3의 패배는 학생운동의 한계를 보여 준 것이다. 그 한계를 극복하기 위한 모색들이 학생운동가들 사이에서 심각하게 논의되면서 시도되었다(「인식과 전략」, 김용기·박승옥, 『한국 노동운동 논쟁사』, 현장문학사, 1989, 98쪽).

4 김정강은 1959년 서울대에 입학했다. 그의 이념 형성에는 다음과 같은 세 가지 요소가 영향을 주었다. 첫째, 1960년대 직후 대학에 일제강점기 사회주의자들의 활동에 대한 이야기가 전해지고 있었다. 둘째, 김정강은 정치학을 전공하였는데 전공과 관련된 서구 이론을 학습하면서 간접적으로 마르크스 이론을 접하게 됐다. 그는 마르크스의 책을 읽기 위해 독일어, 영어, 일본어를 공부하고 『공산주의 비판』, 『공산당 선언』, 『반뒤링론』 같은 원서를 읽었다. 셋째, 그는 선배의 권유로 신진회에 참여했는데, 당시 신진회는 민주사회주의를 연구하는 경향을 갖고 있었다. 이어 그는 4·19혁명에 참여하면서 혁신계 운동 세력의 영향을 받았다.[김정강 구술]

을 학생운동의 힘으로 무너뜨릴 수 없으며 광범위한 대중운동의 발전된 힘으로만 가능하다"고[김정강 구술] 보았다. 그는 대중운동의 중심적이고 핵심적인 세력은 노동자와 농민이라는 전통적인 계급론과 혁명론을 수용하였다.

1966년 8월 석방된 김정강은 불꽃회 구성원을 중심으로 '무명당'을 조직하였다.[5] 그는 당시 독재체제에서 전위당 건설은 바로 탄압으로 와해되기 때문에 당을 건설할 필요가 없으며, 전위당이 대중운동을 지휘해야 할 현실적 필요가 있을 때 건설해야 한다고 판단했다. 그 때문에 당장은 새로운 조직운동 방식이 필요하다고 보았고, 그 현실적 실천이 '무명당'이었다. 무명당은 '불문불기不文不記: 글을 쓰지 않고 기록하지 않는다, 무형무명無形無名: 형체도 없고 이름도 없다'을 원칙으로 일대일一對一 관계의 점조직 방식으로 운영됐다. 그는 당원들은 노동자, 농민, 지식층, 중소기업의 자본가들 속에서 '소조'를 형성해야 한다고 보았다. 이런 대중활동과 동시에 전위당 건설의 문제도 중요하게 보았다.[김정강 구술] 특히 그는 노동운동 참여를 중요시하여 노동현장에 직접 진입할 필요성을 주장하면서 단체 참여론을 주장하는 이들과 다음과 같이 논쟁을 벌이기도 했다.

> '세비로せびろ背広: 양복를 벗고 노동자로 들어가자.' 여기에 대해서는 이의가 나왔어요…. 뭐냐면 '우리는 인텔리기 때문에 과학적 이론

5 1960년대 인민혁명당, 통일혁명당, 남조선 해방전략당 등의 사건으로 대중 역량 자체를 조직하지 않고 전위조직을 시도하는 것은 무모하다는 입장이 확산되었다. 학생운동출신들은 학원을 이념서클의 기반으로 하면서 반정부투쟁에 투신하는 경향과 노동현장 속으로 침투해 들어가는 경향으로 나뉘었다(경찰청, 『해방 이후 좌익운동권 변천사』, 1992, 89~90쪽). 여기서 후자인 현장론의 시각을 주장한 것이 김정강그룹에 속한다.

을 장악을 하고 있다…. 펜을 무기로 해가지고 중간단체… 거기서 우리의 이론을 펼치고 동조하는 노동자들을 장악을 한다.' 그리고 '세비로를 벗고 들어가 본들 고생만 하고 별 게 없을 거다' 이겁니다…. 그래서 제가 정리를 한 겁니다. …… '운동의 주主방향이 있고, 종從방향이 있으니까 주방향은 직접 들어가고 종 방향은 중간단체 침투를 하자.' 왜냐면 하나의 노동조합은 외부에서 장악할 수 있을지도 모릅니다…. '그거는 노동조합 장의 참모가 되는 거다' 이겁니다…. 그러나 '직접 들어가서…… 노동조합 장의 직위를 탈취를 하면 자기 세력이다' 이겁니다.[김정강 구술]

이런 논의 결과 1960년대 말에는 무명당 관련자 중 김정강과 조직관리를 담당했던 임무현 등이 노동현장으로 들어갔고, 1970년대 후반기 장경옥, 김문수, 노병직 등이 합류했다.

김정강은 1966년 말부터 수도배관 품팔이로 노동을 익히기 시작했다. 그 뒤 모집공고를 보고 녹음기와 라디오를 생산하는 안양의 전자공장에 김수복이라는 가명을 사용해서 입사했다. 12시간 맞교대로 납땜을 하면서 기숙사 생활을 하다가 노동자들을 모아 친목회를 만들기도 하였으나, 그 과정에서 신분이 드러날 조짐이 보이자 회사를 나왔다. 이후 1년 정도 직장생활을 하다가 다시 롯데제과를 다니면서 기술을 배워 보일러 기능사 자격증을 습득하고 퇴사하여 새로운 사업장 진출을 시도했다.

처음에 노동현장을 전혀 모를 것 아닙니까. 그러니까 일용직, 수도배관하는 데 품 팔러 다니는 거죠. 그러다가 처음으로 취업을 하게 된 거죠. 길가에 붙어 있는 광고가 있지 않습니까? 그거를 보니까 안양에 있는 전자공장에서 공원들을 모집하더라고요. 그래서 조립공이라 써놨는데 조립공이 뭔지도 모르겠고. 허허. 일단 갔죠…. 그게 전자회삽니다…. 녹음기, 라디오 이런 거를 만드는 거예요. 납땜하는 훈련을 하루 이틀 정도 시키더라고요…. 라인이 쫙 흐르는데, 컨베이어 옆에 서 있다가 납땜하는 그곳만 딱딱 때우는 거예요.[김정강 구술]

이처럼 김정강은 노동현장에 적응하면서 다른 한편으로는 노동현장에 들어가 있던 무명당원들의 경험을 모아서 공장에 침투하는 방법, 노조를 만드는 방법, 그리고 회사와의 관계를 어떻게 가져갈 것인가 등의 공장활동 방법을 정리한 「공장 공작규정」이라는 지침서를 만들었다. 그 뒤 그는 1979년 삼립식빵 공장 전기주임으로 입사해 일하다가 1980년 '과학적 사회주의연맹 사건'으로 구속되었고 이후 운동을 정리했다.[6]

김정강보다 조금 늦게 노동현장 진출을 시도한 이는 신금호였다. 그는 1966년 서울대 정치학과에 입학한 뒤 민족비교연구회에 참여하여 학습하고 시위에 참여도 하였다. 군대생활을 하고 1968년 복학한 그는 통일혁명당 관련자들에게서 레닌과 마오쩌둥의 저작물들

6 이 조직의 활동에 대해 정보당국은 다음과 같이 파악하고 있었다. "'과학적 사회주의연맹'은 60년대 중반 이후 서울대 좌익이념서클 출신들 중에서, 노동현장에 침투하여 장기간 노동현장활동을 하여 온 자들이 주축이 되어 구성되었다. 이들은 80년대 당시 서울대 학생지도부를 주관하고 있던, 소위 '무림'의 선배격이라고 할 수 있으며, 이 사건 관련자로 50여 명이 관계당국에 검거된 바 있고, 80년대 들어 북한과 연계되지 않은, 자생적 좌익집단으로서 최초로 적발된 사건이었다."(경찰청, 『해방 이후 좌익운동권 변천사』, 103쪽.)

에 대해 듣고 도서관에서 『실천론·모순론』, 『신민주주의론』 등의 책을 찾아 탐독했다.[7] 그는 이런 학습과정에서 '사회과학적 세계관'(마르크스주의)을 갖기 시작했다고 한다. 그는 학습 이외에도 농촌참여, 광산참여 등의 사회참여 활동을 했고, 그 때문에 "노동현장에 참여한다는 것은 이미 형성된 세계관 속에서 자연스러운 결정"이라고 했다. 이에 대해 신금호는 다음과 같이 말한다.

> 노동문제 접근해 나갈 때 내 후배나 김근태나 많은 사람들이… 천편일률적으로 '전태일로부터, 그쪽으로다가 발상이 전환됐다'고 할 때, 나는 그렇지 않다고 생각해요. 나는 사상적인 면이 가미되어 있단 말이에요. 전태일 개인에 대한 그런 것이 아니라 이미 세계관이 있었던 거라…. 통혁당 사람들하고도, 예를 들면 '박헌영은 뭐 벽돌 공장에서 일했다'는 이야기, 또 문리대만 해도 방학 때 농촌으로 가거나… 광산 막장까지 들어가 보거나. 따라서 그것의 연관으로 이데올로기적 시각이 있어서, 그것을 공장 속에서 해보겠다는 생각이었죠.

7 통일혁명당은 1968년 8월 24일 중앙정보부가 발표한 '통일혁명당 간첩단 사건'으로 세상에 알려졌다. 규모면에서는 1968년 서울, 전남에서 시작되어 1970년대에 경북지역까지 확대되었다. 활동은 지속되어 사건 이후에도 1969년 창당준비위원회를 결성했고 1970년 2월에는 당창건을 선포하였다(한국역사연구회 현대사연구반, 『한국현대사 3: 1960, 70년대 한국사회와 변혁운동』, 풀빛, 1991, 182~184쪽). 특히 그 구성면에서는 1950년대와 1960년대 대학생 출신의 지식층으로 구성되어 있어서 당시 학생운동에 일정하게 영향력을 행사할 수 있었다. 그중에 1968년 통혁당 서울시위원회는 김종태, 김질락, 이문규를 비롯한 지식인들을 모체로 하고 있었고, 특히 서울대학교 문리대, 상과대 출신자가 큰 비중을 차지했다(편집부 편, 『통혁당』, 대동, 1989, 75쪽). 이처럼 통혁당에 가담한 문리대 학생들은 주위의 대학생들에게 영향을 미친 것으로 확인된다. 신금호만이 아니라 통혁당에 가담한 박성준의 영향으로 서경석은 마르크스주의를 학습하면서 산업사회연구회를 결성해 노동현장을 지향하는 서클 흐름을 만들기도 했다.

그 뒤 신금호는 안양로 등 몇몇 학생운동가들과 같이 노동현장 투신에 대해 고민했으나 결국 혼자 현장에 들어갔다. 그는 노동현장에 들어가기 위해 졸업 직전에 중소기업기술진흥센터를 다니며 용접기술을 배운 후 문래동의 봉신주물소 등 소규모의 공장을 전전하면서 용접을 했다. 그러다가 더 확실한 경험을 하기 위해 광산을 갈 생각을 했는데, 당시 "흥국탄광이 괜찮다"는 주위의 이야기를 듣고 아무 연고도 없는 삼척시 도계읍의 흥국탄광에 들어갔다. 그는 기술이 없었기 때문에 난장에서 도구 수선 일을 하다가 갱도에서 일하는 후산부로 노동을 했다. 그런데 5개월여 일하는 기간 동안 서울에서 친구에게 빌려 준 책이 당국에 걸려 문제가 되면서 수배되자 신금호는 탄광을 정리하고 도피하였다. 그러나 결국 잡혀서 반공법 위반 혐의로 조사를 받다가 무죄 판결을 받고 풀려났는데, 그는 무죄로 풀려났더라도 그 경력이 현장에 들어가는 데는 저해 요인이 된다고 생각했다. 결국 신금호는 1976년부터 장명국의 소개로 대한전선 노동조합의 기획연구실장으로 활동하기 시작했다(당시 대한전선 노동조합은 대한전선, 대한제당, 텔레비전을 생산하는 전기공장 등 모두 7개의 공장으로 구성되어 있었다. 조합원은 가장 많았을 때에 12,667명까지 있었다).

②노동문제 연구소를 통해 노동문제에 개입한 경우

둘째, 직접 노동현장에 투신하는 흐름과는 달리 경제개발계획 이후 산업화의 진전에 따라 파생되는 노동문제 등을 연구하기 위한 연구소와 이념서클이 생기기 시작했다. 사실 1960년대 전반기까지 지식인들이나 사회운동 세력은 노동문제에 관심이 적었다. 이들은 주로 농업문제나 농민운동에 관심을 기울였다. 1950년대 후반기부터 1960년대 전반기까지는 사단법인 '한국농업문제연구회'를 중심으로, 1960년대 후반기에는 사단법인 '한국농업근대화연구회'를 중심으로 농업문제연구와 농촌운동 참여가 이루어졌다. 김낙중, 「지식인과 노동운동」, 박현채 외, 『한국자본주의와 노동문제』, 돌베개, 1985, 403쪽.

그러나 노동문제에 대한 사회적 무관심은 박정희정권이 경제개발계획을 추진하여 산업화가 진전되고 노동자계급이 형성되어 가자 변화하기 시작했다. 일부의 지식인들이 고려대학교 노동문제연구소, 서강대학교 산업문제연구소[8]를 만들어 노동문제를 연구하고 노동자교육을 시도했다. 특히 고려대 노동문제연구소는 1965년 12월 김윤환 교수를 중심으로 만들어진 최초의 노동문제 연구기관이자 교육기관이었다. 김윤환 교수는 1960년대 전반기 산업화 정책이 본격적으로 추진됨에 따라 파생될 노동문제의 중요성을 인식하고 노동자 권익향상을 위해서 '노동자들의 자각'이 중요하다는 판단을 하였다. 그는 1964년 노동경제연구소를 만들어 1965년에는 고려대 부설 노동문제연구소(약칭 '노문연')로 전환시켰다. [김낙중 구술]

김윤환 교수는 노문연 창립부터 학제 간 협력이 필요하다는 생각을 갖고 노동법, 노무관리, 경제학 등을 전공한 교수들을 참여시켰다. 연구소의 소장은 김윤환 교수였고, 총 간사는 김낙중, 그밖에 간

8 서강대학교 산업문제연구소는 1966년 6월 독일에서 온 프라이스 신부가 중심이 되어 서독정부의 원조로 출범하였다. 이 연구소는 1966년부터 노동교육과정을 개설하였고 노동문제와 관련된 자료들을 발간하였다. 교육과정은 일반과정, 특별과정, 단기과정으로 나뉘어 실시되었으며 노동조합 임원을 중심으로 경영관리층, 정부 실무자, 사회단체, 언론인, 종교인 등이 참가하였다(김낙중, 앞의 글, 404쪽).

사로 노중선, 박종렬 등이 있었다.

노문연이 처음 추진한 일은 노동문제에 대해 학생들과 관심있는 사람들을 대상으로 한 '노동문제 세미나'였다. 이 세미나의 특징은 노동계, 기업, 정부 등 노동 관련 당사자들을 직접 불러서 발표를 하게 한 것이었다. 예를 들어 1966년에는 노동청장 이승택이 참여하여 '한국 노동행정의 방향'을 발표하거나, 한기수 한국노총 사무총장이 '노동운동의 방향'에 대한 의견을 개진하였고, 또 경영자협의회의 윤능선 사무총장에게는 기업주측의 입장을 발표하게 했다. 이 세미나는 1966년에서 1967년까지 진행되었다. 1967년에는 한국경제 세미나를 진행했는데, 주요 주제는 한국경제의 방향, 특히 2차 5개년 계획 등에 대한 것으로서 발표 때는 경제기획원 종합기획 과장을 불러 그 내용을 듣기도 했다.[김낙중 구술]

이어 낮에는 근무하는 노동조합 간부들을 위해 저녁시간에 '수요연구발표회'(수요회)를 만들어 당시 자동차노조 본부에서 노동문제를 둘러싼 여러 주제를 발표하고 토론 형식으로 진행했다. 이 발표회에는 한국노총 간부, 산별노조 간부, 공기업 노조의 간부들이 참여했다. 이 발표회가 발전되어 만들어진 것이 '노동교육과정'이었다. 노동교육과정은 1967년부터 봄과 가을에 매년 2회씩 진행해서 13기가 진행됐다. 주요 내용은 노동운동사, 노동조합론, 노무관리론 등이었고 강사는 대학교수나 전문가들로 구성됐다. 이 노동교육과정에 대해 김낙중은 다음과 같이 말한다.

> 고려대학교라는 간판도 이용할 겸 '성인교육과정을 하자', 그게 노동교육과정이에요…. 노동문제에 대한 각종 지식, 노동운동사, 노

동조합론, 노동경제학, 노무관리론 이런 거, 노조 간부들로서는 알아야 될 만한 과목들을 전부 만들어 교수들, 실무 전문가들 모셔가지고 얘기를 하는 거예요. 이 과정을 거친 사람들이 각 산별노조에 전부 있어요…. 노조에서 등록금을 줘 공부할 기회가 생기고, 거기에 고려대 노동교육과정을 나왔다는 간판도 생기니까 좋아하지, 그리고 각 회사의 노무관리 담당자들도 노동법이나 노동쟁의조정법이고 뭘 알아야 제대로 할 것 아냐…. 심지어 노동청 직원도 오고, 노동문제에 관심 있는 학생들이나 사람들도 와요.

'노동교육과정'은 교육도 중요했지만 교육 이후 뒤풀이 자리를 활용해서 노조 간부들과 간사들이 실제 노동조합활동에 대한 여러 논의를 진행하면서 친목을 다지기도 했다. 이런 과정을 거쳐 '노동교육과정'에 참여한 노조 간부들이 노조에서 노동자들의 권리에 대해 주장하는 등 약간의 변화가 나타나기도 했다. 이에 노문연은 노동문제를 좀더 알리기 위해 『노동문제』라는 노조 간부들을 위한 회지를 발간해 각 노동조합에 배포했다. 『노동문제』는 7집까지 나왔는데, 마지막 7집에 전태일 분신사건과 관련한 사진을 넣고 서울대 학생들의 추모사 등을 기사로 담자 정보기관에서 배포를 금지시켰다.[김낙중 구술]

한편 노문연은 대학부설연구기관으로서 『노동문제논집』을 발간하였는데, 노동경제학·노동법·특정 노동문제 주제를 다루는 등 노동문제 관련 논문을 모아 출간하였다. 그밖에 외부용역을 받아 「한국의 인력개발에 관한 연구」, 「우리나라 직업훈련제도 개선방향에 대한 연구」, 「과학기술계 집중표준화를 위한 조사연구」, 「임금물가 노동성, 생산성에 관한 연구, 우리나라 근로자들의 노동시간 실태에 관한 연구」, 「우리나라 기업의 임금, 임금구조개선과 근로자 생활안정에 관한 조사보고서」, 「광산근로자 실태 조사보고서」, 「연소근로자 노동실태와 보호대책에 대한 연구」, 「통일문제에 대한 노동자의식조사」 등의 연구사업도 진행했다.

특히 1970년대 들어 민주노조들이 결성되면서 노조 간부들이 노동교육과정에 참여하였고, 유신체제 등장 이후 탄압받는 민주노조들이 투쟁을 벌이면 지원활동을 하기도 했다. 예로 원풍모방 투쟁 때는 연구소의 간사들이 한 달 넘게 참여하기도 했다. 이와 같이 노동문제를 중심으로 한 연구, 조사, 교육활동을 벌이던 노문연은 1973년 'NH사건'[9]으로 간사인 김낙중, 노중선 등이 구속되고 한맥회원들이 다수 구속되면서 활동이 정체되었다.

한편 노문연은 고려대 학생운동 이념서클인 한맥회의 활동방향에 중요한 영향을 끼쳤다. 당시 고려대에는 이상수, 조성준(67학번)이 만든 '민맥' 서클과 이원보와 천영세(66학번)가 만든 '한모임'이 활동하고 있었다. 1969년에 이 두 서클이 통합해 '한맥회'를 결성했다. 한맥회는 지도교수인 김윤환 교수를 통해 구성원들이 노문연의 프로그램에 참여하여 간사들과 관계를 맺으면서 노동문제에 관심을 갖기 시작했다.[이원보 구술] 그 영향으로 학생운동가들의 의식에

9 1973년 5월 24일 중앙정보부는 고려대 노동문제연구소 김낙중이 중심이 된 'NH회의 학원침투 간첩단 사건'을 발표하고, 이들을 국가보안법과 반공법 위반·내란선동·내란음모 등의 혐의로 구속했다. 이 사건은 위수령 때 해체된 서클 한맥회의 성원들이 「민우」라는 유인물을 제작하여 공단 주변과 고려대에 배포하자 중앙정보부가 그 주모자를 조사하던 과정에서 노동문제연구소의 김낙중 등 2명과 학생운동가 8명 등을 엮어 '학원 침투 간첩단'을 조작한 것이었다(민주화운동기념사업회, 『한국민주화운동사 연표』, 민주화운동기념사업회, 2006, 242쪽).

변화가 생겼다. 이에 대해 김영곤은 한 인터뷰에서 "노동문제연구소가 있어 노동문제를 가깝게 볼 수 있었"으며, 그 영향으로 4·19 이후에 보면 민족주의적 경향이 있었는데, 그와 다르게 "대학 초년생들을 중심으로 반反박정희, 진보적 민족주의, 친親노동, 농민에 대한 연민, 이런 정서가 생긴 거"라고 증언했다. 김영곤 인터뷰, http://blog.jinbo.net/comworld/494.

③ 학생운동의 한계 속에 장기적 대안 모색에 나선 경우

셋째, 학생운동 세력은 반독재투쟁에서 지속적 좌절을 맛보았고, 3선개헌 반대투쟁의 실패 이후 새로운 방향을 모색하는 과정에 노동문제에도 관심을 기울이기 시작했다. 학생운동은 한국전쟁 이후 4·19 학생운동, 6·3한일회담 반대투쟁, 3선개헌 반대투쟁 같은 민주·민족적 지향과 함께 1968년 학원민주화투쟁이나 1970년 교련반대투쟁 같은 학생운동의 전통을 만들어 가고 있었다. 그러나 이들은 정권의 탄압으로 소기의 성과를 거두지 못하면서 운동 내용과 방식의 변화를 요구받게 되었다.

예를 들어 서울대의 경우를 보면, 1969년 3선개헌 반대투쟁이 좌절되자 소수의 선진적 학생운동가들은 학생들이 벌이는 정치운동의 한계를 절감하였다. 이들은 독재체제의 장기화에 대비하기 위해서는 경제문제 등에도 관심을 갖고, 운동의 주체도 학생운동을 비롯해 노동운동, 농민운동이 어우러져야 한다는 생각으로 장기적 대안을 모색하기 시작했다. 당시에는 비록 "사회변혁이라는 용어를 사용하지 않았지만, 민주화와 사회변혁을 포괄적·구조적으로 사고하는 경향이 대두"하였다.[10] 이에 대해 서울대 68학번이었던 김승호는 다음과 같이 증언하고 있다.

> 박정희체제가 자리를 잡아가는 상황이었으니까…. 학생운동에서 박정희를 극복을 하려면 보수야당이 하는 것처럼 박정희 반대에, 그 전에는 3선개헌 반대나 6·8부정선거 반대하거나가 아니라 야당을 지지해 주는 수준이었잖아요? 사실은…. 그래서… '박정희와의 싸움을 그렇게 해서는 한계가 있는 거 같다. 3선개헌이 됐으면 다음 번에 영구집권 될 텐데… 좀더 구조적인 모순에 대해서 대응을 해야 한다'는 쪽으로 생각을 하기 시작하고. 그래서 외자도입문제라든지 경제종속문제들에 관심을 가져야 된다는 인식들이 생기고. 또 '운동의 주체가 학생만 가지고는 안 된다. 사회운동, 노동운동, 농민운동 이런 부분들이 힘을 얻어서 그 힘에 의해서, 가령 구조적인 모순을 해결해야 한다'는 쪽으로 자연스럽게 전반적으로 학습 내용들이 변화하고 움직입니다.

이러한 학생운동의 반성과 일부 방향 전환의 움직임이 가장 직접적으로 나타난 것은 이념서클의 등장이었다. 예컨대 서울대 법대 조영래가 사회법학회를 만들었고, 1969년에는 후진국사회연구회와 서울공대의 산업사회연구회가 만들어졌고, 그밖에도 한국사회연구

10 1960년대 이후 6·3사태와 3선개헌을 경험하면서 각성되기 시작한 선진적 학생운동가들은 운동 주체로서 민중에 주목하기 시작했다. 당시 주체 형성의 문제의식을 실천에 옮기기 시작한 이들의 일부는 1970년대 초 활성화되기 시작한 도시빈민과 노동자들의 생존권보장 요구투쟁을 지원하는 민중지원투쟁에 헌신하게 되었다(이해찬, 「유신체제와 학생운동」, 한승헌 편, 『유신체제와 민주화운동』, 삼민사, 1985, 188쪽).

회(1968. 3), 이론경제학회(1969. 3), 문우회(1970. 6), 낙산사회과학연구회, 도산사회과학연구회, 복문회, 경제법학회, 농촌법학회 등 여러 서클들이 결성되어 활동하기 시작했다. 특히 산업사회연구회는 서경석(서울대 66학번)에 의해 1969년에 만들어진 이념서클로서 초기부터 선도적으로 공장활동을 시도하는 등 노동현장 지향성을 강하게 갖고 있었다.[11] 이 서클은 1970년대 내내 유지되면서 지속적으로 학생운동가들이 노동현장에 참여하는 데 영향을 주었다.

이처럼 이념서클들은 학습을 하는 동시에 민중의 삶의 실태를 파악하기 위해 광산촌이나 빈민촌 실태조사, 농촌활동, 빈민촌활동 등에 참여하는 실천을 병행하였다. 이런 움직임은 이념서클에 공통적으로 나타났다. 예를 들어 후진국사회연구회의 나병식은 1969년 들어 서클 선배들이 학생운동을 변화시키려는 의식을 갖기 시작했다고 말하였다. 이어 그는 선배들이 실천적으로는 1970년을 전후로 해서 이전부터 있었던 농촌활동, 판잣집 조사, 빈민촌활동 등에 더 관심을 기울였는데, 이는 당시 사회운동의 흐름이 민중지향적으로 변해 가는 분위기에 그의 선배들이 보조를 맞춘 것이라고 말한다.민주화운동기념사업회, 나병식 구술, 『학생운동사구술자료집』 2권, 2011, 27~29쪽.

이런 대학 내부의 움직임은 대학 간의 연계를 강화하는 방식으로 진행되기도 하였다. 한축으로는 서울대 장기표를 중심으로 대학

11 서경석은 1966년 서울공대에 입학해서 박세일을 통해 이념서적을 보게 되었고, 1967년에는 휴학을 한 채 본격적인 사회주의 공부를 하였다. 그는 경제복지회의 회장 박성준(통혁당)을 만나서 비밀지도를 받기도 하였다. 서경석은 1969년에 이념서클인 산업사회연구회를 만들었다. 1970년 11월 전태일 분신사건이 일어나자 그는 새문안교회에서 '참여와 호소의 금식기도회'라는 추모농성을 벌이면서 기독교학생운동의 서막을 열기도 했다. 그는 민청학련사건으로 구속되었다가 1975년 2월 석방된 뒤에는 한국기독학생총연맹(KSCF)의 간사로 활동했다(신동호, 『70년대 캠퍼스』, 도요새, 2007, 39~41쪽).

합동수련회 등을 개최하여 학생운동의 활동 방식에 대한 반성과 방향을 둘러싼 논의를 1년 정도 진행하였다. 대학합동수련회에 대해 김승호는 다음과 같이 말한다.

> 70년에는 3선개헌 반대투쟁의 성과를 가지고 각 대학들 간에 합동수련회를 몇차례 했어요. 벽제 쪽에 가서 했고, 수유리 쪽에서도 하고…. 그때 장기표 선배를 앞세우고 주로 법대에서 주도를 했죠. 거기에서도 계속 논의의 초점이 '반反박정희로 할 것이냐, 아니면 구조 변혁을 목표로 해서 사회운동을 할 것이냐', 이런 걸 가지고 토론들을 했어요…. 그때 '너무 정치적인 데만 집중하는 운동은 한계가 있다', 그건 말하자면 정권하고 싸움하는 거로 단기적으로 맞지만, 장기적으로는 올바르지 못하다는 거고. 실천적으로도 광산에 가보고, 빈민촌 가서 조사도 하고. 그 다음에 외자기업에 대한 쟁의제한법 반대도 해야 하고.

또 고려대의 천영세 등 66학번들이 시작하고 총학생회와 이념서클인 한맥회가 주관하여 경북대 정진회(여정남), 서울대(서중석), 연세대 한국문제연구회, 이화여대 새얼모임(최영희, 장하진), 고려대(함상근) 등의 여러 대학 학생운동가들이 참여하는 토론대회를 개최하기도 했다. 토론회는 주로 당면한 학생운동의 문제나 연대활동과 연대투쟁을 둘러싼 내용이 중심을 이루었다. 토론을 중심으로 하면서도 각 대학 학생운동가 사이의 친선도모와 교류가 활발하게 이루어졌다.민주화운동기념사업회, 함상근 구술, 정태헌 면담, 『학생운동사구술자료집』 1권, 2011, 227쪽.

이처럼 1960년대 말 1970년 초는 독재체제가 강화되어 가고 이에 저항하던 학생운동은 이념서클을 중심으로 활동을 넓혀 나가기 시작한 시기였다. 군사독재에 저항하면서 반독재민주화운동을 펼쳐 나가는 한편, 새로운 이념과 방향 모색 속에서 민중에 대한 관심도 형성되어 갔다. 더욱이 1960년대 말 한국경제가 심각한 불황국면을 맞자 사회의 계급갈등이 드러나기 시작한 것도 이념서클에 큰 영향을 주었다. 1963~68년 동안 평균 8~9%의 고도성장을 거듭해 온 한국경제는 1969년부터 심각한 불황국면에 접어들었다. 직접적인 원인은 미국이 1968년 달러위기로 한국에 경공업제품 수입규제조치를 취한 것과 차관의 원리금 상환 압박이 가중되었고 신규차관도입이 어려워진 것 등이었다. 또한 외형적 성장으로 직결되는 차관도입을 둘러싸고 무분별한 자본간 경쟁으로 투자의 불합리성과 중복·과잉투자 등이 일어났다. 결국 경제성장을 주도하던 기업들은 자금난에 허덕였고, 국제경제 변화에 따른 수출부진, 긴축정책 실시 등이 가중되면서 도산·휴업 상태가 되기도 했다. 역사학연구소, 『함께 보는 한국 근현대사』, 368~370쪽 참조 정리.

경제위기는 실업자의 증가, 국민의 생활고로 이어졌다. 사회의 계급갈등도 심화되었는데, 1967년 광산노조의 광화문시위, 1968년 조선공사쟁의, 1969년 면방쟁의, 부두노조쟁의 등을 거치면서 점점 규모가 커졌다. 이와 같이 격화되던 노동자투쟁은 1971년 1,656건으로 1970년 165건에 비해 무려 10배나 증가한 것으로 드러났다. 그 밖에도 1970년 4월 와우아파트 붕괴사건, 1971년 8월의 광주대단지 사건, 과중한 세금에 분노한 영세소상인계층의 저항 등 민중들의 투쟁이 여러 부문에서 고양되기 시작했다. 이 과정에 일어난 1970년

11월 13일 전태일의 분신사건은 학생운동이 노동문제에 관심을 갖고 노동운동에 결합하는 데 중요한 계기가 되었다.

2) 1970년 전태일 분신사건과 학생운동의 변화

① 전태일 분신사건과 학생운동의 대응

1970년 11월 13일 청계천 노동자 전태일이 "근로기준법을 지켜라. 우리는 기계가 아니다"라고 외치며 분신하는 사건이 일어났다. 이 사건은 저임금·장시간 노동체제를 기반으로 하는 한국 자본주의의 문제와 수출주도형 경제성장 전략구조의 모순을 폭로한 것이었다. 또한 이러한 수탈의 핵심적인 역할을 하는 정권에 대한 항의를 함축하고 있는 것이었다. 실제로 이러한 경제구조에 대한 저항은 노동쟁의의 증가로 표현되었다. 예컨대 1964년 126건, 1969년 130건, 그리고 1970년 165건에 불과했던 노동쟁의 건수가 1971년 무려 1,656건으로 늘어났다. 분신사건은 개별화된 노동자들을 일깨우고 생존권 확보를 위해 실천적으로 나서야 한다는 것을 인식하게 만든 중요한 계기가 됐다.

분신사건은 노동자들만이 아니라 학생운동 세력에게도 노동문제에 대한 관심을 환기시켰다. "이제껏 아무도 발음하려고 하지 않던 '노동자'니 '노동운동'이니 하는 어휘들을 입에 올리기 시작하였다."이종구 외, 『1970년대 산업화 초기 한국노동사 연구: 노동운동사를 중심으로』, 성공회대학교 사회문화연구소, 2002, 205쪽. 분신 사건 이후 먼저 나선 이는 장기표였다. 다음 글에서 알 수 있듯이 그는 전태일의 분신 바로 한 달 전 서울대 법대 학생운동 신문인 『자유의 종』(1970. 10. 13)에 평화시장에 관한 신문기사를 발췌해서 실었다. 그는 분신사건이 나자 자책감에 시달리며 바로 이소선을 만났고 다음과 같이 전태일의 장례를 학생장으로 치를 것을 제안해 수락을 받았다.

> 「먼지 속 13시간 노동」이란 제목의 이 기사를 읽고 평화시장에 한 번 찾아가 보려고 마음먹었는데…… '전태일 분신사건'이 일어났다. 자책하면서 전태일의 어머니를 만나야겠다고 생각했다. …… 명동성당 앞 '3·1다방'에서 이소선 어머니를 만났는데, "서울법대 학생인데 아드님의 뜻을 이루는 데 도움이 될까 싶어 찾아왔다"고 말했다. 그러자 "태일이가 평소 '나에게도 대학생 친구가 한 명 있으면 얼마나 좋겠나'라고 그토록 말했는데, 죽고 나서야 찾아왔구나" 하시며…… 전태일이 평화시장에서 한 일을 말씀하셨다. …… 학생들이 장례를 치르는 것까지 받아들이겠다고……. 장기표, 「나의 꿈 나의 도전 (8): 전태일과의 인연은 숙명이었나!」, 『한국일보』, 2009년 8월 17일자.

조영래는 언론계, 종교계, 학계 등 각계각층에 알리는 데 결정적인 역할을 했고, 장기표는 이소선과 연계를 갖고 다른 대학의 움직임을 조직했다. 〈표 1-1〉에서 알 수 있듯이 11월 14일 서울대 법대 학생들은 '민권수호 학생연맹 준비위원회'를 구성하고 서울법대 학생장으로 전태일 장례식을 거행하려 했다. 이때부터 노동문제는 학생운동의 중요한 주제로 부상하였다. 11월 18일 서울대 상과대학 학생 400명이 정부의 노동정책을 비판하면서 단식투쟁을 벌였다. 장례식이 11월 19일 '한국노총장'으로 치러지자, 학생들은 11월 20일

대학연합으로 서울대 법대에서 '고 전태일 선생 추도식'을 거행하려 했다. 정부가 서울대에 휴교령을 내리고 기동경찰이 서울법대 정문을 차단하자, 학교에 들어와 있던 서울 법대와 문리대, 이대 학생 400여 명이 추도식을 했다. 삼동친목회원인 최종인이 전태일 분신 상황과 평화시장의 작업환경을 설명했다. 이날 학생들은 공동결의문을 발표했다. 또 연세대, 고려대 학생들도 각기 항의집회를 열고 "모순된 경제 질서·극단화된 계층화·현 정권의 개발독재를 전 민중에게 고발"하는 내용의 국민권리 선언문을 발표했다.고려대학교 100년사 편찬위원회, 『고려대학교 학생운동사』, 고려대 출판부, 2005, 215쪽. 이 과정에 참여한 고려대 한맥회의 함상근은 당시 상황을 다음과 같이 전하고 있다.함상근 구술, 정태헌 면담, 『학생운동사구술자료집』 1권, 220쪽.

> 전태일이 11월에 분신사건이 있었는데, 그때 서울대 장기표 씨하고 해서 성모병원에도 갔습니다만, 우리 고대 쪽의 분신대책모임을 주도했죠. 우리가 『한맥』이라는 회보를 발행했어요. 거기에 이 노동문제를 학생운동에 반영시키고 학생운동도 노동운동과 접목이 되어야 한다는 그런 계기가 되었죠. (면담자: 분신대책 모임은?) 분신했기에 장례를 치르는 활동을 같이 했고, 전태일 정신을, 열사의 숭고한 정신을 학생들에게 전파하고요.

한편 11월 21일 숙명여대 학생들도 전태일 죽음에 조의를 표하고 "노동조건 개선이 조속히 이루어지기를 바란다"는 성명서를 발표하고 23일부터 노동조건이 개선될 때까지 검은 리본을 달기로 하였다. 한국기독학생총연맹(KSCF), 새문안교회 등에서 원로목사들이 앞장서서 여러 교회에서 전태일을 추모하는 기도회가 열렸고, 대학생 40여 명은 '참회와 후회의 금식기도회'를 가졌다. 11월 23일 연세대 법대생 300여 명은 '5적 화형식'을 갖고 "전태일 죽음을 헛되이 하지 말라"는 성토대회를 열었다. 11월 24일에는 외국어대, 장신대 학생들이 전태일 추도식을 갖고 근로조건 개선 결의문을 채택하였다. 11월 25일에는 서울문리대생들이 4·19탑 앞에서 근로조건 개선을 촉구하는 성토대회를 갖고 농성에 들어갔으며, 이어 11월 26일에는 서울대·고려대·연세대 학생들이 "노동자 실태조사를 위한 학내 연구활동을 보장하라"는 7개 항목의 요구조건을 내걸고 성토대회를 열었다.이재오, 『해방후 한국학생운동사』, 형성사, 1984, 310쪽.

그러자 언론이 전태일사건을 적극 보도하기 시작했다. 전태일사건은 사회적 관심을 받게 됐고 정치권은 이 사건을 정치쟁점화했다.[12] 그러나 11월 말 학생들의 투쟁은 겨울방학을 맞으면서 중단되었고 교회에서도 전태일 관련 집회가 일단 중단되었다.장기표, 「나의 꿈, 나의 도전 (10): 오늘의 전태일을 있게 한 '지겹도록 고마운 사람들'」, 『한국일보』, 2009년 8월31일자. 하지만 전태일이 죽음으로 고발한 노동현실과 노동문제는 이후 학생운동의 주된 관심이 되었다.

12 한국노총은 평화시장과 3개 상가의 근로기준법을 무시하는 비인도적인 노무관리를 규탄하며 성명서를 발표했고, 영세가내업에 종사하는 노동자들을 보호하는 특별법제정, 현행근로기준법의 기본적인 보호조항의 확대 적용 등을 관계기관에 요청했다(『노총보』, 1970. 11. 25). 또한 정부는 분신사건을 계기로 경제개발문제를 고려하여 근로자 복지향상에 관심을 갖고, 근로기준법을 10인 이상으로 바꾸는 법개정을 추진하겠다고 했으나 실제 개정작업은 없었다(『노동청』, 1970. 11. 15). 1970년에는 아예 언급조차 없었던 노사문제가 1971년 1월 11일 대통령 연두기자회견에서 일곱번째 문항으로 등장했고, 야당인 신민당도 "노동3권 전면 개정, 자유로운 노조운동의 보장, 근로기준법의 맹점을 시정하겠다"며 노동자보호를 위한 제도개선 마련에 의지를 보이기도 했다(강성재, 「'르포' 그후의 평화시장」, 『신동아』 3월호, 1971, 123쪽).

〈표 1-1〉 전태일 분신 사건 이후 학생운동 세력의 대응

날짜	주최	내용
11월 14일	서울대	법대생들은 '민권수호 학생연맹 준비위원회' 결성키로 결의. "노동실태조사에 모든 학생 협조할 것과 조사결과 노동조건이 가혹할 경우 정부에 건의하자"고 호소.
11월 16일 ~18일	기독교교회협의회(NCC), 청년문제협의회	각 교단 청년대표 20명이 참가, 전태일 분신자살 관련 노동조건 개선을 주장하는 '성명서' 발표.
11월 18일	서울대	상대생들, 학생총회 열고 "정부는 인간생존권 보장 위한 구체적 근로자 대책 마련하고, 기업가는 근로자의 인간적 삶의 기초보장, 노총은 본래 사명완수" 등을 결의하고 "학생운동과 노동운동을 결부시켜 추진하자"고 촉구한 뒤 단식농성 돌입.
11월 20일	서울대학 학생회, 청년학생종교단체	추도식을 학교측에서 제지. 서울 법대생들은 고 전씨의 영정 들고 데모, 서울 상대생들도 '민권쟁취 위한 우리의 선택' 채택.
	고려대	250여 명 학생들 '고 전태일 씨 추도회 및 국민권리 선언대회'를 개최, 「국민권리 선언문」과 「민권선언의 결의문」 낭독.
11월 21일	연세대	'시국선언문' 채택. 전태일 씨의 죽음 애도, 근로조건 개선 등 5개항 결의.
	숙명여대	'근로조건 개선' 요구하는 성명 발표하고 근로조건 개선될 때까지 전교생이 검은 리본 달기로 결의.
11월 22일	새문안교회	대학부 40여 명, 고 전태일 분신자살에 대한 추모기도회.
11월 23일	연세대	법대생 300여 명, '오적 화형식' 갖고 "전태일의 죽음을 헛되이 하지 말라"는 성토대회 개최.
11월 24일	외국어대	전태일 추모식 갖고 근로조건 개선 결의문 채택.
	장신대	전태일 분신자살에 대한 '성명서' 발표. 이 성명서에서 학생들은 전태일사건의 일차 책임이 정치인에게 있다고 주장.

11월 25일	서울대	문리대, 법대생 '노동자실태조사단' 구성키로 결의.
	KSCF, JOC, PAXROMANA, 도시산업선교 실무자협의회	연동교회에서 전태일 추모예배 개최. 전태일의 죽음을 우리의 속죄의 제물로 받고 모든 불의한 권력에 맞서는 싸움에 몸 바칠 것을 고백하는 '헌신고백문' 발표.
11월 26일	서울대, 고대, 연대, 일부 대학 정치외교과 학생들	"근로조건 개선하고 노조 결성 보장하라"는 공동선언문 채택발표.

※조영래, 『전태일평전』, 돌베개, 1990, 21~27쪽 ; 한국기독교교회협회회 인권위원회 편, 『1970년대 민주화운동』 1, 1987, 103~111쪽 ; 고려대학교 100년사 편찬위원회, 『고려대학교 학생운동사』, 215쪽 참조 작성.

②이념서클의 확산과 노동문제의 선전

학생운동은 1960년대 민족주의와 민주주의를 외치는 데 머물렀던 운동의 한계를 인식하고 변화를 모색하던 중에 일어난 전태일 분신 사건에 큰 충격을 받았다. 1970년 11월 20일 전태일 추도식에서 낭독된 '서울 시내 각 대학 학생회 일동' 명의의 조사에서 대학생들은 "전태일 선생의 죽음은 숙연한 반성의 눈물을 삼키게 하는구나"라고 반성하고 있다. 특히 전태일이 "나에게 왜 대학생 친구 하나 없는가. 이럴 때 대학생 친구가 있으면 얼마나 힘이 될까라고 한탄하며 근로기준법을 연구했다는 사실에 부끄럽고 죄스럽다"고 밝히고 "이 영웅적인 투쟁의 죽음을 방관한 자신들을 꾸짖으며 그의 뒤를 따르겠다"는 의지를 표명하였다.조영래, 앞의 책, 241~242쪽. 이후 이들은 '민권수호'로 표현되는 민중에 대한 관심을 직접 행동으로 표현하기 시작했다. 이에 대해 김승호는 다음과 같이 말한다.

1969년 투쟁 이후 사회운동에 대한 관심으로 전화되어 진행돼 가던 과정에 전태일 사건이 70년에 11월에 있어요. 이쪽에서는 그런 게 하나도 없다고 생각하고 다가가는 중이었는데, 실제로 나타난 건 거기가 훨씬 더 치열하게 앞서서 분신으로 전태일이 갔으니까 충격이었죠. 그런 면에서도, 반성을 해야 되고 지식인들이 현실을 못 따라가고 있다는 것을 확인시켜 준 거잖아요? 전태일 투쟁이. 전혀 그런 것이 없었다면 오히려 충격이 덜했을지도 몰라요.

학생운동이 민중에 대한 관심을 실천적 방향으로 연결시키는 데는 정부의 영향도 있었다. 정부는 1971년 10월 16일 위수령을 발동하여 서울대 등 7개 대학에 군 병력을 진주시키면서 학생운동의 근거를 말살하기 위한 조직적 해체작업에 나섰다. 학생운동가의 제적·입영·구속과 아울러 대학 내 서클 해체, 교내간행물 폐간, 학생회 기능정지 등 탄압을 가했다. 이에 학생운동은 역량을 축적하는 데 힘을 기울이는 한편 공장활동 등을 통해 노동문제에 대한 관심을 넓혀 나갔다. 예를 들어 서울대의 산업사회연구회는 처음부터 학생운동의 역할보다 노동현장 참여에 더 의미를 두었다.[13] 당시 산업사회연구회 회원이었던 김석준은 1970년 겨울방학에 학생운동가들이 집단적으로 공장활동을 시도하였던 당시 상황을 다음과 같이 기록하고 있다.

13 1970년 산업사회연구회의 회원은 67학번 서경석, 69학번 유재현·윤조덕·김화곤·오승렬·노태천·신진휴, 70학번 신철영 등이었다. 이 연구회는 독서목록을 정하고 매주 그 서적들을 읽으면서 상호 발표와 토론을 하였다. 그 내용은 한국사회, 경제, 정치, 노동, 공해 등의 문제와 사회적 모순에 대한 대안모색이 주요 주제였다(김석준, 서울대 공대 69학번 ; http://www.kimsukjoon.com).

6개월여 동안의 자체 학습과정을 거쳐 1970년 겨울방학이 시작됨과 동시에 우리는 노동현장에서 몸으로 체험하면서 한국사회의 문제를 배우고자 했다. …… 우리보다 몇 개월 앞서 일부 학생들이 노동현장에 개인적으로 참가한 이후 집단적으로 참여한 것은 우리가 처음인 셈이다. …… 주 중에는 인천과 구로동의 두 팀으로 나뉘어 활동하다가 주말에는 오류동 본부에 집결하여 합동으로 평가와 상호토론하기로 했다. 그 방침에 따라 나와 윤조덕, 노태천 등은 인천 판유리공장 노동현장으로 파견되고, 나머지는 구로동과 부천지역의 노동현장으로 나갔다. …… 공대팀 외에도 이화여대 파워POWER 클럽 회원들이 도시산업선교 활동에 가담하여 주로 시내버스 여차장과 구로공단 여공 등으로 노동현장에 참여했다. …… 공대와 이대 팀 외에도 신학대생과 서울 상대생 등이 가끔씩 함께 참석하는 확대회의를 가지기도 했다. 김석준, http://www.kimsukjoon.com

일부 학생운동 서클에서는 이런 움직임을 둘러싸고 약간의 대립이 나타나기도 했다. 그 내용은 시위와 데모를 중심으로 활동할 것을 주장하는 쪽과 공장활동이나 노동현장 참여를 강조하는 세력 간에 학생운동 방향을 둘러싼 것이었다. 산업사회연구회의 서경석과 윤조덕 등은 도시산업선교회와 협력관계를 갖고,[14] 학생운동가들을 공장활동이나 노동현장으로 연결하는 역할을 했다. 이들에 의해

14 학생사회개발단운동은 1969년 11월 대학 YMCA와 한국기독학생회(KSCM)가 한국기독학생총연맹(KSCF)으로 통합되면서 3년간의 프로그램을 설정했다. 그 내용은 학생들의 민중운동에 대한 관심을 끌어내는 것으로서 학생운동가들의 의식전환에 영향을 미쳤다(편집부, 『학생운동논쟁사』, 일송정, 1989, 37쪽).

1971년 김문수, 이영훈, 이채원, 김재근은 구로공단에 노동체험을 하기 위해 공장에 취업했다. 공장에 대한 정보는 도시산업선교회를 통해서 확보했다. 김문수는 드레스미싱 공장에 들어가 한 달 동안 노동체험을 했다.[김문수 구술]

또 후진국사회연구회도 학생운동이 침체된 속에서 역량을 확보하기 위해 제일교회, 한국기독학생총연맹(KSCF) 등의 종교기관을 활용했다. 이들은 유신권력이라도 종교기관은 탄압할 수 없다는 조건을 활용하여 문리대, 법대, 상대의 학습모임을 재건하였다. 또 이들은 교회를 통해 KSCF 산하에 만들어진 학생사회개발단과 관계를 가졌다. 학생들은 학생사회개발단의 이름으로 빈민촌 조사활동, 공장활동 경험을 하였다. 학생들은 중화요식(중국집) 노조 결성을 지원하기도 했다. 당시 종교계는 전태일 분신사건 이후 민중의 생활과 실태에 대해 관심을 기울이고 있었으며, 이런 움직임에 학생운동가들도 영향을 받아 민중에 대한 관심을 좀더 갖는 계기가 되었다. 이 활동에 참여했던 나병식은 그 구체적인 상황을 다음과 같이 말한다.

> 72년 겨울부터 73년 봄까지 한 4개월 동안 우리가 KSCF에 학생사회개발단 이름으로, 크리스천 사회연대의 지원을 받아서, 한국노총의 김말룡 선생이 고문이었어요. 한국노총의 노조 결성 지원반으로 투입되었어요. …… 그때 외국인 투자기업에 노동쟁의특별법으로 중화요식 노조를 만드는 게 힘들었어요. 중화요식업 노조를 조직해서 외기노조 선거에 개입하려고 했어요. 한국노총의 주도권싸움에 개입한 거죠. 결성단계에 중앙정보부한테 발각이 돼 가지고 쫓기죠.민주화운동기념사업회, 나병식 구술, 『학생운동사구술자료집』 2권, 8~13쪽.

고려대의 한맥회 학생들도 광산체험, 노동현장 체험, 노동현장 조사활동 등 노동문제와 노동현장을 직접 경험하는 프로그램을 진행하였다. 한 예로 고려대 노동문제연구소(약칭 '노문연')가 공식사업으로 노동현장 실태조사를 했는데, 대성모방·구로공단 등의 실태조사에 학생들이 참여하기도 했다. 이에 대해 한맥회에서 활동을 했던 심강일은 노문연과 한맥이 밀착되어 있었는데, 노문연이 실태조사 과제를 내주면 한맥 회원들이 현장에 가서 조사했다고 한다. 그도 구로공단의 한 전자공장에서 여성노동자들이 퇴근할 때 몸수색을 하던 상황을 조사한 적이 있다고 했다.[심강일 구술] 또 같이 활동했던 함상근도 대성모방에서 노동상황에 대한 조사활동을 했고, 그의 후배들은 노동자료나 노동상황을 알기 위해 노문연에 출입하면서 김낙중 총간사 및 노중선 간사와 관계를 맺었다고 했다. 이런 과정을 통해 학생들은 1960년대 차관경제의 문제, 빈익빈 부익부의 모순 등을 알게 됐고, 이어 전태일 분신사건이 일어나면서 노동문제에 깊이 관심을 갖게 되었다고 말했다.[함상근 구술]

또 학생들은 간사인 김낙중, 노중선이 강원도 홍국탄광에서 후생조합간부로 일하고 있는 손정박을 소개해 주어 비밀스럽게 광산체험 활동을 하였다. 당시 상황에 대해 김낙중은, 1971년 위수령이 발동하고 군대가 대학을 점령하자 이런 상황에서 무엇을 할 것인가를 고민하다가 여름방학에 노동체험을 할 생각을 하고 찾아온 학생들을 홍국탄광에 연결시켜 주었다고 말한다. 광산에서의 노동체험을 마친 학생들은 노중선 등과 같이 그 경험에 대해 평가하면서 노동문제에 대한 이해를 높여 갔다. 이 광산체험에는 이화여대의 서클인 새얼의 회원들도 참여해 생필품 판매장인 노동공제회에서 광산

분위기를 간접 경험하기도 했다. 이후 이들은 일정 기간 지속적인 만남을 했다.[김낙중 구술]

이처럼 학생들은 노문연의 영향을 받아 사회민주화가 노동문제의 해결을 반드시 가져와야 한다는 점을 인식하며 문제의식을 확장시켜 나갔다. 한맥회는 노동문제만이 아니라 도시빈민문제에도 관심을 기울여 1971년 광주대단지사건[15]을 조사하여 회지를 통해 알리는 활동을 벌이기도 했다.[함상근 구술] 이런 변화는 다른 대학 학생들에게서도 나타났다. 1971년 광주대단지사건이 발생하자 학생들이 조사활동을 벌여 진상을 공개하였으며, 한영섬유 김진수 피살사건[16]에 대해서는 성명서를 발표하고 추도식에 참가하여 시위를 벌이기도 했다.[17]

학생운동은 민중생존권 문제에 대한 지지와 연대활동을 넓혀 나가면서 민중 억압적인 정권의 성격을 인식해 갔고, 반독재투쟁의 필요성을 민중의 삶과 연계하여 이해하기 시작했다. 당시 학생들의 의식에 대해 대학연합 홍사단 아카데미 활동을 했던 이태복은 다음

15 서울지역의 판자촌 철거로 지금의 성남인 광주대단지로 쫓겨난 5만여 명의 주민들은 70세 노인에서 어린애까지 참여하여 "배가 고파 못살겠다", "일자리를 달라"고 외치며 분양지 불하 가격을 낮추고 세금을 면제시켜 줄 것을 요구했다. 주민들은 파출소와 경찰서를 습격하는 등 6시간 동안 싸워 요구조건을 들어주겠다는 약속을 받아냈다(역사학연구소, 『함께 보는 한국 근현대사』, 서해문집, 2004, 395쪽).

16 한영섬유공업(주)에서 노조활동을 방해하며 탄압을 가하던 중, 1971년 3월 18일 노동자 김진수가 회사의 사주를 받은 정진헌에게 드라이버로 머리를 찔려 결국 5월 16일 사망했다. 당국, 한국노총, 섬유노조, 회사측은 이것을 노동자들끼리의 사적 다툼에서 생긴 우발적 사건이라고 은폐하려 했지만, 영등포 도시산업선교회가 사실을 폭로하며 규탄하는 행동에 나섰다(한승헌 외, 『유신체제와 민주화운동』, 삼민사, 1984, 195~197쪽 : 한국기독교교회협의회, 『1970년대 노동현장과 증언』, 풀빛, 1984, 657~658쪽).

17 1971년 6월 25일 장례식에서 기독교학생연맹, 가톨릭학생연맹 등 9개 단체회원 200명이 "차라리 철폐하라, 허울 좋은 노동조건"이란 플래카드를 내걸고 시위했다(한국기독교교회협의회, 앞의 책, 93쪽).

과 같이 기록하였다. 이태복, 「노동운동 투신 동기와 민노련·민학련사건」, 『역사비평』 27호, 1994, 265쪽.

> 전태일 분신과 광주단지항쟁이 터졌다. 이 사건들은 추상적이고 막연한 민족운동에서 우리 사회 내부의 모순을 어떻게 해결해 갈 것이냐는 문제의식을 촉발시키고, 이게 우리 사회의 시급한 현안문제라는 사실을 일깨워 주었다. 따라서 반독재민주화투쟁도 사회문제를 해결하기 위한 투쟁이고, 박정권은 농민과 노동자를 억압하고 수탈하는 정권이므로 전국의 학생들이 정권타도투쟁을 전개하면서 노동자·농민 속으로 들어가 그들과 함께하는 삶을 통해 냉전시대의 한계를 극복해 가야 한다고 믿었다.

학생운동은 점차 노동자들의 투쟁이 증가하자 이에 대한 지원활동을 하면서 발전하기 시작했다. 이들은 민주화운동과 관련된 각종 성명서와 선언문을 통해 노동기본권의 부활을 빼놓지 않고 요구했다.[18] 특히 1974년 전국민주청년학생총연맹사건(약칭 '민청학련사건') 관련 선전물에서는 더 직접적으로 '민중'에 대해 언급하고 있다. 민청학련은 조직적인 반유신운동을 전개할 필요를 느낀 학생운동이 전국적 조직의 결성 및 전국적 동시궐기를 시도한 점에서 이전

18 1973년 10월 2일 서울대 문리대 시위에서 배포된 선언문에는 "전 국민 대중의 생존권을 위협하는 이 참혹한 현실을 더 이상 좌시할 수 없어 스스로의 양심의 명령에 따라 무언의 저항을 넘어 분연히 일어섰다"고 선언하였고, 결의사항 중 두번째 항목인 "대일 예속화를 즉각 중지하고 민족자립경제체제를 확립하여 국민의 생존권을 보장하라"에서 보이듯 이들은 경제문제와 동시에 민중생존권에 대한 관심을 보였다(한국기독교교회협의회 인권위원회, 『1970년대 민주화운동』 1권, 274쪽 ; 「양심의 명령에 따라 분연히 일어서라: 서울대 문리대 선언문」, 김삼웅 편, 『민족 민주 민중선언』, 일월서각, 1984, 169쪽).

의 학생운동 수준을 뛰어넘는 것이었다. 이들은 각종 유인물에서 학생운동의 민중지향성을 공식화하고, 학생운동의 기본성격을 '민중적·민족적·민주적' 운동으로 규정함으로써 민중주의적 민족주의 지향을 향후 학생운동의 이념으로 제시했다.한국기독교사회문제연구원, 『1970년대 민주화운동과 기독교』, 1982, 137~140쪽.[19] 이에 대해 민청학련에 참여했던 정윤광은 당시 민중지향성에 대해 다음과 같이 말한다.

> '반유신투쟁도… 내용에 노동자 대중이 정치의식도 부족하니까 학생들이 노동자·민중의 요구를 자기 과제로 하여, 선언문과 요구사항에 포함시켜 투쟁해야 된다', '그래야 사회 정치적으로 분위기를 만들고, 노동자투쟁이 활성화되기 전에는 학생들이 선전대행을 하고 그리고 이걸 공공연화하여 학생운동 전반적으로 현장에 가는 분위기를 조성해야 된다', 이거야. 그래서 '민중·민족·민주선언'으로 했잖아요? 요구도 '노동3권을 보장하라. 생존권 보장' 이런 거죠.

한편 1970년대 후반기 들어 학생운동은 유신정권의 더욱 심한 탄압 아래 놓였다. 1975년 4월 30일 베트남의 공산화를 기화로 연

19 민청학련의 선언문인 「민중·민족·민주선언」에는 자신들의 궐기가 "학생과 민중과 민족의 의사를 대변하는 민중적, 민족적, 민주적 운동"이라고 정의되어 있다. 이들은 정권과 지배세력을 "민중의 살과 뼈를 삼킨 도둑의 무리, 이 땅을 신식민주의자들에게 바친 매국노"로 규정하였다. 그러므로 정보정치의 원흉인 "중앙정보부를 해체하고 유신체제를 폐기하여 진정한 민주주의체제를 확립"하라는 정치적 요구에 앞서서, "부패 특권 족벌의 치부를 위한 경제정책 시정"하고 "근로대중의 최저생활 보장", "반민족적 대외의존경제를 청산하고 자립경제를 확립"할 것을 주장하였다. 이런 과제를 실현하기 위해서 "민중의 편에서 민중의 이익을 대변하고자 하는 전국의 모든 학생대중"들이 총궐기해야 한다는 것이었다(한승헌 편, 『유신체제와 민주화운동』, 236쪽).

일 관제 반공궐기대회를 개최하던 정권은 급기야 5월 13일 긴급조치 9호를 선포하였다. 이 조치는 당시까지 모든 긴급조치의 종합판으로서 대학을 병영화하고 철저한 감시체제하에 두는 것이었다(긴급조치 9호는 유언비어 유포, 유신헌법에 대한 일체의 비방이나 개정청원과 일체의 학생집회를 금지하였고, 이런 내용을 방송, 보도하거나 표현물을 제작, 배포, 판매, 소지하는 일체의 행위를 금지하였다). 그 때문에 긴급조치 9호 이후 학교당국과 경찰의 시위대응은 강경 일변도로 급변하였다. 학생회가 해산되고 학도호국단이 조직됨으로써 공개적인 학생조직을 운동에 활용하는 것이 불가능해졌다. 학내 감시망이 철저해지면서 1975년부터 1976년까지 대규모 시위를 도모하는 것은 어려웠다. 국민대의 시위 미수사건, 서울대·경희대 연합시위의 실패가 그 예일 것이다. 따라서 각 대학의 학생운동 세력은 주로 지하 이념서클을 통해 투쟁의 대열을 확대하고자 했다. 서울대의 경우는 '한국문화연구회', '국제경제학회', '농촌법학회', '이론경제학회' 등 학회들이 전통적으로 단과대학 한두어 개에 기초해서 형성되었다. 한국사회연구회는 문리대, 상대, 법대, 사범대에 걸쳐 많은 회원을 모집하면서 후배들을 조직하는 데 노력하여 40명이 넘는 1학년 학생들이 세미나에 참석하자 두세 팀으로 나누어 세미나를 해야 했다. 여름방학을 이용해 농촌봉사 활동을 갔을 때도 1학년 학생이 25명 이상 참가하였다.주대환, 「폐허 위에서 다시 싹튼 사회주의 운동: 70년대 학생운동, 부마항쟁, 한국노동당과 주대환위원장」, 민주노동당, 『이론과 실천』 창간준비 4호, 2002.

그밖에도 역사철학회, 후진국경제학회, 대학문화연구회, 사회과학연구소, 흥사단 아카데미, 경제법학회, 농촌법학회 등이 활동하였다. 이로써 사회과학서적을 학습하면서 학생들을 의식화하여 학생운동가로 변화시키는 이념서클들이 본격적으로 형성되기 시작했다. 이념서클의 활동이 어느 정도 자생력을 확보하고, 서클 간의 연계도 가능한 수준에 이르게 되었다. 1977년 이후 극에 달한 학원탄압 속에서도 반유신투쟁이 되살아나기 시작하였다(1977년 10월 25일 연세대 시위에 2,000명, 11월 11일 서울대 시위에 2,500명이 참여하였다). 1978년 이후 학생들의 반反유신투쟁은 반反독재투쟁의 차원에서 더욱 나아가 노동자들의 생존권 문제와 결합하기 시작하였다. 이전부터 학생운동가들의 노동현장 투신이 전개되고 있었지만, 이 무렵부터 학생운동 내부에서도 노동자들의 권리를 직접 옹호하는 구호를 내세우게 된 것이다. 1978년 초 동일방직 노조에 대한 탄압과 '함평고구마사건'이 알려지면서 학생운동은 "유신철폐·학원자유화와 함께 노동3권보장·노동운동탄압중지"를 요구하였다.[20] 뒤이어 일어난 1979년 8월 11일의 YH사건은 학생운동에 큰 충격을 주었다.[21]

20 함평고구마사건의 경과는 다음과 같다. 1976년 9월에 농협 전라남도 지부가 건고구마 대신 생고구마를 사들이겠다는 전량 수매 방침을 발표했으나 막상 수매 시기가 되자 실제로는 농민들 생산량의 40%만을 수매했다. 이에 1978년 4월 24일부터 광주 북동 천주교회에서 함평농민회 회원 700여 명이 기도회를 개최하여 '함평 고구마 피해보상과 농민회 탄압 중지, 구속회원 석방' 등을 요구하며 단식농성에 돌입하였다. 단식투쟁 8일 만에 당국이 피해액을 보상하고, 강제 연행된 이들을 석방하기로 하여 일단락되었다(민주화운동기념사업회 연구소 편, 『한국민주화운동사연표』, 333쪽).

21 9월 3일 강원대 학생 800여 명이 'YH사건 규탄'과 '유신철폐', '경제파탄 책임' 등을 요구하며 교내에서 격렬한 시위를 벌였다. 같은 날, 대구지역 학생들은 대학연합시위를 시도하였다. 대구의 계명대, 영남대, 경북대의 학생들이 연합하여 '사회정의 구현을 위한 경북학생협의회'를 결성하여 유신반대시위를 벌였다. 대구 시내 중심가에 선언문이 살포되었는데, 그 내용은 민중생존권 문제의 해결을 강조하였다. 이들은 YH사건의 진상규명과 농협의 수탈행위 및 노동3권 유보조항 철폐를 요구하면서, 경찰의 강경진압 와중에 사망한 YH여성노동자 김경숙의 죽음에 사죄할 것을 주장하였다(한국기독교교회협의회 인권위원회 편, 『1970년대 민주화운동』 5권, 1931~2쪽, '이 어둔 역사의 조타수가 되지 못한다면'—경북학생협의회). 이후 서울대, 고려대, 이화여대, 연세대, 경희대 등에서 민중의 생존권과 긴급조치 철폐, 학원민주화를 요구하는 시위가 연속되었다. 9월 11일 서울대 시위에서는 「민족민주선언」, 「학원민주선언」, 「경제

한편 이 시기 학생운동은 이전에 자신들의 운동이 논리보다 행동만을 강조했고 이념적 토대가 약했다는 자기비판 위에 사회과학 이론에 대한 학습을 중요시하기 시작하였다. 사회과학 출판사들이 등장하여 현실을 분석한 책들을 발간하기 시작한 것도 학생들에게 영향을 주었다. 사회과학 책들이 일반 학생들 사이에서도 확산되기 시작했는데, 주요한 책은 〈표 1-2〉와 같다.

학생운동가들이 종속이론, 마오쩌둥주의, 제3세계 변혁이론, 사회주의 계급론 등에 대한 관심이 높아지면서 1970년대 후반에 사용된 '민중'의 의미에는 이전에 비해 좀더 계급적인 의미가 함축되게 되었다.[22] 이러한 변화는 긴급조치 9호 이후 더욱 엄혹해진 정치적 상황도 영향을 미쳤다. 긴급조치 9호가 발동되면서 유신정권은 학

시국선언」을 발표했는데, 내용 중에 "외자-수출의 경제구조는 국내적으로 노동자·농민의 착취·수탈구조이며 대외적인 종속기구이다"라는 강한 비판이 들어 있었다. 또 9월 20일 시위에서 「민주민중선언」, 「1979학원민주화선언」, 「근로민중 생존권 수호선언」 등의 선언문을 배포하였다. 9월 26일 이화여대의 「이화민주선언」도 노동문제에 대한 적극적인 관심을 보여 주고 있다(한국기독교교회협의회 인권위원회 편, 앞의 책, 382쪽 ; 안병욱 외, 『유신과 반유신』, 486~487쪽).

22 「피 끓는 고대 학우여! 즉시 대강당으로 모이자!」(78민중선언)에서는 다음과 같이 주장하였다. "현 한국현실은…… 분단의 논리와 반민중적 독재정권의 억압하에 민중의 생활고통은 유신체제하에서 더욱 심화되고 있다. 어찌 사장과 지주들로 구성이 된 통일주체 국민회의가 민중적 의지를 대변할 민족통일의 주체적 역량이 될 수 있단 말인가? 이는 오히려 독재정권의 하수인에 불과하며, 분단의 공고화에 자기 이익을 두고 있는 것이 아닌가? …… 기본적으로 대외의존적인 경제체제는 …… 자립경제의 길로는 점점 멀어져 가고 있으며, 이는 사회적 불평등을 심화시켜 그 막대한 대기업의 이윤의 …… 부동산 투기와 물가고를 부채질하는 데 쓰이고 있다. 이러한 구조 속에서 근로대중의 피땀 흘린 열매는 국내 소수특권층과 외국 독점자본에게 빼앗기고 국민은 세금으로 뜯기는 이중고를 짊어져야 하며…… 조국은 근로대중의 노동3권을 더욱 억압할 군수산업기지로 전락하고 말 것이다."(소준섭 외, 『30년 만에 다시 부르는 노래: 긴급조치9호 철폐투쟁 30주년 기념문집』, 자인, 2005, 547쪽). 1978년 9월 14일 고대 시위에서 배포된 이 선언문은 한국의 현실을 분단과 반(反)민중적 독재정권하에서 민중의 생활고가 나날이 심해지고 있는 것으로 파악하였다. 그러므로 이들은 독재정권에 대항해 민중·민족·통일의 가치를 정립시켜 민중의 의미를 현실적인 적대구도 속에서 전략적 개념으로 부각시키고 있었다.

〈표 1-2〉 1970년대 말 출판된 사회과학 도서목록

소 재	관련 책(출판사, 출판 연도)
입문서	리영희, 『전환시대의 논리』(창비, 1974) 리영희, 『8억인과의 대화』(한길사, 1977) 조용범, 『후진국경제론』(박영사, 1978) 박현채, 『민족경제론』(한길사, 1978)
종속이론 및 자본주의 이행논쟁	A.G. 프랭크, 『저개발의 개발』(새밭, 1980) 모리스 돕 외, 『자본주의이행논쟁』(광민사, 1980) 모리스 돕, 『자본주의 발전연구』(동녘, 1980) 다카하시 고하치로(高橋幸八郞), 『자본주의발달사』(광민사, 1980)
마오주의와 제3세계 변혁론	스튜어트 R. 슈람, 『모택동』(두레, 1979) 막심 로댕송, 『아랍의 거부』(두레, 1979) 프란츠 파농, 『대지의 저주받은 자들』(광민사, 1979) 프란츠 파농, 『몰락하는 식민주의』(한마당, 1979) 프란츠 파농, 『자기의 땅에서 유배 당한 자들』(청사, 1978)
변증법	임석진, 『시대와 변증법 : 헤겔의 한국적 수용과 전개』(청사, 1978) 오토 푀겔러, 『헤겔철학서설』(새밭, 1980)
노동문제	김윤환, 『한국노동문제의 구조』(광민사, 1978) 바레 프랑소아, 『노동의 역사』(광민사, 1979) 편집부, 『노동의 철학』(광민사, 1981)
한국현대사	송건호 외, 『해방 전후사의 인식』 1(한길사, 1979)
민중교육	파울로 프레이리, 『교육과 의식화』(새밭, 1979) 파울로 프레이리, 『민중교육론: 제3세계의 시각』(한길사, 1979)

※안병욱 외, 『유신과 반유신』, 503~508쪽 참조 작성.

생운동가들을 숱하게 제적, 구속, 투옥시켜 학교에서 추방함은 물론, 취업이나 진학 등을 불가능하게 하여 사회로부터 고립시키다시피 했다. 이런 시대에 전면적인 저항은 실질적으로 반독재운동에 일생을 거는 결의가 없이는 어려웠다. 따라서 1975년 이후 긴급조치 9호 아

래 학생운동에 참여했던 세대들은 대체로 직업적인 운동지향성을 가지게 되고 동시에 노동현장으로 투신하는 경향도 강해지게 되었다.조희연, 「민청세대, 긴조세대의 형성과 정치개혁 전망」, 『역사비평』 30호, 1995, 113~115쪽.

이러한 상황을 반영하여 1970년대 후반기 학생운동은 반유신투쟁을 어떻게 전개할 것인가를 둘러싸고 논쟁을 벌였다. 그 내용은 '현장준비론'과 '정치투쟁우위론'으로 대립되었다. '현장준비론'은 학생운동이 직접적인 정치투쟁을 지양하고 노동현장에 접근하는 훈련과 준비를 해서 졸업 후 노동현장에서 조직활동가가 되는 데 목표를 두어야 한다고 주장하였다. 이에 반해 정치투쟁우위론(학생선도투쟁론)은 적극적인 선도투쟁, 정치투쟁이야말로 학생운동 본연의 임무라는 것을 강조하였다. 현장론은 한일회담반대투쟁 이후 김정강그룹 내부에서 논의되기 시작했고, 1970년 전태일 분신사건 직후 서울대 산업사회연구회의 현장지향적 흐름과 학생운동의 시위 중심의 논쟁이 일부 있었다. 이 시기까지 일부 서클 내에서 소극적으로 진행되었으며, 논쟁이 본격적으로 진행된 것은 1970년대 후반 이후라고 볼 수 있다. 당시 '현장준비론'을 주장하던 서클들의 구성에 대해 복학생으로 참여했던 주대환은 다음과 같이 기록하였다.주대환, 「폐허 위에서 다시 싹튼 사회주의 운동: 70년대 학생운동, 부마항쟁, 한국노동당과 주대환위원장」.

> 1977년 7월 제대하고 돌아오니… 나는 3년 후배들, 76학번들과 함께 학교를 다니게 되었다. 당시 4학년이었던 74학번 국사학과 김경택과 농업경제학과 장기영, 이런 사람들이 10개 정도 되는 지하 이념서클의 76학번들 중에서 한 사람씩 모아서 의논하는 비밀 모임을 만들고서 거기에 나를 끼워 넣어 주었다. … 이 모임은 나중에

77학번, 78학번, 79학번까지도 이어져 서울대학교 학생운동의 사령탑 역할을 하였는데, 77학번 모임에 들어간 선배는 사범대 국어교육과 76학번 이원주였다. 그는 1979년… 마지막까지 남아 있다가… 후배 77학번 심재철을 학생회장으로 내세워 엄청난 일을 책임지고 감당하였다. 그것이 바로 이른바 '무림'이었다.

1970년대 말 이념서클의 주된 흐름은 "학생, 재야 중심의 산발적 투쟁으로 유신체제를 붕괴시키는 것은 불가능하므로 민중을 의식화시켜 반독재투쟁의 전면에 떨쳐나서게 하는 데 주력해야 한다"는 입장이었다. 즉, 현장론은 대학생활을 현장에 투신하기 위한 준비기로 설정하였다. 이는 당시 정치투쟁 중심인 학생운동의 한계를 인식하고 기층 민중을 중심으로 한 역량을 구축할 필요가 있다는 판단에서 나온 것으로 보인다. 이에 반해 민중이 반독재투쟁에 나서기까지 많은 시간이 걸리므로 투쟁자원이 풍부한 학생들이 먼저 선두에서 강력한 반독재투쟁을 전개해야 한다는 후자의 반론 또한 만만치 않았다.양관수, 『30년 만에 다시 부르는 노래』, 72~74쪽. 특히 이선근 등이 이끌던 홍사단 아카데미 계열은 학생들의 선도적 민주투쟁을 강조하였다.[23] 논쟁은 대중적이지 않았으나, 현실운동의 방향을 둘러싸고 학생운동이 전략 차원에서 자신의 이념을 정비해 가고 있다는 것을 의미했다. 학생운동이 현실을 변혁하는 사회운동이라는 새로운 차원으로 접근하고 있음을 보여 주었다.안병욱 외, 『유신과 반유신』, 508~510쪽.

23 이 논쟁은 1980년 이후 '무림·학림' 논쟁으로 본격화되었다(박성현, 「무학논쟁」, 『80년대 한국사회 대논쟁집』[월간중앙 1990년 신년호 별책부록], 중앙일보사, 1990, 240~242쪽).

그러나 현장론을 주장한 경우에도 노동현장으로 투신한 학생운동가는 극히 일부에 지나지 않았다. 대부분의 학생운동가들은 주로 노동자투쟁이 일어났을 때 그것을 여론화하는 홍보 역할을 하였고, 특히 다수가 야학교사로 참여하는 방식이었다. 이는 긴급조치 9호 상황에서 제도언론이 정부의 철저한 통제 아래 있었기 때문에 노동자투쟁이 공개적으로 알려질 수 있는 통로가 부재한 상황을 반영하는 것이기도 했다. 그 때문에 학생운동이 노동자투쟁상황을 알리거나 규탄대회 및 기도회에 참석하여 항의하는 방식이 생겨났고,[24] 이것은 학생운동이 노동운동을 지원하는 당시의 독특한 형태로 자리잡아갔다. 또 야학활동은 학생이나 지식인들이 자신의 존재를 유지한 채 노동자들과 직접적으로 접촉하거나 의식화할 수 있는 장이었다. 야학활동을 통해 학생들이나 현장 투신을 목표로 하는 학생운동가들의 참여가 확대될 수 있었다. 이에 따라 야학은 초기에는 검정고시야학의 성격이 많았으나 1970년대 후반 들어서면서 노동야학의 성격이 강화되어 갔다.

요컨대 1970년대 전반기 학생운동은 전태일 분신사건의 영향으로 일부 이념서클들이 노동문제에 대한 관심을 갖기 시작하면서 공장활동을 시도했다. 이념서클에 기반한 학생운동은 1970년대 후반기 들어 본격화돼 직업적 학생운동 집단이 형성되기 시작했고, 이

24 긴급조치 9호하의 상황은 합법적, 반합법적인 투쟁의 공간이 지극히 제한되어 있었기 때문에 그나마 합법적인 활동이 가능한 재야운동이나 교회기구운동이 중요한 위치를 점하고 있었다. 종교단체라고 하는 합법적 공간은 대중에의 접근통로가 일체 차단되었던 당시 상황에서 기층 민중운동에서 제기된 문제를 사회여론화하는 중요한 장으로서 기능하였다. 바로 이러한 상황 때문에 노동운동이나 농민운동은 기독교나 가톨릭의 외피 속에서 활동하는 경우가 많았으며, 교회 의존적인 일면을 지니게 된다. 이러한 점이 1980년대 초반의 논의과정 속에서 1970년대 기층 민중운동의 한계성을 지적하는 논거로 제기되기도 하였다.

들은 노동자투쟁이 활발해지는 상황과 맞물리면서 학생운동과 노동운동의 관계에 대해 고민하기 시작했다. 그 결과 학생운동은 노동문제에 대한 선전활동을 맡는 데서 나아가 노동야학운동으로 발전했다. 이러한 1970년대 후반기 학생운동의 변화는 1980년대 학생운동으로 계승되어 학생운동의 역할 논쟁 및 노학연대투쟁으로 발전하게 되었다.

3절

'나로드니키'적 노동현장 투신과 노학연대

1) 노동현장 투신자들의 의식형성과 활동 방식

① 학생운동의 한계 인식과 '민중 속으로'

학생운동가들의 노동현장 참여는 1960년대 말 극소수의 참여로 시작되어, 1970년 전태일 분신사건 이후 보다 확대되었다. 이들이 노동운동에 참여하게 된 데는 학생운동 과정에서 형성된 '민중 속으로', '노동자와 함께 하는 삶' 등의 민중주의적 요소가 강했고, 거기에 사회주의에 대한 관심 등이 혼재되어 있었다. 이에 대해 사례별로 살펴보면 다음과 같다.

첫째, 대부분의 학생운동가들은 이념서클의 영향으로 노동운동에 참여하였다. 예컨대 초기에 현장지향적인 이념서클의 영향을 받았던 이로 김문수가 있다. 그는 학생운동 시기에 산업사회연구회를 통해 공장활동 경험을 하기도 했고 또 선배들의 소개로 청계피복노조의 노동자 학습을 지원하기도 했다. 그는 특히 청계 노동자들과 관계를 맺고 있던 시기에 전태일의 삶과 죽음에 대해 알면서 직접적으로 노동현장에서 활동할 생각을 하기 시작했다. 그는 노동운동이 사회변화의 핵심이라는 생각을 바탕으로 거기에 자신의 힘을 더하기 위해 노동현장에 투신한 것이라고 했다.

> 내가 노동운동에 뛰어들었던 것은… 지극히 소박한 생각 때문이었습니다. 어릴 때부터 가난했다는 것, 누나가 공장에 다녔기 때문에 노동자 생활이 낯설지 않았다는 것…, 노동자가 수적으로 많을 뿐만 아니라 노동운동이 사회발전의 핵심이라는 초보적인 생각이 들었다는 것, 노동자도 사람답게 살아야 되며, 그것을 위해 전태일 동지는 분신까지 했는데 나도 조그만 힘을 보태야 되겠다는 결단이 섰다는 것, 이것이 내가 노동자의 삶을 택한 이유입니다. 김문수, 「어느 실천적 지식인의 자기반성」, 『현장 6집: 전환기의 노동운동』, 돌베개, 1986, 148쪽.

그 뒤 그는 벽제 제지공장, 한국스위밍센터 등에서 노동을 하다가 1975년 2월 한일도루코에 보일러공으로 입사했다. 그곳에서 활동하던 중에 대학시절부터 조언자였던 안병직 교수가 노동현장에 보일러공으로 취업해 있던 무명당의 임무현을 소개해 주었다. 이 시기 무명당은 "생활 속에서 자리 잡고 노동자들을 생활을 통해서 의식화하고 조직화한다"는 장기적인 관점을 가지고 활동하고 있었다. 무명당은 조직관계를 철저한 일대일의 점조직 형식으로 유지했기 때문에 김문수는 임무현만을 만났다. 이들은 만나서 현장활동 방식에 대해 논의하거나 정세에 대한 의견을 나누기도 했다.[김문수 구술]

또 서울대 경제학과 68학번인 김승호는 한국사회연구회에 참여했다. 당시 통일혁명당 사건으로 선배들의 활동이 위축되어 있어 그는 동기들과 학습을 했다. 이 서클의 학습내용과 분위기에 대해 김승호는 중국의 마오쩌둥사상과 중국혁명에서 지식인들의 혁명적 역할에 대해 한 친구가 연구해서 발표하였고, 그에 대해 지식인인 대학생들이 학교에서 데모만 하는 것이 아니라 혁명도 한다는 등 지식인의 역할을 둘러싼 토론을 벌이기도 했다고 한다. 그 과정에서 그도 "자유주의는 가짜다. 진짜 자유주의는 사회주의"라는 주장을 할 정도로 매우 급진적인 생각들을 갖게 되었다고 말한다. 이처럼 이 서클의 학생들은 마오쩌둥사상, 동학농민운동, 일제강점기 독립운동사 등을 학습하면서 지식인의 역할 등을 새롭게 인식했고, 사회주의에 대한 관심도 갖기 시작했다.[김승호 구술]

한편 민청학련 관련자 중에 정윤광은 1971년 학생운동을 하면서 동시에 사회운동을 하기 위한 준비를 위해 독자서클을 결성하였다. 정윤광은 낙산사회과학연구회, 한국문화연구회, 두레모임 등을 통해 노동운동 관련 학습과 현장실태조사 등을 하면서 노동현장에 들어갈 결심을 했다. 이념서클의 분위기는 암묵적으로 사회주의에 관심을 기울이고 있었다. 예를 들어 정윤광은 도서관에서 『공산당선언』을 읽고 경제학과 역사책을 보면서 사회주의 이념을 받아들였다고 한다. 그는 당시 학생운동의 이념서클들도 사회주의 이념을 이상적으로 여겼고, 특히 『자본론』을 읽은 이들이나 신금호의 경우처럼 노동현장에 투신하려는 이들에 대해 존경심을 갖는 분위기가 있었다고 기억하고 있다.[정윤광 구술]

황인범도 정윤광과 같은 낙산사회과학연구회를 통해 빈민촌 봉사활동을 하였다. 전태일 분신사건을 듣고 충격을 받은 그는 지식인의 사회적 역할에 대해 고민하다가 노동자들과 함께해야 한다는 생각으로 노동현장에 들어갔다. 그는 당시 시대상황에서 표현이 제한되었지만 사회주의에 관심을 갖고 있었다.

원래 출발은 아무래도 이념적인 것이 매우 강했다 보아야지요. 개인적으로는 다 품고 있었죠. 단순히 그냥 노동조합운동이 아니고, 단지 당시 내놓을 수 있는 정도가 반합법이니까 그렇게 하자는 것뿐이지 개별적으로는 다 이념성이 있었다고 봐야죠. …… 현장 준비할 때부터 이념성이 없었다면, 고생하면서 현장에 갈 매력이 별로 없었을 것이고, 거기에 '내 생활 바치자' 할 수 없었던 거 아니겠습니까? 그때 당시 또 사회과학서클에서 학습 자체가 맑시즘을 많건 적건 간에 공부 안 하고 관심없이 출발했다는 건 거짓말이거든요. 그러니까 생각만이라도 어느 정도 이념이 있다고 봐야 되는 거죠. 그런데 그걸 얼마나 구체적으로 심화시키고 얼마나 실천했느냐 하는 것은 둘째 문제고.

둘째, 일부의 학생운동가들은 이념서클을 통해 노동문제에 대해 인식하고 있던 학생운동가들에게 영향을 받아 노동현장에 투신하기도 했다. 예를 들어 전남대 71학번인 이학영은 생활이 어려워서 학생운동에 참여하지 않았다. 그러나 주위의 강권으로 학생회장을 맡았고, 그 때문에 전남대 민청학련 관련자로 구속되었다. 그는 감옥에서 처음으로 사회과학 학습을 하면서 정윤광, 김영곤 등의 영향을 받아 노동운동과 사회변혁에 관심을 갖기 시작했다. 이학영은 당시 감옥에서 학습하며 영향받은 것에 대해 다음과 같이 기억하고 있다.

(감옥에서—인용자)정윤광 선배, 김영곤 선배가 한 칸 옆에 살았고…. 난 정말로 언어학밖에 공부 안 한 사람인데… 그 양반들이 감옥에 들어온 책들을 가지고 공부를 시켜요. 처음으로 『경제학원론』부터 시작해서… 두 양반이 노동운동의 중요성을 이야기한 거야. 그 당시엔 박정희 반대운동, 민주화운동인데, '사회를 바꾸려면 노동운동을 해야 된다.' 그러니까 이게 전단계도 안 떠고 바로 결론을 들은 거야…. '아, 이 운동하는 사람들 삶이 의미 있는 거구나' 하는 것을 본 거죠. 그 사람들 순수성과 그 열렬한 의지, 이런 것에 감동된 거지. 그래 감옥 살고 나서 난 당연히 운동한다고 생각했어요. 그것도 센 운동… '굉장히 근본적인 운동을 해야 된다. 박정희 반대로는 안 된다', 그런 생각을 했고.

이처럼 감옥은 구속된 이들이 서로에게 영향을 줄 수 있는 새로운 조직운동의 공간이자, 사회과학을 학습할 수 있는 배움터였다. 더욱이 구속자들이 석방 이후 운동의 인맥을 형성하는 데도 영향을 주었다. 1975년 2월 석방된 그는 노동운동을 하기 위해 민청학련 관련자들의 모임에 참여하였다. 당시 이 모임에는 성균관대의 김수길과 허만중, 경북대의 임규영, 고려대의 김영곤, 서울대의 정윤광과 송운학 등이 참여했는데, 이들은 노동현장에 투신하기 위한 준비논의를 하였다. 이들은 모임을 비밀스럽게 진행해야 했기 때문에 등산이나 돌잔치 등을 위장해서 만났다. 이 모임을 통해 이학영은 감옥에서 배운 사회주의를 반독재운동 차원을 넘어서 사회를 근본적으로 바꾸는 운동의 방향으로 인식하면서 노동현장에 투신하기로 결심했다.

또 강원대 72학번인 이동섭도 학생운동을 하지 않던 대학생이었지만, 1975년 김상진 분신사건을 듣고 유신정권에 대한 분노로 주위 친구들과 시위를 계획했다가 실패하면서 강제징집을 당했다. 군대생활 이후 그는 72학번 강제징집자 모임에 참여하여 학습을 하면서 삶의 방향을 고민했다. 그는 1978년 동일방직 오물투척사건으로 알게 된 노동자들의 현실에 충격을 받았고, 모임에서 사회과학과 노동문제에 대한 학습을 하며 사회문제를 인식했다. 특히 그는 "사회혁명을 위해서는 노동운동에 참여해야 한다"는 참여자의 주장에 영향을 받았다. 이런 과정에서 이동섭은 막연하게 사회를 바꾸기 위해 노동현장에 들어갈 결심을 했는데, 이에 대해 다음과 같이 말한다.

> 제대하고 78년 3월에 나와서, 그때 처음 목격한 게… 인천에 동일방직사건… '아, 정말 이런 참혹한 게 있구나.' 그러다가 얼마 안 돼서 72학번 모임을 한 번 가졌어요. '학교에서 잘린 사람들 모여 보자' 해 가지고 한 50명 정도가 모여요. 거기서 여러 가지 난상토론도 하고, 앞으로 어떻게 살 건가, 이런 고민들도 토론 했어요. 그런데 그 모임이 계속 되다 보니 나중에는 한 10명 정도로 줄어들더라고요. 그래 10명 정도로 모임을 유지하면서 사회에 대해서 고민을 나누기도 하고. 우리가 주로 중국집에서 만나서 ……『역사란 무엇인가』,『전환시대의 논리』 같은 책들을 보고, 나중에는 김윤환 교수의 『노동운동사』도 보고. 그때는 사회문제를 제대로 이해하기 위해 다양한 책들을 보는데, 그래도 노동문제 쪽을 더 집중해서 보았어요. …… 제일 막내는 김삼수라고 …… 나를 아주 많이 교화시켰어요. 나이는 어린데 '형, 현장 들어가야 된다.' 그리고 제대한 이후에 노동자들의 현실에 대해 알게 된 것도 있고, 모임에서 공부하고 토

론한 것도 있고, 가장 큰 거는 그 친구 영향을 받아서 제가 79년도 에 현장을 갑니다.

셋째, 민청학련 관련자인 연세대 68학번 김영준은 조금 달랐다. 출감 후 만난 학생운동 선배들이 현실적인 삶으로 변화된 모습을 보면서 실망하여 그는 '존재와 의식'에 대한 고민을 했다. 그 결과 학생운동을 하면서 가졌던 민주주의적 가치와 민중의 삶에 대한 관심을 지속적으로 견지하면서 살기 위해서는 지식인이 자신의 존재를 변화시켜야 한다는 생각으로 노동현장에 참여했다. 그는 직업훈련소를 통해 기술을 습득하고 울산 현대중공업에 입사했다. 그러다 동료와 주고받은 편지가 문제가 되어 긴급조치 9호로 다시 구속돼 6개월 동안 독방생활을 했다. 그곳에서 그는 학습을 하면서 자신의 인식을 새롭게 정립했는데, 노동자가 주인되는 사회를 위해서는 노동자 속으로 들어가 그들의 의식을 변화시키고 조직을 만들어야 한다는 것이었다. 이때의 의식에 대해 김영준은 다음과 같이 말한다.

(민청학련사건으로 구속—인용자) 75년 2월에 나와서… 존재와 의식에 대한 고민을 하다가… 삶의 방식을 노동자의 삶으로 바꾸는 것만이 최선이 아니겠나 하는 생각을 하고. 내가 관심가질 수 있는 범위의 사람들의 삶에 대한 인간적 관심과 애정, 거기서부터 출발했고. 그러다 긴급조치 9호 위반으로 여섯 달을 독방에서… 책을 많이 봤어요. 그때 은쿠르마가 한 '노동자 속으로 들어가서 배워라' 그 애기를 보면서, '아, 이거다.' 그 몇 구절, 그건 반드시 가슴에 담고 살아야 될 일종의 지침이었죠. 그때부터 진짜 혁명이죠…. 진정한

혁명은 노동자 자신이 주인이 되는 거고, 주인이 되도록 하기 위해서는 어떻게 할 것이냐. 그 사람들의 의식이 깨어나야 되고… 그럼 '들어가라. 함께 하면서 조직하라'는 거죠.

넷째, 당시 학생운동가들은 학생운동이 반독재투쟁 과정에서 계속되는 패배를 경험하고 장기적인 반독재운동의 주체로서 노동자를 인식하면서 노동운동에 참여하기도 했다. 또는 사회민주화, 불균등한 분배 등의 문제를 해결하기 위해 노동자와 함께하고 이를 지원하기 위해 노동현장에 참여하기도 했다. 일례로 여성으로 처음 노동현장에 참여한 이화여대 71학번인 오성숙은 새얼서클에서 사회문제에 대한 학습을 하였다. 그녀는 마산수출자유지역, 청계천 공장 등도 방문해 보고, 대학 2학년 때 공장활동에서 만난 노동자들의 삶에 대한 경험을 바탕으로 '산업화 속의 불평등 문제'를 인식하고 막연하게 노동운동을 해야 한다는 생각을 갖기 시작했다. 그녀는 노동운동이 사회민주화와 불평등문제를 해결할 수 있다고 생각했다. 노동운동의 모델은 인천 도시산업선교회에서 실무자로 활동하는 서클 선배 최영희의 모습이었다. 오성숙은 1975년 가을부터 노동현장에 들어갈 생각으로 인천을 자주 왕래하며 최영희를 만났다. 그녀는 노동현장을 경험하고 나서 최영희처럼 도시산업선교회 등에서 활동할 생각을 가졌다.[오성숙 구술]

이태복은 1970년 국민대에 입학했다. 당시 국민대에는 학생운동의 분위기가 형성되어 있지 않았다. 그는 국민대에 흥사단을 조직하고, 대학생서울아카데미 회장과 전국연합회 총무를 맡아 활발한 활동을 벌였다. 1971년 대통령선거 참관활동을 벌이다가 강제징집되었던 이태복은 제대 후 정권의 탄압으로 학생운동이 침체되는 것을 보면서 그 한계를 인식했다. 그는 전태일 분신사건 이후 관심을 갖게 된 노동문제에 눈을 돌려 노동운동을 통해 독재정권에 대항할 가능성을 모색했다. 그는 일제강점기의 노동운동 관련 글들을 찾아 학습하거나 사업장 실태조사를 하면서 노동체험을 했다. 이 당시 상황에 대해 이태복은 다음과 같이 기억한다.

> 71년도 교련반대운동과 장기집권 저지투쟁으로 위수령이 나오면서, 학생운동 전선이 일거에 다 무너졌잖아요? 그때 학교에 탱크가 들어오고, 그러고 주동 학생들이 쫙 짤려져 나가니까… 완전히 침묵 속에 빠져들어 가는 거죠…. 그 이전 시기까지는 '잘하면 군사정권을 무너뜨릴 수도 있다. 우리가 열심히 싸우면 넘어뜨릴 수 있다' 했는데 희망이 깨졌고…. 근데 자연발생적인 빈민들의 저항과 이런 게 벌어지고… 굉장한 충격을 받았는데… 그럼 '노동운동 이외의 것이 없는데 생활의 기반운동이어야 하고, 어떻게 해야 될 건지' 굉장히 고민됐죠. 대체적으로 나는 '노동자들 속에 들어가서 운동을 해야 되겠다' 이런 정도 생각을 했죠.

고려대 73학번 최규엽은 긴급조치 7호로 위축된 학생운동을 복원하는 데 주력하는 한편 친구에게서 해방 후에 번역된 러시아의 혁명사, 유럽의 노동운동사, 한국의 독립운동사 등의 책들을 받아 공부했다. 여러 독서 중에 그는 노동운동에 관심을 갖기 시작했다. 당시 사회에서 가장 고통받는 노동자들이 각성해서 민주화운동의 주체로 나서야만 군부독재를 물리칠 수 있다는 생각을 했기 때문이었다. 그는 1976년 11월 군대생활 중에 노동운동에 대한 생각을 좀더 구체화시켰다. 군 복무 중 만난 민청학련사건 관련자인 김상윤에게 노동현장을 돌아다니며 노동운동을 하려던 김남주의 활동 방식을 들으면서 자극을 받았다. 그는 노동운동을 하기 위해서 노동현장에 직접 들어가야 한다는 생각을 하였다.[최규엽 구술]

고려대 73학번인 최봉영 역시 군복무 이후 도천수 등 학교 친구들과 진로를 모색하면서 노동현장에 갈 결심을 했다. 그가 노동현장 투신을 결정한 것은 학생운동으로 유신정권을 무너뜨리기 어렵다는 것과 장기적으로 운동을 해야 한다는 판단 때문이었다.[최봉영 구술]

위에서 살펴본 것처럼 1970년대 학생운동가들이 노동현장에 투신한 이유는 민주주의적 요소, 민중주의적 요소, 사회주의적 요소가 복합적으로 있었다. 이 가운데 사회주의에 대한 관심은 이념서클의 학습과정에서 갖게 된 것으로 김승호, 정윤광, 황인범, 고려대 한맥회 출신들을 예로 들 수 있다. 이들은 다른 대학의 학생들에게도 영향을 주었는데, 전남대의 이학영과 강원대의 이동섭 등이었다. 또 김영준처럼 노동현장 투신 초기에는 지식인이라는 존재에서 오는 의식과 실존의 괴리 문제로 접근하다가 '노동자 속으로' 들어가 그들을 조직하려는 생각으로 변한 경우도 있었다. 그러나 대부분의 경우에는 고통받는 노동자와 함께한다는 생각을 바탕으로 학생운동의 한계와 반독재운동의 주체로 노동자를 조직하기 위해, 그리고 빈부격차와 사회민주화를 위해서 투신했다.

이들의 의식에서 공통된 것은 노동현장 활동을 장기적인 것으로 인식하고 있었다는 점이다. 이는 당시 노동운동이 발전하지 못한 속에서 노동현장 활동이 절박하게 인식되지 못했기 때문이다. 달리 말하면 노동운동에 대한 구체적인 목적을 갖지 못했기 때문에 이들은 정부의 감시를 피해 장기적으로 노동현장에 노동자로 뿌리내리는 것을 1차적인 목적으로 삼았다. 그 때문에 이들은 평생을 노동자로 살아야 한다는 생각으로 기술 습득에 많은 노력을 기울였다.

②기술 습득을 통한 노동현장 투신

1970년대는 직접적으로 노동현장에 투신하는 것 이외에도 노동운동에 참여하는 여러 방식이 있었다. 그러나 학생운동가들은 대체로 노동현장 투신이 근본적인 운동이라는 공통된 인식을 하고 있었다. 이들은 노동운동에 참여하여 개별적인 관계를 맺거나 공개적인 활동을 통해 교류를 하기도 했다.

우선 노동현장으로 투신한 경우를 살펴보면, 이들은 대부분 남성들이었고 노동현장 투신은 곧 생활인이 되는 것이기에 장기적으

〈표 1-3〉 1970년대 노동현장 투신자와 지원 단체 참여자들

참여 분야	참여자(소속 대학)
노동현장	김정강(서울대), 신금호(서울대), 김문수(서울대), 김영곤(고려대), 정윤광(서울대), 황인범(서울대), 김영준(연세대), 오성숙(이화여대), 이학영(전남대), 양재덕(고려대), 송운학(서울대), 최규엽-도천수-최봉영(고려대), 이동섭(강원대), 임규영(경북대)
한국노총계	천영세(고려대), 김금수(서울대), 이원보(고려대), 조춘구(고려대), 김승호(서울대), 이목희(서울대), 오승룡(연세대)
지원 단체	최영희(이화여대), 신인령(이화여대), 김세균(서울대), 신철영(서울대)
기타	장명국(서울대), 이태복(국민대)

로 노동운동을 하려면 기술 습득이 필수라고 생각했다. 이들의 노동현장 투신방식에서 나타난 특징은 첫째, 대부분 집안문제·경제문제 등 개인적인 문제들을 해결하느라 일정한 시간을 지체한 뒤 현장 투신을 준비했다는 점이다. 둘째, 이들은 보위문제 때문에 노동현장 투신에 대해 주위에도 알리지 않았고 개인적으로 준비를 했는데, 초기에는 기술 습득을 위해 많은 시간과 노력을 투여했다. 이들이 습득한 기술은 보일러, 선반, 전기기술 등이었는데, 대부분 몇 개의 기능자격증을 취득했다. 셋째, 취업은 기술을 습득한 뒤 조사를 해서 전략적인 사업장에 들어가는 방식이 아니라, 주위에서 취업하기 좋은 곳을 찾는 경우가 많았다. 그 때문에 이들은 여러 사업장을 전전하기도 했으며, 대부분 현장 투신 시점이 1970년대 말 또는 1980년대 초로 늦어졌다. 넷째, 이들 대부분은 구속, 수배 등의 경력으로 늘 수사당국의 주요 감시 대상이었기 때문에 활동이 자유롭지 않았다. 그 때문에 공장에 취업한 뒤에는 관련자들과 극히 드물게 개인적인 관계만 유지하면서 정보교류를 할 뿐이었다. 이처럼 1970년대 노동현장에 투신한 이들은 개인문제를 처리하고, 기술 습득에 많은 시간을 투여하는 등 취업 후에는 평생 노동자로 생활하려는 모습을 보였다. 이들의 노동현장 투신과정을 보면 다음과 같다.

우선 김승호는 노동현장 투신을 결심하고 장기적으로 노동현장에 자리를 잡기 위해 1976년경 전기기술을 배웠다. 그 뒤 성남 주민교회에 참여해 청년활동을 하면서 노동자들과 관계를 가지려 했으나, 김상진 분신사건으로 수배당하던 김근태 등과의 관계 때문에 정보당국에 거주 위치가 확인되었다. 장소를 옮긴 그는 구로공단에서 공장생활을 하던 중 다시 정보당국에 발각되자 공장을 나와 감시망을 피해 있다가 1978년 섬유노조에 들어갔다.

> 그때는 '장기적으로 현장에 가려고 하면 단순노동으로는 현장 안에서 영향력도 별로 없고 기술이 있는 것이 좋다' 해서… '전기는 구석구석에 다 있으니까 사람들을 조직하는 데는 전기기술을 가지는 게 좋겠다' 이런 얘기들이 있어 전기기술을 배웠죠. …… 성남으로 옮겨서 주민교회 청년부 활동을 좀 하려고 했는데… 몇 달 못가서 신분이 드러나… 철수했죠. 감시가 좀 없어질 때까지 기다렸다가, 구로동 영등포 쪽에 다시 공장에 들어갔어요. 거기 가서도 한 반년이 안 돼서… 통반장을 통해서 계속 감시하고 향토예비군을 옮기라고 그러고…. 향토예비군을 구로공단 연대로 옮겼더니 얼마 뒤 즉각 성북경찰서 형사가 협박을 하는 거야…. '거기 계속 있으면 반공법으로 잡아넣겠다'고. 그때는 머릿속에 든 거만 가지고 처벌을 할 땝니다. 철수했죠.

또 민청학련사건으로 구속됐던 서울대 황인범은 1975년 출감 이후 집안 경제사정과 건강문제로 직장을 다녔다. 그는 밤에 혼자 공부하거나 학원을 다니면서 배관공 자격증을 땄다. 1979년 3월에 수원 병점의 남일전지에 입사하면서 황인범은 본격적인 노동현장 투신을 했다. 이어 그는 보일러 기술자 자격증을 따서 1980년 1월에는 직원수가 1천 명이 넘는 성남의 자전거 생산업체인 대영상사에 기관사로 취업해 활동을 하다가 신분이 노출되어 퇴사했다. 당시 기관사들은 생산라인에 스팀이나 난방을 공급해 주는 일을 했기 때문에 생산라인을 마음대로 돌아다닐 수 있어서 많은 노동자들을 자유롭게 만날 수 있는 장점이 있었다. 그러나 생산라인에서 같이 일하면서 라인의 노동자들을 집단적으로 조직할 수 있는 조건은 되지 못했다. 그는 다시 직업소개소를 통해 대동화학에 보일러 기관사들을 관리하는 위치로 입사했다.

위의 예처럼 학생운동가들은 기술 습득에 2~3년을 소요하고 활동에 적합한 곳을 찾느라고 여러 사업장을 옮겨 다니는 과정에서 정보당국의 추적 등으로 이탈한 경우도 있었다.

남은 이들이 노동현장에 정착해 활동을 하기 시작한 것은 1980년대였다. 특히 민청학련 관련자나 1972년 강제징집자 등이 노동현장에 들어간 시기는 1970년대 말에서 1980년대 전반기였기 때문에 이들의 활동 역시 1970년대 민주노조운동과 직접 결합하거나 영향력을 행사하지 못했다. 더욱이 1970년대 민주노조운동은 여성노동자 중심의 섬유산업과 전자업종에서 일어났고, 남성노동자들은 1974년 현대조선소 노동자들의 자생적인 투쟁 이외에는 노동운동의 주체로 등장하지 못하고 있었다. 그런데 이 시기에 노동현장에 들어간 학생운동가들은 오성숙을 제외하고는 모두 남성들이었다. 여성사업장에 취업한 남성들도 주로 보일러 기사로서 생산현장의 노동자들을 조직하기에는 한계가 있었다.

이들 중에 1970년대 유일하게 현장에서 노동조합 활동을 펼친 이는 한일도루코(영등포에 위치하며 지퍼, 면도날, 문구용 칼을 생산. 노동자 수는 1,600명 안팎이었음)의 김문수였다. 그가 1975년 한일도루코에 보일러 기사로 입사해 일하던 중 1978년에 반장급들이 주도하여 유령노조를 재건시키는 일이 일어났다. 김문수도 뒤늦게 이 사실을 알고 노조에 참여해 교육선전부장을 맡았다. 그러나 회사측이 노조 간부가 된 관리자들을 매수하고 회유하여 노조의 존립이 위태로워지자, 김문수가 적극적으로 나서서 노조의 직무대행을 맡았다.[1] 김문수는 현장에서 벌어진 상황에 재빠르게 대응하면서 노조활동을 주도할 조건을 확보한 것이었다. 그는 생산직 노동자들이 노조의 중심이 되어 활동할 수 있도록 노력했는데, 이 당시 활동에 대해 김문수는 다음과 같이 기억한다.

> 노조활동은 주로 임금인상 활동하고, 고충 처리, 그 다음 봉급 안 주는 거, 산업재해문제 해결, 주로 그런 거 했어요…. 그 다음에 노동자 교육, 주로 우리는 노동법 교육을 했어요. …… 그러니까 노동법 책이 한글로 된 책이 별로 없어요. …… 노동법 배우려고 한자를 가르치는데… 학력 수준이 아주 낮으니까… 점심시간 때 앉아서 한자를 하나씩 쓰는 거죠…. 아주 상식적인 교육이죠. 신문을 몇 부 받아가지고 한 면씩 쪼개서 돌려보라고. 거기서 모르는 한자 나오면 가르쳐 주고…. 그때 여공들이 지적 욕구가 굉장했어요.

1970년대 학생운동가들의 노동현장 투신은 민주노조운동과 결합하지는 못했다. 그러나 이들은 노동운동의 발전이 미약한 상황에

1 한일도루코의 노조에 대해 박육남은 다음과 같이 정리하고 있다. 한일도루코에 1975년 노조가 설립되었으나 회사측의 심한 탄압으로 주동을 한 사람들 상당수가 해고되어서 노조활동 자체가 유명무실해졌다. 이때 노조탄압에 앞장섰던 이들은 반장들이었다. 그런데 1978년 6월 5일 노조를 깼던 반장들이 노조를 재건했다. 회사가 '40대 후반 이상의 반장급들을 정리'하려는 방침을 세우자, 자신들의 자리를 지키기 위한 수단으로 노동조합을 선택한 것이다. 그러나 이들은 회사가 "노조를 그만두면 정리 방침을 철회하겠다"는 회유에 넘어갔다. 그때 교선부장을 하던 김문수가 "내가 분회장을 하겠다"고 나서서 직무대리를 맡고, 이후 노조는 활력을 되찾았다(박육남, 「삶의 형태는 달라도 같은 마음으로」, 『나, 여성노동자』 1권, 그린비, 2011, 295~296쪽).

〈표 1-4〉 학생운동가들의 노동현장 투신 시기와 민주노조 활동 시기

민주노조 결성 및 주요 사건	학생운동가들의 노동현장 투신 시기
1970. 11. 청계피복노조 결성	
1972. 동일방직노조 민주집행부 등장	
한국모방노조 민주화투쟁	
1973. 콘트롤데이타노조 결성	
1974. 반도상사노조 결성투쟁	김문수 1974년 벽제 제지공장 등
1975. YH무역노조 결성투쟁	1975년 한일도루코 보일러기사
원풍모방 회사재건투쟁	오성숙 1976년 인천 고미전자
1976. 2. 동일방직노조수호투쟁(나체시위)	김영곤 1972~3년 구로 대한광학
해태제과 8시간 노동쟁취투쟁	1978년 인천 대우중공업입사
1977. 7. 협신피혁공업사 노동자 민종진	정윤광 1977년 인천 중고수리공장
가스 질식사 항의투쟁	구로 화성보일러제작소
1977. 9. 청계피복노조 '노동교실사수투쟁	1979년 부산파이프
1978. 2. 동일방직노조 수호투쟁(오물사건)	황인범 1979년 병점 남일전지 보일러기사
1978. 3. 여성노동자 6인 부활절예배시위	1980년 성남 대영상사
1978. 4.~ 동일방직 해고노동자들 복직투쟁	김영준 1976년 울산 현대중공업 사내하청
1979. 8~9. YH무역노조 신민당사 농성투쟁	이학영 1977년 성북동 진일실업 재단반
	1978년 부평 남산화학
	이동섭 1979년 구로 소공장 입사
	1984년 광원도 탄광취업
	1984년 부광택시
	최규엽 1979년 대우중공업
	1981년 잉꼬법랑

서 노동현장 투신의 필요성을 실천적으로 제기하였다. 또한 이들 중 김영곤, 정윤광, 최규엽, 황인범, 최봉영, 이동섭 등은 1980년대에 노동현장에서 노동조합을 결성하여 대중운동의 지도부로 활동하였고,

또 최규엽, 김영곤, 황인범 등은 정치조직운동에서 중심 역할을 담당하기도 했다.

③ 한국노총·지원 단체 참여

1970년대 학생운동가들 중에 일부는 한국노총과 산별노조에 실무자로 참여했다. 한국노총을 어용이라고 인식하고 있던 학생운동가들 사이에서는 한국노총계에 참여하는 것을 둘러싸고 논쟁이 있었다. 앞서 1960년대 중반에는 김정강그룹에서 노동운동 참여방식을 둘러싸고 노동현장 진입이냐 노동조합과 단체 참여냐를 둘러싼 논의가 있었다.[김정강 구술] 1970년대에는 한국노총 진입에 대해 "어용 집단에 들어가는 것은 의미 없는 일" 또는 "공화당 가는 것보다 더 나쁜 짓"이라는 부정적이면서도 비판적인 입장과 "대중조직이니 대중과 접촉할 수 있다"는 긍정적인 입장 등으로 나뉘어 있었다.[김금수 구술] 특히 민청학련 관련자들은 한국노총과 지원 단체 참여에 대해 소극적인 방식 또는 비정통적 방식으로 인식하고 있었는데, 이에 대해 정윤광은 다음과 같이 전한다.

> '기독교적인 방식, 한국노총을 통해서 하는 방식, 이거는 올바르지 않다…. 정통은 아니다.' 우리는 이런 인식을 분명히 가지고 있었죠…. '공장에 들어가서 직접 조직하고 이거를 자기의 사상과 조직으로 투쟁으로 발전시켜 내야 된다. 이게 중심이다.' 이렇게 생각하고 중요시하지 않았어요. 그러나 '그것도 지원은 되는데… 그게 당연히 개량적인 한계, 또 기독교적인 한계 내에서 하는 거다.' 이런

정도죠. 그리고 한국노총 간부로 들어가는 것도 '그렇게 할 수도 있고 도움은 되는데 정통은 아니다'라는 거죠.

한국노총이나 산별노조에 지식인이 참여하기 시작한 것은 1970년대부터였다. 한국노총이나 산별노조는 1960년대 후반기에 대학교수들을 자문위원이나 프로젝트에 참여시켰다. 그 뒤 전태일 분신사건으로 형성된 한국노총에 대한 비판여론을 의식하면서 자구책으로 지식인을 실무자로 받아들여 변화를 시도하려는 태도를 보였다.

한국노총에 전문직으로 들어간 사람들은 그 목적이 노총을 개혁하려는 것은 아니었다. 합법노조라는 조건을 활용해 노동자들을 만나 관계를 맺으려는 수준이었다. 이들은 "한국노총을 개혁하기는 극히 어려운 일이고 거기에도 조직된 노동자들이 있으니까 적극적으로 관계를 맺을 수 있는 통로"라는 정도의 생각을 가지고 있었다. 처음 한국노총에 들어간 이는 서울대 법대 이영희였다. 그는 전태일 분신사건의 충격으로 대학원을 졸업한 뒤에 '노동자들의 친구인 대학생이 되겠다'는 마음을 먹고 1972년 한국노총에 들어갔다. 이영희가 한국노총에 참여했던 상황에 대해 이원보는 다음과 말한다.

이영희 씨가… 한국노총 고문인가 하는 김치선 교수한테 부탁해서 노총에 들어가요. 노총에서는 전태일사건 이후에 정신이 번쩍 나가지고 대학 출신 브레인이 필요하다고 할 판인데, 이영희 같은 분이 신청을 하니까 '잘 됐다. 들어와라' 그래서 노총을 1972년 즈음 들어가죠. 그런데 73년에 한국노총 선거가 있었을 겁니다. 그때 중앙정보부가 개입을 해, 완전히 뒤집어 버리죠. 그것을 보고 이영희 씨가 실망을 해서 나옵니다…. 그때 자동차노련에 김말룡 씨가 있었고 지용택이라고… 진보적인 양반이 있었는데, 그 사람들 밑으로 이영희 씨가 가게 되죠.

1976년 10월 화학노동조합 위원장이던 정동호가 '정책노총'의 슬로건을 내걸고 한국노총 위원장에 당선이 되면서, "정책을 만드는 것이 내셔널센터의 기본의무다"라는 주장을 하였다. 이어 한국노총에서 정책연구위원을 모집하자 김윤환 교수가 조춘구(고려대)와 김금수(서울대)를 추천하여 이들이 기획연구실의 연구위원으로 일하기 시작했다. 이들의 역할은 성명서나 연설문 쓰기, 노총의 활동방향에 대한 건의서 작성 및 기타 실무 담당이었다.

한편 산별노조는 필요에 따라 전문직원을 채용했다. 우선 화학노조에는 천영세(고려대)와 오승용(연세대) 등이 있었다. 당시 화학노조 위원장은 정책을 만들어 정부나 회사측을 압박하는 힘으로 활용하려 했다. 이를 위해 그는 지식인들의 능력을 활용하기 위해 고용하기 시작했다. 이에 대해 이원보는 다음과 같이 말하였다.

정동호 위원장이 '정책노총'을 내세우게 되는데… '실천적으로 투쟁을 못하니까, 이론적인 걸 잘해서 정책 대안을 만들어서 그걸 무기로 정부를 압박하자'는 생각을 가지고 정책노총을 선거공약으로 내놓아요…. 그러니까 천영세 얘기를 아주 경청을 하고… 화학노조에 민주적인 개혁적인 지식인을 많이 끌어들이고…. 화학노조에 아주 특징적인 운동이 교육대행진 운동이라는 걸 했었어요. 김윤환 선생을 모시고, 천영세하고 정동호가 전국을 다니면서 노동자의식화 교육을 하고. 대단히 선풍적인 붐을 일으켰는데, 그때 화학노조 조직률이 굉장히 올라갑니다.

섬유노조에는 1976년에 이원보가 처음 실무자로 참여하였고, 이어 1977년에는 김승호가, 1978년에는 이목희가 들어갔다. 섬유노조는 1960년대 말부터 대학교수들과 임금 관련 프로젝트를 진행하였으며, 조한천과 같은 실무자를 고용하는 등 지식인들의 능력을 활용하였다. 위원장들은 이들이 낸 결과물을 자신들의 성과로 만들어 노조에서 자신들의 입지를 높이려고 하였다. 이들은 교육선전부에서 일을 했는데, 주로 『섬유노보』라는 신문을 만드는 일을 했다. 섬유노조나 한국노총은 이들 지식인 출신들에게 조직, 기획조정 담당 같은 요직은 맡기지 않았고, 주로 교육·선전·조사 등의 주변적인 업무를 배당했기 때문이었다.[이목희 구술] 한국노총과 산별노조의 의사결정은 노조 임원들이 하였고, 사업계획은 대의원대회에서 결정하여 중앙집행위원회나 상무집행위원회에서 결의하는 구조였다. 그렇기 때문에 아무런 결정 권한이 없는 전문직원들이 노총을 개혁한다는 것은 불가능한 일이었고, 이들의 역할은 결정된 사업에 대한 실무적인 일을 처리하는 것이었다.

더욱이 이들은 정보당국의 감시체제 아래 놓여 있었다. 당시 상황에 대해 김승호는 사무실이 일상적 감시체제하에 있었는데, 한국노총의 조직국장이 수시로 중앙정보부에 가서 지식인 출신 상근자들의 동향을 보고했다고 말한다.[김승호 구술] 그 때문에 지식인 출신들은 섬유노조에서 극히 제한적인 활동을 할 수밖에 없었다. 그나마 이들은 드물게 민주노조에 대한 개별적인 교육지원이나 투쟁지원을 할 수 있었다. 산별노조에 참여한 이영희, 천영세 등이 크리스천아카데미에 교육위원으로 참여하면서 일부 지원활동을 했다.[2]

1970년대 학생운동 출신자들의 또 다른 일부는 종교단체나 교육단체에 들어가 노동운동을 지원하는 활동을 하였다. 김근태나 손학규 등이 영등포 도시산업선교회의 소모임을 지원하는 활동을 벌이기도 했지만, 종교기관의 실무자로서 들어가 노동운동을 처음 시작한 이는 이화여대 69학번인 최영희였다. 그녀는 '새얼모임'에서 현장체험과 자원봉사활동을 하면서 관계를 맺은 인천 도시산업선교회에 실무자로 참여하여 노동운동을 시작했다. 당시 인천 도시산업선교회는 조화순 목사를 중심으로 여성노동자들을 교육하며 노조활동을 지원하였다. 특히 이곳에서는 동일방직 노조민주화를 이룬 여성노동자들이 소모임을 하며 교육을 받기도 했다.최영희 홈페이지, http://www.choi1388.or.kr/choi/history.asp 그 뒤에 영등포 도시산업선교회에 실무자로 들어간 이는 서울대 신철영이었다. 그는 서클 선배인 서경석의 소개로 1978년 영등포 도시산업선교회의 간사로 활동했다. 당시 교회에서는 해태제과 노동자들의 '8시간 노동제쟁취투쟁' 등 유신체제 말기 노동자투쟁을 지원했다. 그후 그는 전국민주노동자연맹(약칭 '전민노련')에도 참여하면서 노조 지원활동과 정치활동을 병행하였다.신철영, 「도시산업선교회와 나」, 『내일을 여는 역사』 34호, 2008, 109~120쪽.

최영희, 신철영 등처럼 교회를 매개로 노동운동을 벌인 경우는 개별적인 활동성과를 평가하기가 어렵다. 교회는 목사들이 주도권

2 섬유노조의 김승호, 이목희는 1980년 서울의 봄 시기에 해직되었고, 섬유노조의 이원보, 한국노총의 김금수 등은 1985년 구로동맹파업 등을 둘러싸고 이견을 제기하자 해고당했다(각인의 구술 참조).

을 잡고 있었고 노동운동에 대한 개입과 지원의 목적 역시 교회의 이념 안에서 이루어졌다. 그 때문에 실무자들이 독자적인 활동을 펼치기는 어려웠다.[3] 다만 1970년대 인천과 영등포의 도시산업선교회가 동일방직, 원풍모방, 반도상사 등의 민주노조들을 활발하게 지원하는 활동을 벌인 점을 미루어 봤을 때, 이들 실무자들이 노동자들의 교육과 민주노조 지원활동의 중심 역할을 했을 것이라 판단된다. 이에 대해 가톨릭노동청년회(JOC)의 박순희와 크리스천아카데미 간사인 김세균도 다음과 같이 비교 평가하였다.

> 도시산업선교회는 성직자가 중심에 있는 활동이었어요. 크리스천아카데미는 교육을 중심으로 했어요. 활동할 수 있는 지도자를 양성하는 데 주력했죠. JOC는 구성원 스스로의 활동을 강조했고요. 그때 우리는 현장에 있는 조합원 당사자의 운동이 중요하고, 그 속에서 활동가의 역할이 중요하다고 생각했어요. 그런 면에서 도시산업선교회는 지원이나 조언의 역할을 넘어 직접 조합원을 지도하려 하는 경향이 있었어요.(박순희)김원, 「1970년대 가톨릭노동청년회와 노동운동」, 355쪽.

70년대 후반 인텔리들이 사회운동하면서 한편으론 교회 쪽으로,

3 JOC와 도시산업선교회에 대해 김원은 "두 단체가 노동운동 관련 교리에 있어서, 안정된 사회적 통합을 위한 기독교 노동운동을 지향했다. …… 이들이 지향했던 바람직한 사회는…… 국가에 대해 점진적인 압력을 가해 급진적이지는 않지만, 민주적인 사회개혁을 이루어 내는 것, 다시 말해서 서구 자유주의 신학의 전제를 받아들이는 것"이라고 했다(김원, 「1970년대 가톨릭노동청년회와 노동운동」, 『1970년대 민중운동연구』, 민주화운동기념사업회, 2005, 364~365쪽). 기독교 노동운동의 이념적 특징에 대해서는 이광일의 앞의 논문에 상세히 언급되어 있다.

교회가 큰 우산이었으니까… 거기 들어가 활동하자는 생각이고, 나는 왜 우리가 교회 우산에 들어가느냐… 우리가 해야 한다는 생각이었고. 아카데미 교육이 산업선교회하고 다른 것은 산업선교회가 목사 중심이라서 교회에 노동자를 포함시킨다면 아카데미는 그런 거 없단 말이에요.[김세균 구술]

이처럼 교회기구와 달리 교육기관인 크리스천아카데미에서 실무자(스태프)들은 독자적인 활동을 펼칠 수 있었다. 아카데미 교육 중에서 노동교육을 담당하는 스태프로 활동한 이들은 신인령과 김세균이었다. 신인령이 강원룡 목사와의 관계로 먼저 활동을 시작하였고, 김세균은 교육과정에 참여한 뒤에 1977년부터 실무자로 활동하였다.

그밖에 장명국이나 이태복과 같이 노동자나 민주노조 간부와 개별적인 관계를 맺으면서 노동운동의 방향을 모색하던 이들도 있었다. 이들은 1970년대 말에 들어서 민주노조 간부들과의 관계를 통해 독자적인 흐름을 형성하기 시작했다.

2) 1970년대 민주노조운동과 노학연대 관계

① 1970년대 민주노조운동의 특징

전태일 분신사건은 무엇보다도 노동자들에게 영향을 주어 청계피복노조를 비롯한 민주노조운동이 새롭게 등장했다. 우선 1970년대 노동자투쟁은 투쟁 주체와 투쟁 방식에 따라 영세사업장 노동자의 자해투쟁, 중화학공업 대공장 노동자의 폭력적 저항, 경공업 여성노동자들의 민주노조운동으로 나눌 수 있다. 먼저 전체 취업노동자 가운데 약 60%를 차지하는 영세기업 노동자들의 투쟁은 전태일 분신사건 이후 서울한국회관 김차오의 분신기도사건(1971), 영등포 조일철강사 정세달의 자살사건(1974), 서울 삼영정밀공업사 정귀한의 자살사건(1978), 농심라면 주식회사 임석철의 사망사건(1978), 공사판 노동자 김종태의 분신자살사건(1980) 등으로 이어졌다. 이들은 대개 근로조건 개선, 노조 탄압 중지, 인권회복 등을 주장하며 분신자살투쟁이라는 극한적인 형태로 저항하였다.

다음으로 중화학공업 노동자의 폭발적 형태의 투쟁은 파월派越한진 노동자의 KAL빌딩사건(1971), 현대조선소 2만 노동자의 투쟁(1974), 사우디 현대건설 노동자의 투쟁과 중동 노동자들의 동정파업(1978) 등에서 나타났다. 이는 대기업의 횡포와 임금 착취에 대항한 미조직 대중의 직접적 실력투쟁이었다. 이 기업들은 정부의 강력한 비호를 받는 정책적 사업장이거나 노동자와 회사측 간의 대화가 끊어진 대재벌의 사업장이었다. 오로지 회사측과 정부의 일방적인 통제만이 있었기 때문에 노동자들의 투쟁방식도 가두시위, 폭동 등 법 테두리를 벗어나는 폭력적인 모습을 보였다.

마지막으로 경공업 여성노동자들의 민주노조운동을 살펴보면, 전태일 분신사건에 영향을 받은 청계피복 노동자들의 노조 건설을 시작으로 동일방직, 원풍모방, 콘트롤데이타, 반도상사, YH무역 등에 민주노조가 건설되었다. 유신체제가 등장한 1970년대 전반기 민주화운동 세력이 침묵하던 상황에서도 노동자들은 민주노조를 건설했다. 민주노조 건설은 사업장 조건에 따라 두 가지 경로로 나타났다. 청계피복, YH무역, 콘트롤데이타처럼 노조가 없는 사업장은 새롭게 노조를 만들었으며, 동일방직이나 원풍모방처럼 이미 어용노조가 있는 사업장은 조합원의 힘으로 민주노조로 변화시켰다. 이들은 1970년대 후반기 유신정권과 자본의 드세어진 노조 탄압에 맞선 조직수호투쟁을 통해 자주성을 지켰다.

민주노조운동이란 유신체제에 안주한 한국노총과는 거리를 두고 노동자들의 이해와 요구를 실현하기 위해 형성된 사업장 중심의 새로운 노조운동을 말한다. 노동조합의 핵심인 '조합 내 민주주의'와 '자주성'은 서로 분리할 수 없다. 자주성을 확보하려면 무엇보다도 노조가 조합원의 지지에 뿌리를 두어야 하기 때문에 조합원의 요구와 이해를 반영하는 조합민주주의가 꼭 필요하다. 민주노조들은 1970년대 후반 정권과 자본의 탄압에 맞서 조직을 지켜야 한다는 긴박한 상황에서 실질적 민주주의를 실현하기 어려웠다. 그럼에도 노조 간부들은 일상활동에서 조합원을 참여시키고 그들의 요구를 수렴하기 위한 조직운영체계[4]와 대의원모임[5]을 적극 활용했다. 저마다 상황과 조건이 달라 10여 개 민주노조가 모두 똑같은 수준으로 노조

4 YH노조 조직체계는 조합원 의견을 늘 듣기 위해 "의장단 논의, 대책마련 → 상집위원 논의 → 대의원 그룹토론 대의원과 상집위원 중 그룹진행위원을 선발(16명)하여 조합원을 16개 소그룹으로 나눈 뒤 모든 그룹에 참가하여 토론을 주도, 나머지 대의원과 상집위원들은 보조역할 → 모임 뒤 그룹진행위원이 평가회를 통해 조합원의 반응, 결정사항, 요구내용 등 종합토론" 하는 토의방식 체계를 갖추어 운영했다. 이는 조합원들이 차례로 그룹토의에 참가하여 참여의식을 높이며, 함께 문제를 발굴하여 해결방법을 모색하기 위한 것이었다(전 YH노조·한국노동자복지협의회, 『YH노동조합사』, 형성사, 1984, 113~123쪽)

5 YH노조 대의원들은 월 1회 모임을 갖고 활동보고, 평가와 활동계획을 세웠다. 모임에서 자신의 역할을 깨닫게 된 대의원들은 조합원을 자주 찾아가 그들의 요구를 듣고 노조활동을 알리는 역할을 스스로 했다. 대의원은 노조를 이끄는 중심으로, 조합원을 위해 희생하면서 성실히 활동하려 힘썼기에 끝까지 조합원의 지지를 받았다(전 YH노조·한국노동자복지협의회 편, 앞의 책, 102~104쪽).

내부의 민주주의에 주의를 기울였다고 보기는 힘들다. 그러나 정권과 자본으로부터 노조가 탄압받았을 때, 조합원들이 노조를 지키기 위해 헌신적으로 투쟁에 나섰던 것은 노조가 일상활동에서 조합원과 밀착되었기 때문이었다.

또한 민주노조는 여러 소그룹활동과 교육을 통해 조합원들의 의식을 높이며 노조활동을 함께하면서 노동자가 참여할 수 있는 길을 넓히려 했다. 소그룹활동이나 교육활동은 새로운 노조활동가를 키워 내는 통로가 되기도 했다. 실제 소그룹의 활동을 살펴보면, 친목 수준에서부터 학습하는 소그룹까지 있었고, 사업장 안의 소그룹활동에서부터 종교계를 통한 소그룹활동까지 여러 영역이 있었다는 것을 알 수 있다.[6]

민주노조는 소모임을 통해 조직을 강화하고 노동자들의 경제적·사회적·정치적 처지를 알리려 했다. 소모임활동은 조합원의 의식을 변화시켜, 비조합원은 조합원으로, 조합원은 조합간부나 대의원으로 성장하는 통로가 되었다. 또한 민주노조는 자체 교육 계획에 따라 조합원교육, 간부교육을 자주 했으며 야학도 이용했다. 그 가운데 원풍모방이 가장 잘 짜인 교육을 하였다.[7] 청계피복노조는 '노동교실'

6 청계피복의 노동자들은 삼동친목회와 150여 명의 여성노동자가 참여한 클럽연합체 성격을 띤 아카시아회를 결성했다. 원풍모방도 오륙십 개의 소모임에 사오백 명의 조합원이 활동했다. 소모임활동은 노동자들에게 인간답게 살 수 있는 '자유와 평등이 실현되는 사회를 건설'하기 위해 필요한 조직으로 인식됐다. 동일방직, 콘트롤데이타 등에도 여러 소그룹이 있었다(유경순, 「쟁점으로 보는 1970~86년 노동운동사」, 역사학연구소, 『노동자 자기역사를 말하다』, 서해문집, 2005, 239쪽).

7 원풍모방 노조는 "새로 들어온 노동자를 대상으로 한 '훈련생교육' → 입사 1년 미만 조합원에 대한 '기본교육' → '대의원교육' → 활동가양성 교육과정인 '중견간부 교육'" 등 조합원의 수준과 조건에 맞게 교육을 체계적으로 진행했다. 이밖에 조합원 200~400여 명이 참여하는 '일반조합원 교육'은 단결력을 높이기 위한 것이었다(원풍모방 해고노동자복직투쟁위원회 편, 『민주노조 10년: 원풍모방 노동조합 활동과 투쟁』, 풀빛, 1988, 160~162쪽). 이런 교육은 단체교섭 때 조합원들

이라는 교육공간을 따로 설치, 운영하기도 했다. '노동교실'에는 청계조합원이 아닌 다른 노조의 조합원도 출입했으며 지식인과 학생운동가들이 참여할 수 있었다. YH노조도 '녹지야학'을 활용해 조합원들의 교육에 힘썼다. 민주노조는 자체 교육 말고도 서강대나 크리스천아카데미 등 외부교육기관에 간부나 조합원들을 보내 노동자의 권리의식과 사회의식을 높이려 했다. 외부교육은 노동자들이 개별사업장 수준에서 벗어나 노동문제 전반을 고민하도록 했으며 의식변화에 큰 영향을 미쳤다. 교육은 권리의식이 낮았던 노동자들에게 자신들의 사회적 존재와 가치를 깨닫게 했고, 교육과정에서 일체감을 높이기도 했다. 이처럼 소모임활동과 교육은 적극적인 조합원들을 발굴하여 새로운 노조 간부층을 형성하는 역할을 했다.

이와 같이 1970년대 민주노조들은 조합원들이 노조에 주체적으로 참여할 수 있도록 노력했다. 그 과정에서 조합원들은 권리의식과 노동조합의 필요성과 힘에 대해 인식하면서 점차 변화해 갔고 이를 바탕으로 노조는 회사측의 부당한 압력에 대항하여 임금을 인상하고 근로조건을 크게 개선할 수 있었다. 나아가 소모임활동은 정권, 회사, 한국노총의 노조 탄압에 대항하여 독자적인 조합활동을 벌일 수 있는 자주성 확보의 거점이 되었다.

노동3권조차 행사할 수 없는 극도의 억압적인 체제 아래에서 대부분의 노조는 노사협의회나 정부의 직권조정으로 임금인상과 노동조건 개선 문제를 회사측에 맡겼다. 그러나 민주노조는 농성, 시

의 행동통일을 이루는 데 중요한 역할을 했다. 교육은 노조에 중요한 과제가 무엇이며, 조합원이 해야 할 의무가 무엇인가를 깨닫게 하여 노조에 대한 관심과 참여의식을 높였다.

위, 준법투쟁 등의 단체행동으로 임금인상과 노동조건 개선을 확보했다. 민주노조들은 차츰 노동자들의 요구수준을 높여 나갔다. 민주노조들은 회사측과 '노동조건 개선투쟁'을 할 때 치밀한 준비와 강한 조직력을 바탕으로 지속적인 투쟁을 벌였다. 그렇기 때문에 대부분의 싸움에서 승리하여 조합원의 노동조건을 크게 향상시켰다. 이런 투쟁성과는 노동자의 삶의 질을 어느 정도 높였으며 노동자에게 조직과 투쟁이 왜 필요한지를 깨닫게 했다.[8]

나아가 1970년대 후반기 민주노조운동은 '조직수호투쟁'을 비롯하여 '노동3권 확보투쟁' 등을 벌이면서 정권에 대한 정치투쟁과 연대투쟁의 싹을 틔워 나갔다. 정부는 1975년 긴급조치 9호로 노동운동과 민주화운동을 드러내놓고 탄압했다. 정부는 한국노총과 경찰력을 동원하여 민주노조를 해체하려 했고, 민주노조를 지원했던 종교단체를 용공단체라고 몰아붙였다. 이에 맞서 청계피복 노동자들은 목숨을 건 '노동교실사수투쟁'(1977. 9. 9)에서 '노동3권 보장'을 요구하며 맞서 싸웠고, YH노동자들의 신민당사 농성투쟁에서는 노동자들의 생존권 확보투쟁이 정치적 문제로 부상되기도 하였다. YH노조의 신민당사 농성투쟁은 유신체제가 갖는 모순이 가장 날카롭게 드러난 사건이었다. 한 사업장의 노동자투쟁에 공권력이 직접 개입하여 사회적인 문제가 되었다. 노동자들의 신민당사 농성에 정부

8 청계피복노조는 노동시간 단축투쟁과 임금인상투쟁을 진행했고, 원풍모방과 동일방직노조도 임금 수준을 동종 다른 사업장보다 20~30% 높은 수준으로 올렸으며, 상여금과 퇴직금 누진제 등은 섬유노조 산하 조직 가운데 최고 수준이었다. 콘트롤데이타는 통근버스 운행확보투쟁을 했으며, 해마다 30%가 넘는 임금인상과 상여금 400%를 확보했고, 주 42시간 노동시간 단축투쟁 등을 통해 장시간노동이 일반화된 상황에서 요구를 관철시켰다. YH는 회사측의 휴·폐업 위협에도 임금을 대폭적으로 인상했다(유경순, 「쟁점으로 보는 1970~86년 노동운동사」, 241쪽).

가 공권력을 투입하고 폭력으로 진압하여 정국은 더욱 대립국면으로 치닫게 되었으며, 이것이 마침내 부마 민중항쟁으로 이어져 유신정권의 몰락의 계기가 되었다.

민주노조는 외부 교육활동, 소그룹활동으로 만들어진 개별적 연대관계를 밑바탕으로 제한적이지만 연대투쟁을 시도했다. 1977년 7월 2일 가스질식사한 민종진의 죽음에 대한 항의투쟁에서 조직적인 연대의 모습이 나타났다. 이것은 1970년대 최초의 노동자 연대투쟁이었다.[9] 이 투쟁은 모든 노동자들이 느끼는 비인간적 노동조건의 문제를 민주노조의 노동자들이 연대를 통해 사회에 폭로했다는 점에서 1970년대 후반 민주노조운동이 발전할 수 있는 가능성을 보여 주었다. 그밖에 몇몇 노동자 사이의 연대활동도 있었는데, 1978년 3월 20일 노동자 수십 명이 기독교방송국 항의투쟁을 함께 벌였고, 3월 26일 부활절 예배투쟁에서 6명의 노동자들이 "노동3권 보장하라", "박정권은 물러나라"고 외치며 함께 싸웠다. 이처럼 민주노조들은 가두투쟁, 점거투쟁, 파업투쟁 등의 '탈법적'인 방식을 통해 자본과 정권에 맞서 싸우는 전투성을 발휘했다. 그러나 그 이상으로 연대활동을 발전시키지 못했다.

한편 대부분의 민주노조들은 종교계의 지지를 받았다. 유신체제가 나타난 뒤에 일시적 침체를 보이던 민주화운동이 차츰 모습을 다시 드러냈다. 이들은 반反유신·반反독재투쟁을 하면서 '절차적 민

9 7월 7일부터 노동자들은 민종진의 시신이 있는 한강성심병원에서 농성을 벌였다. 10일 동일방직, 청계피복, 인선사, 방림방적 등 노동자 300여 명이 "노동자를 더 이상 죽음으로 밀어 넣지 마라", "살인적인 작업환경을 개선하라", "노동자도 인간이다, 근로기준법 준수하라", "국가보위법을 철폐하라", "노동3권을 돌려 달라"는 구호를 외치며 가두투쟁을 했다(이태호, 『불꽃이여 이 어둠을 밝혀라』, 돌베개, 1984, 145~148쪽).

주주의'를 확보하는 데 힘을 기울였다. 이들 가운데 양심적 종교인들은 노동자들의 처지에 관심을 기울이기 시작했다. 종교계가 노동자에게 관심을 갖게 된 것은 1960년대 산업화가 본격적으로 진행되면서 등장한 노동자군群의 존재 때문이었다. 처음에 그들은 양적으로 늘어나는 노동자들을 선교의 대상으로 삼았다. 그러나 종교계는 유신체제의 탄압과 한국노총의 어용화에 대항하여 노동자들의 조직결성을 지원하기 시작했다. 종교계는 소그룹조직, 교육, 노조 결성지원, 노동자투쟁이 일어났을 때 사회지지 여론 형성 등 압력단체로서 활동했다.

교회는 노동자들의 권리를 신장시키려 했으나 '인권' 또는 '인간성 회복'이라는 차원에서 노동자들을 한 개인으로 인식했을 뿐, 그들을 '계급'으로 인식하지 않았다. 그럼에도 불구하고 1970년대 종교계는 노동자들에게 권리의식을 깨우쳐 주고 노조활동을 지원해 주는 유일한 세력이었다. 따라서 종교계는 민주노조의 조합원들에게 강한 영향력을 발휘할 수밖에 없었다. 종교계는 도덕주의와 휴머니즘의 입장에 서서 노동자들에게 민주주의의 가치를 전파했다.

이 시기는 노동자 의식이 낮았기 때문에 종교계가 민주노조운동에 강한 영향력을 발휘할 수 있었다. 그러나 종교계와 깊게 관계를 맺은 민주노조들도 독자적인 활동력을 유지하려는 노력이 있었다는 사실을 눈여겨 보아야 한다. 실제로 1970년대 후반기 들어 정권이 민주노조운동을 강하게 탄압하자 민주노조를 사수하려고 노동자들은 격렬하게 저항했지만, 종교계는 한걸음 물러나 자신의 자리를 지키려 하였다. 이 모습을 지켜본 노동자들은 종교계의 한계를 깨닫기 시작했다(원풍모방 노조에서 보듯이 민주노조운동은 종교계의 영향력에서 벗어나기 시작했다.원풍모방 해고노동자복직투쟁위원회, 『민주노조 10년』, 340~348쪽). 노동자들은 회사측과 대립하면 할수록 자신의 존재 조건을 인식하고 차츰 종교계로부터 독립해 독자적인 영역을 획득해 나갔다.

당시에는 노동자들이 어떤 노선을 선택할 수 있을 만큼 다양한 이데올로기가 없었다. 일제강점기와 해방공간에 널리 퍼졌던 사회주의 사상은 한국전쟁을 거치면서 사라진 채, 반공이데올로기만이 이 땅을 지배하고 있었다. 사회지원 세력이라고 해봐야 학생·종교계를 중심으로 하는 민주화운동 세력뿐이었다. 1970년대 민주노조운동은 기본적으로 이 같은 이념적 지형에 규정될 수밖에 없었다.

또한 1960~70년대 노동자들의 의식수준도 고려해야 한다. 산업화 과정에 막 편입된 노동자들의 의식은 노동조합이 무엇인지, 근로기준법이 있는지조차도 모르는 상태였다. 그 때문에 이들에게는 근로기준법마저도 자신이 획득해야 할 최종목표로 보였고, 노조를 만들고 지키는 것이야말로 최대 과업이라고 느낄 수밖에 없었다. 노동자들에게 노동조합은 기계와 같은 삶을 벗어나게 할 유일한 조직이었다.

이런 조건에서 형성된 민주노조운동의 이념은 정치적 자유와 노동운동의 자유가 보장되는 민주적인 사회, 또는 '공동체적인 평등이 실현된 사회'였다.김준, 「아시아 권위주의 국가의 노동정치와 노동운동: 한국과 대만의 비교연구」, 서울대 사회학 박사논문, 1993, 374쪽. 이 시기 민주노조 간부들은 자본주의 모순에 대한 체계적 인식을 갖지 못한 속에서 추상적인 인간다운 삶을 누릴 수 있는 사회를 추구했다. 이러한 노동자들의 지향은 당시 시대적 조건과 운동역량의 한계에 규정됐다. 그 때문에 민주노조운동은 정치문제와 노동문제를 분리하는 정치의식의 한계를 보였고, 1980년 5월 한국노총 민주화투쟁과 1981~82년 신군부정권의 민주노조 탄압에 적절히 대응하지 못하게 된다. 그리고 이러한 한계는 1980년대 노동운동 세력에 의해 비판받는 요인이 되었다.

② 크리스천아카데미의 노동자 정치교육

앞에서 살펴본 것처럼 1970년대 민주노조운동은 종교계의 영향 속에서 사업장 중심의 노동조건 개선과 권리확보를 위한 활동에 집중하면서 독자적 이념형성이 지체됐다. 이런 민주노조운동을 변화시키려는 움직임이 1970년대 후반기에 등장했다. 학생·지식인들이 노동자들과 직접적인 연대관계를 맺고 활동했던 크리스천아카데미의 노동교육활동과 노동야학운동이었다.

여기서는 노동교육기관을 매개로 한 크리스천아카데미의 노동교육활동에 대해 살펴보겠다. 이 교육기관에서 실무자의 역할은 종교기관에서 활동했던 지식인과는 차이가 있었다. 전자는 독립적이고 독자적 가치지향성을 실현하려고 한 반면에 도시산업선교회나 가톨릭노동청년회 같은 종교기관의 실무자들은 종교적 가치 및 자유민주주의의 틀 안에서 활동할 수밖에 없었다.

크리스천아카데미는 한국사회 문제에 대한 조사연구, 대화운동, 교육과 훈련 등 세 가지를 과제로 설정하였다.[10] 아카데미의 목표는 한국사회를 이끌 이념형성과 이를 담지할 집단의 양성에 있었

10 재단법인 크리스천아카데미는 1965년 2월 19일 '한국기독교 학술'이라는 명칭으로 창립되었

다.[11] 중간집단 교육은 1973년부터 준비되어 교육대상은 교회사회, 청년사회, 여성사회, 산업사회, 농촌사회의 5개 분야로 확정했다. 강사로는 학계인사 53명이 참여하여 1974년부터 프로그램을 실시했다.서광필, 「민주화의 길과 아카데미 운동」, 『한국민주문화 대전집』 2권, 문학예술사, 1985, 109쪽. 크리스천아카데미의 중간집단 교육을 운영한 것은 각 사회별 교육위원회였다.

산업사회 교육은 산업사회교육위원회가 담당하였다. 초기 산업사회교육위원회에 참석한 사람들은 노동법과 노동문제 전문가인 대학교수, 한국노총과 산별노조의 정책 실무자들이었다. 특히 젊은 교육위원들은 대학에서 1970년 전태일의 죽음에 충격을 받아 노동문제에 관심을 가진 지식인들이었다. 이들은 노동문제의 심각성과 그 해결의 중요성을 민감하게 받아들이고 있었다. 실무자들 역시 사회문제에 대한 구조적 해결을 모색하던 이들이었다. 크리스천아카데미에 처음 참여한 사람은 이화여대 출신의 신인령이었고, 임종률과 이광택은 대학교수로서 참여했으며, 이후 한국노총에서 일했던 이영희와 천영세가 교육위원으로 참여해 간사들과 교육프로그램을 같

다(동년 5월에 한국 크리스천아카데미로 개칭). 경동교회의 강원용목사가 창립을 주도했는데, 기독교의 한국적 토착화와 교회일치운동에 앞장섰던 그는 꾸준히 기독교의 사회참여 방안을 모색하였다. 이러한 활동의 하나로 그가 주축이 되어 1959년 설립한 '기독교사회문제연구원'은 한국기독교학술원의 모태가 되었다. 기독교 사회문제연구원이 개최한 몇 차례의 대화 모임에서 독일 아카데미운동이 소개되고 한국 상황에 맞는 아카데미운동의 방향이 논의되면서 '한국크리스천아카데미'가 창립된 것이다(정연순, 「1970년대 노동교육의 사례연구: 크리스천아카데미 산업사회 중간집단 교육」, 서울대 교육학 석사논문, 1998, 19~20쪽).

11 독재권력하의 한국사회에서 합리적인 자유민주주의 사회로 이끌 민주적 압력집단이 필요하며, 이 압력집단의 역할과 동시에 화해 및 통합의 기능을 수행할 사회집단을 '중간집단'이라고 개념화할 수 있다. 중간집단을 육성하기 위한 교육은 아카데미의 가장 중요한 과제로 상정되었다(강원룡, 「중간집단이란 무엇인가」, 『양극화시대와 중간집단』[한국아카데미 총서 2권], 삼성출판사, 1975).

이 기획했다. 뒤를 이어 1977년에 김세균이 간사로 활동을 시작했다.[김세균 구술]

한편 농촌사회 간사는 이우재·장상환·황한신, 여성사회 간사는 한명숙, 산업사회 간사는 신인령·김세균으로, 이들은 1978년부터 '사회주의학습 6인클럽'을 비공개로 구성하여 마르크스주의 등을 학습하면서 교육을 매개로 한 민중운동의 방향을 모색했다.「크리스천아카데미 사건 공소장」, 1979형 16567호. 이에 대해 당시 농촌사회 간사였던 장상환은 한 인터뷰에서 다음과 같이 말했다.

> 저희들은 '(중간집단 교육의 역할이) 종교적인 범주에 머물러서는 안 된다', 이것을 생각하고 그런 방향으로 노력을 했죠. 그런 생각들로 간사들끼리 모여서 공부도 하고 했는데, 적어도 너무 나이브해 가지고 세상이 바뀌면 아무런 일도 못한단 말이에요. 알고 있어야 된다, 전략이라든지, 전술이라든지, 자본주의에 대한 이해. 그래서 이제 공부를 주로 하고 그 다음에 '간사로서 역할이 루즈해져서는 안 된다. 학습하고 긴장된 생활을 하자' 이게 주요 목표였어요.장상환 구술 재인용(이임하, 「1970년대 크리스천아카데미 사건 연구」, 『1970년대 민중운동 연구』, 583쪽).

크리스천아카데미 사건 공소장을 통해 확인되는 이들의 학습교재는 평양방송의 마르크스·레닌주의 방송대학강좌, 통혁당 목소리 방송, 모스크바 한국어 방송 등을 청취, 북한에서 발행한 『현대사상연구』, 『조선여성독본』, 마르크스와 엥겔스의 저작인 『공산당선언』, 『자본론』(영문판), 『가족, 사유재산 및 국가의 기원』, 『반뒤링론』, 그밖에도 『국가와 혁명』, 『변증법적 유물론의 활동방법』, 『실제 활동에 있어서의 변증법』, 『일상활동을 통한 간부양성』 등이었다. 「크리스천아카데미 사건 공소장」, 1979형 16567호.

이는 실무자들이 일정하게 사회모순 해결을 위해 사회주의에 관심을 갖고 있었다는 것을 의미했다. 그 때문에 이들이 주도한 아카데미 노동교육은 민주노조 간부들을 대상으로 사회구조 속에서 노동문제를 인식할 수 있는 정치교육이 중심이었다.[12] 이들은 노조 간부들이 노동문제를 해결하는 노동운동가로 성장하는 데 뒷받침이 되는 교육을 실시하려 하였다. 교육 내용을 보면 노조 간부들에게 사회과학적 인식, 즉 자본주의 발생과 발달과정에 대한 역사, 자본주의 체제에서 노동문제 발생의 필연성, 노동문제 해결을 위한 노동자 계급투쟁의 역사 등이었다. 정연순, 「1970년대 노동교육의 사례연구」, 33쪽. 당시 교재에 대해 김세균은 일부를 북한에서 나온 대중용 책자를 변용하여 사용하였다고 전한다.

12 도시산업선교회는 초기에 여성노동자들이 친목 수준의 소모임을 조직해서 집단의 경험을 반성적으로 성찰하는 '사회적 교류'를 거쳐, 점차 노동법, 근로기준법, 노동운동사 등을 학습하면서 민주노조를 설립하는 데 중점을 두었다(홍현영, 「도시산업선교회와 1970년대 노동운동」, 『1970년대 민중운동연구』, 민주화운동기념사업회, 2005, 439~440쪽). 이와 달리 크리스천아카데미는 1차 과정의 주제는 노동조합 간부의 지도력 개발과정으로, 주요 교육내용은 경제발전과정과 노동문제의 발생, 한국노동조합운동의 당면문제와 과제 등이며, 2차과정은 민주적 노동운동의 좌표설정으로 교육을 통해 민주노조운동의 구심을 만들려는 의도를 반영하였다. 강의 주제는 경제사회구조와 노동조합, 정치사회구조와 노동조합, 한국사회 발전과 노동운동사 등으로 이루어졌다. 장기 전문과정인 3차 과정은 1979년에 그 필요성이 제기돼 노동교육 전문과정으로 시작하려 했다. 총 37일, 159시간으로 교육과정은 3학기로 나누어 기획했다. 교육내용은 노동운동의 시야를 넓혀 사회역사의식을 계발하고, 2학기는 노동운동을 위한 전문적 이론지식을 공부, 3학기는 노동운동의 실무전략을 익히는 데 초점을 두었으나 크리스천아카데미 사건으로 실현되지는 못했다(이임하, 「1970년대 크리스천아카데미 사건 연구」, 548쪽).

북한에서 70년대 초에 만든 책, 철학, 정치경제학, 사회주의 뭐 해가 지고 만든 게 있어요. 출판사는 서울인데…. 이게 아직 주체사상이 본격화되기 전에 쓴 거라서, 읽어 보면 상당히 잘 썼어요. 대중용으로서는. 근데 정창렬 교수가 언제 헌책방에서 산 거야…. 이우재가 보고 괜찮다 싶어서 가져갔다가… 장상환이 가져간 거야. 장상환이 보고 참 좋단 말이야, 이 책이. 또 자기가 갖고 있으니까 좀 불안하단 말이야. 그러니까 자기가 또 쓰는 체하고 싸악 새로 썼어. 농촌 통계 같은 거, 조금 바꿔 넣고 자기 교재로 썼죠. 크리스천아카데미 사건 때 고게 걸린 거야.

당시 아카데미 교육에 참여한 민주노조 중에 청계피복노조는 1970년대 후반기 이후 중견조합원과 노조 간부들을 아카데미 교육에 파견했는데, 그 참여 상황을 보면 〈표 1-5〉와 같다. 이 표에서 알 수 있듯이 1975년부터 1977년 하반기까지 많은 간부들이 4박 5일간의 노조 간부 지도력양성 교육에 참여했는데, 이는 이 시기에 등장한 청계노조 집행부가 특히 적극적으로 노조 간부를 육성할 의지를 가졌던 것으로 보인다. 반면에 1977년 8월 이후는 참여 횟수가 매우 적은데, 이는 1977년 9월 이소선 구속사건 및 노동교실폐쇄에 저항한 노동교실 사수투쟁 이후 노조활동이 침체된 상황이 반영된 것이다. 청계피복노조 간부인 민종덕은 아카데미 교육이 매우 도움이 되었음을 다음과 같이 증언한다.

아카데미 교육에서 1차 교육은 9기이고 2차 교육은 5기인데, 많은 도움이 됐죠. 교육 가기 전에는 노조라는 게 우리 청계노조 틀 안

〈표 1-5〉 크리스천아카데미 조합 파견교육

일시	참석자	내용
'75. 6. 27~7. 1 '75. 8. 21~25 '76. 1. 8~13 '76. 2. 17~21 '76. 5. 14~18 (모두 4박5일)	노조 간부 6명	노조 간부 지도력 개발과정
'76. 7. 18~22(4박5일)	부녀부장: 김혜숙 교선부장: 이숙희 운영위원: 정선희	노조 간부 지도력 개발과정
'76. 10. 4~8(4박5일)	운영위원: 김기철	노조 간부 지도력 개발과정
'77. 1. 24~28(4박5일)	부녀부장: 이순자	노조 간부 지도력 개발과정
'77. 4. 30~5. 1(1박2일)	운영위원 및 중견조합원: 염인옥, 신순애, 신영란, 이찬분	근로자의 사회적 위치, 여성문제의 본질, 조합원의 자세
'77. 8. 27~28(1박2일)	복지부장: 조명심 중견조합원: 문금숙, 김영숙, 이찬분, 윤매실	근로자의 사회적 위치, 여성문제의 본질, 조합원의 자세
'77. 10. 22~23(1박2일)	중견조합원: 박태숙, 조미자	근로자의 사회적 위치, 여성문제의 본질
'78. 3. 4~6(2박3일)	조사통계부장: 이광숙	노조 간부 지도력 개발과정
'78. 3. 18~19(1박2일)	중견조합원: 임미경, 임경숙	근로자의 사회적 위치, 여성문제의 본질

※전국연합노동조합 청계피복지부, 각 연도『사업보고』를 참조하여 작성.

에만 갇혀 있었는데, 많은 사람들, 노동운동 지도자들을 만나게 되고…. 나는 교육 내용이나 형식에 감동을 받았거든요. 촛불의식 같은 경우라든지 그 다음에 나중에 끝날 때 자기한테 비문 쓰기라든지. 그 다음에 다른 사업장의 투쟁 사례를 사람들 간에 이야기를 통해서 들으면서 영향을 많이 받았죠.

아카데미 교육의 특징인 노동운동의 중간집단으로 할 수 있는 노조 간부 양성교육은 청계피복노조 간부들이 사회문제를 인식하고, 노조운동을 사회운동 속에서 인식하는 데 영향을 주었다. 특히 4박 5일에 걸친 숙박교육의 형식은 정해진 교육프로그램 이외에도 교육생들이 관계를 돈독하게 함으로써, 노동자들이 사업장의 틀을 넘어서는 유대감을 형성하는 데 일조했다.유경순, 「청계피복노동조합의 활동과 특징」, 『1970년대 민중운동연구』, 182쪽.

실무자들은 교육과정을 통해 노조 간부들의 의식을 변화시키려 했고, 다른 한편에서는 이들을 통해 전체 민주노조운동의 조직적 중심을 형성하려 했다. 이를 위해 정규교육 이외에도 실무자들은 비공식적인 후속교육활동을 벌이면서 노동자들과의 유대를 강화했다. 원래 아카데미는 교육 이수자의 교육효과를 점검하고 활동을 격려하려는 목적으로 후속교육을 공식적으로 권장했으나 실무자들의 활동은 이 목적을 훨씬 넘어서는 것이었다.

특히 김세균은 활동의 목표를 어용인 한국노총을 대체하는 새로운 민주노조의 전국조직 건설을 모색하는 데 두었고, 역량이 확보되면 노동자정당을 만들 생각도 하고 있었다. 후속 모임에 참여했던 노동자들도 1977년 청계피복노조의 노동교실강제해산, 1978년 동일방직노조 탄압사건 같은 정권의 탄압을 경험했고, 거기에 한국사회구조에 대한 학습을 바탕으로 미약하나마 노동자의 정치세력화에 대한 고민을 하고 있었다. 이에 대해 김세균은 다음과 같이 말한다.

70년대 후반에, 민주노동운동에 참여했던 대부분의 사람들이 다 연결이 되고. 또 거기에 연결되는 조합원들도 같이 했기 때문에, 그 당시… 나름의 세력을 좀 모으고 있었지요. 그래서 1차적으로는 '민주노조운동을 성장시켜서 한국 노조운동 전체를 개혁한다. 어용노조인 한국노총을 대체하는 새로운 민주노동운동의 흐름을 만들어 낸다'는 게 목표고. 장기적으로는, 술 먹고 '야, 다음에는 니하고 내하고 우리 노동당 만들 때 같이 만들자', 남상헌 선생님도, 이영순(콘트롤데이타노조 지부장—인용자)도 했지…. 술좌석에서 '야! 우리 앞으로 창당 멤버 되자' 약속도 하고.

또 당시 후속모임에 참여하던 고려피혁의 지부장인 남상헌도 노조운동을 뛰어넘는 정치세력화에 대한 고민들이 일정하게 공유되고 있었다고 말한다.

제일 기억나는 것이 여성들이 그때 이총각(동일방직노조 지부장—인용자), 박순희(원풍모방노조 부지부장—인용자), 이영순, 그 사람들이 '여성노동당인가 이걸 만들겠다.' 그러니까 그때 노동자들의 문제를 정치세력화해야 된다는 거까지 연결이 된 거야…. 싸워 보는데 한계가 있다는 얘기지. '처음에는 현장관리자, 그 다음 사장, 그러다가는 경찰서장, 뭐 그러다가 정권 상대로 해 보는데, 그것이 한계가 있다', 그러면 결국은 노동자 정치세력화 하는 것이 노동운동이 발전하고… 안정되게 할 수 있는 것으로 생각이 드니까, 그런 얘기들이 됐던 거죠.

1975년 5월 13일 50여 명의 이수자가 후속모임으로 노동사례연구회를 발족하였다.[13] 연구회의 핵심사업은 매월 1회 '목요토론회'를 진행하는 것이었다. 목요토론회는 회원들의 주제발표와 전문가의 주제강의가 번갈아 진행되는 형식이었다.이임하, 「1970년대 크리스천아카데미 사건 연구」, 567쪽. 노조의 사례발표는 주로 회사측의 탄압과 제도적 어려움을 극복하고 노조를 설립한 사례, 임금인상과 단체협약투쟁을 성공시킨 사례들이다. 이런 사례발표는 노조활동의 모범과 전형으로 제시되었으며, 동일방직과 같은 탄압사례에서는 연대지원의 방안을 논의하는 계기가 되기도 하였다. 사례발표의 양식이 점차 발전하면서 회원들이 공동조사팀을 만들어 노동계의 문제점을 조사하여 보고하기도 했다.[14] 그밖에 연구회는 노동계의 정보교환, 회원들 간의 친목도모 등을 통해 참여한 노동자들의 연대의식을 형성하는 매개가 되기도 했다.

또 실무자들은 교육에 참여한 노조 간부들 이외에도 교육을 매개로 노동현장의 노조 간부나 노동자들과의 관계를 넓혀 나갔다. 외부적으로는 후속교육을 위한 지방 및 현장 순회라는 이름으로 현장교육을 비공개로 진행하기 시작한 것이다. 이것이 가능했던 것은 아

13 이 연구회는 교육이수생들이 자발적으로 운영했으며, 참여자는 교육을 이수한 사람들이고 이수생이 아닐 경우 회원 3명의 추천으로 가입했다. 이 연구회는 노조운동과 관련된 사례와 문제를 연구하고 회원들의 친목을 도모하는 것을 목적으로 했다. 이를 위한 사업으로 연구발표회·토론회·공개강좌를 개최했고, 회지인 『우리는 노동자』를 1977년 2월부터 1979년 3월까지 24호 발행했다(이임하, 「1970년대 크리스천아카데미 사건 연구」, 568쪽).

14 예를 들어 15회 모임에서는 회원 5명이 공동으로 '동일방직 노동조합의 분규'를 조사하여 발표했으며, 제24회 토론회에서는 4명의 회원이 공동조사한 '유령노동조합의 실태—인선사를 중심으로', 제30회 토론회에서는 4명의 회원이 '임금—우리는 얼마나 받아야 하나'라는 제목으로 임금인상안을 산출하고 그 근거를 설명하기도 하였다(정연순, 「1970년대 노동교육 사례연구: 크리스천아카데미 산업사회 중간집단교육」, 41~43쪽).

카데미 교육에 참여한 민주노조 간부들이 자신들이 받은 교육을 소속 노조에서 할 수 있도록 의뢰했기 때문이다. 비공개 교육에는 청계피복, 원풍모방, 고려피혁, 콘트롤데이타, 반도상사, YH무역 등의 노조 간부와 핵심 조합원들이 참여했다. 또 민주노조 간의 공동교육 형태로 진행하기도 했다. 이런 외부교육은 실무자들이 노동현장과 노동자들의 상황을 파악하는 주요 통로가 되기도 했다. 하지만 이런 시도는 1979년 크리스천아카데미 사건으로 실무자들이 구속되면서 중단됐다.

마지막으로 아카데미에 참여한 실무자들은 지식인과 노동자의 연대를 시도했다. 이는 비록 구상단계였지만 노동운동의 독자세력을 형성하려던 시도와 맞물려 있었다. 또한 학생운동 출신자들을 노조 간부들과 같이 정규교육에 참여시켜서 노동자들의 분위기와 노동현장의 상황, 노동운동의 기초적 이론을 습득하게 하였다. 이는 학생운동가들의 노동현장 진출을 넓히기 위한 것이기도 했으며 또한 이전 시기에 학생운동가들이 개별적으로 준비하고 고립된 방식으로 노동현장에 진입하던 방식을 변화시켜 보다 의식적으로 노동현장 투신자들을 양성하려 한 것이었다(김세균, 신금호, 이태복 등도 아카데미 노동교육에 교육생으로 참여했다).[김세균 구술]

비록 이러한 활동들이 크리스천아카데미 사건으로 중단되었지만, 아카데미의 활동가들은 노동자들의 정치의식화와 민주노조의 독자적인 전국조직에 대한 모색, 학생운동가들의 노동현장 참여를 위한 의식적 노력 등을 전개하면서 종교계의 영향하에 있던 민주노조운동을 변화시켜 노동운동의 정치적 성격을 강화하려 했다.

③ 노동야학과 노동자·학생운동가의 연대

1970년대 노동자들의 의식을 변화시키려 했던 또 다른 움직임은 1970년대 후반기에 등장한 노동야학운동이었다. 노동야학은 1970년대 후반기 학생운동 세력이 사회과학학습을 통해 사회구조에 대한 인식을 갖추고 다른 한편에서는 '노동현장론'을 주장하는 세력이 등장하면서 확산되었다. 노동야학은 검정고시야학의 보수적 교육기능에 대한 대안으로 노동자들의 의식화를 목적으로 진행됐다. 또한 노동야학은 대학생들이 노동문제·노동운동에 개입할 수 있는 실천 방식이었고, 공장활동과 더불어 노동운동 참여를 모색하는 예비적 단계이기도 했다. 이처럼 당시 노동야학은 학생운동과 노동운동의 직접적 접점이었다. 노동야학은 1970년대 후반기 청계천 평화시장 주위에서 시작되어 서울의 빈민지역이나 공단 주위인 성남, 성수, 구로동 등으로 점차 늘어났다. 이들 야학은 초기에 검정고시야학이나 생활야학이었다가 노동야학으로 변화된 경우가 있고, 처음부터 노동야학으로 만들어진 경우도 있었다.[15]

우선 검정고시야학이나 생활야학에서 노동야학으로 변화한 모습은 1978년 빈민지역인 난곡에 만들어진 '낙골야학'이 잘 보여 주고 있다. 처음에 야학교사로 참여하던 이들은 가톨릭노동청년회의 대학생 회원들이었다. 이들은 모금과 수익사업을 통해 50만 원을 준비해서 장소를 마련하고, 주위 인맥과 모집광고를 통해 지역의 공장

15 1970년대 후반기부터 시작된 노동야학의 전체 상황을 파악하는 데는 한계가 있다. 다만 1983년 말에 야학연합회사건과 관련해 300여 명의 교사와 200여 명의 노동자가 연행된 것을 볼 때 당시 노동야학이 상당한 규모로 활동했음을 짐작할 수 있다(민주화운동기념사업회, 『한국민주화운동연표』, 409쪽).

노동자나 일용직에 종사하는 학생들을 모집하였다. 야학수업은 국어, 영어, 한문, 수학, 신문사설, 국사 등을 중심으로 이루어졌지만, 검정고시야학에서 하는 교과서 위주의 수업방식을 탈피해 국어수업에서는 『씨알의 소리』, 『사상계』 등을 읽기도 했다. 한문은 신문사설을 교재로 응용했으며, 국사는 직접 교재를 제작하여 사용하였다. 낙골야학은 1979년 정부의 탄압으로 잠시 활동이 중단되었다가 1980년 봄에 다시 수업을 재개했다. 일부 교사들은 야학활동을 통해 노동현장으로 투신하기 위한 준비작업을 하였다. 민주화운동기념사업회, 『한국 민주화운동사』 2권, 612쪽.[16]

처음부터 노동야학으로 출발한 경우는 신림동, 봉천동, 구로동과 가리봉동, 성남 등에서 나타났다. 특히 성남야학은 신림동의 겨레터야학, 봉천동야학 등과의 교류를 추진하였다. 그러한 교류의 결과 겨레터야학을 중심으로 여러 야학 학생들의 글을 모은 『비바람 속에 피어나는 꽃』(청년사, 1979)을 출간했다. 겨레터야학은 1977년에 만들어졌는데 홍윤기, 박관석, 전복길, 양민호, 김광희 등이 중심이 되어 운영했다. 1978년 8월에 김영철과 전복길, 최기혁 등이 노동자 의식화를 위한 야학교재를 독자로 만들었다. [이규 구술]황광우, 『젊음이여, 오래거기 남아 있거라』, 47~50쪽.

노동자 밀집지역인 구로동과 가리봉에도 야학이 번성하기 시작했다. 1978년 구로동에는 노동야학이 3개 만들어졌는데, 한민교회

16 초기에는 나미리, 김원호, 남궁정, 조은희가 강학으로 있었고, 1981년 가을에 황광우가 강학으로 참여하여 낙골야학 6기팀을 이루었다. 1982년 들어 7기팀에는 장훈렬, 조성오, 박경순 등이 참여했으며, 1983년에는 신보연, 김동일, 김이경, 배영미가 합류했다(황광우, 『젊음이여, 오래거기 남아 있거라』, 창비, 2007, 99쪽, 103쪽).

야학, 시장야학, 새문안교회야학 등이었고, 각 야학에는 학생운동가들이 강학으로 한 기에 5~6명씩 참여하였다. 이들은 야학의 목적을 교육을 통한 노동자 조직화로 인식하고 있었고, 그에 따라 근로기준법 등을 가르치거나 교재를 새로 만들어 사용했다. 구로지역 야학상황에 대해 당시 강학으로 참여했던 서울대 77학번 김진국은 다음과 같이 말한다.

> 78년도에는 야학 형태였죠. 노동자를 조직한다고 시작한 거니… 교재도 다 새로 만들고, 소모임 만들고 엠티 가고…. 구로동 쪽에서 우리가 노동야학 1세댄데… 노동야학이 3개가 생겼어요. 문래동에 하나 생기고. 한민교회라는 데… 제가 있었고, 새문안교회가 소모임 형태의 야학이고, 그 다음에 '시장야학'이라고 구로시장 안에 있어…. 그러고 우리가 그 교회에 있을 때 교회 반을 잘라서 세를 들어 야학하던 팀이 하나 있는데… 고대 출신들이 좀 있었어요. 엄주웅, 서명숙, 오상섭, 심재철이 있었지. 시장야학은 최정순, 김진태가 했고요. 그리고 교사 수는 한 5~6명 이상인데 계속 사람들은 바뀌고….

김진국이 참여하던 한민교회의 야학팀은 1979년 교회가 폐쇄되자 자취방 야학으로 운영을 하다가 탄압이 심해지면서 소모임 형태로 바꾸어 운영을 했다. 특히 이 지역의 야학들은 당시 서통(주)의 여성노동자들을 모아 소모임 방식으로 운영하면서 노동조합 결성을 지원했다. 1980년 서통(주)에는 배옥병을 지부장으로 하는 노동조합이 결성됐다.

노동야학은 노동자들의 의식을 변화시켰을 뿐만 아니라 강학으로 참여한 학생운동가들에게도 변화를 주었다. 예를 들면 구로동의 '한얼야학'에 참여한 심상정은 야학활동에 대해 감상적이며 온정적인 방식이라는 비판적 시선을 가진 채 참여했다. 그러나 야학에서 노동자들을 만나 노동현실을 간접적으로 알게 되면서, 직접 노동현장에 참여할 생각을 했다. 이런 변화 경험에 대해 심상정은 다음과 같이 기억하고 있다.

> 78년도 말부터 79년에 걸쳐서 야학을 하게 돼요…. 구로동에 있었고 구로공단 노동자들을 상대했어요. …… 처음에 야학을 권유 받을 때는, 굉장히 감상주의적인 실천이라고 생각해서 아주 소극적이었어요. 노동문제는 사회구조적인 거고 결국은 노동운동을 비롯한 사회운동을 통해서 세상을 바꾸는 과정으로 해결해야 되는데, 공부를 가르친다는 실천을 가지고 과연 노동자의 처지가 바뀔 수 있냐, 온정주의적인 실천이라고 생각했는데. 실제 '한얼야학'에 참여해 노동자들을 접하면서 그들의 노동현실을 목도하고, 또 그걸 계기로 해서 '현장에 직접 들어가서 노동자들이 어떻게 일하고 얼마를 받고 어떻게 생활을 하는지 알아야겠다'는 생각을 갖게 되었어요.

노동야학의 구체적인 활동에 대해서는 평화시장 주위의 노동야학을 통해 살펴보겠다. 이 지역의 노동야학은 청계피복노조와 관계를 맺고 운영된 것이 특징이었다. 당시 청계노조 간부들은 조합원을 확보하고 교육하던 노동교실이 1977년 9월 이후 폐쇄당하자 막 생성되고 있던 노동야학을 조합원 확보 통로로 판단했다.

청계천 주위에는 경동교회, 제일교회, 형제교회, 동대문성당, 복음교회, 동신교회, 시온교회 등에 노동야학들이 개설되었다. 노동야학의 교과목은 대개 국어, 영어, 한자, 수학, 역사 등으로 짜였으나, 대학생 강학들은 한국의 정치상황과 노동자로서의 자부심이나 권리의식을 갖도록 가르쳤다. 당시 '동화모임'의 강학으로 있던 최한배는 청계노조가 탄압받고 노조가 운영하던 노동교실이 강제해산 당하면서 노동자들이 모일 공간이 없었는데, 교회에서 야학을 만들어 노동자들을 모으고 의식화하는 통로가 되었다고 말한다.[최한배 구술]

제일교회도 청년회를 중심으로 '형제의 집'이라는 노동자모임을 운영하면서 야학의 초기 단계로 일반학과와 노동상식을 가르치다가 1978년경부터 노동야학을 시도하였다. 노동자들이 제일교회의 야학에 들어간 것은 노동조합에서 야학을 선전해서 알게 된 것으로, 이는 야학을 준비하는 쪽과 노조가 서로 관계하고 있었음을 보여준다. 노동야학의 경우 기간은 보통 6개월, 참여자는 15~20여 명 정도였으며, 과목마다 대학생 강학이 있었다.[심명화 구술] '형제의 집' 야학에 참여해 1980년대 청계노조 복구활동을 하고 노조 간부로 일했던 이승숙은 야학에 참여한 경험에 대해 다음과 같이 말하고 있다.

> 노조 사람이 와 가지고 소개를 하더라고요. '야학이란 곳이 있는데 검정고시도 할 수 있고….' 그래서 듣고 있다가 제일교회를 혼자 찾아갔어요. 청년회 활동인 '형제의 집'이라고 노동자모임 비슷하게 운영하고 있어요. 친목도 하고 사회 얘기도 하고…. 그때가 '형제의 집' 사람이나 여러 노동자들이 모여 야학을 시작하는 시점이었던 거고…. 과목은 노동, 한문, 국어… 다 있고. 한문을 배우면 근로기준법, 노동조합 이런 거에 대해서 얘기하더라고. 또 국어시간에 자

기 살아온 거 글로 써서 발표하고 다른 사람 얘기 들으면서 토론하고…. 진짜 너무 재밌었어요.

위의 제일교회 형제야학처럼 처음 노동야학에서 학생들을 모집할 때는 검정고시야학처럼 설명하고 교과목도 일반학습과목을 배치했다. 차이는 한문수업 시간에 근로기준법이나 노동조합에 대해 가르쳤고, 국어시간에는 야학생인 노동자에게 자신들의 노동현실과 삶에 대해 글을 써서 서로 토론하며 현실에 대해 이해하고 공유하도록 진행했던 점 등이었다. 야학생들이 노동야학의 분위기에 적응해 갈 즈음에는 차츰 노동 관련 소설과 르포, 기초사회과학 등을 학습하도록 해서 노동자들을 의식화하려 했다. 이승숙의 다음 구술은 이런 야학의 상황을 잘 보여 주고 있다.

야학은 매일 가고. 레크리에이션 많이 하고…. '공장의 불빛'인가 노래 배웠고, 교회에서 하는 행사 같은 거 많이 참여했었고, MT 같은 거 많이 갔었고…. 공부는 생활한문 같은 거 배웠고, 그 다음에 책을 읽었어요. 『난쟁이가 쏘아올린 작은 공』, 『노동의 역사』… 그 다음에 오빠들이 준비해 가지고 온 교재도 보고…. 『비바람 속에 핀 꽃』, 『암태도 소작쟁의』, 『노동의 철학』, 『경제란 무엇인가』, 『미국노동운동비사』도 했고요.

노동야학을 졸업한 노동자들은 후속모임을 만들어 노동운동과 사회문제에 관한 학습을 지속적으로 했다. 〈표 1-6〉에서 알 수 있듯이 경동교회 동화모임 출신의 김준용, 황만호, 정석호, 서재덕과 김

〈표 1-6〉 청계천 주위의 노동야학과 참여 노동자 상황

교회	야학 이름	참여 노동자(주요 경력)
경동교회	동화모임	1978년 : 정석호(회장), 김준용(대우어패럴 위원장), 황만호(1986년 위원장), 김주삼, 서재덕·김선주·이애경·이남숙(1982년 '청계모임' 주도), 박해창, 고영화, 홍지연, 김정숙, 정영옥, 서경애, 박연준 등 1979년 : 김영대(1984년 사무장, 1988년 위원장), 박계현(1985년 부위원장), 김성민 등 추가
제일교회	형제의 집 → 형제야학	소모임 방식 : 이승숙·이경숙·정경숙(청계모임 참여, 1985년 노조 핵심간부) 등 10여 명
형제교회	시정의 집	소모임 방식 : 김영선(1986년 노조 위원장) 등 10여 명
동대문성당	동대문성당야학	김영대, 신광용 등
시온교회	시온교회야학	서애경, 이연순, 지수희(1985년 이후 노조 간부) 등
연동교회	적십자야학	검정고시 성격이 강함. 30~40명

선주 등 5명은 '돌멩이 모임'을 만들어 학습을 계속했다. 강학으로는 최한배, 문성현, 정금채 등이 참여하였다. 이 모임에서는 역사, 철학, 노동법, 단체교섭의 실제 등 다양한 공부를 4개월 넘게 계속하면서 노동자들은 이후 노조 간부로 성장했다.[김영대 구술] 이후 '돌멩이 모임'의 서재덕, 김선주 등은 1981년 노조가 강제해산된 이후 1982년부터 '청계모임'을 만들어 주도적으로 활동하여 청계노조 복구를 위한 조직기반을 마련했다. 황만호는 1984년 부위원장과 1985년 위원장으로 활동했고, 박계현은 1985년 부위원장으로, 김영대는 1984년 사무장과 1988년 노조합법화 이후 초대 위원장으로 활동했다.

또 제일교회의 야학 졸업자들도 '차돌멩이'라는 소모임을 만들어 노동운동에 대한 학습을 하면서 노동야학의 재생산 또는 현장활

동방향 등의 실천을 둘러싼 논의도 했다. 이 야학 출신 중 이승숙, 이경숙, 정경숙 등은 '청계모임'에 참여하면서 본격적으로 노조활동을 시작했다. 이승숙은 1988년 이후 합법노조시기에 사무국장과 부위원장으로 활동했고, 이경숙은 1985년 회계감사와 1988년 부위원장으로, 정경숙은 1988년 이후 조직부장으로 활동하였다.[이경숙 구술]

위에서 살펴본 것처럼 청계노조에게 노동야학은 노동교실이 폐쇄된 이후 중견조합원을 키워 낼 수 있는 중요한 통로였다. 노동야학을 통해 배출된 중견조합원들은 기초적인 사회과학 학습을 바탕으로 사회상황에 대한 문제의식을 갖기도 했다. 또 노동야학에서는 여성노동자들도 다수 참여하여 사회과학 학습을 하면서, 남성 간부들 못지않은 노조활동의 지도력과 소양을 쌓은 것도 중요한 변화였다. 이렇게 노동야학을 통해 성장한 노동자들은 노조가 강제 해산된 이후 '청계모임'을 만들어 노조 복구활동을 준비하다가 1984년 노조합법성 쟁취투쟁에서 중심적인 역할을 하였다.

노동야학은 노동자들뿐만 아니라 강학으로 참여한 학생·지식인들도 변화시켰다. 우선 이들은 강학으로서 야학생을 모집하기 위해 노동현장을 돌거나 노동자들을 직접 만나면서 지식으로만 알고 있던 노동현실을 경험하고 스스로 노동운동가가 되기도 했다. 그 예로 동화모임에서 강학을 했던 최한배, 문성현, 정금채, 제일교회의 안중민, 배영미, 심명화, 이규 등을 들 수 있다. 노동야학 활동 이후 최한배는 1982년 대우어패럴에 취업해 1984년 민주노조를 건설하는 데 중요한 역할을 했다.유경순, 『아름다운 연대: 들불처럼 타오른 1985년 구로동맹파업』, 144쪽. 문성현은 1985년에 (주)통일의 노조 위원장으로 활동했으며문성현, 「나의 노동운동과 살아 있는 전태일들」, 『역사비평』 53호, 역사비평사, 2000, 317~325쪽.,

정금채와 안중민은 안양지역에서이시정, 『안양지역 노동운동사』, 민주화운동기념사업회, 2007, 99쪽., 배영미·심명화 등은 인천지역, 이규는 구로공단에서 노동운동을 했다.

이처럼 1970년대 후반에 본격적으로 등장한 노동야학은 학생운동의 '노동현장론'과 맞물려 진행되었다. 노동야학은 학생운동가들이 노동자들을 의식화시키는 통로였고, 특히 1980년대 들어 신군부정권의 탄압으로 민주노조운동이 강제해산당하고 공개적인 운동을 전개하지 못하는 상황에서 소규모 형태로 노동자들의 의식화를 추진하는 중요한 역할을 담당하기도 했다.[17] 특히 자취방 야학의 경우는 1980년대 전반기까지 노동운동에서 소그룹운동론과 맥을 같이 하였다.

17 그러나 1984년 이후 노동야학은 침체 상태에 놓였다. 그 이유는 다음과 같이 판단된다. 첫째, 1983년 말 야학연합회사건으로 노동야학운동이 심각한 탄압을 받았기 때문이고, 둘째, 노동야학을 통해 의식 변화가 된 노동자들이 현장 실천에서 소극적이면서 '노동자의 지식인화'라는 비판을 받기도 했으며, 셋째, 1984년 유화국면 이후 노동운동이 활발해지면서 노동현장과 지역에서의 공개적인 투쟁과 조직활동이 활발해져 노동야학의 활동 방식에 '준비론'적 경향이라는 비판이 가해졌다. 더욱이 1987년 노동자대투쟁을 거치면서 각 지역에 노동상담소가 다수 생겨 노동자 교육활동을 담당하면서 노동야학의 역할은 더 미미해졌다.

1부 1장을 맺으며

일제강점기의 혁명적 노동조합운동에서 시작된 학생·지식인들의 노동현장 투신은 해방과 한국전쟁으로 단절되었다. 그 뒤 1960년대 후반기 김정강을 비롯한 일부의 학생운동가들이 노동현장 투신을 시도했고, 일부의 학생운동 세력들은 정치문제 중심의 학생운동이 가지는 한계에 부딪혀 사회문제로 관심을 기울이면서 이념서클을 형성했다. 한편 일부 지식인들도 산업화의 진전에 따라 고려대 노동문제연구소 등을 세워 노동문제에 관심을 기울이기 시작했다. 이 과정에서 일어난 전태일 분신사건은 학생운동이 노동문제에 관심을 기울이고 노동운동에 직접 참여하도록 촉구하는 또 다른 계기가 되었다.

학생운동가들은 1970년대 노동현장 투신, 종교단체나 교육기관 참여, 한국노총과 산별노조 등에 참여하는 방식으로 활동을 전개했다. 1970년대 학생운동가들의 노동현장 투신은 1980년대 학생운동가들의 집단적·조직적 노동현장 투신의 바탕이 되었다. 또 1970년대 전반기에 일부에서 일어났던 학생운동의 역할을 둘러싼 논쟁은 1970년대 후반기에 노동현장론과 정치투쟁론으로 대립하면서, 1980년대 변혁운동과 학생운동의 역할과 방향을 둘러싼 논쟁으로 발전하였다.

1970년대 학생운동가들은 대부분 반독재운동을 위해 노동현장에 투신했다. 이들은 사회주의에 대해서는 관심을 갖는 수준이었고, 이들의 의식 저변에 무엇보다 짙게 깔려 있었던 것은 당시 밑바닥 삶에 놓인 노동자들과 함께하고자 한 민중주의적 의식이었다. 이들은 대부분 1970년대 후반기에 노동현장에 진출하였고 장기적 관점을 갖고 개인적으로 기술을 습득한 뒤 취업을 했기 때문에 당시의 민주노조운동과는 관계를 맺지 못했다. 이들의 활동성과는 1980년대 중반 이후 민주노조 결성이나 정치조직운동의 주체로 드러났다.

한편 한국노총이나 종교단체 실무자로 노동운동을 벌인 이들은 개별적 차원에서 민주노조 지원활동을 벌였다. 이들 중 일부는 1980년 '서울의 봄' 시기에 한국노총을 정리했고, 다른 일부는 한국노총 간부들과 갈등을 겪다가 1985년에 정리하였다. 이들은 한국노총을 나온 뒤에 1980년대 변혁적 노동운동의 형성과정에서 일정한 역할을 담당하였다.

이 시기의 민주노조나 노동자들과 직접 관계를 맺으면서 영향을 준 것은 노동자와 학생·지식인의 연대활동이었다. 예를 들어 크리스천아카데미의 실무자들은 노동교육을 통해 노조 간부들의 정치의식 형성에 영향을 주었고, 학생운동가들의 노동현장 투신을 지원하였다. 이러한 실천은 노동운동의 새로운 주체 형성을 위한 의식적인 실천이었다. 또 1970년대 후반에 등장한 노동야학운동은 노동자들의 사회과학적 의식 형성과 학생운동가들의 노동현장 투신을 촉진하는 역할을 하였다.

이와 같이 1970년대 학생운동은 노동문제에 관심을 갖기 시작하면서 노동자 지원활동을 벌였으며, 이는 1980년대 학생운동의 민중지원투쟁과 노학연대활동의 바탕이 되었다. 또한 학생운동가의 노동현장 투신은 1980년대 집단적 노동현장 투신의 바탕을 형성하였다. 이들의 나로드니키적 투신은 1980년대 비판의 대상이 되기도 했지만, 노동현장과 여러 부문에서 노동운동을 벌인 이들 중 일부는 〈표 1-7〉과 같이 1980년대 변혁적 노동운동의 주체로 참여하기도 했다. 이처럼 1970년대 학생운동가들의 노동현장 투신과 노학연대활동은 1980년대 변혁적 노동운동의 주체가 개별적으로 형성되어 가는 과정이었다.

〈표 1-7〉 1970년대 노동현장 투신자 및 단체 참여자들의 1980년대 활동

이름	활동 내용
김문수	1975년 한일도루코 입사. 1978년 한일도루코 노조위원장. 1980년 금속노조 민주화투쟁. 1985년 전태일기념사업관 사무국장. 1985~86년 서노련 지도위원. 1990년 민중당 노동위원장.
김영곤	1978년 인천 대우중공업에 입사, 1981년 어용노조를 민주화시켜 사무국장을 하다가 강제 사직. 이후 수원노동상담소, 경수노련, 1988~97년 전국노동운동단체협의회 활동.
정윤광	1979년에 부산파이프 입사. 1980년 노동자들과 같이 노조를 압박하여 파업을 함. 1984년 서울지하철 입사. 1987년 서울지하철 노조 결성 참여. 1989년 서울지하철 3대 위원장, 파업 주도로 구속. 1991년 '연대회의'사건 구속. 전노협, 민주노총에서 지속적으로 활동하고 있음.
김영준	1976년 현대중공업 사내하청 입사, 긴급조치 위반 구속. 1977년 석방 뒤 복귀. 생업. 1986년 인천 대원운반기계 해고. 비주사경향그룹 활동. 1987년 인천노동상담소 활동. 1990년 민중당 활동 후 운동 정리.

최규엽	1981년 6월 잉꼬법랑 입사, 노조 결성 중 전민노련사건으로 구속. 1984년 동일제강 입사, 노조 결성 및 신고필증 확보투쟁. 1985년 남노련 결성.
황인범	1980년 성남 대영상사 기관사로 취업, 신분 노출로 퇴사. 1983년 대동화학에 입사. 신분 노출로 부서이동명령-해고-해고무효확인소송투쟁. 1985년 동부노동상담소. 1987년 서울노동조합운동연합 위원장. 1988년 대동화학 해고무효소송에서 승소. 1989년 현장 복귀. 비상임시대책위원장으로 파업투쟁, 해고. 1990년 업무 방해 및 노동쟁의조정법 위반으로 기소, 구속.
정금채	1985년 안양 만도기계에서 해고. 전태일기념사업회 부설 안양노동상담소 소장. 삼민동맹 활동, 전국노동단체협의회 공동대표.
최봉영	1984년 동광운수 입사, 노조 부위원장으로 활동 중 해고. 1987년 창동 동아건설에 입사해 노조 결성 참여, 기획실장, 사무국장. 1989년 수배로 도피생활, 구속. 1990년 민중당 참여.
이동섭	1984년 강원도 탄광 광부, 서울 부광실업 택시기사로 취업. 동양콜택시 입사해 민주파 조합원들과 취업카드철폐투쟁. 1989년 민주파 노조 집행부를 장악, 전국택시노동조합연맹 서울시지부 쟁의차장, 교선부장, 부위원장. 1990년·1991년 택시파업과 차량시위. 1992년 구속.
김금수	1976~85년 한국노총 연구위원 겸 정책연구실장. 1986~95년 한국노동교육협회 대표. 1995~2003년 한국노동사회연구소 소장 겸 이사장.
김승호	1978~80년 섬유연맹 상근. 1981년 안양지역 활동, 1987년 경수노련 대표. 1988년 전노운협 활동.
이목희	1979~80년 섬유연맹 상근. 1980년부터 인천지역 노동운동. 1988~96년 한국노동연구소 소장.
천영세	1971~73년 고려대학교 노동문제연구소 연구원. 1973~77년 화학노조 기획실장. 1979~85년 한국노총 정책위원. 1986~89년 한국노동교육협회 사무국장.
최영희	1973~80년 인천 도시산업선교회 노동교육 담당. 1980~2005년 도서출판 석탑 대표.
신철영	1979년 영등포 도시산업선교회, 1988년~전노운협 공동대표.
장명국	지역노동운동, 1981년 이후 석탑노동연구소 소장.
이태복	지역노동운동, 1981년 전민노련 결성, 1981년 전민노련사건 구속, 1988년 전국노동자신문 발행.

2장

1980년대 학생운동가들의 집단적 노동현장 투신

1절

학생운동의 급진화와 노동현장 투신

1) 1980년 광주민중항쟁과 학생운동의 이념 전환

① 1980년 3·4·5월 노동자투쟁

1979년 들어 유신체제의 위기가 정치·경제 상황과 맞물려 본격적으로 나타났다. 1978년 세계경제 불황이 1979년 제2차 석유파동과 겹치면서 수출 중심의 한국경제에 심각한 영향을 미쳤다. 한국경제는 판매시장을 확보할 수 없는 상황에서 과잉·중복 투자된 중화학공업의 가동률이 떨어지고 인플레이션 속에 실업률이 늘어나면서, 그동안 10%를 넘던 경제성장률이 1979년 3/4분기에 4.8%, 4/4분기에 4%로 급락했다.역사학연구소, 『함께 보는 한국 근현대사』, 386~387쪽 참조. 경제 불황은 유신체제를 지탱해 온 '경제발전의 신화'를 무너뜨리면서 정권을 위기로 몰아갔다. 이에 대한 노동자의 저항은 1979년 8월에 야당 당사를 점거하고 농성을 벌인 YH무역노조의 투쟁으로 드러났다. 경찰이 조합원들을 강제해산하는 과정에서 일어난 여성노동자 김경숙의 죽음은 사회·정치 문제로 확산되어 유신체제의 몰락을 재촉하는 상징적 사건이 되었다. 이후 신민당 총재인 김영삼의 총재직 정지가처분과 의원직 제명은 야당을 반독재투쟁에 나서게 만들었다.

한편 1978년 12월 12일 실시된 제10대 국회의원 총선거에서 집권 공화당이 관권·금권을 동원했음에도 제1야당이던 신민당이 총투표 수에서 32.8%를 획득해, 31.7%를 얻은 여당보다 1.1% 더 득표하였다. 이는 박정권의 장기독재를 반대하는 민심의 반영이었다.조희연 편, 『한국사회운동사』, 116쪽. 이러한 민심 이반 현상은 1979년 10월 부산·마산항쟁으로 표출되어 유신체제를 뒤흔들었다.

유신체제의 붕괴를 극복하려는 방안을 두고 벌어진 지배계급 사이의 대립은 급기야 1979년 10·26사건으로 귀결되었다. 독재자 박정희의 죽음은 유신체제의 재편과 극복을 둘러싼 정치적 대립과 갈등을 예고했다. 10·26으로 드러난 유신체제의 균열은 결국 12·12 쿠데타로 신군부세력이 지배세력 내부의 주도권을 장악하며 봉합됐지만, 억압이 이완된 상황에서 터져 나온 민주화운동과 노동운동의 열기를 잠재울 수는 없었다. 1980년 상반기는 신군부 세력과 학생·노동자 세력이 한국사회의 재편을 둘러싸고 대립한 시기였다.

1980년 3월 4일 구로공단의 남화전자노조 결성투쟁을 시작으로 임금인상시기에 맞춰 노동자들의 움직임이 나타나기 시작했다. 이 시기에는 민주노조, 한국노총 안의 민주적 지향을 가진 일부 세력들, 그리고 미조직 노동자들이 투쟁에 나섰다. 그 가운데 미조직 노동자의 폭발적 투쟁이 이 국면을 앞장서서 이끌었다. 이 기간에는 1980년 5월까지 전국 2,168건, 연인원 20만 명의 노동자들이 투쟁에 참여했으며, 8만여 명이 신규노조에 참여했다. 사북지역 탄광노동자투쟁 이전에는 노동자들이 임금인상, 노동조건 개선 등을 요구했지만, 그 뒤로는 노조민주화 요구가 많았다. 투쟁방식도 합법적 형태에서 탈법적인 파업, 가두시위, 방화, 소요, 지역점거 등으로 바뀌어 갔다. 또 중소사업장을 중심으로 한 투쟁은 점차 대공장 남성노동자들의 투쟁으로 바뀌어 갔다. 김진옥, 「80년대 노동운동의 전개」, 『현장 2집: 노동현실과 노동운동』, 돌베개, 1985, 301쪽.

3월에 시작되어 5월까지 계속된 투쟁은 4월 19일 사북 노동자들의 지역점거투쟁을 기점으로 전반기와 후반기로 투쟁국면을 나눌 수 있다. 이는 투쟁의 요구와 방식에 변화를 보였기 때문이다. 전반기 투쟁은 주로 임금인상투쟁을 중심으로 준법투쟁의 평화적 방법으로 진행됐다. 노동자들은 25~30%의 높은 임금인상과 노동시간 단축 등의 성과를 확보했으며, 새로이 노동조합을 결성하기도 했다. 대표적인 투쟁은 해태제과 노동자들의 8시간 노동제 확보투쟁과 청계피복노조의 임금인상투쟁이다. 이 투쟁들로 인해 다른 노동자들의 투쟁 의지도 높아졌다.

노동자투쟁이 전국으로 확산되던 중 일어난 사북항쟁은 노조민주화와 임금인상을 요구하는 과정에 경찰이 직접 개입하면서 지역항쟁으로 발전했다. 4월 21일부터 3일 동안 3,000여 명의 노동자와 가족들은 화약고를 탈취하여 경찰과 직접 대치해서 바리케이드를 치고 지역을 점거했다. 노동자들은 "어용노조 지부장은 물러가라"고 요구했으며 때때로 "살인경찰 물러가라", "계엄해제" 등을 외쳤다. 김진옥, 앞의 글, 279~289쪽. 사북항쟁은 지역점거투쟁을 통한 민중항쟁의 가능성을 보여 주었다.

사북항쟁의 영향으로 노동자투쟁은 새로운 모습을 띠면서 확산되었다. 중화학공업의 대기업 남성노동자들의 폭발적인 투쟁이 나타났으며, 노조민주화를 요구하는 투쟁이 중심요구로 나타나게 되었다. 그 가운데 동국제강 노동자들은 1980년 4월 28일부터 "노조결성 방해중지, 사무직과 차별금지" 등 9개의 요구조건을 제시하며 농성을 했다. 노동자들은 각목과 쇠파이프로 무장하고 가두로 진출하여 기동경찰대와 치열한 투석전을 벌였다.김진옥, 앞의 글, 271~279쪽. 그러나 자연발생적으로 일어나 격렬한 투쟁을 벌였던 대공장 노동자들의 투쟁은 큰 성과 없이 실패로 끝났다. 이 시기 또 다른 투쟁으로 산별노조와 한국노총 민주화투쟁이 있었다.[1] 그러나 민주노조들은 1980년 한국노총 민주화투쟁에서 학생들의 연대를 거부하기도 했으며, 신군부정권 등장 직후 1981~82년에 걸친 노조와해를 위한 탄압에 대해 민주노조들이 개별사업장 수준에서 저항하다 각개격파 당했다.[2] 이러한 사실 때문에 1980년대 노동운동 세력은 1970년대 민주노조운동을 조직보존주의, 노동조합주의, 경제주의에 빠졌다고 비판하기도 했다.

1 1979년부터 움직여 오던 노총 민주화 세력들은 1980년 5월 13일 노총 주도의 '노동기본권 확보를 위한 전국궐기대회'를 활용해 주도권을 잡았다. 전국노조 지부장과 경인지방 노조 간부, 민주노조 조합원 1천여 명이 '어용노조 간부들의 즉각 사퇴와 노동기본권 보장'을 요구하며 농성을 했다. 학생시위대의 연대투쟁 제안에 농성노동자들은 '역량의 문제, 노조운동의 순수성'을 주장하며 자체 해산했다(유경순, 「쟁점으로 보는 1970~86년 노동운동사」, 252쪽). 이 투쟁은 정치문제와 노동문제를 분리하고 노동운동과 민주화운동을 분리하는 한계를 보였다.

2 민주노조는 1981년 신군부정권의 노조해산 탄압에 대항해 치열하게 싸웠다. 노조해산 명령에 저항한 청계피복 노동자들의 아시아·아메리카 자유노동기구 사무실 점거농성(1981년 1월 31일)을 시작으로 반도상사노조(1980년 8월~81년 3월) 공장폐쇄 반대투쟁, 콘트롤데이타노조의 직장폐쇄 거부투쟁(1982년 3월~7월)을 거쳐 1982년 10월 원풍모방노조 사수투쟁 등 격렬한 저항을 했지만 노조는 모두 해산당했다. 신군부의 무자비한 탄압 속에 민주화 세력도 움츠러든 상태였으며, 민주노조들 사이의 연대조건을 만들지도 못했다. 이는 민주노조가 당시 상황을 올바르게 판단하지 못하고, 내 조직이라도 지키려는 조직보존논리와 노조활동의 자기 매몰성을 보여 주었기 때문이었다(김진옥, 「80년대 노동운동의 전개」, 307~311쪽).

노동운동의 폭발적 고양으로 특징지어진 이 시기는 5월 17일 신군부세력의 군사쿠데타로 그 파고가 꺾였다. 1970년대 민주노조운동은 사업장의 투쟁을 통해 투쟁의 분위기를 고양시키는 역할을 했고, 노총 민주화투쟁을 통해 전열을 가다듬었으나 터져나오는 자연발생적 투쟁을 지도할 능력까지는 갖추지 못했다. 오히려 사북지역 노동자투쟁과 대공장 노동자들의 투쟁이 그 폭발성과 탈법적 투쟁력으로 조직노동자들을 압도했다. 이 시기 노동자투쟁은 1970년대 민조노조운동이 그 능력의 최대치를 보여 주었으나 또한 몇 개의 민주노조만으로 전국적 노동자투쟁을 주도할 수 없다는 한계를 드러내기도 했다. 이와 달리 사북노동자투쟁은 사업장을 중심으로 한 노동자투쟁이 지역민중항쟁으로 발전할 수 있다는 '노동운동의 발전가능성'을 보여 주었다.

② 변혁 주체인 '민중'의 발견과 이념서클의 확산

1980년 상황을 둘러싸고 학생운동 세력은 '단계적 투쟁론'과 '전면적 투쟁론'으로 대립했다. 이는 1970년대 후반기에 등장했던 '현장준비론'과 '정치투쟁론' 두 흐름의 연장선에 있는 것이었다. 우선 10·26 이후 정세를 판단하는 데 차이가 있었다. 초기에 학생운동을 주도했던 '단계적 투쟁론'은 당시 상황을 합법적 운동시기로 보면서 지배세력에게 쿠데타의 빌미를 주지 않도록 대중운동 역량을 확보하는 것이 시급하다고 보았다.[3] 그러나 신군부 세력이 정국의 주도권을 장악하려 하고 사북항쟁 등을 비롯해 노동운동이 폭발적 양상을 띠게 됨에 따라 '전면적 투쟁론'이 대두하였다. 이 주장은 1980년

5월 들어 신군부 세력의 재집권 의도가 노골화되고 있음에도 여전히 학내 민주화투쟁을 하는 학생운동을 비판했다. 이 시기에는 학생운동이 정치민주화, 계엄해제 등과 같은 정치적 요구를 내걸고 거리로 나서서 신군부의 정권 장악 의도를 폭로하고 국민들과 같이 막아내야 한다는 것이다. 병영집체 거부투쟁을 고비로 학생들의 투쟁 열기가 고조되고 쿠데타설說이 분분해지는 가운데 투쟁우위론의 맥을 이은 이 노선이 점차 강세를 보였다.「인식과 전략」, 63~64쪽.

5월 12일 연세대의 가두시위에서 시작된 학생운동의 가두진출은 5월 15일 서울역광장에 30만 명의 시민이 운집하기에 이르렀으나, 학생운동 지도부는 의사표현이 충분하다는 이유로 퇴각결정을 내렸다(서울역 회군). 이날을 기점으로 신군부 세력은 5월 17일 계엄령을 포고했다. 한편, 광주의 민중들은 신군부의 계엄령에 맞서 5월 17일에서 28일까지 항쟁을 지속했지만, 신군부는 이 항쟁을 진압하고 정권을 장악했다. 1980년대는 민주화운동과 광주 민중의 패배 속에 열렸다.

1980년대 학생운동은 새로운 운동의 주체적 조건을 둘러싼 논의와 실천을 전개했고, 이는 1970년대의 운동 수준을 뛰어넘는 것이었다. 한국사회 지배세력의 성격, 민중의 상황과 수행해야 할 변혁의 단계 등에 대해 급진적이고 전면적인 해결책을 모색하기 시작했던

3 1970년대 현장준비론의 맥을 잇는 이 주장은 "국민들이 적의 정체와 현정세의 본질을 잘 모른다. 따라서 선거 등을 통해 적의 정체가 노골적으로 드러날 때 싸워야 한다. 노동운동과의 연대성 없이는 실패할 가능성이 많으므로 노동운동의 폭발적 고양을 기대해야 한다. 현재 경제적 악화가 가속화되고 있으므로 시간의 흐름에 따라 사태가 우리에게 유리하게 전개될 것이다"는 낙관적 논리를 펼쳤다(「인식과 전략」, 『한국 노동운동 논쟁사』, 51~53쪽).

것이다.[4] 그 지렛대인 광주민중항쟁은 학생운동의 반성과 성찰의 가장 큰 원동력이 되었다. 광주에서 권력에 의해 벌어진 '야만적 학살'에 대한 분노와 자책감, 민중들에 대한 책임감 등이 그 원천이었다. 5월 15일 '서울역 회군'과 5·17쿠데타 이후 광주항쟁이 발생했고, 결과적으로 광주만이 고립된 채 군부에 저항했기 때문에 학생운동 세력은 자신들의 한계와 책임을 의식하지 않을 수 없었다.

> 광주시민들은 고립된 지역에서 외롭게 처절한 투쟁을 전개하였다. …… 서울이나 여타 도시에서 연속적인 봉기로써 전민중적 항쟁의 불을 당겼다면 상황은 전혀 바뀌었을 것이다. 타 도시에서 봉기가 뒤따르지 않은 주된 원인은 15일의 학생시위 중단에 있다.1982년경 나온 팸플릿, 「학생운동의 전망」, 『학생운동 논쟁사』, 301쪽.

광주민중항쟁은 민주 대 반反민주 세력 간의 목숨을 건 일대 혈전이었다. 광주의 항쟁은 국가권력의 폭력성을 단적으로 보여 주었고, 모든 저항이 국가권력과 연계되어 있다는 정치에 대한 새로운 인식의 지평을 열어주었다.[5] 나아가 광주의 좌절은 군부세력에 대

4 6·25전쟁을 통해 단절을 겪었던 한국의 사회운동은 바로 이 시기에 1960년대의 소시민적 민주화운동단계, 1970년대의 민중주의적 민중운동단계를 뛰어넘어, 한국사회의 총체적 변혁을 전망하는 변혁적인 민중운동으로 변신할 수 있는 조건을 예비하게 된다. 1980년대 사회운동이 1970년대 운동을 뛰어넘는 질적 비약을 경험하게 된다고 할 때, 1980년대는 1960·70년대와 1980년대 초의 역사적 경험을 토대로 하여, 변혁운동의 이론과 실천에서의 방향전환이 모색되는 시기라고 볼 수 있다(조희연, 「80년대 학생운동과 학생운동론의 전개」, 225쪽).

5 당시 상황에 대해 한 활동가는 다음과 같이 말했다. "1970년대 전 기간을 통해서, 그리고 1980년 봄의 임금인상, 신규 노조 결성, 노조민주화투쟁에서도 정치권력과의 직접적인 관계는 의식적이든 무의식적이든 애써 회피되었던 것이 사실이었다. 역설적으로 5·17은 노동자들의 정치의식을 충격적으로 눈뜨게 만든 귀중한 사건이었다. 한국노동운동은 그전의 노동조합주의

해 시민군들이 절대적 힘의 열세라는 것을 깨닫게 해주었다. 이로부터 학생운동은 이에 대적할 강력한 대안적 권력주체에 눈을 돌렸다. 1980년 광주에는 혁명적 조직과 계급의식으로 무장된 민중은 존재하지 않았다. 그러나 노골적인 진압군의 폭력에도 물러나지 않고 저항했던 광주민중의 모습은 1980년대 학생운동이 미래를 위한 변혁의 주체로서 상정한 '민중'의 현실적 근거가 되었다. 이들은 광주에서 발견한 '민중'을 통해 생산현장에 있었던 계급으로서의 노동자를 재인식하기 시작했다. 이처럼 학생운동가들에게 1980년대는 폭압의 시대인 동시에 변혁의 시대이기도 했다. 「학생운동의 전망」이라는 당시 팸플릿에서는 이를 다음과 같이 언급하고 있다.

> 민중의 잠재력이 증명되었다. 우리는 저들을 과대평가하고 민중의 현실적 역량을 과소평가하는 패배주의에 빠져 있음을 깊이 반성해야만 한다. …… 정권의 잔인한 만행에 그토록 열렬히 일어서는, 그리하여 저들의 무참한 난사에 즉각 무장하여 결국 포악한 무리를 1주일이나 내쫓아 광주를 지켰다. 그 민중의 역동적인 잠재력은 우리 투쟁의 승리를 약속하는 횃불이다.「학생운동의 전망」, 『학생운동 논쟁사』, 302쪽.

그 때문에 1980년대 학생운동은 광주민중항쟁의 평가에서부터 시작되었다. 1970년대 말부터 형성된 학생운동 내부의 대립적 논쟁

와는 결별하고 정치권력과 뗄 수 없는 관계를 설정해야만 한다는 참으로 간단하면서도 뼈아픈 교훈을 얻었다. 5·17은 이 교훈을 이혼서류에 찍힌 도장처럼 노동자들의 가슴속에 각인시켜 놓았던 것이다."(김용기·박승옥, 『한국 노동운동 논쟁사』, 14쪽).

구도는 광주민중항쟁을 계기로 하여 급진적으로 전환되었다. 광주항쟁에 대한 최초의 급진적 해석은 1981년 9월 전남대 교내 시위에서 살포된 유인물에 담겨 있었다. 이 유인물에서는 광주항쟁이 반독재민주화투쟁이 아니라 계급모순이 폭발하여 발생한 '5·18광주민중봉기'이며, 기존운동의 한계를 청산하고 '혁명적인 질적 전환'을 촉구하는 '피의 선언'이라고 주장했다. 이러한 투박하지만 급진적인 해석은 학생운동권의 의식화 학습과 혁명이론의 모색과정에서 좀더 정리되어 갔다. 김정한, 「5·18광주항쟁 이후 사회운동의 이데올로기 변화」, 『민주주의와 인권』, 제10권 2호, 2010, 173~174쪽.

1983년경에 나온 팸플릿인 「인식과 전략」에서는 광주민중항쟁에 대해 "80년 혁명투쟁은…… 근로대중의 운동성, 자기해방성, 중심성 등을 구체적 현실로 증명"해 주었다고 평가했다. 그리고 사망자, 구속자, 검거자들의 분류작업을 통해 5월 광주항쟁의 과정에서 나타난 주체의 변화를 설명하면서 근로대중이 주체로 등장한 점을 강조했다. 「인식과 전략」, 76쪽. 또 광주항쟁에서는 반제투쟁의 인식론적 기반이 마련되었으나 현실기반은 약하다고 평가하였다. 앞의 글, 79쪽. 나아가 남한의 특수한 조건 아래 대중투쟁은 객관적 합법칙성에 따라 '폭력투쟁→무장투쟁→혁명전쟁'으로 발전하게 된다고 해석하였다. 앞의 글, 75~76쪽 참조 작성.

학생운동은 광주의 대살육 앞에서 '소박한 저항의식'으로는 광주점령군을 대적할 수 없을 뿐만 아니라 새로운 사회에 대한 대안을 제시할 수 없다는 것을 절감했다.[6] 광주항쟁은 학생운동에서 '민

6 광주항쟁이 국가권력에 대한 새로운 시각을 제기했다는 주장에서는 "1980년대 초반까지 견지

주 대 반민주'라는 인식지평을 넘어서는 대사건으로 해석되었고, 당시의 사회질서를 넘어서는 대안적 사건으로 규정됨으로써 이념사의 분수령이 되었다. 광주로부터 시작된 반성과 성찰은 마르크스주의를 만나면서 그 활로를 찾았다. 이에 대해 다음과 같은 증언을 유범상의 연구에서 찾아볼 수 있다.

> 박통 군사독재가 발악할 때 긴급조치 시대부터 고민해 오다가 흐름으로 (마르크시즘이) 시작된 것은 5·18이었다. 군사독재, 미국이 있는 조건들, 결국 세상을 뒤집어엎지 않고는 안 되지 않았는가? 그런 모색들이 공개·반공개적으로 나타난 것은 1980년대 중반이라고 보고, 1980년대 중반 즈음 되어 노동운동 이념이 쏟아져 나오기 시작했다. 그 전에는 골방 수준에서만 이야기했지 공개적으로 논쟁을 하지 않았다. 실제 체계적으로 무장되지 않았지만 마르크시즘에 기초한 사람들이 많았다. 유범상, 『한국의 노동운동이념』, 한국노동연구원, 2005, 149쪽.

1980년대 정부의 극심한 탄압 역시 학생운동을 급진화시킨 또 다른 요인이었다. 정부는 학생운동에 대해 '초동初動 진압'으로 상징되는 총체적 탄압을 가했다. 대학 곳곳에 사복경찰을 심어 놓았고 대규모 병력이 상주하였다. 당시 대학 상황에 대해 서울대 81학번인 박정순은 다음과 같이 기억하고 있다.

되었던 '소시민적 시각', 즉 근본변혁에 대한 전망이 부재한 채로 당면 민주화과정을 '군사독재 정권의 억압 완화'나 '민간정부로의 전환'만으로 인식하는 경향이 지배적이었으나 이 시기에는 바로 그러한 민주화관이 비판, 극복"되었다고 했다(조희연 편, 『한국사회운동사』, 270~271쪽).

당시에는 소위 '짭새'라는 사복경찰이 캠퍼스 안에까지 진입해 있어서 언제 잡혀갈지 모른다는 두려움이 있었어요. 일상적인 공포라고나 할까, 그런 상황에서 우리가 자신을 사회적으로 재현할 수 있는 건 정치적 성향밖엔 없었어요. 어떤 입장에 서 있느냐가 자신의 정체성을 대변해 주는 거죠.

시위예방과 진압을 위한 교수·직원의 동원체제도 만들었다. 홍석률, 「최루탄과 화염병, 1980년대 학생운동」, 『내일을 여는 역사』 28호, 2007. 정부는 학생운동 탄압을 위해 경찰, 안기부, 보안사, 문교부 및 대학당국 등 모든 기관을 동원하여 삼엄한 감시망을 구축했다. 이른바 지도휴학제 등을 실시하여 회유와 협박으로 학생운동에 참여한 사람들의 신분을 변동시켜 곧바로 강제징집하여 군대로 끌고 갔다. 당시 상황에 대해 고려대 81학번인 박인도는 다음과 같이 말하고 있다(박인도라는 이름은 가명이다. 그는 고려대 이념서클에서 활동을 했는데 구술 사용시 실명 비공개를 요청했기에 가명을 사용했다).

학생운동과정에 부모님의 반대야 심했죠…. 저는 1학년 말부터 학교근처에 담당형사가 있었고요. 사는 거주지 담당형사, 대학 담당교수… 뭐 한두 달에 한 번씩 찾아와 '운동을 하지 말아라' 그러던 시절이었죠. 그러니까 부모님들도 예민하게 반응하시고. 그래서 3분의 1 정도의 학생들이 아마 부모님들의 강압에 의해서 그만두었고, 나머지 3분의 1은 2학년, 3학년 올라가는 과정에서 강제징집으로 끌려가고. 저만 하더라도 1학년 겨울방학, 2학년 겨울방학 또 여름방학, 방학만 되면 집에 못 들어가고. 주로 방학 때 강제징집을 해가니까…. 그런 게 굉장히 힘들었고 힘든 만큼 어떻게 보면 열의도 불탔었는지 모르지만.

바로 이 시대를 가장 적나라하게 표상하는 것이 '강제징집사건' 이었다. 강제징집은 1980년 9월 계엄령 위반자 64명을 강제로 전방에 조기입영시켰던 사건에서 시작되었다.[7] 거기에 정권은 1982년 '녹화사업'을 시작하여 '복무중 특별순화교육을 시키고 일부는 학내·재야 프락치로 활용'한다는 계획을 무리하게 진행하던 중에 여러 명의 학생들이 의문사를 당하는 일까지 벌어졌다.[8]

또 1980년대 초반에 나타난 중요한 변화 중의 하나는 대학생 수를 급격하게 증대시킨 졸업정원제의 실시라고 할 수 있다. 졸업정원제는 어차피 졸업 못할 30%를 더 선발하여 대학측에 재정 이득을 안겨주었으나, 본질은 대학에 경쟁체제를 도입함으로써 분위기를 쇄신하고자 한 것이었다. 이 정책은 학생들의 관심을 오직 학점에만 매이게 해서 정부에 대한 비판적 발언이나 학생운동을 못하게 하려는 학생통제전략의 일환으로 시행된 것이었다. 졸업정원제는 1981년도부터 강행되었으나 예상과 달리 학생시위는 줄어들지 않았고 오

7 학생운동가 중에 장애인조차 강제징집 대상이 되었다. 이에 대해 김귀옥·윤충로의 자료집(『1980년대 민주화운동 참여자의 경험과 기억』, 민주화운동기념사업회, 2007, 130~131쪽)에는 1983년 봄 김병철이 학내 시위 도중 사복형사에게 끌려가 유치장에서 곧바로 강제징집 당하였다. 그는 의정부 보충대에 배치되었는데, 거기서 목격한 것은 "고대 경제학과 다녔던 친구가…… 소아마비였어요. 다리 소아마비에다가 팔까지, 반신이 소아마비라고 그러대요. 근데 내가 볼 때에도 체격도 왜소하고, 그러니까 군대생활 도저히 할 수 없는 상황인데"라고 기록되어 있다.

8 강제징집된 정성희, 이윤성, 한영현, 한희철, 김두황, 최온순 등의 의문사사건이 발생했다. 강제징집된 학생 중 일부를 특별정훈교육이라는 명목으로 불러 학생운동에 대한 정보를 수집하고, 나아가 정보원으로 이용하는 '녹화사업'을 진행하기도 했다(김귀옥·윤충로, 앞의 책, 131쪽).

히려 '졸업정원제 폐지'가 학생운동의 대중적 연대고리로 나타나, 결국 1984년 폐지되었다.[9] 졸업정원제의 실시는 오히려 학생운동의 잠재적 구성원을 대폭 증대시킴으로써 학생운동이 대중화되는 중요한 계기가 되었다.

이와 같이 탄압 속에서도 학생운동은 비공개 이념서클을 통해 급속하게 확산되어 갔다. 1980년대 이념서클의 수는 정확히 파악할 수 없지만, 다만 "5·17사태 이후 80년 6월 현재 교내시위가 27건, 유인물살포가 238건, 기타 불온행위가 18건 등으로 추산되며 그 가운데 구속된 100여 명의 학생들이 대부분 직·간접으로 이념서클과 관계가 있거나 이들의 도움을 받아 소요를 일으킨 것으로 나타났다." 또 "이념서클 외에 종교서클, 교양서클 등 등록된 일반서클도 강한 이념적 성향을 보이는 경우가 많고 시위 주도보다 배후지원에 역점을 두기도 한다. 당시 전국 대학의 지하화한 이념서클은 70여 개 이상 추산되고 있으며 등록서클로써 이념 지향적인 것은 60여 개, 교회계통의 이념서클은 11개 정도"였다.정구호, 『대학과 사상』, 경향신문사, 1982, 275~276쪽. 또 정확한 자료부족으로 그 실상을 확인하기는 어렵지만,

9 졸업정원제는 학원통제적 성격 이외에도 노동시장정책의 변화를 반영한다는 다음과 같은 지적도 중요한 의미를 갖는다. "7·30조치는 1970년대에 누적된 학력별 임금격차 지수를 줄이려는 장기적인 포석이다. 70년대 급격한 경제성장을 추진해 가는 과정에서 필요한 고급인력에 대한 사회적 보장이 정치적 불안정 요소와 맞물려 지나치게 높게 주어졌다. 특히 중등교육의 평준화조치에도 대학 정원의 억제정책을 고수하여 나타난 재수생 누적 현상은 이미 사회적 문제가 되어 있었다. 그런데 70년대 세계적 유류파동 등 한국경제를 둘러싼 국제시장의 조건이 나빠지면서 한국의 독점기업은 임금지불 부담을 덜어야만 했다. 특히 고졸과 대졸 사이의 임금격차는 기업에게도 노동자에게도 더 이상 유리하게만 작용하지는 못할 것이라는 인식을 하게 되면서 이것의 정책 대안으로 대입정원의 확대를 내놓게 된 것이다. …… 결국 80년대 고등교육확대정책은 3차 서비스산업부문에 고용될 대졸 화이트칼라 노동자의 공급을 과대하게 만듦으로써 노동자의 노동가를 낮추려는 자본의 경제적 운용의 결과인 것이다."(강순원, 「80년대 교육정책의 회고와 전망」, 『우리교육』 1권, 1990, 22쪽).

〈표 2-1〉 학생운동의 의식화 프로그램

단계	기간	의식화 목적	주요 내용과 서적	비고
현실인식 단계1	1학년 1학기	기존 가치관 비판, 현실인식	『해방전후사의 인식』, 『역사란 무엇인가』, 지식인의 역할 관련 학습 등 10여 종.	1, 2회 정도 시위참여 — 입문 MT
현실인식 단계2	1학년 여름방학	한국경제문제와 민족경제론	『민족경제론』, 『노동의 역사』, 『대중사회와 인간문제』, 『들어라 역사의 외침을』 등	농활과 합숙 자립적 민족경제의 필요성
역사인식 단계	1학년 2학기	역사유물론적 관점 확립	서양경제사, 자본주의역사와 구조, 자본주의경제의 구조와 발전, 공황론과 제3세계 종속이론 등 일본어 서적	일본어강독 시작
세계관 정립단계	2학년 1학기	변증법적 유물론 숙지	강좌철학, 개인과 휴머니즘, 모순론과 실천론 등의 철학과 볼셰비키 혁명사, 제3세계민중운동사 등과 소책자 이용	우수인자 선발 및 개별교육
혁명론 정립단계	2학년 2학기	혁명이론수기	볼셰비키와 러시아혁명, 민중운동의 인식과 전략, 코민테른과 세계혁명, 기타 레닌 등 혁명 관련 이론	부각된 리더에 대한 교육 — 역할분담
집중학습 단계	2학년 겨울방학	자기견해정립	학생운동노선연구, 이념논쟁 관련 소책자나 서적	공장활동
실천단계	3학년	혁명가로서의 훈련	후배지도, 실천활동을 통한 훈련	실질적 의식화 종료

※송대성, 『좌경이데올로기: 그 주장과 현장』, 191쪽 재인용.

"전국 대학 내 문제 성향을 지닌 서클 중 1984년도 현재 등록된 서클은 200여 개이나 상당수의 서클이 등록하지 않은 채 음성적 활동을 계속하고 있다"는 주장처럼 대학마다 이념서클이 양산되는 추세였다.송대성, 『좌경이데올로기: 그 주장과 현장』, 명성, 1987.

이념서클들의 목적 역시 분명해져서 전위적 성원의 훈련과 배출에 주목하여 그 재생산체계를 갖추는 것을 기본으로 하였다. 서클은 대학생들의 의식화학습과 실천학습(선전물배포, 낙서, 시위참여, 농활, 공활, 시위주도 등)을 〈표 2-1〉과 같이 진행하였다. 그에 따라 이념학습 프로그램이 정착되고 확산된 것도 이 시기였다. 학습 프로그램은 학생들의 학년과 학기에 따라 구성되었는데 '학습-체험-토론-실천' 등이 적절하게 배합되어 있었다.은수미, 「의식화조직, 사회운동, 그리고 대항이데올로기」, 『저항·연대·기억의 정치』, 문화과학사, 2003, 207쪽.

③ 학생운동의 역할 논쟁과 노동자-학생연대투쟁

광주민중항쟁을 둘러싼 자성에 뒤이어 학생운동은 좌절을 극복하기 위한 일환으로 1980년 '서울의 봄' 시기의 실패원인부터 분석하기 시작했다. 패배의 근본 이유가 주체 역량의 미비에 있다고 판단하면서 학생운동의 역할에 대한 모색을 새롭게 하고자 하였다. 1980년대 논쟁은 혁명을 주제로 삼아 지도노선, 전위조직, 선도적 정치투쟁, 노동현장 이전 등이 쟁점으로 다루어졌고, 논쟁과정에서 제출된 팸플릿은 학생운동가들의 의식화에 영향을 주었다.

당시 학생운동을 주도하던 세력은 '단계적 투쟁론'의 맥을 잇는 그룹이었는데, 이들은 소모적인 시위 만능주의를 불식하고 장기적으로 운동역량 강화에 주력해야 한다는 입장을 취했다. 이 그룹은 학생들의 시위가 가지는 기폭제적 역할을 강조하며 첨예한 정치투쟁을 강하게 주장했던 또 다른 그룹과 대립하였다(무림·학림논쟁). 1980년 12월 '반제반파쇼 투쟁선언' 사건을 계기로 전자의 그룹은 심각한 조직적 타격을 입게 되었고(소위 '무림사건'), 1981년 초 학생운동의 주도권은 후자의 그룹으로 넘어가게 되었다. 이들은 대학 간의 연계, 과감한 시위 전술의 채택, 학생운동 내의 전위조직 건설 등을 목표로 하여 각 대학에서 1981년 초반부터 공세를 펼침으로써 패배의식을 극복하고 학생운동이 빠르게 회복하는 데 기여했다. 그러나 1981년 전국민주학생연맹사건(소위 '학림사건')으로 역량에 손실을 입었다.

1980년대 초의 '무림·학림 논쟁'은 1982년에 들어와 소책자의 형태로 보다 체계적으로 진행되었다. 무림의 입장을 계승했다고 볼 수 있는 「야학운동비판」[10]이 먼저 제출되었는데, 뒤이어 이를 반박하는 「학생운동의 전망」[11]이라는 팸플릿이 제출되었다. 학생운동은 팸플릿 논쟁을 통해 학생운동과 노동운동의 관계, 그 결합방식의 문

10 「야학운동비판」은 1982년 3월에 나온 학생운동 최초의 팸플릿인데, "현재 변혁운동의 단계는 지도노선을 가진 전위조직 역량의 형성이 절실히 필요하다. 그러나 여타 부분은 이런 과제를 담당할 만큼 성숙되어 있지 못하므로 상대적으로 앞서 있는 학생운동이 전위형성의 주요 모체가 되어야만 한다. 즉 학생운동은 전체 운동의 지도조직 역량을 형성하는 주도체적 역할이 중요한 임무이므로 그동안의 소모적인 시위 일변도의 투쟁노선은 지양되어야 하고, 학생 대중의 이익을 옹호하고 의식화의 공간이 될 수 있는 일상투쟁을 강화하고 학생 대중조직을 형성해야 한다. 이렇게 형성된 예비 전위인자들은 단위 소그룹을 형성하여 대대적으로 현장으로 존재이전을 해야 하고, 이 소그룹들은 하나의 셀(cell)로서 기능할 수 있도록 자기 완결성을 가져야 한다"고 주장했다(편집부, 『학생운동 논쟁사』, 227~269쪽).

11 「학생운동의 전망」에서는 1980년 광주민중항쟁을 통해 이후의 투쟁 형태를 '학생시위 선봉→민중합세→민중봉기→연속적 도시봉기'로 제기하고, 학생세력은 민중을 대변하여 투쟁의 선봉을 담당하여 전민중적 투쟁의 발판을 만들어야 한다고 제기했다. 그러므로 학생운동은 그 고유의 정치투쟁을 통해 민중항쟁의 기반을 마련한다는 점에서 민중운동의 선도체이며 주도체는 아니라고 주장했다. 이들은 무림의 논리에 대해 당면투쟁을 회피하는 논리라고 비판했다(편집부, 앞의 책, 302~303쪽).

제와 변혁운동의 여러 가지 방도들을 폭넓게 모색해 나갔다. 「야학운동비판」의 주장은 수많은 공개·비공개 야학과 공장활동 경험 등과 맞물려 학생운동가들의 노동현장 투신을 가속화시켰고, 「학생운동의 전망」의 주장은 학생운동의 선도적 정치투쟁을 강화하기도 했다.

한편 1983년 말 유화조치 이후 학생운동은 열린 공간을 활용하여 학원자율화추진위원회를 결성해 공개 대중조직을 매개로 대학간 연합투쟁의 단초를 마련해 나갔다. 그동안 소규모의 비밀서클 단위에서만 제기되던 학생운동의 '민중지향' 과제는 '민중생활조사위원회' 등과 같은 공개기구 결성을 통해 공개적이고 대중적으로 추구되었으며, 각종 심포지엄과 강연회, 슬라이드상영회 등을 통해 민중문제를 대학생에게 적극 선전해 갔다.황의봉, 『80년대의 학생운동』, 예조각, 1985, 45~46쪽. 더 직접적인 노학노동자-학생연대투쟁을 하거나 농촌활동·공장활동을 통해 직접 민중들의 고통을 체험하는 사례도 늘어났다. 빈민문제에 대한 관심도 늘어나 난지도와 양동지역의 지원활동도 나타났다.

이런 변화를 반영하여 1984년 하반기부터 '무림·학림 논쟁'이 더 체계화되어 등장한 민주화투쟁위원회(약칭 '민투위' 또는 민투의 영어발음 약자 'MT')[12]와 무림연합(주류를 의미하는 Main Current의 약

12 이 그룹의 최초의 문제제기는 1984년 8월 17일부터 배포된 「깃발」이라는 유인물을 통해 이루어졌다. 민투위그룹은 "학생운동은 노동운동과 함께 주요한 혁명 세력으로 자기 위치를 지니고 학생운동의 역할은 첫째 대적 정치투쟁의 선도체, 둘째 지원기지 역량 강화, 셋째 전위배출의 주요한 보급로"라고 규정했다. 이를 위해 학생운동은 대중적 정치 역량을 바탕으로 적의 본질을 폭로하고 학생운동의 장기적 방향성으로 민중성 확보를 위하여 기본적 혁명 세력인 노동운동에 대한 지원투쟁을 해야 한다고 주장했다. '선진적으로 각성된 부분이 비타협적·헌신적으로 대중의 이해를 대변하는 대중정치투쟁'을 수행하여야 한다는 것이다. 이 목적으로 1984년 10월 '민주화추진위원회'를 구성해 학생운동을 지도하기 위하여 민투·노투·홍보위·대학

자 'MC'로 통칭됨)[13]의 논쟁 또는 '「깃발」·「반깃발」 논쟁'은 서울대에서 다른 학생운동 세력으로 퍼져 나가 1985년 상반기에 절정을 이루었다.[14] 이 논쟁에서는 투쟁전술, 조직문제, 1985년 2월 총선거를 둘러싸고 입장 차이를 낳기도 하였고, 노동자투쟁과 연관하여 '생산지 정치투쟁론'을 놓고 공방을 벌이기도 하였다. 이 논쟁은 학생운동의 위치와 과제에 대한 논의를 심화시켜 '단계적 투쟁론'을 극복하고 선도적 정치투쟁의 중요성을 부각시켰으며, 민중투쟁에 대한 연대나 목적의식적 변혁운동을 추구한다는 등의 목표를 공유했다.[15] 또 이 논쟁은 1985년경 마르크스·레닌주의 원전의 보급과 함께 전위조직·계급조직 건설의 문제로 확대되어 변혁이론 분화의 배경을 이루었다. 이러한 80년대 학생운동의 논쟁을 정리하면 다음쪽의 〈표 2-2〉와 같다.

우리가 이 논쟁 중에 주목하는 것은 노학연대에 대한 것이다.

간 연락책을 두고 「깃발」로 자신들의 주장을 확산시켰다(강신철 외, 『80년대 학생운동사』, 형성사, 1989, 60~66쪽 참조 작성).

13 서울대 학생운동을 지도하던 주류세력인 MC-「반깃발」그룹은 "학생운동은 비계급적 운동이므로 대중조직의 일상적, 존재적 기반을 마련하기 위해 일상투쟁을 지속적으로 전개하여 대중조직 형성의 기반을 만들어야 한다. 학생운동은 기폭제적 역할을 수행해야 한다. 학생대중투쟁이란 공통의 목표를 자각하고 실제로 공동행동에 참여하는 신념체계를 공유하는 학생의 조직화를 의미한다"라는 논리로 맞섰다(편집부, 『학생운동 논쟁사』, 86~89쪽).

14 그 단초는 1984년 이후 학림 출신의 복학생들의 주장에서 시작되었다. 1983년 결성된 민주화운동청년연합이 1980년 이후의 운동사상의 발전성과를 검토하는 시점에서 그 작업에 동참한 학림 출신의 학생운동 세력이 결합하면서 민투위의 사상적 기초가 세워졌다(강신철 외, 앞의 책, 334쪽).

15 한 연구에서는 1980년대 학생운동은 지속적인 이념논쟁을 통해 첫째, 한국사회에서의 혁명의 필요성과 이를 위한 이념정립을 촉구하고, 둘째, 특히 학생운동이 전체 혁명운동적 시각을 가질 것을 주장하였으며, 셋째, 한국사회의 성격, 혁명의 전망 및 전략을 분명히 함으로써 이후 사회구성체 논쟁의 토대를 놓았고, 넷째, 한국사회의 혁명을 통일과 연결시킴으로써 한반도 차원으로 시야를 넓히고 대항이데올로기의 형성 및 유포의 주역으로 떠올랐다고 평가했다(은수미, 「의식화조직, 사회운동, 그리고 대항이데올로기」, 219쪽).

〈표 2-2〉 1980년대 전반기 학생운동의 논쟁 변화

1981년	학림	무림
학생운동 위상	전체 운동의 선도체 (문제제기 집단)	전체 운동의 주도체
투쟁론	선도적 투쟁론. 대적(大敵) 직접투쟁론	투쟁지양론. 현장 준비론
조직론	전위조직 건설론	대중조직강화론
1982년	**학생운동의 전망**	**야학운동비판**
학생운동 위상	민중운동의 선도체	전체 운동의 주도체
활동방향	선도적 정치투쟁	투쟁지양론. 학생운동의 대중역량강화. 노동현장 진출
1984년~	**깃발(MT)**	**반깃발(MC)**
조직노선	전위 지도조직 건설	대중조직 건설 확대
투쟁노선	선도적 정치투쟁론	단계적투쟁론(학원자율화투쟁→정치투쟁)
대중관	대중은 전위의 목적의식적이고 과학적인 지도에 의해 극복되어져야 한다. 반(反)합법시기의 대중노선은 이중적인데, 그에 맞는 전위와 대중의 결합형식이 요구된다.	전위 및 행동대중과 정치의식 대중과의 관계는 조직적 지도관계가 아니라 역동적으로 발전 · 전화되는 관계이다. 전자의 외화과정은 후자에 의해 규정된다.
대중조직과 전위조직	대중조직과 전위 논의체의 상호분리는 타당하다. 이는 대중지도경험을 전제하여 전위의 과학성 확보를 의미한다.	논의체를 대중으로부터 독립시켜 방향체를 외화시켜선 안 된다. 비합법 역량도 대중운동과 조응하면서 구축되어야 한다.
전위의 존재양식	전위는 단순히 정치대중에 대한 작업과정 속에서 규정되는 것은 아니다. 전위 또한 과도적 존재이므로 조직 내에서 비판과 책임성은 실천을 통해 한계를 극복한다.	전위의 존재양식은 정치대중에 대한 자기작업과정 속에서 규정된다. 학생운동은 전위를 양성하는 과정에 있을 뿐 전위들의 조직체가 아니다.

학생회의 위상	학생회가 투쟁배치와 방법론을 개발하는 것은 불가능. 투쟁의 전문성, 집행의 안정성을 위해 투쟁중앙기구를 구성. 이 기구가 학생회와 결합하여 학생회를 지도.	학생회는 명확한 투쟁체이자 대중자치기구. 학생회가 투쟁배치와 방법론을 개발하고 선도적 전담반을 구성해 투쟁을 담당. 학생회의 지도성과 공식성을 강화해야 함.
1984년 하반기투쟁	학생회도 정치투쟁수행, 정치투쟁은 '민주화투쟁위원회', '민중생존권지원투쟁위원회'와 같은 상시적 투쟁위원회가 이끈다.	학생회를 건설하여 대중활동강화. 정치투쟁은 '광주학살 진상조사특별위원회'와 같은 한시적 투쟁위원회를 통해 이끈다.

※편집부, 『학생운동 논쟁사』, 29~45쪽, 89쪽 참조 작성.

1984년 이후 학생운동 세력은 민중과의 실천적 연계를 지향하는 민중지원투쟁이라는 새로운 투쟁범주를 설정하고, 노학연대를 적극적으로 추진하였다. 이들은 모두 "한국변혁운동의 주력군은 노동계급이며 학생운동은 보조역량이다. 그러나 당시 노동운동은 극히 맹아적인 힘의 행사, 역량에 있어서 타부분에 비해 미약한 현실에 있다"고 인식하였다.편집부, 『학생운동 논쟁사』, 85쪽. 그러나 MC입장은 당시 노동운동 역량과 계급의식이 극히 취약하여 당장 노학연대투쟁을 위한 학생대중의 민중지원투쟁을 필요로 하는 사업장이 극히 소수에 지나지 않는다고 판단했다. 따라서 단발적인 지원투쟁이 아니라 장시간에 걸친 노력과 노동자 스스로가 투쟁 과정을 거쳐야 된다는 입장을 취했다. 이런 관점에서 이들은 노학연대 전략이 시기상조라고 보았다. 반면 MT입장은 노동자계급이 이미 존재론적으로 노동자의식과 투쟁력을 갖고 있기 때문에 학생운동의 민중지원투쟁이 지속된다면 급격히 계급의식으로 무장할 수 있다고 보았다. 이러한 준비론과 투쟁론은 일종의 실천방법을 둘러싼 논쟁이라고 할 수 있으며, 이

것은 이후 본격적인 이론투쟁의 준비였다.

MT는 위의 관점에 따라 '노동자투쟁위원회'라는 독립적인 투쟁기구를 형성하여, 노학연대를 위해 '생산지'라고 불린 공단지역에서 직접 노동자들과 연대하는 시위를 벌였다. 이런 시위의 예로, 1984년 9월 19일 청계피복노조 합법성쟁취를 위한 가두시위, 10월 26일 가리봉오거리의 노동악법개정투쟁, 10월 27일 구로공단·부평역 시위, 11월 13일 전태일열사 기념일에 맞춘 남대문시장과 구로공단시위, 12월 7일 신답역의 박종만열사 추모시위 등을 들 수 있다.

특히 학생운동의 민중지향적 실천활동이 직접적인 '노학연대'로 나아가는 데 물꼬를 튼 것은 청계노조의 합법성쟁취투쟁이었다.황의봉, 『80년대의 학생운동』, 90~91쪽. 청계피복 노동자들은 공개적인 가두투쟁을 기획했으나 인원문제 때문에 대학생들과 연계하려 했고, '시정의 집' 강학들을 통해 학교별로 비공개 지도부들과 접촉하였다. 당시 학생운동 내에는 비공개적으로 대외협력부서가 있었는데, 서울대 책임자는 류보경과 민병렬, 연세대 책임자는 이영동과 이종희, 고려대 김현민 등이었다.안재성, 『청계 내 청춘: 청계피복노조의 빛나는 기억』, 돌베개, 2007, 492~493쪽. 청계노동자들은 이들 학생운동 책임자들과 만나 투쟁계획을 세웠다. 당시 상황에 대해 청계피복노조 사무장이었던 김영대는 다음과 같이 기억하고 있다.

> 유화 국면을 맞아 학원투쟁이 점점 활성화가 되는 상황이었고. 그러나 학내투쟁을 크게 벗어나지는 못하는 상황이었는데, 이때 청계노조가 '연대투쟁을 해보자'고 제안을 했죠. 그때… 모임도 처음에는 네 개 권역으로 나눠서 북부는 고대 중심, 남부는 서울대가 중심,

서부는 연대나 서강대, 동부는 건국대, 이렇게 모였는데 그 그룹 대표를 우리가 만나고, 지네끼리도 만나고, 굉장히 어려운 접촉들을 했어요. 1차가 성과가 좋으니까 2차, 3차는 자연스레 이어지고, 학원 내에서 '청계랑 노학연대 투쟁한다'는 결의가 굉장히 높은 거예요…. 노학연대란 말이 생기고, 많은 영향을 줬어요.

9월 19일의 청계노조 합법성쟁취투쟁이 노학연대로 성공하게 되자, 뒤이어 2차 10월 12일, 3차 1985년 4월 12일 합법성쟁취투쟁 역시 평화시장을 중심으로 노학연대로 진행되었다. 1985년 들어 민중지원투쟁은 더욱 활발해졌다. 그 주요한 내용을 살펴보면, 3월 성원제강지원 구로역투쟁, 목동빈민지원투쟁, 4월 청계노조합법성쟁취 4차대회, 5월 메이데이 노학가두시위 등을 벌였고, 4월 대우자동차 부평공장 파업투쟁 지원, 6월 구로동맹파업 지원 등으로 외화됐다. 특히 노동자들과 학생들의 연대는 1985년 4월 10일 해고자 중심의 '노동운동탄압저지투쟁위원회'(약칭 '노투')가 결성되면서 좀더 긴밀한 관계를 맺고 진행되었다. 그 예로 1985년 5월 1일 메이데이를 맞아 영등포 일대에서 '노동운동탄압중지'를 외치며 노동자·학생들이 연합해서 가두시위를 벌인 것을 들 수 있다.황의봉, 『80년대의 학생운동』, 90~91쪽.

이처럼 학생운동은 민중지원투쟁을 벌이면서 이전의 종로, 서울역, 신촌로터리 등의 중심지 가두시위에서 가리봉 오거리, 신설동, 시흥, 성수동, 인천 등의 노동자 생활지역, 공장지대 가두시위로 시위 장소를 바꿔 갔다. 학생운동은 이들 노동자 지구에서 거의 상시적인 선전물 배포작업을 하였고, 이를 위한 '지역선전위원회'를 설치하기도 하였다.강신철 외, 『80년대 학생운동사』, 335~336쪽. 민중지원투쟁에 대한 인식도 투쟁을 통해 한걸음 진전되었다. 단순한 지원이 아니라 학생운동이 변혁운동의 한 부문으로서 민중과 연대하는 투쟁으로 이해하기 시작했다.

또한 노동현장 투신과 연계해서는 공장활동이 학생운동가들을 훈련하는 하나의 프로그램으로 자리 잡혔다. 여름방학을 이용해 농촌활동을 대규모로 공개적으로 진행한 것에 비해, 공장활동은 주로 겨울방학에 개인적으로 은밀히 이루어졌다. 실제 공장생활을 체험함으로써 노동문제의 현실을 직시하고 밑바닥 민중들의 고통에 동참한다는 취지의 공장활동은 1980년대 전반기 학생운동가들 사이에 활발하게 진행됐다. 연세대 민중권익쟁취위원회 위원장은 2주간의 공장활동 경험에 대해 한 인터뷰에서 "처음 찾아간 곳은 구로구 독산동의 전화선 꼬는 공장으로 200여 명의 노동자들이 일하고 있었다. 아침 8시 25분까지 출근해서 점심시간 전에 한 번, 저녁식사 전에 한 번 등 두 차례 10분간씩의 휴식시간을 제외하고는 밤 9시까지 작업을 했다. 선 채로 12시간을 일해야 하므로 고통스럽기 짝이 없었다"고 말한다.황의봉, 『80년대의 학생운동』, 185쪽. 그는 노동자의 생활을 경험하면서 분노와 함께 사회의 구조적 모순을 확인할 수 있었다고 했다. 또 그는 "연세대의 경우, 겨울방학 동안 약 200~300여 명의 학생들이 공활을 했으며, 전국적으로 많은 학생들이 노동현장 경험을 하고 있다"고도 말하였다. 한편 공장활동은 서울여대 80학번인 이선주의 다음 증언처럼 노동현장 이전의 전 단계로 시도되기도 했다. 이런 경우는 노동운동사 등 노동운동과 관련된 기초적인 학습을 진행하고 공장에 들어갔다.

'졸업 후 공장에 가자'는 방향을 가지고 팀활동도 했어요. 그 팀에서 3학년 겨울방학 때 공장에 연습 겸 들어가기로 해서, 70년대 노조 운동에 대해서 공부를 좀 했던 거 같아요. 공장에 한 2달 간 거 같은데… 구로공단의 큰 봉제공장이었는데… 티셔츠, 니트 하는 데였어요. 에리옷깃 자르는 시다로 일했어요. 나는 그게 에리인지도 몰랐고 왜 잘랐는지도 몰랐고…. 반장이 와서 '요렇게 요렇게', 딱 두 마디를 하고 가는 거예요. 그래서 '공장의 문화라는 것이 그렇구나' 했어요.

학생들의 공장활동은 학원자율화추진위원회를 통해 추진되기도 했는데, 그 산하 민중생활조사위원회에서는 이를 체계적으로 진행하기 위해 「공장활동지침서」를 만들 정도였다.서울대 학도호국단 학원자율화추진위원회산하 민중생활조사위원회, 「공장활동지침서」, 1984. 이 지침서에는 노동자들의 생활특성, 준비작업, 친해지는 방법, 근로기준법, 진정서·고소장 쓰는 법, 노동조합 설립신고서, 생산직종기능의 분류, 지역별 사업체 현황 등이 상세히 정리되어 있었다.

2) 노동현장 투신과 존재이전 방식의 변화

1980년대 학생운동가들의 노동현장 투신은 주로 서울과 수도권의 공장지역을 중심으로 이루어졌다. 그 이유는 서울, 인천 등이 오랜 산업화의 역사를 가지고 있으면서 산업인구 밀도가 대단히 높고 노동자 간에 개인적 연대형성이 용이하였기 때문이다. 또 수도권 지역이 학생운동의 상호교류가 어느 지역보다 유리하기 때문이기도 했다.송호근, 『한국의 노동정치와 시장』, 나남, 1991, 351쪽.[16]

1980년대 학생운동가들이 얼마나 노동현장으로 투신했는지 그 수치는 정확하게 알 수 없다. 다만 송호근은 "1987년을 전후로 인천지역에 약 1천여 명, 부천지역에 약 200여 명"송호근, 앞의 책, 352쪽.이 있었다고 밝히고 있다. 또, 『신동아』에서는 1980년 5·17 이후 1983년 대학자율화조치 이전까지 제적당한 1,363명 중 상당수가 노동현장에 참여해 1987년까지 경인지역에서 활동하였다고 밝히고 있다.『신동아』 6월호, 1989. 이 외에도 『월간 중앙』에서는 노동현장에 참여한 학생운동가들이 전국적으로 약 1만여 명 정도에 이를 것으로 추산하기도 했다.『월간 중앙』 4월호, 1989. 그러나 임영일의 연구에서는 "당시 인천을 비롯한 수도권지역에 약 3천여 명 정도가 있었고, 그 대부분은 1~2년 활동을 하다가 학생운동이나 정파적 서클운동조직에 들어가 활동하였다. 그러나 약 3분의 1 이하 정도가 장기적인 전망을 가지고 현장에 뿌리박는 운동을 전개하였다"고 밝히고 있다.임영일, 「한국의 노동운동과 계급정치(1987~1995): 변화를 위한 투쟁, 협상을 위한 투쟁」, 부산대 사회학 박사 논문, 1997, 58쪽.

이처럼 학생운동가들이 어느 정도의 규모로 노동현장으로 들어갔는지 실제로 정확히 파악하기는 어렵다. 정부의 통계 역시 신뢰할 수 없다. 예를 들어 정부가 발표한 내용에 기초해 작성한 〈표 2-3〉을

16 그밖에도 정확한 수를 파악하기는 어려우나 부산, 대구, 마산 등에서도 소수이지만 그 지역 대학 출신 학생운동가들이 노동현장 투신을 하였고(지역사회문제지역연구실, 『1980년대 부산지역노동운동』, 친구, 1989, 66~69쪽), 또 극히 일부 서울의 학생운동가들도 부산, 마산, 울산 등의 노동현장으로 들어갔다.[유길종 구술]

〈표 2-3〉 1985년도 학생운동 출신 노동자들의 현장 투신 상황

	자료 출처	학생운동 출신(명)	현장근무 여부	비고
1985. 6	노동부장관보고	160명	71명 해고 / 53명 자퇴 / 36명 근무	
1985. 7	동아일보(7. 26)	198명	95명 해고 / 72명 자퇴	1개월 동안 38명 증가
1985. 12	동아일보(12. 15)	302명	176명 해고 / 112명 자퇴 / 14명 근무	6개월 동안 2배 증가
1986	부천상의소식	699명		약 1년 동안 2.3배 증가

통해 1985년 한 해 동안 학생운동가들의 노동현장 투신 상황을 보자. 1985년은 학생운동가들이 집단적이고 조직적으로 노동현장으로 진출하던 시기인데 한 해 동안 699명이 현장에 투신했다고 한다. 그러나 통계에 잡히지 않는 경우도 있는데, 예를 들면 학생운동 과정에서 정부 당국의 망에 걸리지 않고 졸업한 뒤 노동현장에 간 경우는 포함하고 있지 않다. 그 때문에 이 표를 통해 실제 규모를 추정하는 것은 어렵다.

학출활동가들은 현장에 취업하여 활동하거나 지역 내 다양한 소모임을 통해 노동자들을 조직했다. 1980년대 전반기에는 노동운동의 당면 과제가 전국적 조직 구축이 아니라 운동역량의 축적이라는 인식이 일반화됐다. 이에 학출활동가들은 소그룹 구성을 시도하여 학습을 통한 노동자들의 정치의식화를 도모했다. 소그룹운동은 운동 역량이 미약한 비합법 시기에 분산적 형태이지만 주체 역량을

강화하는 데 일정 정도 기여하였다. 이는 1983년 말 이후 조성된 유화국면 때 노동운동이 확산되는 바탕이 되었다.

① 노동현장 투신의 배경과 이념적 특징

1980년 5월 이후 학생운동가들은 본격적으로 노동현장으로 '존재이전'을 했다. 1980년대 전반기에는 70년대 후반기 학생운동가들이 개인적으로 노동현장에 투신했으며, 1980년대 중반기 들어서는 80년대 학생운동가들이 집단 또는 조직적으로 노동현장에 참여했다. 이들의 노동운동 참여는 개인마다, 특히 학생운동의 경험과 학번 간에 다소 차이는 있지만, 그 목적은 대부분 사회구조를 변화시키기 위해 그 주체인 노동자를 조직하기 위한 것이었다. 이에 대해 살펴보면 다음과 같은 특징이 있다.

첫째, 70년대 후반기 학번들은 학생운동을 마치면 모두 노동운동에 참여해야 한다는 분위기는 아니었다. 이들은 학생운동을 마치고 사회진출을 할 때 노동, 빈민, 농민, 종교계 또 새로이 등장했던 출판운동 등 다양한 선택을 했다. 노동현장에 투신한 경우는 대부분 자신이 소속했던 서클의 영향이 컸던 것으로 보인다. 이 서클들은 노동운동 참여의 전통을 가지고 있거나, 특히 노동야학활동과 연계되어서 노동운동에 대해 일찍 눈을 뜬 경우가 대부분이었다. 이들이 노동현장에 투신하는 이유는 사회구조의 모순에 대한 인식과, 막연하지만 사회변혁을 위해 그 주체인 노동자들을 조직하기 위한 것이었다. 이들은 앞서 살펴본 것처럼 1970년대 후반기 사회과학 학습의 폭이 넓어지면서 1970년대 전반기 세대보다 좀더 구체적인 사회과학적

인식을 갖추었고, 노동운동에 대한 목적의식이 보다 뚜렷했다.

우선 서클의 노동현장 지향적 분위기와 이념성에 영향을 받은 경우로는 서울대 공대의 산업사회연구회에 소속되어 있었던 77학번 이용선을 꼽을 수 있다. 그는 서클에 참여한 이후 방학 중에 공장활동을 경험하면서 자연스럽게 노동현장으로의 이전을 받아들였다.

> 서울대 공대팀이 기본적으로 노동운동을 지향하는 현장지향성이 강한 그룹이고. 예전에는 소위 '장기론자들', 그러니까 '자격증 따서 평생 노동자로서 살아간다' 그리고 '노동운동을 주축으로 한다' 그런 경향이 인문사회대보다는 일찍부터 강했죠…. 그래서 저도 2학년 공장활동 이후 '노동운동가로서 노동운동에 투신하여 산다'라는 생각을 정리하게 된 거죠. 그래서 사회구조를 변화시키려는 거죠. 다른 영역의 운동, 그런 식의 삶을 생각해 본 적이 없는 거죠.

서울대 79학번인 김미경의 경우도 서클 선배들의 노동운동 지향성에 강한 영향을 받으면서 저학년 때부터 학생운동을 마치면 노동현장에 들어갈 생각을 가졌다.

> 여학생회의 선배들이 '학생운동은 부차적이다. 사회운동의 주력은 노동운동이다…. 노동운동 쪽으로 주요한 방향을 잡아야 한다'고 현장으로 갔어요. 그래서 저도 1학년, 2학년에 팀, 학회 운영을 하면서 '장차 현장을 가야 된다'는 마음을 먹고. 그러다가 졸업 안하고 현장을 갔어요. '계급이 없는 사회'를 지향했는데, 공산주의에 대해서 굉장히 낮은 인식수준이 아니었나 싶어요.

다음으로 야학활동을 통해 노동현장 참여를 결심한 이는 서울대 77학번인 김진국이었다. 그는 역사철학회라는 이념서클 출신으로 1학년 때 노동현실을 고발하는 르포를 접하면서 정서적으로 노동자들에 대한 관심을 갖게 되었다. 그 뒤 그는 선배의 소개로 야학활동을 하면서 사회과학 학습을 했고 사회를 구조적으로 인식하면서 점차 사회변혁의 방향을 고민했다. 결론은 사회변혁을 위한 본질적인 운동은 노동운동이라고 판단했고 노동자들을 조직해야 할 필요성을 인식하면서 노동현장에 투신할 결심을 하게 됐다.

> 1학년 때 광주대단지사건, 동일방직사건 그런 르포 보면서 그런 쪽에 정서적으로 기울었고. 학생운동이라는 게 좀 먹고 살 만한 운동이잖아요? 그래 좀더 본질적인 데로 가야 되지 않나 이런 생각이 있던 차에 선배가 소개를 해주어… 교회에 가서… 소위 '불온서적'을 탐독하죠. 그 당시는 학교에서 일본 원서 강독을 많이 했었어요. 국내 책은 거의 없으니까. 일본 책은 『자본론』을 카피한 것들이 있어서 친구들 규합해 같이 공부하고. 그렇게 2학년 말 3학년 때는…사회를 근본적 구조 문제로 접근하고… '아 운동하려면 이렇게 해야 되는구나'…. 그러니까 노동운동을 할 생각은 2학년 때쯤 했고… 3학년 땐 운동의 방법적인 부분을 모색했죠.

또한 서울대 한국문화연구회의 황광우는 학내시위에 참여하는 한편 야학활동을 활발하게 했다. 그는 사회문제에 대한 구조적 인식을 바탕으로 나약한 지식인에서 벗어난 사회를 변혁할 '강인한 노동

자'로 자신을 세우기 위한 방식으로 노동현장에 참여했다.[17]

허명구 역시 검정고시야학에 참여하였다. 그는 검정고시가 노동자들로 하여금 학력에 얽매이게 하는 기만이라고 비판하면서 이 야학을 노동야학으로 전환시켰다. 그는 노동야학에 참여한 노동자들이 노동현장에 대한 문제의식을 갖고 실천할 수 있도록 수업내용을 바꿨다. 노동자들에게 주장한 것처럼 자신도 대학을 졸업한 뒤에 노동현장에 투신하는 것이 책임감 있는 태도라고 생각했는데, 그 바탕에는 사회구조의 모순을 해결하기 위한 실천이라는 인식도 있었다.[허명구 구술]

이처럼 노동야학 활동을 하던 학생운동가들은 다른 학생운동가들보다 빠르게 노동운동으로 진입할 생각을 하였다. 이들은 야학에서 노동자들의 실상을 간접적으로 접하면서 노동현실을 직접 경험하기 위해 공장활동을 했고, 이런 경험은 대학에서 학생운동만을 하는 학생들보다 일찍 노동문제에 대해 학습하고 자본주의 사회구조를 인식하면서 사회주의 이념을 받아들이는 데 영향을 주었다. 더욱이 이런 직·간접적 경험을 바탕으로 이들은 자연스럽게 노동야학에서 활동을 마치면 노동현장에 참여했다.

둘째, 1970년대 전반기에 이루어졌던 노동현장 투신이 서울대, 고려대 등 소수 대학의 학생운동가들에 의해 추진되었다면, 1980년대에는 성균관대, 서울교대, 서강대, 이화여대, 숙명여대, 동국대, 한

17 이에 대해 황광우는 "세치의 혀로 '민중, 노동자'를 씨부릴 게 아니라 몸으로 노동자로 살고 싶었다. 덜 떨어진 개면으로 머리만 키운 나를 노동자의 삶으로 부숴 버리고 싶었다. 굳세고 강인한 인간으로 다시 태어나게 하고 싶었다"고 기록하고 있다(황광우, 『잎새에 이는 바람에도 나는 괴로워했다』, 거름, 1992, 69쪽).

양대, 경희대 등 여러 대학으로 넓어졌다. 이는 1970년대 후반기 학생운동의 확산과 1980년대 학생운동의 대중화된 상황의 반영이었다. 또한 1977년부터 노동자들의 투쟁이 격화되면서 이에 대한 관심이 증대한 이유도 있고, 노동야학의 활성화, 대학연합의 학습팀, 그 밖의 대학 간의 교류, 감옥에서의 교류 등을 통해 학생운동 세력 간의 소통이 활발해진 것도 영향을 주었다. 한 예로 서울교대 80학번인 민경옥은 교회의 노동야학 활동을 하면서 사회주의를 지향하며 노동현장 투신을 모색했다. 그녀는 화양리야학과 청운교회 활동에 참여했는데, 1980년 서울의 봄 시기에는 학생민주화투쟁위원회 활동을 하다가 광주민중항쟁이 터지면서 시위조직을 하다가 끌려가 조사를 받기도 했다. 그후 그녀는 노동현장에 투신하기 위해 공장활동을 준비했다. 당시 민경옥이 투신하려 했던 것은 구체적인 상은 없었지만 사회주의혁명을 지향했기 때문이었다.[민경옥 구술]

또 성균관대 77학번인 동양사상연구회의 신정길은 1978년에 77학번을 중심으로 한 이념서클 활동 중 서울대 이념서클의 학습프로그램을 소개받아 사회과학 학습을 하면서 반反유신 시위와 선전활동을 벌이기도 했다. 그 과정에 그는 르포를 통해 노동현실을 알게 되고 노동운동에 관심을 갖기 시작했다. 민청학련 관련자로서 노동현장에 참여한 김수길 등의 선배가 있었지만 이들과는 연결되지 않았다. 신정길과 그의 동기들은 민중의 고통을 개선해야 한다는 것과 사회주의에 대한 막연한 동경을 갖고 노동현장 투신을 결심했다.

청계천 헌책방들에서 『신동아』의 르포라든지, 또 『대화』, 『다리』, 70년대 잡지들을 구해 보면서… 광주대단지 사건이라든지, 전태일이라든지… 『불타는 눈물』(동일방직 노동자 석정남의 현장수기—인용자)인가? 나도 읽었지만 다른 애들한테 많이 읽히고. 그러면서 노동문제, 농민문제를 많이 접하게 되고. 그래서 우리는…'민중의 고통을 보면서 이걸 개선해야 되겠다', 이런 생각이 항상 먼저 있었던 거고, 그것이 '어떤 경로를 통해서 어떻게 의식이 될 것인가'에 대한 과학적인 인식은 없었고, 그냥 '사회주의는 그럴 수도 있다'… 이런 막연한 동경… 정도죠, 명확한 개념들은 없었고.

학생운동 내부의 경험 이외에도 감옥에서 영향을 받은 경우도 있었다. 감옥은 학생운동가들이 집중적으로 학습을 하거나 구속된 다른 이들의 영향을 직접적으로 받을 수 있는 공간이었다. 상대적으로 학생운동의 발전이 늦었던 대학의 학생운동가들은 감옥생활을 하면서 그곳에서 만난 다른 선진적 활동가들의 영향을 받기도 했다. 동국대 77학번인 안재환은 학내 시위 이후 감옥에서 만난 선배들에게 사회과학 학습을 받았고 출감 이후의 진로에 대한 제안도 받았다. 그 영향으로 그는 노동현장 투신을 시도하였다.

선배들이 교육을 통해서 노동운동을 권하고… 동국대에서는 여익구 선배가 현장 권유를 하셨구. 감옥에서 만난 여러 선배들이 사회운동으로 전환할 때 토론하면서 농민, 노동, 빈민, 종교 쪽, 그 다음 출판운동도 많이 나갔구요. 그렇게 역할분담을 하면서 저는 …'당연히 현장 가겠지' 그런 생각을 했던 거 같아요. 그 다음에 '기술이 있어야 된다', 장기론, 그 당시 이론은 '준비론'이었던 거 같아요. 선배들 중에 현장에 들어가 있던 분들을 소개를 받아서 만나 뵙고.

셋째, 사회과학 학습을 통해 노동현장에 대한 관심을 갖고 있던 학생운동가들 중에서 광주민중항쟁을 겪으면서 곧바로 노동현장 투신을 결심한 이들도 상당수 있었다. 그 예로 서울대 78학번인 대학문화연구회에서 활동하던 서혜경을 들 수 있다. 그녀는 서클 학습과정을 통해 사회변혁에 대한 상을 고민하고 있었는데, 다음 구술에서 말한 것처럼 1980년 5월 광주민중항쟁의 소식을 듣고도 아무런 대응을 못하는 학생운동의 모습을 보며 직접 실천을 해야 한다는 생각으로 노동현장에 갈 준비를 했다.

> '이 사회의 하부구조를 이루는 가장 중요한 계급이 노동자 계급이고, 노동자계급이 중심이 돼서 이 사회를 변혁해야 된다. … 우리가 소련이나 중국 혁명과정들을 공부하기는 하지만, 사회 현실조건이 많이 다르기 때문에…. 그리고 사회주의운동했던 경험이 우리도 있지만, 그것이 이어져 온 것도 아니고. 모든 것을 무無에서 새로 시작해야 되는데, 그 출발은 노동운동에 있을 것이다.' 우리가 공부할 때 암묵적으로 동의된 지향점이 사회주의이고. 그래서 '앞으로 방향이나 당위로 보면 노동현장에 가야 된다'고 생각했는데… 80년도 봄에 다들 정신이 없었던 거 같아요…. 갑자기 광주사태가 터졌죠…. 그때 정말 꼼짝도 할 수 없었죠. …… 그해 겨울에 더 이상 기대할 게 없고 '우리가 직접 일을 하러 나서야 된다'는 생각을 했고. 그때 3학년 중심으로 현장이전 문제를 여기저기서 얘기했어요. 저도 학교는 집어치우는 걸로 하고.

같은 78학번인 서강대 강순옥도 1980년 5월 '서울의 봄'의 경험과 광주항쟁의 충격으로 직접 민중생활을 알아보기 위해 농촌활동과 공장활동을 경험했다. 그녀는 운동의 목적에 따른 활동의 청사진을 그리기보다는 노동자들과 같이 해야 한다는 막연한 개인적인 생각이 강했다. 그녀는 "할 일은 가면 있다. 지금은 가서 노동자들을 만나야 된다. 내가 해야 할 역할은 노동자들이 정해줄 것"이라는 막연한 생각을 가지고 노동현장에 투신했다.

이처럼 1980년 5월 '서울의 봄', 특히 광주민중항쟁을 겪은 학생운동가들은 죄책감이나 부채의식, 사회구조의 모순에 대한 인식을 바탕으로 노동자와 같이 사회를 변혁시켜야 한다는 사명감이 보다 분명했다. 즉 광주민중항쟁을 통해 운동의 목적이 민중을 학살하는 정권과의 투쟁이며, 정치민주화가 아니라 사회구조를 바꿔야 한다는 것과 그 주체가 민중·노동자라는 의식이 더 확고해졌다. 이 때문에 고려대 79학번인 노회찬의 경우처럼 노동현장으로 가려는 학생운동가들은 학생운동을 부차적이고 노동현장을 가기 위한 준비과정으로 인식하기도 했다.[노회찬 구술]

넷째, 1970년대 학생운동가들의 노동현장 투신 분위기를 바탕으로 1980년 광주민중항쟁 이후 1980년대 전반기 학생운동가들은 학생운동을 마치거나 학업이 끝나면 당연히 노동현장으로 존재를 이전해야 한다는 집단적 분위기가 형성되었다. "사회운동은 곧 노동운동"이라는 단선적인 의식과 분위기가 만들어지기 시작하였다.

1980년대 학생운동가들은 1980년 광주민중항쟁을 통해 혁명운동을 과제로 인식했고, 광주항쟁에서 등장한 전투적인 민중의 모습에서 노동자계급의 가능성을 발견하였다. 이들은 혁명의 주체인 노동자계급을 조직하기 위해 목적의식적으로 노동현장에 투신하기 시작하였다. 이처럼 계급을 인식했다는 점에서 이들의 투신은 1970년대 학생운동가들이 전태일 분신사건 이후 민중주의적인 시각으로 개별적 결단에 따라 노동현장 투신을 감행한 것과 차이를 보인다. 1980년대 학생운동가들은 비공개 이념서클에서 사회과학 학습, 특히 기초적인 마르크스주의를 학습하면서 한국사회의 모순을 자본주의 구조 속에서 인식하는 계급론적 시각을 견지하면서 사회주의 혁명을 목표로 삼았다. 이들은 자본주의 구조의 모순을 인식할 수 있는 정치경제학, 사회의 변화발전을 인식하기 위한 역사유물론과 변증법적 유물론 등의 마르크스 철학, 한국사회를 인식하기 위한 경제사 및 현대사, 노동운동사 등을 학습했다. 또한 이 시기부터 등장한 팸플릿의 영향도 컸는데, 팸플릿을 둘러싼 논쟁은 주로 '혁명'이란 주제를 둘러싸고 일어났고 사회혁명을 위해 노동자계급을 조직할 필요성이 공공연하게 강조되었다. 또 학생운동가들은 정치투쟁을 담당하면서도 동시에 '직업적 혁명가'가 되는 것을 목표로 삼기도 했다.

한편 이 세대에도 노동야학 활동을 하는 학생들이 여전히 많았으나 '무림·학림 논쟁' 이후 학림의 흐름이 주류를 이루면서 학생운동의 역할은 선도적 정치투쟁을 하는 것으로 정리되었다. 학생운동가들에게 시위를 주동하는 정치적 행위는 정권에 대한 자신의 정치적 태도를 밝히는 것이자 동시에 자신의 기득권을 버리는 결단의식으로 인식되었다. 그 때문에 시위 주동과 구속, 그리고 노동현장에 투신하는 것이 학생운동가의 일반적인 코스로 인식되기도 했다. 이는 80학번부터 본격화되어 4학년이 되면 정치문제를 제기하는 시위를 주도하는 것으로 학생운동을 정리하는 분위기가 형성되었다. 또 정상적으로 졸업하는 경우라도 사회운동 진출은 노동운동만을 인정하는 분위기가 만연했다. 노동운동이 아닌 사회진출은 운동으로 인정하지 않았거나 심지어 '소시민적 진출'로 인식되기도 했다. 이런 분위기에 대해 고려대 80학번인 공계진은 다음과 같이 말한다.

> 데모하고 구속되고 나와서 복학을 안 하고… 진로와 관련해 고민한 게… 처음에는 공장에 들어가는 게 아니라 외곽에 있으려고 했어요. 몸이 불편하니까 공장생활 못할 거라고 생각을 했었고…. 친구한테 진로상담을 했었는데… 그 친구가 '운동하는 놈이 해보지도 않고 못한다는 게 말이나 되냐' 한마디 하더라구요. 그래서 내가 그 한마디에… 공장으로 가는 걸로 정리를 했죠. 당시 분위기는 공장에 안 들어가면 운동하는 취급도 못 받는 그런 거였죠.

81학번 이후 학생운동가들이 노동현장에 투신하는 분위기는 더욱 일반화되었고 그 인원도 매우 증가했다. 1981년부터 시작된 졸업정원제 때문에 대학생 수가 증가한 영향도 있었고, 이를 바탕으로 비공개 이념서클이 확산되었기 때문이었다. 더욱이 1983년 말 이후 형성된 유화국면을 활용해 학생운동이 대중화된 것도 영향을 주었다. 이들은 노동운동에 진출한 서클 선배들과 관계를 가지면서 학생운동을 마치면 당연히 노동현장으로 투신하는 것으로 인식했다. 이렇게 학생운동 이후 노동현장으로 진출하는 방식은 80학번부터 시작되어 81, 82학번 등에서는 더 일반적인 모습으로, 심지어 '유행'이 되기도 했다. 이에 대해서는 당시 활동했던 이들의 기억을 들어보면 더 확실하다.

저희(81학번—인용자)팀 분위기는 상정 언니가 그쪽으로 나가 있어서 '노동운동으로 가야 된다'는 식의 소위 말하는 맑시즘, 사회주의에 대한 교육을 받았기에 '노동자계급이 변혁의 핵심세력이 되어야 한다', 이런 생각을 해서 '현장으로 들어가야 한다'는 게… 나는 졸업정원제에 걸려 3학년 2학기에 제적당하고, 현장 간다고 당연히 생각을 했어요.[박경희 구술]

우리 때는 (82학번—인용자) 유행이 현장을 가는 거였어요. 그거는 별다른 선택의 여지가 있는 게 아니라, 정말 몸이 약하거나 특별한 사정이 있지 않으면 우리는 당연히 현장을 가는 것으로 많은 사람들이 생각을 하고. 저뿐만 아니라 많은 사람들이 그랬고.[노현기 구술]

이처럼 1980년대 학생운동가들에게는 '사회운동은 노동현장 투신'이라는 의식과 실천이 일반화되었다. 70년대 후반기 학생운동가들은 사회구조에 대한 학습을 바탕으로 광주민중항쟁 이후 노동현장에 본격적으로 진출했다. 80년대 학번들은 광주민중항쟁의 영향과 정권의 대학 탄압으로 비공개 이념서클에서 심화된 사회과학 학습을 통해 사회구조의 모순을 인식했다. 특히 이들은 팸플릿 논쟁을 통해 학생운동 및 변혁운동의 방향과 성격에 대한 고민을 공유한 점에서 앞 세대와 차이가 있었다.

그러나 이들의 사회주의 사회에 대한 인식은 원론적 수준이었고, 그 구체적 경로와 현존하는 사회주의 사회에 대한 제대로 된 인식은 없었다. 이들은 자본주의의 모순인 착취와 빈부격차, 인간소외 등을 해결할 수 있는 대안을 모색하면서 사회주의를 유일한 사회사상으로 받아들였다. 1980년대 전반기 학생운동가들은 한국 자본주의사회의 구조를 해결하는 대안으로서 막연한 사회주의혁명을 꿈꾸며 노동현장에 투신했던 것이다. 혁명운동의 전략과 노선을 바탕으로 노동현장에 참여하는 것은 1980년대 중반 세대, 학생운동과 노동운동 내부에서 이념논쟁이 활발하게 전개되는 1985년 이후라고 볼 수 있다.

② 존재이전 방식의 변화

•기능 중심에서 비숙련 노동자로•

학생운동가들이 노동현장으로 존재를 이전하는 방식에서 1970년대와 비교할 때 두드러진 가장 큰 변화는 노동자와 노동운동에 대한 이해였다. 1960년대 말~1970년대 시기에 노동현장에 들어간 이들은 기술을 습득해서 공장에 들어가 평생을 노동자로 살면서 노동운동을 할 생각을 가지고 있었고, 이런 흐름이 1980년대 전반기까지 남아 있었다.

1970년대 초부터 경동교회 야학에서 활동하던 최한배는 졸업 이후 가정을 책임져야 하는 가장이었기에 현장 진출을 보류하고 직장을 다녔다. 그는 직장생활을 하면서도 한편으로는 보일러 기사 자격증을 습득해서 대우어패럴에 취업했다. 공장의 선택 기준은 노동자의 규모였다.[최한배 구술] 연세대의 김영환도 일찍 노동현장에 간 경우인데 전기기술 자격증을 따서 신한일전기라는 공장에 취업했다. 그는 현장으로 이전하는 후배들을 모아 팀을 짜서 전기기술을 가르쳐 익히게 한 뒤에 기술자로 취업하도록 이끌었다.김귀옥·윤충로, 『1980

년대 민주화운동 참여자의 경험과 기억』, 129쪽. 최규엽도 노동현장에 처음 들어간 1979년에는 현대건설 직업훈련원에서 용접을 배웠고, 다시 대우중공업 직업훈련원에서 주물기능을 습득해서 대우중공업에 취업했다.[최규엽 구술]

고려대 노회찬도 1981년부터 동료들과 노동현장 진출을 위한 논의를 하면서, 기술 습득을 위해 용산공고 부설학원에서 용접 자격증을 딴 뒤 인천으로 혼자 이전했다.[노회찬 구술] 동국대의 안재환도 1981년에 선배의 추천으로 일신동의 중앙직업훈련원을 2년 다니면서 자격증을 취득한 뒤 부천의 공장에 취업해 1년 정도 경험을 쌓고 1984년에 주안의 동운전기에 취업하였다.[안재환 구술]

그런데 이렇게 기능 습득을 통해 노동현장에 장기체류하는 방식에 대해 1983년경부터 노동현장에 투신한 학생운동가들에 의해 '장기론'이며 '준비론'이라는 비판이 가해졌다. 비판 내용을 추론해보면 다음과 같다. 첫째, 기술 습득기간이 길 뿐만 아니라 노동현장에 들어가 있으면서 장기간 아무런 성과가 없다고 보았기 때문이다. 둘째, 1980년대 들어 한국산업의 생산방식이 대량생산시스템으로 전환하면서 대량의 비숙련 노동자들이 대공장에서 일하고 있는 현실도 반영된 것 같다. 이는 숙련 노동자들을 조직해서 장기적 기반을 마련한다는 장기론자들의 시각을 현실적으로 재고해야 할 필요가 있었던 것이다. 셋째, 1980년 광주민중항쟁 이후 운동에 대한 인식이 변하였다. 대중의 운동성이 현실화되었고 또 현실화될 수 있다는 경험과 판단도 작용했다. 이런 이유 때문에 학생운동가들은 기술 습득을 포기하고 비숙련 노동자로 취업하기 시작하였다. 이런 상황은 다음의 구술에서 확인할 수 있다.

'숙련 노동자를 조직해서 장기적 기반을 준비한다'는 장기론그룹들이, 소위 일찍 갔던 그룹들이 있고… 종로 3가, 장명국 선생 그룹이나 우리 선배(서울대 공대—인용자) 그룹들이 꽤 많았거든. 그런데… 83년도경… 우리는 '뭔 소리냐 지금 시대가 바뀌었는데 포드시스템하에서 비숙련 노동자들이 주축이고 주력이다. 그래서 대공장에 비숙련으로 들어간다'는 주장을 한 거지. 우리는 그렇게 들어갔지.[이용선 구술]

이때는 비숙련공으로 노동현장에 들어가도 여전히 개인적으로 취업하는 방식이었다. 물론 주위에 여러 활동가들이 노동현장에 들어가 있었고 이들과 가벼운 연결은 유지하고 있었다. 이들은 초기에는 노동현장에 뿌리내려 조직기반을 만드는 것이 목표였기 때문에 활동가들과의 교류보다는 노동현장에서 개인의 활동에 집중했다. 또 개인적으로 취업하는 이유는 노동현장 투신을 비밀스럽게 추진하기 위한 것도 있었다. 그는 다른 남성학출들과 달리 기술을 익히지 않고 구로공단의 동국제강에 비숙련공으로 취업했다가 경기침체로 해고되자, 대우자동차에서 사람을 뽑는다는 소식을 듣고 비숙련공으로 취업했다.[이용선 구술]

•여대생들의 참여 확대•

이 시기의 큰 변화로는 여대생들의 노동현장 진출이 증가했다는 것이다. 1970년대 노동현장 참여는 남학생들이 대부분이었고 여성은 한 명밖에 없었다. 여대생의 노동현장 투신이 증가한 이유는 1980년대 중산층의 증가로 대학진학률이 높아졌고, 그에 따라 여성들의 진학률도 높아졌기 때문이다. 게다가 졸업정원제의 실시로 대학생의 수도 늘어났고 학생운동이 대중적으로 확산된 것도 영향을 주었다. 대학생 수의 변화와 여대생 수의 변화를 구체적으로 보면 1970년에는 대학생 수 146,414명 중 여대생은 32,641명이었고, 1975년에는 대학생 수 208,986명에서 여대생은 55,439명, 1979년에는 대학생 330,345명 중에 여대생은 77,458명이었다. 1980년에는 대학생 402,979명 중에 여대생은 90,634명, 1981년에는 대학생 535,876명 중에서 여대생은 122,318명, 1982년에는 대학생 661,125명 중 여대생은 160,128명으로 급격히 증가하였다.교육통계연구본부, 『통계로 본 한국교육의 발자취』, 한국교육개발원, 1997, 170~171쪽 참조.

여성들은 주로 전자업종과 섬유산업에 취업했다. 전자업종의 경우는 단순노동으로 기술이 필요없었으나 봉제업종은 미싱 기능을 필요로 했다. 이들은 미싱을 익히기 위해 직업훈련원을 다니거나, 소규모 공장에서 시다로 미싱을 연습해서 다시 다른 공장에 미싱사로 취업하기도 했다. 예를 들어 강순옥의 경우 1982년에 여러 소규모 사업장을 돌아다니며 미싱기술을 습득하고 전략사업장인 효성물산에 들어갔다.[강순옥 구술]

이와 달리 민경옥은 암사동의 직업훈련소에서 2개월 미싱을 배워 대우어패럴에 입사했다. 그러나 그녀는 작업속도를 따라가지 못해 다시 검사로 배치받았고, 사업장 안의 활동가들과 관계를 맺고 노동자 소모임을 운영하다가 신분문제로 퇴사했다.[민경옥 구술] 미싱기술을 습득하는 것이 쉽지 않아 업종을 바꾼 경우도 있었다. 박정순은 시다로 일하면서 여러 방법으로 미싱을 배우려 했으나 번번이 실패해 봉제업종을 포기했다.

1983년 말에 공장 갈 준비로 노동자 현실이라든지… 노동조합에 대한 공부도 해요. 그러면서 현장 가면 뭘 어떻게 해야 될 건지를 고민하고. 처음에는 창동, 그때는 우리 선배들이 자리를 못 잡았을 때인데 …… 사업장 수, 공장규모 등등 조사를 쭉 하고 '갈 만하겠다' 판단해서 갔죠. 후배 하나하고 자취를 하면서… 사촌동생 주민증으로 …… 미싱은 청계천에서 한 달 시다하고, 가서 배워 볼까 하고 갔는데… 내가 시다도 느린 거야. 속도를 못 따라줘. 그러니까 검사부로 내려보내는데… 핵심적 위치로 안 봐서 나왔지. 그 다음 미싱을 어떻게든 배워 보려고 기숙사가 있는 양말 공장을 갔어. 그런데 … 맨 가위질만 하고. 빡세게 일하다가 아니지 싶어 접었죠.

이처럼 여성의 경우 기술문제와 노동강도 문제로 봉제업종 사업장에 제대로 안착하지 못하고 업종을 바꾸거나 이탈하는 경우가 많았다. 그럼에도 기술 습득이 어려운 봉제업종을 선택했던 이유를 보면, 단순하게는 봉제업종의 경우 기술을 습득하면 현장에서 오래 버티는 것이 가능할 것이라고 판단한 점이 있었고, 다른 현실적인 이유로는 나이 문제가 있었다. 여대생들이 공장에 진입할 때의 나이는 보통 23~25세 전후이다. 그런데 당시 전자공장 노동자들의 평균 연령대는 20세 전후였기에 본인의 이름으로 취업할 경우 나이가 많아서 입사하기 어렵기도 했다.[강순옥 구술]

또 운동적 의미를 부여하면서 봉제업종을 선택하는 경우도 있었다. 다음 구술의 이선주처럼 전자업종보다 봉제업종의 노동자들이 더 열악한 노동조건에서 일하기 때문에 불만도 많고 문제의식이 많을 것이라고 판단했던 것이다. 이런 판단에는 1970년대 여성노동

자들의 활동과 투쟁 경험들이 전해지고 책으로 출간된 것이 영향을 미쳤던 것 같다.[18]

> 봉제업종이 더 계급성이 강할 거 같아서. 여자들은 전자를 많이 가는데, 나는 봉제를 해가지고 고생을 죽도로 했죠. 근본주의적인 경향이 있어서 그랬던 거 같아요. 다른 친구들은 전자가 더 운동성이 있을 거라고 생각했는데, 나는 봉제가 계급성이 더 강할 거 같더라고. 거기는 휴가도 없고 잔업만 죽도록 많이 하고 진짜 고생 많이 했어요.

•소그룹을 통한 이전•

또 다른 변화는 1970년대는 노동현장에 투신한 인원수 자체가 적은 데다 보위문제로 인해 개인적인 이전이 주를 이뤘다면, 1980년대는 참여 인원이 늘어나면서 여러 형태의 소그룹으로 이전이 시작됐다는 점이다. 소그룹 형식의 '이전모임' 또는 '현장준비팀'에서는 노동운동에 필요한 기초적인 학습을 했는데, 주로 노동운동사, 특히 1970년대 노동운동의 사례, 노동 관련 법률들, 근로기준법, 노동운동이론 등을 학습했다. 소그룹은 대학 간에 연대한 남녀 혼성팀, 대학 서클의 연장인 모임, 또 감옥생활을 같이한 이들이 의기투합하여 소그룹을 만든 경우 등 여러 형태였다.

민경옥은 대학 간 연합에 의한 남녀 혼성 이전팀에서 학습을 하

18 『민주노조 10년: 원풍모방 노동조합 활동과 투쟁』, 『공장의 불빛』, 『동일방직 노동조합사』, 『YH노동조합사』 등의 70년대 민주노조 활동의 경험을 정리한 책들이 1983년 말부터 출간되기 시작했다.

면서 공장 경험과 기술 습득을 같이 했다. 그러나 이전팀을 같이 한 구성원들이 모두 노동현장에 참여하는 것은 아니었다. 이전 준비과정에서 스스로 감당하기 어렵다는 판단으로 이탈하는 이들도 있어서 그녀는 노동현장 진입을 개인적으로 결행했다.

> 이전팀은 여자 3명, 남자 3명이 준비했죠…. 여러 학교 사람들이었죠. 전체적인 공부를 체계적으로 했죠…. 방 두개 얻어서 한 집에 살면서 공장 다니고 열심히 공부했던 거 같아요…. 그리고 현장팀이 있었는데 들어가서 다 나가고 제가 남아 있던 거고, 저는 거기 있으면서 '직업훈련' 갔다 와서 구로공단에 혼자 들어간 거예요…. 공장활동 하던 친분 있거나 아는 사람은 많이 있던 거 같은데, 조직적으로 움직인 건 아니고요.

이선주는 학생운동을 하던 시기에 다른 대학의 학생운동가들과 공장활동을 같이 한 뒤, 노동현장에 투신할 결심을 하고 1983년 초에 이들과 현장준비팀을 꾸려서 학습을 했다. 학습의 내용은 노동운동을 하는 데 필요한 기초적인 노동법이나 1970년대 노동조합운동에 대한 것이었다.[이선주 구술] 이화여대 78학번인 박민나는 학내 이념서클이 그대로 현장이전팀으로 옮겨진 경우인데, 이들은 모여서 노동운동이론을 학습하고 공장실태 조사 등을 하였다. 모임을 마친 뒤 이들은 지역을 나눠서 현장에 들어갔다. 그녀는 구로공단에 혼자 진입하고 다른 이들은 인천지역으로 내려가면서, 가끔 만남을 유지하였다.

학교팀이 그대로 현장으로 이전을 하는 모임을 이어 갔어요…. 노동운동사, 노동운동이론 공부도 하고. 현장에 관련한… 조사도 하고…. 우리 때가 거의 처음이었어요. 그러니까 78부터 거의 그런 분위기가 된 거예요…. 선배랑 동료 네 명 정도였던 것 같아요. …… 선배가… 저한테는 구로로 가라고, 자기는 인천을 가겠다면서 제 동기를 인천으로 데려가는 거예요. 구로에는 저 혼자 모든 걸 다 개척을 해야 되는 거였어요…. 서로 한 달에 한 번씩 만났나. 모여서 현장 얘기도 하고 공부도 했어요.

그밖에 구속된 경험이 있는 이들은 감옥동료들과 출감 이후에도 관계를 맺으면서 같이 노동현장 이전을 준비하기도 했다. 그 예가 숙명여대 79학번인 김이경인데, 그녀는 감옥 동기와 학교 선배와 같이 이전준비모임을 꾸렸다. 모임에서 근로기준법에 대한 학습을 하면서 현장경험을 가진 선배들에게 현장활동에 대한 경험과 조언을 듣기도 했다.

감옥에서 나온 친구들이랑 학교친구들이랑 '공장준비위원회' 같은 거 팀별로 꾸려요…. 나랑 78학번 언니랑… 인천 동암에 방을 구해… 공장활동 준비하는 과정은 거기서 시작을 한 거 같아. 근로기준법 공부하고. 그 당시에는 장기론 같은 게 유행이었어. 그래서 '6개월은 꼼짝 말고 있어야 된다.' 뭐 '장기 10년'이라고 김문수가 그때 그랬나? 그런데… 최규엽 선배가 왔는데 '장기론은 안 된다. 들어가서 일을 만들어야 된다' 그래서 '어, 그거 신선해' 그래 갖고 '빨리빨리 선도투쟁으로 팍팍 일을 치고 나가야 된다' 그런 거 듣고 취직 준비만 하는 거예요.

이렇게 소그룹의 이전모임을 만들어 노동현장 투신을 준비하던 흐름은 1980년대 중반부터 학생운동과 노동운동이 정치노선에 따라 분화되면서 각 정치서클의 재생산구조로 변화되었다. 학생운동가들이 노동운동의 정치서클과 관계를 맺고 현장이전을 하기 시작한 것이다. 특히 1984년 이후 대학 내의 비공개 이념서클을 통합하여 대학 단일조직이 형성된 곳에서는 '캠퍼스 단일 이전'의 방식으로 특정 정치서클과 연계를 형성하는 경우도 있었다. 그 예로는 서울대 여학생팀은 구로지역 정치그룹으로, 고려대 81학번 이후 대학 단일 이전팀은 남노련으로, 기독교청년회 대학연합 탈춤팀은 제파PD그룹으로 이전 구조를 형성했다. 특히 1985년 학생운동이 정치노선에 따라 나눠지면서 자민투는 NLPDR그룹으로, 민민투는 제헌의회그룹으로 존재이전 구조를 형성하기도 했다.

이와 같이 학생운동가들의 노동현장으로의 존재이전 방식은 학생운동과 노동운동의 발전 정도를 반영하여 '개인 → 소그룹 → 정치서클' 등으로 변화했다. 이는 노동현장 투신자들의 규모가 늘어나면서 점차 조직화된 것이며, 노동운동의 입장에서는 학생운동가들의 노동현장 투신이 곧 정치조직 형성의 조건이자 그 재생산 기반을 이루었음을 의미한다. 이전 준비의 내용도 노동현장에 대한 기초 이해를 위한 노동법 등의 학습에서부터 노동운동사를 통해 노동운동 방식을 검토하였고 나아가 철학이나 정치노선의 이론과 혁명론 등을 학습했다.

3) '노동자화' 과정의 문제와 갈등들

학생운동가들이 운동이념을 수용하는 과정은 지식인의 위치에서 이루어졌다. 또한 대학생이란 신분은 경제적 관계 속에서 사회적 지위가 규정되는 것이 아니라 자신이 속한 가족에 의해 사회적 지위를 귀속받는다고도 할 수 있다. 그 때문에 학생운동가들은 자신들이 노동자들과 서로 다른 사회적 존재라는 객관적 사실을 의식적으로 부정하려 노력했다. 이념과 존재의 불일치에 대해 '존재이전'이라는 과정을 통해 이념과 존재의 일치를 추구하려 했다. 현장에 가서 노동자가 된다는 것은 자신의 사회적 지위를 거부하는 것이므로 '존재이전'의 의미를 갖는다. 따라서 이들이 존재이전을 하는 과정에서 가장 큰 갈등은 가족, 특히 부모와의 관계에서 생겼다. 이를 해결하는 방법은 대부분 가출이었다. 서울대 78학번 장영인의 기억을 들어보자.

> 다들 힘들었을 거예요. 저희 어머니나 아버지는 결혼하기 이전에 여자애가 짐을 싸가지고 어디 간다라는 거를 상상도 하지 못했는데…. 그리고 저같이 꾸준히 부모에게 신뢰감을 얻고 있던 아이가 갑자기 짐 싸서 집을 나간다고 하니까, 저희 어머니는 '공장이라도 들어가려고 그러냐?' 그렇게 얘기하시더라구요. 어머니가 상당히 감이 빠르신 분인데, 그러고 앓아누우셨어요. 식음을 전폐하고. 그때도 정말 갈등도 많았던 것 같아요…. 얘가 부모가 막 뜯어말려서 그걸 안할 나이는 아니라고 생각한 것 같아요. 그래서 더 기가 막혀서 식음을 전폐했던 게 아닌가라는 생각이 들어요…. 부모에 대한 부채감이 있죠.

이처럼 무작정 또는 편지를 남겨 놓고 가출하지만, 부모에 대한 학출활동가들의 심리적 부담이 없어지는 것은 아니었다. 대의를 위한 선택이어서 가출 이후 스스로를 강제하지만 다른 한편으로 자책하는 감성 역시 지속되었다. 당시 상황에 대해 서울대 82학번인 권인숙은 다음과 같이 기록하고 있다.

> 그때는 자주 가위에 눌렸다. 나의 삶에 대한 불안함이라기보다는 나로 인해 일어날 파문에 대해 나 자신이 너무나 무책임하다는 자책에서 오는 괴로움의 반영이었다. 어떤 날은 버스를 타고 가다가 공연히 흐르는 눈물을 감당하지 못한 경우도 있었다. 사실 그때 우리들의 삶의 방식은 사회 통념상 너무 이질적인 것이었고, 그 실체를 느낄 적마다 나는 가족들 생각에 섬뜩해지곤 하였다. 그러나 그러면서도 나는 무섭게 단순해져 있었다. 옳은 일이라면 해야 한다는 생각에 잡념없이 동의하고 있었던 것이다. 정말 잡념이 별로 없었다. 권인숙, 『하나의 벽을 넘어서』, 거름, 1989, 108쪽.

가출이 성공한 듯 보이지만 자식을 포기하지 않는 부모들의 지속적인 추적으로 여학생들의 경우 다시 집으로 돌아가는 경우도 있었다. 안양지역에서는 1985년 이화여대 출신 20여 명이 이전해 왔는데 노동현장에 적응하는 초기 단계에 부모들에 의해 끌려간 경우도 있었다. 이시정, 『안양지역 노동운동사』, 62쪽. 인천지역에서도 이런 상황이 종종 일어났었다. 이에 대해 인천지역에서 활동하던 황광우는 다음과 같이 기록했다. 황광우, 『젊음이여, 오래 거기 남아 있거라』, 123쪽.

여학생들의 경우 아버지에게 붙들려 머리끄덩이를 채이는 경우는 예삿일이었다. 어떤 아버지는 아예 외출을 못하도록 딸의 머리를 밀어 버리고 골방에 감금까지 했다. 그래도 골방을 탈출해 공장으로 가야 했던 것이 우리의 가슴을 고동치게 한 역사적 소임이었다.

학생운동가들은 개인적으로 기술을 배우거나 집단적으로 이전팀을 거치면서 노동현장으로 투신하기 위한 존재이전의 준비과정을 거쳤다. 이후 이들은 본격적으로 공장으로 들어가 노동자로서 노동과 생활을 익히고 노동운동가로 거듭나기 위한 과정에 진입했다. 이 과정은 "기능 습득 → 신분문제 처리(신분위조) → 구직과정 → 노동과정(노동강도와 작업속도 익히기) → 노동자 상태와 현장상황 파악 → 노동자들과의 친분관계 형성 → 소모임 → 일상투쟁이나 노동조합 결성"이라는 과정으로 유형화할 수 있겠다. 각 단계마다 학생운동 출신자들이 적응하지 못하면서 이탈하는 경우가 많았다. 이는 대학생에서 노동자로 존재를 변화시킨다는 것이 쉽지 않은 일이며, 또 학생운동가들이 노동현장에서 대중활동가로 성장하는 것 역시 존재의 특성상 여러 한계를 갖는다는 것을 의미했다.

① 육체노동과 현장분위기 익히기

학생운동가들이 '노동자화' 과정의 각 단계마다 겪는 문제와 갈등의 양상은 다양하게 나타났다.

우선 학생운동을 하는 과정에서 노동현장 투신을 결정한 이들이 점검해야 하는 일은 신분문제였다. 일부 학생운동가들은 자신의 경력을 깨끗하게 유지하기 위해 시위를 주동하는 일이나 그와 관련된 활동을 하지 않기도 했다. 1980년대 초까지 학생운동의 분위기에는 '무사히 졸업해서' 학교당국이나 정부기관에 존재 자체를 드러내지 않아야 한다는 논리가 남아 있었기 때문이다. 이는 1970년대 학생운동 세대들이 현장이전을 했을 때 시위나 조직사건과 관련돼 정부기관에 이름이 알려져 그들의 행적이 지속적으로 추적당하여 안정적인 현장활동을 하기 어려웠던 경험들이 반영된 것으로 보인다. 이에 대해 서울여대 80학번인 이선주는 다음과 같이 말한다.

> 나는 학내에서 드러나는 활동은 자제하려고, 그때 그 분위기가 있었어요. '무사히 졸업하고 사라져야 된다'고 했고, 우리 4학년 중에 데모하는 주자를 뽑는 데서 '나는 못한다. 나는 졸업을 무사히 하고 공장에 가야겠노라' 입장을 밝혔어요. 친구들도 그래서 이해를 해서 나는 그 동 뜨는 거(시위 주동—인용자)에선 빼주었던 거 같아요.

그러나 1980년대 중반기 들어 이러한 신분 보위방식에 대해 비판이 가해졌는데, 이는 학생운동의 역할논쟁과 관련된 것이었다.[19] 학림의 영향으로 학생운동은 문제제기 집단으로서 정치투쟁의 하나로 시위를 하는 것이 그 역할이라는 인식이 강했기 때문이었다. 또 학내시위를 주동하여 구속되는 것이 '기득권을 포기하는 개인적 결

19 이에 대해 당시 나온 팸플릿에서는 "체제를 극복하는 형태로서의 투쟁과정에서만이 참된 의식이 발전되는 것이다. 그러므로 사회운동을 하기 위해서는 신분적 하자가 없어야 된다는 것은 당면투쟁의 회피의 합리화에 지나지 않는다. 설사 이런 식으로 후에 사회운동에 참여할 수 있다고 해도 역시 준비론을 내세워 당면투쟁을 계속 회피할 것이며 이로써 우리 역량을 약화시킬 뿐"이라고 제기하고 있다(「학생운동의 전망」, 303~304쪽).

단'의 행위로 인식되기 시작했다는 점도 신분 보위방식에 변화를 가져온 이유 중 하나였다.

서울의 주요 대학에서는 80학번부터 대부분 학내시위를 주동하고 이후 노동현장으로 진출하는 분위기가 만들어졌다. '시위 경력자'로 정부당국에 명단이 들어가 있는 경우는 자신의 이름으로 노동현장에 취업할 수 없었기 때문에, 1980년대 중반기 무렵에 다른 사람의 이름을 빌려서 취업하는 소위 '위장취업'이 등장했다. 특히 1985년 대우자동차투쟁과 구로동맹파업 이후 노동현장에서 학생운동가들의 취업을 막기 위한 조사가 심해지면서, 대부분은 자신의 이름으로 취업하기 어려웠다. 다른 이의 이름으로 취업하기 위해서는 친척이나 동생 등의 주민등록증을 빌리거나 혹은 우연히 습득한 주민등록증을 사용하거나 주민등록등본만을 사용하기도 했다. 정부는 학생운동가들의 '위장취업' 방식에 따라 전자는 공문서 위조로 후자는 사문서 위조로 분류해서 사법처리하기도 했다. 그럼에도 타인의 주민등록증을 사용해 취업하는 방식이 점차 늘어나자, 학생운동 출신자들 사이에 주민등록증 위조를 전담하는 사람이 생기기도 했다. 주민등록증에 있는 사진을 바꾸는 데 기술이 필요했기 때문이다. 이런 상황은 남성과 여성 모두 다르지 않았음을 다음의 구술자들은 말하고 있다.

> 그때 직업훈련소 들어갈 때만 해도 80년에 구속기록이 있으니까 신분문제가 된 거지. 그래서 이걸 어떻게 할 거냐? 하니 '가명을 써야 된다' 해서 방위생활할 때 알던 친구 이름을 빌려서 간 거야…. 주민등록증 '가리'かり: 빌림, 임시로 들어간 거예요.[유길종 구술]

그때 화장실에서 주민증을 주워서… 지금 같이 컴퓨터가 잘되는 건 아니었으니까, 여튼 고순연이라는 이름으로 준비를 철저히 해야 한다고 생각을 해가지고 여러모로 미리 방어하느라고, 주민증 주인이 살던 상주를 가본 거야…. 고순연이가 되기 위해서. 그래서 그걸로 나우(정밀)를 들어간 거지. 86년도에 들어간 거죠. [윤미선 구술]

다음으로 노동현장에 투신하려는 이들은 처음에는 노동을 경험하고 공장상황과 노동자들의 분위기를 익히기 위한 취업을 하기도 했다. 학생운동가들이 막상 노동현장에 들어가기로 결심했지만 다음 구술의 서혜경처럼 노동의 적응 문제, 노동자들과의 관계형성의 문제, 노동현장의 상황파악 문제 등에 대해 여러 불안감이 있었기 때문이다.

걱정도 많죠. 내가 들어가서 잘 적응하고 잘 할 수 있을지, 사람들하고 아무렇지도 않게 표 안 나게 친해질 수 있고, 그리고 그런 얘기들을 꺼내서 설득해 낼 수 있을지. 그 당시 노동현장도 굉장히 빡빡하고 깜깜한 상황이었기 때문에, 학교에서 겪던 분위기를 유추해 보면서, 그 당시 어디에서나 늘 감시를 당하고 신고 당할 수 있는 상황이라 생각을 했기 때문에 불안했죠.

그 때문에 처음에 학생운동가들은 소규모 공장에 취업했다. 소규모 공장들이 취업하기 쉬운 것도 한 이유였는데, 당시 소규모 공장들은 노동강도가 강하거나 노동조건이 열악해서 노동자들의 이동이 많아 항상 노동자를 모집하는 상황이었기 때문이다. 그런데 소규모

사업장에 들어간 학출활동가의 경우는 노동강도를 견디는 것도 문제였지만 소수 노동자들을 조직하여도 그 영향력이 미미하다는 것을 직접 겪으면서 좌절하기도 했다. 예를 들어 구로공단에 취업했던 고민택의 경우 노동현장 투신 초기에는 노동자화를 우선 과제로 인식하고 소규모 사업장인 신진벨브에 취업을 해 노동을 했다. 그러나 그곳은 너무 작은 규모라 운동적 전망을 갖기 어려워 퇴사했다. 결국 그는 대공장 진출을 위해 다시 직업훈련소(속성직업학교)를 다니며 자격증을 따서 사업장을 옮겨야 했다.[고민택 구술]

이처럼 몇몇 공장에서 노동하며 현장 분위기에 익숙해진 뒤에 이들은 사업장을 조사하여 전략사업장을 선정하거나 다른 이들에게 들은 정보로 활동 목적에 따라 공장을 선택하기도 했다. 보통 공장에 취업하는 방식은 아래 구술㉮의 박민나처럼 공단 게시판의 모집공고를 통한 것과 구술㉯의 이영희처럼 공단을 돌아다니다가 우연히 만난 사람을 통해 소개로 들어가는 경우 등이 있었다.

㉮ 당시 현장조사 한 것들이 좀 있어요. 근데 '현장에 짱박기 전에 미리 현장을 알아야 된다', 이래 가지고… 범한전기를 들어갔어요. 시계 자판 만드는 회사인데, 백 명 조금 넘는. 거기서 3개월 동안 있다가… 나와서 다시 현장조사를 하면서 몇 개 사업장을 골라서 공단을 돌다가 83년 10월 어느 날 공단을 가는데, 게시판에 롬코리아 모집공고가 났더라고요.[박민나 구술]

㉯ 우리 팀에서 몇 군데에서 '어디서 사람을 구한다' 막 그런 때였어요. 그런데 '롬코리아가 노조가 있다. 거기에 사람이 필요하다'고 얘

기되어서, 그 주변을 제가 어슬렁거리다가 지나가는 사람한테 '저기를 취직하려면 어떻게 해야 되냐' 물었는데, 그 사람이 저를 한참 쳐다보더니 '내가 소개를 하겠다. 소개로 들어온 걸로 하라'고. 그래 면접이 잘 돼서 들어갔죠.[이영희 구술]

직업훈련소를 이수한 남성들은 그곳에서 소개해 주는 사업장을 들어가기도 했는데, 예를 들어 고민택은 1986년 직업훈련원을 마치고 그곳의 소개로 구로공단의 중원전자에 입사하기도 했다.[고민택 구술] 또 본인이 직접 취업할 공장을 찾아 나서기도 했다. 기능직과 경력자를 구하는 대공장의 경우는 신문광고를 냈기 때문에 이를 통해 정보를 얻어 입사하기도 했다. 특히 학출활동가들의 투쟁 경험이 있는 대공장은 입사방식이 까다로워 면접시험, 필기시험, 실기시험까지 모두 통과되어야 취업이 될 수 있었다. 그 예로 1985년 대우자동차 임금인상투쟁 직후 입사한 유길종은 다음과 같이 말한다.

4공단을 뒤져, 벽보에 모집광고 없나 하고 3일간 돌아다니는데, 도대체 공장 안의 자리는 왜 이렇게 위대해 보이던지. '야, 나는 저길 어떻게 취직을 하나' 이러면서… 좌절하고 있는데, 대우자동차에서 모집한다고 신문광고가 난 거야. 대우자동차 85년 파업 나고 난 다음이에요. 내가 85년 12월 28일 입사를 했으니까…. 대우자동차가 유명해서 거기 들어가는 건 꿈도 못 꾸고 있었거든. '3년 이상 현장 경력자' 기술자를 뽑아요. 나는 자격증으로 가겠단 생각을 하고 신분문제가 되니까 다른 사람 이름으로 들어간 거지. 면접시험, 필기시험, 실기시험까지 있었어. 합격해서 조립공장에 배치를 받았어요.

면접을 보러 갈 때 여성의 경우는 신분을 위장하기 위해 머리를 파마하고 화장을 짙게 하는 등 보통의 여성노동자들과 달라 보이지 않게 치장하기도 했다. 박양희는 부천의 범우전자에 입사 면접 당시를 다음과 같이 기억한다.

> '여기 들어가야겠다.' 이력서를 써 가지고 면접 보러 전화를 하니까 '보러오라' 그래서 백바지에 하이힐 신고 화장 진하게 하고 머리 뽀글뽀글 볶고 화장 루즈 진하게 바르고. 면접 보러 딱 가 가지고 바로 합격을 해서 출근하게 됐죠.

한편 기능직으로 입사하려는 경우는 유능한 노동자가 되기 위해 기술을 쌓고 경력을 부풀리기 위해 여러 공장을 전전하다가 전략 사업장을 선택해서 들어갔다. 기술력을 높이기 위해 이들은 현장에서의 노동만이 아니라 별도의 노력을 기울여야 했다. 여러 노력의 결과 적은 시간의 공장 경험을 가지고도 수년의 경력으로 포장하기도 했다. 예를 들어 노회찬은 처음 서울 독산동의 대림통상에 용접2급 자격증을 갖고 기능사로 취업했는데 "초기에는 무엇보다도 유능한 노동자가 돼야 해요. 그래야 다른 어떤 작업이 가능한 것이기 때문에, 그래서 단기간에 기술과 경력을 부풀리기 위해서 많은 노력을 했죠. 모든 용어는 일본식 건설현장 용어라서 다 기록해 가지고 집에 와서 달달 외워요. 그거 몇 달 하니까 몇 년 굴러먹은 사람처럼" 되어서 1년 정도 일하고 나서 다른 사업장에 취직할 때는 3년에서 5년 경력자라고 경력을 부풀렸다고 한다.[노회찬 구술]

여성들도 미싱 기술을 익히기 위해서 작은 공장을 전전하며 기술을 높이고 경력을 쌓기도 했다. 그런데 미싱 기술이 일정한 수준이 되어도 라인작업의 속도를 제대로 따라가지 못하기 때문에 노동을 하는 내내 여유를 갖지 못했다. 더욱이 봉제공장은 하루 기본노동이 10시간인 데다가 잔업, 철야, 특근을 수시로 하기 때문에 긴 노동시간과 노동강도를 견디는 것은 힘든 일이었다. 구로공단의 부흥사에서 미싱사로 일했던 이선주는 다음과 같이 기억한다.

> 2~3개월 시다 하다가 초급 미싱사로 몇 군데 옮겨 다니면서 부흥사에 2년짜리 미싱사 경력으로 들어갔어요. 일이 달리더라고, 체력도 약하고…. 처음에는 기숙사로 들어가 1년 했을 거예요. 조끼 우라를 박았는데 공정 자체는 단순했는데, 매수를 빼야 하는데 좌우지간 안 빠지더라고. 내가 공장에서 일이 원활하게 풀려야 다른 게 여유가 있잖아요? 심정적으로 여유가 없어…. 거기다 매일 10시까지 잔업하고 일요일도 격주로 놀았어요. 그래서 참 힘들었어요.

미싱사로 입사했지만 기술이 부족하고 작업속도도 따라가지 못하면서 과중한 노동으로 건강까지 안 좋아지자 직종을 바꿔 단순노동을 하는 전자공장으로 들어간 이들도 많았다.[박정순 구술] 처음 공장생활을 하면서 학출활동가들이 겪는 가장 큰 어려움은 노동강도와 작업속도에 적응하는 일이었다. 이들은 대부분 노동 경험이 없었기 때문에 빠른 작업속도로 반복되는 단순노동 속에서 생각할 여유도 없을 뿐만 아니라 육체적으로 견디기 어려웠다. 그 때문에 노동운동을 포기하는 이들도 있었다. 그 예로 학출활동가들이 들어갔다가 노동강도를 못 이기고 활동을 포기했던 인천 경동산업을 들 수 있다.

이때 같이 경동산업에서 일했던 황광우는 다음과 같이 기록했다.

> 인천 5공단 주안을 뒤져…… 경동산업에 3명이 같이 취업을 하였다. …… 일주일을 견디지 못하고 한 친구가 중도 하차하였다. 연마부서에서 있었는데, 그 일이 사람 죽이는 일이었던 것이다. 또 일주일을 견디지 못하고 다른 친구가 퇴사하였다. 학교에서 잘리고 감옥 가고 다시 나와 기어이 노동현장에 들어가겠다는 '철의 의지'를 경동산업 현장이 박살낸 것이었다. 나는 포장부서에서 일을 하였기 때문에 그나마 견딜 수 있었으나……. 연마부서는 30초 간격으로 12킬로그램이 넘는 연마 자루를 넣었다, 뺐다, 넘겨줬다, 이 짓을 온종일 하다 보면 몸은 곤죽이 된다.황광우, 『젊음이여, 오래 거기 남아 있거라』, 112~113쪽.

더욱이 봉제공장은 항상적인 잔업, 잦은 철야와 특근으로 이들은 활동은커녕 노동도 간신히 하면서 자신의 건강상태를 유지하는데 급급했다. 구로공단의 부흥사에 입사한 공계진의 경우는 이것이 첫 노동생활일 뿐만 아니라 장기간 서서 작업을 하자 다리가 부어서 남몰래 눈물을 흘리기도 했다. 공장에서는 점심시간이나 휴식시간에 몸을 쉬어야 했기에 노동자들이 접근하는 것조차 두려워했고, 퇴근시간에는 같이 어울리는 것을 피해 다른 노동자들이 모두 퇴근한 뒤에 공장 문을 나서기도 했다.

> 부흥사가 인원이 1,200명이 넘었지. 전략 사업장이잖아요…. 아이론다림질 잘한다고 뺑을 쳤기 때문에 완성과에 배정을 시켜줬어요.

처음에는 내가 일을 해본 적이 없어서… 아이론을 계속 서서 하려니까… 다리가 퉁퉁 붓고, 하루에 12시간 한 거 같아. 그러니까 처음에는 점심시간은 누워서 쉬느라 다른 걸 못했어요. 누가 나한테 말붙일까봐 겁났다니까. 저녁에는 누가 술 먹으러 가자고 할까봐 남들 다 가고 퇴근했어요. 집에 오면 너무 힘들어서 울기도 하고요.

특히 주야간 교대제 사업장의 경우에는 작업시간이 주간과 야간으로 계속 바뀌기 때문에 시차 적응이 어려웠다. 야간조에서 작업할 때는 밤일을 하고 나면 낮시간에 잠을 자고 다시 밤에 노동하는 과정에 적응하지 못하고 나온 이들도 있었다. 노동강도와 장시간 노동을 견디어도 학출활동가들은 보통 어느 노동현장에서나 '일 못하는 사람'으로 찍히기 일쑤였다. 여러 공장을 다니며 노동의 경험을 쌓고도 작업 속도를 쫓아가지 못해서 부서이동을 당하기도 했다. 당시 노동적응 문제에 대해 부천의 소규모 공장과 흥양교역에서 일했던 노현기는 다음과 같이 말한다.

정말 힘들어 죽겠는 거예요. 일을 못하겠는 거야. 일을 안 하던 애가 하려니까, 속도가 느리잖아요? 컨베이어를 따라가지를 못하잖아요. 처음에 100명 되는 공장에서는 엄청 큰 끓는 납땜 통에서 자동으로 납을 데운단 말이야…. 손으로 끼우는 부서가 있고 나오는 걸 검사해 갖고 그러면 납땜이 기계 속에서 덜 된 부분을 메꿔 주는 데. 근데 한 사람이 몇 개씩의 부품을 끼워야 되는데, 나는 못 쫓아가고…. 그 다음에 흥양교역을 갔는데 전화기하고 소형 TV를 만들던 데였어요. 거기서도 일 최고로 못해요.

신체 조건상 시력이 좋지 않은 이들이 노동현장을 다니는 것도 심각한 문제였다. 당시는 안경을 낀 사람이 많지 않았기 때문에 안경을 끼면 '학생' 분위기가 나서 공장 문턱을 넘어서는 것이 어려웠고, 또 공장 안에서 자유롭게 활동하기도 어려웠다.[박정순 구술] 그 때문에 대부분 익숙하지 않은 렌즈를 껴야 했는데, 기숙사 생활을 하는 경우에는 다른 노동자 몰래 렌즈를 끼고 관리해야 했기에 쉬운 일은 아니었다.

②노동자의 생활문화 습득하기

학생운동가들이 노동자가 된다는 것은 노동현장에서만의 문제는 아니었다. 일상의 생활문화에서 노동자와 같은 삶을 살고 그 속에서 그들의 처지를 이해하고 감당할 수 있어야 했다. 공장에 들어가려면 학출활동가들은 우선 거주할 방식을 정해야 했다. 일반 노동자들이 사는 것처럼 노동자 밀집지역에서 자취를 하거나 아니면 기숙사에서 생활했다. 노동자들의 생활문화를 제대로 이해하기 위해 두 방식의 경험을 다 거치는 이들도 있었다. 먼저, 독립하여 노동자 거주지에서 자취하는 경우를 보면 다음과 같다.

구로공단의 경우 노동자 거주지역은 주로 구로동이나 가리봉동 또는 독산동 등이었는데, 심상정의 경우 1981년경 처음 대동전자에 다닐 때 구로동의 반半지하 닭장집에서 생활했다. 반지하는 지상보다 월세가 다소 싸다는 점 때문에 생활비를 아낄 수 있었다. 당시 그녀가 일하고 받은 월급은 4만 8천 원 정도였는데, 대부분 월세인 닭장집의 경우 보증금 10~20만 원에 월세는 3만 원 정도 했고, 방의 크기는 2평 안팎이었다.[심상정 구술] 그 때문에 노동자들은 자취를 할 경우에 방세 부담과 생활비용을 줄이기 위해 보통 2~5인이 공동생활을 하기도 했다. 학출활동가들 역시 활동 초기에는 2~3인이 공동생활을 하기도 했는데, 예컨대 서혜경도 동료 3인과 같이 공동생활을 했다. 경제문제도 있었고 노동현장의 초기 단계라 노동자들이 자취방에 놀러 올 일도 없었고, 그렇다고 굳이 혼자 생활할 필요도 없었기 때문이다.[서혜경 구술]

여성활동가들은 자취방에 간소하게 비키니옷장, 밥상, 석유곤로, 살림에 필요한 그릇과 도구 등을 갖췄다. 노동자들의 살림살이는 이보다 좀더 나은 경우가 많은데, 이들은 한곳에 정착해서 생활하는 생활인이기 때문이다. 그러나 학출활동가들은 공장에서 신분문제가 생겨 해고되면 공장을 옮기는 것만이 아니라 거주하는 방을 옮기기도 했기 때문에 생활에 꼭 필요한 것만 갖추는 정도였다. 이런 모습은 황광우의 다음 기록에서 엿볼 수 있다.황광우, 『젊음이여, 오래 거기 남아 있거라』, 128쪽.

> 그 당시 여자들 자취방에는 사과궤짝으로 만든 옷장이 하나씩 있었다. 부엌엔 연탄불, 도마와 칼, 라면 끓여먹을 냄비 하나, 이것이 살림의 모든 것이었다. 당시에는 돼지비계가 매우 귀중한 지방공급원이었다. 정육점에서 돼지비계 한 덩이 얻어와 김치 넣고 끓이면 훌륭한 김치찌개가 되었다.

여성활동가들이 거주하는 벌방(일명 닭장집)은 많은 경우 수십 가구가 공동으로 거주하였다. 공단 주위의 노동자 거주지에는 주로 벌방들이 즐비하게 몰려 있기 때문에, 여성활동가들도 다른 여성노동자들처럼 성추행이나 성폭행의 위험에 노출되었다. 구로공단의 벌방에서 거주했던 박정순은 다음과 같이 기억한다.

반지하니까, 주인집 연탄광 비슷하게 거기 방을 하나 들여서, 지하실 입구에 남자애가 하나 살았었는데, 나중에 얘가 어느 날 술 처먹고 와서 막 문을 흔들고, 성추행 이런 것까지는 안 갔지만, 안에서 벌벌벌~ 떨었던 기억이 있어. 또 거기가 연탄 냄새가 머리 아플 정도로 자욱한 집 구조였어요. 완전히 창이 A4 두 장만 할 거야. 해도 안 드는 그런 방이었어요.

한편 노동자들과 잘 어울리기 위해 그들이 모여서 생활하는 공간인 기숙사에 직접 들어가 사는 이들도 많았다. 당시 대공장의 경우 여성노동자들의 노동력을 안정적으로 확보하고 그들을 통제하기 위해 기숙사를 설치했는데, 회사 공장 안에 갖춘 경우도 있었고, 공장과 떨어진 거주지역에 두는 경우도 있었다. 항상적인 잔업, 특근 등으로 작업을 마친 노동자들은 기숙사로 돌아와도 항상 시간에 쫓기고 몸이 피곤하기 때문에 여가생활을 하기는 어려웠다. 그 때문에 부흥사에서 일했던 이선주의 경우처럼 기숙사에서 1년 정도 생활했음에도 노동자들과 깊이 있는 관계를 형성하지 못하고 그들의 생활문화를 이해하는 정도에 머문 경우가 적지 않았다.

기숙사가 군대 내무반처럼 20명 이상씩 양쪽으로 누워 자는 시스템인데, 그야말로 개인생활이라는 게 없죠. 밤 10시에 잔업 끝나고 씻고 자고. 기숙사에서 같이 생활하는 동료들 보면, 중학교나 국민학교 졸업하고 온 친구들이 공장을 5~6년씩 다녔는데도 집에 갈 때 영등포역에 가는 거, 일요일에 가끔 가리봉시장에 가서 옷 사 입고 조금 사 먹고 하는 것밖에 모르더라고요. 그래서 '정말 나랑 다르구나' 그런 생각이 들었어요. 나이로 보면 대학생 정도 되는 나이죠.

이들이 노동자로 생활하는 데 가장 중요한 것은 경제감각을 키우는 일이었다. 학출활동가들은 대학시절에는 자신이 일해서 돈을 버는 경우가 많지 않았고 대부분 부모에게 받은 용돈으로 생활했기 때문에 경제개념이 거의 없었다. 반면에 노동자들은 한 푼이라도 더 벌고 아껴야 하기 때문에 생활이 검소했다. 인천에서 공장활동을 하던 권인숙의 경우 공장노동에 익숙해지면서 점차 자신의 생활에도 주의를 기울였다고 기록하고 있다.권인숙, 『하나의 벽을 넘어서』, 132~133쪽. 노동자들의 검소한 생활을 익히기 위한 것도 이유였지만, 실제 노동현장에 들어온 이후 자신이 번 돈으로 생활을 꾸려야 하기 때문에 경제에 신경을 쓸 수밖에 없기도 했다.

11월 중순이 되자 날씨가 많이 추워졌다. …… 입을 옷이 없었다. 내가 집을 나오던 때가 여름이라 여름 옷 이외에는 거의 챙기지 못했기 때문이다. 특히 하의가 문제였다. …… 그러나 10만 원을 채 못 받는 공순이의 월급으로…… 당시 친구와 나의 하루 용돈은 출퇴근 버스비로 정확히 떨어지는 200원이었다. 가끔 공장에서 친구들과 군것질을 같이 하기 위해 몇백 원을 더 챙기기도 했지만 천 원을 넘은 적은 없었다. …… 아무리 돈이 없어도 겨울바지 하나는 장만해야 될 터였다. 고르고 골라 8,000원짜리 겨울바지를 하나 사고 나서도 혹시 이거 내가 비싸게 산 게 아닐까 하는 걱정이 한참이었다. 그러나 하나하나의 행위를 소박하게 해내는 노동자라는 생활인의 모습을 자신의 생활감각에서 발견하는 것은 작은 즐거움이었다. 월급날 500원짜리 동태 한 마리를 사서 친구와 끓여 먹는 것도 역시 즐거움이었다.

평일에는 잔업 때문에 하루 일이 끝나면 밤 10시가 되기 때문에 노동자들에게 여가시간은 거의 없다. 그래서 여성노동자들은 주로 특근이 없는 토요일과 일요일에 자신의 여가시간을 갖는데, 대부분 시장에서 군것질을 하거나, 야유회에 가거나 등산을 하는 정도였다. 반면에 남성노동자들은 평일날도 대부분 동료들과 술을 마시면서 하루 노동의 고단함을 털기도 했다. 남성노동자들의 생활문화의 일면이었다. 돈이 없는 노동자들은 대부분 십시일반으로 모여서 같이 마시고 같이 지불하는, 그것도 외상으로 해서 월급날에 한 달치를 모두 지불하기도 했다. 경동산업의 황광우 역시 장시간 노동으로 지친 동료들과 외상으로 술을 마시고 월급날 지불했는데, 그 돈으로 자신의 월급 12만 원의 4분의 1에서 6분의 1이나 되는 2~3만 원이 나가자 서운함을 느끼기도 했다. 자신이 노동해 돈을 벌면서 학출활동가들 또한 생활인처럼 경제관념을 갖기 시작한 것이다.황광우, 『젊음이여, 오래 거기 남아 있거라』, 116쪽. 이처럼 현장 안팎으로 노동자들의 생활과 문화를 익히면서 학출활동가들은 노동자의 삶을 배워 나갔다.

③노동운동가 되기

학출활동가들은 보통 6개월 정도 지나면 노동에 익숙해지고 말투나 몸짓, 사고방식이 약간 자연스러워진다고 한다.황의봉, 「노동현장의 지식인들」, 『르뽀시대』 2집, 실천문학사, 1985, 15쪽. 이들은 '현장을 배우고' 나면 노동조건과 노무관리 등 현장의 실태를 파악하고 노동자들의 의식을 파악하는 데 주력하기 시작했다. 또 주위의 노동자들과 어울리면서 그들의 분위기와 문화를 파악하고 관계를 맺기 위한 노력을 기울여야 했다. 처음에는 노동자들과 어울려 자취방을 돌아가며 놀거나 야유회 등을 가서 친분을 쌓는다.

그러나 개인의 성격에 따라 차이가 있었는데, 구로공단 전자공장에 다니던 다음 구술㉮의 이영지처럼 내성적인 성격의 학출활동가들은 노동자들의 낯선 문화 속에 어울리는 것이 어려워 가벼운 일상의 대화조차 하기 힘들어했다. 반면에 인천에서 전자공장을 다니던 구술㉯의 김이경같이 활달한 성격의 소유자는 한두 공장을 다닌 경험을 바탕으로 새로 입사한 곳에서는 한 달 만에 소모임을 만들고, 소모임에서 바로 근로기준법을 공부하기도 했다.

㉮ 힘든 부분은 성격이나 그런 부분이, 지금도 그렇지만 대단히 사교적이거나 말을 많이 하는 스타일이 아닌데, 의도적으로 사람들한테 접근하고 그래야 할 거 같은데 잘 안 되어서 생활하면서 힘들었던 거 같아. 나는 내가 무언가 목적을 가지고 들어왔으니까 빨리빨리 사람들이랑 친해지고 활동하고 그래야 될 것 같은데, 이게 잘 안 되니까 차라리 단순히 일만 하고 그러면 하겠는데…. 그게 아닌 것들 때문에 오히려 더 힘들었던 거 같아요.[이영지 구술]

㉯인천의 전자회사에 취직을 했거든요. 봉제는 기술이 없으니 시다로 들어가야 하는데 끝발이 안 서니까, 그리고 우리가 인상이 아무래도 좀 똑똑해 보일 거 아니여. 그러니까 전자로 가서 나는 처음에 검사가 되고… 84년 말? 85년도 초에 들어가자마자 한 달 만에 근로기준법 모임을 만들었어요. 내가 일을 원래 그런 식으로 해요 뭐, 들어가 갖고 '근로기준법 이라는 게 있대. 그거 알면 이렇게 안 당한대. 그러니까 공부하자.' 그래서 모임을 만들어요.[김이경 구술]

이처럼 개인의 성격 차이도 있지만 문화 차이도 컸다. 학출활동가들은 대체로 중산층으로 20여 년 자라면서 형성된 생활문화를 벗어 버리고 새로운 노동자문화를 이해하고 접근하는 것이 쉬운 일은 아니었다. 구로공단 전자공장에서 일하던 노선금은 다음 구술에서 이를 말해 주고 있다.

굉장히 개인적인 난관이 많았던 거지. 예를 들면… 문화가 틀린 거지…. 책 하나 제대로 볼 수 있나. 거기서 책을 보면 애들이 이상하게 보는 것도 걸리고. 너무 고상한 척하게 보이지 않을까 걱정되고…. 여러 가지 쓸데없는 걸로 수많은 고민의 시간을 보냈다고…. 그 적응하는 것만으로도 굉장히 힘든데 그 와중에 조직사업을 한다는 건 나로서는, 그 애들하고 친하게 놀러가는 거 한 번 만드는 것조차도 쉽지 않단 말이야. 애들이 '얘는 좀 자기네하고 좀 다르다'는 식의 문화적 거리가, 이런 거 속이기 쉽지 않잖아요.

지금까지 자신에게 내면화된 의식구조, 외양뿐만 아니라 개인의 정서와 의식에 있어서 노동자들과의 차이를 극복하기 위해 노력해야 했던 것이다. 이들에게는 노동자들과 자신의 존재 차이를 극복하는 것이 중요했다. 그럴 때만이 노동자들과 정서적 유대감을 가질 수 있고, 그것을 통해 노동자를 조직하고 자신의 목적을 현장에서 실천할 수 있는 가능성이 주어지기 때문이다.

학출활동가들이 노동자들과 어울리는 것이 어려웠던 또 다른 이유 중의 하나는 이들 대부분이 자신의 나이로 공장에 들어간 것이 아니라 자신보다 훨씬 어린 나이로 입사한 탓도 있었다. 이들은 자신을 숨기고 어린 나이에 맞는 자연스러운 행동방식을 익히기 위해서 노력해야 했다. 거기에 다른 사람의 이름으로 입사한 경우에는 자신에 대해 노동자들과 자연스럽게 얘기하는 것이 쉽지 않았다. 자신을 숨기고 지어낸 경력과 살아온 이야기를 하는 것이 현장활동이라는 목적을 위해서 필요했지만 이런 상황을 편하게 소화시키지 못하는 이들은 불안감으로 위축되어 있기도 했다. 다음의 김미경처럼 본래의 자신과는 다른 "철가면을 쓰고 있다"고 느낄 정도로 심각한 자기 분리 상황에 직면하기도 했다.

> 퇴근하고 집에 오면 거의 이중인격자처럼 사는 거죠…. 뭐랄까, 나 자신으로 돌아오는… 공장에서는 학교 친구들하고 나눈 대화 같은 걸 나눌 수는 없잖아요? 내 개인 사생활에 대해서조차도 그렇게는 얘기를 못 나누잖아요. 그러니까 보통 '철가면을 쓰고 있다', 이런 표현을 해요. 우리 자신에 대해 표현을 못하니까, 막 거짓말로 스토리를 만들어 가지고 애들하고 떠들어야 하는데 그런 것도 안 되고, 그러니까 굉장히 위축돼 가지고 두려움에 가득 차 있고, 가시가 막

돌아 있는 이런 상태 아니었나 싶어요.

노동현장에 적응한 뒤에도 이들은 많은 내적 갈등을 겪는다. 현장에서 노동자를 조직하는 것은 쉬운 일이 아니었다. 당면 활동목표인 노동조합을 건설하는 것은 친목모임을 만들고 학습모임을 만들면서 넓은 대중적 기반을 만들어야 가능한 일이었다. 그러나 활동성과가 미미할수록 자신의 능력에 대한 자책과 동시에 활동가가 되지 못하고 노동만 하는 '노동자'로 전락하는 듯한 불안감으로 자신에 대해 회의감을 갖기도 했다. 이런 존재에 대한 회의는 노동현장에 머무는 기간이 길수록 그리고 활동성과가 보이지 않을수록 더 심해지기도 했다. '활동가'가 아니라 '생활인'이라고 비판하기도 하고 자조하기도 했는데, 이것은 활동가들이 내심 제일 두려워하는 일이었다. 이런 상황에 대해 성남과 구로공단의 여러 공장을 전전했던 박정순은 다음과 같이 기억한다.

> 많은 순간들 갈등스러웠던 거 같아. 빨리 소모임을 만들어야지, 애를 찍어야지…. 들어가면 하는 거 뻔하잖아요? 근데 소모임이 몇 달 만에 뚝딱 되는 것도 아니야. 어떤 선에 가면, 일에 굉장히 지쳐서… 체력적으로 강단이 있는 것도 아니고…. 잘 때마다 갈등이 있었던 것 같아. '내일은 어떻게 뭘 하지.' 하지만 현실에서 진척이 잘 안 되면… 자책을 많이 했던 것 같아. 이러다가 어느 세월에…. 내가 각오하고 들어왔는데, 나의 부족함이 크게 보이고. '아, 이럴 땐 어떻게 해' 하며 조바심나기도 해요.

이와 달리 노동현장의 문화와 인간관계에 적응한 학출들은 일단 사업장의 객관적 조건을 파악하고 노동자들의 상황과 분위기를 파악한 뒤, 그에 따른 활동방향을 정해 나갔다. 우선 노동자들을 조직하는 가장 일차적인 활동은 친분관계가 쌓이면 친목소모임을 만들거나 더 믿을 만한 사람들을 중심으로 가벼운 학습소모임을 만드는 것이다. 또 라인에서 발언력을 높이기 위해 노력하거나 발언력이 강한 사람을 사귀기도 했다. 이에 대해 황광우는 다음과 같이 기록했다.

> 노동자를 조직하는 일은 힘든 일이었다. …… 노동조합은커녕 친목모임 하나, 축구대회 한 번 열기가 그렇게 힘들 줄이야. 철야작업이 끝나도 우리는 새벽에 술집으로 갔다. 한 명이라도 조직하기 위해서. 헤어질 때는 해가 훤히 떠 있는 오전 아홉시. 그렇게…… 석 달, 참으로 어렵게 낚시모임을 가질 수 있었다. 인천 앞바다에 배를 띄우고 여섯 명이 아침부터 해질 때까지 대두병 소주 여덟 병을 깠다. 여기에서 끌어낸 실천적 결론은 D공장과 B공장 축구시합을 벌이는 것. 축구시합 이후…… 그해 겨울 어렵게 30여 명이 조직되었으나, 노동조합을 신고하기도 전에 우리들의 정체가 들통나 버렸다.황광우, 『젊음이여, 오래 거기 남아 있거라』, 116~117쪽.

노동자들과의 관계가 일정하게 쌓이고 신뢰관계가 형성되면 노동자들이 현장에서 가장 문제로 느끼는 노동조건에 대해 가벼운 문제제기를 하거나 일상투쟁을 벌여 노동자들의 불만을 행동으로 드러내도록 분위기를 조성하였다. 그 뒤 중심역량이 세워지고 현장의 분위기가 동조적이라고 판단되면 노동조합을 결성하려 했다. 노조를 인정하지 않는 정부와 회사측의 탄압으로 노조 결성이 성공하는 예는 극히 드물었다.

한편 학출활동가는 퇴근해서 집으로 돌아오면, 공장에서 파악한 것을 정리하고 분석하기 위해 공부하는 시간을 가지기도 했다. 이런 모습은 초기 몇 개월에 걸쳐 공장생활에 적응하고 나면 여러 학출활동가들에게 나타나는데, 이는 공장에 취업하기 전에 노동문제와 관련한 학습을 했어도 직접 공장생활을 하면서 그 공장의 구체적인 상황을 파악하고 활동방향을 모색하기 위해서 필요한 일이었다.김일섭 외, 「우리가 왜 위장취업자인가」, 『현장 5집: 종속현실과 민족운동』, 1985, 돌베개, 55쪽.

자신이 다니는 공장의 문제를 분석하는 것은 혼자 하거나 지역활동가 모임에서 같이 하기도 했다. 지역모임은 작업이 끝나고 노동자들과 어울리고 난 뒤에야 가능했기에 보통 밤늦은 시간에 진행되었다. 거기에 1985년을 전후로 지역의 여러 서클들은 서클실천의 하나로 공단과 거주지역에 밤늦게 선전지 배포작업을 진행했는데, 공장을 다니는 학출활동가들도 이 선전물 배포에 참여하곤 했다. 이에 대해 구로공단의 대우어패럴에 다녔던 박경희는 이렇게 말한다.

> 하루에 몇 시간 못 자고, 네다섯 시간 자고서 어떻게 버텼나 싶게 공장에 일하고, 끝나고 가면 활동가들은 또 모여서 하고. 그 다음에 또 언제부턴지 모르겠는데 나중에 공장에 있는 노동자들하고 소그룹 같은 것도 했거든요. 구로지역에서 활동하던 사람들이… 지역 차원에서 찌라시 만들거나 밤에 배포한 거 같아요.

그나마 지역에서 관계 맺는 모임없이 혼자 활동하는 경우에는 주위 사람들의 현장경험이 소통되지 않아 활동방향을 정리하는 데 많은 어려움을 느끼기도 했다. 활동에 대한 막연함은 불안감으로 나타났다. 특히 같이 노동현장에 투신한 동료들이 현장 적응을 못해 활동을 정리하고 혼자 남은 경우에는 자신의 존립에 대한 불안감은 더욱 컸다.[박정순 구술] 이처럼 노동현장에서 노동에 적응하며 활동하는 것은 전적으로 활동가 자신의 문제였지만, 지역모임은 활동 관련 문제해결에 대한 도움만이 아니라 서로 의지할 기반이 되기도 했다.

그러나 지역모임이 활동가들 서로에게 꼭 긍정적인 것만은 아니었다. 지역모임에 참여하는 활동가들은 대학생으로 성장한 자신들의 특성, 예를 들어 하나의 사건을 계급적으로 해석하지 않고 생각이 많은 것은 관념적인 것으로, 운동을 둘러싼 분노와 열정 이외의 감정은 감상적인 것으로 규정했다. 나아가 집단의 문화에 적응하지 못하는 것은 개인주의, 심지어 운동의 실천에 필요하지 않은 개인 취향 등을 '소시민적 계급 특성'으로 취급하면서 노동운동가의 자질을 키우기 위해 일상적으로 상호비판을 했다. 노동운동을 하는 혁명가의 자질은 계급적 품성인 투지를 갖춰 전투적이어야 하며, 현실에 대한 냉정한 판단력을 갖고 실천력을 갖추는 것이었다. 학출활동가들은 자신들의 몸에 익혀진 출신성분을 극복하고 상호운동의 자질을 발전시키기 위해 비판을 하지만, 때로는 그 비판의 정도가 지나쳐 인신공격이 되기도 했다. 따라서 비판은 서로에게 많은 상처와 불신을 남기기도 했다.

문제는 개인의 특질인 개성조차 근본적으로 변화시켜야 한다는 생각을 갖고 있었던 것이다. 학출활동가들이 노동자로서의 생활조건과 삶의 양식을 바꾸었다 해도, 사실 자신의 성향과 감성을 바꾸는 것은 일생이 걸려도 쉽지 않은 일이었다. 주위 동료들의 비판도 문제였지만, 그보다 자신이 위의 잣대를 가지고 끊임없이 스스로를 검열하면서 타고난 자신의 성향과 특질을 부정하고 비판하면서 외양만 일부 변화하는 자기 분열의 상태가 지속되기도 했다. 이에 대해 구로공단의 가리봉전자에서 활동했던 서혜경은 다음과 같이 기록하고 있다.

> 나는 행동하기보다는 지켜보고 생각하는 편이었으며, 사물을 계급적인 관점으로 보기도 하지만 다른 관점에서 보기도 했다. 당시 우리에게는 투쟁과 성과가 중요했지만, 나는 자꾸 사람과 과정에 집착했다. 과감하게 추진해도 모자랄 일을 자발성에 확신이 없으면 머뭇거리는 식이었다. 분노할 일 앞에서 슬픔도 함께 느꼈다. 나약하고 동요하는 소시민계급의 전형으로서 몸 어디엔가 '부적격자'라는 낙인을 지닌 것처럼 힘들고 고통스러웠다. 문제는 나 자신도 내가 크게 잘못되었으며 가망이 없다는 생각에 극단적으로 자책하고 괴로워했다. …… 그동안 노력해도 소용없었으며 앞으로도 끈질기게 남아 있을 장애를 안고 사는 마음이었다. 우리는 그걸 타고난 계급적 징표—'원죄'라고 불렀다. 바쁘게 뛰어다니면서도 자기부정과 자학을 번갈아 왔다갔다 하느라 마음은 쓰라리고 혼자 있을 때는 나도 모르게 눈물이 흘렀다. 몸은 초보적인 대중활동에 속해 있었지만 마음속은 사상투쟁으로 쑥밭이었다. 겉으로는 씩씩하게 활동하며 내색하지 않으려 애썼지만 나중까지 이런 분열상태는 어쩔 수 없이 계속되었다.서혜경, 「정말 중요한 것은 무엇일까」, 유경순 편, 『같은 시대 다른 이야기』, 메이데이, 2007, 206~207쪽.

이와 같이 학생운동가들의 노동자화 과정은 20여 년 성장해 온 자신과 대학생이라는 사회적 신분, 기득권을 전면적으로 부정하고, 새로이 '노동자'로서 자신을 길들이고 훈련시키는 과정이었다. 그 과정은 학생운동 과정에서 이념 전환을 통해 기존의 가치를 부정하고 새로운 이념을 받아들이는 것보다 수십 배의 노력을 기울여도 어려운 일이었다. 실제 이전팀을 마치고 노동현장에 발을 들인 학출활동가들도 노동강도에 적응하지 못해서, 노동자문화를 흡수하기 어려워서 노동현장을 나오기도 했다. 또 이들은 '노동자화'가 되었으나 이상으로 품고 있던 투쟁적 노동자의 모습과 현실의 이기적인 노동자의 모습에 괴리를 느끼면서 좌절하기도 했다. 또 주위 노동자들을 친목회로 모으는 초보적인 노동자 조직화의 한계에 부딪히고 노동만 하는 노동자로 존재하는 자신에게 한계를 느끼면서, 노동현장을 등지고 나오는 경우도 많았다. 그나마 이런 노동자화 과정을 무사히 거친 학출활동가들은 노동현장에서 노동조합을 조직하기 위한 활동에 들어섰다.

2절

학출활동가들의 노동조합 결성투쟁과 해고자 양산

1980년대 전반기에는 학생운동가들이 수도권을 중심으로 노동현장에 들어가 활동하기 시작했다. 당시 노동운동의 조직화 방향은 소그룹운동이 중심을 이루었다. 소그룹운동론은 1980년 전민노련전국민주노동자연맹의 실패에 대한 반성에서 비롯되었다. 활동가들은 노동자들과 결합하여 그 기반을 구축하지 못한 조직은 정권의 탄압으로 무너질 수밖에 없다고 판단했다. 따라서 이들은 노동운동의 당면 과제를 운동역량의 축적으로 설정했으며 소그룹활동을 그 대안으로 제시했다. 실제 노동운동의 역량을 새롭게 구축해야 하는 상황이었기 때문에 활동의 대부분이 소그룹으로 출발할 수밖에 없기도 했다. 1970년대 민주노조 출신 해고자들의 소모임, 노동야학을 통한 노동자 소모임, 학출활동가들의 소모임 등이 물밑으로 확산되고 있었다. 이들은 점차 현장에서도 소그룹을 만들어 활동의 폭을 넓혀 가고 있었다. 이런 소그룹을 기반으로 한 활동은 1983년 말 유화국면을 통해 노조결성을 추진하는 바탕이 되었다.

1983년 말 블랙리스트 철폐투쟁을 시작으로 1984년부터 지속된 청계피복 노동자들의 노조합법성 확보를 위한 노학연대투쟁은 침체된 노동운동의 분위기를 되살리는 역할을 하였다. 또 1980년대 전반기에 노동현장에 참여한 학출활동가들이 노동조합을 결성하거나 어용노조를 민주화시키는 활동을 벌였다. 그러나 정권은 노조의 설립신고필증을 교부하지 않으면서, 자본측과 결탁하여 노조 결성 주체들을 탄압했다. 그 결과 1984~1985년 사이 다수의 해고자들이 속출하였고, 이러한 상황은 학출활동가들로 하여금 점차 지역 정치투쟁으로 나아가게 했다. 이 절에서는 이러한 1980년대 전반기 정권의 노동정책과 노동자 상태에 대해 살펴보고, 1984년 이후 학출활동가들의 노조 결성과정을 통해 왜 활동가들이 노동문제의 정치화 필요성을 느꼈고, 정치투쟁을 벌이기 시작했는지를 검토하겠다.

1) 1980년대 노동법개악과 임금가이드라인 정책

신군부정권은 1980년 5월 17일 이전까지 나타난 폭발적 노동운동을 사회불안의 원천이며 정권을 위태롭게 할 수 있는 요소로 간주하고 강압적으로 탄압했다.[1] 군사정권은 노동운동가들을 노동자와 분리시키고 민주노조운동을 무력화시키기 위해 '정치활동 금지조치'

1 1980년대 전반기 노동통제정책에 대한 연구는 아래의 연구를 참조하였다. 김형기·박현채 외, 『한국자본주의와 노동문제』, 돌베개, 1985. ; 한국기독교사회문제연구원 편, 『한국사회의 노동통제』, 민중사, 1987. ; 조우현, 「5공의 노동정책과 노사관계」, 『5공평가 대토론』, 동아일보사, 1994. ; 전노협백서발간위원회, 『전노협백서』(전 14권), 논장, 2003.

를 활용해 노동운동가들을 정치활동 금지자로 분류하여 탄압했다. 이어 노조 결성 금지와 한국노총 및 산업별 노조의 활동을 유보시키는 것을 골자로 한 '노동조합활동지침'과 보완지침(1980. 7. 1)을 열 차례나 시달했고, '노동조합정화지침'(1980. 8. 21)을 근거로 제1차 정화조치 과정에서 민주노조 간부 19명을 '삼청교육대'로 끌고 가 이른바 '순화교육'을 시켰다.전노협백서발간위원회, 앞의 책, 47~52쪽. 이와 같은 조치들은 노동운동의 발전가능성을 사전에 봉쇄하고 군사정권의 안정화를 꾀하려 한 것이었다. 이후 군사정권은 1970년대 노동탄압 정책을 계승하고 발전시키는 방식으로 탄압의 강도를 더해 갔다.

우선 1980년 5월 13일 민주노조가 중심이 되어 '노동기본권확보 전국궐기대회'를 통해 노총의 민주화를 요구하자 정부는 기존 노조에 대한 통제를 강화했다. 이를 위해 정권은 제2차 노동운동 정화조치 명목으로 노조의 조직개편을 단행했고, 1980년 12월 31일 노동관계법의 개악을 통해 복수노조를 금지하면서 '기업단위 노동조합 조직체계'로 변화시켰다.한국기독교사회문제연구원 편, 앞의 책, 43~45쪽. 이는 한국노총 내부의 민주세력을 제거하고 어용성을 강화한 상태에서 한국노총을 통한 노동통제를 더 확고히 하기 위한 것이었다. 또한 이후 민주노조세력의 진출을 봉쇄하려 한 것이었다. 또한 〈표 2-4〉에서 알 수 있는 것처럼 개정된 노동법은 복수노조를 금지하여 한국노총의 독점적 지위를 확고히 했다. 그외 제3자 개입금지조항을 통해 노동운동 세력의 영향력을 사전에 봉쇄했고, 노조설립의 요건을 강화했을 뿐만 아니라, 노동쟁의의 냉각·알선기간을 연장하여 노동자의 조직결성과 쟁의행위를 봉쇄하려 했다.

한편 정권은 직접적인 노동통제를 정당화시키고 정치문제가 될

〈표 2-4〉 1980년 노동관계법 개정 내용과 목적

	개정 내용	개정 목적
근로기준법	•변형근로시간제의 도입[제42조 2항] •노동시간규제의 원칙성을 완화 •퇴직금차등제의 폐지 등	노동시간운용의 유연성을 통해 생산성을 극대화하고 노동강도를 강화하기 위한 것
노동조합법	•기업별 노조체제로의 전환 •제3자 개입행위의 금지 규정[제12조 2항] •노조설립의 요건 강화: 근로자 30인 이상 또는 5분의 1 이상의 찬성이 있는 설립총회의 의결을 요하도록 하여 설립요건을 강화[제13조] •단체교섭의 당사주의 채택[제17조 2항, 제18조 1항, 제19조, 제20조 2항, 3항, 제23조] •유니온숍제의 폐지[제39조2항] •단체협약 기간 연장: 1년~3년[제35조]	노동조합의 자주적 단결권에 근본적인 제한을 가하면서 노조의 조직적 역량과 투쟁력을 약화시키는 차원에서 개정, 또한 노조운동의 연대고리를 차단하고 노동자들의 복지향상을 경제적 조합주의로 협소하게 양성하는 차원에서 모색
노동쟁의 조정법	•국가, 지방자치단체, 국·공영기업체 및 공익사업쟁의 우선 조정과 쟁의행위의 금지[제11조, 제12조 2항] •해당사업장 이외의 쟁의행위 및 제3자의 쟁의행위 개입금지[제12조 3항, 제13조 2항] •냉각, 알선 기간의 연장[제14조 제20조] •행정관청의 요구에 의한 중재 개시 인정[제30조 3항]	냉각 및 알선을 연장해 행정관청에 접수된 날로부터 일반은 30일, 공익사업장은 40일이 경과해야 쟁의를 할 수 있으며 동시에 알선기간을 일반은 15일, 공익사업장은 20일로 각각 연장하여 쟁의를 현실적으로 불가능하게 만들려는 의도.
노사협의회법	•노사협의회의 설치[제14조] •노사협의회의 구성[제6조~10조]	1980년 노동자투쟁을 겪으면서 이의 완화를 위해 독립법으로 재규정

※한국기독교사회문제연구원 편, 『한국사회의 노동통제』; 조우현, 「5공의 노동정책과 노사관계」, 『5공평가대토론』; 전노협백서발간위원회, 『전노협백서』 등 참조 작성.

소지를 사전에 봉쇄하기 위해 이데올로기적 통제 또한 강화했다. 정권은 선성장·후분배 이데올로기의 유포를 지속하면서도 반공이데올로기를 통한 통제를 더욱 강화시켰다. 보안법과 반공법을 통합하여 만든 국가보안법의 적용대상을 무제한 확대하고, 정부의 의도와 이익에 반하는 일체의 행동을 '급진 좌경세력의 책동'으로 규정하여 노동운동을 저지하려 했다.한국기독사회문제연구원 편, 『한국사회의 노동통제』, 59~60쪽.

1980년대 새로이 추진된 노동정책은 '임금가이드라인 정책'이었다.박세일, 『개방경제하의 임금정책』, 한국경제연구원, 1987, 13쪽, 19쪽. 1978년과 1979년 각각 20%, 15%이던 공무원 봉급인상률을 1980~81년에 10%, 1982년 9%, 1983년 6%, 1984년에 0%로 하고, 직·간접의 행정지도를 통해 민간부문의 임금인상을 억제했다.조우현, 「5공의 노동정책과 노사관계」, 『5공평가대토론』, 동아일보사 편, 1994, 196~197쪽. 이는 자본의 입장만을 반영해 온 저임금구조를 다시금 정책적으로 강제하는 것이었다.

이러한 강압적 노동통제정책에 따라 1980~83년까지 노동자들의 노조 결성과 근로조건투쟁은 침체되었다. 그러나 유화국면 이후 일시적으로 열려진 활동공간을 이용하여 노동자들의 누적된 불만은 바로 표출됐다. 특히 임금동결정책은 노동자들의 투쟁을 '최저생계비 확보와 노동악법' 문제에 집중하게 했으며, 개악된 노동법은 노동운동 세력이 정치투쟁을 벌이는 중요한 요소로 작용했다.

신군부정권은 1983년 말 국민화합이라는 명목으로 제한된 '자유화 조치'를 취했다. 1983년 하반기 대학가에서 시위가 연일 계속되면서 정권으로서는 이를 무마할 대책이 필요했다. 더욱이 국제사회의 시선과 미국의 압력도 무시할 수 없었다. 1983년 11월 레이건 미국 대통령의 방한, 1984년 예정되어 있던 교황의 방한 등을 위해 정권은 폭압체제를 완화하고 자유화를 추진한다는 인상을 국제사회에 심어 주어야 했다. 다가올 86아시안게임이나 88올림픽도 정권에게는 부담이었다. 자유화조치는 1980년의 위기를 넘긴 정권이 체제의 재정비와 권력을 안정화시킨 뒤 중산층의 정치·경제적 불만을 체제내화시켜 지배체제를 보다 안정시키려는 목적에서 취해진 것이었다. 조연현, 「한국정치변동의 동학과 민중운동: 1980년에서 1987년까지」, 한국외대 정치외교학 박사논문, 1997, 70쪽.

자유화조치의 내용은 제적학생 복교, 해직교수 복직, 정치인들에 대한 해금조치 등 중간계층에 대한 정치적 개방이 중심이었다. 반면 노조지도자 등 해고노동자들에 대해서는 아무런 조치도 취하지 않은 채 야학연합회사건 수사의 재개, 공단지역 주민 실태조사 및 블랙리스트 강화 등 억압적 통제는 지속됐다. 이는 학생운동가들의 노동운동 참여가 확대되면서 이들의 노동운동에 대한 영향력이 확대될 것에 대한 우려 때문이었다. 그나마 노동운동에 대한 일시적이고 부분적인 유화조치는 노조설립 신고필증교부를 상대적으로 용이하게 한 점과 최저임금제 도입의 검토, 고용보험제 도입, 국제노동기구 가입 추진 등 형식적인 정책을 제기하는 데 그쳤다. 민주화운동청년연합, 「민주화운동과 하반기 전망」, 『민주화의 길』 5호, 1984. 그러나 1984년 9월 이후 학출활동가들이 개입된 노조설립이 증가하자 다시 노조설립 신고필증을 내주지 않으면서 노조 결성을 탄압했다. 민주통일민중운동연합, 『민주·통일』 2호, 1985, 76쪽. 특히 1985년 2월 12일 총선 이후 정권은 신민당의 급부상과 민중운동진영의 성장 등 정치상황 변화에 대응해 정보기관의 정치공작을 통한 정국안정책을 추진하기도 했다.

이러한 정권의 노동통제 정책 속에서 1970년대 후반 중화학부문 과잉투자와 세계적 불황으로 일시에 자본축적 위기를 맞았던 자본가들은 정부의 전면 지원하에 산업구조 조정을 단행하고 저임금과 장시간노동의 지속적인 강요로 위기를 벗어나고자 했다. 1980년 전반기 노동자 구성은 〈표 2-5〉와 같다. 1981년 전체 제조업 총 노동자 수는 약 201만 명으로, 이 가운데 중공업이 36.1%, 경공업이 63.9%를 차지했다. 1985년 총 노동자 수는 약 240만으로 증가하였고, 중공업의 비중은 40%로 증가하고 경공업은 60%로 감소했다. 이는 산업구조에서 점차 중화학공업의 남성노동자들이 차지하는 비중이 높아지고 상대적으로 경공업, 특히 섬유산업의 사양화 추세에 따라 여성노동자들의 비중이 낮아지고 있다는 것을 의미했다.

산업구성의 변화에도 불구하고 노동자들은 1960년대 중반 이래 수출지향적 공업화를 통해 정착된 저임금·장시간노동 구조 속에

〈표 2-5〉 제조업 노동자의 구성과 노동조건

연도	제조업 노동자수(명)	중공업 (%)	경공업 (%)	월별노동 시간(시간)	월별 명목임금(원)	최저생계비 충당률(%)	실질임금 증가율(%)
1981	2,012,645	36.1	63.9	238.1	144,541	34.1	-0.2
1982	2,065,814	36.2	63.8	238.1	165,681	33.5	7.1
1983	2,215,020	38.0	62.0	242.4	187,199	34.2	9.3
1984	2,302,442	39.4	60.6	240.2	205,810	34.7	7.2
1985	2,395,430	40.0	60.0	240.2	225,810	35.1	7.3

※경제기획원, 『광공업통계조사보고서』, 1985 ; 한국노동조합총연맹, 『도시근로자 최저생계비』, 1985.

있었다. 특히 1980년대 초반 정부의 임금동결정책으로 〈표 2-5〉에서 알 수 있듯이 1981년 실질임금 증가율이 마이너스를 기록했고 최저생계비 충당율은 1980년대 전반기 내내 40%에도 이르지 못했다.

이에 대한 노동자들의 불만은 다음의 설문조사 결과에 잘 나타나 있다. 대한상공회의소의 근로자의식 조사 내용 중에, "현재 가장 걱정이 되는 것은?"이란 질문에 응답자의 34.4%가 '임금이 별로 오르지 않아 살아가기가 어렵다'고 대답했다. 소폭 임금인상의 원인에 대해서 46.1%가 정부의 임금억제정책 때문이며, 임금인상은 노사간에 '자율적으로 조정될 문제'라고 대답했다.대한상공회의소, 『조사보고: 근로자 의식구조』, 1984. 10., 42~44쪽, 65~66쪽. 이는 정부의 임금억제정책에 의해 노동자들이 생활의 고통을 겪고 있으며 동시에 노동자들도 정부가 임금문제에 개입하는 것은 문제가 있다고 인식하고 있음을 보여준다.

저임금·장시간노동 정책으로 인하여 총 노동시간은 1981년 238.1시간에서 1985년 240.2시간으로 증가됐다. 장시간노동은 과로로 인한 재해를 일으켜 노동자의 산업재해 총 건수가 1980년 112,111건에서 1983년에는 156,116건으로 증가했고, 그중 사망자 수는 1980년 1,273명에서 1983년 1,452명으로 증가했다.한국노동자복지협의회, 『민주노동』 9호, 1985, 12쪽. 산업재해 외에도 열악한 작업조건의 문제가 노동자들의 건강을 심각하게 위협했는데, 이는 1984년 반월공단의 노동자 101명 중 69명이 납중독자로 판명된 '납중독사건'이나 『동아일보』, 1984년 2월 7일자. 1975년 2,920명에 불과한 직업병환자가 1982년에 5,341명, 1983년 6,000여 명으로 증가된 사실에서 잘 나타난다.『매일경제신문』, 1984년 6월 24일자.

노동조건 이외에도 노동자가 직장에서 가장 절실하게 바라는 문제는 '인격적 대우'로 나타났는데, 이는 역으로 현장 내의 비인격적 대우에 대한 불만이 강하다는 것을 의미한다. 대한상공회의소의 설문조사에 의하면 '바라는 좋은 직장에 대한 조건?'이라는 질문에 48.2%가 '근로자를 인간적으로 대우해 주는 것'으로 응답하고 있어 이를 단적으로 보여 준다. 특히 이는 남자(43.5%)보다 여자(58%)에게서 더 강하게 나타났고, 저임금(54.5%), 저학력자(53.5%)일수록 평균을 웃도는 격한 반응을 보였다.대한상공회의소, 『조사보고: 근로자 의식구조』, 49쪽. 이렇게 열악한 노동조건 속에서 노동자들의 불만은 높았지만 정부의 억압적 노동정책으로 집단행동은 오히려 감소했다. 1982~83년의 집단행동 발생 건수가 1980년에 비해 50%에도 못 미쳤다. 노동자들의 불만은 그만큼 내적으로 누적되어 갈 수밖에 없었다. 이러한 불만은 1984년 유화국면 시기에 임금인상 및 노동조건 개선투쟁 등을 통해 표출됐다.

〈표 2-6〉 노사분규의 발생 추이(단위: 건)

	발생 건수	임금인상	임금체불	휴폐업 해고	부당 노동행위	노동조건	기타
1980	407	38	287	16	–	14	52
1981	186	38	69	20	4	32	23
1982	88	7	26	6	–	21	28
1983	98	8	35	15	–	19	21

※노동부, 『노동백서』, 1985, 이원보, 『한국노동운동사』 5, 지식마당, 2004, 674쪽에서 재인용.

2) 노동조합 결성투쟁과 법적·폭력적 탄압

1983년 말 일시적으로 유화국면이 만들어졌다.[2] 그러나 유화국면 정세는 기대와는 달리 정권안정에 기여하지 못했으며, 오히려 정권의 힘을 상대적으로 약화시켰다. 전면적 억압조치에서 부분적인 완화라는 자유화조치는 그 범위와 정도가 최소한에 그쳤지만, 제한적 조치만으로도 그동안 억눌려 있던 노동운동은 활기를 띠기 시작했다.

그 주요한 특징을 보면, 우선 노동자들의 생활상의 요구와 권리보장요구를 바탕으로 노동쟁의가 급증했으며 노동조합 결성도 늘어났다. 1984년 총 113건의 노동자투쟁이 일어났는데, 이 가운데 체불임금 지불과 임금인상 요구가 65%로 정권의 임금동결정책에 따른 노동자들의 불만이 고조되었음을 보여 준다. 노조 결성은 1984년 9월 말 총 212개가 결성됐는데, 이 가운데 택시운수사업체인 자동차노조가 146개로 가장 많고, 이를 뺀 66개 가운데 서울, 부천, 안양 등 수도권 지역 신규노조가 약 30개였는데, 그 대부분이 직·간접으로 학출활동가들에 의해 주도되었다. 이 시기의 주요한 투쟁으로는 1984년 6월 대구·부산 택시노동자들의 파업시위가 있었다. 이 투쟁은 전국 택시노동자투쟁으로 번져 정권의 노동정책에 영향을 주어 일시적으로 노조 결성을 용이하게 했고, 노동운동의 확산을 크게 촉진시켰다.

2 민중운동 세력 간에 유화국면의 원인과 대응방향을 둘러싼 논쟁이 일어났다. 쟁점은 유화국면이 주어진 것인가 아니면 쟁취한 것인가의 문제였다. 이를 둘러싼 민중운동 내부의 대응방안 논쟁은 기만술책이므로 적극적 공세로 나가면 탄압을 받게 된다는 '함정론'과 국면주도권이 정권에 있지만 이를 적극 활용하여 공개운동을 통해 역량을 강화하자는 '활용론'으로 나뉘었다(민주화운동청년연합, 『민주화의 길』 제15호, 31쪽).

뒤이어 일어난 청계피복 노동자들의 노조합법성 쟁취투쟁은 노동운동의 분위기를 전환시켰다. 청계노조는 1981년 1월 6일 정권에 의해 강제해산 당한 뒤 4개월이 지난 1981년 5월부터 노조복구 활동을 시작했다. 중견조합원 중심의 '청계모임'이 결성되었고, 비공개였지만 노조체계의 형식을 갖춰 조직력 회복을 위해 노력했다. 이어 1982년 구속된 노조 간부들이 출감하면서 1983년부터 공개적인 활동을 시작해 야유회 개최, 지부장컵쟁탈 등반대회를 진행했다. 자신감을 되찾은 청계모임은 '전태일 동지 13주기 추도위원회'를 만들어 공개적으로 활동하기 시작했고, 11월 13일 13주기 추도식을 성공리에 치렀다. 이러한 힘을 바탕으로 노조복구 작업이 본격적으로 시작되어 마침내 1984년 3월 27일 '청계피복노조 복구준비위원회'가 결성되었고, 노조 사무실도 구했다. 1984년 4월 8일 복구대회를 거쳐 집행부를 구성하고, 청계노조의 정당성을 선전함으로써 정권을 압박하기 위한 투쟁을 하기로 결정했다. 노조 역량만으로는 부족했기 때문에 당시 동원력을 갖추고 있는 학생운동과 연계를 갖기로 했다. 당시 노조 위원장이었던 민종덕은 청계노조가 노학연대투쟁에 대해 다음과 같은 원칙을 정했다고 전한다.

> 원칙은 첫째는 공개적이고 공공연한 투쟁을 한다는 거고, 둘째는 어떠한 일이 있더라도 분신 장소인 평화시장 구름다리를 투쟁의 중심으로 둔다. 셋째는 일회성이 아닌 지속적으로 한다. 넷째 노학연대투쟁인데 학생 숫자가 훨씬 많기 때문에 자칫하면 학생 시위로 비쳐질 염려가 있으니 모든 팀에 노동자들을 적절히 배치해 주동자와 연행자 속에 노동자들이 들어가도록 한다는 것이었죠.

이런 원칙에 따라 1차 대회는 1984년 9월 19일, 2차는 10월 12일, 3차는 1985년 4월 12일에 평화시장에서 공개적으로, 그리고 수는 적었지만 투쟁의 주체인 청계노동자들이 주동으로 나서서 시위를 책임지는 방식으로 진행하였다. 청계노동자들은 합법성쟁취투쟁을 '노학연대'를 통해 도시 중심지에서 대규모의 가두투쟁이라는 방식으로 전개해 정치적 영향력을 발휘하였다. 이들의 투쟁은 1981년 신군부정권의 노조해산 명령이 부당하며, 따라서 청계노조는 적법하다는 것을 정권에 제기하는 정치적 성격을 띠고 있었다.

다른 한편 학출활동가들은 수도권 일대에서 노조 결성투쟁과 노동조건 개선투쟁을 주도하였다. 2장 1절에서 살펴보았듯이 노동자계급이 주체가 되는 '혁명'을 지향하며 노동현장으로 투신한 학출활동가들이 1차 과제로 정한 것이 노동자들의 조직화였다. 이들은 노동운동사와 노동운동에 대한 기초적 지식을 바탕으로 노동자들의 대중조직인 노동조합에 대해 인식하고 있었다. 더욱이 1970년대 민주노조들이 어용인 한국노총과 대립하여 독자적인 흐름을 형성하다가 신군부 세력에 의해 강제해산 당하면서 노동운동의 대중기반이 부재하다는 현실적 판단을 하고 있었다. 그 때문에 학출활동가들은 민주노조를 결성하는 것을 당면 과제로 삼고 있었다.

1984년 6~7월에 민주노조를 결성한 곳은 구로공단의 대우어패럴, 효성물산, 가리봉전자, 선일섬유뿐이었다. 1984년 9월부터 정부의 노동정책이 다시 경색되어 학출활동가가 참여한 신규노조 결성을 강제로 무산시켜 이에 대한 투쟁이 지속적으로 일어났다. 그 때문에 1985년에는 학출활동가들이 주도한 투쟁이 두드러지게 증가하였다. 이는 다음의 자료를 통해서도 확인된다. 노동부 장관의 보고에

의하면 "1985년 들어 지난 6월 말까지 전국의 노사분규는 모두 145건으로, 전년 동기간의 65건에 비해 121% 증가했으며, 이중 운동권 학생 출신 위장취업자 관련분규가 54건"이었다. 또 노동부 장관의 민정당 노동특위 보고에서도 "1985년 7월 22일까지 노사분규는 164건으로 작년 같은 기간의 75건에 비해 119% 증가했다. …… 이중 운동권 관련은 62건"「국회보건사회위원회 회의록」(1985. 7. 3)이라는 내용을 볼 수 있다.

학출활동가들이 주도한 투쟁은 수도권을 중심으로 비슷한 시기, 유사한 탄압으로 조직 결성이 와해되고 해고당하면서 상호 지원하는 형태로 전개되기도 했다. 그 결과 지역마다 해고자들이 자연스럽게 연계되고, 이들은 가두에서 지역투쟁을 벌일 수 있는 역량으로 결집되어 갔다. 각 지역에서의 노조 결성 시도와 그 실패과정을 살펴보면 다음과 같다.

구로공단의 경우에 1980년대 전반기 선진적 노동자들이 여러 사업장에 들어가 새롭게 활동을 시도하고 있었다.[3] 구로지역은 서울이 갖는 정치·경제·문화의 중심지로서의 위상, 특히 공단지역이라는

3 1970년대 구로공단의 노동운동은 종교단체의 지원을 받아 근로조건 개선투쟁이나 노조 결성투쟁으로 일어났다. 예로 태봉산업에서 가톨릭노동청년회(JOC) 회원이 주도한 체불임금투쟁(1970), 영등포 도시산업선교회가 지원한 동광산업의 섬유노조지회에서 서울의류지부로의 변경투쟁(1970), 크라운전자노조 결성투쟁과 영등포 도시산업선교연합회의 지원(1972), (주)한국마벨에서 산업선교회원과 JOC회원들이 중심이 된 노조 결성투쟁(1975), 산업선교회원이 주도한 대협의 임금인상·어용노조 철폐투쟁(1976), 대동전자 노동조건 개선투쟁 등이 대표적이었다. 또 영등포 도시산업선교회의 지원을 받아 콘트롤데이타에 1975년 민주노조를 결성했다. 이어 1980년 3월 노동자투쟁이 분출하자 구로지역에서도 고려피혁노조와 노조가 없는 대한광학, 일신제강, 부산파이프, 서통 같은 곳에서 노동자들이 임금인상을 요구하며 파업을 했다. 이어 남화전자, 서통 등에서 노조를 결성했고 일신제강에서는 노조 민주화투쟁이 일어났다. 5·17 이후 군부세력의 민주노조 탄압에 의해 서통노조는 어용노조가 되었고, 콘트롤데이타노조는 해체됐다(유경순, 『아름다운 연대』, 44~45쪽).

특성 때문에 학출활동가들의 중심적 활동공간이 되었다. 유화국면을 틈타 1984년 구로공단에 노동운동이 다시 시작되었다. 1984년 6월에서 8월에 걸쳐 대우어패럴, 효성물산, 가리봉전자, 선일섬유에서 민주노조가 결성되었다. 그러나 정부는 1984년 9월부터 학출활동가가 가담하였다며 노조 결성을 방해했고, 자본측은 노조민주화나 일상투쟁조차 탄압했다. 〈표 2-7〉에서 알 수 있듯이 유니전, 협진양행, 성원제강, 동국제강 등에서는 노조 결성 시도가 일어났고, 일이산업, 영창악기 등에서는 일상투쟁이 일어나는 등 20여 곳의 사업장에서 학출활동가들이 활동을 벌였다.[4]

그 가운데 학출활동가가 주도하여 민주노조 결성을 시도한 (주)유니전은 1,000여 명 규모의 사업장이었다. 1983년 11월부터 학출활동가 현윤실이 윤애화, 곽효영, 이현승 등 5~6명의 노동자들이 참여하는 소모임을 만들어 근로기준법을 공부하면서 노동자들의 불만을 파악하는 동시에 노조 결성을 준비했다. 9월 1일에는 노동자 35명이 참석하여 전국금속노련회관에서 노동조합을 결성하고 위원장에 학출활동가인 현윤실을 선출하였다. 이어 4일에는 구로구청에 노동조합 설립신고를 했으나 "규약상의 조합원 자격규정에 탈퇴규정이 없다"는 등의 이유로 설립신고서를 반려당했다. 회사측은 조합원들의 부모를 동원해서 사표를 강요하였고, 노조 임원에 대해서는 부서이동을 시키면서, 노조 결성 주체들을 불순세력으로 몰아붙이는 부당노동행위를 자행하였다. 이어 회사측이 9월 17일에 위원장

4 학출활동가들이 주도한 노조 결성투쟁이 당시 지역별로 다른 노동자들의 투쟁 속에서 차지하는 비중에 대해 파악하기는 어렵다. 지역별로 매년 노동자투쟁의 통계가 부재하기 때문이다.

과 사무장을 포함해 6명의 핵심 간부를 해고시켰고, 이후 이들은 복직투쟁을 벌였다. 이 과정에서 학출활동가 역시 책을 통해 인식하고 있던 정권의 노동탄압, 특히 노동법과 관련된 행정당국의 문제가 무엇인지를 새롭게 인식하였다. 당시 투쟁을 주도하던 현윤실은 다음과 같이 기록하고 있다. 김일섭 외, 「우리가 왜 위장취업자인가」, 『현장 5집』, 110쪽.

> 나는 이 일을 통해 막연했던 사실이 구체화되었던 것 같습니다. '노동3권 보장하라', '노동악법 개정하라' 등의 구호가 확실히 인식되지 않았었는데 설립신고서 반려로 조합이 깨지고 해고당하면서 정말 노동3권은 보장되어야 하고 노동악법은 개정되어야 한다고 느꼈고, 그것이 실현되지 않는 한 노동자들의 요구는 보다 격렬해질 수밖에 없다고 생각이 들었습니다.

(주)협진양행에서는 학출활동가 박애숙이 1984년에 6명의 노동자와 함께 소모임을 구성해서 노조 결성을 위한 학습을 하였다.[5] 8월 중순부터 이들은 실제 노조 결성준비를 위해 주위 노동자 20여 명을 모아 노동조합의 필요성에 대해 교육받았다. 9월 18일에는 63명의 노동자들이 금속노조회관에서 노동조합을 결성하고 20일에 구로구청에 노조 설립신고를 했다.

5 협진양행은 1968년에 설립되어 1979년에는 수출 1억불탑을 수상했고, 1984년에는 14개의 방계회사를 거느리고 있었다. 회장은 민정당 국회의원 이용호였다. 중졸 초임 일당이 2,400원, 5년 근속자가 3,100원에 불과하며, 연차휴가는 아예 없었다. 관리자의 상여금이 400%인 데 반해 현장은 200%만 지급하고 있었으며, 관리직은 사내 유니폼이 하복·동복에다 춘추복까지 있는데, 생산직은 얇은 가운 하나로 사철을 지내야 했다(노동운동탄압저지투쟁위원회, 『민주노동운동을 향하여』, 1985, 25~30쪽).

노조가 결성되자 회사는 노조 임원이자 반장인 곽상순, 황경희, 최영자를 감금해 노조탈퇴를 종용했고, 김두식과 염승복에게는 관리자 세네 명이 한 조가 되어 철산리 등으로 끌고 다니며 협박했다. 또한 21일 출근하는 노조 간부들을 회사 관리들이 저지하고 현장에서 끌어내자 충돌이 발생해 12명의 조합원이 부상을 당하기도 했다. 이런 상황 속에서도 350여 명의 노동자 중에서 300여 명이 조합에 가입하면서 노조는 전폭적인 지지를 받았다.

이에 회사측은 더욱 노골적으로 노조를 탄압했는데, 노조탈퇴를 거부하는 조합원을 기숙사에서 내쫓고 "노조가 생기면 회사가 망한다", "조합비가 5%나 되고 조합 간부들이 조합비를 다 쓴다"는 등 노조 음해에 열을 올렸다. 노조 설립신고서를 접수한 구로구청은 시간을 끌면서 신고필증을 내주지 않다가 10월 2일에 임시총회 내용이 부실하다며 반려하였다. 그 사이에 회사는 부서이동, 노조탈퇴 강요, 폭행 등을 가해 초기 조합원의 반수 이상이 사직서를 내고 회사를 나가게 만들었다.『민주노동』 7호, 1984, 6쪽 ; 노동운동탄압저지투쟁위원회, 『민주노동운동을 향하여』, 31~37쪽. 금속연맹 담당자는 "임시총회를 시도해 보고 안 되면 재결성이라도 하자"는 무책임한 말로 상황을 회피했다. 이에 대해 노조 결성 주체들은 아무런 대응을 하지 못했다. 특히 학출 활동가는 '위장 취업'이라는 신분조건 때문에 적극적인 대응을 벌이지 못했다. 이에 대해 박애숙은 다음과 같이 기록하고 있다.현윤실 외, 「우리는 선진조국의 후진 일꾼들」, 『현장 2집』, 104~105쪽.

> 뒤늦은 후회지만, 그때 구청의 부당한 지시에 항의하며 구청에서 바로 신고필증을 받을 수 있도록 농성에 들어갔어야 했는데 하는

후회가 두고두고 남아 있다. 상황 판단을 정확히 하여 꼭 싸워야 할 때 과감히 싸워야 했는데…. 그 원인은…… 나 개인적으로는 대학 제적생이었으며 가명으로 입사했기 때문에 그것이 발각될까봐 일정한 한계 내에서만 싸우려 했던 소극적인 자세로 임했기 때문이라는 생각도 든다. …… 아직은 때가 아니다, 가명이 탄로나면 조합 자체에 영향이 올까봐 몸을 사렸던 것이 결정적으로 상황 판단을 잘못했던 것이었다.

결국 10월 3일 다시 임시총회를 열기로 하자, 회사는 부모들을 찾아다니며 노조 비방을 하면서 조합원들의 참여를 방해했다. 10월 3일 임시총회는 26명밖에 참여하지 못해 무산되었고, 노조 간부들은 허탈감에 사표를 내고 나갔다. 결국 학출활동가와 남은 노동자 2명은 해고당해 출근투쟁을 벌여나갔다. 당시 학출활동가는 "어느 한 곳도 우리들을 탄압하지 않고 배신하지 않은 곳이 있는가. 막막한 절박감, 분노가 치밀어 올랐다. 내 한몸 죽으면 해결이 되려나 하는 극한적인 생각까지도 떠올랐다"고 말했다.현윤실 외, 「우리는 선진조국의 후진 일꾼들」, 『현장 2집』, 104쪽.

이처럼 두 노조는 설립 때부터 정권과 회사측, 어용 상급노조의 결탁으로 설립신고증의 반려, 조합간부에 대한 폭력과 해고 등의 지속적인 탄압을 받았다. 이에 두 노조에서 해고된 9명의 노조 간부들이 11월 5일 금속노련 사무실을 점거하고 생명을 건 단식농성에 돌입하였다. 그러나 외부와 차단된 채 진행된 단식농성도 경찰의 폭력으로 4일 만에 끝났고 전원 구류처분을 받았다. 이후 해고자들은 정권의 노동운동탄압 정책을 폭로하고 노동법 개정을 위한 노동문제

〈표 2-7〉 1984~85년 구로지역 학출활동가 투쟁상황

회사명	위치(단지)	노동자 수(명)	주생산 품목	노사분규 일시	해고자수/강제사표자	활동가	투쟁이유→결과
협진전자	1	600	전자제품	1984. 9 ~1985. 1	1 / 3	유	노조 결성→신고서 반려, 해고
(주)유니전	3	1,000	카세트 라디오	1984.11~	10/ 4	유	노조 결성→어용노조
성원제강	구로동	240	제강업	1985. 1~3	5 / 12	유	노조 결성→ 노조 사수파업
동일제강	구로5동	700	와이어·로프·군사용 철조망	1985. 3~4	10 / 8	유	노조 결성→설립 신고서 반려
성도섬유	1	1,150	봉제, 방직	1985. 3~4	5 / 6	유	부당해고→어용노조
서광	3		봉제		6 / 없음	유	→어용노조
한국음향	1	650	음향기기	1985. 4	6 / 10	유	노조 설립→신고서 반려
한국광학	1	300	광학렌즈	1985. 4	1 / 없음	유	임금인상, 해고반대투쟁
한국마벨	1	·	전자제품	·	없음 / 3	유	노조 설립→어용화
성화	2	·	전자제품	·	1 / 없음	유	
남지	3	·	전자제품	·	2 / 1	무	→어용노조
남성	3	·	전자제품	·	2 / 없음	유	
동국	2	·	봉제	·	2 / 없음	유	노조 가입 해고
일이산업	독산동	·	·	·	1	유	소식지 배포
동해실업	구로	·	·	·	/3	유	호소문 배포
영창악기	대림동		악기류	·	6	유	임금인상 서명운동·소식지

※민주통일민중운동연합, 『민주통일』 3호, 1985. ; 한국노동자복지협의회, 『민주노동』 11호, 1985. ; 한국기독교사회문제연구원, 『85년 노동사회사정: 85년 노동관계 신문기사를 중심으로』, 1986 등을 참조하여 작성.

의 정치화, 정치투쟁으로 활동을 연결시켜 나갔다.『민주노동』 7호, 6쪽 ; 노동운동탄압저지투쟁위원회, 『민주노동운동을 향하여』, 17~26쪽.

남성사업장에서도 상황은 마찬가지였다. 회사측이 노조 설립을 방해하려고 관리자를 동원하여 어용노조를 만들기도 했는데, 그런 과정에 정권의 개입과 한국노총의 동조가 있었다. 성원제강[6]이 그 경우였다. 성원제강은 항상 화장실을 비롯해 공장 곳곳에 "우리가 기계냐", "사장은 양심도 없냐"는 등의 낙서가 쓰여 있을 정도로 노동자들의 불만이 쌓여 있었다. 이런 현장의 분위기를 바탕으로 1985년 1월 27일 학출활동가 변재용을 비롯해 노동자 14명이 모여 노동조합준비위를 결성하였다. 이들은 노동조합의 필요성과 결성과정에 대해 교육을 받으면서 동시에 주위 노동자들을 모았다. 특히 각 반의 고참 노동자를 확보하기 위해 노력했다. 3월 3일 노동자 81명이 참석해 노조를 결성하였고, 이를 알게 된 회사측이 설립신고서를 탈취하자 노동자들은 항의농성으로 맞서서 설립신고서를 되찾았다. 3월 5일 170여 명의 조합가입원서를 받아 단합대회를 열고 이후 예상되는 회사측의 분열공작, 매수, 회유, 협박 등에 어떻게 대처할 것인가를 토론했다. 조합원들의 단합을 위해 매일 단합대회 등을 통해 결속을 다져나갔다. 그러나 3월 13일 구로구청은 '가맹인준증 미첨부', '참석자 중 2명 서명 누락' 등의 이유를 들어 설립신고서를 반납하였다. 이에 노동자들이 금속노조를 찾아가 항의하자 금속노조 간부들

6 성원제강(주)은 1961년 창립해 노동자 240명, 한 달 생산량 7,000톤, 1981년 매출액이 175억에 이르도록 급성장한 기업이다. 임금은 미기능공은 3,900원, 기능공은 4,500원에서 시작해 10년 이상 경력자가 5,500원 정도이며, 상여금도 없는 저임금이었다. 4대 명절과 근로자의 날 이외의 법정공휴일의 노동도 특근수당을 지불하지 않았다. 주 평균 노동시간은 70시간이 넘었다(노동운동탄압저지투쟁위원회, 앞의 책, 70쪽).

은 무책임하게 회피할 뿐이었다. 그 사이 회사측은 군 출신 관리자를 앞세워 어용노조를 설립해 쉽게 신고필증을 교부받았다.

이에 분노한 노동자들이 3월 14일부터 "어용노조 물러가라", "노동3권 보장하라", "노조탄압 중지하라"며 파업을 벌였고, 일부는 철야농성을 시작했다. 6일간에 걸친 노동자들의 항의 농성투쟁과정에 경동산업, 유니전, 협진 노동자를 비롯해 지역 노동자들의 지지방문이 이어졌다. 3월 19일 농성노동자들은 전투경찰에게 강제해산을 당했다. 위원장 등 3명은 구류처분을 받았고 6명이 해고당하면서 17일간의 투쟁은 막을 내렸다.『민주노동』 11호, 1985, 28쪽 ; 노동운동탄압저지투쟁위원회, 앞의 책, 71~85쪽. 성원제강은 200여 명인 노동자들이 거의 노조에 가입할 정도로 단결력을 과시했으나, 정권과 회사측과 금속노조가 결탁하여 민주노조를 무력화시킨 예이다.

해고된 학출활동가들과 노동자들은 한편에서는 복직투쟁을 벌이면서 현장문제를 지속적으로 폭로하는 활동을 벌였고, 다른 한편에서는 노동청 점거농성과 가두시위 등을 통한 지역 해고자 간의 연대활동을 벌이기 시작했다.

인천지역의 노동운동은 1983년 말 동일방직노조 출신 노동자들이 재취업한 태평특수섬유 등에서 해고사건이 일어나면서 활기를 찾기 시작했다.[7] 이들이 복직투쟁을 하는 과정에서 민주노조 출신

7 인천지역에서는 도시산업선교회의 지원을 받아 1972년 노조민주화를 이룬 동일방직노조와 1974년 민주노조를 결성한 반도상사노조가 활동했다. 1980년 3월에 반도상사노조는 와해당하고, 동일방직노조는 1979년 어용화되고 노조 간부와 조합원 124명이 해고당하면서 가두에서의 복직투쟁을 벌이다가 1980년 5월 13일 한국노총 점거투쟁 이후 해산되었다. 1980년대 전반기 노동운동은 침체되었고, 지역에서는 교회, 노동사목, 야학, 문화운동패 등이 움직이고 있었다. 다수의 노출활동가들과 학출활동가들이 현장에서 활동을 준비하고 있었다.

노동자들의 명단이 적힌 '블랙리스트'[8]를 문제 삼아 블랙리스트 철폐투쟁이 일어났다.[9] 이후 한국강관에서 학출활동가 김일섭이 1984년 12월 중순 어용노조 위원장에게 노조 가입을 통보하자 노조측에게 감금당하는 사건이 일어났다. 1985년 1월 18일 회사측은 김일섭을 이력서 허위기재를 이유로 해고했고, 그는 복직투쟁을 벌이기 시작했다.『민주노동』 10호, 1985, 24쪽. 1985년 학출활동가들이 20여 개의 사업장에서 노조 결성, 어용노조 민주화, 근로조건 개선과 임금인상 등의 투쟁을 벌이면서 노동운동이 다시 활발해졌다. 특히 대우자동차 노동자들의 임금인상 파업투쟁이 4월 16일부터 10여 일 동안 진행되면서 언론을 뒤흔들어 인천지역만이 아니라 전국 노동자들의 임금인상투쟁에 영향을 미쳤다. 또 그동안 학출활동가들의 소극적인

8 노동운동 탄압 수단인 블랙리스트는 1978년 동일방직사건 당시 김영태 섬유노조 위원장이 작성해 각 사업장에 배포한 이래, 신군부정권이 1983년 말부터 "노동현장에서 불순분자를 영원히 추방한다"는 목표로 작성해서 전국에 배포하였다. 블랙리스트는 정부는 물론이고 국가정보기관과 기업·노동부 등이 공동작성한 것으로 125개 사업장의 해고자 681명, 복직자 60명, 재취업자 57명에 관한 일목요연한 신상명세를 기록하고 있다. 이 블랙리스트에 올랐던 사람들은 1980년 신군부의 노동계 정화조치로 인해 해고된 1970년대 민주노조운동 출신 노동자들과 1980년대 초반 노동현장에 취업한 후 신분이 노출된 학생운동 출신 활동가들이었다. 정권은 이들이 재취업하여 노동현장에서 노동자들을 조직화되는 것을 원천봉쇄하려 했다(민주화운동기념사업회, 『한국민주화운동사 연표』, 411쪽).

9 1983년 1월 태평특수섬유에서 근무하던 동일방직 해고자 김용자, 김옥섭 등은 1983년 7월부터 회사로부터 "해고자 명단을 입수했다", "어떤 목적으로 회사에 들어왔느냐"는 등의 압박을 받던 차에 10월 17일 '사상불온', '신원 불확실' 등을 이유로 전격 해고되었다. 이들과 함께 안순애, 신정희, 서기화 등도 동일한 이유로 해고되었다. 이에 이들은 1983년 12월 15일 노동부 인천지방사무소 소장실에서 7시간 동안 복직과 블랙리스트 철폐를 요구했고, 다음 날인 12월 16일 오후 2시부터 근로감독관실에서 단식과 철야농성을 벌이다 12월 17일 새벽 2시경 경찰 50여 명에 의해 강제해산되었다. 5명은 전원 현장에서 연행되어 구속되었다. 이 사건을 계기로 1984년 1월 19일 해고노동자들과 민족민중운동 세력들이 모여 '민주노동자 블랙리스트 철폐 대책위원회'를 결성해 블랙리스트 문제를 폭로하고 사회문제화시켰다. 그 결과 3월 8일 국회에서도 블랙리스트에 관한 공방이 벌어졌는데, 노동부는 이 리스트의 존재를 부인했다(김영곤, 『한국노동사와 미래』 2, 선인, 2005, 307쪽).

활동 방식에 대한 반성과 더불어 공개적인 활동이 가능하다는 것을 보여 주기도 했다.

동보전기에서는 노조 결성에 성공했으나 일시적인 것으로, 노동자들의 힘이 이완된 이후에는 회사측이 주동자들을 해고시키거나 사업장을 폐업하여 결국 그 성과를 무산시켰다. 이를 구체적으로 살펴보면, 동보전기에서는 1985년 2월 6일 노동조합을 결성하여 학출활동가인 이형범이 위원장에 선출되어 활동하였다. 그러나 회사가 상습적으로 임금을 체불하다가 부도처리를 하자 5월 3일 노동자들이 "체불임금청산", "회사정상화 가동" 등을 요구하며 파업에 돌입했다. 결국 투쟁 15일 만에 회사가 정상적으로 가동하면서 노동자들이 승리하였다. 그러나 1985년 12월 들어 다시 회사가 부도를 내자, 12월 13일 14명의 노동자들이 인천수출산업공단 4단지 본부를 점거하고 "정부는 체불, 실업에 대한 근본적인 대책을 세우라", "노동자도 인간이다. 먹고살 수 있는 일자리와 체불임금을 달라"고 요구하며 다시 농성투쟁이 벌어졌다. 경찰이 폭력으로 농성을 해산시키자, "실업·체불의 책임자 군사정권 몰아내자"고 외치며 저항하다가 연행된 이들 중 학출활동가인 이형범, 정동근은 집회 및 시위에 관한 법률위반 및 폭력 협의로 구속되었다.한국기독교사회문제연구원, 『85년 노동사회사정』. 결국 동보전기노조는 사업장 폐업으로 그 활동 근거를 상실하였다.

그밖의 노조 결성과 어용노조 민주화 시도도 실패했다. 경동산업의 경우를 살펴보면, 이 사업장에는 1984년에 노출활동가인 정명자와 김홍섭, 학출활동가인 한덕희, 최봉근, 김종호 등이 활동하고 있었다. 1984년 10월 중순 한덕희와 김홍섭이 회사측에 경력이 발각되면서 부서이동과 지속적인 폭행을 당했고, 손맹식 등 10여 명은

〈표 2-8〉 1985년 인천지역 학출활동가 투쟁상황

회사명	해고자/사표자 수	발단	해고사유	기타
대한마이크로	구속 4 기타 18	7월 8~16일 노총회관농성	집시법 및 노동쟁의 조정법 위반	
대림자동차 (부평)	해고 4(구속1)	10월 15일 노조와 회사에 대한 성토대회 개최		
서울금속 (주안)	해고 12	근로기준법 시정요구 진정서 제출	진정서 제출 동조	소식지 배포
범한무전 (부평)	해고 206	8월 22일 사표 거부	불온유인물 배포 / 회사 사정 감원	유인물 배포
건화상사 (부천)	해고 7 구속 1	8월 22일 근로조건 개선 연대진정서 작성		출근투쟁
대성목재 (인천)	해고 7	5월 1일 임금인상 요구투쟁	이력서 허위 기재	부당해고 구제신청 / 소식지 배포
한영알미늄 (인천)	해고 10 강제사표 4 부서이동 6	3월 14일 임금인상과 근로조건 개선요구 / 부서이동 거부	시위 동조 / 명령불복종	소식지 배포 / 출근투쟁 / 신민당사 농성 2명 참가
신흥목재 (우아미)	해고 7	4월 26일 임금인상 요구 / 이력서 허위기재	회사불이익	소식지 배포 / 부당행위 구제신청
진도(주) (인천)	해고 4 강제사표 12	1월 25일 노조 결성 / 조합정상화 / 근로조건 개선요구	이력서 허위 기재	유인물 배포 / 근로기준법 위반 고발
대우자동차 (부평)	구속 8 해고 3 사표 30	4월 18일 임금인상 요구	집시 및 노동쟁의 조정법 위반	
경신 (인천)	해고 1 출근정지 6	7월 20일 근로조건 개선요구 건의서 제출	이력서 허위 기재	호소문 작성

신한일전기 (부천)	해고 2 강제사표 7	4월 19일 이력서 허위기재. 해고자와 친한 사람	경력 허위기재	소식지 배포 / 부당해고 구제신청 / 신민당사 농성 1명 참가
이천전기 (인천)	해고 12	3월 20일 근로조건 개선요구	취업규칙 위반 / 명령불복종 / 불법시위 / 이력서 허위	조합원 직위가처분신청-승소 / 신민당사 농성 3명 참가
대림통상 (인천)	해고 6 강제사표 수십명	4월 19일 근로조건 개선모임-노동부에 제출한 진정서 배포 / 이력서 허위기재	이력서 허위기재 / 취업규칙 위반 / 작업장 질서문란	부당해고와 근로기준법 위반 신고 / 조직폭력범죄단체 고발 / 지역해고자 40여 명과 시위
경동산업 (인천)	해고 5 강제사표 30	10월 노조 결성시도 / 유인물 배포	유인물 배포 / 경력사칭	부당노동행위 구제신청 / 소식지 배포 / 신민당사 농성 1명 참가
한국후지카 (인천)	해고 8 강제사표 20	3월 23일 근로조건 개선 유인물 배포 / 학력경력 허위 /해고자와 친한 자 징계	이력서 허위기재/취업규칙 위반	부당해고 구제신청 / 소식지 배포
한일스텐레스 (인천)	해고 11 강제사퇴 다수	2월 25일 근로조건 개선요구 / 어용노조 퇴진, 총회소집 등 요구	회사불이익 / 이력서 허위기재	휴업반대시위 /부당해고 구제신청 / 신민당사 농성 2명 참가
대우중공업	해고 1	5월 22일 위원장에게 항의	유인물 배포	위원장 불신임안 제출
태광무역	구속 4인	12월 13일 부당해고. 출근투쟁	집시법, 사문서 위조	
한영목재	구속	12월 24일 출근투쟁	공문서 위조	

※ 한국기독교사회문제연구원, 『85년 노동사회사정』, 부록을 참조하여 작성.

강제사직을 당했다. 이에 정명자와 김홍섭은 12월 13일 회사에 이를 폭로하는 「우리들의 고통에 귀 기울여 주십시오」라는 호소문과 「노동조합이 왜 필요한가」라는 유인물을 배포하였다. 17일에는 일부 노동자들이 임금인상을 요구하며 잔업거부를 하기도 했다. 김일섭 외, 「우리가 왜 위장취업자인가」, 『현장 5집』, 77쪽. 현장에서 격리당하고 다른 동료들에게 구타와 폭행을 당하면서 배포한 유인물의 효력은 차츰 나타나기 시작했다. 유인물의 내용은 노동자들 사이에 화제가 되었고, 지켜지지 않고 있던 근로기준법에 대해서도 조심스럽게 여기저기에서 논의되기 시작했다.

이처럼 현장 분위기가 술렁이자, 3인은 당장 해고당할 위험 때문에 조직력과 지지기반이 부족한 속에서 노조 결성을 추진하였다. 결국 이들이 주도하여 1985년 1월 14일 노조 결성식을 진행하자, 회사측은 김홍섭과 한덕희를 해고했다. 1월 25일 인천시청은 노조설립신고서를 정족수 미달 등을 이유로 반려하면서, 회사측이 급조해서 내세운 어용노조에 신고필증을 교부하였다. 회사는 노조 결성을 주도한 노동자와 활동가들을 해고하거나 부서이동을 시켰고, 이에 대해 항의하는 이에게는 폭행을 가했다. 2월 5일 「투쟁기록문」에는 다음과 같이 쓰여 있다.

> 최봉근에게 D연마로 부서이동을 명해서 거절하였다는 이유로 유차장이 목을 조이고 발로 짓이기고 머리를 시멘트바닥에 짓이겨 코피를 흘리며 부상당하여 복음병원에 입원하고 김종호 역시 생산과 대리에게 빰을 맞는 등 폭행을 당함.

이들은 사업장에서의 신분문제, 노조 결성 등의 활동과정에서 "노동운동 탄압의 극치를 보여 준 회사측과 한국노총, 금속노련, 노동부, 인천시청, 부평경찰서, 안기부 등의 방해공작…… 동원할 수 있는 모든 기관, 당국 등의 권력들이 매수, 협박, 구타, 고소, 사기 등의 범죄를 저지르니 어떤 노동조합이 무사할 수 있겠는가. 이미 노동운동은 해당기업의 문제가 아니라 전체 노동자대중의 정치권력과의 싸움이 된 것"이라고 제기했다. 김일섭 외, 「우리가 왜 위장취업자인가」, 『현장 5집』, 58쪽.

결국 해고자들은 다른 사업장의 해고자들과 같이 1월 14일 민한당사 농성투쟁을 벌이고, 6월 17일에는 인천지역의 8개 사업장의 해고자 13명과 같이 신민당사에서 부당해고 및 조직폭력에 의한 노동자탄압에 대한 항의농성을 7월 1일까지 벌였다.[10]

다음으로 어용노조를 민주화시키려 했던 한일스텐레스의 경우를 보면, 1985년 3월 노동자들이 어용노조 집행부를 뒤집어 새로운 민주파 집행부가 출범하였다. 그 뒤 집행부는 노조체제를 정비하고 단체교섭에 들어갔다. 조합원들의 자발적인 잔업거부 등으로 교섭력을 높인 끝에 5월 21일 상여금 100% 추가지급, 임금 추가인상 2% 등의 성과를 확보했다. 그러나 이 과정에서 회사는 노조의 조직부장이 학출활동가라는 것을 밝혀내어 해고했다. 회사측이 「위장취업자의 저의는 무엇인가」라는 유인물을 배포하면서 학출활동가와 조합

10 비록 노조 결성은 실패했지만, 해고자들의 지속적인 노력의 결과 경동산업에는 새로이 노동자 출신 활동가 이건탁, 서형옥, 신명철과 학출인 김학철, 오동진, 박병우 등이 비공개의 활동가 모임을 구성하였다(이재성, 「인천지역 민주노조운동에 대한 사회운동론적 고찰」, 서울대 정치학 박사논문, 2010, 67~68쪽).

원들을 이간질시키려 했다. 노조 위원장은 전체 조합원을 모아 놓고 '목적은 같으나 단지 풀어 가는 방법이 다를 뿐'이라며 회사의 악의적인 선전에 항의하였다. 그러자 회사측은 6월 1일 공장폐쇄를 선언하고 정부기관과 합세하여 노조 파괴를 시도하였다. 6월 2일부터 조합원 250여 명은 회사의 부당폐업에 항의하여 농성을 벌였다. 6월 7일 회사는 노조 간부 8명을 12시간 감금한 채 강제사표를 요구하다가 무산되자, 다시 5월에 관리직으로 고용한 공수특전단 출신 등의 깡패 집단으로 구사대책위를 만들어 '위원장 퇴진'을 요구하는 관제농성을 벌이면서 조합원들과 대치하였다. 노동부, 경찰서, 안기부, 금속노조연맹 등에서 나온 사람들이 회사 내에 상주하였는데, 이들은 폭력배들로부터의 신변보호를 요구하는 집행부에게 "정보과 사무실에 가 있어라. 거기밖에 안전한 곳이 없다"고 빈정거렸으며, 노동부는 중재를 핑계로 시간만 끌었다. 결국 6월 14일 회사는 위원장 등 핵심간부 13명을 해고했다.한국노동자복지협의회, 『민주노동』 11호, 30~31쪽.

이들 해고자들은 출근투쟁과 해고무효소송을 벌이는 한편 지역 해고자들의 공동투쟁에도 참여하였다.

안양지역에는 1980년대 전반기에 소수의 학출활동가들이 개별적으로 사업장에 진입해 있었고,[11] 1984년부터 학출활동가들이 본

11 안양지역은 1970년대 들어 공업화가 진행되어 1972년 64개이던 업체가 1970년대 후반에는 350여 개로, 인구는 10만에서 20만 명으로 늘어났다. 이 지역의 섬유산업이나 금속산업 등의 대기업에는 노동조합이 결성되어 있었지만 민주노조운동은 부재했다. 동양나일론(1970. 4. 26), 삼풍섬유(1975. 7. 9), 유유산업(1975. 5. 4), 삼화왕관(1976. 12. 21), 경원제지(1978. 8. 20) 등에서 노조 결성투쟁이 전개되었고 한편에서는 1978년 동일방직 등의 민주노조 해고자들이 사업장에 취업했다가 해고당하기도 했다. 1978년 대우전자부품 등 몇몇 사업장의 노동자들이 학출활동가인 신금호의 지원으로 소모임을 했다. 또 다른 예로 "1979년 말 안양근로자회관에서 노조를 결성한 삼양통상에는 노동자 출신 활동가 유동우, 학출활동가와 동일방직 해

격적으로 진입하기 시작해 1985년에는 그 수가 더욱 늘어났다.[12] 그러나 이들은 1980년대 후반 내내 들어오고 나가기를 거듭하였고, 그 숫자가 수백 명은 되었다고 한다. 그 때문에 1984년에서 1985년에 안양지역은 서울이나 인천지역보다 노동조합결성 등의 활동이 상대적으로 미진했다. 따라서 안양지역은 1985년경까지는 신원조회가 덜 까다로웠다. 취업 시 지문조회, 주민등록증 확인도 일상화되지 않아 구속경력이 있는 경우에도 중소사업장에는 본명으로 입사가 가능했다. 그러나 1985년에 대우자동차 파업투쟁, 구로동맹파업이 일어나고 위장취업 문제가 대두되면서 회사측은 신원조회를 통해 색출작업에 들어갔고, 이에 신분이 발각되어 해고되는 경우가 많았다.

우선 금성전선에서 구속경력이 있던 조영표, 김옥수가 신분이 드러나 해고당하고 구속경력이 없던 남승완은 남았다. 이때 만도기계에 취업해 있던 정금채도 신분이 드러나 해고되었고, 뒤이어 정희민, 정홍상도 만도기계에서 해고되었다. 활동이나 투쟁과정이 아닌 신원조회에서 신분이 발각된 것이다. 또 박현옥은 화진음향에 다니다 노동자의 신고 때문에 학출활동가라는 사실이 드러나 회사를 다니지 못하게 되었다.이시정, 『안양지역 노동운동사』, 62쪽. 그밖에 근로조건 개선이나 노조 결성투쟁을 하면서 해고된 경우도 여럿 있었다.

안양에서 근로조건 개선투쟁에 승리한 경우도 있었다. 1985년

고자 등이 입사해 있었다"고 증언한다. 또 삼양통상에 박용훈 등 몇몇의 학출활동가들이 활동하고 있었고, 1982년에는 노세극이 명학역 근처 골판지제조회사에 입사해 현장분위기를 익히며 노동운동을 준비하기 시작했다(이시정, 『안양지역 노동운동사』, 48~52쪽 참조 정리).

12 1984년 8월경에는 외국어대 출신들 일고여덟 명이 집단적으로 들어와 현장이전 준비활동을 시작했다. 성균관대의 경우 81학번 13명이 4개 팀으로 구성되어 1984년 10월경 안양에 갔는데 79학번에서 80학번 등을 포함하면 1984년 하반기에만 30여 명이 노동현장에 들어갔다(이시정, 앞의 책, 61쪽).

〈표 2-9〉 1985년 안양지역 학출활동가 투쟁상황

회사명	해고자/사표자수	발단	해고사유	기타
서일산업사	해고 1(구미원)	7월 20일 각서 거부		부당해고철회 / 근로기준법(근기법) 위반사항 진정
화신음향	해고 1(목혜정)	7월 23일 근로조건 개선건의		
티엔티	해고 2(정정원, 김순주)	7월 25일 신분 발각	이력서 허위기재	
삼양통상	해고 4	8월 8일 근로조건 개선 건의문 서명운동		
한국제지	해고 1(박재영)	7월 8일 근로조건 개선요구	이력서 허위기재	부당해고철회 / 근기법 위반사항 진정
만도기계	해고 1 강제사표 2	이력서 허위기재	이력서 허위기재	소식지 배포 / 근기법 위반사항 진정
금성전선 중기공장	해고 2	이력서 허위기재	이력서 허위기재	근기법 위반사항 진정
고려합섬	부당전출 1	어용노조 규탄 유인물	인사명령 불복종	호소문 배포
오뚜기 식품	해고 1	노조 결성 참여	인사명령 불복종	호소문 배포
삼품	해고 2	이력서 허위기재	이력서 허위기재	
신창전기	해고 1	이력서 허위기채	이력서 허위기재	호소문 배포
한영알미늄	해고 1	이력서 허위기재	이력서 허위기재	호소문 배포
삼영케이플	해고 1	이력서 허위기재	이력서 허위기재	호소문 배포

※민주화운동기념사업회, 「경기지역 기초조사 사업최종보고서」, 2005. ; 이시정, 『안양지역 노동운동사』, 62~75쪽 참조 작성.

에 70여 명 규모의 화천프레스에는 활동가들이 몰려 있었다. 학출활동가인 이시정, 이융복, 곽현석(본명 이주하), 김무영(본명 김대영) 등과 선진노동자인 김종주가 중심이 되어 6~7월부터 현장에서 부서별 친목모임을 진행하거나 야유회 등을 추진하여 노동자들의 불만을 취합하고 뜻을 모아 투쟁을 준비했다. 그동안 진행해 온 친목모임과 소모임의 힘을 바탕으로 10월 11~12일 학출활동가들이 주도하여 근로조건 개선에 대한 16개항을 요구하며 투쟁을 벌이자 대부분의 노동자들이 참여해 승리했다. 그러나 탄압을 준비한 회사측은 1986년 들어 활동가들을 모두 해고시켰다. 이시정, 『안양지역 노동운동사』, 85~86쪽.

현장에서 해고된 학출활동가들은 해고 거부투쟁을 하면서 다양한 방식으로 현장에 소식지를 배포하였다. 예를 들어 해고자들은 출근시간 정문 앞에서 소식지를 배포하기도 하고 현장 내의 활동가들이 은밀하게 배포하기도 했다. 이런 소식지를 매개로 현장 내의 다양한 움직임을 활성화시키는 계기가 되었다. 이시정, 앞의 책, 72~76쪽.

노동운동의 불모지였던 성남지역에서도 1984년 들어 노동운동이 시작되었다. 1984년 말 협진노조 결성 이후 1985년 중반기까지 신규노조 결성 시도와 대량 해고, 노조민주화투쟁이 긴박하게 전개되었다. 이는 학출활동가들이 사업장에 진출하여 활동하기 시작한 때와 맞물린 것이었다. 〈표 2-10〉을 통해서 이들의 1985년 투쟁과 해고 상황을 알 수 있다.

협진화섬 노동자들은 1984년 12월 15일 노조를 결성하고 이후 미지급분 추석보너스, 임금지불 정상화 등의 일상투쟁으로 조합원의 단결력을 보여 주었다. 그러나 회사측은 학출활동가와 노동자를 분리시키고, 노조원과 비노조원을 이간질시키려 했다. 또 회사는 조

〈표 2-10〉 1985년 성남지역 학출활동가 투쟁상황

회사명	해고자/사표자 수	발단	해고사유	기타
삼일가구	해고 2	5월 9일 노조 결성/ 7월 5일 부당해고	이력서 허위기재	출근투쟁 유인물 배포
광성화학	해고 2	6월 3일 노조 결성	이력서 허위기재	출근투쟁
광서고무롤	해고 1	7월 20일 부당해고	이력서 허위기재	
에이스침대	해고 1	7월 중순 의료보험 비 과대징수 항의	근로계약서 서명거부	
광명전기	해고 6	7월 18일 근로조건 개선요구 7월 25일 노조 결성	사내질서문란 행위	
협진화섬	해고 5 강제사표 다수	84년 12월 15일 노조 결성시도 5월 16일 노조민주화추진위원회 구성	사내질서문란 행위	출근투쟁
국동	휴직강요 1	10월 3일 YMCA 다니고 근로기준법 잘 알아서		호소문 배포 유인물 배포
창흥섬유	해고 1		11월 4일 노조 이유	10월 5일 유인물 배포
보원무역	강제휴직 2	9월 20일 노조준비위 관련		9월 25일 유인물 배포

※한국기독교사회문제연구원 편, 『성남지역 실태와 노동운동』, 민중사, 1986, 116~117쪽. ; 한국기독교사회문제연구원, 『85년 노동사회사정』 부록을 참조하여 작성.

합원들에게 노조 강제탈퇴를 강요하고 말을 듣지 않는 경우 해고하여 총 220명이었던 노동자가 120명으로 줄었다. 결국 노조는 회사의 매수, 협박, 회유 등으로 폭력적인 임시총회 이후 어용화되었다. 열

성조합원들은 '협진노조 민주화추진위원회'를 결성하여 불법총회를 통한 노조 어용화를 폭로하고 소식지 「횃불」을 만들어 현장과 지역에 배포했다. 특히 해고자 5명과 강제 사직자 2명이 출근투쟁 때 경찰에게 끌려가 입건되자, 지역노동자들과 같이 항의시위를 하면서 성남에서는 처음으로 사업장 문제에 대해 지역 차원의 지원·연대활동을 벌였다.한국기독교사회문제연구원 편, 『성남지역 실태와 노동운동』, 116~117쪽. 이후 상일가구, 조광피혁, 광성화학, 광명전기 등에서도 학출활동가들이 신규노조 결성을 시도하였으나 많은 노동자들이 해고당하면서 급속히 활동력을 상실하고 노조는 무력화되었다. 그러나 해고된 학출활동가들과 노동자들이 긴밀한 연대 속에서 해고자모임의 형태로 공동대처를 한 것이 이후 성남 노동운동을 발전시키는 데 기여했다. 이는 8월 8일 공단 입구 5개 사업장 해고노동자들의 연대투쟁의 형태로 나타났다.한국기독교사회문제연구원 편, 앞의 책, 120쪽.

그밖에 부산지역이나 대구지역에서도 1985년 들어 학출활동가들의 활동이 서서히 드러나기 시작했다. 부산지역의 경우 1985년 8월 21일 풍영 주식회사에서 학출활동가 노○○ 등 8명이 해고되었다. 이들은 1984년 12월부터 신발메이커인 풍양에서 근무하면서 근로연장수당 지급, 강제잔업 금지 등 근로조건 개선을 요구하며 5월 10일부터 8월 10일까지 노동자들이 투쟁을 벌이는 데 앞장섰다. 이들은 부산 시내의 대학 출신이었다. 그중에 5월 28일 해고당한 노○○의 경우는 김미자란 가명으로 1984년 12월에 취업해, 유인물을 배포하다가 경찰의 수배를 받기도 했다.『중앙일보』, 1985년 8월 22일자. 그밖에 1985년 학출활동가 관련 활동 상황은 〈표 2-11〉을 통해 알 수 있다.

대구지역에서도 1981년부터 1985년 사이에 8명의 학출활동가

〈표 2-11〉 1985년 부산지역 학출활동가 투쟁상황

회사명	해고자/사표자 수	발단	해고사유	기타
세화상사	해고 11	1월 25일 강제저축 반대서명운동, 노조 결성 시도	작업태만 / 명령불복종	부당노동행위구제 신청, 각계에 호소문 배포
삼도물산	해고 3	84년 9월 5일 노조 결성시도 85년 3월 6일 부당 해고 서명운동	이력서 위조 / 명령불복종	해고무효확인소송 임금지급 가처분신청, 종업원지위보전 가처분신청
풍영	해고 5 사직서 8	5월 28일 수당지급 서명운동 6월 7일 서명운동 동참	가명 입사 / 이력서 허위 기재	7월 11일 소식지 배포 출근투쟁 진정서 배포/시위
세신정밀	해고 1	8월 28일 회사측의 근로기준법 위반 사항에 대한 진정서 제출	이력서 허위 기재	출근투쟁 유인물 배포
부산화학	해고 2	9월 2일 노동조건 개선 진정서 서명 작업	이력서 허위 기재	출근투쟁 유인물 배포

※ 한국기독교사회문제연구원, 『85년 노동사회사정』, 204쪽 참조 작성.

들이 드러났는데, 아신금속의 임금인상투쟁은 이들이 주도한 대표적인 투쟁이었다. 학생운동가들의 노동현장 참여는 1986년 들어 급격히 증가한 것으로 나타났는데, 이는 대구지역이 근로조건이 열악한 대규모 섬유산업이 모여 있는 중요 활동지역이었기 때문이었다. 노동부 대구지방사무소의 자료에 따르면 1986년 노동쟁의에서 밝혀진 학출활동가들이 20명인 것으로 드러났다. 20명 중에 15명은 그 지역 출신이었고 5명은 경인지역 출신의 학출활동가들이었다.『대구

매일』, 1986.11.16. 이는 1985년 전후로 수도권을 메운 학출활동가들 중에 일부가 노동운동의 거점을 확산시키기 위해 주요 산업이 밀집된 지역으로 옮겨 가던 상황을 반영했다.

이처럼 1980년 신군부의 탄압으로 침체되어 있던 노동운동은 1983년 말 이후 일시적 유화국면을 활용하여 수도권을 중심으로 서서히 회복되기 시작했다. 이 움직임을 주도한 세력은 학출활동가들이었다. 1984년 9월에서 1985년에 걸친 학출활동가들의 현장 안에서의 활동은 소그룹 형성, 근로조건 개선을 위한 투쟁, 소규모 사업장의 체불임금투쟁과 폐업반대투쟁, 나아가 민주노조 결성과 노조민주화투쟁 등으로 나타났다. 특히 신규노조 결성은 1980년 개정된 노동법에 따르면 30인 이상의 참여자가 있어야 가능했으며, 더욱이 노조 결성을 신고해서 당국으로부터 노조 설립신고필증을 받아야만 공식적으로 노동조합을 운영할 수 있었다. 이런 법적 제약 때문에 실제 노동자들 30여 명을 조직해서 노동조합을 결성하는 것은 쉬운 일이 아니었다. 또한 학출활동가들도 신분을 숨긴 채 대중적 지지를 받으며 노조 결성을 주도하기는 쉽지 않은 일이었다. 그럼에도 불구하고 학출활동가들은 소그룹 등의 활동을 통해 조직한 노동자들과 함께 노조 결성 등을 시도하였다. 지역마다 학출활동가들이 주도한 현장투쟁은 이전과는 달리 빠른 속도로 노동운동의 분위기를 되살렸다. 특히 1985년 대우자동차의 임금인상투쟁은 여론을 타고 전국을 떠들썩하게 하여 1985년 노동자들의 임금인상투쟁 분위기를 고양시키기도 했다.

그러나 1984년 9월 1일 이후 여러 지역에서 학출활동가들이 주도한 사업장 투쟁은 모두 실패했다. 경동산업처럼 대중의 지지기반이 충분하지 않은 상태에서 투쟁을 벌인 경우도 있었지만, 대체로 현장 내에 소그룹활동 등을 통해 역량을 구축한 뒤에 노조 결성을 시도하였음에도 실패했다. 그 이유는 정부가 1984년 9월 1일을 기점으로 노조 결성을 허용하지 않는 탄압정책으로 선회한 것을 알지 못한 데 있었다. 더욱이 학출활동가들이 노동현장 활동을 벌여 나가는 것이 부상되면서 정부와 회사측은 학출활동가들을 가려내기 위한 신분검색과 집단행동에 대한 탄압을 한층 강화했다.

정부와 회사측은 〈표 2-12〉와 같이 해고, 노조 설립신고 반려, 구류나 구속, 회사 내 구사대와 경찰을 동원한 폭력행사 등의 방법을 동원하여 학출활동가들을 노동자들과 분리시키려 했다. 다양한 탄압 형태는 개별적으로 일어나는 것이 아니라 "해고 → 집단폭행 → 구류처분(신한일전기, 이천전기 등), 노조 설립신고 반려 → 해고 → 폭행 → 구류(성원제강, 경동산업 등), 구사위원회 구성 → 조합원 출근봉쇄 → 집단폭행 → 대량해고 →민주노조 파괴(한일스텐레스, 대한마이크로전자 등), 노조 간부 구속 → 흑색선전 → 기관원 상주·협박 → 해고 → 조직파괴(통일산업 등), 간부 구속 → 집단폭행 → 추가 구속 → 대량해고 → 휴·폐업 → 조직파괴" 등과 같이 단계적이고, 총체적으로 이용되었다.

결국 1984년 9월 이후 학출활동가들이 주도한 노조 결성 시도와 투쟁은 정권과 회사측의 노골적이고 폭력적인 탄압으로 사업장마다 다수의 해고자를 양산했다. 해고자들은 노조 결성이 실패한 데는 기업측의 탄압도 문제였지만 무엇보다 정권의 물리적 탄압과 1980년에 개악된 노동조합법이 문제였다고 인식하면서, 이를 해결하지 않는 한 노동현장의 조직화가 어렵다는 판단을 공유하였다. 그 결과 노동법 문제와 노동운동 탄압을 정치 문제로 제기해야 한다는 데 뜻을 같이 했다. 같은 시기에 여러 사업장에서 유사한 경험을 하였기 때문에 지역마다 해고자들은 빠르게 결집했다. 이들은 연대하여 노동부와 야당 당사 점거투쟁, 가두정치투쟁을 벌이면서 노동문제를 정치화시키기 시작하였다.

〈표 2-12〉 정권과 자본의 노동운동에 대한 탄압 유형

탄압 방식	관련 내용
학출활동가에 대한 비방선전	정부는 언론을 총동원해서 학출활동가들을 '위장취업자'라고 이름 붙인 뒤 "순수한 생계목적이 아니라 근로자의 의식화 내지 조직화를 하여 반체제 투쟁에 끌어들이는 불순한 정치적 목적"을 가지고 있다거나 노동운동을 '좌경'으로 몰아붙였다.
블랙리스트 강화	정부는 학생운동가의 현장취업을 사전봉쇄하기 위한 블랙리스트 활용을 더욱 체계화했다. 즉 해고자나 문제의 소지가 있다고 예상되는 대학 출신자의 신상명세를 컴퓨터에 입력해서 각 경찰서를 통해 기업에게 소정양식에 따라 신입자들을 주기적으로 보고·확인토록 했다. 또 각 기업 간의 정보교환을 강화하고, 신입자의 경력조회를 철저히 하고 사실과 다를 경우 바로 해고하였다.
노조 설립 봉쇄	정부는 "Ⓐ노동운동가 및 학출활동가가 관련된 신규노조는 허락하지 않는다. Ⓑ한국노총이 인정하지 않는 신규노조는 허락하지 않는다. Ⓒ현재 상태에서 현저한 조직원 증가 역시 허락하지 않는다"는 입장을 세우고 1984년 9월 이후부터 무조건 설립신고서를 반려했다. 예로 경동산업, 성원제강, 세화상사, 동일제강, 한국음향 등이 있었다.
어용노조 설립	민주노조를 설립하려거나 설립했다가 정부로부터 거부당한 사업장에는 기관과 기업주가 공모하여 어용노조를 결성하였다. 경동산업, 성원제강, 세화상사, 동일제강, 한국음향, 대한상운 등에서 어용노조를 설립했고, 노조설립을 준비하던 중 회사가 선수를 쳐 어용노조를 결성한 곳은 진도, 성도섬유, 동홍전기 등이 있다.

휴·폐업 단행	민주노조를 파괴하기 위해 1985년 이후 대우자동차, 한일스텐레스, 부흥사, 효성물산, 대우어패럴에서 휴업을 하였다. 이 기간 동안 회사는 조합원을 해고·강제사직시키는 등 노조어용화 공작을 펼쳤다. 예로 한일스텐레스 노조가 어용화되었다.
형사처벌강화-구류 처분	1985년 7월 20일 기준으로 노동운동 관련하여 구류처분을 받은 사람은 200여 명이다. 구류처분의 내용을 보며, 부당해고 관련 출근투쟁 및 유인물 배포, 노조 설립신고서 반려 및 노조파괴에 대한 항의, 사설 깡패집단에 의한 노동자 폭행에 대한 항의 등이 대부분으로 탄압정책이 '폭력 → 항의 → 구류처분'의 과정을 거치는 것으로 나타났다.
형사처벌강화-구속·불구속 입건	1985년 들어 정권의 노동운동 탄압 중 가장 심각한 것은 노동운동가에 대한 구속조치였다. 1985년 상반기만 해도 53명이 구속됐는데, 그 내용을 보면 임금인상 파업투쟁 관련 13명, 구로동맹파업 관련 28명, 공공건물점거농성이 4명, 취업을 위한 공문서 위조 관련 구속이 2명, 가두시위 관련 구속이 4명, 폭행 및 공갈협박이 2명 등이다. 구속외 노동운동과 관련하여 불구속입건된 경우도 58명에 이르렀다.
사설 폭력단에 의한 무차별 구타	노동자들의 투쟁이 확산되자 노동자 내분을 가장한 사설 깡패집단을 고용하여 폭력을 사주했다. 직업적 깡패를 관리자로 고용해 폭력조직을 만든 뒤 회사 고위간부가 직접 지휘하는 이른바 기동타격대 혹은 구사대책위원회는 신한일전기, 한영알미늄, 영창악기, 대림통사, 한일스텐레스, 부흥사, 대우어패럴, 선일섬유, 대한마이크로전자 등에 만들어졌다. 이들은 출근투쟁을 하는 해고자를 납치·감금·협박·집단폭행을 하고 노조를 파괴하는 역할을 했다. 이들 폭력단들의 집단폭행으로 부상당한 노동자가 100여 명에 이르렀다. 한일스텐레스 구사위원회에서 집당폭행을 당하여 3인이 부상을 당했고, 대림통상 기동타격대에게 집단폭행 당하여 2명이 중상을 입었고, 해태제과에서 부상자 1인이 나오는 등 피해가 속출했으나 경찰은 피해고발을 접수하고도 처벌하지 않았다.
경찰폭력	경찰도 폭력을 사용했다. 대우자동차 파업 관련자 가족 및 농성자 집단폭행, 노동운동 탄압저지 규탄대회 관련 노동자 집단폭행, 노동운동 탄압저지 행진대회 관련 노동자 폭행, 성원제강의 송태규에 대한 집단폭행, 동국무역 여성노동자 폭행 등을 들 수 있다.

※한국노동자복지협의회, 『민주노동』 12호, 1985, 20~24쪽. ; 『노동운동탄압과 투쟁의 역사』, 현장에서 미래를, 2003의 부록-블랙리스트를 참조하여 작성.

3절

정치투쟁을 둘러싼 갈등과 지역운동론의 대두

1984년 이후 노동운동에는 물밑에서 움직이던 두 세력이 부상하였다. 한 축은 1984년 3월 10일 결성된 한국노협한국노동자복지협의회을 중심으로 한 1970년대 민주노조 출신의 노출활동가들이었고, 다른 축은 해고된 학출활동가들이었다. 학출활동가들은 지역에서 해고자 간의 연대관계를 형성하면서도, 당시 유일한 공개노동단체인 한국노협에 참여하려 했다. 그러나 이 두 세력은 당시 상황과 운동 역량을 평가하는 데 견해 차이를 보이면서 노동운동의 방향을 둘러싸고 갈등과 대립이 형성되었다. 이 갈등에는 1970년대 민주노조운동을 둘러싼 평가의 차이가 내재해 있었고, 더 근본적으로는 노동운동의 이념 차이가 근저에 깔려 있었다.

1) 1970년대 민주노조운동을 둘러싼 평가 논쟁

신군부정권의 등장으로 1970년대 민주노조운동이 강제 해산된 뒤

운동 기반을 상실한 노동운동 세력은 1980년대 전반기에 과거의 패배 원인을 찾고 새로운 방향을 찾기 위한 노력을 기울였다. 그 내용의 핵심은 "1970년대 민주노조운동을 어떻게 평가할 것인가"였다. 이를 둘러싸고 노동운동 안에서는 차이가 나타났는데, 이 문제는 과거의 문제가 아닌 이후 노동운동을 어떤 방향으로 가져갈 것인가와 관련한 중요한 문제였다.

처음 제기된 평가는 민주노조의 마지막 보루였던 원풍모방노조가 1982년 9월 파괴되고 난 뒤 1983년 초에 나온 「노동운동의 방향 정립을 위하여」라는 문건이었다. 이 문건에서는 1970년대 민주노조운동의 긍정적인 측면을 다음과 같이 꼽았다. 첫째, 민주화 세력과의 연대 경험으로 새로운 가능성을 보여 주었고, 이 과정에서 재야 양심 세력·지식인·학생들의 노동운동에 대한 관심과 참여의 기회가 증대된 점, 둘째, 투쟁경험 속에서 많은 노동자가 노동자의식으로 훈련될 수 있었다는 점, 눈앞의 사용자보다는 군사독재체제가 근본적인 투쟁대상임을 깨닫게 되었다는 점이다.

부정적인 측면으로 제기된 것은 다음과 같았다. 첫째, 의식적인 면에서 노동조합주의와 경제투쟁에서 더 이상 진전하지 못하였으며, 지식인의 이론적인 도움을 무조건 배척하는 폐쇄성도 보였다는 것. 따라서 노동자들이 노동조합주의의 한계를 벗어나려면 지식인의 이론적 지도가 반드시 필요하다는 것을 주장했다. 둘째, 조직적인 면에서 소수의 노조 간부에 대한 의존이 지나쳐 밑으로부터의 역량결집이 부족하여 간부가 구속되면 별다른 저항없이 지리멸렬하게 되었다는 것이다. 셋째, 활동 면에서는 경공업분야의 여성노동자 중심에 머물러 중공업 남성노동자들의 폭발적인 힘을 수용하지 못하였고, 또 주체는 노동자인데도 도시산업선교회나 교회 등 지원 단체에 대한 자주성이 결여되어 민주노조운동의 실질적인 구심점을 형성하지 못하였다고 비판했다. 그 결과 분산된 개별노조의 투쟁에 머물러 연대투쟁으로 발전시키지 못하였으며, 정부의 노조 파괴에 맞서 과감한 정치투쟁을 전개하지 못하고 조직보존에 급급하였다는 것이다. 이 문건은 이러한 활동 방식이 바로 '조합주의적 오류'였다고 주장하였다.

이러한 평가를 바탕으로 이 문건에서는 노동운동의 과제를 운동역량의 배양에 두어야 하고, 그 방향으로 대중성의 확대, 지도성의 확립, 노동자들 사이의 연대와 민주세력과의 연합 형성을 들고 있다. 이종오, 「80년대 노동운동론 전개과정의 이해를 위하여」, 한국기독교산업개발원 편, 『한국노동운동의 이념』, 정암사, 1989, 219쪽.

이와는 조금 다른 학생운동의 정치투쟁론적 입장에 서 있는 「학생운동의 전망」이란 팸플릿에서는 1970년대 노동운동의 특징과 한계를 다음과 같이 설명하였다. 편집부, 『학생운동 논쟁사』, 278~279쪽.

첫째, 민주노조의 조직률이 매우 낮았기 때문에 한국노총의 어용성과 비민주성에 대응할 조직작업이 대단히 부진했다. 둘째, 정치의식 수준이 낮은 단계에 머무르고 있다. 노동교육의 부족으로 인해 의식 수준이 상승할 계기조차 제대로 마련되지 못하였다. 이는 노동자들이 직업적인 이해에 기반한 경제투쟁 단계에 머무르는 하나의 조건을 구성하였다. 셋째, 이러한 낮은 정치의식과 조직 상태를 반영하여 투쟁양상도 지극히 고립분산적인 경제투쟁단계에 머물렀다. 이는 1980년 5월 투쟁의 불참에서 단적으로 드러난다고 제기했다.

이 주장은 간결하지만 주장하는 바가 잘 드러났는데, 이런 평가에 기초해 설정한 당면 운동 과제는 노동대중의 정치의식 고양과 정치투쟁 역량의 배양을 통한 조직화였다. 이는 사회 변혁적인 입장을 견지할 것을 강조하였다.이종오, 「80년대 노동운동론 전개과정의 이해를 위하여」, 『한국노동운동의 이념』, 219~220쪽.

1970년대 민주노조운동에 대한 이러한 비판적 평가는 1980년대 노동운동에 뛰어든 학출활동가들에게서 제기되었다. 약간의 차이가 있지만 이들은 공통적으로 1970년대의 민주노조가 정치투쟁으로 나아가지 않고 조합주의·경제주의에 갇혀 있었다고 비판했다.[1] 이와 같은 진단에는 학출활동가들이 독재정권에 맞서 싸우는 정치투쟁의 힘을 키워야 한다는 문제의식을 갖고 있었기 때문이었다. 특히 1970년대 민주노조 간부들을 중심으로 한국노협이 펼쳤던 법제도 개선을 위한 활동 방식, 즉 정치투쟁을 회피하는 활동 방식을 비판할 필요도 있었다. 이런 입장의 극단적인 경우는 1970년대 민주노조운동에 대한 비판을 넘어 노동자계급의 대중조직인 노동조합을 부정하고, 노조를 편의에 따라 활용할 수 있는 수단으로 간주하는 경향까지 나아가기도 했다.서울노동운동연합 편, 『선봉에 서서: 6월 노동자연대투쟁 기록』, 돌베개, 1986, 186~187쪽.

이에 대한 반론은 1970년대 민주노조 간부들과 한국노협의 노동자 활동가에게서 제기됐다. 반론의 주된 내용은 1970년대 상황에서는 연대투쟁·정치투쟁을 거의 할 수 없었다는 것이다. 이들은 당시

1 「인식과 전략」(김용기·박승옥 편, 『한국 노동운동 논쟁사』, 현장문학사, 1989)에서 민주노조운동의 문제점은 "민중노선의 비혁명적 성격"에 있으며, "교회운동권의 외교·개량주의", "투항주의적·기회주의적 자세", "지식인운동 의존성"이 투영되어 "개량주의적인 경제투쟁의 노동운동, 체제내적인 비혁명적 노동운동"으로 끝났다고 지적한다.

상황에서 노동조건 개선투쟁을 벌인 것도 성과라고 평가하였고 노동조합운동의 중요성을 강조하였다. 이들은 "유신체제의 억압상황에서 그만한 경제투쟁과 정치투쟁을 벌인 것만 해도 커다란 성과다. 조합주의와 경제주의라는 비판의 상당수가 시대상황을 무시한 비판을 위한 비판"이라고 반박했다. 1970년대 노동운동이 처했던 객관적 조건에서, 노동대중의 조직인 노동조합이 연대투쟁·정치투쟁에 선뜻 나서는 것은 거의 불가능했다는 것이다. 또한 한국노협도 노동법개정 등의 제도개선 수준에서 운동하는 것이 정당하다고 주장했다.홍승태, 「광주민중항쟁의 좌절과 진보적 노동운동의 모색」, 한국민주노동자연합 편, 『한국노동운동사: 1970년대 이후』, 동녘, 1994, 119쪽.

이들과 다르게 1970년대 민주노조들 중에서 유일하게 청계피복노조는 1981년 노조사수투쟁과정에서 정권의 탄압에 맞서 다른 노조와 연대하여 과감히 싸우지 못하고 조직 보존에 급급했던 점을 자기비판했다.[2] 청계노조는 공식적인 자기반성을 통해 그동안 민주노조운동이 자기 사업장에 머물러 각각의 노동조합 활동에 빠져 있었다는 것을 인정하면서, 이를 극복하기 위한 연대활동을 해야 한다고 제기하였다. 이는 1970년대 민주노조 출신 노동자들 사이에도 노동운동에 대한 관점과 활동 방식에 차이가 있다는 것을 의미했다.

이러한 1980년대 전반기의 민주노조운동에 대한 두 가지 평가

2 "우리는 돌이킬 수 없는 과오를 범했음을 고백하지 않을 수 없다. 당국의 노동조합과 노동운동에 대해 계속되는 탄압에…… 우리는 오직 조직 보존을 위해 뒷걸음질 쳐왔다. 솔직히 말해서 오늘 우리 한국사회를 뒤덮고 있는 공포심에 우리도 예외없이 짓눌려 당국의 탄압에 저항을 못했다. …… 우리의 조직을 약화시킨 요인이었음을 솔직히 고백한다."(청계피복노동조합, '호소문', 1981).

는 서로 다른 문제를 안고 있었다.[3] 전자의 주장은 민주노조운동의 주·객관적 조건을 충분하게 고려하지 않으므로, 1970년대 민주노조운동의 한계와 오류를 분명하게 구분하지 않았다. 그 결과 당시 투쟁과 조직활동의 성과와 운동의 발전 가능성을 놓쳐 버릴 우를 범할 수 있다. 후자의 주장은 정부의 탄압에 맞서 민주노조마다 치열하게 투쟁했지만 신군부정권의 등장 이후 노조가 강제해산 당한 근본원인이 어디 있었는지를 설명하지 못했고, 그 결과 1980년대 노동운동의 과제를 인식하는 데 한계를 보였다.

1970년대 민주노조운동은 앞의 1장 2절에서 살펴본 것처럼 단위사업장 수준이지만 대중성과 자주성을 견지하면서 한국노총과는 달리 독자적 노조운동의 흐름을 형성한 점에서 그 의미가 있었다. 그러나 사업장 수준에 갇혀 조합원들의 경제적 이익과 권리를 뛰어넘는 연대성과 계급성을 확보하는 데는 한계를 보였다. 하지만 이는 민주노조운동의 오류라기보다 한계로 볼 수 있다. 당시 민주노조는 10개도 채 안 되어 그 역량이 미흡했으며, 노조 간부들의 의식 역시 노동문제를 사회구조 속에서 인식할 수 있는 조건이 제한적이었다. 민주노조들은 인도주의적이고 종교적인 이념 차원에서 지원하던 종교계 이외의 사회적 지원세력을 찾기가 어려웠다. 따라서 1980년대 노동운동은 1970년대 민주노조운동의 대중성과 자주성을 견지하는

3 민주노조운동의 올바른 계승과 극복이 중요하다는 것을 강조하면서 1970년대의 비판은 전위를 양성하지 못한 데 있다는 지적도 있다. 이는 지식인운동의 한계에 주목한다(김인동, 「70년대 민주노조운동의 전개와 평가」, 『한국노동운동론』 1, 미래사, 1985, 174~175쪽). 이와 유사한 주장으로 1987년 이후 민주노조운동이 인정된 시기의 글인 『민주노조운동의 새출발』(민영식, 중원문화, 1988, 174쪽)에서는 민주노조운동의 근본적인 문제는 조직형태나 성격 때문이 아니라 계급적 이념과 과학적 이론에 입각한 정치지도의 부재라고 하였다.

대중적 기반을 형성하면서, 동시에 연대성 및 노동운동의 독자적인 이념을 확보하는 것이 과제라고 할 수 있겠다. 이는 곧 대중운동과 결합한 변혁적 노동운동의 주체를 형성하는 것을 의미한다.

한편 1984년 이후 노조 결성투쟁을 통해 그 존재가 부상된 학출 활동가들은 현실의 노동운동 방향과 활동 방식을 둘러싸고 1970년대 민주노조 출신의 노동자들과 직접적인 갈등을 빚기 시작했다. 이런 갈등이 가장 직접적으로 드러난 것은 한국노협의 활동방향을 둘러싼 것이었다.

2) 한국노동자복지협의회의 등장과 정치투쟁을 둘러싼 대립

1982년 민주노조의 마지막 보루였던 원풍모방노조가 와해당하면서 이후 원풍모방, 동일방직, 청계피복 등은 비공개로 사업장별 해고자 모임을 조직하였고, 다른 한편에서 민주노조들의 해고자들이 같이 모이는 '해고자모임'을 구성하였다. 이 모임에는 원풍모방의 방용석·박순희, 동일방직의 이총각, YH무역의 최순영, 콘트롤데이타의 이영순, 청계피복의 민종덕·양승조, 그리고 한일도루코의 김문수 등이 적극적으로 참여했다. 모임은 감시를 피해 주로 산행을 가장하여 산에서 이루어졌고, 내용은 정세나 활동방향에 대한 토론이 주된 것이었다. 김기선, 「87년 노동자대투쟁의 씨를 뿌린 아름다운 연대 — 한국노동자복지협의회」, 『희망세상』 7월호, 민주화운동기념사업회, 2008. ; [민종덕 구술] 이 모임의 주체들은 유화국면 이후 두 가지 활동으로 나타났다. 그 하나는 앞에서 살펴본 청계피복노조의 합법성쟁취를 위한 노학연대에 기초한 가두투쟁이었고, 다른 하나는 반半합법 공개단체인 한국노협의 창립이었다. 이런 두 가지 움직임은 1970년대 민주노조운동의 차이를 보여 주는 것으로, 이는 다수의 분산된 영세사업장을 기반으로 한 청계피복노조와 단일 사업장에서 활동했던 다른 민주노조들과의 사업장 조건의 차이에서 비롯된 것도 있다. 또 청계피복노조는 1970년 노조 결성 때부터 지식인 및 다른 민주노조들과의 연대활동을 지향한 반면, 다른 민주노조들은 종교계의 영향과 지원을 받아 그 활동 방식에서도 차이를 보였다. 이에 대해 청계노조 위원장이었던 민종덕은 다음과 같이 말한다.

> (면담자: 운동방식이 다르네요?) 그렇죠…. 사업장 조직형태, 조건의 차이가 있어요. 우리는 큰 사업장이 아니어서 차분하게 하지 않아도 충분히 가능한 거고 여기서 해고되면 다른 데로 가서 취직하면 되고 자유로운 거죠. 스타일 자체가. 그것에서 규정하는 것도 있고. 그 다음에 (우리는—인용자) 정신적으로 전태일의 직접적인 영향을 받는 경우도 있고 여러 가지가 복합적으로 있죠. 그러니까 이게 큰 사업장들 같은 경우는 진짜로 기업별 노조에 매몰되는 경향이 있고 우리는 형식이 기업별 노조지만 사고 자체는 기업별이 아닐 수가 있죠.

이런 1970년대 민주노조 간의 차이는 1984년 이후 운동역량을 형성하는 방식에서도 차이를 보였다. 한국노협의 경우는 분산된 역량을 모아 내부적으로 조직하는 게 중요하다는 판단을 가지고 있었다면, 청계피복노조는 역량을 키워 나가는 방식도 투쟁을 통해 강화해야 한다는 것이었다. 민종덕의 말을 들어보자.

> (면담자: 활동 차이는?) 우리는 주로 전투적이었죠…. 계속해서 싸우고. 노복(한국노협—인용자)은 현장을 떠나 있고 '차분하게 조직을 만들어야 된다'는 입장이었고. 방용석 지부장하고 운동하는 스타일이 좀 다르죠. 상황을 읽는 차이도 있죠. 연대를 하는 거에 대해서, 학생운동 출신을 바라보는 데도 차이가 있죠. 우리는 학생들을… 차이는 인정하지만 결합해서 노학연대투쟁을 전형적으로 만들어 냈는데, 학생 부분에 대해서 한국노협 쪽은 부정적인 게 많이 있죠. (면담자: 노동자 간의 연대에 대해서는?) 그 차이도 많이 있죠. 노협은 역량이 없다고 생각하겠죠. 그런데… 우리는 역량이 없으면 없는 만큼, 우리가 구로동맹파업 같은 경우도 없는 역량에 맞게 한 거죠. 노학연대투쟁도 우리 싸움이 되게 원칙을 갖고 역량을 배치한 거고. 그쪽에는 '힘도 없는데, 맨날 싸움만 하냐' 하는 식으로 비쳐졌죠. 우리는 힘을 가진 만큼 싸우면 그만큼 성과를 거둬내고, 그만큼 힘이 축적된다고 생각했었던 거고.

이런 차이가 있었지만 1970년대 민주노조 출신 간부들은 한국노협을 결성하기 위해 모였다. 1983년 민주화운동청년연합 등이 결성되어 활동하기 시작하자 노동운동에서도 공개 활동을 할 단체가 필요하다는 인식이 공유된 것이었다. 한국노협은 1984년 1월 6일 결성식을 갖고 그 사무실을 신길동 '원풍의 집'에 두었다. 당시 탄압상황을 고려해 결성사실을 곧바로 알리지 않고, 3월 10일 근로자의 날을 맞아 2천여 명의 노동자, 학생, 시민이 참여한 가운데 홍제동 성당에서 창립선언대회를 개최했다.

> 이제 우리들은 노동자의 생존을 압살하는 오늘의 현실을 더 이상 보고만 있을 수 없어 새로운 형태의 노동운동을 전개함으로써 이 땅의 800만 노동자를 옹호·대변하기 위하여 '한국노동자복지협의회'의 결성을 엄숙히 선언한다. 우리들은 유신독재의 어두운 시대에 민주노동조합을 지키려고 몸부림치다 권력의 잔인한 탄압에 의해 희생된 당사자로서, 비조직적이고 고립분산적인 한계를 극복하고 노동운동의 주체성, 통일성, 연대성을 드높이고자 한다.「창립선언문」

「창립선언문」에서 나타나듯이 한국노협은 노동운동의 주체성, 통일성, 연대성을 그 기치로 내걸었다. 한국노협은 노동자의 권리증진과 노동운동의 발전을 활동 목표로 삼았다. 이를 위해 상담활동, 교육활동, 문화활동 등을 펼쳤고, 또 기관지를 발간하여 현장투쟁을 지원하려 했다. 한국노협의 구성원으로는 민주노조 출신 간부들을 중심으로, 종교기관의 노동운동 실무자, 학출활동가 등이 참여했다.

한국노협은 1980년대에 노동자들을 대변하여 민주화투쟁을 추진하는 최초의 공개기구로 결성된 것이기 때문에 당시 노동운동 및 민주화운동 세력의 기대와 관심을 받았다. 특히 1970년대의 투쟁경험을 가진 이들이 결집한 조직이었기 때문에 사업장 투쟁에 대한 효율적인 지원이 기대되었다. 이에 한국노협은 1984년 4월 8일 청계피복노조 복구대회를 지원하고, 하반기에는 '노동법 개정촉구 인천대회'를 시작으로 원주, 대구, 광주 등을 순회하며 지역집회를 개최하고 가두시위를 벌이는 등의 노동법개정운동을 전개했다. 이에 천주교정의평화위원회 등에서도 노동법개정에 관한 전단을 배포하였다. 또 한국노협은 1984년 10월 12일 민주한국당 김병오 의원 등 18명의 서명을 받아 노동법개정 국회청원서를 국회에 제출하고, 서명운동도 함께 진행했다. 1984년 4월부터는 기관지 『민주노동』을 월 3천 부씩 38회 발행하였고, 특히 선전과 교육활동에 주력했다. 김남일, 『원풍모방 노동운동사』, 삶이보이는창, 2010, 705쪽. 초기 한국노협은 지원투쟁에 적극적으로 가담하면서 겉으로는 활발한 활동을 하는 것처럼 보였다.

그러나 한국노협은 창립한 지 얼마 지나지 않아서 구성원들 간에 균열이 생기고 있었다. 인천지역의 활동가인 양승조, 김지선, 전희식 등은 블랙리스트투쟁과 1984년 하반기 민주노조 결성투쟁에 탄압이 가해지자 한국노협이 적극적으로 지원해 줄 것을 요구했으나 받아들여지지 않았다. 또한 구로공단의 남화전자 해고자인 이봉우는 재취업한 인천 주안공단의 이성전자에서도 해고당해 복직투쟁을 벌였지만 한국노협은 아무런 지원을 하지 않았고, 방용석 위원장은 오히려 본인과 의논하지 않고 투쟁을 진행했다는 것에 대해 비판을 가했을 뿐이라고 한다. 심지어 방용석 위원장은 원풍모방 출신의 해고자들을 중심으로 한국노협을 이끌어 가려는 경향이 강했다고 한다. [이봉우 구술]

이를 기점으로 1984년 말부터 한국노협은 조직의 이름을 지탱해 나가는 것도 쉽지 않은 형편이 되었다. 12월 말 인천 답동성당에서 열린 총회에서는 일부 활동가들이 정치투쟁과 노학연대를 강력히 주장하였고, 방용석 위원장은 사표를 제출했다. 통일적인 운동방침의 부재, 정치투쟁에 대한 이견, 학출활동가와 현장 출신 활동가들 간의 마찰, 내부 운영의 보수성 등도 두루 문제로 제기되었다. 이원보, 『한국노동운동사』 5권, 지식마당, 2004, 694쪽. 이에 따라 한국노협은 박태연, 김지선, 전희식, 김교일, 박남수 등으로 비상대책위원회를 꾸려 내부 갈등을 서둘러 수습하려 했으나 대안을 마련하지 못한 채 해체하였다. 그러나 방용석 위원장은 다시 복귀했다. 이 상황에 대해 남화전자 해고자 이봉우는 다음과 같이 기억한다.

> '김문수가 학출이다'며 계속 배척을 하더라고…. 학출인 재야운동을 하는 다른 사람들에 대해서는 막 추앙하면서 존경하면서…. 그리고 학출, 노출을 왜 따져? 얼마나 올바르게 운동을 하느냐, 얼마나 올바른 자세로 임하느냐 그게 중요한 거지. 아무튼 그런 노협에 대한 불신, 선배들에 대한 불신이 있었어요. 그때 노동운동단체가 전국적으로 유일하게 노협밖에 없었는데, 학출들이 현장에서 떨어져 나오고, 그럼 어디 갈 데가 있어야 될 거 아니야? 노협으로 들어가겠다고 했는데, 그런데 노협은 맨날 '학출과 노출 비율이 8 : 2, 그리고 현장에 1년 있어야 노협 회원이 되는 자격' 그러니까 회원자격 가지고… 논쟁하고 있는 거야. 그래서 들어온 사람이 김명헌, 김일섭인가… 한덕희, 아무튼 둘인가 셋밖에 회원이 안 됐어요.

결국 한국노협의 소극적인 활동 방식에 대한 문제제기가 수용되지 않자, 1970년대 민주노조 출신 활동가들과 해고된 학출활동가들, 그리고 새롭게 활동을 시작한 노동자들이 모여 인천노협한국노동자복지협의회 인천지역협의회을 창립했다. 인천노협의 결성은 외형적으로는 한국노협의 확대·강화로 보였지만, 실제로는 인천지역 활동가들의 독자적인 조직이었다. 인천노협의 활동가들은 대부분 중앙인 한국노협의 직책도 같이 맡으면서 유대관계를 가져가는 한편, 결성 이후 1년여 동안은 인천지역 노동운동의 구심으로 기능했다. 인천노협의 경우는 학출활동가와 노출활동가노동자 출신 활동가를 구분하지 않아 해고된 학출활동가들이 다수 참여했다. 현장이나 지역활동을 하고 있는 학출활동가들도 참여하여 적극적인 활동을 했다. 인천노협은 1985년 4월 대우자동차투쟁을 지원하는 센터 역할을 했고, 공개적으로 노동조합 결성 및 투쟁 지원, 부당노동행위에 대한 상담과 법적인 대응 등을 벌여 나갔다.

그러나 민주노조 결성투쟁이 탄압으로 깨져 나가는 등 정부의 노동운동 탄압이 더 심해지자 이들 노출활동가들은 "근본적인 사회변혁 없이는 노동자의 처지도 개선될 수 없다"는 문제의식을 갖기 시작하였는데, 이런 의식이 형성된 데는 학출활동가들의 영향도 컸다. 결국 '공개적이고 합법적인 활동'이 장점도 있지만 당시 상황으로는 '할 수 있는 일'에 제약이 더 크다는 의견들이 모아졌다. 인천노협이 노동운동의 흐름에 적합하지 않다는 주장이 제기되면서 1985년 말부터 새로운 조직 건설에 대한 논의가 시작됐다.민주화운동기념사업회, 「지역민주화운동사 편찬을 위한 기초조사사업 최종보고서 ― 인천」, 2005, 100~102쪽.

한편 한국노협에서도 1984년 말 총회에서 제출된 활동방향에 대한 문제제기가 제대로 해결되지 않고 봉합되면서, 내부 균열이 드러나기 시작했다. 1985년 5월 31일 한국노협 사무실에서 열린 『민주노동』 특별좌담 「85년 상반기 노동운동을 어떻게 볼 것인가」에서 방용석과 민종덕은 그 입장 차이를 드러냈다. 민종덕은 연대투쟁과 정치투쟁의 중요성을 강조하는 반면, 방용석은 현실적인 입장에서 노동자들의 주체적 운동과 노동조합을 민주적으로 강화할 필요성을 강조한다. 방용석은 노동운동의 역량이 미약하다는 것을 근거로 정치투쟁에 반대하였으며, 더 나아가 노동자의 정치학습에 대해서도 부정적인 입장을 가졌다.

> 민종덕 : 저는 아직도 이 시점을 부분적인 유화국면으로 보고 모든 역량을 총집결하여 확보해 낼 것은 최대한으로 확보해 내야 한다고 생각합니다. 주체적인 역량을 확장해 내는 것, 전면적인 탄압을 가해 올 때를 대비한 힘의 축적을 위한 노력이 절실하다는 것입니다.
> 방용석 : 지금 민 위원장이 총집결이라고 말했는데, 그런 말 말고 뭐 다른 용어 없을까요?(웃음) 어떻게 무조건 다 모으냔 말이오. 노동운동에 있어서는 그렇게 되지도 않고 그런 식으로 되어서도 안 된다고 생각해요. 김남일, 『원풍모방 노동운동사』, 703~705쪽 ; 한국민주노동자연합, 『민주노동』 11호, 11쪽.

결국 김문수, 이봉우 등은 한국노협을 탈퇴하고 정치투쟁을 강조하던 해고자들은 인천 해고자들과 같이 1985년 1월 민한당사 농성투쟁을 벌였다. 그 뒤 이들은 투쟁조직인 '노투'노동운동탄압저지투쟁위원회를 결성했다. 이어 유동우가 한국기독교노동자총연맹을 결성하면서 한국노협을 탈퇴하는 등 운영위원들이 1년여 만에 거의 빠져나갔다. 더욱이 1985년 8월 서노련이 등장하여 노동운동의 흐름을 주도하면서 한국노협은 그 세력이 약화되었다.[4]

이처럼 한국노협은 출범 이후 여러 한계를 드러냈다. 우선 해고자들이 중심이 된 조직이므로 현장노동자들과의 결합을 위해서는 사업장투쟁을 적극 지원하고 결합해야 했으나 소극적인 대응으로 일관함으로써 그 출범의 의미를 충분히 달성하지 못하였다.김수영, 「80년대 민중운동의 성장과 과제」, 『한국사회의 성격과 운동』, 273쪽. 또 운동방향의 대립이 주원인이 되어 학출활동가 등이 탈퇴함으로써 노동법개정운동 이외에 별다른 활동을 전개하지 못하였다. 결국 한국노협은 내부 분열로 약화되어 운동의 발전에서 뒤처지게 되었다. 한국노협은 "노동운동을 정치문제화하는 것에는 찬성하나 정치투쟁화하는 것은 반대"하는 조합주의, 경제주의 노선이라는 비판을 받기 시작했다.이종오, 「80년대 노동운동론 전개과정의 이해를 위하여」, 『한국노동운동의 이념』, 236쪽. 이런 대립의 바탕에는 학출활동가들의 변혁지향성과 한국노협 주체들의 제도권 내에 머물러 있던 이념의 차이도 있었다. 학출활동가들은 한국노협과 분리하여 독자적으로 정치투쟁을 위한 투쟁단체를 조직하기 시작했다. 이는 변혁지향적 운동 세력이 독자적인 활동을 시작하면서 1980년대 중반기 노동운동의 주도 세력이 교체되기 시작했다는 것을 상징적으로 보여 주었다.

3) 노동운동탄압저지투쟁위원회와 가두투쟁

1985년 들어 해고된 학출활동가들은 지역연대투쟁을 통해 노동조합 결성과 노동현장의 투쟁활동을 지원하려 노력하였다. 이는 당시

4 이에 대해 최규엽 등은 "당시 우리나라 노동운동을 내용적으로 사실상 주도하고 있던 학생출신 현장 운동가들의 소영웅주의적 맹동적 성향이 강했던 잘못된 노선들에 대하여 자주적으로 대처하지 못했기 때문"이라는 평가를 했다(최규엽, 「80년대 노동조합운동 평가를 중심으로」, 『민주노동』 제32호 ; 『민주노동』 제20호, 「노동운동의 발전을 위하여! —86년 노동운동평가」 참조).

유일한 노동단체였던 한국노협의 소극적이고 제도적 틀 안에 갇혀 있는 활동 방식을 비판하면서 현실 노동운동을 활성화시키기 위한 것이었다. 지역투쟁위원회가 결성되어 공개적인 정치투쟁을 벌이려는 시도는 1984년 말부터 1985년 상반기에 등장하였다.

이 움직임은 1984년부터 노동현장에서 학출해고자를 비롯하여 노출활동가들이 여럿 해고되고 이들이 소속 사업장에서 복직투쟁을 전개하는 한편, 지역 차원에서 연대관계를 형성하여 해고문제의 심각성을 사회화시키면서 시작되었다. 그 계기는 1984년 9월부터 정부의 신규노조 불허방침으로 노조 결성 과정에서 해고된 인천의 경동산업, (주)진도, 이천전기, 서울의 동일제강, 성원제강 등 9개 사업장 해고자 10명이 노동운동탄압에 맞서 1985년 1월 14일 민한당사 점거농성을 벌이면서였다. 해고자들은 모임을 만들어 공개적으로 투쟁함으로써 열악한 노동조건의 개선을 위해 나선 다른 노동자들의 투쟁이 좀더 수월해지고 속출하는 해고사태에 쐐기를 박을 수 있도록 하자는 데 뜻을 함께 했다. 또 다가오는 1985년 2월 12일 총선 시기에 노동문제를 사회여론화 하자는 데도 의견을 모았다. 그 결과 이들은 투쟁의 요구로 "해고자 복직요구, 블랙리스트 철폐, 부당해고 의법처리" 등을 정하고 오래 버틸 수 있는 곳인 민한당사를 투쟁의 장소로 선택했다.이옥순, 『나 이제 주인되어』, 녹두, 1990, 242쪽.

이들은 1985년 2·12총선 직전에 해고자문제 및 블랙리스트 등의 노동문제를 사회화하기 위한 목적을 가지고, 1월 14일 민한당사를 점거한 상태에서 18일부터 단식농성을 벌였다. 이들의 목표대로 그때서야 언론은 이 투쟁상황을 보도하기 시작했다. 당시 민한당사 농성에 참여한 이봉우는 다음과 같이 전한다.

1985년 1월 14일 월요일에 이민우가 총재할 때 10명이 민한당사를 점거했어요. 현수막 치고, 머리띠 두르고 유인물 풀어놓고 기자회견하고, 구호 외치고, 투쟁가 부르고 착착 진행했어요. 그리고 민한당에는 총재 면담 요구하고. 그때 대우자동차, 린나이코리아 등 여러 사업장에서 참여했죠. 여자도 5명. 민한당사에서… 14일인가 농성을 했지. 그때 노동문제가 언론에 계속 보도가 됐어요…. 80년대 중반 이전까지는 한줄 나기 힘들었는데, 지금 민한당사 농성하는 거에 대해서 계속 보도가 된 거고. 밖에서는 '계속 농성을 끌어줬으면 좋겠다' 그래서 우리가 단식농성을 9일인가 하고…. 구로동맹파업 이전에 가장 큰 사건이었지.

농성투쟁이 15일째 되던 1월 26일에 이들은 노동부 장관 면담이 불가능해 보이자 다시 민한당 버스에 민한당 의원 6명을 앞세우고 '노동부 장관 면담'을 요구하며 여의도의 노동부로 갔다. 이때 재야단체, 민주화운동청년연합, 그리고 과거 민주노조 활동을 했거나 해고된 노동자들이 함께 노동부 앞에서 진행한 약식집회에 참여했다. 뒤이어 경찰과 백골단이 들이닥쳐 농성자들을 끌고 가서 즉결재판으로 구류 25일을 선고했다. 이들은 2월 10일 정식재판을 청구해서 10여 일 만에 석방되었다.이옥순, 『나 이제 주인되어』, 246쪽.

이런 공동투쟁의 경험을 바탕으로 4월 10일 노투노동운동탄압저지투쟁위원회가 결성되었다.『전국노동자신문』, 1989년 11월 18일자. 25명의 회원 가운데 이봉우, 이옥순, 조분순, 오제헌, 서귀화가 노출활동가였고 나머지 20명은 학출활동가였다. 노투는 "정권의 탄압에 맞서 노동자들이 사업장을 초월한 연대투쟁"을 전개할 것을 활동목표로 삼았다.노동운동탄압저지투쟁위원회, 「선언문」. 노투의 연대투쟁은 '노동운동의 정치적 성격'을 강화하는 것이었다. 이에 대해 원풍모방 해고자 이옥순은 다음과 같이 기록했다. 이옥순, 『나 이제 주인되어』, 252쪽.

> 1984년 겨울, 신정 휴가 기간에 들떠 있던 때에 당시 해고당한 경인 지역의 동지들을 만날 수 있었다. 이봉우, 조분순, 윤애숙, 현윤실, 영숙이 등등…. 협진, 유니전, 쌍마패션, 한국경전기 등에서 노조를 만들다가 또는 블랙리스트에 걸려 해고된 동지들이다. …… 모임은 그 후 경인지역의 남성동지들에게로 확대되었다. 송경평, 이용선, 김진태, 서귀화, 오재헌, 김건호 등 대우자동차, 한일스텐레스, 진도 등에서 역시 노조 결성, 위장취업 등으로 해고되었던 동지들이다.

노투가 독자적으로 조직을 결성한 이유는 앞서 살펴본 것처럼 한국노협과의 갈등관계도 영향을 주었다. 노투는 노동운동탄압에 대한 폭로와 현장 노동자들의 투쟁을 지원하는 활동을 하였다. 이들은 노동운동이 단위사업장 안에서의 투쟁이나 노조활동에 그쳐서는 안 되며 더 높은 각성과 단결, 그리고 노동운동의 정치적 성격을 보다 분명히 해야 할 필요를 절감하고 있었다. 노투는 지역 단위 투쟁조직으로 선도적인 정치투쟁을 통해서 지역적 연대와 정치투쟁의 발전을 모색하였다. 이들은 이러한 운동의 확산을 통해 전국적 조직을 지향하고 있었다. 이를 위해 노투는 1985년 봄 다른 해와 달리 활발했던 임금인상투쟁이나 노조 결성투쟁을 지원하거나 농성이나 파업투쟁의 현장에 유인물을 제작해서 배포하면서 정부의 노동정책을 폭로했다. 이들은 투쟁에 나선 노동자들이 정부를 대상으로 싸워야 한다는 인식을 갖도록 하는 것을 주요한 활동의 목표로 삼고 실천했다.이옥순, 앞의 책, 241~242쪽.

노투는 정권과 한국노총에 의해 5월 1일 메이데이가 없어지고 3월 10일 근로자의 날로 대체된 이후 처음으로 '메이데이'를 되찾기 위해 영등포로터리에서 가두시위를 벌이기로 했다.[이용선 구술] 그동안 가두시위는 학생들이 하는 투쟁전술이었으나, 이제는 노동자들도 그러한 투쟁을 벌일 수 있어야 한다는 판단으로, 특히 전 세계 노동자의 날인 만큼 해고노동자들이 앞장서서 준비하기로 했다. 부족한 인원은 주로 서울대, 연세대, 서강대, 이화여대 등의 학생운동에서 동원하기로 했다.이옥순, 앞의 책, 253쪽. 5월 1일 영등포 주위에 많은 인파가 몰려들었다. 오후 5시가 넘자 영등포로터리에서 노투 성원들이 횡단보도를 막고 차도에 내려서면서 구호와 노래를 불렀다. 여기 저기 흩어져 있던 학생들이 참여하면서 시위 대열이 형성되어 로터리 쪽으로 전진하였다. 시위 대오가 거리를 활보하는 것을 전투경찰이 막자 이들은 준비한 화염병과 돌을 던졌고, 결국 밀리던 전경은 최루탄을 쏘아 대오를 해산시켰다. 노동자들의 대중적인 투쟁은 되지 못했지만, 30여 명의 해고자들이 주도하여 처음으로 메이데이를 되찾기 위한 가두시위를 벌인 것이다.

한편 노투보다 조금 늦게 구로지역에 구로지역노조민주화추진위원회(약칭 '구민추')가 결성되었는데, 한국음향, 한국마벨, 유니전, 서광산업, 동일제강, 성원제강, 성도섬유, 남지전자 등 8개 업체에서 노조운동을 하다 해고된 노동자들이 중심을 이루었다. 이들은 1985년 6월 1일 오후 공단 5거리 한 건물 옥상에서 학생들과 연대시위를 벌이면서 결성을 선언했다.이옥순 앞의 책, 277쪽. 구민추는 합법조직의 틀은 최대한 활용해야 하지만 그것이 당면 과제를 해결하기 위한 중심역량은 될 수 없다는 문제의식을 갖고 결성됐다. 이들은 조합주의 오류를 극복하기 위해서는 노동조합이라는 틀을 넘어서는 운동조직이 필요하다는 생각을 했고 이를 지역 차원에서 시도한 것이다. 이들도 내부단결을 강화하고 정치투쟁을 벌이기 위해 노력했다.이종오, 「80년대 노동운동론 전개과정의 이해를 위하여」, 『한국노동운동의 이념』, 238~239쪽. 구민추에 대해 당시 구로 '지역정치그룹'에서 활동했던 유시주는 다음과 같이 말한다.

> 구민추에는 학생 출신이 굉장히 많았어요. 여기에는 우리랑 같이 들어온 친구도 있었거든. 한국음향에 있었던 안신숙, 그 다음에 심상정 언니가 개별적으로 알고 있던 학교 남녀 혼성서클 후배를 통해서 노정래, 유광근, 특히 현윤실은 노투 쪽도 하고…. 사업장에서 개별적으로 투쟁하다 해고돼 나온 학생 출신들이 여기 많았거든…. 파업을 계기로 급격히 이 모임이 확대되어서 대책을 논의하면서 완전히 확대가 되어서 이후 서노련까지 이어지는 인맥이 쫙 형성이 되거든요.

구민추 역시 노투처럼 학출활동가가 다수를 차지했고 문제의식과 활동 방식도 유사했으나, 노조민주화투쟁을 통한 정치폭로를 1차 과제로 삼은 것이 다를 뿐이다. 두 조직은 주체가 현장 기반을 가지지 못한 해고자들이라는 것과 한국노협의 활동노선에 대해 비판적이었고 해고자들을 결집하여 여러 투쟁을 벌임으로써 운동역량을 강화하려 했다는 것에서는 공통점이 있었다.

이처럼 지역투쟁 활동을 하던 노투가 먼저 지속적인 정치투쟁을 위한 노동운동단체가 필요하다는 것을 제기했다.이옥순, 『나 이제 주인 되어』, 263쪽. 노투, 구민추, 법외노조인 청계노조가 모여 '새로운 노동운동단체', 서울노동운동연합(약칭 '서노련') 결성을 둘러싼 논의를 진행했다. 그러나 청계노조의 경우는 새로운 노동단체의 참여를 둘러싸고 갈등에 휩싸였다. 전태일기념사업관 사무국장인 김문수를 통해 서노련 결성 주체로 참여할 것을 제안받은 청계노조 조합원들은 이 문제를 둘러싸고 논쟁을 벌였다. 위원장은 청계노조의 대중조직이라는 성격과 새로운 노동운동단체의 정치적 성격을 구별지어 조직적 참여를 반대하면서 개인적으로나 비밀리에 참여할 것을 주장했으나[민종덕 구술], 부위원장 등 다수의 간부들은 합법노조의 틀에 연연하는 것은 경제주의·조합주의라는 생각을 갖고 있었다. 결국 청계노조는 새로운 노동운동단체 건설에 참여하기로 결정했다.안재성, 『청계 내 청춘』, 533~535쪽.

논의가 진전되면서 다시 논쟁이 일어났다. 논의 내용은 1970년대 민주노조운동에 대한 평가, 한국노협의 활동평가, 노동운동의 상황평가 등이었다. 이를 바탕으로 새로운 조직의 성격 논의를 진행했으나 의견이 갈라졌다. 대부분은 서노련을 '반공개 노동운동단체'로 생각했으나, 구민추는 '대중선동체'로 상정했다. 구민추 내부에서도 대중선동체가 무엇인지에 대해 일치된 견해를 갖지는 못했다. 일부에서는 '대중조직이라는 틀을 유지하되 정치적 탄압을 폭로하고 투쟁하는' 정도로 이해했으며, 다른 쪽에선 막연하나마 '정치권력 장악을 위한 선동체'로 이해했다.『전국노동자신문』, 1989년 11월 18일자. 세 단체 가운데 좀더 '정치성'을 강조하는 구민추의 구성원들 가운데 일부는 구로 '지역정치그룹'에 참여했거나 개별적으로 관계를 맺고 있었다. 이 그룹은 구민추를 통해 '새로운 노동운동단체'의 위상은 정치지향성을 갖는 정치조직이라는 주장을 피력하기도 했다.[유시주 구술]

조직성격을 둘러싼 논의는 6월 "경제주의·조합주의를 넘어서 정권의 노동탄압에 맞서 싸우며 노동운동의 주체를 결집"하는 수준에서 의견을 모아 서울노동운동연합 준비위원회(약칭 '서노련 준비위')를 결성했다.[이봉우 구술] 준비위가 만들어졌으나 여전히 대공장의 해고자들과 다른 성원 간에 조직을 둘러싼 이해에 차이가 있었다. 이런 논의 과정에 6월 24일 구로동맹파업이 일어나자 서노련 준비위는 전태일기념사업관을 거점으로 지원활동을 벌였다.

4) 소그룹운동론과 지역운동론의 대립

1984년에서 1985년에 걸쳐 현장투쟁과 지역투쟁위원회의 결성, 가두 정치투쟁이 확산되는 과정에서 1980년대 전반기의 조직방식이었던 소그룹운동에 대한 비판이 제기되었다.

'소그룹운동론'은 운동 역량이 미약하고 운동에 대한 탄압이 심한 상황에서는 개별분산적인 소그룹 형태가 가장 적합하다고 주장했다. 그 기본 관점은 노동조합만이 노동운동의 유일한 수단이 아니며 충분한 역량이 확보될 때 노조 결성이나 노조민주화를 시도해야 하고, 그 이전에는 노조 이외의 다양한 형태를 시도하면서 소그룹을 확대해서 발전시켜야 한다는 것이었다. 바로 이러한 관점은 극도의 폭력적 탄압하에서 경제투쟁조차 상당한 투쟁역량의 축적 없이는 성공할 수 없으며, 또 노조 결성도 성공할 수 없다는 당시의 상황인식에 근거하고 있었다. 더욱이 '소그룹운동론'은 소그룹의 발전을 운동역량의 발전으로 보았다. 그 때문에 소그룹이 친목적 소그룹에서 경제투쟁적 소그룹, 정치투쟁적 소그룹으로 발전 단계를 거쳐 질적 발전을 하고 이러한 소그룹이 확산될 때 자연스럽게 지역단위의 소그룹도 기대할 수 있다고 생각했다.정인, 『노동조합운동론』, 거름, 1985, 서론 IX. 요컨대 소그룹운동론은 지도조직의 형성을 목표로 각각의 투쟁 결과가 그 역량의 축적으로 귀결되도록 노력해야 한다는 것이다.

그런데 1983년 8월경 야학교사들에 대한 수사에서 시작된 야학연합회사건이 1984년 5월경까지 계속되어 300여 명이 조사를 받았다. 수사기관에서 명단이 밝혀진 활동가들은 현장에서 철수해야만 했고, 노동야학의 활동이 전반적으로 위축되었다. 이 과정에서 학습을 중심으로 한 소그룹운동이 노동자들의 실천력을 담보하지 못하는 문제가 드러나기 시작했다. 이에 대해 인천지역의 제강회사에서 1981~83년 활동했던 한덕희는 한 좌담회에서 다음과 같이 말했다.[5]

> 내가 소모임을…… 한 6, 7명이 『70년대 현장』이란 책을 가지고 주제발표와 토론으로 모임을 진행…… 하니까 사회의 전반적 현상에 대해서는 비판적 안목을 갖게 되지만 자기 동료나 친구와 얘기를

5 김일섭 외, 「우리가 왜 위장취업자인가」, 『현장 5집』, 87~88쪽. 이 글에는 학출활동가들의 개인경험 기록과 동시에 이들이 모여 진행한 좌담회 내용이 정리되어 있다. 이 좌담회는 1985년 경인지역에서 해고된 학출활동가 김일섭(한국강학), 한덕희(경동산업), 안재성(S금속), 김지형(진도), 이용선(대우자동차), 엄정금(진영산업), 이현숙(한국음향) 등이 2회에 걸쳐 현장활동 경험을 정리하였다. 참석자들은 당시 경인지역의 주요 투쟁사업장의 해고자들로서, 1980년대 전반기 학출활동가들의 활동 경험을 다양하게 확인할 수 있다.

나누려 하지 않고 왠지 고립되는 경향이 생기는 것입니다. 그래서 현장에서 실제로 당하면서 해결할 수 있는 것을 내용으로 해야겠다는 생각이 들어…… '반장과 작업자와의 관계'를 비춰 살펴보고 본인이 반장일 경우 어떻게 하겠다든가 하면서 인간관계에서의 문제점 등을 거론할 수 있는 분위기가 되자…… 모임이 활기 있게 진행되기 시작했습니다. 그래서 소모임을 주축으로 친목회를 2개 정도 만들어서…… 대중성을 살리면서…… 소모임 회원이 친목회에 들어가서 전체적인 분위기를 제어할 수 있는 체제로 만들었습니다. 전형적인 소모임 중심의 활동이었지요. 그러다가 그 당시 야학연합회사건으로 조사를 받는 일이 생기자 활동이 움츠러들고…… 소모임 하던 몇몇 친구들이… 탄압을 뚫고 나갈 내적인 힘이 마련되지 못했던 것입니다. 소모임 형식의 활동 방식에 문제가 있다는 걸 그때 느꼈습니다.

이때는 '소그룹운동론'에 대한 근본적인 비판이 제기된 것은 아니었다. 노동자들이 조직되지 않은 상황에서 노동자를 조직하고, 노동자들의 상호유대감을 형성하고 밀착시킬 수 있는 매개로서의 소모임운동은 지속되었고, 그 결과 1984년 이후 신규노조 결성시도의 바탕이 되었다. 그러나 유화국면 이후 노동운동이 활성화 되면서, 소그룹운동 방식에 여러 문제가 나타났다. 가장 근본적인 것은 구체적인 대중운동에 대한 전망을 갖지 못한 점이었다. 때로는 현장의 문제를 정확하게 제기하기보다는 소그룹조직과 학습을 우선시하고, 대중적 행동이 필요할 때에도 조직보존논리에 빠지거나 투쟁을 회피하는 모습들이 나타났다. 이에 대해 구로의 한 제강회사에서 해고된 안재성은 같은 좌담회에서 다음과 같이 말했다.김일섭 외, 「우리가 왜 위장취업자인가」, 『현장 5집』, 84쪽.

> 동일제강의 경우…… 처음에 20명이 노동관계법을 공부해…… 노조 만드는 절차, 노동관계법도 어느 정도 숙달되었고, 자신의 처지에 대한 인식도 웬만큼 체계화되었습니다. 그런데 회사에서 공부모임이 있다는 걸 알고는 죄다 데려다 족치기 시작했습니다. 노동자들이 주장하는 건 한 가지뿐이었습니다. '나는 정당하다. 법을 배운 게 왜 죄냐?'는 것이었죠. 그러나 워낙 심하게 당하다 보니까 8명이 사표 쓰고 나머지는 해고당했습니다. 나중에 해고자들이 몰려갈 때도 학생 출신이 앞장을 서고, 공부를 통해 머리가 깨인 친구들은 뒷전으로 물러나 있더라구요.

이처럼 소모임을 통해 노동자를 의식화했던 경험들은 실제 투쟁과 탄압 상황 속에서 노동자들의 실천력과 투쟁성을 담보할 수 없었다는 문제가 제기되었다. 그 원인은 소모임을 지도하는 학출활동가들이 자신들이 학습을 통해 인식전환을 하면서 실천으로 접근한 방식을 노동자들에게도 그대로 적용하여 학습을 우선시한다는 데 있었다는 것이다. 그 때문에 소모임활동의 출발을 이루었던 노동야학의 경우는 '노동자의 대학생화'라는 비판이 제기되기도 했다. 이에 대해 한국광학 해고자인 김일섭은 같은 좌담회에서 다음과 같이 말했다.김일섭 외, 앞의 책, 92쪽.

> 소모임 운영 시 내가 원하는 대로 주입식으로 얘기를 풀어나갔던

것 같습니다. 이는 노동자의 자발적 욕구를 노동자적 싸움방식으로 활용해서 키워 내지 못하고 내가 해온 방식, 즉 먼저 지식을 갖추고 그걸 바탕으로 자생적으로 클 수 있는 싸움이 가능하다는 판단을 내렸던 것입니다. 70년대 후반 야학이 노동운동의 중요한 부분으로 상당수 등장했었죠. 여기서 배출된 인자가 적지 않지만 지금껏 활동하고 있는 예는 그리 많지 않습니다. 야학 내부에서도 '노동자들의 대학생화' 경향에 대한 논란이 많았지만, 대학생이 야학을 매개로 사회과학적 지식을 심어 주고, 일정한 자기 내부의 변화를 거친 뒤 현장에 깔려 일을 끌어 나가려 한 경향이 있었죠. 그러니 대학생이 현장에 들어가 소모임 하던 방식대로 하게 되었던 거죠.

결국 소그룹운동론은 운동 역량이 미약한 시기에 분산적인 조직형태를 통해 주체 역량을 일정 정도 강화하는 데 기여했지만, 1983년 말 이후 전개된 노동운동의 성장, 변화과정에서 노동운동의 대중적 확산을 위해서는 조직방식의 전환이 필요했다. 노동자들에게는 그들의 생활과 감정에 걸맞은 싸움방식이 있었다. 그들의 경험에서 우러나오는 현실에 대한 자발적인 자각과 행동력을 살리면서 그 열기를 조직적으로 수렴해 나가는 활동 방식이 필요했다.

한편 소그룹활동론은 활동가들의 준비론적 태도와 연계되어 나타나기도 했다. 당시 학출활동가들은 신분문제 때문에 은밀하게 활동하는 것이 주된 흐름이었다. 그 때문에 현장에서 일어나는 일상적인 문제에 대해 문제제기하거나 투쟁을 벌이는 것을 회피하면서 역량을 축적하자는 생각으로 소모임 조직에만 집중하는 경향이 있었다. 그러나 이런 활동 방식은 학출활동가가 신분문제로 해고되거나 탄압을 받으면 대부분 그 활동이 무산되어 버리기 일쑤였다. 다음 김일섭의 사례처럼 오랜 시간 투여한 소그룹활동이 한순간에 무너지면서 활동가 자신도 패배의식을 갖기도 했다. 김일섭 외, 「우리가 왜 위장취업자인가」, 『현장 5집』, 76쪽.

> 진도에 1년 8개월이나 근속하고…… 여러 개의 모임을 운영했으면서도 그것이 조합의 방향으로 나가야 할지 어떨지, 조합을 할 경우 앞에 나서야 할지 말지 등등 경험적으로 누적된 자료가 없어서 판단이 잘 안 서더군요. 오로지 신분이 밝혀져서는 안 된다는 강박관념 때문에 싸울 거리가 생겨도 적절히 대처하진 못하곤 했습니다. 가령 생산직과 사무직의 상여금 차이 등으로 자연스럽게 쟁의가 발생한 적이 있었는데, 이걸 나서서 이끌어야 할지 어떨지 난감했습니다. 아직 조직이 없으니까 어렵다면서 싸움을 방관하고 대신 이걸 기회로 현장 내 모임을 만들자는 구상만 했습니다. 그러다가 기관에서 조사받고 온 뒤론 참담한 패배감만 들었습니다.

이런 활동가들의 준비론은 1984년과 1985년 대우자동차투쟁을 통해 강한 문제제기를 받았고, 새로운 활동 방식으로의 전환을 모색하게 되었다. 대우자동차의 학출활동가 송경평은 1984년 8월경 야학연합회사건에 연루되어 신분이 노출되어 회사측이 부서이동명령을 내렸으나, 이를 거부하고 대중의 불만이었던 군복직자 호봉승급 등의 문제를 공개적으로 제기하면서 대중투쟁을 만들어 갔다. 그 뒤 학출활동가들은 열성조합원들을 조직해서 공개적인 활동을 벌였고, 1985년 4월 16일부터 25일까지 임금인상파업투쟁에서 어용노조 집행부를 대신해서 투쟁을 주도할 정도로 역량이 확대되었다.

이 당시 상황에 대해 대우자동차에서 투쟁하다 해고되었던 이용선은 대우자동차는 활동가끼리 조직적이고 실질적인 연결을 갖고 모든 현장상황을 토론했던 것이 중요했다고 말했다. 예를 들어 1984년 송경평의 신분이 알려졌을 때 활동가모임에서 그 대처방안을 토론해서 "현장에서 버티면서 왜 지식인이 현장에 들어왔는지 동료들에게 차근차근히 설득할 필요가 있다. 동시에 어용노조 정상화의 필요성을 설득하면서 더욱 열심히 노조활동을 하는 것"으로 결정했고, 그에 따라 현장실천을 강화하여 노력했다고 말하였다.김일섭 외, 「우리가 왜 위장취업자인가」, 『현장 5집』, 75~76쪽.

이런 활동 방식은 당시 신분문제로 위축되어 활동하던 학출활동가들에게 자극을 주었으며, 대우자동차 활동가들의 대중선동과 선전지 활동 등은 새로운 활동 방식으로 부상되기도 했다. '소그룹운동론'과 관련해서 나타난 문제는 당시 국면과 역량의 문제도 중요했지만, 노동자들에게 맞는 올바른 조직화 방식이 필요하다는 것이었다. 이에 대해 이용선은 같은 좌담회에서 다음과 같이 말했다.김일섭 외, 앞의 책, 92~93쪽.

> 왜 소모임 방식에 대해 거론해야 하느냐, 이것은 노동운동 국면 자체의 변화도 있겠지만 노동자가 성장하는 방식, 올바른 주체인자가 성장하는 과정에 대해 그동안의 경험이 어느 정도 시사점을 주기 때문입니다. 이전의 소모임은 전체적 중심 고리가 아니라 부분 고리로 엮어 내고 그에 실제로 필요한 공부를 시켜나갈 때 노동자들은 비약적으로 발전합니다. 구체적 실천을 경유하면서 단련된 활동

가만이 올바른 인식을 요구하는데 이는 소모임과는 차원이 다릅니다. 요즘 현장에서 많이 보이는 형태가 소식지인데, 이 소식지를 매개로 현장에 생성된 조직은 이미 소모임 차원이 아닙니다. …… 구체적 실천과 매개되고 그 과정에서 역동적으로 움직이는 노동자의 요구를 수렴시키고, 이때 선진적 활동가에게 올바른 인식을 갖게 만들어야 합니다.

또한 1985년 노투와 구민추가 결성되어 활동하고, 교회의 노동청년과 도시산업선교회 회원을 조직대상으로 하는 한국기독교노동자총연맹 등이 결성되었다. 노동운동에서는 이런 공개단체와 지역투쟁위원회 활동을 바탕으로 소그룹운동과 기업별 노조의 한계를 극복할 수 있는 운동조직이 필요하다는 논의가 진행됐고, 그 대안으로 지역노동운동론이 제기되었다.

'지역노동운동론'은 '소그룹운동론'에 대해 "대중의 열기가 고양되고 있는데 이를 투쟁으로 분출시키고 조직해야 할 활동가들이 고립 분산되어 수공업적인 활동을 벗어나지 못하고 있는 것"을 문제삼았다. 또 대중투쟁의 성장을 위해서 기업별 노조의 한계를 뛰어넘어야 한다는 점을 강조하였다. 그리하여 개별사업장의 일회적 싸움에 그치지 않고 그 투쟁과정에서 올라오는 역량이 유실되지 않도록 조직화하면서 지속적이고 통일적인 투쟁을 전개할 수 있는 지역조직(지역 차원의 협의체)이 필요하다고 주장했다.[6]

6 이에 대해 '지역운동론'에서는 "대중적 역량의 미약함은 대중의식의 저위(低位)나 소시민적 보수성에 있기보다는 객관적 모순의 심화에 따라 대중의 투쟁역량의 열의도 날로 성장하고 있는데 반해서 그러한 대중의 자연발생적 투쟁력을 조직하고 올바로 지도할 활동가들의 활동이 아

이런 입장에서 '지역노동운동론'은 '소그룹운동론'이 조직보존 논리에 매몰되어 준비론적 경향에 빠져 있으며, 정치투쟁 의식은 학습보다도 대중적 투쟁 속에서 형성되는 것이라고 비판했다. 또 투쟁의 성과가 축적되어야 조직성과 지도성을 갖출 수 있으며, 초기 단계에서는 소그룹에 의존할 수밖에 없겠지만 점차 소그룹운동은 거부되어야 한다고 주장하였다. 이 주장은 다음의 인용문에 잘 드러나 있다.송정남, 「한국노동운동과 지식인의 역할」, 『한국노동운동론』 1, 188쪽.

> 소그룹운동이 노동운동의 일반적 형태가 되었다. 운동의 지도성과 조직성은 반드시 지향해야 할 목표이지만 투쟁의 실천적 성과가 부족한 상황 아래서는 지도성도 조직성도 쉽게 갖추어지지 않는다. 운동의 초보적 단계에서는 단세포적 소그룹에 주로 의존할 수밖에 없다. 그러나 소그룹만을 통하여 또는 소그룹의 세포분열을 통하여 운동역량이 중층적으로 쌓아질 수 있다고 생각한다거나 소그룹이 자연발생적으로 고도의 조직 체계를 갖춘 운동체로 진화될 수 있다고 생각한다면 그것은 소그룹주의에 지나지 않는다. 우리는 소그룹에 의존하는 수공업 단계를 뛰어넘어 운동의 조직적, 유기적 통일을 확보하기 위해 노력해야 한다.

이러한 비판에 대하여 '소그룹활동론'의 입장에서는 준비론적

직 지지부진하고 미숙한 점에 있다. …… 대부분의 활동가들이 고립 분산되어 있는 채로 수공업적 활동 방식을 벗어나지 못하면서 그것이 엄한 탄압조건하에서는 자신들의 역량을 보전하는 유일한 방식이라고 착각하고 있다"고 제기하였다(송정남, 「지역노동운동의 모색」, 『실천문학』 창간호, 1985, 341쪽).

관점에 서 있는 것도, 폐쇄적인 활동이 아닌 효율적인 지도조직 육성방법이라고 반박했다. 이에 대해서는 다음 인용문에 잘 드러나 있다.김인동,「70년대 민주노조운동의 전개와 평가」,『한국노동운동론』 1, 22쪽.

> 지도조직의 육성이 각 단계를 거치는 소그룹의 활동을 통해서 주로 이룩되는 것은 역사적 경험이다. 소그룹활동이라고 하는 것이 고립 분산적이고 폐쇄적인 학습만을 말하는 것은 결코 아니다. 역량에 부합하는 일상투쟁·경제투쟁을 부단히 전개하는 한편 노동계급으로서의 자각을 높이는 교육과 훈련을 강고하게 해가는 것을 의미함은 상식이다.

학습을 우선시하고 투쟁 속에서의 역량강화를 경시한다는 지적에 대해서 '소그룹운동론' 입장에서는 학습의 내용과 방법이 잘못이 있다면 그것을 고쳐야지 학습 자체를 경시해서는 안 된다며 학습에 의한 의식화를 강조하였다.[7] 또한 소그룹(비공개 소모임운동)이라 하더라도 기본적으로 공개적인 것과 비슷한 수준의 일을 비공개적 형태로 추진하는 것도 있고, 공개적인 것과는 질적으로 내용을 달리하는 일을 추구하는 것도 있다. 그러므로 그 활동형태의 구별과 활동내용의 구별을 혼동하지 않도록 주의해야 한다는 주장도 있었다.이혜성,『현장동료와 함께』, 동녘, 1985, 11쪽.

7 이에 대해 "노력에 비해 성과가 적은 것처럼 보여지지만 노동계급으로 하여금 고차원의 정치의식을 갖게 하는 학습과 학습의 진행과 함께하는 실천이 없는 한 우리나라의 노동운동은 계속하여 조합주의·경제주의적 수준에 머물러 있을 수밖에 없다. …… 패배의 극복은 계속적인 투쟁을 통해서 이뤄진다기보다 의식의 변혁 및 변혁된 의식에 걸맞은 실천을 통하여 이루어지기 때문" 이라는 주장도 있었다(「토론: 1980년대 노동운동의 현황과 방향」,『한국노동운동론』 1, 206쪽).

〈표 2-13〉 소그룹운동론과 지역노동운동론의 비교

	소그룹운동론	지역노동운동론
대중성/지도성	지도성을 중시한다.	현단계에서는 대중성을 중시하나 지도성의 확보를 위해 의식적으로 노력해야 한다.
유화국면	탄압에 시각을 맞춘다. 즉, 부정적 측면을 중시한다.	대중의 열기가 고양된 측면에 초점을 맞춘다.
현재 운동역량	아직 초기 단계. 일상적인 활동형태는 소그룹활동이다.	지역 단위 활동가그룹들이 협의체를 구성할 만한 수준이다.
강조점	투쟁의 사전준비역량의 축적. (노조 결성투쟁 시에도 이를 기준으로 평가)	사전준비 부족으로 피해를 입는다 해도 고양된 분위기를 놓쳐서는 안 된다. 투쟁의 사후처리에 중점을 둔다. 투쟁 역량의 재생, 지속을 강조하면서 지역적 조직틀을 모색한다.
지역 단위 노동운동	노동운동의 외연. 소그룹의 양적·질적 발전에서 자연스럽게 나타난다.	노동운동의 외연이지만 소그룹에서 지역 단위의 운동으로 옮아 가는 의식적 노력이 기울여야 한다.
통일성	현재는 지역운동론보다 더 확보. 그러나 일을 추진하는 데는 제한이 따른다.	현재는 소그룹운동론보다 뒤지지만 앞으로 내적 통일성을 확보해 나갈 수 있을 것이다. 현재 일을 추진할 수 있다.

※이종오, 「80년대 한국노동운동의 성과와 반성」, 『한국노동운동의 이념』, 243~244쪽 참고 작성.

〈표 2-13〉에서 알 수 있듯이 두 주장은 당시 국면과 역량을 인식하는 데 차이도 있었다. 결국 논쟁의 핵심은 현장 대중운동의 구축과 그에 기초한 지도력을 어떻게 형성할 것인가에 있다고 볼 수 있다. 사업장 차원을 뛰어넘는 지역운동조직이 형성되어 투쟁의 경험을 가진 주체들이 지역 차원에서 결집한다 하더라도, 이 지역운동이

현장 노동자들과 결합할 때만이 그 역할을 다할 수 있기 때문이다.

이 논쟁은 1984년부터 1985년 전반기에 나타난 노동운동의 변화에 기반을 둔 한국노협과 해고노동자들의 정치투쟁을 둘러싼 대립에서 나아가, 당면한 노동운동의 조직방식을 둘러 싼 초기적 논쟁 성격을 띠고 있었다. 이 논쟁에서 제기된 '지역운동론'은 그동안 사업장 중심의 조직화를 지역 차원으로 발전시켜야 한다는 주장으로, 1980년대 노동운동에서 조직방향에 대한 최초의 문제제기였다. '지역운동론'은 1985년 8월 서노련의 등장과 수도권 지역에 지역투쟁위원회의 등장으로 나타났다. 이런 조직화방향을 둘러싼 논쟁은 서노련 해체 이후 1986년 정치조직과 대중조직을 둘러싼 논쟁으로 본격화되었다. '소그룹운동론'은 1987년 NLPDR의 산개론에서 그 연속성을 볼 수 있다.

1부 2장을 맺으며

1980년대 학생운동가들은 확대된 학내 이념서클에서 사회과학 학습을 하면서 사회주의 혁명을 꿈꾸었고 노동자계급을 혁명의 주체로 조직하기 위해 노동현장에 투신했다. 이 시기에 학생운동가들의 대규모, 집단적인 노동현장 투신은 학생운동이 대중화된 상황을 반영한 것으로, 그 양적 확대를 바탕으로 이들은 1980년대 노동운동의 새로운 주체로 등장했다.

노동현장에 투신한 학출활동가들은 1984년부터 노동현장에서 노조 결성과 어용노조 민주화투쟁 등을 벌였으나 많은 활동가들이 해고되어 현장 밖으로 내몰렸다. 이는 정부와 자본측이 학출활동가들을 대중과 분리시키려 가했던 총체적 탄압이 주된 이유였다. 해고자들은 공동으로 노동운동탄압을 폭로하는 가두투쟁, 점거투쟁을 벌이면서 노동문제를 정치화시키기 시작했다. 이런 학출활동가들의 투쟁은 한국노협을 매개로 노출활동가들과 정치투쟁의 필요성을 둘러싼 노동운동의 방향에 대한 대립으로 나타났다. 이들은 한국노협의 조합주의적인 관점을 비판하면서 독자적으로 노투와 구민추를 결성했다. 노투의 결성과 활동은 한국노협의 조합주의와 이념적 한계를 비판하면서 독자적 투쟁단체를 결성한 점에서 그 의미가 있었다. 이는 정부와 회사측의 탄압으로 노조 결성이 근본적으로 제약당하는 조건을 지역 차원에서 정치투쟁과 선전활동으로 제기하여, 노동현장의 활동을 지원하려는 것이었다. 노투는 당시 공개화된 노동운동역량을 지역 차원에서 결집하여 전국 차원으로 발전시키려는 고민도 있었다. 이런 노동운동의 변화와 맞물려 기존의 조직화 방식이었던 '소그룹운동론'을 비판하면서 사업장 차원에서 나아가 지역 차원의 노동운동을 모색해야 한다는 '지역운동론'이 등장했다.

이와 같이 1980년대 전반기 노동운동에 나타난 학생운동가들의 집단적인 노동현장 투신은 노동현장에 새로운 활동역량이 충원되는 과정이자 정치조직운동의 재생산기반이 되었다. 이는 1970년대 민주노조운동과는 다른 노동운동의 형성을 예고하는 것이었고, 1984년 이후 노동운동의 양상은 서서히 달라졌다. 1970년대에는 10여 개의 민주노조들이 서울과 인천지역을 중심으로 제한된 데 비해 1980년대는 서울, 인천, 안양, 성남 등 수도권 영역으로 확산되었다. 또 노조 결성을 위한 활동과 지역 단체활동을 벌이면서 독자적인 노동운동의 흐름을 형성하기 시작했다. 노동현장과 지역활동의 여러 시도는 정치투쟁의 필요 여부와 조직방식을 둘러싼 논쟁을 낳기도 했다. 이러한 활동과 논쟁은 1985년 6월의 구로동맹파업이 제기한 정치투쟁의 가능성과 노동자의 조직화 문제를 통해 노동운동이 급격하게 정치화되면서 등장하는 변혁적 노동운동의 인적 자원과 의식변화의 한 조건을 형성하였다.

3장

1980년대 중반기

노동자투쟁과

학생운동 출신 활동가

1부 3장에서는 1980년대 중반기 노동운동의 변화에 영향을 미친 투쟁을 중심으로, 그 투쟁양상과 학출활동가들과의 관계, 그리고 투쟁이 노동운동에 미친 영향 등을 살펴보려 한다. 1980년대 전반기 학출활동가들은 노동조합 결성시도, 임금인상 및 근로조건 개선투쟁 등을 벌이기도 했지만 구로공단에 4개의 민주노조를 결성한 것과 인천 대우자동차 노동자들의 투쟁을 제외하면 대부분 탄압으로 실패하였고, 그 과정에서 많은 이들이 신분이 드러나 해고되어 노동현장을 떠나기도 했다. 그러나 학출활동가들은 이런 실패들을 바탕으로 노동운동의 발전에 큰 영향을 미친 투쟁들을 벌이기도 했고, 노동자들의 투쟁을 지지하며 적극적으로 참여하려는 시도를 하기도 했다.

우선 학출활동가들이 참여하여 노동운동에 큰 영향을 미친 두 개의 투쟁이 1985년에 일어났다. 하나는 남성노동자 중심의 사업장인 대우자동차에서 일어난 임금인상 파업투쟁이고, 다른 하나는 여성노동자가 중심인 사업장들에서 연대투쟁·정치투쟁을 벌인 구로동맹파업(약칭 '구로동파')이었다. 이 두 개의 투쟁은 유화국면을 틈타 1984년 학출활동가들의 노조 결성과 다양한 투쟁의 흐름을 바탕으로 일어났다.

대우자동차투쟁은 남성 중심의 대공장에서 의식적이고 조직적인 투쟁을 벌인 최초의 사례라고 할 수 있다. 이 투쟁은 노동운동 내부에서 '경제주의투쟁'이라는 비판이 제기되기도 하는 등 1985년 이후 경제주의-정치주의 논쟁을 일으키는 계기가 되기도 했다. 이와 달리 구로공단 노동자들의 동맹파업은 1950년대 이후 최초의 정치투쟁으로서, 당시 노동운동 세력의 일부가 가지고 있던 "노동자들의 정치투쟁은 가능하지 않다"는 생각을 변화시키는 계기가 되었다. 구로동파는 학출활동가들과 선진노동자들이 민주노조를 결성하여 기업별 노조의 틀을 뛰어넘는 의식적 연대활동의 결과로서, 1980년대 중반기 노동운동의 방향을 전화시키는 중심 투쟁이었다.

다음으로 노동운동 지평을 변화시킨 1987년 7·8·9월 노동자대투쟁에 대해 살펴보고자 한다. 노동자대투쟁은 전국에 민주노조운동을 뿌리내리게 하여 노동운동의 역사를 새로 쓰게 하였다. 노동자대투쟁과 1980년대 노동운동과는 어떤 관계가 있었을까. 좀더 직접적으로 학출활동가들은 노동자대투쟁에서 어떤 역할을 했을까. "노동자대투쟁이 자연발생적이었다"는 일각의 평가처럼 1980년대 노동운동 및 학출활동가들은 노동자대투쟁에 아무런 개입을 하지 못한 것일까. 3절에서는 이 문제를 중심으로 대투쟁의 발전과정을 검토하고자 한다.

1절

1985년 대우자동차 파업투쟁과 경제주의 논란

1) 1984년 학출활동가 송경평의 신분문제와 공개적 대응

앞서 언급했듯 대우자동차의 투쟁은 남성 중심의 대공장에서 의식적이고 조직적인 투쟁을 벌인 최초의 사례로서, 이후 중화학공업 남성노동자들이 노동운동에 본격적으로 등장할 것을 예고한 사건이었다. 대우자동차투쟁은 학출활동가들의 활동을 부상시켜 정부와 기업측을 긴장시켰으며, 또 학출활동가들에게 그동안의 소극적인 활동 방식에 대해 반성하는 계기가 되기도 했다. 그러나 이 투쟁은 투쟁과정에서 드러난 연대 거부의 문제, 지도부 구속문제 등으로 인해 당시 노동운동 세력에게 비판을 받기도 했다.

1985년 대우자동차 파업투쟁은 1984년 학출활동가 송경평의 신분이 드러나자 회사가 그를 부서이동 시키면서 시작됐다. 그는 이에 응하지 않고 오히려 신분노출을 활용해 공개적으로 노동자들이 불만으로 여기던 예비군 문제와 상여금 문제, 군필복직자 처우문제 등을 제기하면서 투쟁을 벌였다.

대우자동차는 1984년 기준으로 승용차, 버스, 카고트럭 등을 생산하며 노동자 수는 사무직 1,552명, 기술직 1,432명, 기능직 4,240명으로 모두 7,224명이 일하는 대규모 사업장이었다. 노동조건은 초임이 중졸 128,100원, 고졸은 131,100원 정도이며 전문대졸은 229,000원으로 학력 간의 임금 격차가 크고, 상여금은 연 400%이나 1980~82년에는 불황이라는 명목으로 매년 100% 정도 체불되어 조합원 사이에 불만이 누적되었다. 거기에 군필복직자들의 불만이 높았고 연장근로, 야간근로, 휴일근로수당은 150%만 지급하고 있었다. 또한 1979년부터 기능직 노동자들의 통근버스 승차금지조치가 내려지는 등 사무직 사원과 생산직 노동자에 대해 노골적인 차별대우를 했고, 노동자들이 사전에 월차휴가를 신청하여도 부서방침이라면서 억제하는 예가 허다했다.[한국기독교산업개발원 편, 『대우자동차 파업·농성』, 웨슬러, 1985, 84~100쪽 참조.] 이러한 노동조건을 개선하기 위해 노동자들은 1971년에 노조 결성투쟁을 했고, 1979년에는 통근버스 문제로 1,000여 명이 이틀간에 걸쳐 농성투쟁을 벌이기도 하였다.[한국기독교산업개발원 편, 앞의 책, 68쪽.] 그러나 노동조건이 크게 개선되지 않았고 불만은 누적되고 있었다.

이 시기에 대우자동차 공장에는 학출활동가들이 다수 현장에서 노동을 하고 있었고, 선진 노동자들도 있었다. 송경평(서울대, 77), 이용선(서울대, 77), 홍영표(동국대, 77), 박재석(연세대, 77), 최종성(연세대, 77) 등이 학출활동가들이었고, 선진노동자는 전희식, 유선희(노동야학), 이홍규(JOC가톨릭노동청년회), 김태석, 안진호 등이 있었다.[이용선 구술]

학출활동가들이 대우자동차에 입사한 경로는 다음과 같았다. 홍영표, 박재석, 최종성 등은 정수직업훈련소에서 6개월에서 1년 동안 기술 습득을 한 뒤에 입사하였고, 송경평은 노동조합의 지인을 통해 소개로 들어갔다. 또 이용선은 미숙련 노동자를 대량으로 모집할 때 입사하였다. 당시의 입사상황에 대해 이용선은 다음과 같이 기억하고 있었다.

> 83년 말 84년 초 '대우자동차에서 사람을 모집한다'고. 그 얘기는 우리 서울대 공대팀에서 들었고, 공대팀이 인천 등에 가 있는 사람들이 꽤 있었으니까…. 대우자동차 들어가는 것은… 정수 직훈을 거쳐 가는 것도 쉽지 않고, 참 어려운 데지. 근데 나는 물정도 모르고 그냥 찾아간 거지. 면접을 했는데 돌연 합격이 된 거예요. 내 이름 그대로 썼고… 학력만 고졸로 최종학력을 쓴 거고. 내 용모가 워낙에 노동자스러워 사람들이 전혀 의심을 안 하는 거예요…. 그랬더니 다들 이상하게 생각하는 거야. '무슨 빽으로 들어왔지?' 근데 그때 대자대우자동차가 사람이 많이 필요했어요. 그래서 비숙련 노동자들이 많이 들어갔어요. 그 덕에 나도 들어간 거고. 대자가 보니까 경기 파고를 많이 타는 거예요.

이 시기에 이용선을 비롯한 주위의 서울대 공대 출신의 학출활동가들은 인천지역에 여럿 들어가 있었으나, 이들은 노동현장 투신 초기였기 때문에 아직 조직운동을 구상할 단계가 아니었다. 이들에게 가장 중요한 것은 각자의 힘으로 노동현장에 적응해서 안정적인 활동기반을 확보하는 일이었다. 이들의 지역관계 역시 학교 인맥의

느슨한 연계 방식을 띠고 있었을 뿐이었고, 그조차도 정규적인 만남이 아니어서 정세와 노동운동의 상황을 바탕으로 노동운동의 방향과 실천과제를 정립하기 어려운 조건이었다.[이용선 구술]

또 유선희와 같은 선진노동자들은 노동야학이나 종교계를 통해 받은 사회과학 학습으로 막 노동운동에 눈을 뜬 상황이었기 때문에, 이들 역시 노동조합운동의 방향이나 노동운동의 방향에 대해 배워 나가는 단계였다. 유선희는 당시 노동운동을 시작하게 된 계기에 대해 야학 강학들의 영향을 받았다고 한다. 강학들은 유선희에게 "진짜 배울 것은 현장에서 노동자들과 같이 무언가를 일구어 가면서 느끼는 것들이 더 중요하지 않겠느냐"는 조언도 하고 『사상계』, 『민족경제론』을 읽도록 권했으며, 일본어를 알려주면서 일어로 된 문고판 『사적 유물론』 등을 읽도록 권하기도 했다. 당시 유선희는 사회문제를 제대로 이해했다기보다는 '호기심 반, 오기 반'으로 공부하면서 노동운동에 참여했다고 한다.[유선희 구술]

이렇게 대우자동차에 들어온 유선희는 야학 선배를 통해 학출활동가 홍영표를 소개받아서 관계를 맺게 되었고, 다른 이들은 지역의 문화모임에 참여했다가 서로의 존재를 확인하기도 했다. 이렇게 활동가들은 서로의 존재를 알게 되자 바로 '활동가 모임'을 만들어 현장 활동에 대해 공동모색을 하기 시작했다. 이에 대해 유선희는 다음과 같이 기억하고 있었다.

> 내가 야학 선배하고 얘기하고 들어갔을 때 학생 출신들이 많이 들어오기 시작했던 시기였죠. 선배 소개로 처음 만난 게 홍영표였고 몇 차례 만나서 얘기하고 자료같이 보다가, '8월 15일날 노동자 한

마당'인가? 주안5동 성당에서 있었어요. 그때 전희식이나 이용석, 송경평이를 만나 서로 통성명하고, 행사 끝나고 나서 뒤풀이 자리에서 대우자동차 사람들만 다시 모여서 술 한 잔 먹으면서 '앞으로 어떻게 해나갈 건지 모여서 뭔가를 해보자' 하는 의기투합이 있었죠. 그후 몇차례 만나서 근로기준법과 노동조합법을 같이 보면서… 모임이 시작되었죠.

이즈음 송경평이 학생운동 출신자라는 것이 회사측에 드러났다. 구체적인 계기는 야학연합회사건을 추적하던 경찰이 구로지역에서 활동하던 한 학출활동가의 집을 수색했는데, 거기서 나온 자료에 송경평의 이름이 있었고, 바로 신원조회를 해서 그의 신분을 확인한 것이었다. 그나마 경찰이나 회사측이 행동을 취하기 전에 송경평이 먼저 이 상황을 알게 되었다. 그는 바로 10여 명의 현장 활동가들의 모임을 소집해 대책을 논의했다. 결론은 신분이 드러난 것을 계기로 현장 내부의 일상적인 문제를 제기하면서 공개적이고 적극적으로 대응하자는 것이었다. 당시 현장의 주요문제로는 예비군훈련을 근무로 인정하지 않는 문제, 군필복직자 문제, 교육시간을 근무시간으로 인정하지 않는 문제 등 다양했다. 이 당시 상황에 대해 이용선은 다음과 같이 기억하고 있다.

송경평이 사전에 알았어요…. 당시는 학생들이 신분노출이 되면 잠적을 한다든가 현장활동을 정리하고 새로운 곳을 찾아가는 식이었는데…, 우리가 송경평 씨 문제를 논의하다가 어차피 조사받고 들통 나서 사업장에서 밀려 나갈 거, '노동법에 준해 부당노동행위와 같은 건수들을 미리 확보해서… 문제제기를 하고 공개적으로 치고 나가자.' 이렇게 얘기가 되었죠. 그때 문제는 예비군훈련 문제였죠. 예비군훈련 받은 것을 근무하는 걸로 쳐줘야 하는데 대우에서는 근무시간에서 제외를 했고. 그 다음에 군필복직자 문제. 근무를 하다가 군대를 갔다와서 다시 복직을 하게 되면 군복무 기간 동안의 호봉 산정이 정기적으로 다 올라가야 하는데, 그게 안 됐거든요.

마침 1984년 8월 23일 오전 예비군훈련을 받고 노동자들이 귀가하려 하자, 회사측이 이들에게 오후 근무를 요구하는 일이 일어났다. 이에 송경평 등 10여 명의 노동자들은 부당하다며 항의했다. 이어 이들은 근로기준법 위반사항 몇 가지를 적어서 노동부에 진정서를 내고 관련 내용을 유인물로 작성해 점심식사 시간을 이용하여 식당에 배포했다.한국기독교산업개발원 편, 『대우자동차 파업·농성』, 92쪽. 이 과정에 송경평은 식당의 식탁에 올라서서 회사측의 부당함을 공개적으로 문제제기했다. 이런 상황이 공장 내 노동자들에게 퍼져 나가면서 노동자들은 곳곳에서 수군거리기 시작했다. 노동자들은 "똑똑한 사람 나타났다. 참 대단하다"며 대체로 송경평 등의 행동에 우호적이면서 지지하는 분위기가 형성되어 갔다. 당황한 회사측은 송경평만이 아니라 현장에 있던 다른 학출활동가들의 신분을 파악했고, 송경평에 이어 박재석, 이용선 등의 신분을 확인한 뒤에 역시 이들을 부서이동시켰다. 그러나 초기부터 부서이동을 거부하고 계속 현장을 돌아다니며 항의하던 송경평에 이어서 이용선과 박재석도 발령을 거부하고 현장으로 출근하려 하였다. 이들은 회사 경비들과 싸움을 벌이거나 경찰서에 끌려갔다 오면서도 계속 출근투쟁을 벌였다.[이용선 구술]

이 과정에서 1984년 9월 18일에는 3/4분기 상여금 지급문제 때문에 20여 명의 노동자들이 노조사무실로 몰려가 항의하는 일이 일어났다. 또 '군필복직자모임'이 만들어져 당사자들이 그 문제를 노동조합에 쫓아가서 항의하고 해결을 촉구하는 집회를 갖는 등 현장 노동자들의 저항이 여기저기 일어나기 시작했다. 활동가들은 이들과 결합하여 모임을 만들어서 부평 노동사목에서 만남을 가졌다. 모임 규모는 30명 정도였고, 모임에서는 근로기준법, 노동조합 관련 책을 읽고 토론하거나, 외부인을 초청해 교육을 받기도 했다. 또 학습과 동시에 「근로자의 함성」이라는 선전물을 만들어서 현장에 배포하는 작업도 했다.[유선희 구술] 이런 과정에서 점차 어용 집행부와 조합원들 간에 갈등이 심해져 갔다. 이어 10월 대의원선거가 다가왔다. 노동자들의 분위기가 심상치 않자 어용 집행부는 대의원선거를 미루기까지 했고, 활동가들은 이런 노조 집행부의 행태를 비판하는 유인물을 만들어 현장에 배포하였다.

이처럼 송경평의 신분문제를 계기로 예비군 문제와 상여금 문제, 그리고 군필복직자 처우문제 등의 일상적이고 부분적인 문제에서 시작되어, 회사의 노무관리부서로 전락한 노조의 어용성을 비판하는 전체적인 투쟁으로 발전되어 갔다. 그 과정에서 모임에 참여한 활동가들과 열성조합원들은 공개적인 대중선전매체인 「근로자의 함성」을 발간하였고, 부서별 공청회, 조합원 비상총회 등 조합원을 투쟁의 주체로 내세울 수 있는 활동 방식을 펼쳐 점차 조합원들이 이들 주위로 결집하였다. 결국 1984년 11월에 대의원선거가 열렸다. 이때 부평 대의원 수는 22명이었는데 유선희를 비롯해 활동가 3인과 모임에 참여하는 열성조합원 15명이 대의원으로 당선되어, 총 18

명의 민주파 대의원이 선출되었다. 그러나 그것은 부평공장에 국한된 상황으로, 당시 대우자동차는 부평, 인천, 부산, 정비공장 등 5개 사업장으로 분산되어 있었기 때문에 전체 노조를 아우를 역량이 되지는 못했다. 이들은 대의원대회를 통해 어용 집행부를 몰아내고 노조를 민주화시키는 데는 실패했다.

2) 1985년 임금인상 파업투쟁

1985년 3월 임금인상 시기를 맞아 노조 민주화 세력은 다시 투쟁을 준비했다. 우선 민주파는 노조 집행부에게 "분열적인 모습들은 접어두고 앞으로 다가오는 임금인상에서는 집행부와 민주파 구분하지 않고 공동으로 준비를 하자"고 제기하고, "간부합동회의를 통해서 '임금인상투쟁 소위원회'(약칭 '임투소위')를 공동으로 꾸리자"고 제안했다. 그러나 노조 집행부가 임투소위에 민주파가 참여하는 것에 반대를 하자, 민주파는 집행부와 논쟁을 벌여 결국 민주파 쪽에서 홍영표를 임투소위에 참여시키는 것으로 결론지었다. 이와 동시에 민주파는 노조와는 별도로 「근로자의 함성」을 통해서, 그동안 한국노총에서 발행한 최저임금 관련 자료와 생산성 증가율에 따른 임금배분, 물가상승률 등을 조사하고 연구한 결과를 조합원들에게 알리는 선전 작업을 진행했다. 노조는 1985년 임금인상요구를 18.7%로 확정했다. 그러나 노조 집행부와 민주파는 교섭대표 구성을 둘러싸고(민주파 대의원을 교섭대표에 포함시킬 것인가) 대립하였다. 당시 상황에 대해 대의원이었던 유선희는 다음과 같이 말한다.

사람들이 중식시간에 교섭대표에 민주파 사람들이 포함될 것을 요구를 하면서… 노동조합에 가서 항의집회가 있었어요. 사람들이 중식시간이 끝나면 일하러 가지 않고 한 80명 정도가 농성을 했는데… 그때까지 집행부에서는 계속 강경하게 "안 된다"는 입장이었거든요. 그런데 농성하던 80명이 '우리 공장 한 번 돌자' 해서 공장순회를 했어요…. 한 바퀴 죽 도니까 1,500여 명으로 불어나서 집결하게 됐거든요. 오후에는 자연스럽게 파업이 되었죠. 그때… 위원장이 와서 민주파의 얘기를 들어주게 되죠. 민주파가 기선을 잡는 결정적인 계기가 됐죠.

조합원들의 행동에 기세가 꺾인 집행부는 교섭대표에 민주파를 포함시켰고, 이후 민주파와 공동으로 차체부, 엔진부, 도장부 등에서 임금인상문제에 대해 부서공청회를 열었다. 민주파의 열성조합원들은 다른 부서의 공청회에도 쫓아가 임금인상투쟁 분위기를 살리기 위해 노력했다. 마침내 회사측과의 임금교섭이 진행되었으나, 회사는 5.2% 인상안을 고집하여 교섭에 진전이 없었다. 4월 15일 교섭이 진행이 되자 교섭하는 건물 밖 운동장에 1천여 명의 조합원들이 모여 '교섭보고대회'를 했다. 조합원들은 "18.7%에 대해서 들어줄 거냐? 말 거냐?" 답할 것을 요구했다. "다른 얘기는 할 필요없다. 들어주면 그만이고 안 들어주면 싸워야 되는 거고" 하는 분위기가 형성됐다. 이들은 교섭결과가 마음에 안 들면 노조 사무실을 박살낼 분위기였다. 조합원들은 "내일부터 파업을 해라. 아니면 위원장직은 사퇴를 해라"를 외치면서 노조 집행부를 압박하는 분위기가 형성되었다. 결국 위원장은 "내일 08시부로 파업을 선언한다"고 공식 선언하고 사라졌

다.한국기독교산업개발원 편, 『대우자동차 파업·농성』, 127~128쪽.; [이용선 구술]

마침내 4월 16일부터 조합원들은 파업에 돌입하였고, 파업대책위는 민주파가 장악했다. 파업대책위는 회사측이 공장폐쇄를 할 위험을 느끼면서 대중적인 대안을 찾기 위해 부서별 공청회를 진행했다. 공청회에서 조합원들은 공장점거농성을 하자는 쪽으로 결론을 냈다. 장기간 점거가 안전한 곳을 물색하는 과정에 기술연구소에 근무하던 한 조합원이 "그쪽에는 마이크로필름이라든가 중요한 자료들이 있으니, 만에 하나 경찰력이 투입되더라도 그런 것들을 우리가 안고 있으면 방어물이 될 것이다"라는 제안을 했고, 대책위는 긴급하게 기술연구소를 점거했다. 이때 해고된 송경평도 파업에 참여하고 있었는데, 회사측은 "송경평이는 빼야 되는 거 아니냐"는 요구를 하자, 교섭장에서 "해고된 상태에서 송경평이 계속 있어야 되느냐 마느냐"는 문제로 논의가 진행됐다. 파업이 '외부불순세력의 개입'이라는 문제로 공격받을 소지를 없애기 위해 파업대책위는 송경평을 농성장에서 나가게 하기로 했다. 그런데 송경평은 나가자마자 경찰서로 끌려가서 구속됐다.[유선희 구술]

파업이 장기화되면서 경찰병력이 대우자동차 공장을 둘러싸고 있었다. 투쟁의 막바지인 24일 즈음 지역의 학생운동 세력과 노동운동 세력이 투쟁을 지원하기 위해 대우자동차 공장으로 몰려왔다. 그러나 이들은 공장 담 밖에서 지지와 연대를 보냈으나 대우자동차 노동자들과 직접 결합하지는 못했다.

4월 25일 회사측과 노동자들이 임금인상문제에 합의를 하였다. 파업대책위 내부에서는 연대를 둘러싸고 논의가 진행 중이었고, 회사측은 "노동자들이 연대할 움직임이 있고, 같이 결합되면 싸움이 더 장기화될 가능성이 있다"는 판단을 하였다. 결국 회사측에서 노동자들의 요구조건을 전폭적으로 받아들였다. 교섭은 주로 농성자 대표로 나섰던 학출활동가 홍영표와 대우그룹 회장 김우중의 단독 면담으로 진행되었다.[유선희 구술]

결국 어용 집행부를 무시하고 민주파가 주도한 1985년 임금인상투쟁은 임금인상 18.7%의 요구를 가지고 열성조합원들과 조합원들의 힘을 중심으로 진행되었다. 투쟁과정에서 공청회, 집회, 시위, 점거농성 등 투쟁의 단계를 높여 나갔다. 투쟁의 결과는 기본급 10% 인상을 포함하여 제수당의 증액 및 신설 등으로 총 18.2% 인상으로 마무리되어 노동자들의 요구가 거의 관철되었다. 그러나 이 투쟁은 파업을 지도한 여덟 명의 구속과 한 명의 해고, 한 명 자진사퇴, 네 명의 3개월 정직을 그 대가로 치러야 했다. 한국기독교산업개발원 편, 『대우자동차 파업·농성』, 141~143쪽.

3) 대우자동차 파업투쟁의 의미와 평가논쟁

대우자동차투쟁의 특징은 다음과 같다. 첫째, 1984년 하반기 이후 정권의 탄압이 강화되고 있었음에도 정부의 임금가이드라인정책을 무시하고 재벌기업에 정면으로 맞서 노동자들이 파업을 전개했다는 것이다. 둘째, 대규모 재벌기업 산하의 중공업에서 파업이 일어나면서 중추 산업 남성노동자들이 운동의 전면에 나섰다는 것이다. 셋째는 학출활동가들이 투쟁의 전면에 부상하였고 조합원들이 적극적인 호응을 했다는 것이다. 넷째, 과거 대규모 중화학공업의 노동자투쟁이 자연발생적이었던 데 비해 대우자동차투쟁은 사전에 철저히 준비되고 계획된 조직적 투쟁이라는 것이다. 다섯째, 노동관계법의 제약을 뛰어넘어 탈법적인 투쟁을 감행한 것이다. 여섯째, 투쟁의 시작에서 종결까지 철저하게 조합원들의 요구를 중심으로 이루어진 반면 공장 밖의 노동운동 세력이나 학생운동 세력의 연대를 외면하고 대우자동차 노동조합의 틀에서 이루어졌다는 것이다.

이러한 특징을 갖는 대우자동차 노동자들의 파업투쟁은 당시 노동운동에 큰 영향을 미쳤는데, 우선 정부의 임금가이드라인을 무너뜨려 다른 사업장들의 1985년 임금인상투쟁에 영향을 주었다. 대우자동차투쟁 이전에는 1985년도 임금교섭은 한국경영자총협회(약칭 '경총')가 제시한 임금가이드라인 5.2%를 고수하려는 회사측과 생계비 상승률에 대한 보상을 요구하는 노조측이 팽팽히 맞서 교섭이 지연되는 사태가 빈발하던 상황이었다. 대우자동차투쟁은 이런 교착상태에 빠진 다른 사업장의 임금교섭을 급격하게 진전시켜 여러 노조들이 비교적 높은 인상률로 조속히 임금인상교섭을 타결하는 데 영향을 미쳤다. 예를 들어 효성물산노조는 26.5%인상, 대우어패럴노조는 18.5% 인상으로 경총의 5.2% 가이드라인을 무너뜨렸고, 영창악기도 회사측의 8% 인상 고수방침을 바꿔 17% 인상으로 상향조정하여 타결됐다. 그외 세진전자 15.5%, 가리봉전자 17.5%, 롬코리아 17.5%, 남성전기 17.6% 인상 등으로 임금인상이 노동자들의 승리로 타결됐다. 또한 효성물산, 대우어패럴(4월 26일), 부산파이프(4월 25일), 통일산업(4월 25~26일), 동일제강(5월 3일), 대우중공업(5월 24일)으로 이어지는 노동자들의 단체행동은 대우자동차투쟁이 당시 노동운동에 준 영향을 보여 주는 것이라고 할 수 있겠다. 한국기독교산업개발원 편, 『대우자동차 파업·농성』, 161쪽.

한편 대우자동차투쟁을 통해 노사문제가 언론을 통해 대대적으로 보도되고 국민의 이목이 집중되었는데, 이는 정부와 여당에게도 압력이 되었다. 이에 1985년 4월 22일 노신영 국무총리의 주재로 경제장관들이 노동자의 투쟁에 대한 대책협의를 개최했다. 또 한국노총은 4월 22일 노동관계법 전반에 관한 개정을 건의하고, 민정당 노동문제세미나에서는 현행노동법의 단체행동권에 대한 제한규정을 문제시하고 이를 합법화하는 방향으로 노동법개정의 방향을 제안하기도 하였다.한국기독교산업개발원 편, 앞의 책, 162~163쪽.

이와 함께 대우자동차투쟁은 학출활동가의 활동 방식, 학출활동가와 현장노동자의 결합문제를 둘러싼 새로운 활동 방식의 모색을 가능하게 했다. 1980년대 상반기 노동운동은 소그룹운동 방식이 지배적이었고, 학출활동가들이 신분이 노출되면 현장에서 퇴각하는 것이 일반화되던 상황이었다. 이에 비해 대우자동차투쟁을 주도했던 학출활동가들은 신분이 노출된 이후에도 적극적으로 공개 활동을 벌였다. 이들은 노동자들의 요구와 불만을 정확하게 포착해 내고 치밀한 준비와 헌신적인 활동을 벌여 노동자들의 지지를 확보해 냄으로써 조직활동의 새로운 전형을 보여 주었다. 또한 선전·선동 등 조직화 방식에도 뛰어난 역량을 발휘하여 대중언론매체를 창출하면서 적극 활동하였다.[1] 이와 아울러 공청회, 비상조합원 총회를 조직해서 조합원의 참여의식과 주체의식을 높여 조합원들의 광범한 참

1 「근로자의 함성」은 1984년 12월부터 월2회 정도 비정기적으로 간행되었는데 매회 1,000부씩 발행을 해서 조합원들의 요구에 항상 부족함을 느낄 정도로 노동자들의 호응을 얻었다.

여를 이끌어냈다.

이런 긍정적인 평가에도 불구하고 대우자동차투쟁은 여러 한계를 보이기도 했다. 외부 지원세력과 연대하는 것을 기피했고, 투쟁지도부의 복직을 요구하지 않았으며, 농성노동자들의 신변보장을 확보해 내지 못했고, 파업위원회의 정당성을 공식적으로 인정받지 못했던 것 등의 문제가 나타났다. 대우자동차투쟁에 대해 당시 노동운동 진영의 평가를 살펴보면 다음과 같다. 우선 '대중정치조직론자'들은 대우자동차투쟁에 대해 비판을 했다. 대우자동차투쟁 지도부들의 운동노선이 "경제주의적이고 조합주의여서 처음부터 끝까지 투쟁을 대우자동차라는 협소한 대중조직의 틀 속에 가둬 두었다"는 것이었다. 김성훈, 「85년 노동운동에 관한 두 개의 평가」, 『현장 6집: 전환기의 노동운동』, 13~15쪽. 이와 다른 평가를 하는 세력들은 "대중정치조직론자들이 노동운동의 계급적, 정치적 임무만을 관념적으로 주장하면서 대중조직에 기계적으로 연결해 놓았다"고 비판했다. 이 입장은 대우자동차투쟁에서 투쟁지도부가 정치적 선동을 행하지 않은 것은 사실이지만, 이런 문제는 당시 인천지역 노동운동 전체에 있는 것으로, 지역차원의 지도역량의 한계를 보이는 것이라고 비판하였다. 그러므로 개별기업의 임금인상투쟁에 정치적 선동이 없었다는 것을 그대로 경제주의·조합주의라고 매도할 수는 없다는 것이다. 민영식, 『민주노조운동의 새출발』, 263~267쪽; 김장한, 『80년대 한국노동운동사』, 85~90쪽. 이런 평가 논쟁에 대해 이용선은 다음과 같이 말한다.

그 당시 두 가지 평가가 있었죠. 우선 85년에 대중파업투쟁의 모범사례였다는 평가가 있어요. 투쟁과정에서 조직적 성과도 많았고 투쟁 자체도 모범적이었다고. 이른바 어용노조의 허점을 엎고 노조도 장악하고. 그 다음에 대중 전체를 투쟁의 주체로 만들기도 하고. 그리고 각성된 노동자분들도 많이 나와요. 또 합법적 방식으로 큰 투쟁을, 장기적 투쟁을 만들고, 그래서 투쟁 전술의 측면에서 모범 사례들이 많죠. '어떻게 대중들이 조직화되어 가고 투쟁으로 발전되어 나가는가, 이른바 일상적 과제를 제기해서 그걸 지속적인 업그레이드 시키는, 에스컬레이트 시키는 과정이라든지, 그 다음에 임단투를 계기로 해서 어떻게 노조를 장악하고 투쟁의 중심을 장악해 나가 노동자 전체를 주체로 만드는가' 뭐 이런 것들을 알게 한 점이 많다는 거고. 투쟁의 규모에 있어서나 또 기간에 있어서나 모범사례라고 하는 거고…. 그 다음에 비판적인 평가는 뭐냐면, '경제투쟁의 최고봉이었다', 경제투쟁의 한계를 벗어나지 못한 투쟁이란 식의 평가가 또 한편에 있었는데, 그건 당연한 거라고 봐요. 공장에 국한된 투쟁이었으니까. 구로연투는 또 다른 측면의 지역투쟁으로까지 발전한 거고. 우리 싸움과 구로연투는 내용적 과제는 비슷한데 투쟁의 범위랄까, 구로연투가 한 공장을 넘어서 지역 속에서 연대파업을 한 점에서 한 단계 업그레이드된 측면이라고 봐야 되겠죠.

이처럼 대우자동차투쟁을 둘러싼 평가는 당시 노동운동의 과제를 어떻게 설정할 것인가와 임금인상투쟁 등의 경제투쟁을 어떻게 위치지으면서 투쟁을 수행해야 하는가의 문제와 맞물려 있었다. 이 문제는 1985년 6월의 구로동파와 연동되어 이후 노동운동 내부에서 경제투쟁과 정치투쟁의 결합문제, 대중조직-대중적 정치조직 문제를 둘러싼 논쟁을 불러일으키는 계기가 되었다.

2절

구로동맹파업과 노동운동의 방향전환

1985년 6월 구로공단 노동자들의 동맹파업은 1950년대 이후 최초의 노동자들의 정치투쟁으로서 당시 노동운동 세력의 일부가 가지고 있던 "노동자들의 정치투쟁은 가능하지 않다"는 생각을 변화시키는 계기가 되었다. 구로동파는 학출활동가들과 선진노동자들이 민주노조를 통해 노동자들의 요구와 결합하여 기업별노조의 틀을 뛰어넘는 의식적 연대활동의 결과로서, 1980년대 중반기 노동운동의 방향을 전환시켰던 중심 투쟁이었다. 다음에서는 구로동파가 가능했던 요인에 대해 활동가들의 활동 방식, 민주노조들의 연대활동, 그리고 동맹파업의 전개과정, 평가논쟁에 대해 살펴보겠다.

1) 민주노조 결성과 구로지역 'A정치그룹'의 활동 방식

유화국면을 활용해 1984년 6~7월 구로지역에서는 대우어패럴, 효성물산, 가리봉전자, 선일섬유에서 민주노조가 결성되었고, 부흥사의 경우는 노조 민주화 움직임이 1984년 이후 나타났다. 대우어패럴, 효성물산, 선일섬유, 가리봉전자 등의 노조 결성과정은 다음과 같은 특징을 보여 준다. 첫째, 4개 노조의 결성은 6~7월에 집중됐고 대체로 현장 내의 소모임이나 친목모임을 중심으로 섬유노련과 금속노련의 지원과 교육 속에서 결성되었다. 둘째, 노조가 결성된 이후에 회사측의 탄압에 맞서 끝까지 노조를 지킨 것은 소수의 열성조합원들이었다. 노조가 기업주의 탄압을 견디고 단체협약을 체결하여 교섭주체로 인정되면서 조합원의 가입이 증가했다. 이는 노동자들이 노동자-자본가 간의 역학관계에 따라 반응할 수밖에 없기 때문이었다. 셋째, 사업장마다 회사측의 탄압방식, 강도 등이 다르게 나타났다. 유화국면에 의해 정부의 간섭이 완화되면서, 개별 기업주의 특성이 상대적으로 주요하게 작용했기 때문이었다.

당시 4개의 민주노조에는 선진노동자들과 학출활동가들이 여러 명 참여하고 있었다. 이들 활동가들은 상호소통하며 개인적 관계 또는 서클적 연계를 갖고 있었다. 우선 선진노동자로는 김준용·추재숙·강명자(대우어패럴), 김영미·정필순(효성물산), 최태임·안경환·김복실·이경자(부흥사), 윤혜련(가리봉전자) 등이 있었는데, 이들은 도시산업선교회, 가톨릭노동청년회, 노동야학 등과 관련을 맺고 있었다. 이들은 〈표 3-1〉처럼 서로 다른 지역단체와 관계를 맺고 있었다. 학출활동가들에 비해 선진노동자들은 현장에서 활동한 기간이 길고, 대중적 지도력도 있어 노조 간부로서 노조활동을 주도하기도 했다.

이들은 직접적인 노동운동의 경험과 지역단체 관계를 통해 노동운동의 상황을 알고 있었다. 또 노조 간부들도 각 사업장의 활동 방

〈표 3-1〉 노동자 출신 활동가들의 지역 소모임이나 관련 단체

관계	심상정그룹	도시산업 선교회	가톨릭 노동청년회	제일교회 야학	지역 활동가들	양평동야학
이름	김준용 (대우어패럴, 위원장)	추재숙 (대우어패럴), 최태임(부흥사, 사무장), 안경환, 김복실 (부흥사)	정필순 (효성물산), 이경자 (부흥사, 부위원장)	김영미 (효성물산, 위원장)	윤혜련 (가리봉전자, 사무장)	김현옥 (선일섬유, 위원장), 정영희 (선일섬유, 사무장)

※유경순, 『아름다운 연대』 참조 작성.

식과 노동운동의 방향 등의 토론을 통해 단위사업장에서의 노조민주화나 민주노조 설립만으로는 노동운동을 발전시킬 수 없다는 것을 배워 갔다. 자신들의 노조를 강화하고 지켜내기 위해서라도 기업별 노조의 틀을 벗어나는 연대활동이 필요하다고 인식하고 있었다.

다음으로 학출활동가들의 사업장 분포와 지역관계를 살펴보면 〈표 3-2〉과 같다. 다수의 활동가들이 지역의 'A정치그룹'에 소속되거나 관계를 맺고 있었다. 그 밖에 학출활동가들은 부흥사에 공계진, 전규자가 있었고, 효성물산을 거쳐 간 3~5인과 남아 있던 강순옥, 가리봉전자에는 이영희가 있었다. 서로 다른 지역단체 관계를 맺고 있던 활동가들은 사업장 활동을 같이하면서 연대활동을 추진하는 기초가 됐다. 〈표 3-2〉에서 보이듯이 지역에서 가장 활발한 활동을 벌인 것은 여러 사업장에 활동가들이 포진되어 있던 'A정치그룹'이었다. 이들은 1970년대 민주노조운동의 기업별 노조체계를 극복하는 동시에 노동자들을 정치적으로 의식화시키는 것을 활동 방향

으로 삼고 있었다.

이 그룹의 특징은 우선 서울대 여학생팀의 78학번에서 출발하여 이후 여학생팀의 학생운동가들이 이 그룹을 통해 노동현장에 투신했다는 점이다. 초기 구성원인 78학번 심상정, 장영인, 서혜경 등의 여학생 활동가들은 대학에서 1980년 말 여학생의 주체적 실천을 위해 사대, 인문대, 가정대 중심의 '여학생 학회(서클)'를 구성했다. 이어 이들은 노동운동가가 되기 위해 1980년 말부터 구로공단에 있는 공장에 취업을 했다. 이런 현장이전 분위기가 학내 서클에 지속적으로 영향을 미쳤고, 후배들이 지속적으로 노동현장에 참여하면서 이 정치그룹의 주요 성원으로 참여하였다. 이에 대해 서혜경과 심상정은 다음과 같이 말한다.

> 선배랑 동기, 여자 세 명이 준비를 했고. 어떤 선배가 약간 도와줬지만 거의 셋이서 자율적으로 준비했죠. 뭐가 필요한지도 잘 몰랐지만 전반적으로 노동운동사나 노동현실에 대한 자료들을 싹 다시 훑어보면서…. 처음에는 요업개발 들어갔다가 가리봉전자를 들어가요.[서혜경 구술]

> 81년도… 그때 '전자업종도 들어가 보고 섬유업종도 들어가야 된다. 규모가 큰 데, 작은 데 그리고 노동조합이 있는 데 없는 데, 2교대, 3교대, 1공단이냐 2공단이냐 3공단이냐. 이런 조건들을 놓고서 역할은 분담해서 들어가는 것'으로 했어요….[심상정 구술]

뒤이어 1982년경 구로공단으로 존재이전을 준비하던 이 서클의 79학번들은 선배들이 기록한 현장활동에 대한 기초자료나 당시 영등포 도시산업선교회의 현장활동 안내 책자와 공장활동 경험담, 한국노동운동사 등을 동기들끼리 학습했다. 이들은 78학번들이 현

〈표 3-2〉 학출활동가들의 사업장별 분포와 지역관계

사업장	이름	출신학교	입사~퇴사	지역관계	활동
대우 어패럴	심상정	서울대 사대 3년 제적	1983.12~ 1985.4	A정치그룹	수배
	유인혜	서울여대 가정과 졸업	1984.2~ 1985.4	위 구성원	수배
	민경옥	서울교대 2년 중퇴	1984.2~ 1985.4	위 구성원	수배
	최한배	서울대 1975년 경영학과 졸업	1981.4~ 1985.7	위 구성원	1985.7.23 시위주동으로 구속
	박경희	서울대 사대 3년 제적	1984.5~ 1985.7	위 구성원	구속
가리봉 전자	서혜경	서울대 사대		위 구성원	부위원장 / 1985.7.23 시위 주동으로 구속
	유시주	서울대 사대	1984.7~ 1985.7	위 구성원	
	박수주	서울대 사대		위 구성원	
	이영희	서울대		노동야학	
롬코리아	장영인	서울대 가정대		A정치그룹	구속
	박민나	이대		학내관계	해고
효성물산	강순옥	서강대		개인	해고

부흥사	이선주	서울여대 가정대 졸업	1983.6~	A정치그룹	대의원 / 구속
	공계진	고려대 화학과 4년 중퇴	1984.9~	지역모임 (남노련)	구속
	장미희	고려대 화학과	1984.8~	A정치그룹	구속
	전규자	한신대 야간	1982.11~	개인	구속
	정해경	서울대 가정대	1984년 초~	개인 - 관련	
	김미경	서울대 사대	1984년 초~	A정치그룹	
	박말희	서울대 사대		위 구성원	

※유경순, 『아름다운 연대』 참조 작성.

장에 뿌리내리기 전이어서 현장 선배들의 직접적인 지도나 지원을 받지는 못했다.[김미경 구술]

여학생회의 80학번들은 6~7명 집단으로 노동현장 이전을 결정하여 구로공단으로 왔다. 이들이 온 시기는 1984년경으로, 이때는 78학번들이 공장에서 민주노조를 만들거나 기존 노동조합 안에서 간부로 활동하며 현장에서 일정하게 영향력을 행사하기 시작한 상태였다. 그 때문에 이들은 업종과 취업할 공장을 선택할 때 현장에서 활동하는 선배들의 요구에 따라 배치되었다. 유시주나 박수주의 경우는 79학번 서혜경이 가리봉전자에서 막 노동조합을 만든 직후에 이 사업장으로 배치받아 입사했다.

4학년 때 현장을 가기로 결정을 하고, 그때 80학번들이 다 같이 가기로 했어. 나 말고도 80이 한 예닐곱 명이 있었는데, 다같이 들어

갔어요…. 그때 공장을 어디 들어가고 이런 걸 다 선배들하고 의논을 해서…. 그때 혜경 언니가 가리봉전자에 있었는데 모집을 했어. 나하고 박수주하고 시험 봐서 같이 들어갔죠. 그러니까 찍어서 들어오라고 해서 들어간 거야. 84년 7월 정도, 노조가 결성된 직후였을 거야. 아는 선배가 있으니까 우리는 활동을 시작하기는 편했지. 이미 내부정보를 파악하고 있어서요.[유시주 구술]

81학번 박경희는 1984년에 'A정치그룹'의 관계를 통해 노동현장이전을 구로공단으로 했다. 그녀는 심상정이 있던 대우어패럴에 들어갈 것을 권유받고 미싱을 배우러 학원에 다녔다. 그녀가 대우어패럴에 입사했을 때는 이미 민주노조가 만들어졌고, 심상정을 비롯한 여러 활동가들이 활발하게 활동하고 있었다. 그 덕분에 그녀도 초기 현장 적응을 어렵지 않게 할 수 있었다.[박경희 구술]

이 그룹의 또 다른 특징은 활동 방식에서 나타나는데, 지역 차원에서 각 사업장들이 동시다발적인 투쟁을 벌여나가도록 주요 사업장을 포위해 간 것이었다. 이를 위해서 노동자의 상태와 조건에 입각하여 활동해야 한다는 원칙을 세우고 구로공단의 구체적 분석을 통해 '공단 자체를 단위로 한 실천을 모색'했다. 이 그룹의 활동가들은 구로공단에 입주한 사업장들의 업종 특성을 고려해서 섬유, 전자 사업장에 집중적으로 배치됐다. 그 결과 1980년에 구로공단에 진입한 이래 1983년경에는 대우어패럴, 가리봉전자, 롬코리아, 부흥사 등 6~7개 사업장으로 활동을 넓혀 나갔다. 이들은 개별사업장의 활동만으로는 대중역량을 지속적으로 발전시킬 수 없기에 대중을 광범위하게 조직할 조건을 확보하려 했다.『전국노동자신문』, 1989년 10월 20일자.

[그림 1] 구로지역 'A정치그룹'의 활동구조

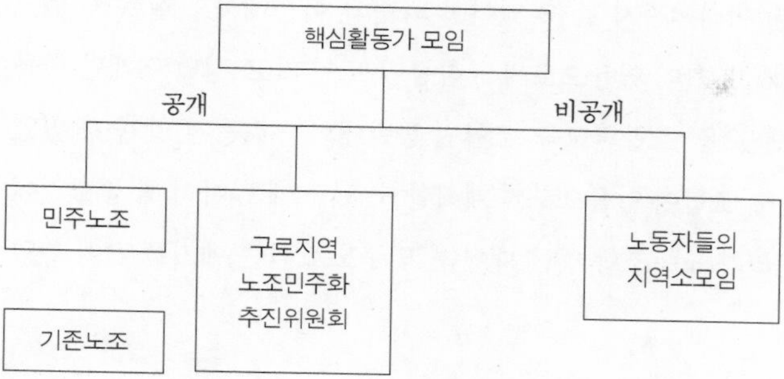

[그림 1]에서 알 수 있듯이 노동운동가를 훈련하고 양성하기 위해 지역 노동자소모임으로 각 노조의 열성조합원과 간부들을 모아 조직했으며, 지역활동으로 「공단소식」을 제작하여 사업장 및 공단 주변과 노동자 거주지역에 배포했다.[1] 'A정치그룹'은 구민추구로지역노조민주화추진위원회를 조직하는 데도 중심적인 역할을 했다.저자미상, 『6·24 연대투쟁 2주년 기념대회를 위한 '연대투쟁보고서'』, 1987. 7.

이 그룹은 사업장 차원이 아니라 지역 차원을 놓고 활동방향을 고민했지만, 그러나 이들에게도 처음에는 노동조합을 결성하고 활동을 한다는 것은 여전히 '머릿속의 그림'이었다. 활동가들이 민주노조를 결성하고 나서야 노동조합의 기능에 대해 판단을 하기 시작했다. 당시 노동조합의 의미에 대해 이 그룹의 활동가인 서혜경은 다음과 같이 말한다.

1 「공단소식」은 3회에 걸쳐 총 4만 5천 부 정도가 배포되었으나 구로동맹파업으로 인해 발행이 중단되었다(저자미상, 「6·24 연대투쟁 2주년 기념대회를 위한 '연대투쟁보고서'」, 1987. 7.).

'조합이 있다'라는 게 얼마나 질적인 변화를 뜻하냐면… 합법적인 내용은 어디서든지 할 수 있어야 되는데, 아무데서도 할 수가 없었던 건데, 조합이 있음으로써… 숨통이 트인 거고, 정말 핑계만 만들면 간부교육, 조합원교육, 조합원 등반대회… 뭐든지 할 수가 있었던 거죠. 조합이 있음으로써 계획할 수 있던 게 많아서 참 좋았었어요. 우리가 노동조합 만들 때에는 '민주노조'라는 얘기를 많이 했었어요.

한편 사업장의 울타리를 뛰어넘어 지역 연대활동을 한다는 것은 활동가들에게 중요한 문제였다. 특히 'A정치그룹'의 활동가들은 개별사업장의 경험에 머물러서는 안 된다는 의식이 있었고,[2] 노동조합은 지역의 노동자 간의 연대나 노동운동을 활성화시키기 위한 기반으로 인식되고 있었다.[서혜경 구술] 노동조합 그 자체에 매몰된 활동은 '조합주의'에 머문다는 의식을 갖고 있었다.

2) 민주노조들의 일상활동과 연대활동

구로지역 노동조합들은 회사측의 노동조합 탄압으로 단체협약 체결이 지연되면서 본격적인 노조활동을 벌이는 것이 다소 늦어졌다. 노동조합은 조합원들이 참여하고 집행부와 조합원의 관계를 강화하는

2 심상정은 한 신문사와의 인터뷰에서 "당시 나의 관심과 활동은 노조 결성이나 노조민주화 투쟁 그 자체에 놓여 있었던 것은 아니었다. '노조는 정치활동을 위한 공간'을 의미하는 것이었다"고 말했다(『전국노동자신문』, 1989년 10월 20일자).

데 조직활동의 목적을 두었다. 또 노조운영에는 조합원의 의사가 민주적으로 반영되고, 이를 실천하도록 노력했으며, 단체교섭에 대한 홍보와 근로조건 개선 노력을 통해 현장의 문제점들을 점차 고쳐 나갔다. 특히 노조 간부들은 조합원들의 적극적인 참여를 통해 문제해결을 도모하는 과정에서 유대관계를 쌓아 갔다.편집부 편, 『85년 임금인상투쟁』, 풀빛, 1986, 26~27쪽. 노조들은 소식지와 노동조합 신문을 발행하여 노동조합의 실상을 공개하고, 공청회와 보고대회 등 각종 집회를 통해 조합원들의 의사를 묻고 수렴했다.민주노조를 위해 싸우는 노동자, 『민주노도의 열매 — 85년 6월 구로노동자 동맹파업』, 1987, 15쪽. 이는 노조운영에서 민주적 풍토가 형성되고 있음을 보여 준다.

조합원의 활동은 조직부를 중심으로 한 다양한 소모임활동을 통해 나타났다. 대우어패럴은 독서서클과 들불회 등을, 가리봉전자는 편집부, 독서회, 연극반, 산악회 등의 소모임활동을 통해 조합원들의 노조에 대한 참여가 높아졌다. 특히 조합원의 다양한 소모임활동은 다른 노조와의 교류를 통해 노동자로서의 유대감을 형성하는 기초가 됐다.

교육활동은 노동조합 결성 초기에 기업주의 탄압과 악선전 속에서 노동자들의 의식변화에 주요한 영향을 미쳤다. 노조의 교육은 한국노총과 연맹에 조합원을 파견하는 외부교육과 학습소모임이 별도로 운영되기도 했고, 그외에 정기적인 부서장모임과 분임모임을 통해 조합원의 의견수렴과 함께 일상적 교육을 진행하기도 했다.[3]

3 효성물산의 부서장모임은 매주 월요일 개최, 노조, 노동운동사 등의 학습 및 새로운 과제 토론과 각 부서별 부원들의 학습과 진행사항을 검토하였다(편집부 편, 앞의 책, 64쪽).

또 홍보부는 노조활동을 조합원에게 알려 조합원과의 일체감을 조성하고, 기업주의 논리나 유언비어를 반박하여 조합원들이 올바른 관점을 갖도록 했다. 홍보활동의 수단으로는 소식지(노보)나 게시판을 이용했다.[4] 각 노조는 정기적으로 노조소식지를 발간하였는데, 대우어패럴의 『대우어패럴 노동조합소식』(1984. 9), 가리봉전자노동조합의 『소식』(1984. 6), 효성물산의 『효성노보』(1985. 2. 5), 선일섬유의 『선일노조 소식』(1984. 10. 23), 부흥사의 『끝없는 함성』(1985) 등이었다. 이외에도 투쟁 때는 속보나 선전물을 만들어 조합원들과 상황을 공유하려고 노력했다.

조사활동은 노조활동에 필요한 각종 사항을 조사·연구하는 것으로, 조사결과를 통해 회사에 압력을 넣는 수단이 되기도 하고, 더 중요하게는 조사 그 자체가 조합원에게 교육의 효과를 가지기도 했다. 그 활동과 성과를 요약하면 다음과 같다.

대우어패럴은 1984년 10월 1일에 「기숙사 실태조사」, 1985년 1월 19일에 「상여금 차별대우에 대한 설문조사」를 실시했다. 노조는 설문조사 결과를 바탕으로 "차별대우를 뿌리 뽑자"는 운동을 하여 회사로부터 75%의 추가상여금 지급을 받아냈다.대우어패럴, 『대우어패럴 노동조합 소식』 6호(1985. 1. 20) 그 외에도 노조는 월차(생리휴가), 의료보험 등 일상적인 부분에서 노동자들의 권리를 찾기 위해 노력했다. 가리봉노조의 조사통계부는 1984년 11월 말경 설문조사를 실시하고 이를 바탕으로 근무자들에 대한 중식제공, 일요일 강제특근 폐지, 수습

4 효성물산, 『효성노보』 1985. 4. 6. 홍보부는 9명의 부원이 월 2회의 정기모임에서 독서, 한문공부도 했다.

사원의 월차휴가 실시, 작업자를 무시하는 관리자들의 태도개선 등 많은 문제를 해결했다.가리봉전자 노조, 『소식』 7호(1985. 2). 1984년 12월 20일에 있던 설문조사 결과를 참조. 부흥사도 허가받지 않은 결근에 대해 온갖 모욕 속에서 시말서를 쓰게 하자, 조합원들이 고정 잔업을 거부하고 '시말서폐지' 투쟁을 하여 다음날 폐지시켰다.서울노동운동연합, 『선봉에 서서: 6월 노동자 연대투쟁 기록』, 88~89쪽. 이 싸움은 조합원들에게 회사측의 부당한 처우에 단결하면 스스로 해결할 수 있다는 자신감을 갖게 했다.

이러한 일상적 노동조건 개선투쟁은 비록 작은 성과라도 노동자들에게 자신감을 심어주었고 교육활동을 통해 인식된 노조의 의미를 실천적으로 확인하는 과정이었다. 노조의 일상활동은 활동기간이 짧고, 각 노조가 처한 상태에 따라 다소의 차이가 있었다. 그럼에도 노조활동은 노동자들의 일상적 요구와 맞물려 부분적인 노동조건의 변화를 가져왔다. 이처럼 조합원들은 교육·조직 활동·단체행동을 경험하면서 노동자의 권리와 노조에 대한 인식이 점차 변화했으며, 일상활동의 성과를 통해 노조는 1985년 임금인상투쟁을 대중적으로 추진할 수 있는 기반을 확보했다.

1985년 들어 노동조합은 임금인상투쟁(약칭 '임투')을 위한 준비를 했다. 임투 준비에서 중요한 변화는 구로공단에 있는 노조들이 공동임투를 논의하여 동시교섭·동시투쟁을 계획한 점이다. 효성물산, 남성전자, 롬코리아, 가리봉전자, 삼경복장 등의 노조는 의견을 모아 5월 7일 동시교섭에 들어가기로 했다.편집부 편, 『85년 임금인상투쟁』, 69쪽. 비록 공동요구안은 결정하지 못했으나, 동시행동을 모색했던 것이다. 강력한 조직적 연대는 아니었지만 노조들이 같은 날 동시교섭에 들어가는 것은 공단 내에서 최초의 시도였다. 이는 개별 노조 중심의 활동을 조직적으로 극복하려 한 시도라는 의미도 있었다.

노동조합들은 1985년 임투의 목적을 노조역량을 강화시키는 것과 더불어 최저생계비에도 미치지 못하는 노동자들의 생활의 질을 개선하는 데 두었다. 거기에 가리봉노조의 경우는 그동안 회사측과 큰 갈등 없이 노조활동을 벌여 왔기 때문에 임투를 계기로 조합원들이 실질적 단결의 경험을 쌓을 수 있도록 하는 것도 중요한 목표였다. 임금인상 준비과정은 체계적인 조직활동의 틀을 마련하고 조합원들의 교육을 통하여 임투 목적과 노조활동을 활성화시키는 방향으로 진행됐다. 이 과정을 통해 대우어패럴은 1,080원대우어패럴, 『대우어패럴 노동조합 소식』 8호(1985. 3. 18), 효성물산은 910원『효성노보』 4호(1985. 4. 6.), 선일섬유는 950원 인상안을 확정했다. 이들 섬유업종 노동자들은 임금인상을 월 10만 원 미만의 저임금을 일소하는 데 초점을 맞춘 데 비해, 가리봉전자는 사무직과 생산직 노동자의 임금격차 해소에 초점을 두고 생산직 노동자의 임금 26.8% 인상안을 결정했다.가리봉전자노조, 『소식』 10호(1985. 4. 9)

이처럼 민주노조들의 1985년 임투는 2월 준비 이후 대체로 5월 초·중순에 마무리되었고, 노동자들과 노동조합은 몇 가지 중요한 성과를 확보했다. 첫째, 고율의 임금인상을 통해 노동자의 생활조건을 개선하게 됐고, 정부의 임금가이드라인(5.2%)을 무력화시켰다. 대우어패럴은 27%(일당 824원)와 보너스 2만 원 인상대우어패럴, 『대우어패럴 노동조합 소식』 10호 (1985. 4. 9) ; 『현장 5집』, 307~308쪽., 효성물산은 904원 인상(초임 3,334원), 가리봉전자는 17.5% 인상과 휴가비 1만 원 인상, 선일섬유는 13% 임금인상을 확보했다. 이들 노조들의 임금인상은 주변 사업장에도 영향을 크게 미쳤다. 한편 부흥사는 임투를 체계적으로 진행하지 못했는데, 그 이유는 앞선 노조들의 투쟁에 놀란 기업주가 먼저 양보하여 높은 임금인상을 확보했기 때문이었다.서울노동운동연합, 『선봉에 서서: 6월 노동자 연대투쟁 기록』, 88쪽.

둘째, 각 사업장의 노동자들은 단결의 힘을 실감했고 노조에 대한 인식 및 신뢰가 높아져 노조의 역량이 강화되었다. 예컨대 대우어패럴 조합원들은 노조에 대한 막연한 생각에서 벗어나 노조의 활동을 구체적인 자기 이익과 결부된 것으로 인식할 수 있게 되었다.『현장 5집』, 1985, 309쪽 ; 가리봉전자 노조, 『소식』 10호(1985. 5) 이는 조합원의 증가로 나타났고, 또 조합원들 간의 인간적인 신뢰와 유대가 강화되었다.효성물산, 『효성노보』 10호. 임투 이후 효성물산은 조합원이 400여 명으로 늘고, 가리봉전자도 600여 명으로 늘어났다.편집부 편, 『85년 임금인상투쟁』, 53~58, 71쪽.

셋째, 개별 사업장의 임금인상에 정부의 임금동결정책이 영향을 주고 있고, 더욱이 노동관계 부처의 개입사실이 알려지면서 노동자들은 임투를 통해 기업주를 비호하는 정부에 대한 인식을 새로이 하게 됐다.편집부 편, 앞의 책, 70쪽. 노동자들은 정부의 임금동결정책을 무력화시키는 과정에서 단결의 힘과 자신감을 갖게 됐다. 특히 노동자들은 정부와 기업주의 탄압을 경험하면서 연대의 필요성을 확인하는 중요한 경험을 했다. 이는 노조 간의 연대활동을 더욱 적극적이고 조직적으로 발전시킬 수 있는 디딤돌이 됐다.

4개 민주노조의 활동 가운데 중요한 특징은 연대활동을 일상적으로 시도했다는 것이다. 연대활동은 1970년대 민주노조운동이 사업장 안의 활동에 제한되었던 방식을 극복하려는 시도였다. 연대활동의 기본조건은 "같은 공단에 있다"는 공간조건에서 일차로 주어졌고, 이를 추동한 힘은 노조 간부와 활동가들의 의식적인 노력이었다. 지역연대활동을 위한 시도는 여러 방식으로 이루어졌다. 노조를 중요하게 생각하면서 이 틀을 활용하려는 모습도 있었으나, 다른 한편에서는 노조의 의미를 제한적으로 인식하면서 새로운 '지역노동운동의 틀'을 사고하는 모습도 있었다. 그러나 두 흐름 다 1970년대 민주노조운동의 성과를 계승하고 한계를 반성하는 속에서 모색된 새로운 실천이었다. 다른 한편 기업별 노동조합 틀에 대한 비판의식이 확산되었던 것은 노조설립 자체가 정부의 노골적인 탄압대상이 됐던 상황도 크게 영향을 미쳤다. 이런 상황은 노조의 연대방식을 정치적 탄압에 함께 대응할 수 있는 지역연대 틀로 모색하도록 했다.

일상적인 연대모임을 통해 노조 간부들은 각 사업장의 상황을 공유하고 활동 방식에 대해 서로 배울 수 있었고, 조합원들은 각 노조의 총회, 문화행사, 교육활동을 통한 교류와 연대활동을 벌여 나갔다. 이러한 연대활동은 조합원들이 다른 사업장의 투쟁을 지원·연대하는 모습으로 발전해 갔다. 예컨대 4월 15~16일 한국음향 노조의 설립신고서 반려조치에 항의하여 금속노련 간부들이 농성할 때, 가리봉전자 조합원 20여 명이 지원 농성을 했고, 대우자동차파업 때도 조합원들이 직접 지원했다. 또 5월 11일 동일제강노조의 설립신고서가 반려된 것에 항의하여 한국노총 간부들이 구청에서 농성할 때 효성, 대우, 가리봉 조합원들이 지원을 가서 항의농성을 벌였다.

일상적이고 다양한 연대활동의 과정에서 민주노조들은 1985년 임금인상투쟁의 공동준비를 시도했다. 1985년 임투 이후 노조들은 현장 내의 역량 강화와 조합원들의 의식 변화를 통해 보다 적극적인 연대활동을 추진했다. 민주노조들은 다양한 연대활동을 벌이면서 동시에 구로공단 안팎의 노조 위원장들과 교류를 넓혀 갔다. 다른 노조와의 연계는 한국노총이나 섬유연맹에서 일하는 일부 민주파 상근자들이 매개해 주었다.

노동자들의 지역연대활동은 노동조합을 매개로 한 공개적 연대활동과 동시에 비공개 지역소모임 형식으로도 전개되었다. 지역의 노동야학에서는 사업장의 노조 간부 및 열성조합원을 모아서 사업장 중심으로 학습모임을 만들었다. 예컨대 효성물산의 경우 비공개적으로 '한마음회'가 결성되어 활동하였다. 한마음회에서는 초기에 노동법을 공부하고 이어 경제, 역사 등을 학습하였고, 모임이 더 발전하면서 신문사설을 읽고 한국사회의 정치·경제적 상황과 노동운동 상황에 대해 토론했다.[김영미 구술]

'A정치그룹'의 경우는 노동자 소모임을 공장 단위에서 벗어난 공단 단위로 하는 교육-훈련 체계를 구상했다. 이는 소모임의 강사·학생, 학습프로그램을 지역적 차원에서 공동으로 조직한 점과 여러 사업장의 노동자들을 같이 만날 수 있도록 조직한 것이 특징이다. 이런 소모임은 4~6명을 단위로 하여 6~7개 정도가 비공개로 추진되었다. 소모임에서 노동자들은 각 공장의 실태와 운동상황을 토론하고 『노동의 역사』, 『일하는 사람을 위한 경제지식』, 『어머니』 등을 읽으면서 학습을 했다.[김준희 구술]

또 참여자들은 다른 사업장의 노동자들과의 만남을 통해 노동자로서의 동질감을 형성해 갔다. 지역소모임을 통한 노동자의 조직과 의식화는 새로운 노동운동가를 양성하는 과정이었지만, 또 이들 노동자들은 노조활동을 활성화시키는 데 큰 역할을 했고 노조 간의 지역연대활동에 기초가 됐다.

지역소그룹활동과 함께 또 다른 지역 활동으로는 「공단소식」을 제작해 사업장, 공단 주변과 거주 지역에 배포한 것을 들 수 있다. 이 소식지는 여러 사업장 소식을 담고 있어 노동자들이 자신의 사업장만이 아니라 다른 곳과 비교하게 했고, 3회에 걸쳐 4만 5천 부 정도 배포하다가 동맹파업으로 중단됐다.

이처럼 1984년 민주노조 결성 이후 1985년 임금인상투쟁과 여러 연대활동을 바탕으로 노조의 역량이 강화되고 노동자들의 연대의식이 높아져 가자, 그 활동을 차단시키기 위한 정부의 대우어패럴 노조 간부 구속사건이 일어났다.

3) 구로동맹파업의 발생과 전개과정의 특징

① 대우어패럴 노조 간부 구속사건과 구로동맹파업

유화국면을 통해 정권유지의 정당성을 확보하려던 정부는 노동운동과 학생운동의 저항만이 아니라 2·12총선을 통해 신민당이 급부상하자 어려움에 직면했다. 특히 학생운동 세력은 광주학살 진상규명투쟁, 민중생존권 지원투쟁을 하며 노동운동이나 민중운동 세력과 연대활동을 강화했다. 정부는 이런 상황을 간과한다면 이후 정치일정을 안정적으로 추진하는 데 장애가 될 것으로 판단하여 다시 민중운동에 대해 탄압을 강화했다.『동아일보』, 1985년 5월 11일자. 정부는 1985년 4월 대우자동차투쟁과 5월의 미문화원 점거농성투쟁을 기점으로 이념공세를 강화하면서 폭력적 탄압을 가하기 시작했다.

우선 정부는 학출활동가들이 관련된 노조 결성인 경우 설립신고필증을 내주지 않고 이들 활동가들을 해고시켜 노동자들과 분리시키는 정책을 지속했다. 뿐만 아니라 1985년 4월 대우자동차 파업을 기점으로 폭력적 탄압을 본격화했다. 대우자동차투쟁은 학출활동가들이 현장에서 대중의 지지를 받으면서 영향력을 행사해 정부를 긴장하게 만들었다. 정부는 대우자동차투쟁 이후 '위장취업자' 문제에 주목하면서, 대우자동차의 송경평 등 8명을 구속하는 것을 시작으로 단체행동 주동자는 무조건 구속시키는 방향으로 급선회했다. 이런 탄압은 앞에서 살펴본 것처럼 학출활동가나 노조 결성에 적극적인 노동자는 무조건 해고시키고, 이에 대항하면 구속시켜 노동운동의 잠재적 요인까지도 제거하려는 정책에서 나온 것이었다. 정부는 폭력적 탄압과 병행하여 학출활동가들에 대해 '위장취업자', '불순세력의 침투', '삼민투와 연계된 조직적 활동'이라는 악선전을 가해 노동자와 국민으로부터 이들을 분리시키고, 다른 한편 정부가 가하는 탄압의 정당성을 확보하려 했다.

이와 더불어 정부는 학출활동가와 1970년대 선진노동자들이 주도하고 있던 민주노조운동도 탄압하기 시작했다. 특히 민주노조운동이 가장 활발하게 전개되던 구로지역은 정부의 주요 탄압대상이었다. 그중에서도 대우어패럴 노조는 1984년 노조 결성 이후 6차례에 걸친 농성투쟁을 해왔고, 11월에는 민한당사 점거농성을 하여 재벌기업의 노조 탄압문제를 정치문제화시키기도 했다. 정부는 대우어패럴 노조활동이 구로공단의 다른 사업장에도 영향을 주고 있었고, 더욱이 조합간부나 열성조합원들이 '위장취업자'이거나 '청계피복', '도시산업선교회' 출신으로 '노동운동의 정치화'를 추구하는 세력과 연계되어 위험하다고 판단했다.『동아일보』, 1985년 6월 26일자. ; 제125

회 국회, 『보건사회위원회 회의록』 제7호(1985. 7. 3)

그러나 정부는 민주노조들을 파괴하려 해도 직접적으로 개입할 수 없었다. 구로지역의 민주노조들에 대한 전면적인 탄압방식은 오히려 그 반발이 클 것이기에, 정부는 민주노조들을 개별적으로 무력화시키는 방식을 택했다. 그 탄압의 고리는 대우어패럴 회사측이 1985년 임투 때에 파업을 주도한 노조 간부에 대해 행한 고소고발건이었다. 정부는 노조 간부 구속조치가 사법 처리이므로 형식적 정당성을 빌릴 수 있다고 판단했다. 노조 간부 구속사건이 단순한 회사측 고소에 대한 처리라거나 임금인상투쟁이 불법행위였다는 것은 핑계에 불과하다는 것이 다음과 같은 정황에서 드러났다. 고소는 1985년 임투 직후인 5월 3일에 있었고총무부장 김동준의 증언, 대우어패럴 재판 과정 기록, 『민주통일』 3호(1985. 8. 15.), 회사측이나 경찰이 임금인상농성 직후에 어떤 조치도 취하지 않았으며, 오히려 노사 간에 전에 없던 평화로운 분위기가 조성되었기 때문이다.노사양측의 증언이 일치, 대우어패럴 재판 과정 기록, 『민주통일』3호(1985. 8. 15.)

정부는 노조탄압의 파급을 최소화하기 위해 탄압 시기도 고려했던 것 같다. 노조 간부들이 구속된 6월 22일은 국회가 6월 20일부터 휴회상태였으며, 학생운동도 5월 미문화원 점거농성 이후 탄압을 받고 있었고, 또 기말고사 기간에 접어들던 시기였다.『조선일보』, 1985년 6월 25일자. 정부는 이 시기가 노조 탄압에 대한 사회여론을 일정하게 차단시킬 수 있는 시기라고 판단했던 것 같다.

이러한 상황에서 벌어진 정권의 대우어패럴 노조 간부구속사건에 대한 구로지역 노동운동 세력의 대응은 다음과 같이 세 방향에서 진행되었다.

우선 6월 22일 노조 간부 3인의 구속을 알게 된 대우어패럴 조합원 150여 명이 사업장에서 농성을 시작했고, 이어 6월 23일 오전 11시경 위원장 집에서 임시대의원대회를 열어 파업을 결정했다. 임시대의원대회 이전 심상정과 함께 노조 간부들은 소그룹별로 파업을 준비했다. 이날의 대응에 대해 박경희는 다음과 같이 말한다.

> 저 같은 경우는 대우 자체에서 농성준비하고, 사람들하고 언제 어떻게 할 것인지 구체적인 준비 같은 거 하고. 유화청 부위원장하고, 서문은선 부위원장하구요, 강순이랑, 풍우 씨, 정호 씨, 활동가들 같이 했어요. 노조활동을 통해서 결집력이 좋았기 때문에… 농성 들어가는 거에 대해서 반발이나 거부가 없었어요. 무리없이 진행이 됐던 것 같고.

두번째의 움직임은 구로지역 노조들과 활동가들의 연대파업 결정이었다. 대우어패럴 앞에 위치한 사업장인 효성물산에 구속사건이 알려지자, 효성물산노조 위원장은 선일섬유노조 위원장에게 연락한 뒤, 이날 예정되어 있던 안양원로원의 공동교육에 각 노조에서 최대한 인원을 참여시켜 대책을 모색하기로 했다. 이날 교육에 참가한 100여 명의 노조 간부들과 해고자들은 구속소식을 듣고 파업을 결의했다. 그 구체적인 상황에 대해 효성물산 위원장 김영미는 다음과 같이 기억하고 있다.

> 안양원로원 교육에 동일제강, 성원제강… 유니전, 협진 해고자들도 왔었어…. 그날은 원래 70명이 정원이었는데 100명이 훨씬 넘었어.

긴급회의를 한 거야. 현옥이, 나, 박영진이하고 이원보 부장하고. 우리가 '상황이 이렇다. 우리는 투쟁을 해야 된다…. 오늘 교육은 70년대에 현장소모임까지를 포함해서 강력한 민주노조였는데, 그들이 고립 분산적으로 왜 하나씩 깨져 나갔는가. 그리고 지금은 탄압국면이라는 거를 공신력 있는 사람의 말이 필요하다' 그걸 중심으로 교육을 요청한 거야. 그래서 거기서 교안을 수정해서 그 교육을 했지…. 그리고 그날 밤새도록 7명씩 나눠서 분임토의하고 전체토의하고…, 결론은 '우리가 동원할 수 있는 모든 것을 통해 노동운동의 명예를 걸고 투쟁을 해야 된다. 이것은 노동운동 탄압의 신호탄이다. 여기에서 우리가 대우어패럴 노조 간부 석방을 지켜내지 못하면 우리 전선은 다 무너지는 것이다'고 결의를 한 거야. 구체적인 투쟁 방법과 시기는 선일 위원장하고 나한테 위임을 한 거야.

세번째 움직임은 'A정치그룹'을 중심으로 한 공동투쟁의 추진이었다. 우선 심상정은 대우어패럴노조의 파업준비를 했고, 가리봉전자의 부위원장 서혜경은 이 그룹을 통해 대우 간부 구속사건을 듣고 공동투쟁으로 대처해야 한다는 결론을 내린 뒤, 가리봉전자노조 간부들의 의견을 모았다. 또 부흥사의 이선주, 김미경, 정해경 등은 심상정과 모임을 가졌다. 롬코리아의 장영인도 심상정에게서 상황을 듣고 투쟁에 참여할 수 있는 방법을 모색했다. 그밖에도 남성전기는 이 그룹에 참여하며 노조민주화 활동을 하던 김수경 편집부장 등이 심상정 등과 논의해 노조에서 적극적인 지지투쟁을 조직하기로 했다. 이 과정에 대해 심상정은 다음과 같이 말한다.

제일 먼저… 유화청 부위원장한테 전화 온 거 같아요. 그래서 긴급하게… 우리 활동가들이 모여… 이거를 어떻게 대응할 거냐, '싸우자' 하는데, 그러면 '드러나는 것을 어디서 어떻게 회의를 할 거냐', 그때 최한배 선배가 '청계피복도 넣자. 청계피복은 오랫동안 투쟁 경험이 많고 하니까 그쪽이 제일 좋을 것 같다.' 그래서 청계피복에 연락을 해서, 민종덕 위원장하고 김영대 사무국장이 자리를 알선해서 만나게 한 것 같아요.

이러한 세 가지 움직임이 모여진 것은 6월 23일 오후 8시경이었다. 이들은 청계피복노조 간부들과 같이 청계천 근처 봉제공장에 모여 공동대책을 논의한 결과 동맹파업을 결정했다. 회의과정에 파업 준비를 하던 대우어패럴 부위원장이 참여해 파업의사를 전달하고 동맹파업에 대한 결정을 공유했다. 구로지역 노조 간부들과 활동가들은 구속사건이 '1970년대 민주노조 파괴책동의 재판'이며 '민주노조에 대한 각개격파를 통한 조직적 탄압의 시발점'이라고 탄압의 성격을 규정했다. 그렇기에 '남의 문제가 아니라 우리 자신의 문제'로서 '공동대처의 필요성'을 결의했다.[김영미, 김현옥, 서혜경 구술]

이들의 공동대처 결정은 두 가지의 상황 판단에 근거했다. 첫째, 1985년 당시 상황이 정부의 노동운동에 대한 탄압이 본격적으로 시작된 것이라는 판단이었다. 당시 수도권지역에서 노동운동가에 대한 해고, 구속, 조직적 폭력 및 이데올로기적 공세가 가해져 노동운동가들이 현장에서 분리되는 상황이었다. 그렇기에 노조 간부의 구속을 단순히 사법적 처리에 의한 것이 아니라 구로지역 노동운동에 대한 탄압의 시작으로 본 것이다. 다른 하나는 1981~82년 민주노조들이 와해된 역사적 경험을 공유하고 있었다. 1970년대 민주노조들은 기업별 노조로서 최상의 조직력을 지니고 있었지만 정부의 탄압에 고립분산적인 대응으로 결국 해산될 수밖에 없었다는 사실을 인식했다.각 사업장 파업농성일지. 그러므로 1980년 초와 같이 노조의 조직 보존에 매몰되지 말고 노조 간의 연대를 통해 탄압에 대항해야 한다고 결정했다. 투쟁의 목적은 정부의 탄압에 굴복하지 않고 비타협적인 연대투쟁을 전개해 탄압의 본질을 폭로한다는 것, 노조운동의 '조합주의'와 고립분산성의 한계를 극복해야 한다는 데 두었다. 그러므로 "간격을 두고 차례로 당할 것이 아니라 한꺼번에 싸우자"는 투쟁 방침을 결의했다. 이 과정에 참여한 가리봉전자노조 사무국장이었던 윤혜련은 다음과 같이 기억한다.

> 모임에서는 '이걸 어떻게 봐야 하냐'고 이야기했을 때 '70년대 민주노조 깨듯이, 그렇게 민주노조 깨려고 한다. 대우어패럴만 깨려고 하는 게 아니라, 대우어패럴 깨고 그 다음에 효성도 깨고 차근차근 단계적으로 깰 것이다'고. 그런데 '단계적으로 깨지기보다도 힘을 합해서 함께 투쟁하자'라는 게 결정됐고. 그럼 '어떻게 싸울 건가, 제일 강도 있는 싸움이 뭔가… 파업이 아니냐. 그럼 파업 들어 갈 거냐' 해서 거기서 동의하고. '그럼 파업을 어떻게 할 건가, 각 사업장마다 몇 시에 들어갈 거며, 어떤 방식으로 할 거며', 거기서 지침은 뭐냐면 '구속된 대우노조 간부들이 석방될 때까지 싸운다'라는 거였고…. 싸움할 때… 최대한 많이 모이고…. '각 사업장별로 돌아가서 그렇게 조직한다' 이렇게 결정이 된 거고.

공동회의가 끝난 후 노조 간부들은 비상확대회의를 소집해서 노조마다 상황을 공유하고 결의를 모아갔다. 가리봉전자노조는 6월 23일 '비상확대간부회의'를 통해, 효성물산은 6월 24일 '확대간부회의'를 통해, 선일섬유는 6월 24일 노조 간부와 열성조합원이 모여 결의를 했다. 이들은 24일 임시총회를 통해 조합원들의 의사를 묻기로 최종 결정했다.

조합원들은 노조가 결성되기 전에는 노조에 대한 인식이나 그들의 권리에 대한 인식이 미약했고 현장에 대한 불만은 개별적인 '이직' 등의 방식으로 해결해 왔다. 그러나 노조의 꾸준한 노동조건 개선을 위한 노력과 1985년 임투에서 높은 임금인상 성과를 통해 조합원들은 노조와 노조 간부에 대해 강한 신뢰를 가지고 있었다. 특히 정부의 임금동결정책을 유명무실화시킨 과정은 노동자들에게 단결과 투쟁의 힘에 대한 '자신감'을 심어 주어, 개별 노조를 넘어 노동자들의 연대를 강화시키는 디딤돌이 되었다.

이처럼 노동자들의 의식과 노조 간 연대활동이 발전하는 과정에서 발생한 '대우어패럴노조 간부 구속사건'은 다른 노조의 조합원들에게도 자신들의 노조에 대한 탄압과 노조 간부의 구속으로 이어질지도 모른다는 위기의식을 갖게 했다. 이것은 그동안 노조를 통해 꾸준히 개선시켜 온 노동조건과 권리가 부정된다는 것을 의미했다. 조합원들은 투쟁에 대한 자신감과 노조 간부들에 대한 신뢰를 바탕으로 연대해서 싸우는 길만이 민주노조를 지켜낼 수 있다는 생각에, 24일 임시총회에서 동맹파업을 결정했다. 조합원들은 "다른 노조의 일에 왜 우리 사업장 노조가 싸우느냐"는 회사측의 논리를 부정하고 동맹파업을 벌인 것이다.

② 동맹파업과 지지연대투쟁의 확산

6월 24일 오전 8시경, 대우어패럴 조합원 285명은 회사측의 저지를 뚫고 "노조 간부 석방하라, 민주노조 탄압 말라, 노동악법 개정하라, 집시법·언기법을 폐지하라, 노동부장관 물러나라"며 파업농성에 돌입했다. 노동자들은 농성장에 배포된 선언문 「노예로 살 것인가! 싸워 이길 것인가」에서 정부와 여러 악법이 기업주 편에 서서 노동자들을 억압한다고 주장했다.

오후 2시경 3개 사업장에서 '임시총회'를 거쳐 동맹파업을 결정하고 파업에 들어갔다. 효성물산 조합원 400여 명도 긴급총회 이후 파업농성에 돌입했다. 가리봉전자 구로·독산공장의 520여 명도 '임시총회' 이후 "구속자를 석방하라" 등의 구호를 외치며 파업농성에 돌입했다. 선일섬유도 140여 명이 모여 총회를 하는데, 관리자들이 방해를 하여 조합원이 70여 명으로 줄어들자 현장출입구를 차단하고 농성에 들어갔다. 가리봉전자, 선일섬유, 효성물산 농성장에서는 「노조탄압저지 결사투쟁선언」이라는 공동투쟁 선언문이 낭독되고 배포됐다. 노동자들은 이 선언문에서 대우어패럴 노조탄압이 곧 자신들의 노조에 대한 탄압으로 다가올 것이므로 동맹파업을 통해 이에 저항해야 된다고 주장했다. 동맹파업 첫날 4개 노조의 조합원 1,300여 명이 참여했다.

6월 26~27일에는 동맹파업을 한 3개 노조가 농성을 해산했다. 효성물산 조합원 73명은 27일 노동부 중부지방사무실에서 점거농성을 시도하다 모두 연행됐다. 27일 오후 8시까지 농성을 하고 있던 노동자 수는 대우어패럴 사업장의 150여 명과 신민당 제1지구당사의 36명 등 모두 약 200여 명이었다. 같은 날 대우어패럴에서는 반反

노조원 300여 명이 노조반대 농성을 벌이다 해산했다. 회사 주위에 전경차 15대가 배치되자 농성장에 위기의식이 고조됐다. 위협적인 분위기 때문에 파업농성장에서 처음으로 "살인정부 물러가라", "노총 자폭하라"는 구호가 나왔다. 28일 부흥사 조합원 118명이 노동운동 탄압에 항의, 동맹파업을 시작했다. 그러나 4개 사업장에서 동맹파업이 시작되자, 집행부에서 재논의하여 일부가 동맹파업에 참여했다. 이들은 "구속자 석방, 노조 탄압중지" 등과 근로조건 개선을 요구하면서 파업에 들어갔다. 사업장 내 근로조건 개선요구가 정치적 요구와 결합하여 제기되었던 것이다. 그러나 부흥사 조합원들은 폭력단에 의해 6시간 만에 폭력에 의해 해산됐다. 부흥사의 파업은 동맹파업이 노동자들의 의식을 직접적으로 자각시켜 동참을 이끌어 냈다는 점에서 또 다른 의미가 있었다.

동맹파업의 전개과정에서 각 노조들이 투쟁에 참여한 방식과 참여 조합원의 수, 그리고 참여기간 등에는 차이가 있다. 각 사업장의 동맹파업 참여자 수의 차이는 각 노조의 대중적 기반을 반영하는 것이다. 파업 초기에 각 노조에서 대부분(50% 이상 100%까지) 조합원이 참여하였던 것은 투쟁의 필요에 대한 대중적 공감의 폭이 넓었음을 의미한다. 그러나 투쟁이 지속되면서 투쟁을 위한 구체적 준비가 미흡한 상태에서 조합원들은 지치고, 여기에 회사측의 공작에 의해 끌려 나가거나 어쩔 수 없이 농성장을 떠나면서 투쟁대오는 초기 참여인원의 약 20%로 줄었다. 동맹파업의 참여기간에도 차이를 보이는데 대우어패럴 6일, 부흥사 1일, 효성물산은 사업장농성 3일, 신민당사 농성은 6일, 선일섬유 3일, 가리봉전자 4일로 나타났다.

이처럼 동맹파업에 참여한 5개 노조 이외에도 구로공단의 남성전자, 세진전자, 롬코리아의 경우는 이틀간 작업시간 이후 지지농성 투쟁을 벌였다. 이들 노조는 동맹파업을 벌인 5개 노조들과 노조 간부 간의 교류와 공동활동 논의가 있었던 사업장이다. 삼성제약의 지지농성 및 점심식사 거부를 통한 연대투쟁도 있었다. 이들은 직접적인 연대활동을 하지 않았지만 전 조합원이 참여하여 연대를 표명한 것이다. 이는 동맹파업이 구로지역 노동자들에게 직접 영향을 준 것이었다.

노동운동 세력의 지지연대투쟁은 청계피복노조, 구민추, 노투 등이 중심이 됐다. 청계피복노조는 법외노조로서 현장을 기반으로 한 노조 차원의 지지투쟁을 하지는 못했지만, 선전물 배포, 가두시위, 민중운동단체들과 지지농성 및 성명서 작업을 공동으로 진행했다. 청계피복노조는 구민추, 노투 등과 함께 6월 25일 구로공단에 동맹파업을 지지하는 선전물을 배포하고 6월 26일 가리봉 가두투쟁을 했다.『조선일보』, 1985년 6월 27일자. 또 한국노협, 청계피복노조 등과 민주통일민중운동연합(약칭 '민통련') 및 18개 조직회원 50여 명은 청계피복노조 사무실에서 지지농성을 했다.민주·민권운동단체 공동제작, 「대우어패럴 노조탄압에 항쟁하는 노동자연대투쟁 종합소식」, 1985. 7. 이들은 공동선전물을 배포하고 공동성명서를 발표했다.

학생운동 세력의 지지연대투쟁은 여름방학인 관계로 조직적 활동보다는 개별적으로 투쟁에 참여하거나 선전물을 배포하는 수준에 머물렀다. 6월 26일 학생 2인이 벌였던 공단의 협동봉제공장에서의 굴뚝시위, 전국학생총연합회의 선전물배포, 가리봉 가두시위에의 개별적 참여, 6월 29일 서울대생 2명의 대우어패럴 농성장 음식물 제공 등으로 나타났다.『민주노동』 12호(1985. 8. 1.), 10쪽, 12쪽.

농민운동단체들의 지지연대 투쟁 또한 대중적 기반이 미약하여 성명서를 통해 정부의 노조탄압을 규탄하고 동맹파업 노동자들에게 지지를 표시하는 정도였다.『민주통일』 3호(1985. 8. 15.), 119쪽.

적극적인 지지연대투쟁은 민통련을 중심으로 종교단체 및 지식인단체를 통해 이루어졌다. 이들의 투쟁방식은 각 단체 회원들이 참여한 지지농성과 공동성명서 및 선전물 배포 등으로 나타났다. 26일부터 민통련 등 18개 단체는 그 회원 50여 명이 농성을 시작했고, 또 기자회견을 통해 「현 정권의 노동운동 탄압은 스스로의 말로를 재촉할 뿐이다」라는 제목의 공동성명서를 발표했다.『조선일보』, 1985년 6월 27일자. 6월 27일 경찰의 봉쇄로 농성에 동참하지 못한 여러 단체의 회원들은 각각 기독교회관, 가톨릭노동청년회, 민중불교운동연합에서 지지농성을 했다.「국민 여러분께 알려드립니다」라는 선전물에서 각 참여 단체 현황 참조. 이날 여러 단체 공동명의의 선전물인 「국민 여러분께 알려드립니다」에는 "전국의 노동자와 민주화운동 세력은 모두 함께 연대하여 투쟁하자"는 주장이 실려 있었다. 같은 날 전남사회운동협의회, 가톨릭 노동청년 광주대교구연합회, 전남기독노동자총연맹에서도 「대우어패럴 동맹파업에 대한 우리의 입장」이란 성명서를 발표했다.『민주통일』 제3호(1985. 8. 15.) 28일 민통련 경북지부 회원 40여 명이 지방에서 처음 연대농성에 들어갔다.

6월 27일을 기점으로 노동자들의 동맹파업은 위축된 데 반하여, 민중민주운동단체의 지지농성이 확대되어 가면서 사회여론 또한 확산됐다. 동맹파업의 양상은 노조 간부 구속에 항의하는 노동자의 투쟁에서, 유화국면을 이용하여 공개 운동을 하던 민중민주운동 세력이 노조 탄압중지를 요구하며 정부를 규탄하는 투쟁으로 변화됐다.

동맹파업 6일째인 6월 29일, 대우어패럴 농성장에 식량과 의약품을 들고 서울대생 18명이 들어가는 사건이 발생했다. 농성해체 준비를 하고 대기하던 회사측은 이를 기화로 폭력단 500여 명을 동원하여 강제해산을 시작해 학생들과 열성조합원 20명이 경찰에 끌려가면서 농성은 해산됐다. 회사측이 이를 기점으로 강제해산을 시작한 것은 사회여론상 이데올로기적 명분확보를 위한 것이었다. 해산과정에서 폭력단이 각목과 쇠파이프로 노동자들을 폭행했으나 경찰은 이를 묵인하고 방관해 이들의 폭력을 비호하는 모습이었다.『동아일보』, 1985년 6월 30일자.

청계피복노조 등 4곳에서 지지농성을 하던 민통련 등의 단체회원들은 대우어패럴 농성이 강제해산되자 이날 오후 민통련 강당에 모여 농성해산에 임하는 성명서를 발표하고 자진해산했다.『민주노동』 12호(1985. 8. 1.), 12쪽. 또 6월 30일에 신민당사에서 농성을 벌였던 효성물산 조합원 36명도 성명서를 발표하고 5일간의 농성을 풀었다.효성물산, 「파업농성일지」

6월 24일 4개 사업장에서 시작된 동맹파업은 근 6일 동안 굶주리면서 싸운 대우어패럴 노동자 80여 명이 강제해산됨으로써 일단 막을 내렸다. 이날까지 5개 사업체 6개 공장에서 약 1,400명의 노동자가 동맹파업을 벌였고, 5개 사업장에서 지지연대투쟁을 벌여, 총 2,500여 명의 노동자가 투쟁에 참여했다. 노동운동단체 주도로 가두시위가 벌어졌으며, 구로지역은 선전물이 대량 배포되어 공단 내 노동자들의 손에서 손으로 전달됐다. 또 한국노협, 노투, 구민추 등의 노동운동단체와 민통련을 위시한 청년, 농민, 여성 등의 운동 세력들이 서울을 중심으로 전라도, 경상도에서도 지지농성과 성명서를 발표하여 동맹파업을 중심으로 제한적이나마 민중연대가 시도되었다.

동맹파업 직후 전태일기념사업회를 중심으로 모여 이후 활동방향을 모색하면서 다른 한편 각 사업장에서는 복직투쟁과 폐업반대투쟁 등을 전개했다. 각 사업장의 해고노동자들은 노동자들에 대한 보복조치와 탄압에 항의하고, 연대투쟁의 정신을 새롭게 이어갈 것을 선언하는 가두시위를 전개했다. 7월 23일 오후 7시 10분, 가리봉오거리에서는 대우어패럴 해고자 9명, 가리봉전자 해고자 11명, 부흥사 해고자 2명, 성도섬유 해고자 1명이 중심이 되어 구로노동자연대투쟁연합(약칭 '연투그룹')을 결성해 '노동자연대투쟁선언'을 하고 가두 연좌시위를 벌이다가 출동한 전경들에게 끌려갔다. 이로써 동맹파업은 실질적 막을 내렸다.

6월 22일부터 7월 23일까지 한 달 넘게 구로공단을 뒤흔들었던 동맹파업은 구속자 43명, 불구속 38명, 구류 47명을 비롯하여 회사측의 폐업으로 1,400여 명에 이르는 대규모의 피해가 발생했다. 동맹파업 이후 일부 간부와 열성조합원들이 서노련 등에 참여했으나 조합원들의 참여는 거의 없었다. 이는 동맹파업 이후의 조직화 대안을 갖지 못한 한계를 드러낸 것이다.

4) 구로동맹파업의 의미와 평가 논쟁

구로동파는 1950년대 한국전쟁 이후 단절됐다가 새로이 출발된 1970년대 민주노조운동의 고립 분산적이고 기업별 조합주의적인 한계를 극복하려는 1980년대 전반기 노동운동의 모색 속에서 발생했다. 동맹파업은 1980년대 전반기 활동가들의 목적의식적 활동이 민주노조를 통해 대중과 결합하여 전개한 정치투쟁이었다. 동맹파업은 노동운동의 정치적 변화를 위한 실천적 계기가 됐다.

이후 구로동파 평가를 둘러싼 논쟁이 서노련 준비위를 중심으로 벌어졌다. 서노련 준비위 내부에서 있었던 '새로운 노동운동 단체'라는 조직성격을 둘러싼 입장 차이가 구로동파 평가를 둘러싸고 다시 표면화되었다. 그 평가는 주로 구로동파의 성격과 그것을 가능하게 했던 요인이 무엇인가를 둘러싼 쟁점이었는데, 대중정치투쟁을 주장하는 연투그룹과 대중활동을 강조하는 동일제강, 성원제강 등 대규모 중공업 출신의 해고자들로 크게 구별되었다.

논쟁은 우선 구로동파의 성격을 둘러싸고 나타났다. 이에 대해서 연투그룹은 구로동파가 정부를 대상으로 노동자들이 연대하여 투쟁한 '첨예한 정치투쟁'김성훈, 「85년 노동운동에 대한 두 개의 평가」, 『현장 6집: 전환기의 노동운동』, 13~15쪽.이라고 평가하면서 '경제주의 극복, 정치투쟁의 회복'을 주장했다. 이와 달리 대중활동을 강조하는 입장에서는 동맹파업의 성격을 '대중적 정치투쟁'이라고 규정했다. 이들 중에서도 경제투쟁을 중시하는 입장에서는 정부의 탄압에 대해 싸워야 하지만 노동운동의 단계상 경제투쟁과 노조를 경시하는 투쟁방법은 대중적 기초를 상실하는 것으로, 조직을 살리면서 단계적이고 점진적인 방식으로 투쟁했어야 했다고 비판했다.[5] 이런 입장은 정치투쟁이라는 성격에는 의견을 같이 하지만 강조하는 바에 차이가 있었다. 그밖에

5 실제 대중활동을 강조하는 최규엽 등은 구로동파가 진행되는 과정에서 같은 그룹의 공계진이 부흥사에 있었는데, 부흥사의 동맹파업 참여에 대해 반대했다. 그러나 공계진은 부흥사 현장활동가 모임에서의 논의와 결정에 따라 동맹파업에 참여했다.[공계진 구술]

동맹파업 결과 민주노조가 모두 해산되고 조합원들이 흩어지는 등 성과보다 피해가 많았기 때문에 '청산주의적 노조주의투쟁'이라는 주장도 있었다. 김성훈, 「85년 노동운동에 대한 두 개의 평가」, 『현장 6집: 전환기의 노동운동』, 13~15쪽.

또 다른 쟁점은 동맹파업이 가능했던 요인에 대한 것이었다. 이에 대해 연투그룹은 '지역정치소조와 이들의 정치활동'을 강조했다. 이들은 동맹파업이 경제주의적 사고나 조합주의적 활동의 한계를 일거에 극복하고 나온 노동운동에 획기적인 전기를 제공해 준 투쟁이라고 했다. 이런 주장은 동맹파업이 보여 준 대중투쟁의 위력과 노조의 대중조직으로서의 가능성을 일면 부정하는 것으로 드러났다. 연투그룹은 구로동파 이전부터 정치조직·정치투쟁에 대한 고민과 관심을 가졌고, 지역정치서클을 형성하여 구로지역 전체를 조직하기 위한 활동의 연장에 있었다.[심상정 구술]

이런 연투그룹의 시각을 강하게 비판하며 대중활동을 강조하는 이들은 "노동운동은 가장 기본적인 대중활동인 노조와 경제투쟁으로부터 기초를 닦아야 한다"며 몇 개 노조가 파괴된 것만으로 성급하게 합법노조운동을 포기하고 반反합법 정치조직이라는 틀로 노동자들을 묶는 것은 모험주의라고 비판했다. 안재성, 『청계 내청춘』, 297쪽. 이들은 조합원들이 노조활동을 통해 각성된 의식을 가지고 있었다는 점을 중시하였다. 하지만 연투그룹은 이들의 평가를 경제주의, 조합주의 관점이라고 비판했다.

이런 두 주장은 노동조합을 바라보는 시각에 차이가 있고 대중성과 목적의식적 활동에 대한 인식에도 차이가 있다. 전자의 주장은 활동가들의 목적의식성을 강조하면서 대중의 자발성과 노동조합을 가볍게 생각했다. 반면에 후자의 주장은 대중성과 노조를 중요하게 여기면서 활동가들의 의식적 활동을 가볍게 여겼다. 실제로 구로동파가 가능했던 것은 활동가들의 의식적 활동이 현장 대중들의 요구와 잘 맞물렸으며, 활동가들이 노동조합활동을 통해 노동자 간의 연대의식을 갖도록 노력했기 때문이었다.

이러한 평가 논의는 당면 실천과제로서 어떠한 조직을 건설해야 하는가와 맞물려 진행됐다. 동맹파업 이후 조직적 대안이 없어서 많은 조합원들이 흩어졌으나, 다수의 노조 간부와 열성조합원들이 배출되었다. 이에 대한 조직적 대안은 시급했다. 즉 동맹파업은 노조 차원을 넘어서는 조직문제를 제기한 것으로, 그간의 고립 분산적인 소모임운동의 한계를 지적하고 '지역운동조직'을 모색하는 것으로 나타났다. 또한 동맹파업은 정치투쟁의 전망을 제기한 것으로 이전까지 논의만 되었던 정치투쟁의 문제를 현실의 실천문제로 구체화시켜 경제투쟁과 정치투쟁의 결합문제를 중요한 쟁점으로 제기했다.

문제는 구로동파의 영향과 조직력을 바탕으로 한 연투그룹이 서노련 준비위를 주도하면서 나타났다. 이들은 새로운 대중조직인 대중정치조직을 건설해야 한다고 주장하면서, "노동조합이나 노동조합의 지역적 연합은 대중 속에서의 정치활동을 지속적으로 발전시켜 나갈 수 있는 조직형태가 아니므로 당면한 일차적 과제는 정치적 입장을 교육·선전할 수 있는 노동자서클의 양산"이라고 주장했다. 이어 그러한 지역노동자서클의 토대 위에서 정치활동을 수행하는 노동자들의 정치조직이 필요하다고 주장했다.[6]

연투그룹의 대중정치조직의 필요성에 대한 주장은 서노련 준비위에서 논의되고 있었던 새로운 노동운동단체의 성격을 변화시켰다. 당시 정치투쟁을 위한 노동운동 세력의 결집을 강조하는 분위기가 주도적이 되자 노동조합 중심의 사고는 거의 발 붙이기 어려웠고 '조합주의'라는 딱지가 붙었다. 거기에 임금문제와 근로조건개선 같은 일상투쟁을 주장하는 경우에는 '경제주의'라는 딱지가 붙었다. 그 결과 1985년 8월 25일 서노련이 결성되면서 변혁적 노동운동이 등장하게 되었다. 서노련 결성과정에서 배제된 대중활동을 강조하던 이들은 남노련을 결성하였다. 이러한 지역조직의 분립으로 1985년 하반기에 동맹파업을 둘러싼 논쟁은 정리된 듯하였다.

그러나 1986년 구속되었던 노조 간부들이 석방되면서 동맹파업의 평가작업이 다시 활기를 띠었다. 당시 인천 일꾼자료실에서 70~80여 명의 노동자들이 참여하여 4차례에 걸친 평가모임을 통해 새로운 평가서를 작성했다.[7] 이들의 동맹파업에 대한 평가과정은 흩어져 있던 동맹파업 참여 노동자들을 새로이 결집하고, 동맹파업의 성과를 실천 속에서 다시 모색하기 위한 것이었다. 당시 서노련이 주도한 선도적 정치투쟁을 중심으로 한 활동 방식이 노동현장의 노동자들과 괴리되는 문제로 드러났고, 그 과정에서 노동운동에서 대중조직에 대한 논의가 확산되는 상황과 무관하지 않았다. 이들은 동맹파업의 평가를 통해 노조의 역할이 무엇보다도 중요했다는 점을 확인했다. 그 결과 효성물산 위원장, 가리봉전자 위원장과 사무장, 선

6 "동맹파업과 농성시위를 조직할 수 있었던 힘의 원천은…… 공개적인 노조차원 관계 이면에 구로지역 활동가 상호간의 긴밀한 교류와 지역적인 노동자 소모임이 형성되어 있었던 점을 지적하여야 한다. 지역 내 활동가들의 수가 급증하고 경험이 축적되면서 활동가 상호간에 교육·선전·조직 활동의 분업적 체계가 형성되기 시작했다는 점이 매우 중요하다."(김성훈, 「85년 노동운동에 대한 두 개의 평가」, 14쪽).

7 이들의 동맹파업에 대한 평가는 「민주노조의 열매—85년 6월 구로노동자동맹파업」(민주노조를 위해 싸우는 노동자)이라는 글로 정리되어 당시 노동운동 진영 내에 배포됐다.

일섬유 위원장 및 지역의 노동운동가들이 중심이 되어 1986년 5월 '노동조합결성 추진위원회'를 결성하여 여러 지역에서 노조에 대한 교육과 다양한 지원활동을 했다.[김영미 구술] 이후 이들은 혁명적 노동조합운동을 주장하는 서울노동조합운동연합(약칭 '서울노련')이라는 정치세력에 합류하였다. 1986년의 평가논의 역시 대중운동을 강조하는 변혁적 노동운동의 흐름으로 귀결되었다.

3절

1987년 7·8·9월 노동자대투쟁

1) 노동자대투쟁의 특징

1985년 2·12총선에서 신민당은 제1야당으로 등장했고 유화국면을 거치면서 활성화된 민중운동 세력과 맞물리며 '대통령 직선제 개헌'을 요구하는 개헌정국이 형성되었다. 개헌을 통해 민간민선정부를 세우려는 국민의 바람은 1986년 3월 23일 부산을 시작으로 하여 광주, 대구로 이어진 신민당 개헌추진지부 결성식에서 나타났다. 그것은 5월 3일 인천지역 개헌추진지부 현판식에서 절정에 이르렀다. 5월 3일 개헌추진위 인천지부 결성식에 서울·경기에서 모여든 학생·노동자 등은 경찰의 제지에 맞서 격렬하게 저항했다.역사학연구소, 『함께 보는 한국 근현대사』, 447~448쪽.

정권은 언론매체를 총동원하여 재야와 민중운동 세력을 '용공·폭력세력'으로 몰아붙이면서 보수야당과 민중운동 세력을 분리시키고 운동권을 탄압할 구실을 만들어 갔다. 그 과정에서 정권의 노동운동탄압이 본격화됐다. 이에 1986년 3월 다산보임사건을 시작으로 해서 5·3항쟁 이후 서노련사건, 반제동맹당사건, 마르크스·레닌당사건, 제헌의회그룹사건, 남노련사건 등 1987년 전반기까지 지속된 정권의 정치조직에 대한 탄압은 노동운동의 분위기를 위축시켰다. 그러나 1986년 부천서 권인숙 성고문사건, 1987년 1월 '박종철 고문치사사건'을 계기로 정권은 빠르게 무너져 갔다. 이 사건은 정권에 대한 민중의 분노를 폭발시켰다. 1987년 2월 7일과 3월 3일 열린 '박종철군 추모대회'와 '고문추방 민주화대행진'에 참여한 수만 명의 학생과 시민들은 '직선제 개헌', '정권타도'를 외쳤다. 궁지에 몰린 정권은 이전까지 논의되던 모든 개헌논의를 물거품으로 만드는 '4·13호헌 조치'로 맞섰다.조희연 편, 『한국사회운동사: 한국변혁운동의 역사와 80년대의 전개과정』, 125쪽.

4·13호헌 조치에 대한 사회 여러 계층의 반대성명이 번져 가는 가운데 1987년 5월 20일 천주교 정의구현사제단이 박종철 고문치사사건이 조작됐다고 발표했다. 정권의 도덕성을 뿌리부터 흔든 사제단의 발표는 6월 민중항쟁의 도화선이 되었다. 6월 민중항쟁은 6·10 국민대회, 18일 '최루탄추방대회', 26일 '국민평화대행진'으로 이어지면서 수백만의 시민·학생·민중이 참가했다.[1] 마침내 정권은 직선제 개헌을 핵심으로 하는 '6·29선언'을 발표했고 야당과 일부 재야세력이 이에 동의함으로써 위기에서 벗어날 수 있었다.

6월 민중항쟁을 거치면서 노동운동은 다시 활기를 찾기 시작했

1 6월 민중항쟁의 전개과정에 대한 『기사연 레포트』 2호(기독교사회문제연구원, 1987)에 자세히 기록되어 있고, 연구물로는 『6월 민주항쟁과 한국사회 10년』 1, 2권(6월민주항쟁10주년기념학술대토론회자료집, 당대, 1997)과 『6월 항쟁과 한국의 민주주의』(민주화운동기념사업회, 2004)가 있다.

다. 6월 민중항쟁을 종결지은 6·29선언 직후 시작된 7·8·9월의 노동자대투쟁(또는 대투쟁)은 그 규모나 폭발성에서 한국 노동운동사에서 최대 규모의 파업투쟁이었다.[2] 노동자대투쟁은 9월 중·하순까지 약 3개월간 지속되었다. 이 기간에 노동자투쟁은 총 3,311건이 발생하여 하루 평균 30건을 넘었고 투쟁이 고조되었던 8월에는 하루 평균 83건의 쟁의가 일어날 정도로 집중적으로 분출되었다. 쟁의에 참가한 노동자의 수는 1987년 8월 기준으로 10인 이상 사업체 상용근로자 333만 명의 약 37%인 122만 명에 달했다. 대투쟁은 정부가 주도한 자본 위주의 경제개발과정에서 오랫동안 억압되었던 노동자들의 요구와 분노가 짧은 기간에 일거에 폭발한 것이었다.

노동자대투쟁은 7월 5일 울산 현대엔진에서 시작되었다. 대재벌 제조업 사업장에서 시도된 노조 결성은 그 자체로 상징성을 갖고 있었다. 정부의 개입이 중단된 상황에서 노동자들은 투쟁하였고, 이에 회사측은 무기력함을 드러내었다. 이 경험은 곧바로 전국으로 전파되었다. 8월 11일 노동부장관이 담화를 발표하고 개입 의지를 표명하였지만 울산, 부산, 마산·창원(약칭 '마창')지역에서 시작된 투쟁은 주요 도시를 거쳐 수도권으로 확산됐다. 또 8월 8일 현대그룹노조협의회 결성을 계기로 연대의 형식도 재벌계열사, 지역, 업종 별로 다양하게 모색되었다. 투쟁 건수는 8월 말까지 급속하게 증가하였으며 제조업에서 시작한 파업은 운수업, 광업, 서비스업 등 거의 모

2 1987년 노동자대투쟁에 대한 최초의 기록은 『7~8월 노동자대투쟁』(한국기독교사회문제연구원, 민중사, 1987)이며, 전반적 상황을 개괄 정리한 글로는 「노동운동의 대중적 전개와 조직화의 과제」(신금호, 『전환』, 사계절, 1987)과 「국가독점자본주의 하에서의 노동운동」(박현채, 『노동문학』 창간호, 실천문학사, 1988), 「한국노동조합운동의 현단계적 상황과 발전을 위한 과제」(김금수, 『한국노동운동의 이념』, 정암사, 1988), 「노동운동의 현황과 과제」(장명국, 『새벽』 3호, 1988) 등이 있다.

〈표 3-3〉 1987년 산업, 업종별 쟁의 발생 건수

산업	제조업					운수	광업	기타	합계
업종별	중화학	기계금속	전기전자	섬유	기타				
건수	87	593	253	271	751	1,365	135	294	3,749

※ 전노협백서발간위원회, 『기나긴 어둠을 찢어 버리고』(전노협백서 1권), 198쪽 재인용.

든 업종으로 확산되었다. 그러다 9월 초 현대중공업과 대우자동차 노동자들의 농성투쟁이 무력으로 진압된 이후 대투쟁은 빠르게 종결되었다.

노동자대투쟁의 특징을 주체, 요구 내용, 투쟁 방식의 차원에서 살펴보면 다음과 같다.

첫째, 투쟁 주체의 측면에서 대투쟁을 이끈 것은 중공업 대공장 남성노동자들이었다. 중화학, 기계 금속업종의 제조업노동자들이 투쟁을 주도했으며 지역적으로는 울산과 마산·창원의 투쟁이 전체 대투쟁을 이끌었다.

둘째, 요구 내용의 측면에서는 임금인상이나 근로조건개선 등의 경제적 요구 이외에도 작업장 민주화와 관련된 요구가 광범하게 표출되었다. 〈표 3-4〉에서 알 수 있듯이 노동자들의 요구 중에 압도적으로 제기된 것은 임금인상과 노동조건 개선에 대한 것이었다. 대투쟁 시기에 나타난 노동자들의 총 요구는 14,957건이었고 투쟁 건당 평균 4.5개의 요구조건이 제시되었으며, 심지어 30건이 넘는 경우도 있었다. 이처럼 요구조건이 많은 것은 이전 시기 노동자들의 억눌렸던 '불만과 분노'가 터져 나왔기 때문이다. 예를 들어 울산 현대

〈표 3-4〉 1987년 노동자대투쟁의 원인별 지표

전체 단위 : 건(%)	임금인상	노동조건 개선	부당노동 행위	해고	휴폐업, 조업단축	체불임금	기타
3,749 (100)	2,613 (69.69)	566 (0.15)	65 (0.02)	51 (0.01)	11 (0.002)	45 (0.012)	398 (0.11)

※한국노동연구원, 『KLI 노동통계』, 1994.

정공 노동자들의 요구사항을 보면 "조장·반장·직장 교체, 부조장제 삭제, 두발자유화, 회사경비원 본연 임무 수행, 인사고과제 철폐, 부당한 인사이동금지, 직훈사원과 일반사원의 동일한 처우, 하도급 사원직영, 인격보장, 남녀평등, 공해수당 지급, 복지·가족수당 인상지급, 보너스 600% 지급, 시급 35% 인상, 생산수당 지급, 휴일근무기본의 200%, C/T FRP생명단축수당 지급 및 창설사원 근속수당, 유급휴가, 생산량 가중억제, 연장근무 철폐, 공해환경시설 설치, 8시간 근무로 생계보장, 식당개선, 통근버스 추가, 근무 중 휴식시간" 등이었다.울산사회선교실천협의회, 『울산지역 7월 노동자대중투쟁 자료집』, 1987. 이는 독재정권 아래서 제도화되었던 '억압적이고 병영적인 노무관리'를 개선하기 위한 것으로 볼 수 있다

또 노동자대투쟁이 진행되면서 민주노조인정과 어용노조 민주화-노사협의회반대 요구가 노사 간에 가장 중요한 쟁점으로 부각되었다. 특히 노동자대투쟁을 주도했던 대공장에는 대부분 민주·어용노조 간의 조직분쟁이 뒤따랐다. 노조를 둘러싼 투쟁이 치열하게 진행됐던 것은 1970, 80년대 민주노조운동의 영향이기도 했으며 1987년 상반기에 경험했던 투쟁에서 영향받은 것이기도 했다. 1987년 상

반기에는 관리자의 폭행이나 단순호봉승급에 머문 임금인상에 반대하였지만 대투쟁 시기에는 노조 결성을 선도적으로 펼쳐 나가면서 전체 노동자가 노조의 필요성을 인식하게 되었다. 노동조합은 노동자들에게 '임금과 작업장 민주주의의 확보'라는 두 가지 요구를 제도적으로 보장할 수 있는 가장 중요하고 기본적인 조직이었다. 신규노조 설립이 증가했고 이와 함께 기존의 어용노조 퇴진과 노조 민주화를 요구하는 싸움도 활발하게 진행됐다. 노조 민주화투쟁은 대투쟁 기간에 투쟁이 발생한 705개 이상의 사업장에서 제기되었는데 이러한 높은 비율은 6·29 이전의 어용노조에 대한 불만뿐 아니라, 6·29 이후 새로 설립된 노조라 해도 조합원의 의사를 수렴하지 않는 집행부의 독단적 협상에 대해 노동자들의 불만이 분출되었기 때문이었다.

셋째로 노동자들은 투쟁방법으로 작업거부, 농성, 시위를 선택했다. 작업거부는 1986년 138건이었던 데 비해, 1987년에는 1,226건이나 되어 전년도에 비해 거의 10배 가까이 증가하였다. 또한 집단 농성투쟁도 122건에서 2,428건으로 무려 20배가 넘게 늘어나 노동자들의 요구를 관철시키고 단결력을 높이는 데 농성투쟁이 효과적인 전술이라는 것을 보여 주었다.

노동자들은 투쟁에서 노동법의 절차를 거의 지키지 않았다. 그 결과 파업의 94.1%가 불법파업이었다. 노동자들은 파업·농성·시위와 같은 방법으로 투쟁에 돌입하면서 조직을 구성하였고, 그 다음에 사용자와의 협상을 요구하였다. 이는 현장 내 노동통제와 노동법에 대한 부정적 인식을 드러낸 것이었다. 또한 현장에서 노동자들이 단시간에 투쟁에 돌입하기 위해서는 먼저 투쟁을 벌일 수밖에 없기 때문이기도 했다. 또 노동자들의 투쟁형태는 단순한 파업보다는 항의 농성과 시위의 형태로 나타났다. 투쟁양상도 매우 완강했으며 장기간 지속되는 것으로 나타났다. 10일 넘게 투쟁이 지속된 경우는 548건이며, 31일 이상 투쟁을 벌인 경우는 96건이나 되었다.

2) 노동자대투쟁의 전개과정과 학출활동가

이러한 1987년 7·8·9월에 갑자기 분출한 노동자대투쟁은 예상할 수 없었던 사태였다. 그 때문에 대부분의 연구에서 노동자대투쟁은 '자연발생적'으로 일어났다고 설명했다. 그러나 역사적·사회적 영향 속에서 형성된 것이라는 점에서 순수한 '자연발생'이란 존재하지 않는다. 즉 1980년대 노동운동은 정권의 강한 탄압으로 대부분의 현장 활동이 그 자체로 성공할 수 없었으나, 때로는 중요한 새로운 운동의 전형을 창출하였다. 1985년 발생한 대우자동차파업과 구로동파가 그 대표적인 사례였다. 두 개의 파업은 1970년대 민주노조운동과 1987년 노동자대투쟁을 잇는 징검다리와 같은 투쟁이었다. 대우자동차파업은 남성 중공업노동자가 대공장에서 조직적으로 일으킨 첫 번째 파업이었으나 사측을 향한 경제적 요구에 그치는 한계를 갖고 있었다. 그러나 구로동파는 중소 규모의 경공업 여성노동자들이 기업울타리를 넘는 정치투쟁과 연대투쟁을 이루는 전형을 보여 주었다. 노동자대투쟁은 이런 투쟁의 특성이 결합하여 이를 전국적인 수준에서 확대 재생산한 것이었다.

그럼에도 불구하고 노동자대투쟁의 '자연발생적'이란 성격 규정은 그 이전의 노동운동과 조직적, 인맥적, 이념적으로 직접적인 연관을 갖지 않고 출현되었다는 부분에서 변혁적 노동운동과의 '단절성'을 전제로 한 평가라 할 수 있다. 즉 1987년 노동자대투쟁이 1980년대 전반기에 수도권 중심으로 전개된 변혁적 노동운동과는 아무 연관이 없이 일어났다는 주장인 것이다.[3] 이러한 연구는 노동자대투쟁의 전체 양상만을 갖고 판단할 뿐, 각 지역에서 노동자대투쟁이 어떻게 형성되고 파급되었는지에 대한 구체적인 접근을 하지 않은 결과라고 여겨진다. 또 1980년대 정치조직들과 그와 연관된 목적의식적 활동가들을 구분지어 판단하는 것도 이러한 평가가 나오게 된 하나의 원인이라고 본다. 그러나 정치조직들과 활동가를 분리해서 평가할 수는 없을 것이다. 왜냐하면 이 활동가들 중에 일부는 정치조직의 구성원이기도 하고 다른 일부는 정치조직에 직접 결합되어 있지 않지만 1980년대 노동운동의 변혁지향성을 공유하면서 활동해 왔기 때문이다. 달리 말하면 당시 학출활동가들은 넓게 보면 1980년대의 변혁적 노동운동의 범주 속에 있다고 할 수 있다. 이에 대해 경수지역노동자연합(약칭 '경수노련')에서 활동하던 김승호는 다음과 같이 말한다.

3 이에 대해 임영일은 "조직대상의 측면에서 87년 이전의 노동운동이 경공업 여성노동자 중심이었다면, 87년 대투쟁 이후로는 중화학 대기업 남성노동자가 중심세력으로 등장한다. 그리고 구로동파 이후 수도권의 활동가 중심 노동운동은 급격하게 노동현장을 떠나 변혁적 노동운동으로 경도되고 이러한 경향은 1987년 이후에 더욱 심화되어 87년 대투쟁에서 분출된 대중적 노동운동과 괴리된다. 87년 대투쟁은 외부의 활동가 단체에 의해서 사전에 준비되고 조율되지 않은 채 자연발생적으로 분출된 것이며, 이는 1980년대 중반 수도권 중심의 활동가운동과 연계된 노동운동과 87년 이후 대중운동 중심으로 전개된 노동운동이 단절적임을 보여 준다는 것이다 (임영일, 「한국 노동운동과 계급정치(1987~1995): 변화를 위한 투쟁, 협상을 위한 투쟁」, 67~69쪽).

87년 대투쟁도 그렇고 노동조합들이 전체적으로 주된 동력을 작용한 요소가 자생성이 더 크다고 보는 것이죠. 목적의식적 요소가 있었다하더라도 체계적으로 조직적, 계획적으로 지도를 하지 못하는 상태였다는 의미에서 자생적인 것이지 100프로 자생적인 건 아니었잖아요? 그런데 '이 자생성을 극복해야 된다. 자생성을 그냥 내버려 두면 다시 무력화되고 무화될 수도 있으니까 목적의식적으로 관여를 해가지고 이것을 계획적인 운동으로, 노동조합 운동체가 나오게끔 해야 된다'라고 하는 걸로 관여를 하죠.

실제로 수도권 중심의 정치조직들은 대투쟁을 준비하지 못했고 노동자대투쟁이 터져 나오는 상황에서 일정하게 비껴 있었다. 이를 구체적으로 살펴보면, 1986년 들어 NL세력은 연이은 조직사건으로 산개하기 시작했고, 제헌의회그룹은 조직사건으로 노해동노동자해방투쟁동맹을 결성하여 조직을 재건하는 중이었다. 서노련은 1986년 5·3항쟁 이후 내부논쟁을 벌이다가 1986년 말에 해체했다. 그 뒤를 이은 인천의 삼민동맹그룹은 주위의 역량을 모아 조직 건설을 위한 이론적 모색을 하고 있었다. 제파PD그룹 역시 노동현장에 정착하는 과정에서 다산보임사건으로 조직이 침탈당했고, 여러 지역에서는 개별적으로 조직을 형성하는 단계에 있었다. 한편 1987년 6월 민중항쟁 중인 6월 26일에 결성된 인민노련은 이후 3개월 동안 조직 방향을 둘러싸고 내부에서 논쟁 중이었다. 당시 인민노련의 상황은 다음 기록에서 확인된다.인천지역민주노동자연맹, 「인노련 평가」, 『87, 88년 정치위기와 노동운동 — 인노련 선집』, 거름, 1989, 193쪽.

사업장의 투쟁 소식조차 제대로 닿지 않는 곳에 앉아, 다만 애를 태우며 바라보고 있었을 뿐이었다. 경찰의 폭력성을 규탄하는 유인물을 내고, 이석규열사 추도식 준비 정도를 한 것이 이 시기 인노련 활동의 거의 전부다. ……그 결과…… 지역 내외의 많은 각성된 노동자들, 활동가들로부터 '인노련이 있기는 있는 거냐?'라는 질문을 들을 정도로 초라한 조직이 되었고, 창립 이후 4개월여 지난 지금도 분회 하나 건설하지 못하는 상태가 됐다.

이처럼 정치조직들은 조직 안팎의 상황으로 노동자대투쟁에 조직적이고 계획적으로 참여하지 못했다. 그러나 정치조직들의 조직원들이나 활동가들은 노동자대투쟁을 촉발시키고 발전시키기 위한 활동을 벌였다. 이에 대해 각 지역의 상황을 살펴보면 다음과 같다.

① 울산지역 노동자투쟁

노동자대투쟁의 진원지인 울산에서 투쟁의 출발은 민주노조 결성을 위한 현대그룹 계열사 12개에서 집중적으로 진행되었다. 이들 사업장에서 노조 결성을 할 수 있었던 것은 그 이전부터 노동자들이 지역의 노동운동 세력과 연계해서 의식적으로 준비해 왔기 때문이었다. 거기에 6·29선언이나 어용노조를 만들어 대중의 분노를 촉발시킨 회사측의 탄압 등도 복합적으로 작용했다. 1970년대 말에 학출활동가 김영준이, 1980년대 전반기에는 다산보임의 박종관이 울산지역의 사업장에 잠시 취업했다.[김영준 구술, 유길종 구술] 이후 1985년부터 울산에는 노동자들을 지원하고 의식화하려는 운동 세력이 형성되기 시작했다. 천창수는 서울에서 학생운동을 하다가 감옥생활을 한 뒤에 석방되어 1년 정도의 준비과정을 거친 후 1983년에 현대중전기에 입사해서 활동하기 시작했다.김호연 외, 『1987년 울산노동자대투쟁』 2, UUP(울산대 출판부), 2007, 205쪽. 또 1986년 10월에 '울산사회선교실천협의회'(약칭 '울사협')가 만들어지고, 그 부설로 노동문제상담소가 문을 열었다. 현대공고에서 해고된 여교사 노옥희 등이 이곳에서 상근하였다.[4] 노동자들은 울사협에 산업재해, 임금, 부당노동, 퇴직금, 기업주의 폭행 등을 상담했다. 그 과정에서 현대엔진, 현대중공업, 현대자동차 등의 노동자들이 참여하는 지역모임을 만들어 학습, 강연회, 상담 등으로 점차 세력을 형성해 갔다. 당시 상황에 대해 울사협의 간사 노옥희와 현대중전기의 학출활동가 천창수는 다음과 같이 말한다.

> 회사 눈을 피해 현대엔진 노동자들이 소모임을 은밀히 준비하면서 교육을 의뢰해 오기 시작하더군요. 노동법, 단체협상, 노동운동사 등이 노동자들이 가장 알고 싶어 하던 내용이었어요. 잔업 특근도 많던 시절이었는데…… 장소가 없으면 돌아가며 자취방에서 모임을 갖곤 했는데, 말이 자취방이지 다락방 같은 좁은 공간에 무릎을 맞대고 앉아야 할 정도로 열악한 조건이었죠. 그때 모였던 사람들의 열정과 순수함은 참 대단했습니다. …… 자기 주머닛돈 털어서 경비를 마련해 공부하고 노조준비도 했어요.(노옥희)현대그룹노조협의회청산

4 1986년 10월 울산의 해직교사 1호, 현대공고 교사였던 노옥희는 공고생을 대상으로 의식화교육을 하는 '불온교사'라고 현대그룹에 의해 감시를 당했다. 노옥희가 '교육민주화선언'에 참여하자 학교는 그녀를 해고했다. 그 뒤 그녀는 울사협의 노동상담소 간사로 활동했다(현대그룹노조협의회청산위원회 기획, 『사라지는 깃발은 없다—현대그룹노조총연합 15년 투쟁사』, 시대와 사람, 2002, 30~31쪽).

위원회 기획, 『사라지는 깃발은 없다: 현대그룹노조총연합 15년 투쟁사』, 31쪽, 재인용.

물론 노동자대투쟁 과정에서 대중들이 주체였고 대중들의 자발성이 기본 동력이었던 것은 분명합니다. 그러나 울산의 경우 1985년부터 노동자들의…… 지역모임이 만들어져 활동하고 있었는데, 이 모임의 역할이 매우 중요했고…. 이 모임에는 현대엔진에서 권용목 동지와 약간 명, 현대자동차에서 이상범 동지와 약간 명, 현대중공업에서 한 명, 현대중전기에서는 저와 약간 명이 참석했고, 현대공고에서 해직되어 울산 노동상담소에서 일을 하던 노옥희 선생과 또 한 분이 참여하고…. 노동문제에 대한 공부도 하고, 각 사업장의 현안문제에 대해 서로 의논도 하고 직접 싸움을 벌이기도 했습니다. (천창수)[5]

이들은 각 사업장에서 소모임을 운영하였는데, 현대엔진은 오래된 모임인 고적답사반을 통해 활동했고 현대중전기와 현대자동차 노동자들은 학습소모임을 운영했다.[6] 지역모임에서 이들은 노동

5 영남노동문제연구소, 「87년 노동자대투쟁 10주년」, 『연대와 실천』, 1997. 이 좌담회는 1987년 노동자대투쟁 10년을 맞이하여 영남노동문제연구소의 주최로 울산, 마산, 부산 등지에서 1987년 노동자대투쟁을 경험하면서 활동하던 이들이 참여해서 1987년 대투쟁의 지역별 상황을 돌아보며 민주노조운동의 방향을 토론했다.

6 현대자동차노조의 독서회는 이상범, 하인규, 전한수, 금효섭, 김동철 등 5인이 중심에 섰다. 이들은 양정교회에서 있었던 『어느 돌멩이의 외침』의 저자 유동우의 강연을 듣는 것을 계기로 모였다. 학습소모임에서 노동자들은 『노동법』, 『전환시대의 논리』, 『우상과 이성』, 네루·간디의 전기 등을 읽으면서 노동문제와 사회문제에 눈을 뜨기 시작했다. 소모임이 어느 정도 자리를 잡아가면서 이들은 울산사회선교실천협의회의 노옥희, 현대중전기의 천창수, 현대엔진의 권용목 등 지역의 노동운동가들과 관계를 맺어 갔다(유경순 외, 『현자노조 20년사』, 전국금속노동조합 현대자동차지부, 2009, 58~59쪽).

조합에 대한 학습을 하면서 각 현장에서는 일상투쟁을 벌여 나갔다.[7] 당시 지역모임에 참여한 노동자들은 이런 사업장 밖의 교류가 서로에게 도움이 된다는 것을 깨닫고 연대활동에 적극적이었다. 1987년 들어 본격적인 노조 결성 준비를 하면서 이전에 노조 결성 경험이 있었던 경주 삼도물산 윤명희 위원장과 대동기계 이석행 위원장을 불러 파업 경험을 듣기도 했다.현대그룹노조협의회 청산위원회 기획, 『사라지는 깃발은 없다 — 현대그룹노조총연합 15년 투쟁사』, 22쪽. 거기에 1970년대부터 노동운동을 하던 장명국이 내려와 정세교육, 노동조합 교육과 투쟁전술지도를 했다.김호연 외, 『1987년 울산노동자대투쟁』 2, 224쪽, 천창수 구술 재인용. 그 중개 역할은 울사협에서 담당했다.

마침내 1987년 7월 5일 현대엔진에서 노조가 만들어졌고, 현대자동차와 현대중공업, 현대중전기에서도 노조 결성을 본격적으로 시도했다. 7월 15일 현대미포조선은 노조를 결성하였으나 회사측이 노조설립신고 서류를 탈취했다. 이에 분노한 노동자들이 파업을 벌이자 결국 회사측은 노조를 인정할 수밖에 없었다. 울사협은 여러 사업장의 노조 결성의 실무 준비를 지원하기 시작했다. 이에 대해 천창수현대중전기 해고자, 1997년 간담회 당시 영남노동운동연구소 사무국장는 영남노동연

7 현대중전기에서는 사무실에서 일하던 기능직 사원들의 잔업수당 문제를 가지고 당사자들을 조직하여 정식으로 회사측에 문제제기를 하여 파문을 일으켰고, 또 임금인상 문제와 중역의 폭행 문제를 거론하며 이틀 동안 90% 이상의 노동자들이 참여한 중식거부투쟁도 벌여 실질적인 성과를 올리기도 했다. 이런 일상투쟁을 가장 활발하게 전개한 곳은 현대엔진이었다. 현대엔진에서는 성과금 차등지급의 철폐를 요구하는 몸벽보 투쟁, 축구시합 후 점심시간이 끝나기 10분전부터 한쪽 식당에 한 줄로 서서 식사하기 등 조직적인 투쟁을 벌였다. 현대자동차에서도 1986년 들어 현장에 유인물을 배포하기도 했다. 그 내용은 두발단속 등 인격침해, 임금인상, 노조의 필요 등 당시 노동자의 요구가 담겨 있었다(이수원, 『현대그룹 노동운동, 그 격동의 역사』, 대륙, 1994, 36, 43~46쪽).

구소의 1997년 좌담회에서 다음과 같이 말했다.

> 저는 그때 현대중전기에서 일하고 있었습니다. 울산에서의 노동자대투쟁은 현대엔진에서 노조를 결성하는 것에서부터 시작했죠. 원래 현대엔진에서 권용목 동지를 비롯한 여러 동지들이 처음으로 노조를 만들려고 시도했던 때는 1987년 4월경이고, 당시에는 노조 결성에 성공한다는 확신을 가지고 있지는 못했습니다. …… 의외로 노조 결성대회(7월 5일—인용자)를 앞둔 시점에서 6·29선언이 나오면서 성공에 대한 희망을 가지게 되었습니다. 현대엔진의 노조 결성은 주위 사업장의 노조 결성의 기폭제가 되었습니다. …… 노조 설립 신고필증이 나올 때까지 10일이 걸렸습니다. …… 그때부터 (현대중전기도—인용자) 실질적인 준비에 들어가 1주일 만에 노조를 만들었습니다. 현대자동차의 경우도 거의 유사했어요. 그 과정이 7월말부터 시작해서 8월 17일, 18일 현대그룹 총파업까지 20일 정도 끌면서 전국적인 노동자대투쟁의 기폭제가 되었죠.

울사협은 노동운동 상황을 알리는 지역 '소식통' 역할도 했다. 1987년 6월 민중항쟁을 맞아 거리투쟁이 벌어질 때에는 「울산노동소식」을 발행하여 전국의 소식을 지역에 알렸다. 또 울사협은 여러 방법으로 노동현장 소식을 파악하여 이를 「울산노동소식」에 모아내 봉고차에 싣고 노동자들이 출근하는 새벽거리에 뿌리거나 집집마다 돌며 배포했다.현대그룹노조협의회 청산위원회 기획, 『사라지는 깃발은 없다: 현대그룹노조총연합 15년 투쟁사』, 29쪽.

이러한 분위기 속에서 울산화학과 한주에서도 노조 결성을 했으며, 그 이외에도 여러 사업장에서 노조설립 또는 어용노조 민주화를 위한 투쟁을 준비했다. 이후 사업장별로 또는 각 사업장 내부에서 비밀스럽게 진행해 오던 민주노조 건설작업을 모아낼 계기가 찾아왔다. 울사협이 개최한 7월 24일 '노동법과 노동조합'(강사 장명국)에 대한 강연회가 그것이었다. 이 강연회에는 800여 명의 노동자들이 참석하였고, 강연이 끝난 후 참석노동자들은 사업장 별로 모여 자기 사업장의 노조 결성이나 노조민주화 문제에 대해 진지한 토론을 벌였다.한국기독교사회문제연구원, 『7~8월 노동자대투쟁』, 민중사, 1987, 71쪽. 이와 같은 활동으로 생겨난 신뢰로 울사협은 울산지역 노동자들의 노조 결성에 대한 많은 지원과 상담을 했다.

뒤이어 7월 25일에는 현대자동차의 어용노조 민주화투쟁이 일어났고, 7월 26일에는 현대중전기 노동자들이 노조를 결성했다. 또 현대중공업에서는 7월 21일에 설립된 노조의 어용성을 바꾸기 위한 어용노조 퇴진투쟁이 7월 28일부터 시작되어 마침내 8월 14일 민주노조가 등장했다. 또 8월 1일에는 현대종합목재 노조 결성과 현대정공 노조 결성, 8월 4일 현대프랜지 노조 결성, 8월 5일 고려화학 노조 결성 등의 과정을 거쳐 8월 8일 현대그룹노동조합협의회가 결성되었다. 현대그룹노동조합협의회는 현대그룹과의 일괄교섭을 요청하면서 연합가두시위를 벌여 8월 17일에는 4만 명이 참여했고 18일에는 5만 명이 참여했다.현대그룹노조협의회 청산위원회 기획, 앞의 책, 72~73쪽 참조 작성.

이와 같이 울산지역에서는 전체 규모를 파악하기 어려우나 7월 5일 현대엔진 노조 결성을 시작으로 여러 사업장에서 노조 결성이 시도되었다. 특히 연쇄적으로 현대그룹 계열사에서 노조가 결성되어 그룹 차원의 연대단위가 형성되면서 울산지역에 민주노조운동이 뿌리 내리기 시작했다. 이렇게 분출된 노조 결성과 노동조건 개선투쟁은 선진적 노동자들의 의식적인 준비가 울사협 노동상담소의 활동가들과 결합하면서 현대그룹 차원으로 결집할 수 있었다. 그 때문에 노동상담소 관계자들이 현대그룹으로부터 테러협박을 받거나 정부의 탄압 표적이 되기도 했다. 결국 소장 장태원과 상담활동을 하던 노옥희가 현대그룹 노동쟁의 제3자 개입혐의로 8월 31일 구속되었고 박종회 등 2명이 수배되었다.한국기독교사회문제연구원, 『7~8월 노동자대투쟁』, 81쪽.[8] 이처럼 대투쟁의 출발은 학출활동가들과 선진적 노동자들의 연대의 연장선 위에서 폭발한 것이었다.

②부산지역 노동자투쟁

1980년대에 비록 적은 수이지만 울산뿐 아니라 여러 지역에서 학출활동가들이 활동하고 있었다. 그중에 부산지역에서는 1985년 말에서 1987년 초까지 『실천적 임투를 위하여』라는 문건을 작성한 '실임'그룹과 이에 반대하는 '반反실임'그룹이 대립하고 있었다. 이들의 노동현장 활동은 동양고무에서 나타났다. 학출활동가들과 지역 야학의 영향을 받은 노동자들은 1984년부터 2년에 걸친 소그룹활동을 통해 50여 명의 노동자들을 투쟁주체로 변화시켰다. 1986년 3월 초부터 6월 27일까지 네 차례의 투쟁을 벌이다가 학출활동가 3인과

8 울사협은 1987년 노동자대투쟁 이후 시민단체로 남고 노동상담소는 울산 노동자의 집, 현대해고자복직실천협의회와 통합하여 '임금인상투쟁 지원본부'로 재편됐다(현대그룹노조협의회청산위원회 기획, 『사라지는 깃발은 없다: 현대그룹노조총연합 15년 투쟁사』, 29쪽).

다수의 선진노동자가 해고되었다. 그밖에도 이 시기에 학출활동가들은 세화상사, 삼도물산, 풍영, 부산화학, 세신실업 등에서 노조 결성과 노조민주화투쟁을 벌였다.지역사회문제자료연구실, 『80년대 부산지역 노동운동』, 친구, 1989, 66~71쪽 참조 작성. 이런 지역운동의 흐름 속에서 부산지역 노동자들은 울산에서 일어난 노조 결성 투쟁소식을 듣고 고무되기 시작했다. 7월 23일 태광산업 노동자의 파업농성투쟁을 시작으로 25일 조선공사, 27일 세신정밀, 28일 국제상사 노동자들이 투쟁을 벌이면서 부산지역의 투쟁은 본격화되었다. 7·8·9월에 걸쳐 총 363건의 쟁의 건수를 기록하였고, 이 과정에서 109개의 신규노조가 결성되었다.지역사회문제자료연구실, 앞의 책, 83쪽.

전국적인 시각에서 보면 부산지역 노동자들은 울산의 노동자투쟁을 재빨리 이어받았고, 투쟁의 흐름을 마창지역 등 전국적으로 확산시키는 데 중요한 역할을 했다. 투쟁은 7월 30일 창원의 현대정공 노동자들의 노조 결성, 한국중공업의 어용노조 규탄투쟁, 31일의 효성중공업 투쟁으로 이어졌고, 이것이 구미지역으로 이어지면서 전국으로 확산되어 갔다.지역사회문제자료연구실, 앞의 책, 88쪽.

8월 들어 투쟁은 부산의 전 산업, 전 업종으로 확산되어 갔고 투쟁방식 역시 격렬해졌다. 노동자투쟁이 고양되는 분위기와 맞물려서 선진적인 노동자들과 학출활동가들의 움직임도 활발해졌다. 이들은 초기에는 투쟁의 불씨를 부산지역에 옮겨 붙이는 데 일정한 역할을 했을 뿐만 아니라 고양되는 정세를 활용해 현장의 대중투쟁을 조직하기 위해 애를 썼다. 6월 민중항쟁과정에서 결성된 '부산민주노동자투쟁위원회'는 곳곳에서 터져나오는 투쟁소식을 지역 노동자들에게 알리는 홍보·선전활동을 벌였고, 노조 결성과 투쟁에 대한 상담지원을 했다. 당시 투쟁위원회에서 활동하며 상담활동을 했던 학출활동가 송영수는 이 상황에 대해 1997년의 같은 좌담회에서 다음과 같이 말한다. 1997년 좌담회 당시 민주노총 부양지역본부 정책부장. ; 영남노동문제연구소, 『연대와 실천』, 1997.

> 국민운동본부 결성을 계기로…… 해고된 학생운동 출신들이 중심이 되어 해고자투쟁위원회를 결성해서…… 국민운동본부에 참여하면서 노동자들이 6월항쟁에 참여하게 되었습니다. …… 6·29선언 이후 국민운동본부의 관심은 12월 대선의 후보문제로 집중되었기 때문에…… 해고자들이 텅 빈 사무실을 지켰어요. 그때부터 '투쟁하는데 도와 달라', '노조를 만들어 달라'고 새벽 1시고 2시고 노동자들이 찾아오기 시작하는데, 진짜 정신이 없었습니다. 당시 주된 요구는 노조 결성 문제였는데, 그때 만들어진 노조가 150개 정도. 특히 기억나는 것은 삼양통상, 대우실업…… 전 직원이 운동장에 모여 노조 결성…… 정말 잠이 모자라 죽을 지경이었습니다. 노조 결성이 조금 뜸해지더니 국제상사투쟁이 터지는 등 진짜…… 즐거운 비명이 절로 나올 지경이었습니다.

이들의 활동은 종종 사업장의 노동자투쟁을 조직하고 이끌어 나가는 데 미숙함을 드러내기도 했고, 쏟아지는 상담의뢰에 대응하는 것만도 힘에 부쳐 하기도 했다. 한편 학출활동가들은 개별 사업장 투쟁의 성과를 정착시키기보다 전체 운동의 흐름에 대한 판단 속에서 투쟁을 확산시키기 위한 시도를 했다. 이에 대해 송영수는 다음과 같이 말했다. 영남노동문제연구소, 『연대와 실천』, 1997.

부산은 학생운동 출신들이 중심이었으니까 울산하고는 활동의 차이가 있었을 겁니다. 이를테면… 국제상사투쟁이 터졌는데, 모두들 이 투쟁이 대단히 중요하다고 판단했습니다. 왜냐하면 거제 대우조선 투쟁이 부산의 국제상사로 연결되었는데, 여기서 일주일만 끌어주면 투쟁이 전국적으로 확산될 수 있다고 보았기…… 때문에 사상 성당 농성을 배치하는 등 주체 역량과 상관없이 다소 무리하게 싸움을 이끌어 가게 되었던 것입니다. 결국 당시의 노조 결성 요구와 이후 교육에 대한 고민보다는 전체 투쟁을 어떻게 이어가고 투쟁의 불씨를 확산시킬 것인가에 관심이 집중되어 있었던 것입니다.

한편 학출활동가들은 사업장투쟁에서 '불순세력'이라는 공격을 받기도 했다. 예를 들어 7월 대한조선공사 측은 투쟁에 참여한 해고자와 학출활동가들을 향해 '불순세력의 배후조정'이라고 악선전했지만 노동자들은 이를 무시하였다. 또 일동정기에서도 8월 11일에 노동자들이 파업에 돌입하자 학출활동가가 회사측으로부터 '위장취업자, 불순분자'라는 공격을 받았다. 그러나 노동자들은 '인간다운 삶을 위해 싸우는 것은 무조건 정당하다'며 모두 같이 싸울 것을 결의하였다.부산민주노동자투쟁위원회, 「노동소식」 6호. 심지어 세신실업에서는 학출활동가가 투쟁을 주도하였고, 그 과정에서 노동자들에게 자신의 신분과 입장을 밝혀 회사측의 공격을 막기도 했다.지역사회문제자료연구실, 『80년대 부산지역 노동운동』, 157쪽. 이처럼 부산지역에서는 학출활동가들이 여러 현장투쟁에 참여하고 있었다.

9월 들어 투쟁의 기운이 약해지면서 해고자들은 개별적인 출근투쟁이나 노동부에 진정하는 것 등을 통해 자신의 문제를 해결할 수 없다는 것을 깨닫고 공동으로 싸울 길을 찾았다. 9월 14일 해고자 20명이 폭력탄압과 부당해고에 항의하여 부산 가톨릭센터에서 농성에 들어갔다. 이어 지역 활동가들이 가두시위, 유인물 배포로 투쟁상황을 알렸다.

이후 투쟁의 분위기가 소강되면서 지역의 노동단체들과 활동가들은 노동조합의 조직력 강화를 위한 교육활동을 활발하게 벌여 나갔다. 부산노동자협의회나 사랑방노동자학교의 경우는 '노동자학교'를 개설하여 노동조합활동과 관련된 내용 이외에도 노동자의 철학과 노동운동사, 한국사회의 성격과 노동운동의 과제 등을 주제로 교육을 실시하였다.지역사회문제자료연구실, 앞의 책, 144~145쪽. 이에 힘입어 민주노조들은 연대활동을 벌이면서 1988년 임금인상투쟁의 성과를 모아 1988년 8월 6일에 17개 노조가 참여하는 '부산지역노동조합연합회'를 결성하였다.전노협백서발간위원회, 『기나긴 어둠을 찢어 버리고』(전노협백서 1권), 440쪽.

이처럼 부산지역의 대투쟁은 노동자들의 투쟁동력을 중심으로 노동조합 결성이 활발해졌고, 이 과정에서 학출활동가들이 투쟁의 확산을 위한 상담과 지원활동을 벌이거나 현장에서 직접적인 투쟁과 노조 결성을 주도하기도 했다.

③ 마창지역 노동자투쟁

부산지역의 투쟁열기를 이어받은 곳은 마창지역이었다. 마창지역에는 (주)통일이나 기아기공 등 서울과 경인지역에서 노조가 조직된 공장이 창원공단으로 이주해 오면서 경인지역의 노동운동과 정치사회적 분위기가 직·간접적으로 전파되었다. 특히 이 지역의 노동운동은 1985년부터 (주)통일, 한국중공업, 배정운수 등에서 해고된 노동자와 문성현(주)통일 전 위원장 등의 학출활동가들이 만나면서 시작되었다. 특히 (주)통일에서는 구속과 해고, 강제사직 등을 통해 회사를 쫓겨난 노동자만 무려 80여 명에 이르렀다. 또 선진적인 노동자들이 종교단체나 사회단체의 교육과 모임을 통해 꾸준히 성장하고 있었다. JOC나 민중교회, YMCAYoung Men's Christian Association: 기독교청년회, , YWCAYoung Women's Christian Association: 기독교여자청년회 등의 단체에서 점차 노동자권리와 노동조합에 대한 노동자교육과 후속모임 등이 진행되었다. 그 때문에 6월 민중항쟁 시기에 노동조합, 소모임, 현장 인맥 등을 중심으로 노동자 100여 명이 선발대로 참여하기도 했다. 특히 6·29선언 이후 구속자들이 다수 석방되었으나 국민운동경남본부 문성현 공동대표가 석방되지 않자 7월 9일부터 '문성현 석방투쟁'도 벌였다. 김하경, 『내 사랑 마창노련』, 1999, 갈무리, 39쪽.

거기에 7월 5일 울산 현대엔진 노조 결성투쟁으로 시작된 노동자투쟁의 불길이 급속하게 확대되어 가자, 활동가들은 7월 26일 경남지역노동자협의회(약칭 '경노협')을 결성하였다. 경노협 결성 당일에는 현대엔진노조 사례발표회를 개최하였는데, 400여 명의 노동자들이 참석해 큰 반향을 불러일으켰다. 이처럼 경노협의 창립은 마창지역 노동자들의 투쟁에 불을 붙이는 계기가 되었다. 영남노동문제연구소, 『연대와 실천』, 1997. 이후 경노협은 노조활동이 전무한 노동자들에게 구체적 활동방침과 절차들을 지원하기 위해 마산 가톨릭여성회관에 임시 사무실을 개설하고 상담과 교육활동을 벌였다. 7월 중순부터 8월 중순까지 상담을 통해 노조 결성이나 노조민주화를 달성한 곳이 하루 평균 2~3건, 한 달 총 60~90건으로 추산된다고 했다.김하경, 『내 사랑 마창노련』, 39~40쪽 참조 작성. 이렇듯 경노협은 오래 다져진 노조활동의 실천경험과 이론을 토대로 대투쟁기간 내내 노조설립과 노조민주화투쟁을 보이지 않게 실질적으로 지원·지도하는 역할을 해냈다.

마창지역 노동자투쟁의 시작은 7월 21일 동명중공업 노조 결성이었다. 이어 7월 27일에는 효성중공업의 노동자 1,500명이 파업농성을 벌였다. 31일에는 현대정공에서 노조를 결성했고, 이날 한국중공업은 노조민주화추진위원회를 구성하였다. 이러한 투쟁 분위기는 8월 들어서는 전 공단으로 퍼져 나갔다. 8월 1일 세신실업 파업, 2일 현대정공 노조 결성보고대회와 가두진출, 4일 대우중공업 파업돌입과 삼성중공업 노동자들의 농성, 6일 한국캬브레타 노동자들의 농성, 7일에는 한국철강, 범한금속, 대한화학기계, 효성기계 등의 농성으로 번져갔다. 또 7일에는 (주)통일에서 노동자들이 민주노조쟁취추진위원회를 결성한 뒤에 파업을 벌였고, 기아기공 역시 어용노조 퇴진을 요구하며 파업을 벌였다. 10일에는 금성사에서 어용노조 퇴진투쟁이 벌어졌다.김하경, 앞의 책, 41~46쪽 참조작성.

이런 투쟁으로 창원공단 전체가 조업중단이 된 8월 중순부터 노동운동의 무풍지대였던 수출지역에도 민주노조 결성투쟁이 벌어지기 시작했다. 수출지역 사업장은 한 울타리 안에 다닥다닥 붙어 있어 투쟁이 시작되면 순식간에 전체로 번지는 구조였다. 8월 5일 조선맥주, 동방유량, 태영운수를 시작으로, 6일 마산공동탁주, 7일 한일합섬, 9일 타코마와 대성공업 등으로 번졌고, 11일 하루 동안 수출지역에만 동아실크, 동경실리콘, 한국판창, 산본 여성노동자들이 임금인상을 요구하며 농성을 벌였다.김하경, 앞의 책, 48~49쪽 참조.

이렇듯 마산 수출지역은 8월 한 달 동안 총 75개 입주업체 중 20여 개 업체에서 노조가 결성되고, 41개 업체에서 투쟁이 일어나는 등 사상 유례 없는 투쟁이 진행되었다. 대투쟁에 참가한 노동자는 수출지역에서 2만 5천 명(67%), 창원공단에서 4만여 명(60%) 등 총 8만 여 명에 이르렀다. 이는 당시 마창지역의 전체 노동자 약 15만 명 중에 50%가 넘는 수치였다. 투쟁사업장으로 보면 전체 250~300여 개 업체 중에 절반이 넘는 140개 업체에서 투쟁이 벌어진 것이었다.김하경, 앞의 책, 51~52쪽 참조. 이런 마창지역 투쟁의 특징에 대해 당시 해고자로서 상담지원 활동을 했던 여영국은 영남노동문제연구소의 1997년 좌담회에서 다음과 같이 말했다.

> 마창지역에서 대부분의 투쟁은 주로 자발적으로 터져 나왔습니다. 먼저 싸움을 터뜨려 놓고 그 다음에 노조를 어떻게 만드느냐를 고민했습니다. 노조 결성문제는 당시에는 가톨릭노동상담소 등에서 주로 맡았습니다. 당시 저는 이 가톨릭노동상담소에서 파트타임으로 일을 하고 있었는데, 24시간 문을 개방해 상담을 했습니다. 낮에는 주로 통일중공업 공장 앞에 있던 잔디밭에서 상담을 받았습니다. ……거기에 통일 해고자 가족들이 텐트를 쳐놓고 있었거든요. 주변에 있는 사람들이 가다가 들어오고 또 아는 사람들이… 이리저리 연결해서 오고……. 노조 결성투쟁, 임금인상, 어용노조 민주화 투쟁 등 사업장별 투쟁이 대부분이었습니다.영남노동문제연구소, 『연대와 실천』, 1997

한편 노동자대투쟁이 끝난 뒤에도 마창지역에서는 (주)통일의 구속자 석방투쟁이 10월까지 지속되었고 그 과정에서 연대조직의 필요성이 공감되면서 1987년 12월 14일에 19개 노조가 참여하여 마산창원노동조합총연합(약칭 '마창노련')을 결성했다. 마창에서 다른 지역보다 빠르게 지역연대조직을 결성할 수 있었던 것은 결성 주체들이 대중적 기반을 갖고 있었고, 그 이전부터 이들이 학출활동가들과 결합되어 있었기 때문이었다. 김하경, 『내 사랑 마창노련』, 60쪽.

이처럼 1987년 마창지역의 노동자대투쟁은 울산지역의 투쟁소식을 전해들은 학출활동가들과 해고자들이 바로 경노협을 결성해 투쟁을 조직적으로 준비했다는 점에서 다른 지역과는 달랐다. 그럼에도 이들의 역량을 훨씬 뛰어넘는 노조 결성 움직임이 일어나자, 이들은 노동자들을 상담하고 지원하는 데 온힘을 다 쏟아야 했다.

④ 전북지역 노동자투쟁

울산, 마창, 부산과 달리 산업화가 지체된 지역의 노동자대투쟁은 어떻게 전개되었을까. 당시 상황을 파악할 수 있는 전북지역을 그 예로 들어 살펴보겠다. 전북지역은 1980년대 초까지도 여성노동자들이 중심인 섬유, 음식료, 고무 등의 경공업이 주를 이루었으며 남성사업장은 군산지역의 합판, 제지, 목재, 화학산업 등 일부에 불과했다. 이런 조건에서 전북지역에서는 1978년 JOC가 출범하면서 노동운동이 시작되었다. JOC가 노동운동에 중심을 두게 된 것은 조직활동가인 이철순과 노동사목 활동을 담당해 온 박순희, 오두희의 활동 때문이었다. 이들은 1981년 이리지금의 익산 창인동 성당에 '노동자의 집'을 설립하고 노동야학을 운영하면서 노동자들의 권리의식을 높여 나갔다. JOC활동이 노동조합운동으로 처음 표출된 것은 1981년 태창메리야스의 민주노조 사수투쟁과 1983년의 블랙리스트 철폐투쟁을 통해서였다. 이어 1985~86년에는 노동야학을 통해 의식화된 노동자들이 백양섬유의 노조민주화투쟁을 벌이자 11개 종교계 및 지역 사회단체들이 '백양섬유노동자 인권탄압대책위원회'를 구성하는 등 연대활동도 전개했다. 남춘호 외, 『전북지역 민주노조운동과 노동자의 일상』, 한울, 2009, 53~54쪽.

전북지역도 1980년대 전반기에 학생운동가들이 노동현장에 투신하면서 노동운동의 새로운 흐름이 형성되기 시작했다.[9] 1983~85년에 전북대학교의 학생운동 세력 중에 현장론을 지향하던 두 그룹이 따로 소모임을 만들어 학습을 하거나 노동현장의 사안들에 대한 논의를 진행했다.

그 가운데 1그룹은 초기 적응과정에 적발되어 1986년 공안당국에 의해 조작된 소위 '전북노동자투쟁위원회'사건으로 인해 대부분이 구속되거나 수배되어 거의 와해되었다. 2그룹 활동가들은 지속적인 현장활동을 전개하다가 1987년 노동자대투쟁을 맞이하였다. 학출활동가들이 결합된 대중적 노동운동으로는 1986년의 세풍합판투쟁이 대표적이다. 세풍합판에서는 2그룹 출신의 김광수, 이선재, 서철심이 노동자 4~5명과 함께 소모임을 꾸려서 노동법 등의 학습을 진행했다. 이후 이들은 임금인상을 요구하며 농성투쟁을 전개하

9 당시 전북대학교에는 4개의 그룹이 형성되어 있었는데, 이들은 선도적인 반독재 정치투쟁을 중시하는 흐름과 노동운동 등을 통한 사회변혁을 중시하는 흐름으로 나뉘어 있었다. 이중에 현장론으로 불리던 후자의 흐름이 노동현장 투신을 시도하였다. 이런 전북대 학생운동가들의 움직임은 이후 전주대나 원광대, 우석대 등의 학생운동에도 영향을 주어 인맥이나 지향에 따라 상호 선별적 연계를 갖게 되었다(남춘호 외, 앞의 책, 55쪽).

다가 3명이 구속되고 2명이 해고되었다. 이들은 복직투쟁을 하면서 지역 홍보활동도 같이 벌여 군산지역의 노동자들에게 투쟁을 알렸다. 그 과정에서 '노동자의 집' 활동가들과 2그룹의 학출활동가들이 자연스럽게 결합했다.[10] 이후 이리, 군산, 전주의 '노동자의 집'은 학출활동가들을 중심으로 민주노조운동을 지원하면서 지역운동의 중심으로 부상했다. 1그룹은 나제환 등이 중심이 되어 이리에 노동상담소를 세웠고, 김강수 등은 군산에 진나루노동상담소를 세워 노동자투쟁을 지원하는 역할을 했다.남춘호 외, 『전북지역 민주노조운동과 노동자의 일상』, 74쪽.

1987년 4월에 이리의 후레아훼숀 노동자들의 노조민주화투쟁이 있었으나, 이 지역의 노동자대투쟁은 8월 초 전주의 우일기업에서 촉발된 택시노동자들의 노조 결성과 파업·가두시위에서 비로소 시작되었다. 8월 초 군산의 우민주철, 이리의 동양물산, 전주의 (주)백양에서 파업이 시작되어 9월초까지 거의 모든 공장에서 노동자들이 파업을 경험할 정도로 투쟁은 연일 이어졌다. 또한 군산의 세풍합판, 세풍제지, 우민주철, 군산여객, 우성여객, 서안주정과 이리의 도양석재, 이리모방, 김제의 풍원제지 등에서는 파업투쟁이 노조 결성으로 연결되었다.남춘호 외, 앞의 책, 60쪽.

지역에 투쟁이 시작되면서 이미 알려진 '노동자의 집'으로 노동

10 전북지역은 1980년대 들어 1970년대 방식의 민주노조운동과 변혁적 노동운동이 상당부분 중첩되어 전개되었다. JOC를 축으로 한 노동운동이 조직대상이나 운동노선에서 1970년대식으로 민주노조운동과 궤를 같이 하는 것이었다면, 학출활동가들은 1980년대 변혁적 노동운동과 상응하는 것이었다. 양자 사이에 경쟁과 갈등도 없지는 않았으나, 전노투사건 이후 현장활동가들은 탄압을 피하기 위해 종교적 외피가 필요했고, 1986년 세풍합판 투쟁 이후에는 석탑노동연구소의 장명국 소장과 연계를 가지고 노동자교육, 노조설립 및 권익투쟁지원 등의 대중적 활동에 치중했기 때문에 결합이 가능했다(남춘호 외, 앞의 책, 59쪽).

자들의 상담과 지원요청이 쇄도하였다. '노동자의 집' 상근자들과 학출활동가들은 노조 결성을 지원하면서 8월 이후 노조 간의 교류가 필요하다는 판단으로 모임을 주선해서, 세풍합판, 세풍제지, 후레아훼숀, 성립협력, 경성고무, 우성여객 노조 등의 신규노조 간부들이 모여 간담회를 진행했다. 이 간담회는 대투쟁이 끝난 뒤인 10월 11일 군산지역의 노조 대표자회의로 이어져서 활동을 하다가 12월 6일에 군산지역 제조업체 7개 노조와 이리 지역 2개 노조 등 총 9개 노조가 참여하는 '전북민주노동조합연합회'를 결성하였다.전노협백서 발간위원회, 『기나긴 어둠을 찢어 버리고』(전노협백서 1권), 431쪽. ; 남춘호 외, 앞의 책, 62쪽.

이와 같이 전북지역의 1987년 노동자대투쟁은 자연발생적으로 분출되었고, 1987년 이전에 비해 합판, 운수, 화학 등에서 남성노동자들의 진출이 두드러졌다. 또 전북지역은 영남권과는 달리 중소기업의 노동자들이 노동운동의 중심을 이루었으며, 대투쟁의 과정에서 형성된 지역연대의 틀에 비제조업노조도 합류한 것이 특징적이라 할 수 있다. 특히 학출활동가들이 노동자대투쟁의 전개 과정에서 지역과 현장에 밀접하게 결합하여 활동했다고 볼 수 있다.

⑤ 서울지역 노동자투쟁

한편 수도권에서는 노동자들의 투쟁이 어떻게 진행됐을까. 울산과 부산에서 시작된 투쟁 열기는 마창을 거쳐 전국적으로 확산되었고, 구사대와 경찰의 폭력은 점차 극심해져 갔다. 폭력 진압이 더욱 심각해진 8월 하순에 들어서면서 비로소 서울의 노동자들도 투쟁에 나서기 시작했다. 이처럼 서울지역이 뒤늦게 합류한 이유는 1985년 구로동파 이후 구로지역을 중심으로 한 서울지역에 정부와 회사측이 대대적인 탄압을 가한 것도 원인이었지만, 한편으로는 그에 따른 노동자들의 패배의식·피해의식이 만연해 있었기 때문이었다.

서울지역의 투쟁은 1987년 7월 22일 구로지역 (주)태봉의 노조 결성, 영송정기 노조 결성 이후에 잠복기를 거치다가 8월 13일 OB 맥주 영등포공장과 금성오디오의 농성을 시작으로 전면적으로 확산되었다. 전노협백서발간위원회, 『기나긴 어둠을 찢어 버리고』(전노협백서 1권), 303~304쪽. 투쟁이 확산되자 침체된 분위기를 극복한 구로지역 노동자들은 다른 지역의 모범이 될 정도의 활발한 투쟁을 벌여 나갔다. 8월 14일에는 구로 3공단의 금성오디오 노동자들의 농성을 비롯해 독산동 삼립식품, 도봉구의 삼양식품 등에 농성이 일어났고, 17일에는 구로공단의 무극사에서, 18일에는 3공단의 교학사와 독산동 동아출판사에서 농성이 있었다. 그리고 뒤이은 19일에는 (주)상미, 20일에는 영등포의 롯데삼강과 3공단의 실진밸브, 천호동의 한국빠이롯트, 영등포 동양강철, 21일에는 영등포의 롯데제과에서 농성이 일어났다.

8월 하순에 들어서면서 서울지역에서는 노동자들의 투쟁열기가 더욱 확산됐다. 그 결과 8월 말까지 구로 3공단에서 약 20여 개, 영등포지역에서 10여 개, 성수동 등 그 외 기타 지역에서 15개 등 총 50여 개 사업장에서 투쟁이 일어났다. 한국기독사회문제연구원, 『7~8월 노동자 대투쟁』, 141쪽. 자료에서 확인할 수 있는 것 외에 파악되지 않은 투쟁까지 고려하면 실제 노동자들의 투쟁은 이보다 더 많았을 것으로 추정된다.

서울지역은 노동자 밀집지구가 분산되어 있는 데다가 업종 역시도 생산직과 사무전문직 등이 공존하기에 학출활동가들의 상황을 파악하기가 더욱 어렵다. 그나마 구로공단은 이들의 상황을 일부라도 파악할 수 있는 곳이다. 무극사에서 4인, 한국음향 4인, 신진벨브 1인, 나우정밀 4인, 중원전자 3인 등이 학출활동가로서 임금인상과 노조 결성을 주도한 것으로 확인되고 있다. 그러나 구로공단조차 자료의 부족으로 전체 현황을 파악하기는 어렵다.

한편 이런 투쟁과정에서 '서울지역해고노동자복직투쟁위원회'(약칭 '서해복')가 출범하기도 하였다. 1970년대 민주노조였던 원풍모방과 1985년 구로동맹파업의 대우어패럴을 포함하여 모두 45개 사업장의 해고자들이 이에 참여하였다.[11] 서해복의 결성 목적은 해고자들의 복직에 두고 있었지만 실질적으로는 터져 나오는 노동자 투쟁을 지원하기 위한 것이었다. 거기에 서해복은 투쟁의 발전에서 양산될 해고자들을 조직하기 위한 구심체의 역할도 상정하고 있었다.서울지역해고노동자복직투쟁위원회, 「선언문」 이 시기에 회사에서 쫓겨난 해고자들은 복직을 요구하며 출근투쟁을 벌이면서 노동부에 고발 및 진정서를 제출하거나, 무극사의 경우처럼 불매운동 등을 벌였다. 그러나 별다른 성과가 보이지 않자 조직적인 활동의 필요성을 느끼면서 서해복에 참여했다. 서해복의 활동가들은 해고자들과 함께 출근투쟁을 벌이거나 학생운동 세력과 연대하여 집회 및 선전 등 복직투쟁을 지원하였다.

11 대우어패럴, 금성사, 해안잉크페인트, 성화섬유, 대한광학, 요업개발, 중원전자, 가리봉전자, 부산파이프, 삼진텍스타일, 영창실업, 서광, 삼경복장, 대진금속, 한국마벨, 해태제과, 대동기업, 삼애실업, 해외무역, 대릉정밀, 신흥정밀, 협진양행, 일신통신, 대한합섬, 삼모, 크라운전자, 나우정밀, 샤인, 원풍모방, 성도섬유, 부흥사, 오성전자, 새한빠이롯트, 대명섬유, 이우제책사, 금성오디오, 행성사, 동남전기, 신애전자 등이다(박정순, 「1987년 노동자대투쟁 시기 구로지역 5개 사업장 투쟁사례 비교 연구: 활동가 심층면접을 중심으로」, 고려대 노동대학원 석사논문, 2008, 85쪽).

이어 9월 중순경에 경인지역 9개 사업장 해고자들과 무극사 및 서해복의 구성원들이 '국회의 대정부질문, 상임위를 통한 민주당의 대정부질문, 사업장 조사위원회 구성, 공동성명서, 총재면담' 등을 요구하며 10~20여 일에 걸친 장기간의 점거투쟁을 전개했다.박정순, 「1987년 노동자대투쟁 시기 구로지역 5개 사업장 투쟁사례 비교 연구」, 89쪽. 또 인희산업 2명, 무극사 1인을 포함한 서해복 활동가들은 여러 지역의 해고자들과 함께 민정당사를 점거하여 농성을 벌였다. 이 투쟁에는 마창지역의 통일중공업, 부산해고자 등이 함께 참여했다.박정순, 앞의 논문, 92쪽. 이러한 해고자들의 투쟁은 비록 복직이라는 성과를 내지 못하고 정리되었으나, 투쟁과정에서 해고문제를 사회에 알렸고 노동운동 세력에게도 이것이 공동으로 대응해야 할 과제임을 인식하게 했다.

이처럼 서울지역의 노동자대투쟁은 주로 중소기업을 중심으로 일어났으며, 학출활동가들이 주도한 노조 결성은 회사측의 강한 탄압으로 와해된 곳이 상당수 있었다. 이 과정에서 구로공단은 학출활동가들이 주도하여 나우정밀에 노조를 결성했고, 중부지역의 서울지하철 노조 결성과 동부지역의 중심인 동아건설(주) 노조 결성에는 선진적인 노동자들과 학출활동가들이 결합하여 활동했다.[정윤광, 최봉영 구술]. 그밖에도 파악되지 않은 사례를 고려하면 그 수는 더 많을 것이라고 판단된다. 이런 투쟁의 성과를 바탕으로 청계피복노조, 서울지하철노조, 동아건설(주) 노조를 비롯하여 45개의 노조가 1988년 5월 29일 서울지역노동조합협의회를 결성했다.전노협백서발간위원회, 『기나긴 어둠을 찢어 버리고』(전노협백서 1권), 407~410쪽.

⑥ 인천지역 노동자투쟁

인천지역의 경우에는 다양한 비공개 정치조직들이 형성되고 있었다. 1987년 봄에 정치조직들은 대중운동에 개입하기 위해 공개적인 연대조직인 '민주노조건설을 위해 싸우는 노동자일동'(약칭 '노동자일동')을 결성했다. 이 단체는 노동현장에서 민주노조의 활동을 지원하기 위한 활동가들의 공동투쟁 단체였다. '노동자일동'은 1987년 임금인상 시기에 『전국적 민주노조연합 건설하자』는 소책자와 기관지인 『공장의 소리』를 2회 발간했다. 6월 민중항쟁 중에 「공장에서부터 민주화를!」이란 유인물을 배포하기도 했다.

6월 민중항쟁이 고비를 넘기던 6월 말 부평의 대한화학공업 주식회사의 노동자 30여 명이 파업농성에 돌입하였고, 7월 1일부터 선일연마에서 임금인상투쟁을 벌였으며, 7월 11일에는 부평의 한독금속에서 파업농성을 통해 민주노조를 결성하였다. 이는 임금인상과 민주노조건설을 위한 인천지역 노동자대투쟁의 시작이었다. 7월 26일에는 '노동자일동'의 주최로 부천 원미동성당에서 '노동기본권 쟁취대회'가 열렸는데, 이날 회사측에게 폭행당해 부상당한 남일금속 해고노동자들이 참여하기도 했다. 남일금속은 이틀 뒤인 27일 지역노동자들의 지원에 힘입어 회사측을 굴복시키고 민주노조를 확보했다. 7월 31에는 주안 5공단의 세진화인케미컬에서 농성투쟁이 벌어지기도 했다.한국기독교사회문제연구원, 『7~8월 노동자대투쟁』, 115~117쪽 참조 작성.

인천지역의 노동자대투쟁은 8월 들어 본격적으로 일어났다. 8월 6일 대우중공업 인천공장에서 파업투쟁이 일어났고 그 분위기를 타고 대우자동차에서도 파업이 일어났다. 이처럼 파업은 부평에서 시작하여 1주일이 지나 주안으로 퍼져 나갔고, 대체로 대기업에서 시작하여 주변의 중소기업으로 번져 나갔다. 8월 17일에는 주안 5, 6공단과 그 주변의 대규모 사업장인 경동산업, 영창악기, 대림통상을 중심으로 중소사업장을 포함해 27개 사업장에서 투쟁이 터져 나왔다. 7, 8, 9월에 인천지역의 노동자투쟁은 총 155건이 일어났다.인천기독교민중교육연구소 편, 『'87 노동자대투쟁: 7·8월 인천지역 사례』, 풀빛, 1988, 각 사례 참조. 이중에 학출활동가가 참여하거나 주도한 사업장은 자료의 한계가 있지만 〈표 3-5〉와 같다.

특히 경동산업, 영창악기, 대우자동차, 남일금속, 흥양교역, 제일엔지니어링 등의 사업장에서 1987년 봄 임금인상투쟁 과정에서 학출활동가들이 다수 해고되었다. 이들은 이미 현장에도 신분이 알려졌고 정부에도 노출된 조건을 활용하여 과감한 지원투쟁을 하자는 판단으로 7월 19일 인천지역해고노동자협의회(약칭 '인해협')를 결성했다. 인해협 초기에는 복직투쟁을 지원하는 것에 역량을 집중했다. 그 결과 영창악기, 경동산업 등에서 해고노동자들이 앞장서 투쟁을 이끌어 어용노조 집행부를 밀어내고 임시위원장 등에 추대되기도 하고, 파업투쟁의 와중에 회사측에게서 복직 합의를 받아내기도 했다.이재성, 「인천지역 민주노조운동에 대한 사회운동론적 고찰」, 91~92쪽.

이처럼 노동자들의 투쟁과 노조 결성 지원은 '노동자일동' 등의 공개단체를 중심으로 이루어졌고 비공개적으로는 학출활동가들이 관계한 정치조직들이 중요한 역할을 했다. 한편 '노동자일동'은 보다 체계적인 조직으로 재편을 시도해 8월 26일 '인천지역민주노조건설공동실천위원회'(약칭 '공실위')를 결성했다. 공실위는 상담 및 지원, 교육, 정책 활동을 벌이면서 기관지 『민주노조』와 「민주노조 호외」 등의 선전물을 발간했다. 공실위는 민주노조운동의 지원조직이라는

〈표 3-5〉 1987년 7·8·9월 인천지역 학출활동가가 참여한 투쟁사업장

사업장	생산제품	노동자수	노동조합	활동가	투쟁내용
신광기업	형광등 및 그 부품	370	없음	학출 3인	임투와 노조 결성
한일튜브	자동차 연료 파이프, 노즐	250	없음	학출 4인	임투와 노조 결성
서울조구	낚시대의 릴	350	없음	학출 1인	노조 결성과 사수
대우자동차	자동차	3,000	어용노조	학출1인+ 복노회 다수	노조민주화
신도실업	양복	400	어용노조	학출 1인	노조민주화
한국종합	기계 베어링, 공작기계	1,600	어용노조	선진노동자	임금인상, 근로조건 개선
삼익악기	피아노	6,000	어용노조	학출 1인	노조민주화, 근로조건 개선
콜트악기	기타	450	없음	노동자	노조 결성·와해
영창악기	피아노 등 악기	5,000	어용노조	학출2인 + 노동자	임금인상과 노조민주화
한양목재	라자가구	500	없음	노동자	임금인상과 노조 결성
이천전기	모터, 변압기 등	1,200	어용노조	학출해고자 + 노동자	임금인상과 노조민주화
한양알미늄	알미늄	1,000	없음	노동자 + 학출 2인	임금인상과 근로조건 개선
대우중공업	지게차, 포크레인	2,800	어용노조	해복투+ 선진 노동자	노조민주화와 근로조건 개선
경동산업	주방용품	2,500	어용노조	해고자+학출 1인+노동자	노조민주화와 근로조건 개선
대우전자	음향기	2,500	없음	해고자+노동자	민주노조 결성

※인천지역기독교민중교육연구소 편, 『87 노동자대투쟁』 각 사례 참조 작성.

독자적 위상을 분명히 하기 위해 각 정치조직들 간에 협약을 맺었다. 그 결과 공실위는 노동자들의 투쟁지원 활동을 활발하게 펼쳤고 인천지역노동조합협의회(약칭 '인노협')의 결성에도 산파 역할을 하였다. 민주화운동기념사업회, 『인천지역조사보고서』, 2007.

이상에서 본 것처럼 인천지역의 노동자대투쟁은 그 이전에 투쟁경험이 있던 사업장에서 시작되어 부평공단에서 주안공단으로 번져가는 양상을 보였다. 또한 정치조직들의 공식적인 역할은 부재했지만, 이들의 협의에 의해 결성된 공개단체인 '노동자일동', 인해협, 공실위가 노동자투쟁을 적극적으로 지원하는 역할을 했다. 또한 활동가들은 사업장에서 노조 결성과 투쟁을 벌여 지역의 노동자투쟁을 발전시키는 주요한 매개 역할을 했다.

⑦ 안양지역 노동자투쟁

안양지역은 1985년 이후 학출활동가들이 다수 참여하면서 노동운동 세력이 형성되었고 이들에 의한 노조 결성이나 노동조건 개선투쟁이 산발적으로 일어났다. 1986년과 1987년에는 소수지만 사업장 간의 공동임금인상투쟁을 모색하기도 했다. 예를 들면 1987년에는 10여 개 사업장이 거론되었지만 점차 줄어 창화공업과 한선사를 중심으로 공동임투를 위한 논의가 진행되었다. 그 결과 한선사에서 진방주 등의 활동가들이 1987년 3월 24일 노조를 결성하였으나, 회사측이 노조 간부를 폭행·감금하는 사건이 일어났다. 창화공업에서는 학출활동가인 조동일과 김대영이 선진적 노동자 5명과 30여 명의 친목회를 바탕으로 3개월간 투쟁을 준비하여 5월에 파업에 돌입했다. 그러나 회사측이 동원한 구사대의 폭력으로 파업은 중단되었고 학출활동가 3인이 구속되었다. 그밖에 후지카 대원에서도 학출활동가 2인이 투쟁을 벌이다가 해고되었다. 그러나 금성전선 군포중기 공장에서는 학출활동가 4인이 파업농성을 주도하여 승리했고, 안남운수에서는 6월에 어용노조 퇴진투쟁이 일어나기도 했다.이시정, 『안양지역 노동운동사』, 109~117쪽 참조 작성.

한편 노동운동 세력들은 지역에서 6월 민중항쟁을 주도하다가 울산 현대엔진의 노조 결성 소식을 듣자 곧바로 관련된 사업장에서 노조 결성을 준비하는 등 활발하게 움직이기 시작했다. 안양노동상담소가 한국제지, 만도기계 등을 필두로 7월 초부터 본격적인 노조 결성을 준비했고, 각 정치조직에서도 조직원들이 다니는 사업장에서 노조 결성을 본격화하였다. 또한 이들 조직들은 노조 결성을 선동하는 홍보작업도 활발히 벌였다.이시정, 앞의 책, 120쪽. 한 예로 이 시기에 결성된 경수노련경수지역노동자연합은 선전물에 조직이름을 사용하면서 울산 현대엔진 등 노동자들의 투쟁을 알리는 소식지를 발간하거나 노조 결성을 촉구하는 선전물을 발행하기 시작했다. 이어 경수노련은 8월 9일에 안양근로자회관에서 220명이 참여한 '권익쟁취 전진대회'를 개최했다. 8월 들어 노동자들의 투쟁이 본격화되기 시작하자 「경수지역 노동자투쟁속보」를 8월 13일 1호를 시작으로 8월 28일자 5호까지 배포하면서 지역 투쟁소식을 알렸다. 또 1987년 하반기에는 안양지역노동자회 등이 결성되기도 했다.이시정, 앞의 책, 107쪽. 이 정치조직들은 그 구성원들이 참여한 사업장에서 노조 결성을 적극 추진하였다.

또한 8월 16일에 '안양지역 해고노동자 복직투쟁위원회'가 400

여 명의 노동자들이 참여한 가운데 결성되었다. 파업투쟁으로 해고자가 속출하는 가운데 열린 이 집회는 해고자들뿐만 아니라 현장의 활동가들과 노동자들이 대거 참여하였다. 이어 안양지역 최초의 민주노조 연대집회인 '고 이석규열사 추모제'가 5개 노조의 주최로 열리기도 했다. 당시 한국제지 해고자였던 학출활동가 신남희 등이 의식적으로 노력한 끝에 위원장을 설득해서 만들어진 집회였다.이시정, 『안양지역 노동운동사』, 161~163쪽.

한편 안양지역 학출활동가들이 현장투쟁을 벌인 상황에 대해서 직접 확인하기는 어렵지만, 이들의 구속현황을 통해 간접적으로나마 확인할 수 있겠다. 신우사의 성옥주·이종희·이영숙, 화성전자의 박현옥, 부전공업의 김영미·이현숙, 금성중기 공장에서는 남승완·허태홍·김원식이 3자개입금지법 위반으로, 그리고 김종식은 집회 및 시위법 위반 등으로 구속되었다. 또 대양금속에서는 안중민, 유신중전기에서는 이시정이 위장취업으로, 권용호가 집회 및 시위법 위반으로, 또 조남웅이 국가보안법과 사문서 위조로 구속되었다. 이 시기에 모두 17명의 학출활동가들이 구속되었다.한국기독교사회문제연구원, 『7~8월 노동자대투쟁』, 134쪽. 이 지역의 노동운동이 상대적으로 그 발전이 늦은 데 비해, 이러한 구속자 수는 학출활동가들이 현장투쟁을 꽤 활발하게 했음을 보여 준다.

한편 이 지역의 노동자투쟁은 7월 27일 안양의 한국제지 노조 결성을 시작으로 8월 4일 대우중공업 군포공장투쟁을 거쳐, 대체로 8월 10일을 전후하여 본격화되기 시작했다. 8월 중순경에는 전 지역에 확산되는데, 8월 25일까지 발생한 투쟁 건수는 63건으로, 이중에서 75% 가량이 8월 10일에서 20일 사이에 집중적으로 일어난 투쟁이었다.한국기독교사회문제연구원, 앞의 책, 134쪽. 즉, 7·8·9월을 포괄해서 살펴보면 7월에 5개 사업장, 8월에 64개 사업장, 9월에 2개 사업장에서 투쟁이 일어났다.이시정, 앞의 책, 119쪽. 그리고 이 기간에 20여 개의 민주노조가 설립되었다.『안양민중신문』 3호. 노동자들은 노조를 결성하면 곧바로 파업을 벌여, 노조가 적극적으로 싸움을 거는 양상이었다. 주로 안양노동상담소가 노조설립을 지원했는데, 이곳은 노조설립을 위해 방문한 노동자들로 항시 붐볐고 하루에 3개의 사업장에서 노조가 결성된 적도 있었다고 한다.이시정, 앞의 책, 106쪽.

투쟁이 마무리되면서 10월말 지역 최초의 신규노조 간부수련회가 열렸다. 이 수련회 이후에 민주노조의 위원장 모임인 상록회, 부위원장 모임인 소리회, 사무장 모임 등을 진행하면서 노조 간부들은 처음 해보는 노조활동에 대한 정보도 교류하고 친목을 다지기도 하였다. 이러한 움직임은 경수노련 등 지역정치조직들의 활동이 바탕이 되었다. 그 결과 1988년 들어서는 노조들이 모여 공동임투를 준비했다. 경기남부 임투대책위원회를 구성하여 소식지를 배포하고 안양노동상담소에서 '공동임투 간부교육'을 진행하면서 연대의식을 만들어 갔다. 임투 이후에도 노동법개정투쟁 및 TNT노조 연대투쟁 등을 바탕으로 12월 28일에 경기남부지역노동조합연합이 결성되었다.

이상에서 주요 지역별로 노동자대투쟁의 전개양상을 살펴본 바와 같이, 3개월 동안 전국에서 일어난 투쟁은 기본적으로 노동자들의 동력을 바탕으로 발전했다. 1980년대 정치조직들은 대투쟁 과정에 조직 차원에서 직접적으로 개입하지는 못했다. 그러나 각 지역마다 차이는 있지만 학출활동가들은 노동자들의 투쟁에 결합해서 그 열기가 전국적으로 확산되는 데 중요한 역할을 하였다.

변혁적 노동운동 세력이 지역별로 대투쟁에 결합하는 방식을 정리한 〈표 3-6〉에서 알 수 있듯이, 기존의 노동단체들은 우선 전북과 안양지역에서처럼 투쟁을 준비하고 지원하는 활동을 하였다. 그리고 부산이나 마창, 인천지역에서처럼 6월 민중항쟁의 과정에서 활동가들은 경노협이나 투쟁위원회, 단체 등을 만들어 지역투쟁을 선도하는 역할을 하기도 했다. 그리고 안양지역에서처럼 투쟁과정에서 정치조직을 결성해 공공연하게 투쟁을 선전하고 지원활동을 벌이기도 했다.

또한 각 지역의 노동현장에서 활동하던 정치조직과 관련된 학출활동가들은 노조 결성과 투쟁을 벌이면서 일부는 민주노조의 간부로서 활동하기 시작했고, 다른 일부는 해고되어 복직투쟁을 벌이면서 여러 사업장의 투쟁을 지원했다. 특히 해고된 학출활동가들은 지역연대조직 결성을 전후로 하여 중요한 상근 실무역량으로 활동하기도 했다.[12]

마지막으로 각 지역의 정치조직들은 민주노조 결성의 성과를 바탕으로 하여 지역연대조직으로 발전시키기 위한 활동을 활발하게

12 인노협의 홍보부장으로 활동했던 노현기는 인노협의 상근자로 다음의 사람들이 있었다고 말했다. 박인숙 사무차장(태연물산노조 위원장), 최용석 편집부장(공실위 홍보부), 방현석 조직부장(진진양행 해고자), 노현기 홍보부장(공실위 홍보부), 임영탁 조직부장(공실위 조직부), 정창교 조사통계부장(공실위 교육부), 오항식 쟁의부장(대한화학기계 해고자), 이진구 문화부장(인천지역민중문화운동연합), 이현경 교육부장(인천민중교육연구소 교육부), 안효민 쟁의부장, 차남호 선전부장(덕창기업노조 홍보부장), 조봉호 문화부장(인천지역민중문화운동연합), 최명아 교육부장(글로리아 노조 교육부장) 등. 괄호 안은 이들 상근자들이 인노협 이전에 해고됐던 노조의 명칭이고, 공실위도 해고자 단체였다. 즉 인노협의 상근자 다수가 사업장의 해고자들로 구성된 것을 확인할 수 있다.

〈표 3-6〉 1987년 노동자대투쟁과 변혁적 노동운동의 지역별 관계

지역	노동단체/서클	학출활동가들의 노조 결성 참여	지노협 결성 관련
울산	울사협	현대중전기	울사협의 활동을 매개로 노조 간 연계구조 확보. 현대그룹노조협의회 결성
부산	실임/반실임그룹 부산민노투위	새한운수, 대한조선공사, 일동전기, 세신실업 등	부산노동자협회 등의 노동단체 지원과 교육 등으로 노조 연대. 부노연 결성 추동
마산 창원	경노협	(주)통일 등	경노협 및 청년노동자회 관련한 노조들이 주도해 마창노련 결성
전북	노동자의 집 노동상담소	후레아훼숀, 세풍합판 등	'노동자의 집'의 활동가들이 민주노조들을 연계하여 전민노련 추동을 매개
서울	서해복	무극사, 한국음향, 신진벨브, 나우정밀, 중원전자, 서울지하철, 동아건설(주) 등	민주노조의 활동가들이 연대투쟁을 통해 서노협 결성
인천	노동자일동 해고자협의회 공실위	신광기업, 한일튜브, 서울조구, 대우자동차, 삼익악기, 콜트악기, 영창악기, 한양목재, 이천전기, 한양알미늄, 대우중공업, 경동산업, 대우전자 등	공실위가 인노협 결성의 산파 역할
안양	안양노동상담소 경수노련 등 서클, 안양 해투위	신우사, 화성전자, 부전공업, 금성중기, 대양금속, 유신중전기, 안양전자 등	경수노련 등의 지역단체들이 연대활동을 매개. 경기남부노련 결성 추동

벌였다. 정치조직들은 각 지역에 노동상담소나 노동단체를 결성하여 공개적으로 교육, 조직, 투쟁 지원 등의 활동을 하였고 이로써 민주노조운동을 지원·지도하였다. 〈표 3-6〉에서 볼 수 있듯이 이들 노동단체들과 학출활동가들은 대투쟁의 성과로 결성된 민주노조가 자

주적이고 독자적인 활동을 견지할 수 있도록 하는 데 중요한 역할을 하였다. 그 결과 대투쟁 이후 민주노조들은 점차 지역연대조직으로 발전했고 1987년 12월 마창노련 결성을 시작으로 전국에 14개의 지노협이 결성되었다. 이처럼 정치조직들은 노동단체와 활동가들을 통해 민주노조들이 지역과 전국조직으로 발전하는 데 영향을 미쳤다. 이에 대해 당시 경수노련 및 전노운협전국노동운동단체협의회에서 활동했던 김승호와 전노협에서 상근했던 김종배는 이렇게 말한다.

> 87년 7, 8, 9 끝나고 나서부터 88년 전반기까지는 신생 민주노조 사수하는 데 초점이 있었고요. 그 다음에… 그 부분들을 좀더 연대로 묶어 세워 가지고 지역별 또는 업종별로 묶어 세워서… 한국노총과 다른 어용적이지 않은 자주적이고 민주적인 노동조합운동의 내용들을 만들어 가게 하자는 수준이었어요. 그러니까 목적의식적이라 그래도 끼어 맞출 수는 없으니까 자생성을 존중하면서 하는 형태였으니까. 지역별 업종별 연합체 간의 형태로 이뤄졌죠.[김승호 구술]

> 각 지노협은 각 지역에 노동단체들과 활동가들의 투쟁결과라 할 수 있어요. 1987년 대투쟁의 과정에서 밀접하게 결합했던 단체와 활동가들은 투쟁과정에서 배출된 노동자들을 조직하고, 활동가들의 교류구조 형성, 노조 간의 일상적 연대구조 형성, 지역 내 연대투쟁 조직 등을 전개했죠.[김종배 구술]

또한 이들 노동단체들은 노조탄압에 맞서 민주노조들과 같이 전국 차원에서 1988년 3월 5일 '노동조합탄압저지전국노동자공동대책협의회'를 구성하였고, 이를 상설공동투쟁체로 전환시켜 1988년 6월 7일 전노운협을 결성하였다.[13] 1987년 이후 전국의 노동단체들이 정치적 입장을 떠나 공동실천을 위해 조직적으로 결집한 것이다. 전노운협은 민주노조들의 공동임금인상투쟁 지원 및 지도, 노동운동 탄압 공동분쇄투쟁, 미조직 사업장의 조직화 등의 사업을 벌여나갔다. 또 전노운협은 민주노조의 전국적 조직 건설에도 중요한 역할을 담당했는데, 전국노동조합대표자회의 결성과 운영과정에서 영향력을 발휘하였고, 임금인상투쟁 시기에 전국과 지역 투쟁본부의 거의 모든 실무 집행력을 담당하였다.전노협백서발간위원회, 『기나긴 어둠을 찢어 버리고』(전노협백서 1권), 490쪽. 나아가 전노운협은 정치운동의 대표성을 부여받고 전노협 건설 활동에 정책기획과 대중적 토론을 조직하기도 하였다.

13 가입단체는 서울노운협 13개, 인천노운협 6개, 경기남부노운협 4개, 충남민주노동자협의회, 전북노운협, 전남노동자공동위원회, 부산노동자협의회, 대구노동자협의회, 경남노동자협의회, 울산사회선교협의회, 현대해고자복직실천협의회 등이다. 석탑계열과 한국노동교육협회를 뺀 대부분의 노동운동단체들이 가입되었다. 전노운협은 "전국적이며 공개적인 상설공동체, 민주노조운동을 지원·강화하고 민주노조운동보다 앞서가는 자주적인 운동체, 노동운동단체의 전국단일대오의 과도기적 형태"로 성격을 규정하였고, 활동 목적을 "노동운동의 발전을 도모하고 노동자가 주체가 되어 자주·민주·통일과 노동해방을 실현하는 것"으로 정했다(김영수, 『한국 노동자 계급정치운동』, 현장에서미래를, 1999, 238쪽).

4절

학출활동가와 정권 및 노동자의 관계

1) 학출활동가에 대한 정권의 대응

학생운동가들의 노동현장 투신은 한국현대사에서 1960년대 후반부터 시작되어 1970년대까지 소수의 모습이었으나 1980년대 집단화된 양상으로 드러났다. 그 결과 이들은 1980년대 노동운동의 하나의 주체로서 그 존재를 드러냈다. 1980년대 정부와 기업은 이런 학출활동가들에 대해 어떻게 인식했고 어떠한 대응을 했을까.

학출활동가의 존재가 노동현장에서 드러난 것은 1983년 말로 보이며,[1] 정권이 이들에 대해 새로운 사회문제로 접근한 것은 1984년 하반기부터였다. 정권은 초기에는 이들을 '목적을 달리하는 취업

1 학출활동가가 처음 해고된 것은 정부가 작성한 '해고자 명단'에 따르면 1983년 10월 1일 신도실업의 신정희로 확인된다. 이와 달리 경동산업에서 발견된 '블랙리스트 명단'에서는 1983년 10월 28일 (주)진도의 김일섭이 처음 해고된 것으로 확인된다. 이들의 해고 이유는 '이력서 허위기재'였다(전국민주노동조합총연맹, 『민주노조 투쟁과 탄압의 역사』, 현장에서미래를, 2001, 367쪽).

자'로 명명하면서 노동자들과 분리시키려 했다. 1985년 4월 대우자동차파업 이후 정권은 이들을 '위장취업자'로 호칭을 바꿔 부르면서 산업평화를 저해하는 '불순세력'으로 낙인찍어 대대적인 색출작전을 통해 노동현장에서 해고시켰다.『동아일보』, 1985년 12월 15일자. 정부와 기업이 학출활동가에 대해 어떻게 대응했는지 구체적으로 살펴보자.

우선 정부는 유화국면을 통해 이완되었던 노동운동에 대한 탄압을 강화해 나갔는데, 학생 출신 활동가들이 관련된 노조 결성에 대해서는 설립신고필증을 내주지 않거나 이들을 해고시켜 대중과 분리시켰다. 그러나 1985년 2·12 총선의 분위기를 타고 임금인상투쟁이 활발해지면서 학출활동가들의 영향력이 노동현장에서 부각되자 정부는 더욱 긴장하였다. 특히 1985년 4월 학출활동가들이 주도한 대우자동차파업투쟁 이후 '위장취업자'들에 대해 심각하게 인식하면서, 그 투쟁을 주도한 학출활동가 송경평 등 8명의 구속을 시작으로 노동운동의 단체행동 주동자는 무조건 구속시키는 방향으로 급선회했다.『동아일보』, 1985년 5월 11일자.

이런 탄압정책의 기조가 구로지역 등에서는 학출활동가들이나 노조 결성에 적극적인 노동자는 이유 불문하고 해고시켰고, 이를 따르지 않으면 무차별적인 폭력을 가하는 것으로 나타났다. 이에 저항하는 학출활동가들은 구속시켜 노동운동의 잠재적 요인까지도 모두 제거해 버리겠다는 정책을 썼다. 이는 정부가 구로공단 및 수도권 지역을 1980년 이후 학출활동가들이 노동현장 투신을 통해 '노동운동의 정치화'를 추구해 나가는 집중적인 곳이라고 판단했기 때문이었다. 또 정부는 폭력적 탄압과 병행하여 학출활동가들에 대해 '위장취업자', '불순세력의 침투', '삼민투와 연계된 조직적 활동' 등과 같은 이데올로기적 선전을 통하여 노동자와 국민으로부터 이들을 분리시키고, 일면으로는 탄압의 정당성을 확보하려 했다.

이와 더불어 정부는 학출활동가와 1970년대 선진노동자들이 주도하고 있던 민주노조운동에 대해서도 탄압을 시작했다. 특히 정부는 대우어패럴노조의 활동은 구로공단의 동일제강, 성도섬유 등의 사업장 노동자들에게 영향을 미쳤고, 노조 간부 및 열성조합원들이 대개 '위장취업자'이거나 '청계피복', '도시산업선교회' 출신 등으로 당시 '노동운동의 정치화'를 추구하는 세력과 연계되었기에 위협적 요소로 여겼다.『동아일보』, 1985년 6월 26일자. ; 제125회 국회, 『보건사회위원회 회의록』 제7호(1985. 7. 3) 그 결과 구로공단 민주노조운동의 중심인 대우어패럴 노조 간부들에 대한 구속을 감행했으나 노동자들은 동맹파업으로 맞섰다.

정부는 구로동파가 발생하자 초기에는 대응을 하지 않고 주시하다가, 뒤이어 경찰과 전투경찰을 동원해 투쟁사업장 간의 연계를 차단하고, 검문·검색을 강화했다. 또 정부는 언론을 통한 악선전으로 국민들로부터 투쟁하는 노동자들을 고립시키려 했다. 노동부장관은 "동맹파업의 투쟁양식이 공공기관점거, 폭력, 시위농성 등 집단적 과격행동으로 사회적 물의를 야기하며 법질서를 문란시켰다"고 했다. 나아가 그는 이런 문제는 노동자들의 능력이 아니라 '위장취업자'[2] 및 삼민투라는 반체제단체의 조종에 의한 것임을 강조했다.제125회 국회보건사회위원회, 『회의록』, 1985. 7. 3.

2 '위장취업' 문제는 1985년 대우자동차투쟁 이후 본격적으로 거론되어 동맹파업 이후 신문지상에 공공연하게 기사화되었다.

이런 정부의 시각을 좀더 구체적으로 보면, 1985년 7월 3일자 노동부의 「운동권학생과 노동문제」라는 자료에서 "학생들은 '혁명성취원칙'을 민주노조의 수호와 새로운 민주노조운동의 조직기초를 곳곳에 확립하자는 데 두고 있으며 노동운동의 조직기초를 확대하기 위해 소규모 공장, 상업, 서비스업에 종사하는 근로자들을 대상으로 삼고 있다"고 밝혔다. 또 같은 자료에서 노동운동 세력과 삼민투를 결부시켜 "학생들은 지식인·청년·학생운동은 모두 중산층에 기반을 두고 있으므로 혁명적 기초가 불충분하다고 판단해서 노동자·영세상인·빈민계급을 삼민운동의 대중적 기초로 충분하다고 보고 있다. 학생들은 민중운동을 학생운동에 끌어들이기 위해 민중운동·노동운동에 참여해서, 고통을 같이하며 함께 투쟁하는 전략을 세워 놓고 있다"『경향신문』, 1985년 7월 3일자.고 분석했다. 이런 분석의 결과 노동부 차관은 "위장취업자의 행동은 순수한 노동운동이라기보다는 노동운동을 폭력혁명의 수단으로 이용, 산업평화를 깨뜨리고 있다"고 비난하면서 "8백만 근로자를 보호하기 위해서도 이들이 사업장에 발을 붙이는 것은 막아야 한다"고 말했다.『조선일보』, 1985년 7월 5일자.

이에 정부는 구로동파 이후 학출활동가들이 관련한 노동운동에 대해 다음의 두 가지 방식으로 대처했다. 첫째는 노사문제의 사전방지라는 측면에서, 노동자와 사용주 양자의 탈법적 행위에 대한 엄단조치를 강조했다. 이에 동맹파업을 벌인 10개 사를 특별 감독하여 근로기준법을 어긴 기업주를 구속하고,『조선일보』, 1985년 7월 5일자. 이후 "물의를 빚는 업주도 구속한다"는 방침을 발표했다.『조선일보』, 1985년 8월 3일자. 이어 정부는 3개월에 1회씩 열리던 노사협의회를 월1회 이상 개최토록 하고 사업장에 대한 근로감독을 매월 1회씩 실시키로 했다.『조선일보』, 1985년 7월 25일자. 이러한 조치는 제반 법률문제가 사회화되면서 이전과 같이 무작위적인 법률적용으로는 통제가 어려워졌기에 나온 것이었다. 또한 기업주의 노동착취의 심각성이 사회적으로 확산되자, 정부의 입장에서 중립성을 내세워 형식적이나마 기업주들을 규제해야 할 필요가 제기되었던 것이다. 그러나 곧 정부는 노동자의 불법시위농성과 기물파괴 등에 계속 강력한 제재를 가할 방침이라며 '노사분규 특별대책본부'[3]를 설치하여『동아일보』, 1985년 8월 4일자., 정부가 직접 노사분규에 대응하려 했다.

둘째, 정부는 '국법준수 및 법질서 확립'이라는 미명하에 노동운동 및 학생운동에 대해 강도 높은 탄압을 하겠다고 밝혔다. 노동부는 "사내를 벗어난 근로자의 과격 시위와 좌경학생 및 노사분쟁을 야기하는 과격근로자에 대해서는 엄단"하고, 상습시위 근로자도 강력히 제재하기로 했다.『조선일보』, 1985년 7월 13일자와 1985년 7월 25일자. 또 학생운동과 노동운동단체를 반국가적 단체로 규정하면서, 이들의 활동 및 조직을 철저히 해체시키려 했다. 이는 정부가 7월 22일 사정협의회 전체회의에서 각종 반국가적·반사회적 범법행위를 근절시킨다는 「국가기강 확립을 위한 특별사정대책」을 확정한 데에서 분명해졌다. 이날 회의는 특히 학원의 좌경화된 불법 폭력소요와 과격 노조의 노사분규조장 등이 국가안보 유지 차원에서도 중대한 위해를 가

3 노사분규 특별대책본부는 노사분규 예방을 위한 취약사업장의 사전지도, 중대하거나 긴박한 노사분규의 조정과 해결, 개별사업장에 대한 노사분규 해결, 기타 사회적 물의가 야기되거나 전국적으로 파급될 우려가 있는 노사분규 해결을 전담하게 된다. 이전까지 노동쟁의는 시·도지사, 시·도경찰국장, 지방검찰청장, 노동부지방사무소장, 기타 유관 기관장으로 구성된 지역노동대책위원회에서 처리해 왔으나, 이사관급 이상인 다른 기관장과는 달리 노동부지방사무소장은 서기관급에 그쳐 분규해결에 주도권을 행사하기 어려운 형편이었다.

져올 것이라고 분석하고 이를 근절해야 한다고 했다.『동아일보』, 1985년 7월 23일자. 정부의 유화정책이 7월 22일자로 강경 '선회'를 공식화한 것이다.

이런 방침을 구체화 해나가기 위해 노동부는 8월 19일에 운동권학생들의 '공장활동'을 목적으로 한 취업은 발견 즉시 해고할 수 있도록 하고, 제3자의 노사분규 개입은 구속수사를 원칙으로 하는 등 강력한 노동대책을 9월부터 시행하기로 결정했다. 특히 취업자의 해고에 대해서는 "위장취업장의 해고근거 규정을 사규와 취업규칙에 마련토록 한다. 공단별·업종별로 노동정보망을 구성하며, 직원 신규채용 때의 심사강화 및 신원조회지원"[4] 등을 내용으로 하고 있었다. 특히 노동현장에 진입한 학출활동가의 경우 '침투자 조치'라는 명목으로 "위장취업 용의자는 가려내 일반 근로자와 격리시키고 1차적으로 순화해 사무·관리직 등으로 전보 조치하여 이에 불응한 자는 사규위반 등 명백한 증거와 적법절차에 따라 징계해고하고 집단농성·사업방해 등의 주동자는 모두 구속 수사한다"『중앙일보』, 1985년 8월 19일자.는 지침을 정했다.

이는 학생운동가들이 노동현장에 진입하는 것을 원천적으로 차단하기 위한 것이며, 동시에 취업한 경우라도 언제든지 신분이 확인되면 해고조치 할 수 있는 합법적 근거를 마련하기 위한 것이다. 학

4 세부지침을 보면, "각 기업취업규칙 사규와 근로자 징계사유 중 '해고' 규정을 '성명·학력·경력 등 중요이력과 인적 사항을 은폐하거나 허위 기재(또는 구두진술)한 자'로 신철 또는 추가 보완해 위장취업장의 징계해고근거를 마련하도록 적극 지도한다. 또 사업주 책임 아래 근로자 신규채용 때 면접·서류심사를 강화해 '공장활동' 취업희망자는 노동부에 신고하면 노동부가 치안본부에 조회를 의뢰해 운동권학생 여부를 가려내 통보하는 등 지원을 강화한다"는 것이다.(『중앙일보』, 1985년 8월 19일자.)

출활동가들이 현장에서 신원이 드러나 해고될 경우 이를 법적으로 문제 삼아 해고반대투쟁이나 복직투쟁 등을 벌였던 것을 사전 방지하기 위한 것이다.

이처럼 정부는 1985년 5월 이후 학생운동과 노동운동에 대한 탄압을 강화했고, 6월 구로동파를 통해 공식적으로 노동운동 세력을 반국가세력으로 공격하면서 이데올로기적이고 폭력적인 탄압을 가했다.

한편 기업측에서도 노동조합의 활성화 내지는 신규노조 결성을 꺼려했다. 그 때문에 기업측도 정부의 방침과 지원을 받으면서 노동자들에게 '위장취업자는 불순세력', '회사의 도산' 등의 이념선전을 일상적으로 벌였다. 아래의 인용 글은 안양에 있는 한 사업장에서 학출활동가들에 대해 노동자들에게 어떤 식으로 이념선전을 했는지 잘 보여 주는 사례이다.

> 안양의 부전공업에서는 학출(이현숙, 김영미)이 구속되자 "김일성 사진을 걸어놓고 매일 절한다", 자취방에서 나온 헤드셋을 보고 "집에서 무전기가 나왔다"는 등 빨갱이로 몰면서 "회사 말아 먹으려 왔다"고 공세를 취하여 노동자들을 위협했다. 이시정, 『안양지역 노동운동사』, 119쪽.

또한 기업측은 학출활동가의 노동현장 진입을 막기 위해, 또는 이미 진입한 이들을 찾기 위한 조치를 취하거나 발견 즉시 현장에서 내몰아 일반 노동자들과 분리시키는 방식으로 대응했다. 예를 들어 구로공단에 입주한 사업체의 경우, 이전처럼 공고를 통해 공개적으로 사원모집을 하던 방식을 취하지 않는 대신 필요한 사람은 연줄로 소개를 받아 충원하기도 했다. 심한 경우 면접을 5회나 실시해 대학 출신인지를 가려내려 했다. 구로지역보다 학출활동가들의 현장진입이 다소 늦은 안양지역에서도 1986년경부터 "취업시 주민등록증 내용 및 가족사항 암기 여부, 전 직장에의 근무 여부 철저 확인, 손가락마디 확인(학출인지 현장출신인지 확인), 지문조회, 출신 고등학교에 대학진학여부 확인" 등이 일상화되었다.

이런 '위장취업자'의 색출은 경찰이 기업측에 기능직 사원을 채용할 때도 신원조회를 철저히 하도록 촉구한 것과도 연관되어 있다. 더욱이 경찰은 데모를 하다 제적됐거나 학생운동 관련자 또는 노동운동을 하다가 해고된 사람들의 인적사항을 컴퓨터에 입력해 기업측의 신원조회에 활용하도록 하는 과학적인 감시체계를 구축해서 지원했다. 특히 경찰은 1980년 이후 대학 제적생과 복학생 등 2,200여 명의 인적사항을 확보했다고 한다.황의봉, 『80년대의 학생운동』, 215쪽.

한편 1985년 6월 구로동파 이후 구로공단에서는 입주업체마다 '취업목적이 다른 근로자'를 찾아내기 위해 '위장취업자 식별지침'을 마련하여, 정보수집 및 동향파악을 위한 작업을 벌였다. 또 매월 1회 정도 각 기업의 총무과장이나 부장이 참석하는 총무회의를 공단본부에서 열어 학출활동가를 찾기 위한 정보교환을 계속하는 한편, 회사별 경험과 노동부의 수집사례를 토대로 식별지침을 마련해서 각 기업체에 내려보냈다. '위장취업자'를 가려내기 위해 〈표 3-7〉와 같은 식별지침이 전국 기업에 배포되었다.

〈표 3-7〉 기업에 배포된 '위장취업자' 색출지침

– 이력서의 필체가 기재된 학력에 비해 좋거나 – 안경을 쓰고 학생들이 잘 입는 복장을 한 근로자 – 대학가의 속어를 쓰는 경우 – 글씨 쓰는 손마디에 굳은살이 박혀 있는 경우 – 노동법 등에 지식이 많은 자 – 이유 없이 동료들에게 선심과 친절을 베푸는 경우

※『한국일보』, 1985년 10월 3일자.

실제 위장취업자 색출지침과 주민등록증 조사 등을 시행했는데, 구로동파에 참여한 부흥사의 경우를 보면, 회사측은 1985년 7월 말에 400여 명 노동자들의 집에 가정통신문을 보낸 뒤 반려된 경우에 대해서는 주소지 동사무소나 출신학교에 찾아가 알아보는 등 조사를 철저히 했다. 또 회사측은 사내방송을 통해 "이유 없이 친절하거나 자취집에 초대해 음식 등을 제공하는 근로자, 노동법·노동조합에 지식이 많은 근로자가 있으면 신고해 줄 것"을 당부하는 한편, 의심이 가는 근로자는 자취방 주인과 협조하여 외박횟수와 찾아오는 친구까지 점검하기도 했다. 다른 예로 부평3공단의 코트전문업체인 (주)S사도 일반노동자들과 행동거지가 다른 노동자들을 추적했는데, 9월 8일 서울여대 출신 학출활동가 등 2명을 찾아내 본사 기획실과 총무부로 발령했다. 그러나 이들이 이를 받아들이지 않자 8월 30일자로 해고했다. 또 K전자 등 전자업체들은 전 사원의 주민등록증의 변조여부를 정밀 검사하기도 했다. 거기에 구로1공단의 D정밀에서는 9월 16일부터 전자기능공 40여 명을 신규로 모집하는 데 주민등록등본 제출을 의무화하고, 총무부장이 지원자를 직접 면접해서 노동문제에 대한 질문을 통해 지식수준을 알아보기도 했으며, 이력서의 최종학교 졸업연도 이후 공백 기간이 있으면 학교에 의뢰해 진학여부를 확인했다. 이전 직장에서 유난히 일찍 퇴직한 경우는 그 사유를 면밀히 점검하기도 했다. S사에서는 기존사원의 서류를 정밀검사해서, 전 직장에서 노사분규에 가담한 경력이 있는 학출활동가를 찾아내어 전 직장 근무경력을 숨겼다는 이유로 해고했다.『한국일보』, 1985년 10월 3일자.

이처럼 정권과 기업측은 학출활동가들이 노동현장에 들어오는 것을 사전에 방지하려 했을 뿐만 아니라, 취업한 이들이 노동조합을 결성하려고 하거나 임금인상 및 노동조건개선을 위한 집단행동을 할 경우에는 구류, 구속, 구사대와 경찰 폭력 등의 방법을 동원하여 학출활동가들을 노동자들과 분리시키려 했다.

2) 학출활동가에 대한 현장 노동자들의 반응

그렇다면 현장 노동자들은 학출활동가에 대해 어떤 반응을 보였을까. 학출활동가들이 현장에 들어가 노조를 만들고 임금인상투쟁이나 근로조건 개선 등을 통해 그동안 눌려 있던 노동자들의 요구를 같이 제기하는 데 긍정적 반응을 보이는 경우가 있는 반면, 일부에서는 기왕에 가지고 있던 그들의 조건이 손상될 것을 우려하기도 했다.황의봉, 『80년대의 학생운동』, 215쪽. 실제 노동자들은 어떤 상황에서 학출활동가의 신분이 드러났는가, 누가, 어떤 방식으로 이 문제를 제기했는가에 따라 학출활동가에 대한 반응이 크게 달랐다. 회사측이 일방적으로 '빨갱이' 등의 악선전을 가하거나 "회사가 망한다"는 협박을 하는 상황에서는 노동자들이 부정적인 반응을 보였고, 반면에 일정한 신뢰가 쌓인 이후 학출활동가 스스로가 신분을 밝힌 경우나 노동조합 활동과 투쟁의 과정에서 헌신적이고 지도력을 발휘하여 신뢰가 쌓인 경우는 긍정적인 반응을 보였다.

우선 학출활동가에 대한 노동자들의 부정적인 반응을 살펴보면, 회사측이 먼저 학출활동가의 신분을 확인한 경우, 회사측은 학출활동가에 대해 "회사를 망하게 하는 불순분자", '빨갱이'라는 논리를 내세워 노동자들과 분리하기 위해 위협적인 상황을 만들었다. 이를 받아들인 일부의 노동자들은 회사존립이 어려운 상황이라는 인식을 가지면서 학출활동가들에 대해 부정적인 반응을 보이기도 했다. 예를 들면 안양의 신우에서 한 노동자는 위장취업자가 드러나자 자발적으로 나서 "빨갱이들을 목숨 걸고 잡으려"고 하거나이시정, 『안양지역 노동운동사』, 63쪽. 주32., 삼아정공의 노조위원장 선○○처럼 염춘필 등 위장취업자들을 안양경찰서에 직접 넘기기도 하는 등 노동자들이 스스로 나서서 학출활동가들을 몰아내는 경우가 있었다.이시정, 앞의 책, 63쪽. 주33. 또 그 정도까지는 아니어도 회사측의 논리에 어느 정도 긍정하는 사람들은 학출활동가에 대해 부정적인 반응을 보였다.

한편 회사측의 악선전은 아니지만 타인을 통해 비판적으로 학출활동가에 대해 전해들은 경우에도 부정적인 태도를 보였다. 예를 들어 구로공단의 부흥사에서 1985년 들어 활동가들이 노조위원장을 새로 추대하려 했다. 그런데 위원장으로 추대된 노동자가 자신과 친한 이가 학출활동가라는 사실을 타인에게 듣고 배신감을 느껴 관계를 정리한 경우도 있었다.

박찬선은 일 잘하고 경력이 10년이 넘는… 과묵한 사람이었다. 그이와 노동조합 이야기를 했다…. 박찬선은 어렵게 위원장을 수락했고, 85년 노조 개편에서 위원장이 됐다. 가톨릭노동청년회 활동가는 부위원장을 맡았다. 그런데 그이는 학출활동가에 대한 심각한 거부감이 있었다. …… 그런데 조직 개편하고 얼마 안 있어 그 사람이 "전규자는 학생 출신이다. 그 이야기를 들으면 노조는 정말 위험해진다"와 같은 이야기를 박찬선 위원장에게 했다. 박찬선은 얼굴이 새파랗게 질려 내게 와서 "이야기를 할 기회가 많았는데 안한 것을 보면 부위원장 이야기가 맞다"고 말했다. 그리고 "인간에 대한 모든 신뢰를 잃어버렸다"는 것이다.전규자, 「가난한 사람들을 위해 살고 싶습니다」, 유경순 편, 『같은 시대 다른 이야기』, 328~329쪽.

학출활동가들에 대해 많이 알려졌고 노동자들의 투쟁 분위기가 고양되었던 1987년에도 노조 결성과정이나 투쟁상황에서 학출활동가들의 문제가 여러 사업장에서 불거졌고, 이에 대해 부정적인 반응을 보인 노동자들은 학출활동가들을 감금하거나 경찰서에 넘기기도 했다.

예를 들어 인천 부평공단의 삼익악기의 경우 8월 12일부터 파업농성을 벌이던 노동자들이 8월 19일에 어용 집행부를 교체해서 민주파로 대체하는 과정에서 학출활동가인 임영희를 사무장으로 임명했다. 집행부 내부에서는 그녀가 학출활동가라는 것을 알고 있었으나 조합원들에게 신뢰를 받고 있었고 영향력도 있었기 때문에 임명한 것이었다. 그런데 일부 집행부와 행동대장을 포함한 3인이 사무장을 불러 "이틀째 되는 날 회사에서는 전 사원에 대해 신원조회를 해봤다"면서 "학출인 걸 알고 있으니 사무장을 그만두라"고 강요하고, 집행부에 대해서도 사무장 교체를 주장했다. 결국 8월 20일에 집행부는 내부 혼란을 막기 위해 사무장을 집행부에서 제외하기로 결정했고, 행동대장은 곧바로 임영희 등을 감금했다. 이에 8월 21일에는 노동자 60여 명이 이들의 감금에 대해 항의하자, 12시 30분경 감금된 노동자들이 나와서 전체 노동자들의 요구로 신상발언을 했다. 임영희는 "학교 다니다가 주변의 친구들을 만나는 과정에서 노동자들의 현실에 대해 듣고 고민했다. 나는 가지지 못한 사람들과 더불어 사는 것이 올바른 삶이라고 생각한다. 노동자들이 지금 고통을 받고 있지 않느냐! 그런 것을 해결하기 위해 삼익악기에 취직했다"고 얘기했다. 그 뒤에 다시 이들은 감금되었고, 노동자들은 "위장취업자들과 같이 농성을 할 것인가"에 대한 전체토론을 벌였는데, "위장취업자라고 해도 노동자의 편이라면 같이 농성을 해야 한다"는 의견이 우세하였다.

그러나 일부 행동대원이 경찰을 만나고 와서 "위장취업자와 같이 농성할 경우 경찰이 들어올 것이라고 했다. 오늘 치안본부에서 외부세력에 대해 단호히 척결하겠다고 발표하였다"면서 같이 농성할 수 없다고 주장했다. 결국 학출활동가 7인은 감금되어 있다가 일부 노동자들의 도움으로 회사 밖으로 나왔다.인천민중교육연구소 편, 『'87 노동자 대투쟁: 7·8월 인천지역 사례』, 216~219쪽. 이 경우는 행동대장이나 행동대원들이 회사측과 연통을 하면서 악선전을 받아들인 경우라고 할 수 있겠다.

한편 인천 영창악기에서 노동자들이 8월 17일부터 임금인상과 민주노조건설을 위한 파업을 벌이자, 회사측은 파업과정에서 위장취업자를 확인하고 8월 24일에 「제가 진짜 송난희입니다」라는 제목의 유인물을 제작해서 배포하였다. 대부분의 노동자들은 이를 무시하거나 유인물을 찢어 버렸다. 그러자 회사측은 「농성하다 그만둔 노동자 일동」, 「영창을 사랑하는 노동자 일동」 등의 제목으로 마치 농성장에서 쓴 것처럼 보이도록 유인물을 만들어 배포하면서 농성 주동자에 대해 '불순세력, 위장취업' 운운하는 선전을 했다. 그러나 다음날 학출활동가가 자신의 신분을 밝히자 노동자들은 "희생을 감수해 가며 주동한 사람들이니 우리가 지켜 줘야 한다"며 함께 싸우기로 했다. 그러나 9월 4일 새벽 즈음 경비대 일부가 회사측의 사주를 받는 사무원들에게 매수되어 2명의 학출활동가를 잡아서 경찰에 넘기고 집행부 11명을 감금했다가 풀어주었다. 이들이 항의하는 노동자들에게 각목을 들고 위협하며 협박하자, 노동자들 중에서도 학출활동가들을 변호하고 싶은 이들도 있었지만 공개적 지지발언을 하지 못했다. 어떤 노동자들은 "위장취업자를 내보낸 일은 잘했다"고 말하기도 했다.인천민중교육연구소 편, 앞의 책, 1988, 251, 255쪽.

또 다른 예로 인천 한영알미늄에서는 학출활동가의 신분을 어용노조 위원장이 폭로하여 이에 학출활동가가 나서서 해명하자 노동자들 사이에 동요와 혼란이 나타난 경우도 있었다. 그 과정을 살펴보면, 1987년 9월 30일 어용노조 위원장이 메가폰을 들고 "누구누구가 대학을 졸업했다"고 떠들어 댔다. 이때 노동자들이 "나도 대학생이다. 나도 대학생이다"고 야유하며 이들을 쫓아버렸다. 그러나 막상 학출활동가가 자기의 경력을 밝히고 경제적인 이유로 취업하게 되었다고 해명하는 순간 노동자들 사이에 심한 동요가 일어났다.인천민중교육연구소 편, 앞의 책, 1988, 285쪽. 남보다 헌신적으로 싸워 온 이들에 대한 신뢰와 정, 그리고 불순분자에 대한 막연한 두려움이 엇갈렸던 것이다.

현장노동자들만의 토론 속에서 조·반장들이 주도하여 학출활동가들을 경찰서에 넘긴 경우도 있었다. 예를 들면 인천의 신광기업에서는 학출활동가가 주도하여 임투와 노조 결성을 한 뒤에 이들이 위원장, 조직부장, 여성부장을 담당했다. 회사측에서는 이들의 신원조사를 한 뒤 '9월 30일까지 퇴사'를 통보했다. 노동자들은 '위장취업'을 하게 된 경위를 설명하는 학출활동가인 노조 임원들의 말을 경청하면서 대부분 신광 문제에 대해서 노동자들을 위해 활동해 왔다는 점에 신뢰를 가지고 있어서 거부감을 갖지 않았다. 오히려 노동자들은 "이 사람들이 아니었더라면 파업농성도 없었고 노동조합도 없었을 것이다"라고 말했다. 인천민중교육연구소 편, 『'87 노동자대투쟁: 7·8월 인천지역 사례』, 62쪽.

그러나 다음 날 회사측은 「사원 여러분께 알려드립니다」라는 유인물을 배포했는데, 학출활동가 1명의 주민등록증이 위조되었다는 것을 알리며 원래의 이름과 사진 등을 대조하면서 보여 주는 내용이었다. 결국 학출활동가 4인이 나서서 자신들의 신분과 취업 이유를 노동자들에게 설명했다. 학출활동가들이 자리를 비우고 노동자들만의 논의가 있었는데, 대부분의 노동자들은 학출활동가들을 신뢰했다. 그러나 조·반장들은 이들에 대해 불신을 표시하며 "그들이 우리 노동자를 위해서 노동운동에 투신하는 것은 정말 고개가 숙여지는 일이다. 그러나 우리를 1주일 동안 감쪽같이 속일 수가 있느냐? 우리는 기만당했다"고 말하여 노동자들의 분위기를 변화시켰다. 결국 학출활동가들은 민주노조의 규찰대에 의해 회사 밖에 대기하고 있던 부평경찰서의 봉고차로 옮겨졌다. 인천민중교육연구소 편, 앞의 책, 88~89쪽.

하지만 회사측의 악선전이나 위협 같은 개입없이 학출활동가가 노동자들과의 신뢰관계를 형성한 이후 자신의 신분을 밝힌 경우, 노동자들은 대체로 긍정적인 반응을 보였고 새로운 자극을 받기도 했다. 예를 들면 1985년 구로공단의 가리봉전자에서 독서모임을 같이 하던 학출활동가가 한 노동자에게 자신의 신분을 밝혔을 때, 그 노동자는 충격을 받았다. 그 이유는 노동자 신분에서 벗어나기 위해 학력을 높이려 야간학교를 다니는 자신과 대학을 나온 이가 현장에 들어온 사실이 대비되면서 자신의 삶과 현실에 대해 자각했기 때문이었다. 그 당사자로 가리봉전자의 노동자였던 성훈화는 당시 상황에 대해 다음과 같이 기억한다.

> 어느 날, 독서 모임에 갔는데 수주 언니가 자기 이름이 수옥이가 아니고 박수주였고, 나이도 우리보다 많다고 얘길 했어요. 너무 놀라 충격이랄까, 뒤통수 맞은 기분이었어요. 그때, 참 살기 싫더라고요. 나는 어떻게 해서든 여기서 벗어나려고 온갖 수단을 안 가리고 고생을 하는데, 저 사람들은 뭐가 아쉬워서 학교 선생님 하다 여길 들어와서 이러나. 나중에는 그 사람들의 희생이 눈에 들어왔어요. 우리가 해야 하는 일을 못하니까 저 사람들이 우릴 도와준다고 생각했어요. 그래서 그날부터 학교를 안 갔어요. 여기서 내가 할 일이 뭔가 하는 생각만 했어요. 그때부터 물불 안 가리고 쫓아다녔던 것 같아요.

또 1984년 노동조합이 결성되고 회사측의 탄압을 이겨낸 뒤에 노조활동이 활발해지며 여러 소모임이 만들어졌던 대우어패럴에서 한 소모임을 지도하던 학출활동가인 박경희가 노동자들에게 자신의 신분을 밝혔다. 이때 모임에 참여한 노동자인 고한순은 "왜 대학을 나와서 공장까지 들어오나" 하는 의문과 동시에 "노동자에게 학력이 무슨 문제인가"라는 생각이 들었다고 한다. 자신도 노조활동에 참여하면서는 학출활동가들이 노동조합운동을 하기 위해 현장에 들어온 것으로 이해하였고, 이론에는 밝은 학출활동가들이 현장 실천에는 약해서 그들도 현장에서 노조활동 방식이나 싸움의 방식 등을 배우려 한다는 판단을 했다고 한다.[고한순 구술] 심지어 구로공단의 선일섬유노조 같은 경우에는 노동자들이 노동조합을 만들어 활동하다가 주위의 학출활동가가 있는 민주노조들과 연대활동을 경험하면서, 노조 위원장은 다른 노조에 비해 선일섬유노조가 부족한 부분이 많다는 걸 깨달고 "우리 공장에는 왜 공부 많이 한 운동가(활동가)가 한 명도 없을까 하는 안타까움"을 느끼면서 "학출활동가들이 자신의 사업장에도 있었으면 좀더 잘할 수 있지 않을까 하는 생각"도 했다고 한다.김현옥, 「우리가 행복했던 시간」, 유경순 편, 『같은 시대 다른 이야기』, 24쪽.

일상활동 시기를 지나 투쟁의 상황에서는, 회사측의 악선전을 고려해 학출활동가들이 자신의 신분을 먼저 밝히는 경우가 많았다. 예로 가리봉전자 노동조합이 1985년 동맹파업을 벌일 때, 부위원장인 학출활동가가 회사측이 자신의 신분을 알 것이라고 판단하여, 스스로 파업 과정에 노동자들에게 자신의 신분과 왜 노동현장에 왔는지를 밝혔다. 일부 충격받은 조합원들도 있었지만, 일상활동과 투쟁과정에서 부위원장을 믿고 신뢰하던 조합원들은 긍정적으로 받아들였다. 오히려 회사가 폭력적으로 파업을 해산시키려 할 때, 학출활동가인 부위원장이 끌려갈까봐 조합원들이 스스로 스크럼을 짜서 보호하기도 했다. 이 상황에 대해 당시 가리봉전자의 학출활동가였던 서혜경은 다음과 같이 기억한다.

> 파업 시작하면서 상황 정리 좀 되고 나서 "내가 개인적으로 여러분한테 밝힐 일이 있다" 하면서 신분을 밝혔는데, 그걸로 개인적으로 배신감 느끼거나 상처받은 사람도 있지만, 일반적으로는 아무렇지 않게 "어머, 그러니까" 하며 그렇게 나쁘게 받아들여지지는 않은 거 같아요…. 그러다 회사가 다 깨고 들어와서 우리를 포위했을 때, 내가 붙잡혀 가면 분명히 큰일난다고 생각을… 해가지고 조합원들이 나를 가운데다 넣고 스크럼을 짜 가지고 '흔들리지 않게~'를 정신없이 불렀어요. 눈물 콧물 흘리면서 막 부르는데, 끝이 안 나는 거예요. 관리자들이 우리를 둘러싸 포위만 하고 그날 하룻밤을 또 보냈거든요.

또 같은 시기 동맹파업을 했던 효성물산에서도 동맹파업이 끝나고 회사측이 휴업을 해서 현장 복귀를 못하자, 노동자들은 출근투쟁을 벌이며 회사측과의 교섭을 진행하였다. 그 과정에 회사측은 강순옥이 학출활동가라는 것을 알자, 교섭대표에게 강순옥과의 관계를 정리하면 회사 문을 열겠다고 회유하였다. 강순옥은 난감한 상황에서 회사문을 여는 것이 중요하다는 판단으로 조합원들 스스로 결정하라며 자리를 피해줬다. 그러나 조합간부와 조합원들은 자체 회의를 통해 복귀를 해도 학출활동가와 같이 들어가야 하는 것으로 결론을 내리고, 계속 출근투쟁을 하기로 했다고 한다.[강순옥 구술]

위의 경우와는 시기를 약간 달리해서 1987년 7월에 구로공단의 중원전자에서는 학출활동가들이 노동자들과 같이 임금인상투쟁을 준비해서 파업농성에 들어갔다. 파업투쟁에 앞장 선 것은 모임을 같이 한 선진노동자들이었고, 학출활동가들은 투쟁의 방향을 주도하고 있었다. 그러나 투쟁이 길어지면서 회사측은 학출활동가인 고민택의 신분을 파악하고 그를 노동자들과 분리시키기 위해, 임금인상을 시켜 주는 대신 학출활동가를 해고하는 데에 동의할 것을 제안했다. 그러나 노동자대표로 교섭을 하던 교섭단들은 자체 논의를 통해 회사측의 안을 거부하고, 반대로 '임금 100원 인상과 학출 인정'을 회사측에 요구했다. 결국 노동자들은 임금인상 대신 학출활동가가 회사를 다닐 수 있도록 인정받는 것으로 투쟁을 정리했다. 이와 같은 경우는 드물었지만 노동자들의 힘으로 학출활동가가 계속 현장을 다닐 수 있는 상황이 만들어지기도 했다. 당시 중원전자에 다녔던 학출활동가인 고민택은 이 상황에 대해 다음과 같이 기억한다.

> 1987년 활동가들하고 준비해서… 7월 말인가 임금인상 가지고 파업을 해요. 그러다… 파업현장에서 구성한 교섭단이 교섭을 들어갔는데… 회사는 '고민택을 잘라야 임금인상이고 뭐고 한다' 이런 거니까. 하여간 나 자르는 것이 회사는 목표였는데…. 교섭 들어간 노동자들이 자기끼리 잠깐 얘기해서 회사한테 역제안을 하는데, 그게 정말 기가 막힌 거예요. '고민택을 자르지 말고 우리가 임금인상 가지고 투쟁에 나섰는데 우리 자존심도 있고 하니까 100원만 올려라.' 그렇게 해서 나하고 임금인상 액수를 맞바꿔요…. 그들이 생각했던 건 임금인상은 나중에 노동조합도 만들면 가능하다는 판단을

했겠죠. 회사가 어쩔 수 없이 받아들이죠. 사전에 나랑 얘기가 있었던 것도 아니고. 그래서 나도 진짜 속으로 엄청나게 감동하고.

또 한일튜브는 친목회를 중심으로 조직력을 확대하며 일상투쟁을 벌이다가 1987년 8월 11일 친목회원 중심으로 '노동조합결성 추진위원회'를 결성하였다. 이날 참여한 학출활동가 중에 송현기가 자신의 신분을 밝히면서 왜 노동현장에 왔는지 등을 이야기하자, 다른 노동자들은 "송형이 대학생이면 어떠냐, 우리가 함께 끝까지 싸우자. 회사에서 이것을 가지고 문제삼는다면 끝까지 같이 싸우겠다"는 태도를 보였다.인천민중교육연구소 편, 『'87 노동자대투쟁: 7·8월 인천지역 사례』, 77쪽.

심지어 학출활동가들에 대해 더 호의적인 경우도 있어서, 신분을 알고 나서 이들과 더 적극적으로 친해지려는 노동자들도 있었다. 1985년 안양의 범양냉방에서 해고되었던 노세극은 출근투쟁을 할 때 조합원들이 적극적으로 지지해 주었고, 이후 복직하여 출근하자 현장 노동자들이 그를 영웅대접을 했다고 한다. 한국제지에서도 김장식, 박재영, 신남희가 학출활동가라는 것이 알려지자 노동자들은 "내 주위에도 이런 사람이 있구나, 정말 행운이라고 생각한다"고 말하기도 했다.이시정, 『안양지역 노동운동사』, 63쪽. 유신중전기노조의 경우 파업이 끝나고 가명으로 위장취업을 했던 이시정이 구속되었다. 이시정은 연행되던 날 신분이 드러난 것을 알고 조퇴하면서 부서원들에게 "꼭 할 얘기가 있다. 퇴근 후 만나자"고 하였다. 그러나 이시정은 자신의 신분을 밝히려고 만든 모임에는 가지도 못하고 연행되어 구속되었다. 이시정의 신분문제가 밝혀지자 현장 노동자들은 두 가지 반응을 보였는데, "속여먹었다"며 배신감을 토로하는 사람도 일부 있었지만, 대다수는 "위장취업자들이 뭐가 나쁘냐"는 것이었다. 그 밖에도 당시 뉴스에서 자주 '위장취업자' 얘기가 나오자 "우리 회사에도 그런 사람들이 있어서 한판 엎어주었으면 좋겠다"고 생각하는 노동자들도 있었다고 한다.이시정, 『안양지역 노동운동사』, 63쪽.

이처럼 학출활동가의 신분이 어떤 상황에서, 누구에 의해, 어떤 방식으로 밝혀지는가에 따라 현장 노동자들의 반응은 대조적인 모습으로 나타난다. 그러나 어떤 경우이든 노동자들은 학출활동가를 자신들과 완전히 동일화하지는 않았던 것 같다. 사회 일반에 형성되어있는 학력 차별을 몸으로 겪어 온 노동자들은 '대학생'은 자신들과 다른 존재, 즉 많이 배운 사람이라고 인식하기 때문이었다.

3) 학출활동가와 선진노동자의 관계

1980년대 노동현장에는 1970년대 민주노조운동을 했거나 도시산업선교회, JOC 등 종교단체, 또 1970년대 말에서 1980년대 활동한 노동야학을 통해 노동운동의 의지를 갖고 활동하려는 선진노동자들이 학출활동가들이 같이 활동하고 있었다. 대체로 선진노동자들은 공장 밖의 관계를 통해 학출활동가들을 만난 경험이 있었고, 또 학출활동가들도 현장 노동자들과 달리 좀더 의식적인 선진노동자들을 쉽게 알아볼 수 있었다.

1984~85년 구로공단 민주노조들이 사업장 안에서 조합원의 지지를 받고 사업장 울타리를 뛰어넘어 일상적 연대활동을 펼쳤던 것은 무엇보다도 선진노동자들과 학출활동가들의 의식적인 노력 때문

이었다. 4개의 민주노조뿐만 아니라 노조를 민주화시켜 가는 부흥사와 롬코리아에서도 선진노동자들과 학출활동가들이 같이 활동을 펼치고 있었다. 사업장 안에서 이들은 현장 노동자들과 다른 언행, 분위기 등을 통해 서로의 존재에 대해 쉽게 파악할 수 있었고, 조심스럽게 확인과정을 거쳐 관계를 형성하기도 했다.

예를 들어 현장에서 활동가들의 소통과정을 살펴보면, 가리봉전자의 학출활동가인 서혜경과 선진노동자인 윤혜련은 초기에는 각자 활동하며 서로의 존재를 몰랐다. 1984년 급박하게 노동조합을 결성하는 과정에 두 사람은 자신들의 인간관계를 총동원해 참여했다. 이 때 두 사람은 처음 만났다. 윤혜련은 서혜경이 이전에 만난 학출활동가의 분위기와 비슷하다고 판단해 당사자에게 직접 물어 확인했고, 이후 두 활동가는 협력하기 시작했다. 이 상황을 서혜경은 다음과 같이 말한다.

> 노조 결성과정에서 윤혜련이를 만난 거예요. 보자마자 몇 마디 했는데 손을 팍 잡고… '나 좀 잠깐 봐' 그러더니 문 뒤로 끌고 들어가서 '너 학출이지?' 그러는 거예요. 윤혜련이 무척 솔직해요. 차라리 그렇게 물으니까 편하더라고요…. 그래서 끄덕끄덕 했죠. 당황스럽기도 했지만, 잘됐다 싶어 가지고. 더구나 현장 안에 활동하는 인원이 있는 것도 아니었고…, 어쨌든 나하고 같이 일할 사람이 있다는 거는 원군을 얻은 거니까 반갑고 안심되고…. 그래서 둘이 일을 협조해서 하는 걸로 당연히 알고 했죠.

대우어패럴에서는 먼저 입사해 일하고 있던 학출활동가 최한배와 청계지역의 노동야학을 같이 했던 선진노동자 김준용이 현장 상황을 공유하면서 사업장 내에 들어와 있는 활동가들을 파악해 점차 활동가들의 관계를 넓혀 나갔다. 우선 김준용이 관계를 맺은 이는 미싱사로 일하고 있던 학출활동가 심상정이었다. 김준용은 이미 1970년대 말 청계노조에서 최한배 등의 학출활동가들을 만나왔기 때문에 많은 노동자들 속에서 심상정, 민경옥 등 학출활동가들을 쉽게 알아볼 수 있었다. 당시 학출활동가 심상정과 얘기를 시작했던 상황에 대해 김준용은 다음과 같이 기억하고 있다.

> 노조 만들기 전부터 심상정이나 현장에 있는 활동가들이 레이다망에 전부 걸렸지. 그들에 대해 정보도 받았고 구별이 되더라고…. 주흘산 놀러갔다 와서 그 다음날, 그때는 상정이가 김혜란이었어요, 나이를 와장창 줄여 가지고. 그래서 내가 상정이한테 '나 좀 보세' 해서 커피숍에서 만나서 이런저런 얘기하다가 그냥 물어보았지 '자네, 몇 학번이야?' 그러니까 그냥 '78학번'이라네. 그래 갖고 나한테 걸린 거야…. 같이 모임으로 만나고, 민경옥이 같은 경우도 그 전에 전부 캐치가 다 된 거예요.

물론 학출활동가들도 서로의 존재를 확인해 소통하는 경우도 있었다. 1983년 롬코리아에 두 명의 활동가가 활동을 했는데, 장영인이 먼저 입사했고 뒤이어 박민나가 입사를 했다. 장영인은 라인을 중심으로 노동자들과 활발한 교류를 하면서 모임을 꾸리고 있었다. 본인은 조심스럽게 활동하지만, 학출활동가들은 말투와 분위기 등에서 서로를 쉽게 확인할 수 있었다. 결국 심증을 갖고 주시하던 두 활동가는 서로의 존재를 확인한 뒤에 사업장 활동을 같이 해나갔다.[박민나 구술] 현장에서 서로의 존재를 확인하면서 관계를 형성하는 경우들도 많았지만, 부흥사처럼 작업 라인이 서로 다른 경우는 현장 밖의 지역관계를 통해 현장 안의 활동가를 소개받는 경우도 있었다. 예를 들어 전규자는 지역에서 활동하던 박태연을 통해 선진노동자인 최태임을 소개받아 만나기 시작했고, 또 다른 지역활동가인 최규엽의 소개로 학출활동가인 공계진을 만났다. 또 전규자는 이전에 다니던 창현교회의 친구가 소개해서 학출활동가인 이선주를 만나게 되었다.[전규자 구술]

이처럼 부흥사에서 개인 관계로 서로 얽혀 만나던 활동가들은 1984년 말 즈음 서로에 대해 대부분 파악하게 되자, 현장활동을 공동으로 하기 위한 활동가모임을 구성했다. 이 모임에는 선진노동자들과 학출활동가들이 같이 참여했다. 이들은 1주일에 한 번씩 고정적으로 모임을 가졌다. 모임에서는 주로 각자 소속한 현장의 분위기와 노동자들의 정보를 공유하였고, 이를 바탕으로 어용노조를 어떻게 민주집행부로 재구성할 것인가를 둘러싼 토론 등 현장 상황과 활동에 대한 공유였다. 실제 이들 모임에서 활동가들은 1985년도 노조 위원장 선거를 앞두고 노조를 어떻게 지탱할 것인가를 토론하면서 새로운 위원장 감을 찾았다. 전규자는 박찬선을 추천했고, 선진노동자였던 최태임이 더 확실한 사람이긴 하지만 도시산업선교회에서 활동한 경력이 있어서 회사측에서 견제하면 더 어려워질 거라는 제기도 있었다. 모임에서는 박찬선을 위원장으로 최태임을 사무국장으로 하는 새로운 집행부 구성안을 세웠고, 결국 노조의 새로운 집행부를 구성한 결과, 이 두 사람이 위원장과 사무국장의 역할을 맡게

되었다.[공계진 구술]

이런 활동을 공유하고 방향을 논의하는 과정에서 활동가들 사이에 약간의 갈등도 표출됐다. 그 내용은 노동조합을 어떻게 볼 것인가와 관련된 것이었다. 노동운동에서 노동조합의 역할에 대한 인식 차이가 있었던 것이다. 이 문제는 모임에서 어용노조를 어떻게 변화시킬 것인가를 둘러싸고 활동 방식의 차이로 논의가 진행되었다. 그러나 현장 활동가 간의 시각 차이는 현장활동 논의에 묻혀 논쟁으로 발전될 정도는 아니었다.[공계진 구술] 또 활동가들을 불편하게 한 것은 각자가 맺고 있던 지역관계와 현장 활동가모임의 관계를 둘러싼 것이었다. 이 문제는 현장모임에서 논의한 내용을 각자의 지역관계에서 논의해서 다시 현장모임에서 논의를 반복하게 하거나, 또는 지역관계에서 논의한 것을 현장모임에서 관철시키려는 모습으로 나타나기도 했다.[전규자 구술]

또 선진노동자들과 학출활동가들 사이에 갈등도 나타났다. 예를 들어 부흥사의 경우, 일선에서 노조 간부로 활동하던 선진노동자인 최태임과 학출활동가인 이선주의 관계에서 갈등이 나타났다. 최태임은 YH노조 간부 출신인 박태연을 통해 노동운동에 대해 알게 됐고, 어용노조가 있는 부흥사에서 역량을 준비해서 천천히 조합을 변화시켜야 한다는 노동조합을 중심에 둔 활동방향을 갖고 있었다. 이와 달리 학출활동가 이선주는 부흥사에서 활동하면서 지인을 통해 심상정을 만나 그 영향을 받으며 활동했다. 그 결과 부흥사의 두 활동가 사이에는 활동 방식을 둘러싼 차이, 노동조합을 중심에 둔 입장과 지역운동 차원에서 노동조합의 활동을 사고하는 것으로 차이가 나타났다. 이런 차이는 논쟁으로 발전될 정도의 활동노선으로 정립된 것이 아니라 '현장활동 방식의 차이'로 활동가 간에 갈등을 일으켰다. 이 상황에 대해 부흥사의 학출활동가 이선주와 선진노동자인 최태임은 다음과 같이 기억하고 있다.

> 태임 언니하고 나하고 많이 말을 맞추면서 조합을 해갔던 거 같고…. 언제 시점인지를 모르겠네, 하여간 심상정 씨를 만나게 되면서 내가 영향을 받기 시작했죠. 지역 차원에서 진행되는 여러 사업이 있다는 걸 알게 됐고. 그래서 그런 지역소식이나 이런 거… '노동조합만 붙들고 있어 가지고 되는 게 아니다' 이런 생각을 외부영향을 받으면서 했던 거 같아. … 그런 문제로 최태임 언니랑 갈등을 가졌던 거 같애…. 그래서 태임 언니도 내가 조금 위험하지 않나 약간 그런 생각이 있었던 거 같고.[이선주 구술]

> 역량이 쌓여 있던 것도 아니고, 내 생각으로 '내부적으로 다져가야 한다' 그런 생각이었죠. 위원장이나 우리 간부들이 얘기하기를 외부강사 초청하는 걸 두려워하고. 아무리 내가 의식이 있다 하더라도… 간부들과 의논해서 해야 하기 때문에 조심스럽게 했고…. 우리는 새로 활동하는 사람들(학출활동가—인용자)하고는 좀 방법이 차이가 있었던 것 같아요.[최태임 구술]

또 활동 방식을 둘러싼 학출활동가와 선진노동자들의 갈등은 가리봉전자의 노출활동가 윤혜련과 학출활동가 서혜경의 관계에서도 나타났다. 우선 윤혜련은 1974년 삼경복장에 입사해 일하다가 1979년 노조가 결성되자 참여하였으나 노조는 어용으로 변화되었다. 그녀는 현장 소모임에 참여해 노동조합법, 근로기준법 등에 대해 공부하다가 퇴사해, 남화전자 위원장이었던 선진노동자 이봉우를 통해 지역소모임을 하면서 노동자의 기본 권리에 대해 배웠다. 그녀는 노동운동이 노동자권리를 확보하는 것이라고 인식하고 있었다.[윤혜련 구술] 이와 달리 학출활동가인 서혜경은 1982년 노동현장에 투신하여 요업개발에서 현장분위기를 익힌 뒤에 가리봉에 입사했다. 그녀는 1970년대 민주노조운동에 대해 이미 비판적으로 인식하고 있었고, 또 'A정치그룹'의 구성원으로서 사업장 차원을 넘어선 지역 차원의 활동에 대해 고민하고 있었다.[서혜경 구술] 이처럼 윤혜련과 서혜경은 노동운동을 보는 관점이 달랐다. 그 때문에 이들은 현장에서 실천방식을 둘러싸고 갈등이 많았다.

예를 들면 1985년 임금인상투쟁 과정에서 갈등이 드러났다. 5월 8일 제13차 교섭은 근로감독관이 중재에 나섰다. 그러나 이 날의 회의는 회사측이 17% 인상안을 고수하면서 처음부터 끝까지 팽팽히 대립했다. 노조 측은 26.8% 임금인상안을 요구했기 때문에, 대부분의 조합원이 회사측이 제안한 17%에 동의하지 않을 뿐만 아니라 만약 17%에 동의할 경우 가리봉전자 구로공장에서 농성하던 조합원들의 사기에 찬물을 끼얹는 결과를 가져올 것이라는 이유 때문에 어떻게든 이 17%를 넘어 보려고 안간힘을 쓰고 있었다. 조합원들은 구로공장에서 철야농성을 하고 있었다. 오후 2시경 1조 근무자들부터 시작한 농성은 점점 열기를 더해 갔고 오후 6시에는 2조 근무자들도 농성에 합세했다. 이런 조합원들의 분위기에 결국 회사측은 임금 17.5%와 휴가비 10,000원 인상안을 제시하자 노조 교섭단이 합의를 했다.

하지만 농성 중이던 조합원들은 교섭결과를 인정하지 않고 재교섭을 요구하며 흩어지지 않았다. 교섭위원들이 돌아와서 상황을 설명하면서 함께 설득을 했지만 성토만 난무했다. 조합원들은 투쟁으로 요구가 관철될 수 있는 가능성을 처음 경험하면서 자신감을 갖기 시작한 것이었다. 한편 이 과정에 부위원장인 서혜경은 임금인상투쟁을 통해 조합원들이 단결력과 의식을 높이는 것, 투쟁 일정을 맞춰 다른 사업장들과 행동을 같이하는 데 목적을 두었으나, 사무국장인 윤혜련은 임금인상액을 확보하는 데 목적을 두며 갈등이 야기되었다. 이런 갈등의 바탕에는 노동조합운동을 바라보는 이들의 인식 차이가 있었다. 선진노동자들은 노동조합을 중심으로 역량 상태에 맞게 점진적이고 실질적인 노동조건 개선을 위해 활동하면서 조합원들을 조직하는 데 중심을 두는 활동을 하려 했다. 이에 반해, 학출활동가들은 노조운동은 변혁운동을 위한 대중운동의 일환이고 노조는 노동조건 개선을 위한 조직이지만, 더 중요하게는 노동자들이 단결의 힘을 경험하고 노동자로서의 의식을 깨달을 수 있는 공간으로 생각하고 있었다. 이에 대해 윤혜련은 다음과 같이 말한다.

> 활동하면서 하나하나 다 부딪혔어. 서혜경 언니하고 나하고. 언니가 굉장히 과격하게 보였거든. 우리 힘은 되지 않는데 과격한 걸 자꾸 요구를 했어. 근데 나는 우리 주체적 조건과 객관적 조건을 다 봤을 때, '그렇게 해선 안 된다'라고 생각했는데…. 그때마다 부딪혔어…. 그게 이념 자체가 달랐던 거지. 그때 당시에는 선도투였거든. '몇 사람이 이거를 주도해서 끌어가면서 따라오게 돼 있다'는 선도투 정신이었지…. 내가 그때 '도대체 혁명을 하자는 거냐, 운동을 하

자는 거냐' 혜경 언니한테 물어본 거였어. 언니가 '그럼, 혁명이 좋겠네'라고 말했고. 학생 출신들은 혁명을 꿈꿔 왔던 거고, 근데 노동자 출신들은 운동이었어요.

이처럼 노동현장에서 만난 선진노동자들과 학출활동가들은 상호협조적 관계를 형성하기도 하지만, 때로는 그 활동 방식을 둘러싸고 갈등을 하기도 했다. 대부분의 학출활동가들은 이념적 지향을 갖고 목적의식적으로 노동현장에 투신했기 때문에 노동현실과 노동자들의 상황을 이해하는 데 다소 관념적이고 목적이 앞선 반면, 선진노동자들은 수년에 걸친 노동자로서의 삶의 경험을 통해 현장노동자들의 상황을 이해하고 그 속에서 출발하여 노동현실을 변화시키려는 경향이 컸다. 특히 1980년대 전·중반기의 선진노동자들의 경우 정치조직운동이 성장하지 못한 상황에서 1970년대 민주노조운동의 영향과 종교계의 영향, 또 노동야학에서 일정하게 사회과학 학습을 했지만 사회의 구조적 변혁에 대한 인식까지 하는 경우는 드물었다. 이는 각자가 노동운동을 하게 된 조건과 과정의 차이를 반영하는 것이기도 하고, 그에 따라 노동운동을 이해하는 인식의 차이로 나타난 것이라고 볼 수 있다.

1부 3장을 맺으며

1980년대 중반기 노동운동은 수도권을 중심으로 하는 청계피복노조의 합법성쟁취투쟁, 노투·구민추 등의 가두투쟁으로 전개됐다. 이 가운데 1985년 대우자동차투쟁과 구로동맹파업은 학출활동가들이 주도하면서 각기 다른 방식으로 노동운동에 영향을 미쳤다.

우선 대우자동차투쟁은 그 이전까지 학출활동가들이 신분문제로 소극적인 활동을 하던 방식에서 벗어나 공개적인 대중활동의 가능성을 보여 주었다. 이들은 비록 노조민주화에는 실패했지만 1985년 4월 임금인상투쟁에서 어용 집행부를 제치고 파업투쟁을 주도했다. 그 결과 대우자동차투쟁은 정권의 임금가이드라인 정책을 무너뜨리면서 노동자들을 고무시켰고, 다른 한편에서는 중화학공업 부문에서 의식적으로 준비한 최초의 투쟁으로 이후 중화학공업 남성 노동자들의 진출을 예고했다. 그러나 이 투쟁은 연대 기피, 학출활동가 등 투쟁지도부의 구속을 방치한 점 등에서 한계를 보였다. 그 때문에 투쟁 이후 노동운동 내부에 경제주의-정치주의 논쟁을 불러일으키는 계기가 되었다.

이와 달리 구로동파는 여성노동자들이 중심인 중소규모 섬유, 전자업종에서 일어난 투쟁이었다. 동맹파업을 전개한 5개 사업장에는 선진노동자들과 학출활동가들이 다수 포진되어 있었는데, 그 가운데 A정치그룹의 학출활동가들이 구로공단의 노동운동을 주도하였다. 구로동파는 5개 노조의 동맹파업을 중심으로 다른 5개 노조의 지지 연대투쟁을 이끌어냈고, 민주화운동 및 민중운동 세력의 지지 연대투쟁을 촉발시켰다는 점에서 노동운동의 새로운 가능성을 열었다. 무엇보다도 구로동파는 노동조합을 중심으로 대중적인 정치투쟁이 가능하다는 것을 실천으로 보여 주어 1970년대 민주노조운동의 한계를 극복할 수 있는 가능성을 제시하였다. 한편 구로동파 평가에서는 동맹파업이 가능했던 원인과 투쟁결과를 놓고, 경제주의-정치주의 논쟁이 본격화되었다. 구로동파 이후 결성된 '연투그룹'은 노투, 청계피복 등이 추진하던 서노련 준비위에 참여하여 서노련 결성의 주도적인 존재가 되었다.

이러한 1985년 두 개의 투쟁을 거치면서 정권은 노동운동에 대한 탄압을 더욱 강화했다. 그러나 1985년 2·12총선 직후 야당의 직선제개헌의 움직임이 국민의 반독재요구와 맞물리면서 1987년 6월 민중항쟁으로 터져 나왔다. 열린 정치국면을 활용해 1987년 7·8·9월 노동자대투쟁이 일어나 전국을 휩쓸었다. 노동자대투쟁은 1985년 대우자동차투쟁이 예고한 중화학공업 남성 노동자들이 중심이 되어 전국적으로 확산되었다. 노동자대투쟁의 성과는 전국에 민주노조가 뿌리내린 점이다. 1980년대 정치조직운동은 대투쟁의 과정에 조직적으로 대응하지 못했지만 학출활동가들은 사업장과 지역에서 헌신적으로 결합하였다. 이들은 사업장의 투쟁을 지역 차원으로 그리고 전국적으로 확산시키는 데에 중요한 촉매역할을 하였다.

한편 1980년대 학출활동가들의 노동현장 활동이 가시화되면서 정권은 이들에 대한 이념적, 물리적 탄압을 가해 노동자들과 분리시키려 했다. 우선 정권은 학출활동가들을 '목적을 달리하는 근로자', '위장취업자'로 부르면서 회사를 도산시키는 세력이라는 이념선전을 벌여 다른 노동자들과 분리시키려 했다. 또 정권은 학출활동가들에 대해 '불순세력', '반국가세력' 운운하는 이념선전을 벌여 이들에 대한 탄압을 정당화하려 했다. 뿐만 아니라 학출활동가들이 공장에 취업하는 것을 막으려고, 이들에 대한 회사별 경험과 노동부의 수집 사례를 토대로 '위장취업자 식별지침'을 마련해서 기업체들이 계속 정보를 공유했다. 또한 학출활동가들이 신분이 노출되거나 노조를 결성하려 할 경우에는 정권은 기업측과 결탁하여 해고, 구속, 폭력 등 물리력으로 이들을 격리시켰다.

현장 노동자들은 학출활동가들의 신분이 회사측의 악선전 속에서 드러난 경우에는 적대적인 반응을 보였으나, 학출활동가들이 노동자들과 신뢰가 확보된 속에서 자신의 신분을 밝힌 경우에는 호의적인 모습을 보이는 등 상황에 따라 상당히 대조적인 모습을 보였다.

한편 노동현장에서 만난 선진노동자들과 학출활동가들은 상호 협조적 관계를 형성하기도 했지만, 현장 내의 활동 방식을 둘러싸고 갈등을 빚기도 했다. 현장활동에서 학출활동가들은 다소 관념적이고 목적이 앞선 반면, 선진노동자들은 현실감각을 갖고 노동현실을 변화시키려는 경향이 컸다. 이들은 각자가 노동운동을 하게 된 조건과 과정의 차이를 반영하는 것이기도 하고, 그에 따라 노동운동을 이해하는 인식의 차이에서 비롯된 것이기도 했다.

2부

변혁적 노동운동의 형성과 분화

1장

변혁적 노동운동의 대두

일제강점기에 형성된 사회주의운동은 해방공간을 거치면서 이념과 운동에서 일정한 단절을 겪었다. 한국전쟁 이후 노동운동은 개별 노동자들의 저항으로 표출되었다가 1970년대 들어 민주노조운동을 중심으로 조직적인 움직임을 드러내기 시작했고, 다른 한편에서는 그 수위가 어떠하든 사회주의 이념을 가슴속에 간직한 학출활동가들이 개별적으로 고군분투하고 있었다. 사회주의 이념과 운동의 복원은 1980년대 들어 변혁지향적 노동운동의 형성으로, 그리고 그 주체형성을 위한 정치조직운동으로 등장하였다.

1980년대 정치조직운동은 1980년 결성된 전국민주노동자연맹(약칭 '전민노련')을 통해 그 싹을 보였다. 그러나 전민노련은 1981년에 탄압사건으로 와해되어 조직적인 노동운동의 시도는 중단되었고, 1970년대 민주노조운동 역시 신군부정권의 탄압으로 와해되었다. 1981년 이후 학출활동가들과 선진노동자들은 소그룹활동을 통해 노동운동의 새로운 방향을 모색하였고, 동시에 노동현장에서는 노동자들을 조직하기 위해 노력하였다.

1985년 구로동파 이후 노동자계급의 독자적 정치세력화를 지향하는 정치조직들이 형성되기 시작했다. 전위조직 건설을 목표로 한 정치조직들은 대중운동과의 관계 속에서 쇠퇴하거나 성장하기도 했다. 정치조직들은 그들이 표방한 노선과 입장을 가지고 대중운동 속에서 검증되어야 했고, 대중운동의 다양한 실천적 경험은 이론으로 다시 정립될 필요가 있었다. 그 때문에 정치조직운동은 이론과 실천을 통한 갈등·균열의 상호작용에서 발전하거나 쇠퇴하는 지속적인 실천과정 속에 있었다. 1980년대 정치조직운동은 학생운동가들의 집단적 노동현장 투신으로 인해 양적으로 팽창한 인적 조건의 기반이 갖추어져 있었고, 일부 마르크스·레닌 원전의 출간, 특히 레닌의 당이론을 받아들이면서 급속하게 변화했다.

각 정치조직들은 형성과정에서 차이가 있었고 발전 정도에서도 불균등한 양상을 보였다. 이들은 대부분 1985~87년을 기점으로 조직의 정체성을 형성하거나 형성되는 과정에 놓여 있었다. 1985년 8월에서 1986년까지는 정치투쟁을 둘러싼 차이로 분립된 서노련과 남노련이 형성됐고, 1986년 하반기부터 등장한 NL National Liberation; 민족해방 세력과 '제헌의회그룹' 'CA그룹' 이 형성되면서 정치노선과 조직노선에 따른 분화가 나타났다. 이 두 세력은 처음에는 정치이념과 개헌국면에서의 전술 차이를 둘러싸고 대립하다가, 점차 조직노선을 둘러싸고 차이를 보이기 시작했다. 제헌의회그룹은 '위로부터의 전위당 건설'을 지향했다. 그러나 NL세력은 초기에는 조직노선이 뚜렷하지 않은 채, 전위조직이나 대중정치조직의 건설을 지향하다가 이후에 산개론으로 전환하면서 전위당 건설론과 대립하였다. 또 이런 흐름에 대항해서 서·인노련 해체 이후 독자적 이론 모색을 하던 일부의 세력이 비非주체사상파인 '일동그룹'을 형성하였고, 다른 일부 세력은 삼민이념을 변화시켜 '삼민동맹'을 결성하였다. 한편, 이런 노선을 부정하면서 노동현장에 기반을 두고 역량을 구축하던 현장 중심적 세력들도 이 시기에 정치조직으로 성장하기 시작했는데, 정치서클을 통합한 투쟁동맹과 '인민노련', 또 여러 지역에 기반을 형성하던 '다산보임그룹'이 바로 그 대표적인 사례이다.

이 장에서는 이들 정치조직들의 주체형성방식, 조직의 활동 내용과 운영방식, 대중운동과의 관계형성방식을 중심으로 대중운동과 정치조직운동의 결합관계를 살펴보겠다.

1절

전국민주노동자연맹과 정치적 노동운동의 맹아

1) 1970년대 민주노조운동과 장기론 비판

1970년대 노동운동은 민주노조운동, 학생·지식인들의 노동현장 투신 및 한국노총·종교기관을 통한 지원 활동, 그리고 학생운동가들의 노동야학운동 등의 다양한 양상으로 나타났다. 특히 1960년대 후반기부터 1970년대 내내 개인적으로 지속된 학생운동가들의 노동현장 투신은 크리스천아카데미의 활동가들에 의해 새로운 방식이 시도되다가 중단되었다. 이를 이어 전민노련전국민주노동자연맹은 1970년대 민주노조운동 및 노동운동에 접근하는 학생운동가들의 방식에 대해 전면적인 비판을 하면서, 조직적인 노동운동에 대한 첫 시도로 등장했다. 전민노련은 노동자들과 지식인들의 결합, 목적의식적인 노동운동의 지향, 조직적인 노동운동을 전개하려 했던 점 등에서 1980년대 변혁적 노동운동의 싹을 틔웠다.

1980년 5월 3일 출범한 전민노련은 민주노조 간부 출신 노동자,

도시산업선교회의 활동가, 노동현장에 투신한 학출활동가 등이 주체가 되었으며, 구성에서 알 수 있듯이 1970년대 노동운동의 여러 주체들을 포괄하고 있었다. 특히 전민노련은 1970년대 크리스천아카데미의 활동가들이 구상했던 민주노조의 전국조직 건설을 조직적으로 시도한 것이었다.

전민노련 결성은 이태복의 활동으로 시작되었다.[1] 그는 노동운동의 방향을 모색하면서 다른 한편으로는 주위 활동가들과 접촉하기 시작했다. 홍사단 아카데미 활동을 통해 학생운동가들과 관계를 형성해 갔고, 노동조합 간부들을 만나기 위해 크리스천아카데미의 간사인 김세균의 소개로 노조 간부 교육과정에 참가했다. 이 과정에 1970년대 민주노조의 간부들인 유동우, 방용석, 양승조, 김병구 등을 만나 관계를 맺었다.

또 그는 광민사라는 출판사를 만들어 노동운동이론을 소개하는 책과 노동자교재를 발간했다.[2] 이는 노동운동에 대해 이론적으로 알리면서 그 지지기반을 확보하기 위한 것이었고, 다른 한편에서는 노동자들의 의식화를 촉발하기 위한 목적으로 추진된 새로운 시도였

1 이태복은 1970년 국민대에 입학, 학내 홍사단을 조직했고 대학생서울아카데미 회장과 전국연합회 총무를 맡아 활동을 했다. 1971년 대통령선거 참관활동을 벌이다 위수령과 동시에 학생운동 세력이 침잠되자 강제징집되어 최전방에서 고된 군대 생활을 경험했다. 제대 후 그는 학생운동의 한계를 인식하고 동시에 전태일 분신사건의 영향으로 관심을 갖게 된 노동운동을 하기 위한 모색을 했다. 그는 노동운동과 관련된 학습을 하는 한편 용산의 짐꾼으로 일하는 등 직접 노동을 경험하기 시작했으며, 또한 노동자들의 실상을 파악하기 위해 여러 자료를 조사하기도 하고 영등포, 부평, 구로 등을 비롯한 전국 주요 공단지역의 실태조사를 하기도 했다.[이태복 구술]

2 『한국노동문제의 구조』라는 입문서를 출판해 초판 3천 부, 추가 2천 부가 판매되었다. 노동자 교재로서 『노동의 역사』, 『노동의 철학』, 『노동운동의 기초』, 『영국노동운동사』, 『독일노동운동사』 등 다수의 책을 펴냈다. 이 교재들은 1980년대 내내 노동자들의 기초 교육과정에서 널리 사용되었다.

다. 이러한 활동은 1970년대 도시산업선교회 등 종교단체의 인권 차원의 노동운동 지원활동이나 여성노동자 중심의 소그룹활동 등에 대한 비판적 인식을 바탕으로 진행된 것이었다. 전민노련 건설 주체들은 산업구조가 고도로 발전하고 있기 때문에 노동운동도 체계적이고 조직적인 실천을 모색해야 한다고 생각했다. 또 그들은 과학적인 노동운동에 대해 좀더 체계적인 소개를 통해 대중적 저변을 넓힐 필요를 느꼈는데, 그것은 대량생산을 통해 가능하다고 판단했다. 대량생산시스템을 구축해 노동운동에 대해 더 체계적이고 합리적인 내용을 갖는 책들을 소개하고 그것을 공론화할 필요성이 있다고 본 것이었다. 나아가 당시 지식인사회가 민족문제나 사회참여에 대한 문제를 중심으로 거론하던 분위기를 비판하며, 이를 넘어서서 구체적인 사회 모순의 해결 주체로서 노동자의 역할에 대해 고민해야 한다고 생각했다.[이태복 구술]

이런 움직임은 당시 노동운동의 흐름에 대한 문제의식 속에서 시도된 것이었다. 이태복은 1970년대 민주노조운동이 노동조합의 틀에 안주하면서 개별 노동자들의 이익추구만을 하는 조합주의·경제주의적 성격을 띠고 있다고 비판하였다. 그리고 그렇게 된 이유는 인도주의적이고 인권적인 차원에서 노동문제에 접근하는 자유주의적 종교계의 영향으로 노동자들이 그 계급적 인식을 확장시킬 정치·경제적 사회구조에 대한 과학적 인식이 부족하기 때문이라고 판단하였다.[이태복 구술]

또 노동운동에 학생운동 출신들이 참여하고 있었지만 이들의 활동은 종교단체라는 제한된 범주에서 간접적으로 이루어졌고, 직접 현장에 투신한 몇몇 학생운동가들도 대부분 장기론-준비론, 소그룹주의 등의 태도에 빠져 있다고 비판하였다. 그는 이러한 자연성장적 운동방식을 극복하기 위해서는 지식인들이 노동운동에 간접적으로 참여하는 방식을 넘어서 대규모의 조직적인 노동현장 참여가 필요하다고 판단하였다. 당시 노동운동의 상황에 대해 이태복은 다음과 같이 말한다.

> 그때는 '박정권을 어떻게 쓰러뜨리냐?'는 데 관심이 많은 쪽이 있는가 하면, 한쪽에서는 '박지만 때까지 갈 거다' 그런 얘기도 많았어…. 그렇기에 '장기전이다. 현장에 박혀서 숙련 노동자로 기반을 맨들어서 나중에 힘을 모아서 가야 된다' 이런 얘기지…. 또 서클주의 방식은 70년대 후반에… 예를 들어서 정윤광이라 할지, 몇 사람이 더 있어요. 현장에 가서 사람들 만나고 토론 학습하고 이러는 거죠. 또 크리스천아카데미 같은 데서 여러 그룹들을 묶어 가지고 연결해 간달지, 이런 것이 서클주의운동들이라고 봐야 될 텐데…. 그래서 우리는 예를 들면 '노동조합에 있는 사람들은 적극적인 자기 권리를 주장해서… 군사정권의 폭압적인 성격도 폭로하고 또 자신의 권리를 찾기 위한 적극적인 투쟁을 해야 된다'고 생각했죠. 그때도 '불황기에는 노동운동이 안 된다. 입을 다물고 역량 축적을 해야 된다' 이런 얘기가 있었죠. 그래서 논쟁과 토론이… 치열하게 되고 있었던 거죠.

전민노련이 한국사회의 성격과 사회변혁에 대해 구체화된 이론으로 제기한 것은 없다. 당시 한국사회에 대해 갖고 있던 이들의 인식은, 1977년 말에서 1978년 초에 이태복이 남조선민족해방전선준비위원회(약칭 '남민전')의 지도부인 신향식과의 논쟁을 통해서 엿볼 수 있다. 남민전이 한국은 식민지사회이며 독재정권은 미美제국주의의 이익을 대변할 뿐이라고 주장한 데 반해, 이태복은 한국은 해방 직후에는 미제국주의의 이익을 대변했지만, 1960~70년대의 경제발전에 의해 한국의 독점자본이 자기운동의 중심축을 갖게 되었기 때문에 식민지라 규정할 수 없고, 오히려 한국은 신식민지사회이며 남한정권은 독자적인 물적 토대를 구축하고 있다고 주장했다. 이런 사회성격 규정에 따라 신향식은 미제의 강점으로부터 조국을 해방시키는 것이 한국사회의 시급한 과제라고 강조했으나, 이태복은 민족적 과제와 민주적 과제는 다른 단계의 과제가 아니라 민주화투쟁의 진전 여하에 따라서 민족적 과제의 해결 수준이 달라지게 될 것이라고 주장했다.이태복, 「노동운동 투신 동기와 민노련·민학련 사건」, 『역사비평』 27호, 역사비평사, 1994, 270쪽.

또 이태복은 남민전이 시민들을 중심으로 전위조직을 결성하려는 데 반대했다. 그는 전위조직은 노동운동의 대중적 기초가 강화되고, 거기에서 전위역량이 성장할 때 결성될 수 있다고 판단했다. 그러므로 다수의 지식인들이 노동현장 투신을 계획적으로 추진하여 전위조직 건설을 위한 기반을 확보해야 한다는 생각을 가지고 있었다.민주화실천가족운동협의회 외 편, 『10대 조직사건』, 아침, 1989, 36~37쪽. 그는 민주주의의 과제를 해결할 주체는 결국 노동자계급과 그 동맹자들이기 때문에 그 투쟁을 지도하는 참모부의 구성도 이 투쟁과정에서 축적된 지도역량에 의해 이루어져야 한다고 강조했다.이태복, 앞의 글, 272쪽.

한편 이태복은 당시 노동자들의 노동운동 참여가 확대되고 있다고 판단했다. 1970년대 후반에 청계피복노조의 노동교실폐쇄, 동일방직노조의 어용화 시도, YH무역의 폐업 등과 같이 정권의 민주노조 탄압이 강화되었는데, 그만큼 노동자들의 저항의지도 높아지고 있다고 보았던 것이다. 당시 판단에 대해 이태복은 다음과 같이 말한다.

> 전체적인 흐름은 보수적인 정치… 야당세력들, 그리고 청년운동, 이런 사람들이 주도하는데, 실제 참여하는 사람들을 보게 되면 아주 기층적인 성격이 강한 사람들의 참여가 굉장히 늘어나고 있거든. 예를 들어서 시국기도회나 이런 데 가서 보면 우리가 현장에서 만난 많은 노동자들이 와 있다고. 그래서 이걸 좀더… '질적으로 전환시켜야 될 필요가 있다. 그리고 질적으로 전환되지 않고서는 이 에너지를 제대로 담아낼 수 없다.' 이것이 과거 운동의 이론에서 볼 때 충분히 우리가 유념해야 될 그런 문제였고.

거기에 이들은 1980년 들어 경제위기가 심화되는 것과 군부독재권력의 불안정, 학생운동 역량 강화 등의 상황을 놓고 한국사회가 위기상황으로 내닫고 있어서 조만간 도래할 전면적인 투쟁에 대처해야 한다고 판단했다.

2) 제2노총 건설 모색과 노동자·지식인의 결합

전민노련 추진 세력은 1979년 10·26사건 이후 노동운동이 고양되어 가는 정세 속에서 새로운 노동운동의 구심체로서 기존의 어용노총을 대신할 '제2노총 건설'을 주장했다. 이를 위해 노조민주화투쟁, 미조직 노동자의 노조 결성운동을 추진해 산업별 조직체제로 전환해서 노조운동의 전국적 센터를 건설하려 했다. 이를 위한 실천방향을 보면, 민주노조는 적극적인 임금인상 및 단체협약 투쟁과 연대활동을 강화해 나가야 하며, 또 노동조합 운영원리로서 민주적 요소를 기본으로 할 수 있도록 추동할 것 등을 들 수 있다. 이러한 민주노조들은 그 활동을 바탕으로 군사정권의 폭압적인 정치문제를 제기하여 진전된 민주화 내용을 담보해 내면서, '8시간 노동제, 최저임금제, 노동3권 보장과 같은 민주적인 기본권리가 보장될 수 있는 틀'들을 확보해 가는 작업이 중요하다고 제기했다. 또 전민노련을 중심축으로 하여 한국노총의 민주화작업을 하면서, 동시에 새로운 민주노조 결성을 시도하고, 그 힘을 바탕으로 새로운 민주노조들의 전국조직을 형성해 가는 것이었다.

이러한 '제2노총 건설' 발상은 크리스천아카데미의 실무자들에 의해 민주노조의 전국적 구심 형성의 필요성으로 제기되었다. 그러나 이런 시도는 1979년 크리스천아카데미 사건으로 중단되었다. 이 구상은 1980년 3·4·5월에 노동운동이 고양되자, 민주노조들과 노조민주화를 추진하던 노조 간부들이 한국노총의 문제를 둘러싸고 논의하는 과정에서 다시 주장되었다. 이 당시에는 노조 간부들의 의견은 '한국노총 민주화'와 '제2노총 건설'로 나뉘었다. 전국금속노조 민주화추진위원회가 앞장선 노총정상화추진위는 노총 민주화의 방법을 택했으나, 신군부세력의 5·17쿠데타로 무산되었다.

그 뒤 전민노련이 조직목표로 제2노총 건설을 주장했다. 제2노총 건설 시도는 5·16 이후 한국노총 체계에서 정권과 결부된 어용노총의 민주화가 가능하지 않다는 판단하에 아래로부터 민주적 노조의 중앙을 건설해야 한다는 것을 제기한 것이라는 점에서 의미가 있었다. 이는 1970년대 민주노조들이 한국노총으로부터 이념이나 조직관계에서 독립된 활동을 하지 못한 한계를 극복하기 위한 시도이기도 했다.

최종적으로 전민노련 결성준비에 참여한 사람들은 대구·경북지역의 김병구, 안양의 유동우, 서울 청계피복노조의 양승조, YH무역노조의 박태연, 울산의 하동삼, 학출활동가로는 광주의 윤상원, 도시산업선교회 간사였던 신철영, 노동현장에 투신해 있던 김철수 등이었다. 이들은 1979년 12월경부터 1980년 4월까지 조직구성을 위해 활동하였다. 이런 결성 상황에 대해 청계노조 지부장이었던 양승조는 다음과 같이 말한다.

> 78년쯤 청계노조를 내가 관두고… 이럴 때 전민노련 사람들하고 의기투합한 거지…. 그때 노동운동했던 사람들도 모으고… 또 학생들은 흥사단 쪽으로 일했던 사람들도 만들고…. '노동조합운동이라는 게 지금 같은 상태에선 안 되니까 어떻게 해야 되냐'고 논의를 하다가 전민노련을 만든다고. 이태복, 유동우, 박태연, 윤상원이 있었고 김철수도 노동 쪽에 있었어요. 7명, 8명 됐는데, 이 사람들이 '현장 기반이 없으면 안 된다. 현장에 들어가자' 해서 지역을 나눠서, 나는 인천의 경동산업에 있었죠.

이들은 노조의 전국적 센터 건설이 노동자들만의 투쟁으로는 불가능하기 때문에 학생운동과 연대해 활동할 필요성이 있다고 판단했다. 그러나 조직 보안문제 때문에 조직의 중심만을 연결해서 활동하다가 새로운 조직체로 결합시켜 정치운동의 지도부를 구성한다는 계획을 세웠다. 이런 준비과정을 거쳐 전민노련은 5월 3일부터 2박 3일 동안 결성대회를 진행하면서 조직체계와 역할분담, 규약 등을 확정했다. 전민노련의 규약은 다음과 같다.「전국민주노동자연맹 공소장」, 1981.

1. 민주정권의 수립을 목표로 하되, 노동3권 보장, 8시간 노동제의 확립, 최저임금제 실시를 일차적인 투쟁목표로 하여 미조직 노동자의 조직화, 조직노동자의 민주화를 당면 과제로 삼는다.
2. 조직의 성격은 비공개, 반합법을 원칙으로 한다.
3. 운영은 민주집중제를 기초로 하고 소수는 다수에게 하부는 상부에게 복종한다.
4. 조직방식은 하향식과 상향식을 병행한다.
5. 중앙위원회를 지도부로 시·도 단위에서 지부, 구·공단지역 단위에는 지회, 사업장 단위에는 지반을 각각 조직한다.
6. 조직 확대방식은 학습그룹을 조직하여 지도적 인물을 암암리에 개별입회 시킨 후 해산시킴으로써 보안을 유지한다.
7. 회원의 자격을 정회원과 예비회원으로 구분하여 일차로 예비회원을 선발하여 훈련시킨 후 1년 이상의 현장경험을 지닌 자를 입회문답을 통하여 정회원으로 가입시킨다. 특히 정회원의 선발에 있어서는 노동문제에 대한 과학적 인식수준, 노동문제의 해결방향에 대한 인식도, 자신의 실천/의지 등을 검토하여 결정한다.
8. 조직이 지식인이나 여성노동자 중심으로 편중되는 것을 막기 위

해 근로자 출신 회원과 지식인 출신 회원의 비율을 6 : 1로, 남녀의 비율을 2 : 1로 제한한다.
9. 재정은 원칙적으로 회비로 충당하되 자기 수입의 5% 이상을 의무적으로 납부하도록 한다.

규약에서 드러나는 전민노련의 구성원리 중에서 주요한 것은 "역량배치는 기간산업에 우선적으로 집중하고 당면역량과 장기역량을 구분, 노동자와 지식인의 구성 비율은 6 : 1로 제한하며, 지식인은 반드시 현장노동을 하고 있는 자만이 가입자격을 갖도록 한다"는 것이다. 이들은 지식인과 노동자의 결합을 의식적으로 추진하면서도 구성 비율에서 지식인의 수를 제한하고 가입자격을 두었다. 이는 지식인이라는 사회적 존재의 특성상 관념적이거나 일회적일 수 있는 경향을 경계한 것이었다. 그 이유에 대해 이태복은 다음과 같이 전하고 있다.

학생운동 출신자들도 막연한 서클주의나 또는 장기적인 생각을 갖고 있던 사람들도 우리가 얘기하는 '체계적이고 당면한 역량에 걸맞는 그러한 과제를 좀 풀어 가는 노력에 집중을 하자'는 점에 동의해서 결집시킬 수 있었던 거죠. 다만 우리는 의식적으로 '지식인 출신들이 많아지면 또 이게 붕붕 뜨니까 문제가 있다.' 왜냐면 현대사의 경험에서 오는 것이거든. 그러한 속성을 굉장히 경계하고 주의를 기울이려고 했던 거죠. 그래서 전부 현장에서 단련되고 어느 정도 검증되는 사람들을 회원으로 해서, 그 대신 전체의 구성에 있어서는 노동자 숫자가 더 많게 끊임없이 만들어 가려고 했던 거죠.

또 조직 역량을 기간산업에 목적의식적으로 배치하려 했던 점도 중요하다. 이는 1970년대 민주노조운동이 한정된 몇몇의 경공업 사업장 중심으로 활동하면서 역량의 확산을 고려하지 못한 한계를 극복하고, 산업구조에 영향력을 미치는 사업장을 고려하여 활동가를 배치하려 한 것이었다.

전민노련은 창립대회 직후 5·17쿠데타가 일어나면서 정세가 고양국면에서 탄압국면으로 변화되었음에도 광주민중항쟁 이후 학생운동과 노동운동에 만연한 패배주의 등의 태도를 비판하면서 이전과 같은 방식의 조직활동을 계속해 나갔다.[3] 전민노련은 정회원을 예비그룹의 성원 중에서 선발하였는데, 정회원 가입 시에는 추천인 입회하에 별도의 가입 주체자가 정하는 문답과 선서를 통해 노동운동에 임하는 자세 등을 확인하는 절차를 밟도록 했다. 정회원들은 '10대 준수사항'을 실천할 것을 요구받았는데, 그 내용은 "조직을 자신의 생명보다 더 소중히 여길 것, 조직보안을 사수할 것, 시간준수, 동지사랑에 관한 것" 등이었다. 또 예비그룹은 보통 선발기준에 맞는 대여섯 명의 예비회원으로 구성되며 4~5개월간 노동법, 노동조합론, 노동운동사, 현장사례 등을 학습하였다. 교안은 중앙위원이 분야별로 작성하거나 광민사에서 발행한 '산업신서' 시리즈를 사용하기도 했다.「전국민주노동자연맹 공소장」

3 이에 대해 "…… 1980년의 반(反)노동적인 움직임에 의해 지난 수십 년간의 고난에 찬 노동운동사가 빛바랜 휴지가 되어 버린 것 같아 민주적인 조합운동가와 현장활동가들이 패배감이나 무력감에 빠져 그 일시적이고 특수한 조건을 일반화하고 확대하여 자포자기의 심정에 사로잡히기 쉽습니다. 또 반대로 객관적인 현실을 무시한 주관주의에 기울어 변혁초조증에 걸린 소아병 환자가 되기도 합니다. 그러나 소외와 자기부정의 현실조건으로부터 궁핍과 외부적 합목적성에 의하여 규정된 노동이 없는 자유의 세계를 굼꾸어 온 노동자들은 자신들의 희망을 포기하거나 좌절하지 않습니다"라고 비판했다(편집부, 『노동운동의 기초지식』, 광민사, 1981, 27쪽).

전민노련은 이 시기에 조직확대에 중심을 두어 활동하였는데, 특히 예비회원의 선발과 교육에 노력을 집중하였다. 결성 초기의 조직구상은 서울지부에 구로지회가 있고, 구로지회는 다시 구로 1, 2, 3공단별로 1, 2, 3분회로 나누는 식으로 설정했다. 각 분회 내에서는 사업장 단위로 지반이 조직된다. 그러나 전민노련이 이런 조직구상을 모두 완성하기 전에 와해되었기 때문에 실제 조직은 꼭 원칙대로 구성되진 않은 것으로 보인다. 다만 조직확대 과정에서 부분적인 성과를 낳기도 했다. 그 예로 전민노련의 하부조직 구성이 가장 진척되어 있던 구로지역을 통해 살펴보면「전국민주노동자연맹 공소장」, 몇 개의 지반을 결합하여 이원적으로 예비모임이 구성되어 있었고, 구로지회는 결성 직전까지 확장됐다. 각 지반은 자기 현장 내에 현장소그룹을 조직하여 운영했다. 예를 들면 YH노조 출신인 박태연은 구로공단 남양나이론에 있던 노동자들을 소모임으로 조직해 학습하면서 현장활동을 지도했고, 그중 일부를 예비후보그룹에 가입시켜 조직원으로 확보하려 했다. 이 예비그룹에 참여했던 남양나이론의 최태임은 다음과 같이 말한다.[4]

> 78년 남양나이론 다니는데… 친구가 박태연이를 소개시켜 줘서 만나 보고 나는 너무 감동을 받았어요. '아, 세상에 노동자 출신도 이렇게 똑똑한 사람이 있구나….' 그러면서 같이 공부도 했어요.… 전민노련 소속이었던 오상석(고대 76), 김천수(도천수, 고대 73)라든

4 전민노련사건 공소장에는 "박태연으로부터 '내가 운영하던 예비그룹 중 최태임은 4월 22일 유해우가 입회문답을 받고, 길문숙은 4월 말에 신철영의 입회문답을 받아 입회시켰다'는 보고를 받고"라고 기록되어 있다(「전국민주노동자연맹 공소장」).

지…. 80년 남양나이론을 나와 구로 2공단에 있는 브라자 만드는 데를 들어갔거든요. 태연 언니랑 팀이 돼서. 그리고 태연 언니하고 노숙영이하고(안양 노동자) 같이 공부했어요…. 전민노련에 내가 소속이 된 거는 태연이 언니가 '너 해볼래' 이래서 한다고 했어요.

현장소그룹은 대부분 현장활동가가 직접 현장문제에 관한 토론을 이끌어 가는 동시에 별도로 학습담당자가 참여해 사회과학 학습을 시키는 방식으로 운영했다. 전민노련은 구로 1, 2, 3공단 이외에 양평동 갑, 을, 중앙의 평화시장, 방산시장, 그리고 뚝섬 등지에 현장 기반을 가지고 있었다. 이들의 현장활동 예로는 삼경복장 민주화 활동을 들 수 있다. 서울대 75학번인 김철수는 삼경복장에서 어용 집행부를 민주화시키는 활동의 결과 새로이 민주파 집행부를 구성하고, 쟁의부장을 맡으면서 노동조합 간부가 되었다. 그러자 회사측에서는 노동조합의 새로운 집행부로 등장한 간부들에 대한 신원조회를 실시했고, 그 과정에 김철수는 본명으로 들어갔기 때문에 신분이 발각되어 회사를 나올 수밖에 없었다.

또 최규엽은 잉꼬법랑에서 새롭게 노조를 결성했다. 이는 1983년까지 학출활동가가 현장에서 노조를 결성해 낸 유일한 사례였다. 이런 활동들은 미조직 노동자의 조직화, 조직노동자의 민주화라는 당면 과제를 성공적으로 수행한 사례로 주목된다.

제가 82년도 잉꼬법랑 들어갈 때… 기숙사에 있으면서 사람들 모아서 노동법도 공부하고, 그 당시 노동운동에 관계된 책을 가져다 공부시켰지. 기숙사에서 하니까 보안이 새가지고 방을 얻어 나가서… 본격적으로 내 방에서 한 명, 한 명씩 무릎 꿇게 하고 서명받아, 선서를 받아 가지고 가입을 다 시켰지. '나는 노동조합을 끝까지 사랑한다, 동지를 사랑한다' 이런 식으로. 그때 잉꼬법랑이 450명 정도 되는데 노조 결성대회를 한 다방에 한 130명 모였어요.

그밖에도 학생운동 출신자들로 예비그룹을 조직하여 취직요령, 지역실태, 현장활동가의 태도와 언어 등에 관한 오리엔테이션, 조직실무와 노동법교육 등을 단기간에 마치는 프로그램도 시도되었다. 사업장 내의 지반 활동을 간접적으로 지원하는 노동야학 활동으로는 국제복장의 자취방야학 등이 있었다.민주화실천가족운동협의회 외 편, 『10대 조직사건』, 40~42쪽. 당시 조직규모는 초기 구성원 이외에 조직원으로 가입하는 입회문답을 거친 사람이 35명 정도였다.

1981년 6월 10일 이태복이 치안본부 대공분실로 연행되고, 6월 16일 이선근과 이덕희 등 전민학련전국민주학생연맹 관련자 수십 명이 연행되었다. 8월 초 양승조, 신철영 등 전민노련 관련자까지 수사가 확대되면서 조직이 와해되었다. 이는 주체 역량에 대한 과대평가도 있었지만 집중적인 탄압시기에 전국 규모의 조직 결성을 시도한 문제가 드러난 것이기도 했다. 그럼에도 전민노련은 목적의식적이고 조직적인 노동운동의 필요성을 주장하고 시도했던 점에서 1970년대 개별적이고 분산적이었던 운동방식을 넘어선 의미를 가진다. 또 이런 전민노련의 문제의식은 일정하게 80년대 노동운동으로 이어졌다.

2절

변혁적 노동운동의 등장

1) 대중정치투쟁과 서울노동운동연합의 균열[1]

① 구로노동자연대투쟁연합과 대중정치투쟁조직의 결성

1980년대 변혁적 노동운동의 본격적인 맹아는 1985년 8월에 결성된 서노련서울노동운동연합에서 시작되었다. 1985년부터 한국노협한국노동자복지협의회을 비판하며 새로운 노동운동의 흐름을 형성하려 했던 해고자 단체들과 법외노조인 청계노조를 중심으로 서노련 준비위가 결성되었다. 그러나 서노련 준비위가 고민하던 '경제주의·조합주의를 극복하는 노동운동조직'이라는 새로운 노동단체의 성격은 구로동맹파업을 거치면서 결성된 연투그룹구로노동자연대투쟁연합의 참여로 변화되었다. 연투그룹은 구로동맹파업으로 대중운동의 경험을 가진

1 서울노동운동연합(약칭 '서노련') 관련 내용은 민주화운동기념사업회, 『기억과 전망』 17호, 2007에 실린 글을 수정·보완한 것이다.

이들이 다수 구속된 상태였지만, 그 경험을 바탕으로 '정치적 노동운동', '정치투쟁을 위한 조직'의 필요성을 강하게 주장했다.[2] 그 결과 1985년 8월 25일 대중정치투쟁을 주장하는 서노련이 출범했다. 서노련의 성격에 대해 서노련 사무국장으로 활동했던 이봉우는 다음과 같이 말한다.

> 서노련 결성은 세 개 그룹에 연투그룹이 끼게 된 거지. 처음 우리는 '노협을 극복하는 수준의, 조합주의를 극복하는 수준의 새로운 노동운동조직'의 조직상이었는데, 구로동파가 일어나고 그 사람들이 결합하면서 성격이 달라진 거예요. '이념성을 띤 노동운동', '정치투쟁을 중심에 놓고 해야 된다' 이렇게 정리를 한 거죠…. 거기서 계급운동이니 사회주의운동이니 구체적이진 않았지만, 언급됐지…. 다른 사람들도 이의가 없었죠.

서노련의 등장은 변혁적 노동운동의 시작을 알리는 것이었다. 출범 이후 서노련이 수도권 중심의 노동운동을 주도하자, 그 영향으로 인천지역노동자연맹(약칭 '인노련'), 안양지역 노동3권쟁취위원회, 성남생존권확보투쟁위원회 등도 결성되었다.

서노련이 수도권 노동운동을 주도할 수 있었던 이유는 무엇일

2 구로지역 A정치그룹(연투그룹의 이전 모임)에 참여하거나 관련을 맺은 학출활동가 가운데 구로동맹파업으로 구속된 이들은 서혜경(가리봉전자 부위원장), 박경희(대우어패럴 사무직원), 장영인(롬코리아 회계감사), 이선주(부흥사 대의원, 간부), 최한배(대우어패럴, 활동가) 등으로 노동조합이나 대중에게 신뢰를 받고 영향력을 행사하던 인물들이었다. 그밖에도 김준용(대우어패럴 위원장), 김영미(효성물산 위원장), 윤혜련(가리봉전자 사무장), 김현옥(선일섬유 위원장) 같은 선진노동자들이 다수 구속되었다(유경순, 『아름다운 연대』, 446~447쪽 참조 작성).

까? 첫째, 가장 중요한 이유는 구로동파의 정치적 영향이었다. 앞서 살펴본 것처럼 1980년대 전반기 노동운동 세력은 변혁지향적 노동운동을 지향하고 있었다. 그러나 구로동파 이전까지는 "정치투쟁의 의의를 인정하더라도 아직 노동자의 역량이 미약하므로 정치투쟁을 할 단계가 아니다", "한국은 정치적 자유와 노동기본권이 보장되어 있지 않아 경제투쟁을 하다 보면 자연스럽게 정치투쟁으로 발전한다"는 인식에 머물러 있었다. 김문수, 「어느 실천적 지식인의 자기반성」, 『현장』 6집, 134쪽. 구로동파는 노동자들이 연대투쟁·정치투쟁을 할 수 있다는 자신감을 갖게 했으며, 민중운동 세력의 연대를 불러일으키면서 변혁운동에서 노동운동의 중요성을 확인시켜 주었다. 구로동파 이후 노동운동 세력은 '노동운동의 정치화', 즉 정치투쟁과 정치조직 건설을 당면 과제로 고민하기 시작했고, 이런 이유로 노동운동의 정치화를 내세운 서노련의 주장은 설득력을 갖게 되었다.

둘째, 구로동파의 주체 중 다수가 참여한 연투그룹의 서노련 참여는 서노련을 '구로동파의 후계자'로 위치짓는 힘이 되었다. 또 연투그룹은 '정치투쟁 경험자'로 서노련 내부를 주도하게 됐다.

셋째, 연투그룹이 서노련에 참여하면서 생긴 또 다른 효과는 규모에도 있었다. 노투노동운동탄압저지투쟁위원회와 구민추구로지역노조민주화추진위원회 등은 현장 기반을 갖지 못한 해고자 조직이었던 데 비해, 연투그룹은 구로동파에 참여했던 다수의 선진노동자와 활동가들, 그리고 구로지역 'A정치그룹'을 포함한 조직이었다. 또한 연투그룹은 서울대의 학생운동가들과 연계되어 있어 일정한 동원력도 가지고 있었다.

이렇게 결성된 서노련은 1985년 상반기의 이른바 'CNP논쟁'[3]에서의 민족민주혁명론에서 파생된 삼민혁명론을 주장했다. 이 이론은 NL노선이 등장하기 이전까지 노동운동진영을 주도하는 이념으로 아직 체계화가 덜 되었으나 공식적으로 제기된 초기 변혁론이었다.[4] 이런 정치노선에 따른 서노련의 조직노선은 다음과 같은 대중정치조직론에 입각해 있었다.

1. 노동자계급의 정치의식을 높이기 위해서는 노동자계급의 대중조직도 경제주의적인 조합 형태가 아닌 정치선동·선전을 주요 임무로 하는 정치조직 형태, 즉 대중의 정치조직 형태로 이루어져야 한다.
2. 대중은 투쟁 속에서 단련되어야 하며 투쟁 속에서 단련된 대중의 조직화가 대중조직사업의 참된 길이다. 선도투쟁 속에서 대중의 투쟁성을 강화시키고, 이 과정 속에서 단결된 선진적 노동자의 조직화가 참된 대중 조직화의 길이다.
3. 노동자계급은 통일되어야 한다. 공장의 고립성을 벗어나 전국적

3 1980년대 초기의 이념논쟁은 민주화청년연합에서 제기한 'CNP논쟁'에서 촉발됐는데, 이는 시민민주주의혁명(civil democratic revolution: CDR), 민족민주주의혁명(national democratic revolution: NDR), 민중민주주의혁명(people's democratic revolution: PDR)의 구도로 전개됐다(권형철, 『한국변혁운동논쟁사』, 일송정, 1990, 14쪽).

4 삼민혁명론은 한국사회를 예속적 국가독점자본주의론에 입각해 분석했다. 제국주의를 외인으로 보면서 한국사회는 제국주의, 국내 독점자본, 파시즘이라는 3자가 대등한 위치에 결합하여 지배한다고 파악했다. 따라서 제국주의와 민중 간의 모순은 외적 모순이며, 삼반적 성격의 파시즘과의 모순은 내적 모순으로 설정하여, 제국주의 모순은 파시즘을 매개로 자신을 관철시킨다고 보았다. 한국의 모순은 삼반적 성격을 띤 파시즘에 저항하는 세 범주의 운동인 민족운동, 민주운동, 민중운동을 낳는다. 한국 파시즘은 민중이 주체가 된 삼민이념의 공격으로 무너질 것이고 삼민이념을 기축으로 한 삼민운동을 전개함으로써 삼반적 파시즘을 타도할 수 있다고 했다(권형철, 앞의 책, 18~19쪽).

차원에서 통일되어야 하겠으나, 주체적 조건상, 일단 지역적 범위 안에서 통일되어야 한다.

4. 현재, 한국 민족민주운동의 지도세력은 노동자계급이어야 한다. 지역대중정치조직이 노동자계급의 지도부이므로, 모든 민족·민주 세력을 주도해야 한다. 민주화운동청년연합, 『민주화의 길』 16호.

대중정치조직이란 '노동자계급의 정치의식을 높이기 위해서 정치투쟁에서 단련된 선진노동자들을 조직'하는 것을 목표로 설정하고 있다. 이는 선진적 노동자 중심의 가두 정치투쟁조직을 의미했다. 대중정치조직은 대중조직과 정치조직을 하나의 조직 틀로 만들어 대중운동과 혁명운동의 과제를 동시에 해결하려는 발상에서 시작되었다. 이는 1980년대 변혁적 노동운동 초기의 조직화 시도에서 대중조직과 정치조직에 대한 인식이 정립되지 못한 상황을 반영하는 것이기도 했다. 또 대중운동과 대중조직에 대한 포기였고 정치조직에 대한 인식의 한계를 반영한 것이었다. 그 결과 서노련은 공개와 비공개구조라는 이중, 삼중의 구조를 만들어 조직활동에서 여러 문제가 표출될 수밖에 없었다.

② 조직구조의 다층성과 조직운영의 비민주성

서노련 결성과정에서 주도 세력이 보인 다른 입장에 대한 배제는 조직운영에서 조직원 간의 차이와 갈등을 통제하는 모습으로 나타났다. 서로 다른 경험을 가진 여러 단체·구성원들이 한 조직에 모이면서 나타나는 차이들은 소통과 민주적 의사수렴을 통해 조율하고, 공동실천을 통해 조직적 통일을 높여가야 했다. 그러나 서노련 지도부는 조직 내부의 민주주의와 집중의 원리에 대한 인식이 부재했고 여기에 조직원을 대상화하는 시각이 더해져 조직 전반에서 나타나는 차이와 갈등을 통합하지 못했다.

다음에서는 서노련 조직구조의 특징과 조직운영 방식의 검토를 통해 조직의 각 영역에서 제기된 문제를 중심으로 살펴보겠다.

우선 서노련의 조직구조는 공개 조직과 비공개 조직으로 구분되어 있었는데, 그 역할과 임무만 분리되어 있었다. 여기서 공개 조직이란 정치선전·선동 그리고 투쟁을 지휘하기 위한 체계를 일컫는 말이다. 공개라는 의미는 합법성 여부와는 무관하게 서노련의 존재를 드러내는 공공연한 대외활동을 한다는 것이지 각 부서의 조직원들과 내부활동을 공개하는 것은 아니었다. 한편 비공개 영역은 비합법적 활동을 의미하며, 이는 현장활동을 담당하는 활동가체계와 선진적 노동자의 정치교육을 담당하는 교육체계로 분화되어 있었다. 각 조직체계의 소통은 비공개 지도부가 수행했다. 이러한 조직구조는 연투그룹이 서노련 이전에 노조를 기반으로 하면서, 지역정치소그룹, 지역선전그룹, 지역투쟁그룹으로 분화해 활동했던 경험을 확대시켜 만든 것이었다.[심상정 구술]

우선 이중구조와 그 운영과정에서 나타나는 문제는 공개 조직의 지도부인 집행부에서 먼저 터져 나왔다. 집행부의 역할은 정치투쟁을 담당하는 '정치투쟁 지도부'였다. 그 구조는 [그림 2]처럼 공개적 대외활동을 위한 사안별 투쟁위원회 체계와 편집부를 비롯한 부서체계로 구성됐다. 집행부가 투쟁을 기획하고 조직하려면 객관적 상황과 조직의 주체 역량을 파악해야 했다. 투쟁의 참여인원이나 선

[그림 2] 서노련의 조직체계

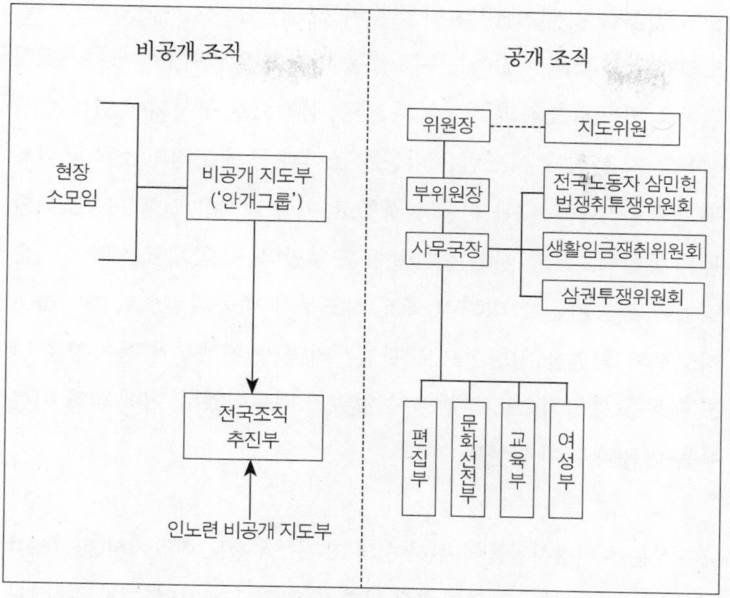

※심상정, 이봉우 등의 구술을 참조하여 작성

전물 배포에도 조직원들의 참여가 필요했다. 그러므로 집행부의 활동은 비공개 조직과 독립되어 있으면서도 동시에 조직 내부와 원활하게 소통할 수 있어야 했다. 그렇지 않다면 이러한 이원화된 조직구조는 보위성은 가질 수 있을지 몰라도, 조직적 통일성과 사업의 집중을 통한 효율성을 갖기가 어렵기 때문이다.

비공개 조직은 구로공단을 중심으로 한 현장활동가들의 소모임 형식을 기반으로 하여 지도부가 형성되어 있었다. 비공개 조직의 지도부는 심상정, 민경옥, 김문수, 유인혜, 박노해 등 13인으로 구성되어 있었다.[심상정 구술] 비공개지도부 중 심상정, 김문수는 인천지역노동자연맹(약칭 '인노련')의 비공개 지도부인 김진국, 이용선 등과 별도의 전국조직을 추진하는 지도부를 이루고 있었다.[김진국 구술] 조직원들은 비공개 조직의 지도부가 이중, 삼중으로 구성되어 있다는 사실을 알지 못했다. 서노련은 비공개 조직과 공개 조직의 소통을 위해 두 관계를 잇는 '선'(관계)을 설정했고, 이런 방식은 집행부가 조직활동을 통일적으로 진행하는 데 문제를 낳았다. 즉 공개 조직의 부서운영이나 활동가들에 대해 비공개 지도부가 비공식적으로 개입하고 지도부의 의견을 일방적으로 관철시키면서, 집행부가 독자성을 갖고 활동을 통일적으로 진행할 수 없었기 때문이었다. 이에 대해 이봉우는 다음과 같이 말한다.

> 신문은 현장사람들이 뿌려야 되고, 가두투쟁도 현장에서 동원해야 하는 거고. 그거를 중간에서 연결 맡은 친구가 있었고, 집행부에서는 내가 이 친구를 만났고, 얘도 공식적으로 나를 만난 거고. 또 언더under에 김문수 씨는… 지도위원으로 만났겠지만. 심상정은… 맡은 것도 없어. 근데 나중에 알고 보니 심상정이 집행부를 만나서 지도하고, 현장에 핵심들, 현장소모임을 이끌어 갔던 민경옥이나… 그룹의 대표격인 애들 만나 지도했고, 김문수도 심상정이 만나고. 그런 구조로 운영이 되었어요.

그 결과 집행부는 자신들의 활동이 조직원들에게 어떻게 소통되고 영향을 주는지, 조직의 상태에 따라 어떤 활동을 해야 하는지 정확히 공유하고 판단할 수 없었다.이옥순, 『나 이제 주인되어』, 281~282쪽. 또

집행부는 자신의 영역에서조차 독자성을 인정받지 못해 외부 연대활동에 지장이 생겼다. 다른 노동운동 세력이나 민주화운동 세력과 연대활동을 논의해서 결정해도, 그것이 조직 내부로 들어오면 자주 번복되었다고 한다. 집행부는 자율성이 없는 조직의 '외피'로 위치하면서 변화하는 상황에 대처할 수 있는 힘을 상실하고, 공개 조직 활동이 대중과 괴리되기 시작하자 집행부 내부의 갈등이 심화되었다. 이에 대해 사무국장이자 연대활동을 담당했던 이봉우는 이렇게 말한다.

> 내가 연대파트를 맡았거든… 성남노련, 안산노동자조직, 기독교노동자조직, 인천. 같이 모여 연대를 해야 되니까. 임금인상투쟁도 같이 해야 되고 신문도 같이 발행을 해야 되고…. 내가 서노련 대표로 나가서 '공동사업을 하는 것'으로 결정을 하고 와요. 그럼 이게 내부에서 뒤집어지는 거야. 내부에서 '우리가 주도권을 갖고 해야 된다' 이거야. 그래서 '우리가 주도권을 갖기는, 뭐 거기도 똑같은 조직인데', 그걸 우리가 주장한다고 해서 되는 게 아니잖아요? '신문도 왜 같이 만들기로 했냐? 니가 그렇게 만들기로 했으면 니가 알아서 뿌리라'고…. 그러니 난 이게 뭐가 아닌 거야.[5]

서노련 집행부는 노조처럼 문화부, 여성부, 쟁의부, 교육부 등을 두어 공개활동이 가능한 조직원들이 각 부서에 참여하도록 했다. 공

5 이봉우는 노동자로서 야학을 통해 노동자 의식을 갖고 1970년대 말 대협에서 노조 결성투쟁을 하였고, 1980년에 남화전자에 노조를 결성했다. 이후 그는 한국노협, 노투 구성원으로서 서노련이 결성되면서 공개 지도부의 사무장 역할을 맡았고 대외 연대활동도 담당했다. 서노련 결성 직후 위원장 민종덕이 구속되고 직무대행을 맡았던 이옥순은 수배 상태여서 이봉우가 공개 지도부의 중심적 역할을 하였다. 그 때문에 그는 서노련 내부 상황을 잘 알고 있었다.

개라고 하지만 정권의 추적과 탄압에서 공개 조직을 보호하기 위해 공개 조직 내의 여러 부서 모임은 비공개적으로 이루어졌다.

당시 법외노조로 활동하던 청계노조의 간부들은 서노련의 여러 부서에 참여했다. 위원장은 서노련의 공식지도부 모임에 나가 전체 활동방향을 집행부와 같이 결정했고, 선전부장은 선전부회의에 참가해 『서노련신문』을 제작했다. 조직부장과 교육부장도 각각 서노련 부서 모임에 참여했다. 이들 가운데 몇몇 간부들이 활동과정에서 갈등을 느꼈는데, 갈등의 내용은 사람마다 차이가 있었다. 교육부장은 과도한 정치학습 제기에 반감을 가졌고, 조직부장은 청계노조와 서노련의 조직위상 차이 때문에, 부위원장은 운동과제에 대한 인식 차이로, 총무부장은 지도부의 일방적 비판 등에 대해 문제를 느껴 조직에 문제제기를 했지만 제대로 수렴되지 않자 내부 갈등을 겪었다. 안재성, 『청계 내 청춘』, 299쪽.

결국 청계노조 간부들 가운데 몇몇은 서노련 참여를 거부했고, 서노련 활동을 둘러싸고 노조 내부에서 갈등과 대립이 나타나기 시작했다. 노조활동에 중심을 둔 소수세력과 서노련 활동과 노조활동을 결합시키려는 다수세력으로 나뉘었다. 이런 갈등은 정권이 청계노조 사무실을 폐쇄하는 사건을 계기로 표출되었다. 청계노조 탄압은 서노련에 대한 탄압과 연관된 것이었다. 거기에 서노련이 1986년 박영진 분신사건에 대한 항의투쟁 장소를 노조와 충분한 합의를 거치지 않고 전태일기념사업관으로 정해 일방적으로 점거농성에 들어가자, 이를 반대하는 조합원과 서노련 소속 조합원의 갈등은 더욱 심해졌다. 안재성, 앞의 책, 299쪽.

이처럼 공개 부서에 참여한 성원들 역시 각자의 상황에서 겪는 조직의 운영방식에 대한 문제를 제기했지만 제대로 수렴되지 않았고, 갈등은 균열로 심지어 조직 이탈로 나타났다. 더욱이 이들은 조직적으로 참여하였기 때문에 서노련을 둘러싼 갈등은 청계노조 활동을 어렵게 하기도 했다.

서노련 지도부는 노동자들을 조직원으로 참여시키는 과정에서도 문제를 드러냈다. 서노련은 조직원을 확보할 때 조직의 사상이나 조직성격에 대한 인식과 공감을 기준으로 삼지 않았다. 구로동파에 참여한 뒤 서노련에 참여한 노동자들의 경우를 보면 "같이 싸운 사람들이 모이니까" 참여했거나[나윤희 구술], 구속 뒤 석방된 노조 간부들은 사업장 동료들이 대부분 서노련에서 활동하고 있었기 때문에 참여했다[강명자 구술]. 이런 조직원 확보방식은 서노련을 양적으로 확대시켰으나 참여자들이 조직의 정체성을 제대로 공유하진 못했다.

조직원이 된 노동자들 가운데 노조를 대표하는 사람은 대표자 모임에, 그밖에는 노조활동 경험에 따라 문화부나 선전부 등에 참여했다. 또 이들은 공개활동과 더불어 활동조건에 따라 비공개 지역소모임에도 참여했다. 앞의 [그림 2]에서처럼 서노련의 비공개 활동영역은 노동자나 활동가들이 참여하는 소그룹 형식을 취했다. 선진노동자들의 비공개 소그룹활동은 주로 노동운동에 처음 뛰어든 학출활동가들이 지도했다. 이들은 심상정의 대학 서클인 서울대의 대학문화연구회 출신들로 이론적 역량을 보유하고는 있었으나 노동운동에는 처음 참여한 이들이었다.[심상정 구술] 대중활동 경험을 가진 이들은 이미 구로동파로 구속되어 있거나 공개 조직에 배치되어 활동했기 때문이다. 이러한 소모임에서는 주로 정치학습을 진행했으나, 정세나 노동자들의 요구, 현장을 둘러싼 고민과 문제의식들을 제대로 담기는 어려웠다. 그러한 과정 속에서 선진노동자들은 정세에 대한 인식이나 투쟁목적을 제대로 인지하지 못한 채 서노련의 정치선동대와 문화선동대 그리고 투쟁에 동원되는 존재에 지나지 않았다. 투쟁의 동원 대상으로 전락한 선진노동자들은 점차 조직활동에서 주체로 서지 못한 채 내적 갈등을 겪었다. 노동자들은 자신들의 고민을 다른 조직원들과 소통하지 못했으며 지도선에 문제를 제기해도 수렴되지 않았기 때문에 이들의 갈등은 더욱 증폭되었다. 이처럼 서노련은 결성 직후부터 각 조직영역에서 문제가 나타나기 시작했다.

다음으로 서노련의 전반적인 조직문화를 통해 조직원들이 활동과정에서 느끼는 문제가 왜 조직의 균열로 나갈 수밖에 없었는지를 살펴보겠다.

서노련은 결성 초기부터 노선에 대해 문제제기하는 일부의 조직원이 있었다. 그 내용은 서노련이 노동현장을 경시하며 대중조직 건설을 방기했다거나 정치투쟁을 그 본질인 정권을 무너뜨리는 것으로 인식하지 못하고 정권과 싸우는 것으로만 보는 '경제주의적 정치투쟁관'을 가지고 있다는 것이었다. 또한 조직원을 사상적으로 훈련시키고 전위로 분화시켜 내기 위한 계획도 없이 출발하였다는 지적도 있었다. 그러나 혁명 성격, 정치노선의 문제를 제기한 일부의 세력들은 오히려 "관념적이다"라는 비판만 받을 뿐이었으며 지도부의 제대로 된 해명을 듣지 못했다.「동지들에게 보내는 글」

또 중간 지도급의 활동가들은 하부조직원들의 비판에 대해서는 지도부를 옹호하는 변명을 하고, 이를 상부에 보고할 때는 자신이 비판받지 않을 정도로 적당히 각색하여 순화시킴으로써 전체적인 소통이 원활하게 이루어지지 않았다고 한다.[6] 그러면서 이들은 사전논의 없이 상부에서 지시하는 '민주주의민중공화국' 같은 구호를 조직원들에게 전달하기도 하고, 조직원들은 집회에서 그 의미도 모른 채 따라 외치기도 했다. 이런 운영방식에 대해 조직원들이 지도부에게 문제를 제기하면 "노동자계급적 자세가 없다. 관념적이다"라는 비판을 하고 심지어 "이런 활동가는 필요없다"라는 극언이나 '소부르주아적', '동요분자', '배신자'라고 규정하는 조직풍토가 횡행했다고 한다. 이에 대해 서노련 조직원이었던 학출활동가 유시주와 노동자 나윤희는 다음과 같이 말한다.

> 나의 근본적인 동력은 신념이라기보다는 양심 문제였는데, 나의 태도에 대해 어떤 이론가로서 높은 직책에 있는 사람이 '너 같은 태도는 천만 노동자의 플러스(+) 1밖에 안 되는 태도'라는 거예요.[유시주 구술]

> 우리 문화패 가르친 학생 출신인데… 결혼해 조직을 떠났나봐…. 그랬더니 '배신자' 이러면서 욕하는 거예요…. 다 동지이고, 가족이라고 생각했는데 생각이 조금만 다르면 '배신자'라고 하고. 그런 게 무섭고요.[나윤희 구술]

조직원들이 조직운영 방식에 대해 하부의 의견을 수렴하여 문

6 이와 관련해 한 팸플릿에서는 다음과 같은 비판적 기록이 있다. "한 부서를 지도했던 어떤 동지는 자기비판하기를 '그동안 일하면서 어떤 평가를 받는가에 더 신경을 썼다. 하부의 비판을 그대로 지도부에 전달했다가 동요하고 있다는 비판을 받고 나면 힘이 쭉 빠졌다'고 했다"(「주체성의 기초위에 하나가 되자」, 1986).

제를 함께 풀어 가는 민주적 토론, 민주적 운영방식을 요구하면 지도부는 "집단적 해결이 중요하며 무정부적이어서는 안 된다"고 답하면서 조직에 대한 헌신과 충성만을 강조했다.「수령과 반석」, 1986.

이처럼 조직 각 영역에 속한 조직원들의 갈등은 비공개 지도부의 일방적이며 폐쇄적인 조직통제로 인해 조직균열로 나타나기 시작했다. 서노련의 조직운영은 조직의 각 부문이 유기적인 연관을 갖지 못한 채 비공개 지도부가 이를 각기 통제하는 방식이었다. 조직민주주의는 없고 지도부의 관료적 지도방식과 형식적 규율이 우선시되었다. 건전한 상호비판과 자기비판이 없이 상부의 명령과 충성의 강요가 나타나면서 조직원들은 점차 비주체적으로 변해 갔다. 비공개 지도부는 조직원들을 운동의 주체로 인식하지 못하고 투쟁과 활동에 동원하는 대상으로 인식하고 있었고, 이것이 조직운영 방식에 있어 근본적인 문제가 되었다.

③선도적 정치투쟁의 실패와 조직균열

서노련의 투쟁노선은 '대중정치투쟁론'(선도투쟁론)이었다. 이에 대해 한 문건에서는 "정치투쟁의 의미는 정치적 폭로와 선동을 통해 적의 정당성·정통성을 공격하고, 또 이를 통해 대중의 정치의식을 고양시켜 정치투쟁에 대중의 참여를 유도하는 것"으로 정의했다. 또 서노련은 "대중의 정치역량 강화는 사회의 모든 문제를 정치적으로 해석하고 이 문제들을 매개로 하여 선도적인 정치투쟁을 결행함으로써 이루어질 수 있으며, 투쟁과정에서 스스로를 대중에 대한 전위로서 규정짓고 대중을 대변하는 정치적 집단으로서 자기 자신을 훈련, 조직하려는 의식적이고 체계적인 노력에 의해 뒷받침된다. …… 우리는 대중이 직접 참여하는 정치투쟁만이 대중정치투쟁이라는 견해에 반대한다"라고 주장하였다. 한국기독교산업개발원 편, 『한국노동운동의 이념』, 248쪽. 즉 서노련의 대중정치노선이란 '대중의 정치투쟁'이 아니라 '전위'로 자처하는 집단이 선도적 정치투쟁을 통해 대중의 정치의식을 고양시켜서 정치투쟁에 참여시키려는 투쟁노선이었다.

서노련의 선도적 정치투쟁은 개헌국면에 개입하는 과정에서 나타났다. 1985년 10월 9일 『서노련신문』(3호)에 처음으로 '삼민헌법쟁취'의 구호가 등장하였다. 이는 노동운동 세력이 정치적 국면에 처음으로 개입해 제도정치권 안에서 이뤄지는 개헌 논의, 즉 야당의 직선제 개헌안에 대응해 삼민헌법을 대안으로 제기한 것이었다.[7] 또 서노련은 개헌투쟁을 통해 지역 노동운동 세력 간의 연대역량을 강화하여 노동운동의 지도성을 확립하려 했다. 『서노련신문』 15호. 이런 문제의식을 확산시키기 위해 서노련은 '전국노동자 삼민헌법쟁취투쟁위원회'(약칭 '전노삼민쟁')를 구성하여 투쟁을 조직해 냈다. 개헌투쟁에서 전술상의 주요 쟁점은 '야당과의 제휴와 차별성의 문제'였다.[8] 이는 노동운동이 처음으로 야당과 분리된 노동운동의 독자적

7 "직선제 개헌안은 결국 가진 자들의 정치를 위한 것이므로, 노동자를 중심으로 한 모든 민중이 정치권력 주체가 되는 정치제도가 민중민주정부이며 이것을 보장하는 헌법이 삼민헌법"이다(『서노련신문』 14호).

8 1985년 10월 11일 IMF, IBRD총회가 서울에서 열리자 서노련은 전학련과 공동으로 '미국의 경제침략 규탄과 외채정권 타도를 위한 범민중궐기대회'를 개최하였고, 11월 13일 전태일분신 15주기를 맞아 제기동 일대에서 벌어진 가두시위에서 "독재헌법 철폐", "군부독재 타도하여 민중·민주·민족통일헌법쟁취하자"는 구호를 주장하면서 개헌투쟁을 시작했다. 삼민헌법과 관련된 서노련의 활동은 개헌투쟁의 방향을 둘러싼 논쟁을 야기하여 '민주헌법쟁취', '헌법제정의회소집', '삼민헌법쟁취'의 구호로서 서로 대립하게 된다(『서노련신문』 15호).

입장을 제출한 것이라는 데 의미가 있다. 그러나 '삼민헌법쟁취'라는 구호는 구체성이 결여되어 당면 투쟁에서 대중을 견인해 내는 데 한계가 있었다. 자체 평가에서 보이듯이 당면 투쟁의 방향제시가 모호하여 대중의 행동지침을 도출해 내지 못하고, 정치정세와 무관하기 때문에 정세변환에 따라 새로운 구호로 전환시켜 내지 못하였다.『서노련신문』 14호. 이 때문에 헌법문제를 둘러싼 서노련의 주장은 설득력이 약화되었다. 거기에 조직적 취약성, 다른 노동운동 세력과의 개헌투쟁방향을 둘러싼 견해 차이, 지나친 차별성 강조로 인한 연대관계의 축소 등 전노삼민쟁은 유명무실해졌다.『서노련신문』 15호.

서노련의 선도적 정치투쟁이 가진 문제는 노동자들의 관심이 가장 집중된 임금인상투쟁 시기에 심각하게 표출되었다. 이는 서노련의 투쟁노선이 노동자들의 요구와 얼마나 괴리되었는가를 보여주었다. 다음에서는 서노련이 임투 시기에 벌인 선도적 정치투쟁이 조직활동에 어떤 영향을 미쳤는지를 검토하겠다.

1986년 임금인상 시기를 맞아 서노련은 임금인상투쟁을 단위사업장의 경제투쟁을 뛰어넘는 지역적 정치투쟁으로 발전시키고 이를 통해 변혁적 노동운동의 발전을 이루려 했다. 서노련은 임투를 통일적으로 지도·지원하기 위해 경인지역을 중심으로 전국 임투조직을 결성하려 했다. 그러나 임투방향과 주도권을 가지려 하는 서노련의 패권적 태도 때문에 다른 노동운동 세력과 대립했고, 이로써 조직결성은 실패했다. 서노련은 독자적으로 1985년 11월 18일 '전국노동자생활임금쟁취위원회'(약칭 '생임쟁')를 조직했다.『서노련신문』 6호. 이와 별도로 경인지역의 다른 그룹과 한국기독교노동자총연맹은 '전국노동자임금인상투쟁위원회'를 결성했다. 한국기독교산업개발원 편, 『한국노동운동의 이념』, 198~199쪽. 생임쟁은 구로동파처럼 '임투의 개량적 한계를 최대한 극복하기 위해 공동투쟁을 전개하여 지역조직 역량으로 결집'시키는 것을 그 목적으로 하였고, 슬로건으로 '생활임금쟁취'를 내걸었다. 생임쟁의 임투활동은 지역과 현장에서 이뤄졌다.

지역활동은 주로 집회나 가두투쟁으로 나타났다. 우선 서노련, 한국기독교노동자총연맹, 성남 생존권확보투쟁위원회, 안양지역 노동3권쟁취위원회 주최로 영등포 성문밖교회에서 3월 10일 약 500여 명이 참석한 가운데 '86임금인상투쟁 전진대회'를 개최했다. 대회를 마치고 나온 노동자들은 정문을 봉쇄하며 최루탄을 쏘아대는 경찰에 맞서 스크럼을 짜고 정문 돌파를 시도하며 투석전을 벌였다.『서노련신문』 12호. 이어 생임쟁은 신흥정밀에서 박영진이 분신한 사건에 항의하여 3월 19일 모세미용실 점거투쟁을 벌였고, 이로 인해 34명이 연행되었다.『노동자 신문』 13호 ; 「특보」 이 투쟁은 점거투쟁과 가두투쟁으로 전개됐으며, 참석자들은 "생활임금 쟁취하자", "군사독재 타도하자"를 외쳤다. 서노련은 청계피복노조, 신흥정밀 임투위원회와 같이 전태일기념관 점거농성투쟁을 벌였다. 뒤이어 서노련은 4월 27일 성북역의 가두투쟁, 5월 1일 철산리의 노동절기념 가두투쟁을 연속해서 이끌었다. 지역투쟁은 인천과 성남에서도 가두투쟁으로 나타났다. 4월 12일 인천지역 노동자들이 가두 연대투쟁을 벌여 38명이 연행되었고, 4월 2일에는 성남지역 노동자와 학생들이 가두투쟁을 전개해 22명이 연행됐다.『노동자 신문』 14호. 이러한 투쟁과정에서 서노련 조직원들과 동원된 학생들이 다수 구속됐다.

실제 서노련이 주도한 지역 차원의 임투는 생활임금쟁취라는 구호에 정치적 구호를 기계적으로 결합한 선도적 정치투쟁으로 전개됐다. 그 결과 문제는 투쟁에 참여한 조직원들에게서 나타났다. 대부분의 조직원들은 투쟁의 필요를 주체적으로 받아들이지 못했다. 예를 들면 모세미용실 점거투쟁의 경우에는 담당자들이 투쟁전술의 의미를 받아들이지 못해 의지가 모아지지 않았다. 이때 비공개 지도부가 권위를 행사해 이들을 투쟁하도록 내몰았다.[정혜경 구술] 그 결과 주체들은 투쟁과정에서 심한 부상을 입고 구속을 당했으며, 운동에 대한 심각한 회의를 겪으면서 운동에서 이탈하고 말았다.

지역의 임투와 맞물려 진행된 구로지역의 사업장에서 일어난 임투는 1월 7일 태평양화학투쟁으로 시작되어 나우정밀투쟁을 끝으로 열기가 식어 갔다. 그 결과는 생임쟁의 영향이 미치지 않는 곳인 삼애실업처럼 독자적으로 임투를 진행해서 성공한 몇 개 사업장이 있을 뿐이었다.

〈표 1-1〉에서 알 수 있듯이 생임쟁이 구로지역에서 실질적으로 관여한 사업장은 10여 개 정도였다. 가리봉전자, 남성전기, 롬코리아는 구로동파에 참여한 사업장들인데, 동맹파업 이후 활동가들과 선진노동자들이 해고·구속되어 소수의 선진노동자들만이 남아 있었다. 이들은 임투 시기를 맞아 역량이 부족한 상태에서 공개활동을 시도하다가 해고되어 해고반대투쟁을 벌였다. 대한광학은 어용노조를 무시하고 별도의 '임투대책위'를 구성해 활동하다가 활동가가 해고되어 출근투쟁을 벌였고, 중원전자도 4명의 활동가가 해고되어 임투는 시도도 못하고 해고자들은 생임쟁의 지원 속에 출근투쟁을 벌였다. 협진양행, 나우정밀, 삼경복장은 소수의 활동가들이 점거투쟁을 벌이며 선동을 하다 해고당해 출근투쟁을 벌였다. 생임쟁이 관여하여 임투가 성공한 롯데파이오니아는 노사협의회의 주도로 파업을

벌여 임금인상에 성공한 예이다.

〈표 1-1〉 서노련 관련 사업장의 1986년 임금인상투쟁 양상

사업장명	투쟁 진행 사항
태평양화학	1월 7일 노동자 40여 명이 '보너스 지급, 임금인상, 생리휴가 실시'를 요구하며 파업. 9일 부분 파업. 회사측에서 요구조건을 모두 수락. 지역과의 연결 없음.
가리봉전자	1월 16일 활동가의 대의원 입후보를 방해하는 어용노조와 회사의 폭행사건이 발생. 1월 21일 활동가들이 식당에서 유인물을 배포하여 '폭력관리자 퇴진, 부서이동 철회, 어용노조 퇴진'을 주장. 폭력적인 탄압으로 4명의 활동가가 강제사직 당함. 임투 좌절.
남성전기	생임쟁에서 교육·지도로 임투 준비를 하던 활동가 중 2명이 노조 위원장에 의해 조합원 자격을 박탈당함. 1월 10일 조합원들이 위원장의 어용성을 공격하였고, 활동가들은 '노조민주화 추진위원회'를 결성. 조합원 총회 소집을 위한 서명운동을 벌여 600명(전체 700명)의 지지를 받음. 회사는 대의원 2명을 포함한 활동가 5명을 2월 24일 해고. 2월 27일 생임쟁의 지원 속에 출근투쟁.
롬코리아	생임쟁의 지원·지도 받음. 2월 17일 활동가들은 어용노조의 비리를 지적하는 교육을 함. 회사는 24일 활동가 5명 해고. 해고자들은 3월 7일 생임쟁의 지원받으며 출근투쟁.
대한광학	생임쟁이 교육과 지원, 투쟁지도. 3월 3일 연마과 노동자들이 자발적 항의. 3월 5일 40여 명의 조합원이 노조사무실에 몰려가 '수당지급, 공청회개회'를 요구. 노조 위원장이 이를 거절하자 활동가들은 '임투대책위'를 결성. 소식지 「전진」 1호 배포. 3월 6일 20여 명의 노동자가 수당문제를 위원장에게 항의하던 중 폭행을 당하자 200여 명의 노동자가 집단항의에 들어감. 3월 7일 「전진」 2호를 배포. 공청회 소집을 요구하다 해고 및 구속됨. 해고자들은 다른 사업장 출근투쟁에도 적극 동참함.
중원전자	생임쟁의 지도. 3월 6일 4명의 활동가가 해고되어 현장 기반이 와해되고 3월 7일 생임쟁 지원 속에서 출근투쟁.
신흥정밀	생임쟁과 구로공단 임투위의 교육과 지원·지도 받음. 2월부터 회사측의 해고와 부서이동에 맞서 공장소위원회를 중심으로 투쟁. 3월 17일 30여 명이 식당 점거농성 돌입. 회사 측의 폭력에 밀려 9명이 옥상을 점거하여 투쟁하던 중 박영진 분신.

협진양행	50여 명의 노동자가 옥상 점거, '임금인상, 폭력관리자 처벌'을 외치며 농성. 정부와 회사의 폭력적 탄압으로 3명이 구류처분 받고 12명이 강제사직됨. 생임쟁과 구로공단 임투위의 교육지원 받았지만, 임투는 독자적 실천.
롯데파이오니아	생임쟁의 교육과 지도가 있었지만, 임투를 독자적으로 수행. 3월 20일 노동자 200여 명은 노사협의회 주도로 식당을 점거하여 파업농성을 벌여 임금인상에 성공.
삼경복장	생임쟁의 교육과 지원·지도. 3월 24일 12명의 노동자가 해고자들의 지원을 받아 베란다 점거투쟁. 회사측의 폭력적 탄압으로 모두 해고. 3월 25일 출근투쟁.
나우정밀	생임쟁의 지원, 구로공단 임투위의 교육지원. 투쟁은 독자로 수행. 3월 24일 12명의 활동가가 현장을 점거하고 선동, 회사의 탄압에 밀려 6명이 해고되고 6명이 강제사직. 이들은 다음날 출근투쟁을 벌임.

※『임금인상투쟁의 길잡이』 자료집, 1987 ; 『서노련신문』 관련 기사 참조하여 작성.

생임쟁은 임투를 정치투쟁으로 발전시키기 위해 현장에서의 연대투쟁·공동투쟁을 목표로 했지만, 실제 진행된 대부분의 현장 임투는 대중이 주체가 되지도 못한 상태에서 소수 활동가들의 선도투쟁인 해고반대투쟁과 출근투쟁에 그쳤다.

이처럼 1986년 임금인상투쟁은 '노동자를 수동적 존재'로 인식하는 대중관 속에서, 서노련의 대중정치투쟁론이 갖는 문제를 고스란히 드러냈다. 이들은 정치투쟁만이 노동자의 정치의식을 변화시키는 것처럼 인식하여 임투·경제투쟁에서 변화될 노동자의식을 과소평가하였고, 경제투쟁을 정치투쟁으로 대체시켰다. 대중역량의 축적을 바탕으로 다양한 일상적 연대의 경험을 통해 노동자들의 연대활동·공동투쟁이 가능하다는 것을 간과하면서, 연대투쟁이 계급의식을 성장시킨다는 결과만을 임투에 적용시키는 조급성과 관념성을 보였던 것이다. 이렇게 서노련의 임투는 조직적으로 수렴되지 못했고, 활동가들은 현장에서 대부분 해고되어 현장이 방치되는 경우가 많았으며, 노동자들은 조직적 투쟁의 경험을 쌓지 못하여 임투 분위기를 주체 역량 강화와 노조 건설로 연결시키지 못했다.

서노련 내부에서도 임투 평가를 둘러싸고 지도부의 투쟁노선에 대한 비판이 격렬하게 일어났다. 그러나 조직원들의 비판적 문제제기는 '일방적이고 경직된' 조직지도부에게 제대로 수용되지 않았고, 조직원들은 대중 앞에 드러난 서노련의 실체에 대해 혼란에 휩싸였다. 조직원들이 대중활동에서 느끼는 조직에 대한 문제의식은 일상화된 균열을 격화시켜 걷잡을 수 없는 조직 분열을 초래하게 되었다.

한편 서노련이 다른 노동운동 세력 또는 민주화운동 세력과의 연대활동에서도 구로동파의 성과를 바탕으로 그 선진성만을 강조하며 다른 운동 세력을 배제하거나 대상화시키자, 주위에서 '조직이기주의', '계급이기주의'라는 비판을 제기하기도 하였다.

우선 노동운동 세력과의 관계를 보면, 1986년 임투 시기에 공동투쟁조직을 건설하는 과정에서 서노련은 주도권을 주장하였으나 받아들여지지 않자 단독으로 임투 조직을 만들었다. 또 임투 과정에서 신흥정밀의 노동자 박영진 분신사건을 둘러싸고 여러 운동단체들이 모여 장례투쟁을 논의했는데, 여기서 서노련은 자신들이 주장하는 투쟁방식이 받아들여지지 않자 독자적으로 전태일기념관 점거투쟁을 강행했다. 더욱이 청계피복노조에게 장소 사용을 허락받지 않은 채 일방적으로 사용하면서 갈등을 일으켰다.

이러한 서노련의 모습은 다른 노동운동 세력을 인정하지 않는 패권주의적 태도였다. 그 대표적 예가 서노련의 '전국적 노동자조직(약칭 '전노') 건설'의 발상과 주장이었다. 서노련 출범으로 수도권 지역에서 이에 공감하는 세력들이 인노련, 성남 생존권확보투쟁위원회, 안양지역 노동3권쟁취위원회를 결성했다. 이를 바탕으로 서노련은 이념통일을 갖는 '전노 건설'의 필요를 주장하고, 서노련이 전노의 핵심체-지도체가 되어 중앙의 임무를 수행한다는 것이었다. 서노련의 전노 건설 주장은 노동운동 내부에 조직노선을 둘러싼 논의를 촉발시키기도 했지만, 오히려 서노련은 조직노선과 정치노선에 대한 공개적인 비판을 받기도 했다.

서노련은 민주화운동 세력과의 관계에서도 '계급 중심성'을 굴절시켜 연대의 확장이 아닌 배제하는 활동을 했다. 민주화운동 세력이 개헌투쟁에서 서노련에게 연대를 제기했을 때, 서노련은 민주화운동 세력이 노동문제의 근본적 해결을 고민하지 않는다고 연대를 거부했다. 서노련은 계급문제와 노동운동만을 중요하게 생각하여 다른 부문운동을 배타시했다. 이에 대해 서노련의 사무국장이었던 이봉우는 다음과 같이 말한다.

> 민통련에서… 겨울투쟁을 같이 하자고 서노련에 제안을 해왔는데, 근데 거기는 이민민족·민주이고 우리는 삼민이라나…. 그러니 폐쇄적으로 나왔지…. '다 우리보다 못한 사람들이다. 우리가 절대적이고 가장 올바른 선두에 선 운동을 하는 거다. 그러기 때문에 우리를 따라야 된다. 철두철미하게 계급적 생각을 가져야 된다'는 거죠. '서노련에 견줄 조직이 어디 있냐. 니네 근거가 뭐 있냐'… 사실 서노련이 80년대 중반에 노동운동을 거의 다 흡수한 조직이지. 그러니까 '다 나를 따르라' 이런 식인 거지…. 그게 안 먹혀 들어가는데도. 기존의 성과로 사람들에게 지도를 받으라고 했었던 거죠.

이런 태도 역시 서노련만이 가장 계급적 입장에서 올바른 운동을 하기 때문에 다른 세력들은 이를 따라야 한다는 주관적이고 패권적인 태도를 반영한 것이었다. 그 바탕에는 서노련이 '구로동파의 계승자'이며 노동운동 세력의 다수를 차지하는 중심적 위치에 있다는 생각이 깔려 있었다. 이처럼 서노련이 계급중심성을 굴절시킨 계급 이기주의적 관점으로 다른 세력들을 비판하고 연대활동을 방기하자, 이에 대해 조직원들이 문제제기를 했으나 지도부는 여전히 '계급성' 운운으로 일축했다.이옥순, 『나 이제 주인되어』, 293~294쪽. 조직원들이 대외활동을 통해 느끼는 여러 문제도 조직 내에서 전혀 소통이 되지 않았다. 그렇다고 조직원들이 지도부의 주장에 동의하는 것은 아니었다. 결국 서노련은 대외활동에서 다른 운동 세력으로부터 고립되고, 조직원들의 문제제기에 대해 더욱 폐쇄적인 태도를 취하면서 지도부와 조직원 사이의 간극이 커졌다.

④ 조직문제의 전면화와 조직해체

일상시기 조직의 문제가 1986년 임투를 거치면서 더욱 외화되어 균열이 심화됐고, 하반기로 들어 서노련은 조직 안팎의 위기 상황에 둘러싸였다. 서노련은 개헌국면에서 삼민헌법쟁취를 내세운 여러 가두투쟁, 특히 5·3인천투쟁으로 많은 조직원들이 수배·구속되는 등 정권의 집중적인 탄압을 받았다.[9] 거기에 1986년 초 학생운동에 새

9 서노련 사건 관련 구속자는 김문수, 유인혜, 윤현숙, 이은홍, 박정애, 김순천, 김진태, 송재섭, 유시주, 최한배, 서혜경, 노정래 등 열두 명이었다(민주화실천가족운동협의회 외 편, 『10대 조직사건』, 135쪽).

로운 사상과 이론이 확산되고 그 파장이 노동운동 내부까지 미쳐, 개헌국면에서 서노련의 삼민헌법쟁취라는 주장은 NL과 CA경향의 활동가들에게 비판을 받았다.

그러나 조직 안팎의 위기상황에서도 지도부는 '전노 건설'을 지속적으로 시도하기 위해 6월 29일, 9월 7일 연속적으로 집회를 열어 세력을 과시하려 했다. 집회에서는 지도부의 의도와 달리 정치노선의 문제가 공개적으로 제기됐다. 이를 둘러싸고 지도부 내의 사상적 대립이 심화되었고, 그와 더불어 보위문제가 터지면서 조직활동은 거의 중단되고 서노련은 '비상체제'로 돌입했다.

비상체제 시기, 지도부는 상황에 대한 해명도 대안도 제시하지 못한 채 조직원들을 방치했다. 방치된 조직원들은 무기력한 상태에 빠졌다. 이런 상황에 대해 지도부를 비판한 NL경향의 문건에서는 "실천적 임무도 부여해 주지 않았다. '다시 취직해서 돈 벌겠다'는 패배주의가 만연하다"고 지적했다. 당시 공개 조직의 핵심 집행부 간부조차 조직에 대한 갈등이 심해지면서 노동현장으로 들어갈 생각을 할 정도였다.[이봉우 구술] 각 부서의 조직원은 더 심각한 상황이었는데, 이들은 조직 지침인 '모든 활동중지'로 자취방에 갇혀 지내면서 정신적으로 피폐해지고 극심한 생활고에 시달렸다. 당시 상황에 대해 서노련 조직원이었던 김미영은 다음과 같이 기록하고 있다.

> 비상체제는 활동의 중단이 아님에도 불구하고 우리에게는 '모든 활동을 중단하고 지하생활을 하라'는 지시가 내려왔다. 우리는 조그만 자취방 안에서 외부출입을 삼간 채 하루하루 피를 말리는 시간을 보냈다. 그렇게 거의 한 달을 보내고 우리들의 생활은 말이 아니

었다. 우리에게 한 달 생활비를 적어 보고하라던 상부는 그나마 아무런 반응도 없었다. 11월이 다 지나가도 아궁이에 불을 지필 수가 없었다. 생활비를 극도로 줄여야 했다. 웬만한 곳은 걸어 다녔고 반찬도 한 가지만 먹었다.김미영, 『마침내 전선에 서다』, 노동문학사, 1992, 147~148쪽.

조직원들은 생활과 의식이 황폐해진 상황에서 그동안 누적된 조직의 문제를 다각도로 제기했고, 그것은 노선문제와 연관되어 서노련은 '논쟁 아닌 논쟁' 상황으로 내달았다. 서노련 내부를 휩쓸었던 논쟁과정에서 제기된 문제는 조직운영·조직관·대중관, 정치노선·조직노선, 사상적 경향 등 전면적인 것이었다.

우선 서노련의 이념적 정체성을 둘러싸고 제기된 문제는 조직원들이 어떻게 사상의 주체로 서야 하는가를 둘러싼 문제와 연동되어 있었다. 내용은 삼민혁명론과 당면 과제에 대한 실천방침이 모호하다는 것이었는데, 그보다 더 심각한 문제로 제기된 것은 사상과 활동방침을 조직원들에게 학습과 토론을 통해 제대로 인식시키지 않고 일방적으로 암기시키는 방식이었다. 이에 대해 하부조직원만이 아니라 공개집행부를 책임지던 지도부들도 문제를 제기했다. 당시 공개지도부로 참여했던 이옥순은 이런 상황에 대해 다음과 같이 기록하였다.

'서노련의 이념이 무엇이냐?'고 누가 물으면 나는 삼민이라고 대답했다. 조직 출범 후 지도위원 동지가 제기한 이념이었다. 나는 그리고 대다수의 서노련 집행부 동지들은 따라 외웠다. '민중'은 주체의 개념이고, '민주·민족'은 민중이 이루어야 할 민주적 과제와 민족적 과제를 뜻한다! 그러나 자각적으로 확신에 찬 자기 삶의 지표는 되지 못했다. 이옥순, 『나 이제 주인되어』, 282쪽.

조직운영에 대한 문제가 제기되는 과정에서 이원화된 조직구조 뒤에서 '조종'하고 있던 비공개 지도부의 존재가 밝혀지면서 조직원들은 그동안 지도부가 음모적 조직운영을 해온 데 심한 충격을 받았다. 지도부의 관료적 조직운영 방식 이면에 소수의 지도부가 조직원들과 개별적으로 관계를 맺고 통제한 사실이 드러난 것이었다. 이에 대해 서노련 지도부였던 민경옥은 이렇게 말했다.

조직이 상당히 컸어요. 근데 조직활동을 보면 완전히 '내리꽂기'잖아요? 그 중심에 있던 저는 첨단을 걸었고. 그때는 그거밖에 없어요, 이 세상에 이거냐 저거냐 해서 여지가 없잖아요? 폭이 이만큼 밖에 안 돼…. 내부적으로 문제제기가 계속되는데, 서노련이 문제제기를 받을 수 없는 거죠. 아주 경직되어 있고, 그래서 다들 터져 나온 거잖아요.

그러나 지도부는 이런 문제들을 소통을 통해 해결하기보다는 여전히 조직원들 사이에 불신을 조장하며 문제를 회피하려 했다.[10]

10 이에 대해 당시 나온 한 문건에서는 다음과 같이 비판했다. "실천활동의 결과에 근거를 두고 비판하는 하부의 조직원들에 대해 '동요분자', '소비지(프티부르주아)적'이라고 딱지를 붙이고 심지어 'NL의 첩자', 'MT의 프락치'라는 근거없는 인신공격을 가하여 조직 전체에 불신 분위기를 만연케 했다"(「주체성의 기초 위에 하나가 되자」, 1986).

지도부 내부에서도 사상적 대립이 있었으나 지도부는 그것을 조직원들에게 공개하여 집단적으로 해결하려 하지 않고 지도부 안에서 해결하려 했다.「올바른 지도노선의 정립을 위하여」, 1986.

위기 상황에서 조직원들의 다각도의 문제제기에도 지도부가 더욱 경직된 태도를 보이자, 조직 내부의 분파들이 자신들의 정치적 주장을 담은 문건을 공개적으로 쏟아냈다. 문건을 통해 분파들은 조직 해체를 주장하기도 했다(이들은 「수령과 반석」이란 팸플릿을 통해 정치적 입장을 피력했다). 이에 지도부는 입장을 바꿔 공식적으로는 문제제기를 수용하는 태도를 취하면서 '조직의 체계화와 민주적 운영'을 대안으로 제시했다(지도부는 「올바른 정치노선의 정립을 위하여」라는 문건을 통해 자신들의 입장을 주장했다). 그러나 이들은 비공식적으로 선전원을 파견해 '입장선택'을 강요하면서 조직원들이 주체적으로 논쟁에 참여하여 정치적으로 성장할 수 있는 기회를 가로막기도 하였다. 이에 CA경향의 세력은 "잘못된 지도노선(정치적 입장과 조직관)을 타도하자"고 주장했다. NL경향 역시 내부반성과 모색을 제기하지만, 실질적으로는 '지도부 해체'를 주장했다. 이처럼 혼란 상황에서 보이는 지도부의 이중적 태도와 조직문제 해결을 둘러싼 의견 차이는 서로에 대한 비판에서 비난으로 변질되었다. 논쟁은 감정적으로 치달아, 각 세력들은 중심적 위치의 활동가들에 대한 '쟁탈전'을 벌이거나「주체성의 기초 위에 하나가 되자」, 1986., 조직원들을 자기 그룹으로 끌어들이거나 다른 그룹과의 만남을 차단하기도 했다. 이런 상황에 대해 대우어패럴 노동자로 서노련에서 활동했던 서태원은 다음과 같이 말한다.

그 당시의 가장 큰 문제는… 파벌이라 해야 되나? 분파가 많아서 서로에 대한 신뢰가 참, 없었어요. 저 팀이면 배척을 할 정도로…. 나는 아무리 지도부라 해도… 자기네는 다 만나면서 밑에 사람들은 다른 입장 왜 못 만나게 하냐고. 다른 입장을 가진 사람을 만나면 지도부에게 불려가서 '어떤 일이 있었니' 하고 채근당하거나…. 그러니 내가 뭐하러 이런 거 하냐 싶어 시골로 갔어요.

이런 상황에서 다수의 조직원들은 조직을 이탈하기도 했다. 결국 서노련은 해체되고 CA－NL－서노련의 잔존세력으로 분화되었으며, 인노련은 NL과 비주사 NL－삼민동맹－인민노련으로 분화되었다.

이상에서 살펴본 것처럼 서노련은 변혁적 노동운동을 촉발시켰으나, 준비과정부터 조직 안팎에서 여러 문제를 야기하였다. 서노련은 노동운동이 민주화운동의 뒷전에서 종교계의 지원에 의존하고 생존권 투쟁에만 머물렀던 한계를 극복하고 노동자계급이 독자적 정치세력으로 등장해야 한다는 주장을 처음으로 제기했다. 또한 당시 소그룹운동을 실천적으로 극복하면서 지역운동을 정착시키는데 영향을 미치기도 했다. 그러나 서노련은 혼재된 조직의 성격, 즉 선도적 정치투쟁을 수행하는 선진노동자의 조직이라는 공개적 영역과 전위조직 건설을 위한 조직이라는 비공개적 영역으로 나뉘어 서로 다른 성격의 조직을 이중화·중층화시키는 구조적 문제를 안고 출발했다. 이런 두 가지 성격의 조직은 독립된 형태로 조직되어 활동할 필요가 있었다. 이는 노투를 중심으로 한 초기 서노련 준비위가 노동조합법 등의 제도와 법의 문제를 정치화하면서 노동현장 활동을 지원하기 위한 노동운동단체를 결성하려던 것이 서노련에 의해 굴절되었음을 보여 주기도 했다. 당시 활동 방식은 한편에서는 해고자들이 공개적 노동운동단체로 결집하여 현장활동을 지원했어야 했고, 다른 한편에서는 현장활동을 중심으로 현장조직화에 복무하면서 비공개 정치서클운동을 발전시켜 정치조직 결성으로 나갔어야 했다. 그러나 서노련은 이런 구조적 특성을 반영하여 조직을 비민주적으로 운영하였고 비공개 지도부가 조직원들을 통제하는 방식으로 공개 지도부와 조직원을 대상화시켰다.

또 서노련의 선도적 정치투쟁론은 선동만 하면 대중들이 쌓였던 불만을 터트리며 투쟁에 참여한다는 식으로 대중을 대상화시키는 관점이었다. 대중조직인 노동조합이 갖는 의미를 간과했던 이러한 시각은 1986년 임투 시기의 실패를 통해서 그 근본적인 문제를 드러냈다. 또한 서노련은 구로동파의 계승자로 자처하면서 확장된 조직력을 보였으나 이에 근거하여 다른 노동운동 세력들에게는 패권주의적인 태도로 일관했고, 민주화운동 세력과의 관계에서는 계급이기주의적 태도를 보이면서 고립을 자초하다가 결국 해산됐다.

2) 서울남부지역노동자연맹과 대중활동 방식

① 활동가조직의 형성과 학생운동가들의 집단적 결합

서노련 결성에서 배제된 중공업 출신 해고자들은 서노련의 선도적 정치투쟁이 대중적이지 못한 점과 대중정치조직으로서의 서노련의 조직방향이 모호한 점을 비판하였고, 대중운동의 중요성을 강조하면서 독자적으로 비공개 서클로 모였다. 이들은 노동운동에 대한 탄압이 진행되는 상황에서도 대중적인 경제투쟁을 벌여야 하고, 그러기 위해서는 그 기초로서 대중적인 노동조합 결성을 노동운동의 당면목표로 삼아야 한다는 공통된 문제의식을 갖고 있었다. 그러나 그 이상의 노동운동 방향에 대한 대안은 부재했다. 이 그룹을 주도한 최규엽은 다음과 같이 기억하고 있다.

나도 처음엔 서노련 준비위원이었어요. 그런데 문제가 생겼는데, 구로동맹 평가! 내가 문건 쓴 게 있어. '구로동파는 대단히 훌륭한 파업이었으나, 노조 결성 무용론이나 임금인상투쟁 무용론, 그 다음에 선도투쟁 중심으로 한 부분들, 그래서 정치투쟁을 위해서 너무 조직을 쉽게 희생시킨 부분들은 우리가 한계로서 반성할 지점이다.' 이런 이야기를 했더니 '아, 구로동맹파업의 평가가 다르다'고 나를 빼 버리더라고…. 나는 서노련에서 제껴 버린 거요. 나는 따로 하는 거여…. 그때 대한광학에 이재용, 성원재강에 변재용도 같이 했어요.

최규엽이 주도하던 이 그룹의 구성원은 초기에는 74학번부터 77학번, 79학번 등 1980년대 전반기에 이미 노동현장에 참여하여 일정하게 대중운동을 경험한 이들로 이루어졌다. 이어 고려대 80학번들이 소규모로 노동현장에 이전하면서 이 그룹에 참여했다. 이때 참여했던 고려대 80학번인 공계진은 다음과 같이 말한다.

학습을 시켰던 선배가 있었고, 그 다음에 공장으로 가는 것으로 정리하고 나서 규엽이 형을 만나죠…. 구로동 쪽으로 들어가기로 해서… 관련된 교육으로 노동법이나 노동운동과 관련된 노동자의식이랑 이런 거에 대해 받죠…. 나는 이재영이라는 친구하고, 조석현, 이재영, 신수현이랑 구로동에 자취방을 얻어서… 공장을 1984년 9월에 들어가게 되요.

또 고려대 81학번들은 1983년부터 학내 이념서클들을 통합한 단일캠퍼스 구조를 형성해서 활동하다가, 1984년 말 처음으로 집단적이고 조직적인 이전 구조를 형성했다.[공계진 구술] 이들은 노동현장으로 존재이전을 하기 위해, 먼저 고려대 출신인 노동현장 투신자들의 상황을 파악했다. 이들은 구로공단에 있는 최규엽그룹이 가장 현장 지향적이라는 판단을 하여 1984년 말부터 연계를 갖기 시작했다. 고려대 81학번들은 1984년 말에서 1985년 초까지 여학생 이전팀과 남학생 이전팀으로 나뉘어 1985년 중반에는 구로공단과 영등포 일대의 노동현장에 참여하기 시작했다.[박인도 구술] 그 예로 1985년 중반기에 이재권(고대 81), 김숙(고대 81), 송석영(고대 81), 김인수(고대 81) 등은 현장 경험이 있는 윤봉로(고대 80)의 지도로 노동현장 투신을 위한 예비학습을 진행했다. 『경제원론』, 『철학의 기초이론』 등 자본주의 구조와 유물론에 대한 기본학습이 주된 내용을 이루었다. 또 『노동법해설』 등을 통해 노동문제와 노동현장을 이해하고 분석하기 위한 기초학습도 진행했다. 이들은 학습을 끝낸 뒤 노동현장에 취업을 했다.「이재권, 이명춘 공소장」 1987형제 34875/34888호, 8~10쪽.

이처럼 남노련서울남부지역노동자연맹은 고려대 학생운동 세력과의 조직적 관계를 확보하면서 조직의 재생산구조를 갖추기 시작하였다. 그 결과로 조직 자체의 대외활동에 필요한 동원력이 생겼고, 조직 활동에 필요한 활동가들을 충원할 수 있는 조건을 갖추게 되었다. 이 그룹은 소규모 활동가 조직에서 300여 명 안팎의 동원력을 갖춘 조직으로 양적 성장을 하였다.

한편 남노련은 1986년 2월 임금인상투쟁에 대한 대응으로써 '전국노동자 임금인상 공동투쟁위원회'(약칭 '전노임투')를 출범하여 서노련과는 독자적인 임투를 진행하려 했다. 남노련은 서노련의 '생활임금쟁취'라는 주장이 당면 슬로건으로는 옳지 않다는 판단으로 '최저생계비 일당 7천 원 쟁취'를 주요 슬로건으로 내세웠다. 또 남노련은 서노련의 '노조 결성 무용론, 임금인상만 시키는 것은 노동자들을 개량화시키는 것'이라는 주장에 대해 학출활동가의 관념적인 좌경모험주의적 경향이며, '현장에서 친목회조차 제대로 만들어 보지 못한 사람들의 주장'이라고 비판하면서 '임금인상투쟁과 노조는 필요하다'는 주장을 하였다.[최규엽 구술]

이들의 활동은 수도권 차원에서는 대중기반의 부족으로 곧 중단되었고, 이어 지역 토대를 갖춘 '구로·영등포지역 임금투쟁위원회'를 가동하였다. 전노임투는 투쟁사업장들 간의 임금인상 시기와 슬로건의 일치를 시도했고, 소식지 『선봉』을 발간하다가 4월 임투가 끝난 후 해산하였다. 그러나 전노임투의 결성이 내부 성원들의 논의 결과가 아닌 지도부의 독단으로 진행되면서 조직운영에 대한 문제가 제기되었다.「이재권, 이명춘 공소장」 1987형제 34875/34888호, 22쪽. 실제 1986년 임투 시기에 남노련이 관련된 사업장인 동일제강, 대한광학, 신흥정밀, 조흥화학, 동일기업사, 세광알루미늄, 뱅뱅 등에서 투쟁이 벌어졌다.

② 공장위원회와 지역노동자의 조직화 방식

남노련은 초기에는 구로공단과 영등포에 집중해서 활동했으나, 구성원이 확대되면서 점차 성수지역과 부천으로 진출해 나갔다. 남노련은 초기에 정치적 입장을 분명히 설정하지 못하였다. 다만 당시 등장한 제헌의회그룹의 노선이나 기존 서노련 노선에 대해서는 반대하면서, '민족해방·노동해방·민중민주주의' 정도의 지향만을 가지고 있었다. 이에 대해 당시 초기 구성원이었던 최규엽과 공계진은 다음과 같이 말한다.

> 조직 이름도 민중사상연구회였고. '우리는 아직 큰 조직으로 보기 힘들다…. 사상서클 수준이다. 더 기반을 갖고 우리는 지하정당을 만들자…. 근데 제헌의회 노선이나 삼민헌법 노선, 이것들은 반대했지…. 특히 노조 결성 무용론, 임금인상투쟁 무용론은 완전히 반대했고. 특히 학출활동가들의 급진적인 선도투쟁을 반대했고…. 우리는 대중노선이라고 그랬어요…. 현장에서 노동운동하는 게, 조직하는 거, 실제 행동하는 게 중요했지. [최규엽 구술]

> 정치적 입장은 명확히 구분됐던 것은 아니고, 학습할 때도 노동조합론이 중요한 커리커리큘럼였거든. 민족해방 관련은 조금 하는 정도였죠…. 내가 (1985년 구로동파로—인용자) 구속되고 나서 내부에서 논쟁이 있었고, 그리고 NL입장이 강화된 것 같고, 81학번이 주축이 되어 정리를 한 것 같아요. 노동운동에서 볼 때는 노동조합을 건설해서 뭔가를 도모하려는 게 강했죠…. 경제투쟁과 정치투쟁은 결합하면서 경제적인 측면도 무시하지 않고…. 서노련하고 대비되는

것도 있고. 조직적으로 보면 그때 유행했던 전위적 측면에 대한 강화, 초기엔 이것만 있었고. 나중엔 필요해서 대중파트를 만들어 가는 과정이었죠.[공계진 구술]

한편 남노련은 기본 조직골간을 정비하면서, 조직의 성격과 위상을 정리해야 할 중요한 문제로 인식했다. 이들은 조직의 위상을 둘러싼 자체 평가를 통해 남노련은 활동가 조직에 가깝다는 판단을 했고, 향후의 조직 방향을 '대중조직과 전위조직'의 분리 속에 전위조직을 지향하는 것으로 설정하였다. 이는 당시 형성되고 있었던, 노동운동 내에 조직운동은 대중조직과 전위조직의 엄밀한 구별이 필요하다는 인식의 반영이기도 했다. 활동가 조직인 남노련의 조직구조와 활동의 특징을 보면 다음과 같다.

첫째는, 공장위원회를 설치하여 전 조직을 관리하고, 조직적·실천적 지도를 행했으며, 각 공장하부위원회를 두어 노동현장의 활동을 강화하려 했다. 공장하부위원회는 연락선을 통해 문건 또는 구두로 공장위원회의 지도를 받았다. 구성은 3공장하부위원회(신도림지역), 5공장하부위원회(양평동지역), 7공장하부위원회(여성사업장), 11공장하부위원회(구로공단), 그리고 야학부로 이루어졌다(지도부는 공장위원회 위원장 최규엽과 김영진, 이재형, 유용화, 김숙 등 5인으로 구성되었다.「이재권 공소장」, 20쪽). 이런 공장위원회 구조는 대중운동의 중요성을 강조하는 조직의 특성을 반영하여 조직원들이 기본적으로 노동현장에서 대중운동을 하면서 조직관계를 형성하기 위한 방식으로 보인다. 그러나 이러한 조직편제에도 불구하고 일부 조직원들은 체제 재편 때부터 상호소통의 부족, 지도부의 일방적 배치 등으로 인한 조직운영에 불만을 드러냈다.「이재권 공소장」, 22~23쪽.

둘째, 남노련은 정치교육을 주요사업으로 하는 '노동자해방사상연구회'(약칭 '노해사')라는 교육부서를 만들어 운영하였다. 이는 1985년 이후 노동현장의 투쟁과정에서 형성된 선진노동자들을 조직하기 위한 것이었다. 노해사는 선진노동자들의 교육 외에도 조직의 방향성 정립을 담당했다는 점에서 조직의 중심으로 기능했다. 또 노해사는 마르크스와 레닌의 원전을 번역해 출간 작업을 하거나 변혁운동과 노동운동에 대한 연구작업 등도 진행하려 했다.「이재권 공소장」, 45쪽. 우선 노해사는 선진노동자들을 노동운동가로 육성하기 위한 '정치학교'를 운영했다. 당시 선진적 노동자들이 현장 경험은 풍부했지만 노동조합의 틀에 갇혀 있었기 때문에 이들의 정치의식을 높일

[그림 3] 남노련 조직체계

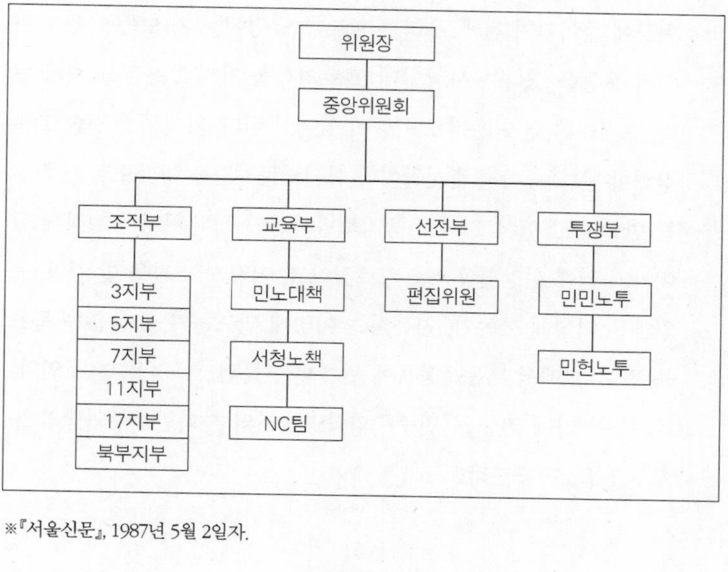

※『서울신문』, 1987년 5월 2일자.

필요가 있다는 판단에서 정치학교를 만든 것이다. 또 학출활동가들과의 논쟁에 눌려 있던 선진노동자들의 요구를 반영한 것이기도 했다. 이 정치학교는 투쟁경험을 가진 노동자들만이 아니라, 정치학습이 필요하거나 감옥생활로 현실 감각이 무뎌진 학출활동가들도 참여할 수 있도록 했다.

노해사는 매기마다 6~7명씩 참여하여 3개월 동안 학습을 진행했고, 약 17기에 걸쳐 프로그램이 진행됐다. 참여자들은 철학, 경제학, 각국의 노동운동사와 한국노동운동사는 물론 구체적인 현장활동에 대해서 학습했다. 남노련은 이런 학습을 바탕으로 참여자들이 노동운동에 대한 입장과 현실 과제에 대한 공통된 인식을 갖도록 하는 동시에 학습이 실천과정에서 구체적인 힘을 가질 수 있도록 노력했다. 이에 대해 최규엽은 다음과 같이 말한다.

> 현장에 들어가기 전에 '우리는 프로다. 공장에 자기 모든 인생을 바쳐서 운동을 했다는 사람인데, 프로의식을 가지고 운동을 해야 된다. 그러려면 뭔가 우리도 기술이 있어야 된다. 과학적인 전술로 무장해야 된다…. 학생 출신들이나 선진노동자들을 대상으로 한 학교를 만들자'고 했어. 그게 노동자해방사상연구회. 거기서 현장에 들어가기 전에 현장활동론을 가르쳤어요. 어떻게 조직을 할 건가, 유인물은 어떻게 쓰는가, 친목회는 어떻게 만드는가. 노동운동 목표는 뭐냐. 그래서 노동운동론에 관계되는 문건, 『무엇을 할 것인가』부터 『두 가지 전술』, 『민주주의혁명에서의 사회민주주의당의 두 가지 전술』도 공부해요.

조직활동의 세번째 특징은 지역 차원에서 대중활동을 위한 공간들을 적극 활용해 단계에 따른 노동자들의 조직화를 시도한 것이었다. 우선 부천의 작은자리야학, 광명시의 한광야학, 당산동의 당산야학 등을 운영하였다. 야학에서는 한문, 작문 등을 공부하면서 노동자들의 상식을 넓히는 데 중점을 두었다. 남노련은 야학에서 배출된 노동자들을 다시 소그룹으로 모아 노동법, 근로기준법 등의 기초적인 학습을 시키고, 그 후속모임인 '서울노동청년회'라는 노동자서클에도 참여시켰다. 그후 노동운동의 의지를 갖춘 이들은 '민주노동자대학'을 거쳐 노해사에 참여해 활동가 교육을 받도록 했다. 이처럼 남노련은 노동자의 의식수준에 따라 단계별 조직화를 꾀했고, 그 체계를 구축해 나갔다. 또 지역을 대상으로 한 대중용 신문을 제작했는데, '전노임투' 활동기에는 『선봉』, 남노련 체계에서는 『횃불』[11]을 발행해 선전 작업도 벌였다.민주화실천가족운동협의회 외 편, 『10대 조직사건』, 231쪽.

또 남노련은 당시 개헌국면에 개입하기 위해 1986년 10월 26일 신대방동의 돈보스코 청년회관에서 노동자, 학생 등 300여 명이 참여한 가운데 '민주헌법쟁취 노동자투쟁위원회'(약칭 '민헌노투') 결성식을 했다. 결성식 이후 참석자들은 대림동 로터리까지 가두시위를 벌였으나 시위 도중 16명이 연행되었고 그중 2명이 구속되었다. 투쟁의 피해에 대한 조직 내부의 자기비판 이후 민헌노투는 다른 노동운동 세력과 연대하여 '민중민주헌법쟁취 노동자투쟁위원회'(약

11 『횃불』은 1986년 3월 31일 구로영등포임금투쟁위원회의 이름으로 창간되었다. 16절지 4면의 1호에는 '단결만이 살길이다'는 제목으로 구로영등포임금투쟁위원회의 성명서와 신흥정밀에서 분신한 박영진의 기사를 비롯해 대한광학, 협진양행, 한창섬유, 나우정밀 등의 임투 소식이 실려 있다. 이후 14호까지 발행되었다.

칭 '민민노투')에 참여했다. 민민노투는 1986년 11월 29일 열린 서울 지역 신민당 개헌현판식 집회에도 참가했다. 이 자리에 참여했다가 연행된 이들 가운데에는 한상혁(고대 법학과) 등 남노련 조직원 2명이 있었고, 수사과정에서 노해사에 대해 파악한 공안당국은 본격적으로 남노련을 조사하기 시작했다.

③ NLPDR노선의 전환과정과 조직 탄압사건

1986년 중반기 노동운동 진영은 사상논쟁으로 혼란스러운 상황이었다. 「강철서신」이 운동권 내부에 널리 퍼져 갔고, 5·3인천항쟁 이후 조직 탄압사건이 불거졌다. 또 그와 관련하여 당시 노동운동을 주도하던 서노련에 대한 문제가 제기되기도 하였다. 이러한 혼란상을 겪는 당시의 많은 활동가들을 "팸플릿에 따라 이동되는 모습들"이라고 표현할 정도였다.

남노련 내부에서도 정치적 지향을 둘러싸고 혼란이 일어났다. 구성원들이 내부논의를 진행한 결과 NLPDR National Liberation People's Democratic Revolution: 민족해방민중민주주의혁명을 지향하는 이들이 70~80%를 차지하자, 고려대 81학번들이 주도하여 조직원들에게 주체사상에 대한 학습을 시켰다. 조직원들은 마르크스·레닌주의 원전과 북한의 노동당 창당에 대한 경험, 당건설의 사상 등을 학습했다. 이는 당시 NLPDR의 기본내용을 담고 있던 문건과 방송녹취록을 통해 이루어졌다. 이러한 학습과정은 남노련이 정치노선을 설정해 가는 과정이자 고려대 81학번들이 조직의 지도력을 형성해 가는 과정이기도 했다.

그런데 1987년 1월에 공장위원 김영진이 체포되고 노해사 활동가들이 연행되어 9명이 구속되는 사건이 일어났다.[12] 또 조직의 지도부도 대거 수배상태에 놓였다. 이 사건 이후 조직 보위를 위해 비교적 신분이 안정된 이재관, 최동규, 박부용(고대 81), 조경현(고대 81)이 임시지도부를 구성했다. 이들은 NLPDR노선을 견지하면서 조직원들의 학습을 주도한 세력이었다.[13] 그리하여 공장위원회 지도부와 임시지도부가 공존하는 상황이 되었다. 3월 들어 임시지도부는 조직이 불안정한 상태이고 각 하부단위의 불만이 강하게 제기되고 있다는 것을 근거로 전체회의를 개최할 것을 제기하여 열성자대회를 소집했다.

4월 열린 열성자대회는 그동안 누적된 조직의 문제가 제기되는 자리가 되었다.[14] 공장위원회 위원장인 최규엽의 조직활동 보고 이후 평가 자리에서 참여자들은 남노련이 종파주의적이고 서클주의적 한계를 드러냈다고 비판하였고, 또 서노련과의 대립 속에서 분명한 노선을 제시하지 못하였다면서 지도부를 강도 높게 비판하였다. 결국 회의에서는 남노련의 활동이 서클적 운동형태에서 종파적 경향

12 이때 구속된 이들은 김영진(군이첩), 임란(고려대), 공계진(고려대 80), 김진정(한광야학 강사), 박재국(고려대, 작은자리야학 강사), 홍영(고려대, 작은자리야학 강사), 강은정(이화여대, 야학 강사), 신미란(고려대, 야학 강사), 황정옥(고려대 82, 야학 강사), 박태련(조직부원)이었다(『한국일보』, 1987년 2월 28일자).

13 이때 하부공장위원회 담당은 이재권이 3지부와 5지부, 최동규는 11지부와 서울청년노동자회, 조경현은 7지부와 야학팀 및 민주노동자대학, 박부용이 17지부와 북부지부를 담당하기로 했다(앞의 공소장, 12쪽).

14 참석자는 공장위원회 위원장 최규엽, 공장위원회 위원 조석현(고려대 79), 이재형(고려대 80), 유용화(고려대 80), 김숙(고려대 81), 임시지도부 위의 4인, 공장위원회 선전팀장 이명춘(서울대 79), 공장위원회 투쟁팀장 송종환(고려대 81), 조직원 김창현(고려대 81), 정연주(고려대 81), 김태삼(고려대 83), 김재신(고려대 82), 김연희(고려대 82), 김정호 등과 성명 미상 9명이 참여해 모두 26명이었다(「이재권 공소장」, 18쪽).

이 나타난 것으로 정리됐다. 이어진 조직운영을 둘러싼 논의에서는 지도부의 권위주의적 모습에 대한 비판이 이루어졌는데, 특히 "지도부는 일상적으로 명령을 내려 하부구성원들이 주체적으로 활동하는 부분을 막았다"는 비판이 중심을 이루었다. 구체적으로 지도부가 구성원 배치를 할 때 그 사람의 특성을 고려하지 않고 지도부 임의대로 배치했고, 주요사항을 결정할 때 하부구성원들과 합의없이 지도부가 일방적으로 결정해서 통보하는 식이었다는 등의 비판이 쏟아졌다. 결국 지도부가 비민주적이었고 권위를 내세워 관료적으로 조직을 운영한 것으로 정리되었다.

조직노선에 대한 토론에서도 논쟁이 벌어졌다. 대중조직을 지향하는 조직체계로서 "혁명적 대중조직으로 재편하자"는 주장과 "조직 각 영역의 상대적 자율성을 갖는 체계로 분화·발전하여 노동운동의 통일성을 모색하자"는 주장 등이 제기되었다. 이를 통해 기존 조직을 해산하고 각 지부와 하부단위가 주체적으로 자기운동 방향을 모색하자는 결론에 이르렀다. 또한 하부단위들은 자율적으로 조직개편을 하기로 정리했다. 이 대회에서는 기존 지도부는 사퇴하여 하방하고 대회 이후 '수권위원회'가 조직운영을 담당하기로 최종적인 결정을 내렸다.「이재권 공소장」, 25~28쪽.

결국 열성자대회는 NLPDR노선을 견지한 임시지도부가 정치노선을 공식화하지는 않았지만, 기존의 조직운영 방식에 대한 문제제기를 통해 지도력을 공식적으로 확보하는 자리의 성격을 띠었다. 뒤이은 임시지도부의 움직임은 이를 잘 보여 준다.

대회 이후 대표자회의인 수권위원회를 구성하여 집단지도체제를 구축하고 지도와 사상적 통일, 서클 해체를 통한 주체혁신, 활동가체계의 이론화 및 배치조정 등을 추진하기로 했다.[15] 수권위원회는 조직의 사상적, 조직적 기초를 준비해 나가는 것이 임무였다.[16] 지도부는 조직의 골간을 이루는 현장활동가들을 '현장소조'로 배치했다. 이때부터 남노련은 정치적으로는 NLPDR경향을 갖는 현장대중에 뿌리내린 전위조직 건설을 목표로 삼았다. 이에 따라 남노련은 전위조직 건설을 위해 수도권의 대중 토대 구축을 선결과제로 삼으면서, 조직의 사상적 기초 형성에 중점을 두었다. 즉, 이들은 전위조직 건설을 위해 '아래로부터의 당건설 노선'을 원칙으로 하였다.[박인도 증언] 이는 NLPDR세력이 산개론으로 조직노선을 정리하기 이전의 단계에서 나타나는 조직방향이었다.

이들은 NLPDR노선을 공식화하기 위한 열성자모임을 다시 추진하였다. 1987년 4월 26일 열린 일명 '도봉산 모임'이 그것이었다. 그러나 이 모임에 참가한 지부대표 13명이 일거에 연행되었다.[17] 그 뒤 11월에 최규엽, 이재형 등이 연행되었고, 1988년 5월에는 조석현이 구속되었다. 이날의 상황에 대해 최규엽은 다음과 같이 말한다.

내부에서 분열도 있었어요. 힘들어지니까 분열도 생기잖아요. 나는

15 5지부 윤지환(고려대 82), 7지부 박성희(고려대 82), 11지부 최동규(연세대 80), 17지부 김창현(고려대81), 민노대 유용화(고려대 80), 서노청 김영배(연세대 82), 이명준(서울대 79), 야학팀 이상기(고려대 82), 북부지부 송종환(고려대 81) 등으로 구성하였다(「이재권 공소장」, 28쪽).

16 서클을 재정립하는 과정으로 연동되어, 기존의 서클주의, 조합주의적 활동 방식을 내부에서 비판하고 조직체계를 구축하기로 했다. 지도부 역시 새롭게 구축해 나갔다. 이 시기 활동방향은 조직 내적 체계를 정비하는 것, 대중적 기반을 확충할 것, 정치투쟁과 경제투쟁의 결합을 시도할 것 등이었다.(박인도 증언)

17 이때 구속된 13명은 유용화(고려대), 이재권(고려대), 최동규(연세대), 손종환(고려대), 이명춘(서울대), 김동성(고려대), 김창현(고려대), 서원기(고려대), 윤지환(고려대), 정연주(고려대), 김영배(연세대), 이상기(고려대), 박성희(고려대)였다(『경향신문』, 1987년 5월 1일자).

일선에서 물러나 '현장 들어간다'고 있을 땐데…. 아무래도 지도부가 안 잡히니까 저쪽에서 프락치를 넣어 가지고 북한산에서 7, 8명이 앉아서 임시지도부 회의하고 있는데, 숲속에서 갑자기 군인들이 엠식스틴(M-16) 들고 와서 '손들어!' 그런 거여. 프락치 없이 어떻게 알아요? 그래서 보안사로 잡혀 간 거지. 그때도 내 이름이 안 나왔어요. 내가 맨 나중에 잡혔어요.

조직사건으로 다수의 지도부가 구속되고 난 후 남은 지도부를 비롯한 조직원들은 탄압의 원인이 파악되지 않은 상태에서 수습대책을 세웠다. 우선 보안사에 드러난 인물은 피신(절대적 피신)을 하고, 그렇지 않은 사람은 조직관계를 유지하며 조심스럽게 활동하는 방식(상대적 피신)을 취했으며, 또 노출이 안 된 경우는 자신의 공간에서 계속 활동하는 것으로 정리했다.[박인도 구술] 그러나 조직복구는 실패했고, 당시 NL세력의 조직방식인 '산개론'에 따라 조직원들은 분산되었다.

이와 같이 남노련은 서노련의 선도적 정치투쟁론을 비판하며 대중운동을 중요시한 이들이 독자적인 조직을 구성한 것이었다. 서노련이 대중정치투쟁 조직이라는 혼재된 조직위상으로 혼란을 겪은 것에 비해, 남노련은 활동가 조직으로 위상을 설정하면서 전위조직 건설을 지향하였다. 서노련이 지역의 가두투쟁과 노동현장에서의 선도투쟁 중심의 활동으로 대중을 대상화하는 활동을 벌인 데 비해, 남노련은 대중운동을 강조한 만큼 대중운동이 위축된 속에서도 대중활동을 강화하려 했다. 이를 위해 조직구조를 공장위원회 체계, 노해사와 지역 대중활동 체계 등으로 구축하면서 현장과 지역 차원에서 대중활동의 새로운 모형을 시도하였다. 그러나 이들도 1986년 임금인상 시기에 노동현장에서 많은 활동성과를 이뤄내지는 못하였다. 한편 조직운영 면에서도 서노련이 지도부의 관료적, 통제적 운영방식의 문제가 초기부터 조직 해산 때까지 지속되어 조직분열의 주요 원인이 되었던 것에 반해, 남노련은 지도부의 권위주의적 운영방식으로 갈등을 야기하였지만 열성자대회를 통해 지도부의 하방과 신新지도부 등장으로 정리되면서 상대적인 유연성을 보여 주었다. 그러나 남노련 역시 NLPDR노선의 신新지도부가 조직방향을 변화시키는 과정에서 조직사건으로 와해되고 말았다.

3절

정치조직의 형성과정과 차이

1) 1986년 선도적 대중투쟁의 실패와 조직논쟁

변혁적 노동운동은 1985년 하반기부터 노동운동의 중심으로 자리를 잡아갔다. 서노련 출범과 남노련 결성을 비롯해 입장을 달리하는 여러 세력들이 서클 형식으로 존재했다. 1986년 임금인상투쟁은 수도권지역을 중심으로 확산되었다. 서울의 대한광학·오트론·삼성·신흥정밀·삼경, 인천의 이성전자·코스모스·남일금속·선창산업, 안양의 국제전기·화천프레스, 성남지역의 라이프제화·콘티, 군산의 세풍합판, 부산의 동양고무 등 소규모이지만 전국적으로 전개되었고 경동탄광 상덕광업소에서는 1천여 명의 탄광노동자들이 파업을 벌였다.[1]

그러나 노동운동 세력이 주도하는 임금인상투쟁은 서울지역의 삼성제약, 성남지역의 라이프제화 정도만 노조를 중심으로 투쟁을 전개했을 뿐 대부분의 사업장에서는 소그룹 중심으로 투쟁이 힘겹게 진행되었다. 이들도 거의 대부분 임금인상투쟁에 실패하고 활동가들이 해고되는 결과로 이어졌다. 또한 투쟁의 주체면에서도 전체 120명 중 98명이 파업에 참여해 사무직을 제외하고 거의 100%의 참여율을 보인 라이프제화나, 600명이 참여한 이성전자, 200여 명이 참여한 한영공영 등 몇 개의 사업장을 제외하면 대개 몇몇 소그룹 구성원의 고립된 투쟁으로 전개됐다. 투쟁의 양상도 대부분 파업농성의 형태를 시도했지만 거의 실패하고 해고자들의 출근투쟁이 두드러지게 나타났다.

반면에 정치조직이 주도한 지역 단위의 가두투쟁이 활발했다. 예를 들어 3월 19일에는 서노련이 구로공단 모세미용실 점거와 가두투쟁, 3월 22일과 25일에는 서노련과 인노련이 공동으로 전태일 기념관 농성투쟁을 벌였다. 전노임투전국노동자 임금인상 공동투쟁위원회는 학생운동의 민민투반제반파쇼민족민주투쟁위원회와 연대하여 3월 16일과 26일 두 차례에 걸쳐 가두투쟁을 벌였다. 그러나 이러한 투쟁들은 전반적으로 선도투쟁에 머물러 광범위한 대중을 조직하지 못하고 오히려 대중과 유리되었다.

결국 1986년 임금인상투쟁은 1985년보다 저조했다. 이는 일차적으로 정권의 탄압이 강화된 데 그 원인이 있지만 운동 세력 내부의 문제가 더 중요하게 작용했다. 당시 투쟁을 주도했던 대다수 정치조직의 활동가들은 노동자들의 상태와 요구를 고려하기보다 선도적

1 1986년 노동자투쟁은 276건으로 원인별로 보면 임금인상 62건, 임금체불 48건, 휴폐업 11건, 부당노동행위 16건, 근로조건 개선 48건, 해고 관련 34건, 기타 57건 등이다. 이를 투쟁유형별로 보면 작업거부 138건, 농성 112건, 시위 21건, 기타 5건 등이다. 예년에 비교해 투쟁의 횟수가 증가해 노동자들의 투쟁 참여가 늘어났다(홍승태, 「광주민중항쟁의 좌절과 진보적 노동운동의 모색」, 한국민주노동자연합 편, 『1970년대 이후 한국노동운동사』, 동녘, 1994, 140~141쪽).

으로 싸우면 노동자들이 자연스럽게 투쟁에 동참할 것으로 생각하고 있었다. 따라서 이들은 임투를 위한 조직적 기초를 마련하려는 치밀한 노력을 등한시한 채 투쟁을 만들어 내는 데 급급했다. 또한 대다수 활동가들이 지니고 있었던 투쟁의 결과에 급급한 성과주의적인 태도에도 문제가 있었다. 즉 임투과정을 통해 조직 역량을 강화하는 데 목표를 둔 것이 아니라 밖으로 드러나는 투쟁의 결과와 양태에 집착하였다. 예를 들면 대부분의 임금인상투쟁을 단위사업장의 조건을 무시한 채 파업, 특히 무리한 연대파업으로 이끌려고 노력하였다. 또 몇몇 활동가들이 일상활동을 등한시하고 소수만의 점거농성을 시도하다가 결국 대중과 유리되어 대중의 보호를 받지 못한 채 강제해산된 경우도 많았다. 구로공단의 신흥정밀, 대한광학, 나우정밀, 협진양행은 그 대표적인 예라고 할 수 있다.

거기에 임금인상투쟁을 정치투쟁으로 발전시켜야 한다는 논리에 집착해 정치투쟁과 경제투쟁을 기계적으로 결합시키려는 모습도 문제를 드러냈다. 예를 들면 한영공영처럼 임금인상투쟁 과정에서 대중의 투쟁열기가 높아지자 활동가가 갑자기 "군사독재 타도하자"라는 정치구호를 외치면서 대중이 등을 돌리는 경우도 있었다.홍승태, 「광주민중항쟁의 좌절과 진보적 노동운동의 모색」, 『1970년대 이후 한국노동운동사』, 143쪽.

결국 1986년 임금인상투쟁의 실패로 대중운동은 침체되기 시작했다. 이후 노동운동 내부에서는 서노련의 활동 방식에 대한 비판이 공공연해졌다. 한편에서는 투쟁노선의 문제였지만 조직성격을 둘러싼 비판도 제기되었다.

1986년 하반기 서노련 내부의 논쟁과 맞물려 노동운동에서는 조직노선을 둘러싼 논쟁이 벌어졌다.[2] 논쟁은 한편에서는 전위조직문제를 중심으로, 다른 한편에서는 대중조직을 둘러싸고 전개되었다. 전위조직논쟁은 '즉각적 전위조직 건설—지역전위조직 건설—산개론'으로 나뉘었다. 즉각적 전위조직 결성을 반대하는 입장에서는 밑으로부터의 상향식 전위조직 건설방식을 주장하였다. 당시 노동운동 단계에서는 전위조직의 사상적·물질적 토대를 마련하는 것이 중요하기 때문에 대중활동을 더욱 중요시해야 하며 '전위투사'는 사상적·조직적 훈련 속에서 검증된 인자여야 한다는 입장이었다. 이 입장은 지역노동자 전위조직 건설을 주장하였다. 또 산개론은 '혁명적 대중조직론'(또는 혁명적 노동조합론)의 입장을 취하기도 해 노동조합을 통해 노동운동의 정치적 과제를 해결하려는 것으로 나타났다.

대중정치조직의 활동과 이에 대한 비판 속에서 전개된 여러 논의 가운데 또 다른 핵심내용은 대중조직에 관한 것이었다. 구로동맹파업 이후 서노련이 노동운동의 주도성을 갖고 대중적 정치투쟁론으로 대중과 괴리된 정치투쟁을 가두에서 벌이면서, 경제투쟁의 독자적 의의가 무시되고 경제투쟁이 경제주의로만 협소하게 이해되었다. 이 시기에는 노동조합 역시 그 의의와 가능성보다는 정권의 강화된 탄압을 근거로 그 한계가 과도하게 강조되었다. 심지어 "우리나라에서는 노조가 선진자본주의 국가에서처럼 노동대중운동의 일반적 틀이 아닌 것은 분명하다"고 단정하기까지 했다.한국기독교산업개발원 편, 『한국노동운동의 이념』, 201쪽.

2 그밖의 논쟁은 한국사회의 성격, 국가권력의 성격, 경제체제의 성격, 그에 따른 모순의 성격을 둘러싸고 전개됐다. 한국사회성격논쟁은 혁명의 성격, 주체, 방법 등으로 발전했다. 이에 대해서는 『한국변혁운동논쟁사』(권형철, 일송정, 1990)에 자세히 언급되어 있다.

그러나 서노련 해산 이후 대중을 대상화시킨 활동에 대한 문제의식이 확산되었고, 그 대안 모색을 둘러싼 논쟁이 진행됐다. 정권의 탄압으로 인해 합법적인 대중조직 건설이 거의 불가능했기 때문에 논쟁은 더 복잡해지기도 했다. 대중조직 건설이 노동운동을 활성화시키는 데 중요한 과제라는 것과 노동조합이 가장 효율적인 대중조직이라는 것으로 의견이 모아졌다. 다만 노조의 내용과 형태를 둘러싸고 '비공개 노조론—혁명적 노조론—자주적 노조론'과 '민주노조론'으로 나뉘었다.한국기독교산업개발원 편, 『한국노동운동의 이념』, 281~295쪽.

전자의 주장은 내용에 약간의 차이는 있지만 합법적인 노조가 한국의 폭압적 정치상황 때문에 노동운동에서 대중조직의 전형이 되기 힘들다는 인식에서는 대체적으로 일치했다. 이는 노조 결성도 어렵고 간혹 결성해도 곧바로 탄압에 의해 와해되거나 어용노조로 변화하는 경우가 많았던 당시 상황에서 그 대안으로 제시된 것이다. 후자인 '민주노조론'은 이를 비판하면서 보다 많은 대중이 운동의 주체로 성장하기 위한 대중조직을 건설해야 한다는 입장이었고 대중성과 합법성을 중시했다. 그외 대중조직의 형태를 '반합법-반공개 투쟁위원회'로 만들자는 주장도 있었다. 이 시기 대중조직을 둘러싼 논쟁은 1987년 노동자대투쟁으로 민주노조가 전국에 뿌리를 내리기 시작하면서, 단순한 논의에 그치거나 약간의 실천에 머무르는 수준이었다. 그러나 논쟁과정에서 노동조합에 대한 인식을 좀더 풍부하게 공유할 수 있었던 것은 하나의 성과라 할 수 있다.

1986년 노동운동의 조직론 등을 둘러싼 논쟁은 실천운동에 반영되어 새로운 정치조직들의 형성으로 나타났다. 이는 [그림 4]와 같이 크게 세 가지 흐름이 형성되었다. 첫째, 학생운동에서부터 벌어졌던 정치노선 논쟁이 노동운동으로 확산되면서 형성된 NLPDR세력과 NDR[National Democratic Revolution: 민족민주주의혁명] 세력이다. 이들은 1986년 하반기 이후 등장하여 정치노선 논쟁을 벌이면서 그 존재가 드러났다. 둘째, 서·인노련의 와해 이후 그 주체들이 다양하게 분화되었다. 일부는 NL과 NDR세력으로 흡수되었으며 이들과 달리 독자적으로 정치조직을 형성한 일부는 비非주체사상 세력인 일동그룹과 삼민혁명론의 삼민동맹그룹을 형성하는 주체가 되었다. 마지막으로 위의 두 흐름과 거리를 두면서 독자적으로 노동현장에서부터 정치세력을 형성한 투쟁동맹그룹과 다산보임그룹을 들 수 있다. 다음에서는 이러한 세 가지 흐름의 정치조직 형성과정과 활동 방식에 대해 살펴보겠다.

[그림 4] 1985~87년 초기 정치조직의 형성·분화

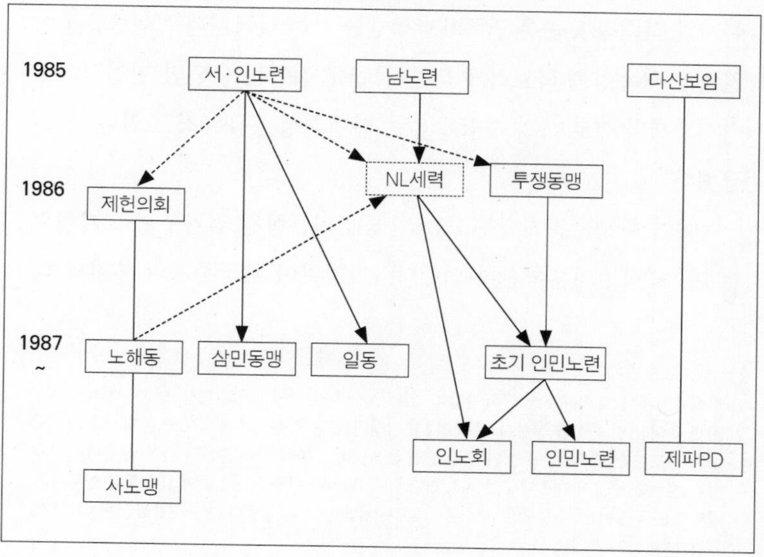

2) NLPDR그룹의 형성과 분화

① 주체사상의 보급과정

학생운동 세력에게 한국과 미국의 관계를 둘러싼 민족문제는 1980년 광주민중항쟁에서 미국의 책임문제를 계기로 등장하였다. 한국사회의 변혁을 위해서는 미국의 지배력에서 벗어나야 한다는 사고가 확산되기 시작한 것이다. 이는 1980년 10월 광주 미공보관 방화, 1982년 3월 부산 미문화원 방화와 4월 강원대생들의 성조기 소각사건 등으로 전면화되기 시작하였다. 또한 1980년대 초의 자료에서도 반反외세적 인식의 중요성을 강조하는 내용들을 찾아볼 수 있다. 예를 들어 1983년 초에 나온 팸플릿인 「인식과 전략」에서는 "한국사회를 기본적으로 신식민지사회로 규정한다. 사회의 기본적인 문제가 미·일 제국주의와 한국 민중간의 민족적 모순에서 파생되는 것이며 이러한 적대적 모순은 민족해방투쟁을 통해 극복된다", "민중운동이 일정한 역동성을 확보하게 되는 국면에 접어들게 되면 필연적으로 반제투쟁의 길로 나갈 수밖에 없는 합법칙성을 내재하고 있다"고 언급했다.

이어 학생운동에서는 1985년 5월 미문화원 점거투쟁을 기점으로 반反제국주의론이 제기되었다.[3] 그리하여 제국주의의 본질과 대

3 학생운동에서 NLPDR노선이 확산될 수 있었던 이유로 반미의식의 형성, 민족공동체에 대한 강한 유대감 및 민족을 신성시하는 도덕적 감정과의 연계, 유물론적 사고에 비해 인간의 자주성과 창조성을 강조하는 사상의 특징 등을 들 수 있다. 특히 민족 우선의 관점 및 운동가의 품성과 정서를 중요시하고 대중성을 강조한 것이 1985년 이후 학생운동이 대중화된 상황과 맞물렸다는 주장이 있다(이수인, 「대립성의 경합과 일면성의 확산: 1980년대 학생운동」, 『사회와 역사』 77집, 2008, 258~261쪽).

중노선이 강조되면서 민족민중혁명론을 위한 자민투가 결성되었다.[4] 이에 반해 NDR론의 흐름을 이어받은 민민투가 분립하여 나타났다.[5] 이들이 당시 학생운동의 정치노선을 중심으로 한 변혁론 논쟁을 주도했다.

당시 노동운동을 주도하고 있던 서노련은 학생운동의 이러한 논쟁을 '관념적이고 계급적 입장에 불철저한 것'으로 비판하였고, 대부분의 활동가들도 대체로 관망하는 자세를 취했던 것으로 보인다.김용기·박승옥 편, 『한국노동운동논쟁사』 현장, 1989, 253~254쪽. 그럼에도 학생운동의 반제론反帝論은 노동운동으로 확산되었다. 노동운동 내부에서도 1986년 2월 '반제반파쇼 민족민중혁명론'(NPR)을 표방하는 문건이 나와 논쟁을 촉발시켰다.[6] 거기에 1986년 4월경부터 노동운동의 분파적 양상을 비난하며 사상의 중요성을 제기하는 김영환의 「강철서신」이란 문건이 등장하였다.

4 자민투(반미자주화반파쇼민주화투쟁위원회)는 민족해방·민족자주를 강조하는 점이 민민투와 차이가 있다. 1986년 4월 10일 서울대에서의 결성식을 시발로 각 대학으로 확산되었으며, 처음에는 야당을 배격했지만 '5·3인천사태'를 거친 6월 들어 개헌투쟁으로 급선회했다. 이후 학생운동에서 자민투라는 조직은 없어졌지만 그 흐름은 1988년 통일운동으로 이어져 이후 학생운동 내 통일운동을 주도해 나갔다(편집부, 『학생운동논쟁사』, 112쪽).

5 민민투(반제반파쇼민족민주투쟁위원회)는 1985년 전학련, 삼민투 사건으로 학생운동 조직이 붕괴된 후 겨울방학 중에 이론적인 체계를 세우고 1986년 3월 서울대 인문대를 중심으로 결성되었다. 이어 성균관대, 연세대 등의 대학으로 파급되었다. 이들은 독재타도를 내세웠다는 점에서 자민투와 차이가 있다. 산하 기구로 '친미주구일당 처단과 민주적 권리쟁취 투쟁위원회'와 '노동자 해방운동지원 연대투쟁위원회'라는 명칭의 기구를 두어 『민족민주선언』을 기관지로 발간하였다(편집부, 앞의 책, 120~122쪽).

6 그러나 이 문건은 도식적인 제국주의의 이론인 국제독점자본주의론에 기초하여 파시즘을 국제독점자본과 일체화시킴으로써 한국사회의 민족적 과제와 민중적 과제의 상호연관성 속에서의 차별성을 추출해 내지 못하였다. 특히 이것은 한국사회에서 민주변혁의 과제는 이미 제국주의에 의해 위로부터 완수되었다고 봄으로써, 용어상으로는 민족민중혁명론(NPR)이지만 그 실질 내용상으로는 반제사회주의혁명(AISR)론의 양상을 띠고 있었다.

김영환은 1986년 3월 말부터 부평에 거주하면서 5월까지 노동운동에 투신하는 후배들에게 조직정비와 운동방향을 제시하기 위해 5건의 강철시리즈를 썼다고 했다.우태영, 『82들의 혁명놀음』, 선, 2005, 153쪽. 강철시리즈는 운동권 특유의 어려운 문투를 쉬운 문체로 바꾸었기에 사람들이 이해하기도 쉬웠다. 특히 아래 인용문의 '품성론'은 당시 정치서클들의 분파주의와 권위주의에 문제의식을 강하게 갖고 있던 활동가들에게 상당한 영향을 준 것으로 보였다.

> 솔직, 소박, 겸손, 성실, 용감한 품성을 갖고 있는가, 그렇지 않은가. 특히 이 가운데 중요한 것은 솔직, 정직한 품성을 지닌 사람에게 굳은 신념을 갖게 하고 그 신념에 따라 자기 인생의 모든 것을 바치게 하는 것이 그렇지 않은 사람에 비해 훨씬 쉬우며 동료와의 의리도 쉽게 저버리지 않을 것이기 때문이다. …… 소박한 품성이란 사치나 허명, 공명심에 빠져 있지 않은 품성을 말한다. …… 겸손한 품성이란 거만하지 않은 품성을 말한다. 자기 아랫사람들에게 거만한 태도로 억누르는 사람, 거만한 태도를 위함으로써 자신의 가치가 더 높아진다는 사람은 배제해야…… 품성은 사상과 밀접히 관련돼 있으며 한 사람의 사상을 결정하는 데 결정적인 역할을 한다.

이러한 품성을 둘러싼 문제제기는 다양한 각도에서 논의되었고 '자세의 문제'를 과도하게 강조한다는 비판도 제기되었다.[최규엽 구술] 그러나 운동 내부의 분열에 대한 문제제기는 충격을 주었고, 특히 주체사상에 대한 논의를 촉발시켰다. 그 뒤 '구국의 소리' 방송을 듣는 이들이 생겨났고 방송녹취문도 노동운동 내에 돌기 시작했다.[7] 이처럼 제국주의 문제에 대한 인식과 강철시리즈의 품성론 등은 주체사상의 확산에 영향을 주었다. 또 주체사상의 특징인 '간단 명료'한 내용도 그것의 확산에 중요한 요인이 되었다.

이어 1986년의 5·3인천투쟁에서 본격적으로 반미反美구호가 등장하기 시작했고, 5월 말에는 이를 평가하는 「5·3투쟁을 생각하며」(당시 '5·30문건'으로 불림)라는 문건이 등장했다. 이 문건은 당시 상황을 '결정적 시기'를 대비하여 힘을 축적시켜 나가야 할 준비기로 보고 주체 역량의 축적을 강조했다. 또 NLPDR론의 핵심적인 투쟁영역, 즉 반미자주화투쟁, 반파쇼민주화, 조국통일투쟁을 최초로 제시했다. 노동운동에 있어서 대중조직 건설의 필요성을 역설하였고, 투쟁노선에서도 노동자대중의 경제투쟁을 광범하게 조직해야 할 시기라고 주장했다. 이 문건은 노선논쟁을 당면 실천문제와 연관시켰고, 정치·조직·투쟁노선의 문제를 통일적으로 설명하여 NL세력이 형성되는 데 큰 영향을 미쳤다.

② NLPDR그룹의 형성과정

1986년 인천지역의 노동운동을 주도하던 인노련 내부에서도 NL그룹이 형성되기 시작했다. 초기에는 일부 조직원들이 「강철서신」과 방송녹취문 등을 돌려 읽으면서 점차 주위 사람들을 조직하기 시작

7 예를 들면 서울대 82학번 홍진표는 마르크스·레닌 원전을 공부하면서 1986년에 강철시리즈를 찾아 읽었다. 이어 동료 7인과 함께 인천에 자리 잡고 북한의 '구국의 소리' 방송을 듣고 이를 타자로 쳐서 주위에 돌리기 시작했다. 그러다 1986년 5월 구속되어 1년 실형을 살았다(우태영, 앞의 책, 176~177쪽).

했다. 이들은 인노련 지도부가 조직원들을 통제하는 방식에 대해 문제의식을 갖고 있었는데, 이후 조직노선이나 선도적 정치투쟁노선 등을 전면적으로 비판하면서 조직을 탈퇴하여 독자적인 그룹(일명 '반反지도부그룹')을 형성하였다(이 입장에서 서·인노련에 대한 전면적인 비판을 담은 팸플릿인 「주체성의 기초 위에서 하나가 되자」가 1986년 말경 나왔다). 이에 대해 인노련에서 활동했던 신정길은 다음과 같이 말한다.

> 그 무렵에… '강철시리즈'라든지 인노련 지도부를 비판하는 문건들이 나오기 시작했어요. 당시 지도부는 그런 문건을 조직원들이 읽으려면 다 회수를 해갔어요…. '지도부에서 내려주는 문건만 읽어라' 하는 식이었지. 그때 NLPDR론의 팸플릿이 나올 땐데, 86년 7월 27일 대중집회를 딱 끝내면서 '아, 이거 우리가 뭔가 잘못됐구나' 이런 생각을 하는 그룹들이 생겨난 거지…. 인노련 내에서 문선대니 교선부에서 활동하던 친구들이 반反지도부그룹으로 많이 갔었지. 인맥으로 연결돼서 쫙 휩쓸면서…. 그 당시에 방송도 나오고 할 때니깐 한쪽에서는 '뱅가드vanguard party: 전위정당 필요없다. (북에—인용자)있으니까. 듣고 따라 하기만 하면 된다' 그래 산개가 돼 버렸고.

실제로 인천지역에서 NL노선에 입각한 본격적인 조직의 형성은 5개 서클 연계구조(네트워크)에서 시작되었다.경찰청, 『해방 이후 좌익운동권 변천사』, 182쪽. 이 서클들이 초기부터 NL노선을 받아들인 것은 아니었다. 대부분 학맥, 인맥 등을 중심으로 서클로 모여 그 구성원들은 노동현장 활동을 하였다. 이 서클들 중에 1983년 인천지역에 내려와 1985년에 동흥전기에서 노조 결성을 시도하다 실패한 동국대 77학번 안재환을 중심으로 한 서클도 참여했다. 이 서클은 1983~84년경 인천으로 온 77학번, 78학번, 79학번들을 중심으로 20여 명의 인원이 모이면서 시작되었다. 이후에 우연히 비슷한 시기 인천에 노동운동을 하러 내려온 서울대, 연세대, 고려대 등 여러 대학의 학출활동가들과의 만남을 매개로 이들이 이 서클에 참여하면서 규모가 커졌다. 당시 학출활동가들은 학교에서만이 아니라 대학 간 연계활동이나 감옥 등을 통해 꽤 넓게 관계형성이 되어 있었다.

이처럼 처음에는 학출활동가 중심으로 시작된 서클에 1985~86년경부터 학출활동가들이 현장활동 과정에서 조직한 선진노동자들이 참여하기 시작했다. 학출활동가들은 노동자들을 조직해서 가톨릭 단체나 인천 도시산업선교회에서 반공개 형태로 정치학습을 진행하거나 지역 집회 및 행사에 참여하여 노동운동에 관심을 갖도록 했다. 선진노동자들의 참여로 이 서클은 점차 현장성을 강화해 갔다.[안재환 구술]

이들은 1986년부터 노동운동 내부에서 벌어지기 시작한 노선 논쟁 과정에서 민족문제·미국문제에 관심을 기울이면서 「강철서신」, 팸플릿 등을 통해 NL노선을 받아들였다. 5개 서클 간 연계구조에서 지도부들이 먼저 노선을 정리한 뒤에 각 서클의 교육담당자들을 학습시켜서 이들이 각 서클마다 조직원들을 교육시키면서 NL노선을 이 그룹의 정치노선으로 삼았다. 이 과정에 대해 안재환은 다음과 같이 말한다.

86년 비공개 조직상황에서는 서클들 간에 사상교류가 굉장히 활발해졌고… 서클들이 여럿 있었는데 … 주로 조직사업으로는 서클 대표자들을 만나 문건을 주고받기도 하고 '공부를 한번 해보자'고 해서… 저희 쪽에서 교육담당자가 파견이 돼서 몇 개월씩 합숙을 하고, 그렇게 지도부가 학습이 돼서 엔엘피디NLPD나 자주·민주·통일을 받아들이면, 그 다음에 거기 회원들이나 선진노동자들까지도 전체적으로…. 학습내용은 팸플릿, 이쪽의 이론가들이 정리한 것도 있고, 「강철서신」도 들어가고…. 각 서클 주요 인물들을… 1대1로 하거나 규모를 크게 하지 않았고요.

이들 서클 중에는 회원들을 교육시키기 위해 교재와 교육자료를 만들어 교육체계를 갖춘 곳도 있었다. 특히 선진적 노동자들을 위한 노동자 교재를 만들기 시작했다. 한편 서클 네트워크에서는 학습과 교육만이 아니라 1986년 5·3인천 항쟁 때 처음으로 '반미'의 입장을 드러내는 선전물을 배포하였고, 부평 미군부대 타격투쟁을 시도하면서 자신들의 조직력을 점검하기도 했다.

이러한 실천을 시도하던 과정에서 노동운동에서 최초의 NL조직사건으로 볼 수 있는 '반제동맹反帝同盟그룹'사건이 일어났다.[8] 이 그룹은 서울대 80학번인 박충렬을 중심으로 서울대 경제법학회 및 여러 서클의 구성원인 80, 81, 82학번의 학생운동가들로 구성되었다. 이들은 노동운동에 대한 기초학습을 한 뒤 1984년부터 인천지역

8 '반제동맹'이란 명칭은 당시 조직원 중의 한사람이 "AILG(Anti Imperialist Labour Group)"이라는 제목의 논문을 작성한 바 있는데, 여기서 AILG가 수사기관에서는 Anti Imperialist League로 해석되어 나오게 된 명칭이었다(『박충렬 법정증언 자료집』, 1986.)

의 노동현장에서 활동하기 시작했다.[9] 그리고 1985년 말에서 1986년 들어 서클의 정체성을 확립하려는 시도가 나타났는데, 이때는 대부분의 구성원들이 노동현장에 진입하여 적응단계에 있을 때였다.『박충렬 법정증언 자료집』

이 그룹은 전위조직 건설을 지향하면서 정치학습을 하였고 노동현장에서의 활동을 시작하는 한편 초보적 지역실천도 하였다. 특히 이 그룹은 변혁이론의 정립, 통일과 북한문제에 대한 해명, 조직건설의 문제해결을 과제로 삼았다. 이러한 과제를 정리해 나가기 위해 그룹 내부의 지도부를 구성하였는데, 이론정립 능력, 실천지도 능력, 계급에의 헌신성 등의 기준을 세우고 박충렬, 이민영, 이의엽, 전원하를 지도부로 선출하였다. 이 지도부들은 각기 팀을 편성하여 구성원들의 학습과 조직 관리를 담당하였는데, 학습기간은 3개월 정도가 소요되었다. 교재는『전진하는 프롤레타리아트의 이정표(NPR)』,『공산당선언』,『도이치 이데올로기』등이 사용됐다.「반제동맹사건 공소장」, 52쪽.

우선 이들은 노동운동 내부에 제기된 여러 혁명론을 검토한 결과 NLPDR론을 받아들였다. 이 그룹은 자연발생적이고 고립분산적인 서클운동을 탈피하여 조직운동을 벌여야 한다고 판단하였다. 이들은 그 조직을 전위조직과 대중적인 정치적 조직체, 노동조합 등으로 구분하였다. 그리고 그중에서 전위조직은 사상·정치적 통일성을 갖고 대중 속에서 그리고 투쟁 속에서 단련된 운동의 핵심으로 꾸려

9 구성원은 모두 서울대 출신으로 박충렬, 이민영, 문민성, 조정식, 박시종, 김진우, 김현권, 여영학, 이동열, 전원하, 김진호, 이병주, 우종원, 구용회, 김원재 등이었다(『동아일보』, 1986년 11월 12일자).

지는 참모조직이라고 규정하였다. 전위조직은 핵심 역량이 실제로 준비된 정도나 상태에 맞게 적절한 형태와 방법으로 꾸려져야 한다는 것이었다.「반제동맹사건 공소장」, 54쪽.

특히 이들은 전위조직을 건설한다 하더라도 대중과 유리될 수 있는 가능성을 경계하여, 조직 건설은 대중과 결합되어 있는 사람으로부터 출발해야 한다는 것을 강조했다. 이들은 당시 핵심 역량의 준비상태를 놓고 전위조직의 문제를 전면적으로 수행해 낼 수준이 아니라는 판단을 했다.민주화실천가족운동협의회 외 편, 『10대 조직사건』, 174~175쪽. 그 결과 이들은 자기단련과 건설방향에 대한 모색에 치중하기로 했다. 또 노동현장에서는 대중조직으로서 노동조합 건설을 목표로 삼았다. 이는 당시 현장에서 몇몇 사람들만의 선도적 투쟁이 남발되는 경향과 소수가 비밀스럽게 조직을 결성하여 노조라는 이름을 붙이는 경향에 대한 반대의 입장이라고 볼 수 있다.

그러나 이 그룹은 대중과의 결합을 조직운동의 기본으로 인식하면서도 실제 실천을 위한 조직구성에서는 모순을 보였다. 조직체계는 조직부와 대외투쟁부를 두고 조직부 산하에 주안지구와 부평지구를 두었다. 조직부는 위의 조직목표를 수행하고 투쟁부는 노동자 대중을 의식화할 수 있는 선도적 정치투쟁을 벌여 대중적 반미反美자주화투쟁을 전개하면서 반제동맹을 결성하는 토대를 구축하려 했다.「반제동맹사건 공소장」, 54쪽. 그러나 주체 역량이 건실하지 않음에도 대외투쟁부를 설치한 것이나, 특히 반미자주화에 대한 정치투쟁 방식은 서노련이 이미 그 한계를 보인 선도적인 정치투쟁을 그 내용만 달리하여 답습한 것이었다.

이 그룹의 또 다른 문제는 '대중적인 정치조직체'의 건설을 설정하면서 조직의 역량 집중을 당면 과제로 내세운 것이었다. '대중적인 정치조직체'란 공장 노조를 기반으로 선진노동자들의 반제투쟁전선을 주도할 조직체였다.「반제동맹사건 공소장」, 56쪽. 그러나 이 그룹은 대중적인 정치적 조직체가 전위조직과 또 대중조직인 노동조합과 어떠한 관계인지에 대해 그 위상을 충분히 정립하지 못했다. 더욱이 이 그룹은 독자적으로 대중적 정치투쟁조직을 결성할 역량이 되지 못했으며, 다른 소그룹이나 서클과 연계하여 조직을 건설하려 해도 이를 주도하고 실현시킬 만한 주체의 역량 또한 축적되어 있지 않았다.

그럼에도 이 그룹은 지역실천 활동으로 1986년 5월 3일 인천투쟁에서 "미일 외세 몰아내고 민중정권 수립하자", "속지 말자 신민당, 몰아내자 양키 놈"이라고 쓴 두 개의 플래카드를 들고 「일어서자 노동자여! 투쟁하자 노동자여!」라는 제목의 유인물을 배포하였다. 이날 시위에서 처음으로 이들에 의해 '미제 축출, 파쇼 타도' 등의 구호들이 외쳐졌다.

이어 이들은 1986년 8월 17일 인천 가톨릭회관에서 개최된 '민족해방을 위한 노동자 웅변대회'와 대회 이후에 전개된 부평역 앞의 거리 시위에 적극 나섰다. 웅변대회에 출전했던 노동자 연사들은 "핵무기 철거, 주한미군 철수, 민족해방, 독재타도"를 외쳤고, 1시간 정도 시위를 벌였다. 이후 시위의 의의를 확산시키기 위해 「빼앗긴 조국을 되찾자」라는 제목의 유인물을 배포했다. 9월 28일 아시안게임 반대시위를 계획했으나 사전에 누설되어 시위 장소에 동원된 경찰에게 주동자가 검거되면서 무산되었다. 이 서클은 정권이 노동운동탄압의 방식으로 활용하던 통·반장들의 호구조사로 인해 1986년

하반기에 조직원의 자취방이 드러나게 되면서 조직사건으로 와해되었다.[10]

이와 같이 반제동맹그룹은 학출활동가 중심의 정치서클단계로서 주체 역량이 부족한 상태에서 성급하게 대중적 정치조직 건설을 목표로 지역시위와 투쟁을 시도했다. 이 반제투쟁은 활동가 중심의 선도투쟁 방식이었으나 조직 보위력조차 취약한 주체 역량으로 성급하게 조직 건설을 시도하는 문제를 드러냈다.

한편 반제동맹그룹과 유사한 정치서클인 '지역현장조직그룹'(일명 마르크스·레닌당사건 = ML당사건)이 구로·영등포지역을 중심으로 형성되었다. 이들은 기존의 서클적이고 느슨한 인간관계를 청산하고 단일한 '지역현장조직'으로 통일시켜 나가려는 독자적인 활동 방식을 제안했다. 「지역현장운동론」이라는 문건을 지침으로 삼아 6개월에 걸친 논의과정을 통해 1986년 6월 조직을 구성했다. 그러나 이 그룹은 조직화과정에서부터 문제를 보였다. 즉, 조직원을 확보하는 데 급급하여 조직확대를 위해 구성원의 자격·자질을 크게 고려하지 않은 것이었다. 그 결과 3개월 만에 100여 명에 달하는 구성원을 포괄할 정도로 양적확장을 했다.『동아일보』, 1986년 10월 24일자.

이렇게 확보된 조직력을 바탕으로 구로·영등포지역을 중심으로 공단지구·영등포·문래지구·독산·시흥지구로 세분하여 지구의 특성

10 호구조사는 공단 주변지역에서 활동가들을 파악하는 데 유효한 수단이었다. 이 호구조사가 진행되던 중 이민영의 자취방이 공안당국의 수사망에 포착되었는데, 집 주인이 자기 집에 세든 청년이 수상하다고 신고한 것이었다. 10월 30일 이민영의 자취방을 덮친 경찰들이 자료와 문건 등을 보고, 인천시경 대공분실로 사건을 넘겼다. 이어 19명을 연행해 11월 31일까지 수사가 진행됐고, 12월 1일 검찰로 송치됐다(민주화실천가족운동협의회 외 편, 『10대 조직사건』, 177~179쪽).

을 고려한 공장소조를 편재해, 이를 조직부가 지도하였다. 또 선전부와 교육부를 두어 그 산하에 예비조직원소조, 야학소조, 번역소조, 유인물소조 등 각종 소조를 구성하였다.

이들은 서클적 구조에서 벗어나 조직활동을 체계적으로 전개해 나감과 동시에 정치·사상적 통일을 기하기 위해, 변혁론을 집중적으로 학습했다. 그리고 그 결과를 「NLPDR테제」와 「조직상의 과제(1)~(4)」라는 문건을 통해 정리하며 기본입장을 밝혔다. 조직노선은 '지역현장조직'이 지역전위조직으로 발전하기 위해서는 당적 구조를 가진 조직으로 재편해야 한다는 것을 강조했다.민주화실천가족운동협의회 외 편, 『10대 조직사건』, 195쪽. 이 과정에서 이론·실천적인 문제를 처리하기 위해 협의적 중앙을 두었다. 그러나 이 그룹은 성급하게 조직을 우선시하는 사업방식으로, 조직화가 진전될수록 초기 의도와는 무관하게 이론학습에 매몰되었다. 더욱이 무리한 조직 확장으로 비밀활동에 적합하지 않은 이들까지 포함시켜, 결국 조직이 탄압을 받아 해체됐다.[11]민주화실천가족운동협의회 외 편, 앞의 책 200쪽.

이처럼 노동운동 내부에는 한국사회에 대한 미국의 제국주의적 지배문제 및 대중노선을 수용한 NL그룹이 형성되기 시작했다. NL세력은 초기에는 조직문제에 대한 입장이 정립되지 않아 그룹마다 서로 다른 방향을 설정해 나가다가 1986년 반제동맹그룹사건과 ML당사건을 겪으면서 '산개론'을 주장하였다.[12] 대중적 기반을 갖추지 못

11 이 사건으로 서울대 출신 김선태, 이희영, 최광희, 황찬호, 김안, 배진호, 이병득, 이종환, 박대호, 김창호, 연세대의 권명옥, 이화여대 출신 송미경, 서울교대 출신 이동훈 등 13명이 국가보안법 위반(이적단체 구성) 혐의로 구속되었고, 박근애(서울대) 등 9명은 불구속 입건, 5명이 훈방되었다(『동아일보』, 1986년 10월 24일자).

12 『남한 혁명운동의 조직노선상에 있어서 긴급한 과제』(87년)에서는 남한 혁명운동의 조직적

한 채 무리하게 하향적으로 조직을 결성하기 때문에 당국의 수사망에 걸려들 수밖에 없다는 평가가 그 근거였다. 그러므로 대중기반을 강화해 나가기 위해서는 큰 조직을 만들 것이 아니라 10~20명 단위로 각기 흩어져서 대중조직 활동과 의식화 활동을 하면서 사상적 토대를 확립하는 것이 중요하다는 것이었다.경찰청, 『해방 이후 좌익운동권 변천사』, 164~165쪽. 이후 각 지역의 NL세력은 소그룹으로 산개하여 활동을 벌였다.

③ 비(非)주체사상과 일동그룹의 형성

인노련 해산 이후 형성된 일동그룹은 NL론에서 제기한 민족문제의 중요성을 받아들이는 반면에 북한과의 관계에 대해서 비판적으로 인식하고 남한 혁명을 독자적인 성격으로 규정한 점에서 NL세력과 다른 성격을 띠었다. 이 그룹은 사상의 중요성, 미제국주의의 문제와 대중노선은 받아들이지만 한국사회가 식민지라는 사회성격 규정과 직선제 개헌론 등의 전술방침에 대해서는 비판적이었다. 이들이 비非주체사상파인 '일동그룹'이었다.[13]

기초를 튼튼히 쌓아 나가야 한다고 강조하였다. 즉, 위로부터의 당 건설을 반대하는 입장인 소위 산개론의 문건 「현시기 남한 혁운의 조직적 임무에 대하여: 서클의 좁은 틀을 깨고 계급적 조직들로 나가자」도 "중심적으로 해결해야 할 문제, 중심 고리는 조직문제"이며 이를 위해 현 시기의 전위조직인 사상 중심의 '전위대'로 운동핵심을 묶어 세워야 한다고 강조한다. 사상적 확립을 강조하는 것이 특징이었다.

13 NL주사파는 한국사회의 성격을 식민지 반봉건사회로 규정하는 데 반해 NL비주사는 신식민지 자본주의사회로 규정하고, 국가권력에 대해 NL주사파가 제국주의의 대외통치 세력으로 규정하는 데 비해 NL비주사파는 상대적 자율성을 인정했다. 또 개헌국면에서 NL주사파가 직선제 개헌을 주장한 반면 NL비주사파는 민주헌법쟁취를 주장했다(편집부, 『학생운동논쟁사』, 209~210쪽).

우선 일동그룹을 형성한 주체들은 서·인노련 활동이 이전의 소그룹운동의 한계와 조합주의의 오류를 극복하고 변혁적 노동운동을 대중화시키는 데는 결정적 역할을 하였다고 평가하였다. 그러나 서·인노련은 노동자 대중의 의식을 과대하게 평가함으로써 노동조합운동의 대중적인 전개를 경시하고 정치투쟁의 편향에 빠져 대중으로부터 고립됐다는 것을 비판하였다. 또 서·인노련은 사상이론적 수준이 낮아 정치사상적 균열과 조직의 관료화·기능화로 조직발전의 내적 동인을 마련하지 못했다고 비판했다.「현 시기 노동운동의 조직적 과제에 대하여」, 1988. 이에 대해 당시 일동그룹의 초동 구성원이었던 신정길은 다음과 같이 기억하고 있다. 신정길은 1984년에 인천지역으로 내려와 1986년 대우전자에서 해고된 뒤 '인천지역 노동3권쟁취투쟁위원회'와 '인천지역 해고자투쟁위원회'에서 활동했다. 그 뒤 그는 인노련 활동을 하다가 일동그룹에 참여했다.

> 1986년 여름과 가을을 거치면서 계속 내부적인 조직토론을 한다고. 인노련이 분화하고 정리할 때에 '과연 인노련이 뭐가 문제인가'를 고민하면서… 그 결과가 '조직적으로 되어야 된다'는 입장을 가지고, 몇 달간 집단적으로 토론하고. 학습은 책이고 팸플릿이고, 다 한 거죠. 처음에는「강철서신」이 나왔다니까… 인노련 때는 뭐 못 보게 했으니까 그럼 '한번 읽어보자.' 읽어보고 나서 '사람 좋게 살자는 이야기다…. 좋은 이야기다.' 받아들이고. 그 다음에 식민지 반봉건론 나오는데 농촌의 지주-소작화의 관계는 60년대 이야기인데 지금 시기와 안 맞는다는 정도고. 또 식민지반자본주의가 나왔을 때 '같이 연구하자' 하고. 인노맹에서 문건 나오면 그것도 보고.

초동에는 그렇게 시작된 거죠.

이 과정에서 이 그룹의 인노련에 대한 평가는 정치노선, 조직노선, 투쟁노선이 모두 잘못되었다는 것이다. 그 결과 각 노선에 대한 재정립을 시도했다. 이 그룹은 여러 팸플릿, 책들을 모아 학습하고 토론한 결과, '자주·민주·통일을 주장'하는 NLPDR노선을 받아들였다. 그러나 '북한하고는 독자적인 노선들을 추구'한다는 것이었다. 이에 대해 1985년 인천의 동국제강에 입사해 해고된 뒤 인노련에 참여하였다가 이 그룹에 결합한 김준도는 다음과 같이 말한다.

> 정치, 투쟁, 조직노선이 일목요연하게 정리돼야 된다고 정리한 거죠. 정치노선에서 삼민주의를 내세우던 것에서 '자주'의 문제에 대해서 연구도 하고, 또 '민주'의 문제, 그 다음에 '노동해방'의 문제, 이런 것들은 그때부터 학습을 하는 거죠…. 그러면서 저희는 AI쪽의 NL분파와 구별되는 NL좌파적인, NL과 PD의 좀 중간적인 입장을 취하죠. NL쪽의 노선을 공부를 했지만… 오히려 '우리는 주체적으로 그런 부분들을 해야 된다.' 그래서 기존에 생각을 못했던 부분들은 사상적으로 영향도 받고 흡수를 하되 그것과는 분명히 별개의 독자적이려는 입장을 취했구요. 그래서 주사파 쪽을 저희는 'NL우파'라고 지칭을 해요.

이들은 조직의 위상과 원리에 대해 검토한 결과, 비합법 정치조직을 형성하여 이후 남한만의 독자적인 전위당을 건설할 것을 목표로 정했다. 그러나 인노련 활동의 평가를 교훈삼아 조직활동의 영역을 비합법 조직, 반半공개 조직, 공개 조직으로 구분하고, 각 조직은 그 조직의 위상에 맞는 정치 목표를 갖고 조직활동 방식도 차이를 가져야 한다고 정리했다. 그 근거는 정치노선, 조직노선, 투쟁노선은 세 가지가 다 일치가 되는 건데, "현재 한국사회는 극단적인 폭압적 파쇼체제이기 때문에 그 활동이 면밀하게 중층화되지 않으면 안 된다"는 것이었다. 그 때문에 정치노선도 공개적으로 해 나가야 할 부분과 반半공개적으로 할 부분, 비합법적으로 나가야 될 부분을 구분해야 한다는 것이다. 즉, 정치－투쟁－조직노선이 각 영역에 맞게 다 나누어져야 한다는 것이다. 그렇게 세 가지의 내용과 형식, 그리고 활동 방식을 갖는 조직이 다시 세 개로 분화돼야 된다는 결론을 내린다. 기존의 서·인노련처럼 조직위상과 정치노선 등이 혼합되는 것은 문제가 있다고 판단한 것이었다.[신정길 구술]

이들은 당시 상황에서 일동그룹 전체는 정치조직으로 비합법의 형식이지만, 투쟁조직은 반半공개 조직으로 이후 민주화의 진전에 따라 공개 전선조직으로 발전할 상을 설정했다. 이를 위해 초기에는 '민족민주노동자투쟁조직'을 만들었다가 이후 '인천부천민주노동자일동'으로 개편하였다. 이 때문에 인천지역에서는 이 그룹을 '일동그룹'으로 명명하기 시작했다. 또 공개활동으로는 현장의 노동조합 활동, 해고자투쟁위원회, 인천지역 공동실천위원회 등의 공개 단체들에도 조직원을 파견하여 그 활동에 참여하였다. 마지막으로 조직의 핵심 역량을 준비하는 부위는 비공개 영역으로 조직했다. 그런데 다른 조직과는 다르게 이 그룹은 조직 핵심 역량을 준비하는 이들도 지역의 공개 단체나 반공개 단체에서 활동했다. 동시에 이들은 비합법 정치조직의 비공개 현장활동가 모임을 관리하거나 노선과 정책을 정리해 나가는 역할을 했다. 이에 대해 김준도는 다음과 같이 말한다.

역할은 '삼분'되지만 실질적인 형태는 '이분'된 거죠. 따라서 우리가 앞으로 지역에 조직을 건설할 때는 그렇게 세분화돼서 건설돼야 된다.' 그리고 '이 세 개 조직은 사실은 하나다'라고 정리하죠. 통일성은 마지막 부분이 담보하는 거고, 그 부분은 점조직 형식이라고 봐야죠. 그거는 한국사회에서 전위조직을 지향하면서 그렇게 해야 조직이 유지되었어요. 그래서 조직의 전모가 기관에 노출이 안 됐는데 보안에 굉장히 신경을 많이 썼구요. 점 조직 형태로 움직였고요. 기본적으로 만나는 장소도 수시로 이동한다든가, 신원은 이형, 박형 이런 걸로 하고 그러니 얼굴만 알고 칭호도 서로 묻지 않는 거를 기본 관리했고. 전체적으로 모일 경우는 전혀 없었어요. 투쟁 조직은 수시로 같이 움직이니까 제외하고요.

한편 일동그룹은 1988년 이후부터 정치조직운동과 노동조합운동의 방향에 대한 조직의 입장을 적극 개진하기 시작했다. 그 과정에서 『현 시기 노동운동의 조직적 과제에 대하여』(1)·(2), 『올바른 정세인식과 민족민주운동의 진로』 등의 문건을 제작해 배포하기도 했다.경찰청, 『해방 이후 좌익운동권 변천사』, 183~184쪽. ; 신정길 구술. 일동그룹은 당시 노동운동에 큰 영향력을 발휘하지는 못했지만, 위의 조직분립의 원칙과 철저한 보위노력으로 다른 조직들과 달리 탄압을 피해 1990년대 전반기까지 활동을 하였다.

3) NDR론과 제헌의회그룹의 형성

1986년 3월 이후 NL론의 등장과 확산 속에서 이를 비판하는 '제헌의회그룹'이 등장하였다. 1985년 2·12총선을 전후로 '제헌의회소집'을 주장하면서 NL세력의 '직선제 개헌론'을 기회주의, 개량주의적 운동이라고 비판하였다. 이들은 학생운동과 노동운동에 영향력을 발휘하기 시작했다. 제헌의회그룹은 NL노선과 정면으로 대립하여, 민족민주혁명(NDR)론을 정립하며 대통령선거 전까지 줄곧 이론논쟁을 전개했다. 특히 학생운동에서는 NL노선의 조직인 자민투에 대립하여 민민투 조직을 통하여 투쟁을 선도하였다.

① 마르크스·레닌주의 학습을 통한 조직원 확보

제헌의회그룹은 당시 보급되기 시작한 몇몇 마르크스·레닌 원전학습을 매개로 정치노선을 중심으로 주체들을 조직하는 특징을 보여주었다. 예를 들면 조직의 구상자인 최민이 주위의 학생운동가들을 만나 원전을 읽고 같이 토론하면서 초동 구성원들을 확보하였다.검찰청, 『최민의 의식화 과정』, 1987. 이 그룹의 구성원은 과거 전국민주학생연맹, 민주화추진위원회 사건 관련자들이 주축을 이루었으며 그에 따라 NDR민족민주주의혁명노선을 견지하였다. 여기에 구로·독산동지역의 노동운동 세력, 안양·성남지역의 노동운동 세력, 학생운동 세력 등이 참여하였다.

특히 이 그룹에 참여하는 구성원 중에는 서노련에서 활동을 하던 이들도 있었다. 최민이 대학서클인 대학문화연구회에서 같이 활동한 심상정 등을 통해 학생운동을 마치고 나온 이들을 서노련에 참여시킨 것이었다.[유시주 구술] 이들은 개헌국면 시기에 '제헌의회 소집'의 필요성을 주장하고, 마르크스·레닌의 원전학습의 필요성을 강조하면서 서노련에서 하나의 흐름을 형성하였다. 그 과정에서 이들은 가두 선도투쟁과 목적의식적 활동의 중요성을 강조하면서 서노련 활동을 급진화시키는 데 영향을 미쳤다.[심상정 구술] 이들은 서노련의 분화과정에서 이념적 통일성을 갖는 전위당 건설을 주장하다 분리해 나왔고, 서노련의 학출활동가나 노동자들에게 원전학습을 시켜서 '제헌의회그룹'에 참여시켰다. 이 과정에 대해 서노련에 참여했다가 제헌의회그룹 활동을 했던 박경희는 다음과 같이 말한다.

> 85년에 구속돼서 86년에 나와 서노련이 결성되어 있어서 같이 했고. 당시, NL-ND 이런 쪽 갈라졌잖아요? 제철웅, 유강근 씨가 당시 서노련에 있으면서 CA쪽 관련된, 소위 게이트(대학문화연구회) 쪽 사람들인데, 이 형들이랑 같이 공부하다가 CA로 가고. 그 당시 레닌 원전, 그런 거 공부하고…. 그때 지역을 수원인가로 옮긴 거 같구요, 그러고 비합법으로 들어갔기 때문에 아는 사람들하고 관계가 끊어졌고. CA가 직접적인 대중활동이 아니어서 현장하고 관계는 그때부터 끊어졌어요…. 그때 저는 신문을 만든 거 같아요.

박경희는 구로동맹파업에 참여했던 노조 간부를 학습시켜 제헌의회그룹에 같이 조직원으로 참여했다. 이 그룹은 과학적 사회주의라는 이념성을 강조하는 만큼 노동자들에게도 변증법적 유물론이나 사적 유물론 등을 학습시켰다. 학습을 통해 노동자들은 사회주의가

'노동자가 주인이 되는 세상'이라는 것과 노동자계급의 중심성을 확보하는 것이 변혁운동에서 중요하다고 인식했다. 이 학습과정에 참여했던 대우어패럴 교선부장이었던 김준희는 다음과 같이 기록하고 있다.

> 1986년 말경, 어떤 학출을 따라 제헌의회그룹에 참여해 …… 학습했다. '노동자가 과학적인 지식으로 무장해야 한다'는 말은 충격이었다. 지금까지 내가 알고 있는 것들은 '상식적인 세계관'이며 …… 상식적인 세계관과 과학적인 세계관을 비교 학습하였고, 사물을 여러 가지 각도에서 바라보는 것을 공부했다. …… 또 변증법적 유물론을 공부하며 역사 변화는 합법칙적 과정이라는 데 가슴이 뛰었다. …… '노동자가 주인이 되는 사회'는 사회주의사회이며, 노동자 헤게모니가 관철될 때라야 사회주의사회를 건설할 수 있다는 것도 알았다. …… 학습하면서 당면 실천방향으로서 '민족민주민중의 새로운 헌법을 위한 제헌의회건설'을 위해 싸워야 한다고 배웠다. … 나는 선동가로 훈련되었으며, 그때 선동문 쓰는 훈련도 받았다. 김준희, 「나는 노동자, 노동자 세상을 만들기 위해」, 유경순 편, 『같은 시대 다른 이야기』, 92~93쪽.

또한 이들은 개헌국면에서 헌법문제에 대해 비타협적인 입장을 갖고 있던 여러 세력들을 조직에 합류시켜서 일정하게 조직의 틀을 갖추어 갔다. 특히 1986년 5~6월경 최민이 「혁명운동의 기수를 제헌의회 소집으로」(약칭 「기수」)와 「무엇이 프롤레타리아트의 혁명적 진군을 가로막고 있는가」(약칭 「진군」)라는 팸플릿을 쓰면서 예비조직원은 레닌의 혁명이론과 이 팸플릿들을 교재로 삼았다. 인천지역의 전자공장에서 활동하던 김이경은 '제헌의회그룹'에 참여했던 상황에 대해 다음과 같이 기억한다.

> '거기 대장이 한국의 레닌이 있다'더라. 그게 뭔데? 그랬더니 최민이래… 거기에 '이 노선이 맞냐, 저 노선이 맞냐' 그러는 중에 CA에서 나온 「진군」, 「기수」 그 팸플릿이 마음에 들었어요…. '파쇼와의 개헌 반대. 혁명으로 제헌의회' 그런 게 맞는 거다…. 조직 노선은 그때 무슨 차이가 있었는지도 잘 몰랐고, 다만 나한테 권한 친구가 믿을 만한 친구였고…. 단사단위사업장 중심의 성과를 내고 나왔으나 후속작업을 할 수 없단 한계를 느끼고 '처음부터 지역에 뿌리를 내린 지역조직을 건설해야 된다. 정치조직을 건설해야 된다.' 그게 단사주의에 대한 극복의 대안으로 동의할 수 있었던 거였고.

조직원칙은 조직의 보안성 및 이념으로 무장한 혁명적 소수정예주의를 강조하였다. 그에 따라 조직원 자격은 "직업적 혁명가가 되기 위해 마르크스·레닌주의의 과학적 혁명이론으로 무장되고 혁명에 대한 헌신성과 책임성이 있으며 대중에 대한 지도력과 투쟁력을 갖추거나 비밀활동 수행 능력 등을 겸비한 자" 중에서 선발하는 것으로 정했다. 이런 기준에서 어긋날 때는 조직원이라도 재교육시켰다. 예로 1986년 8월 조직국 요원이 이념정립이 부족하고 책임감과 적극성이 결여됐다는 이유로 징계를 당해 번역팀으로 좌천되기도 했다.안기부, 「개인 의식화 경로」 참조.

이후 1986년 9월경에는 조직원 선발기준이 강화되면서 사상적 동질성, 투쟁 경력 그리고 대중적 기반의 형성 정도라는 세 가지를 기준으로 하여 문서에 의한 추천과 심사를 하였다. 추천을 하기까지 교육과정은 대개 두 달 정도 걸렸다. 나아가 조직원 확대재생산과 기존 조직원의 재교육을 위해 아래의 사례와 같이 '임시정치학교'를 설치해서 중간 지도역할을 담당할 신규 조직원들을 집중적으로 배출하였다. 이때 사용한 교재는 『인식론』, 『무엇을 할 것인가』, 『두 가지 전술』, 「편지」, 「기수」, 「진군」 등이었다. 그밖에 선전가 서클에서는 노동자들을 위한 학습교양을 준비했다. 서울지방검찰청, 「제헌의회(CA)그룹사건조사발표: 보조자료」, 1987.

〈사례〉 1986년 7월 중~8월 초(10일간) 조직총책 최민의 비밀아지트에 '임시정치학교'를 설치, 하부조직원에 대한 집중교양을 실시

- 설치목적 : 충원예정인 LT 요원에 대한 소양교육의 필요성
- 교 사 진 : 최민을 비롯해 CT 중앙위원 3인 + CO 중앙위원 3인
- 학습대상 : 5인 – LT1(경인지방위)요원: 김현호, 박명일
  – LT2(영남지방위)요원: 이한산, 박승현 부부
- 교육내용 : CA 그룹의 정치조직노선에 대한 학습목적
  레닌 원전 + CA 제작 팸플릿 + 인식론 + 조직원의 공산직업 혁명성

또한 이 그룹은 직업적으로 활동할 수 있기 위해, 일상적 생활로부터 벗어나 활동에 전념할 수 있도록 특별 재정사업을 계획하기도 했다. 재정사업은 평양고을식당, 전국장의사, 일원출판사 등을 운영하거나 조직원의 수입 중 10~20%를 회비로 납부하여 충당하였다. 서울지방검찰청, 「제헌의회(CA)그룹사건조사발표: 보조자료」.

② 전위당건설 노선과 조직체계

제헌의회그룹의 정치적 입장은 「한국사회의 성격과 노동자 계급의 임무」(약칭 「성격과 임무」) 등의 팸플릿을 통해 소개되었다. 「성격과 임무」에서는 한국사회를 제국주의의 신식민지 규정 속에서 성장한 신식민지 국가독점자본주의로 규정하면서도 낮은 생산력과 민족분단 상황을 근거로 하여 NDR론을 혁명론으로 정했다. 이들은 당시를 '혁명적 정세'로 과도하게 파악하고 있었다. 당시는 '혁명을 예고하는 상황' 또는 '혁명적 정세기로 나아가는 고양기'이며, 개헌을 둘러싼 정국은 대중들의 변혁 열망이 헌법을 매개로 해서 터져 나올 것이라고 파악하였다.「혁명운동의 기수를 제헌의회 소집으로」 그 때문에 개헌국면 시기에 자신들의 전략을 응집하여 '제헌의회소집'이라는 슬로건을 내걸었다.

이러한 정세관에 따라 이들은 조직과제로 노동자계급을 비롯한 민중운동을 지도할 수 있는 전위조직 건설이 긴급하다고 보았다. 이들은 레닌의 조직론을 그대로 받아들여 '전국적 정치신문'을 수단으로 각계의 전위 역량을 한데 모아 사상과 조직의 통일을 확보하면 전위조직이 건설될 수 있다고 판단했다. 더욱이 이들은 전위조직의 '항상성'을 강조하면서 전체 운동의 통일적인 지도가 필요하다고 주장했다. 이에 따라 조건과 무관하게 선진적 인자들의 의식적인 노력으로 바로 전위조직을 건설해야 한다는 것이었다.서울지방검찰청, 「제헌의회(CA)그룹사건조사발표: 보조자료」. 이 그룹은 레닌의 '사회주의 의식의 외부로부터의 주입'이라는 문제를 둘러싸고 이해를 달리하고 있었다. 즉 '의식의 외부로부터의 주입'이라는 주입의 '내용'이 아니라 '의식을(사회주의 이론) 선진적 지식인이 노동자 대중에게'라는 주입의 '형식'을 일면적으로 강조하였다. 이런 관점은 목적의식적 전위의 역할만을 강조하는 관념적 급진성을 드러냈다. 또한 전위가 되려고 하는 사람은 그 자신도 대중 속에서 훈련되고 검증받아야 한다는 점을 무시하고, 대중운동과 정치운동의 긴장 및 상호관계를 인식하지 못한 채 전위조직 건설과정을 왜곡하기도 했다. 이들은 대중을 수동적 존재이며 이론과 노선에 의해 지도를 받는 존재로만 대상화시켰다. 이 문제는 다음에서 살펴볼 이 그룹의 대중적 실천방식에 그대로 드러났다.

한편 제헌의회그룹은 1986년 7월경 조직체계를 [그림 5]에서 알 수 있듯이 사상적 중앙과 실천적 중앙을 중심으로 구성하였다. 우

[그림 5] 제헌의회그룹의 조직구조

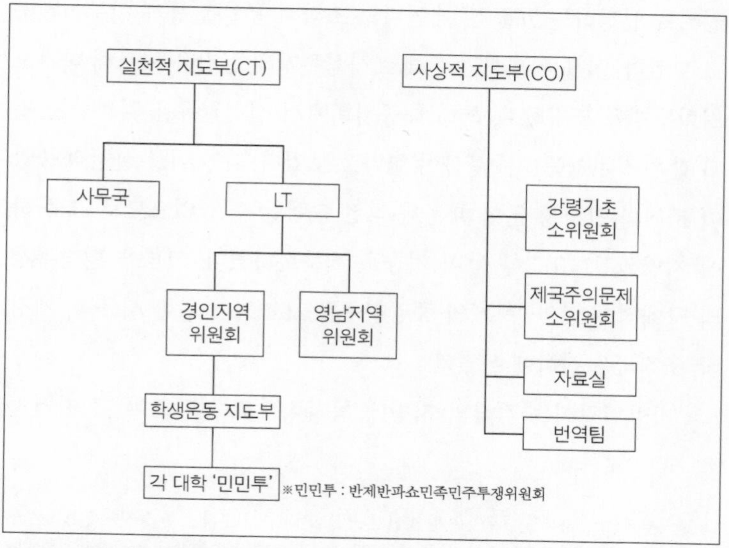

※경찰청, 『해방 이후 좌익운동권 변천사』, 153쪽 재인용.

선 사상적 중앙은 전국적 정치신문의 발행, 강령작성, 정치사상적 지도를 임무로 하였다. 이를 위해 사상적 중앙 산하에 외국혁명사와 원전을 발간해서 보급하기 위한 번역실을 설치했고, 제국주의문제소위원회와 강령소위원회, 자료실을 두었다.[14]

전국적 정치신문의 발간은 이 그룹의 전체 활동을 규정한다고 해도 과언이 아니었다. 그러나 소위원회의 활동이 미진해지자 1986년 11월경 강령 작성을 위해 조직을 재편했다. 이는 운동 전체의 통일을 위해서는 강령 마련이 절실하다고 보았기 때문이었다. 강령 작성을 위한 조직재편 직전에 나온 문건이 「한국사회의 성격과 노동자계급의 임무」(1986. 12.)였다.

다음으로 실천적 중앙은 전국적 정치신문의 전국적 배포망 건설을 자기의 임무로 하였다. 배포망 구축은 NDR이론의 올바름이나 권위를 인정하는 그룹 및 개인과의 조직적 통합을 통해 이루어진다고 보았다. 이를 위해서는 실제로 사상투쟁의 공간을 확보해 나가고 정치투쟁을 조직하고, 특히 대중집회에서 선전활동을 강화하는 것과 같은 정치활동을 수행해야 한다고 보았다. 다만 이를 실천적 중앙이 조직의 안정성 문제 때문에 직접 수행할 수는 없으므로 그 산하에 지방위원회(LT)를 두어 기능을 세분화하였다. 그밖에 혁명투쟁의 구체적 준비와 두 개의 중앙업무를 보조하기 위한 사무국, 재정국, 조직국을 산하에 두었다.

지방위원회는 각각의 지방에 독자적으로 설치하여 그 지역의

14 번역실에서는 『자본론』, 『무엇을 할 것인가』, 『일보전진·일보후퇴』, 「한 동지에게 보내는 서신」, 『유물변증법과 경험비판론』 등을 보급하고, 다수의 자체 분석용 번역물을 가지고 있었다(문용식 외, 『한국사』 20권, 216쪽).

모든 사업을 관장하는 것으로 했다. 구체화된 것은 1986년 9월경 서울·경기 지방위원회(LT1)의 건설과 부산·울산 지방위원회(LT2) 구성이었는데, 후자는 본격적인 위원회 활동을 하지는 못했다. 민주화실천가족운동협의회 외 편, 『10대 조직사건』, 217~218쪽. 제헌의회그룹은 노동자 조직화사업을 강조했음에도 불구하고 실제적 활동은 학생운동을 동원하여 정치적 사안에 대해 문제제기를 하는 방식으로 진행되었다. 이에 대해 제헌의회그룹의 초기 구성원이었던 김철수는 다음과 같이 말한다.

> 86년도 '제헌의회그룹'은 현장에 대한, 노동자의 조직화 사업을 사실은 가장 강조했고, 분위기상 그랬죠. 그래서 공장을 인천, 성남, 구로공단 이런 쪽에 조직화운동을 했고, 지방까진 미치지 못했고…. 성남 같은 경우가 '제헌의회그룹'으로서는 제일 노조기반이 강했던 쪽이었고… 그런데 주로 정치적 이슈를 다루다 보니까 주역이 학생운동이 된 거죠.

③ 선전작업과 가두투쟁을 통한 대중활동

이 그룹의 주요한 대중실천은 신문과 유인물을 배포하고 가두투쟁을 벌이는 것이었다. 이들은 노동운동가들을 대상으로 한 신문인 『노동자의 길』(1986. 12. 2회 발간)과 학생활동가를 대상으로 한 신문 『민족민주선언』(제6호~제13호까지 발행)을 발행하여 배포하였다. 대중실천은 LT의 담당이었는데, 당시 유일하게 활동하던 LT1이 주로 담당했다. LT1은 성남, 안양, 구로 등에 노동자 지구그룹을 결성하고 기동력을 갖춘 학생운동 세력을 동원하여 선전물 배포와 가두 시위를 조직했다. 이에 대해 LT1에서 활동했던 김이경은 다음과 같이 말한다.

> CA출발이 성남이에요. 성남지역위원회에서 활동했어요…. LT 밑에 DT인가? 뭐가 있었어…. 거기서 조직을 확대하는 일을 하는 거죠…. 그때 현장 초기 준비하는 팀들이 대부분이었어. 나 정도면 상당히 노동운동의 경험이 많은 사람이니까. 숙대 후배들도 같이 꼬시고 공부하고…. 팸플릿 보고 사회성격론 토론하고, 원전… 『무엇을 할 것인가?』, 『두 가지 전술』 뭐 그때 있잖아요? 그런 거 했죠. 노동자들의 참여는 미약한 상태였고요.

학생운동 세력은 조직력과 기동력이 있기 때문에 정치상황에 매우 민감하고 전술적 대응력이 있었다. 따라서 정치투쟁에서 학생운동의 위치는 대단히 커서 민민투는 당시 정치투쟁을 조직하는 데 중요한 역할을 했다.[15] 이들의 동원체계를 보면, LT1조직 산하에 민민투 조직을 두어 전국민주주의학생연맹의 남부, 서부, 북부 지역 평의회를 장악했다. 개별 대학으로는 서울대, 성균관대, 서강대, 동국대, 홍익대, 중앙대, 국민대, 덕성여대 등 8개 대학에 영향력을 행사했다. 학생운동에서 동원할 수 있는 인원은 700~1,000여 명으로 추

15 1986년 5월 학생운동 조직인 민민투의 기관지 『민족민주선언』을 흡수하여, CA그룹 노선에 따라 편집진, 제작 방향 등을 개편한 후 발행하여 배포했다. 이후 학생지도부 산하에 '민족민주선전부'를 별도로 설치하여 신문을 제작한 뒤에는 LT의 확인을 거쳐 발행토록 했다(민주화실천가족운동협의회 외 편, 『10대 조직사건』, 220쪽).

산되었다.서울지방검찰청, 「제헌의회(CA)그룹사건조사발표: 보조자료」. 그중에서도 성균관대의 학생운동 세력을 주력으로 삼아 (합법적 활동이 보장되지 않았기 때문에) 주로 가두투쟁이나 집회를 기획해서 진행하기도 했다.

특히 이들은 개헌국면에서 혁명적 요구투쟁과 제도권 야당의 '보수성 규명투쟁'에 주력하면서 '제헌의회소집'이라는 정치투쟁의 좌표를 선전하는 가두시위를 조직했다. 대표적 시위로는 신한민주당 소속 노승환 의원 사무실 점거농성(1986. 6. 23), 성남 상대원 시장 앞 '헌법특위 분쇄, 제헌의회소집 요구 가두시위'(1986. 7. 18), 서울대 '헌법특위 분쇄와 제헌의회소집을 위한 범국민실천대회'(1986. 7. 30), 성균관대 '헌법특위 분쇄와 제헌의회소집을 위한 전민학련 북부지역평의회 제7차실천대회'(1986. 8. 4), 안양노동자집회(1986. 8. 24), 영등포 도시산업선교회에서 개최한 서노련집회(1986. 9. 7), 제헌의회소집 요구 신길동 가두시위(1986. 11. 13), 신민당 직선제개헌 추진 서울극장 앞 가두시위(1986. 11. 29) 등이 있으며, 이들은 이러한 시위를 40여 회 벌였다.서울지방검찰청, 「제헌의회(CA)그룹사건조사발표: 보조자료」.

그러나 이 그룹은 1986년 11월 20일 중앙위원 1인이 검거되어 조직의 보위가 문제되기 시작해서 1987년 1월 말까지 계속 공안당국의 추적을 받았다. 결국 1987년 2월 3일에 대부분의 핵심활동가가 구속되자 조직활동이 중단되었다.[16] 다행히 검거를 피한 조직원들은

16 이 사건의 구속자는 최민(서울대 78), 김성식(서울대 77), 윤성구(서울대 78), 민병두(성균관대 78), 강석령(서울대 79), 김현호(성균관대 79), 김찬(성균관대 77), 김철수(서울대 75), 유강근(서울대 79), 이선희(서울대 79), 한승권(서울대 81), 이호균(서울대 78), 차호정(서울대 79), 김옥수(외

인맥이 있는 곳인 부산, 울산 등으로 거점을 옮겨 새로이 조직활동을 하기 시작했다.

한편 조직 침탈로 조직원들이 위축된 속에서 이 그룹의 중간지도부 역할을 해왔던 백태웅, 박종운, 남진현 등이 주축이 되어 조직 재건을 시작했다. 이들은 1987년 4월 정식으로 신新중앙위원회를 구성하고 '노해동'노동자해방투쟁동맹을 결성하였다. 노해동은 1987년 가을 서노련 출신 박기평(박노해), 임국진, 김진주, 이은경, 유종오, 김동관 등으로 구성된 '서울지역노동자해방투쟁위원회'(약칭 '서노투위')와 통합하여 조직을 확대하였다. '제헌의회그룹'은 학생운동가들과 지역 학출활동가들이 중심이 되었지만 노해동은 일부 선진노동자들도 참여하였다.

이와 같이 제헌의회그룹은 사상적 통일을 통한 전위조직 건설의 필요성을 노동운동에 제기했다. 그러나 이 그룹은 목적의식적 전위의 역할만을 일면적으로 강조하는 관념적 급진성을 드러냈고, 대중운동과 정치운동의 긴장 및 상호관계를 인식하지 못하는 한계를 보였다. 이들은 대중을 수동적 존재이며 이론과 노선에 의해 지도를 받는 존재로만 대상화시켰다. 그 결과 서노련보다 더 대중으로부터 분리되어 대중과의 실질적인 연계 구조를 확보하지 못하였다. 대중 근거지를 확보할 수 있었던 LT1의 지역인 성수·성남 지구에서조차 정치선전과 선동을 통해 노동자계급에게 영향을 미치려 했으나 결과적으로 대중과의 결합에 실패하고 탄압으로 조직은 와해되었다.

국어대 81), 하윤숙(서울대 79), 이하 서울대 출신으로 신미순, 송인철, 장춘학, 김창욱, 손경숙, 한정현, 남영호, 성낙준, 곽형모 등 24명이었다(『경향신문』, 1987년 2월 3일자).

4) PD경향의 정치조직 형성과정

① 민족통일민주주의노동자동맹의 형성과정

서노련이 해체된 이후 여러 그룹으로 분화되었듯이 인노련도 일부는 NL세력으로 흡수되거나 '일동그룹'으로 결집했고, 잔류 세력들이 새로운 조직 건설을 위한 활동을 재개했다. 당시 인노련은 5·3항쟁 이후 서노련에 비해 상대적으로 조직 침탈의 피해가 크지 않았다. 그 때문에 인노련의 지도부였던 김진국, 이용선 등이 중심이 되어 서노련의 잔류 세력과 안양지역의 세력 등을 모았다. 이때 참여한 인원은 대략 80~100여 명 안팎이었다. 인노련 지도부로 이 과정을 주도했던 김진국은 다음과 같이 말한다.

> 밑으로 내려가면 많이 흔들려 갖구… 추스르면서. 당시 안양 쪽에는… 처음에 야학할 때 같이 만난 친구들이 있었어요. 그 친구들이 하부조직을 만들면서, 인노련 할 때 제가 따로 연결해 만났어요…. 거기도 인천사태 이후로 막 쪼개지고… 경수노련, 주사파로 가고. 서울 쪽은… 서노련 했던 사람들 중에 일부를 만나서 서울조직을 따로 만들었죠. 그래서 서울, 인천, 안양, 이렇게 세 개 지역조직을 묶고 중앙위원회처럼 가는 거죠. 인천이 50명 정도… 안양에 김태진, 정금채도 20, 30명 되지요. 다 합치면 한 100명 정도됐어요.

이들은 우선 서·인노련의 활동에 대해 평가하고 반성했다. 이들은 서·인노련의 활동에 있어서 활동가들의 헌신성과 투쟁성을 높이 평가하고, 노동운동에 투쟁적 전통의 기운을 세워낸 것을 긍정적으로 평가했다. 그러나 조직이념과 조직성격의 모호성, 조직운영의 비민주성 등의 문제로 인해 서·인노련 해체는 필연적일 수밖에 없다고 받아들였다. 동시에 전위당 건설의 필요성을 이후의 과제로 인식하기도 했다. 이는 다음의 인용문에서 알 수 있다.

> 과학적 사회주의와 노동운동의 결합을 통한 운동의 질적 발전이라는 엄중한 요구 앞에, 막연한 이념적 지향과 체계화되지 못한 이론…… 애매한 성격의 조직 및 민주주의가 유보된 철저한 복종의 규율 등으로 응답하려 했던 서·인노련의 해소는 필연적입니다. …… 그러나 활동가들이 보여 준 놀라운 헌신성과 투쟁성은 그 자체로서 노동운동의 새로운 전투적 전통의 기틀을 형성하였습니다. 그리고 …… 노동자당의 건설을 실질적으로 준비해야 한다는 점을 아무도 부인할 수 없는 '현실적이고도 실천적인 과제로' 부각시켜 냈습니다. 김진국, 「혁명, 그 필연적 승리를 향하여」, 이진경 외, 『선진노동자의 이름으로』, 소나무, 1991, 74쪽.

이런 평가에 기초해 이들이 착수한 것은 정치노선을 정리하는 것이었다. 출발할 때부터 이들은 당시 부상하던 NL론에 대해서는 비판적이었다. NL론은 결코 남한사회의 현실과 운동의 방도를 옳게 설명하고 제시하지 못한다는 것이었고, 무엇보다도 현실적 조건의 어려움을 이유로 '조직해체 사상'이나 다름없는 산개를 주장하는 것은 그동안 노동운동이 소그룹적 한계를 극복해 온 성과를 무로 되돌리는 것이라는 점을 비판했다. 김진국, 앞의 책, 76쪽. 새로운 정치노선을 정리하기 위해 김진국, 이용선 등과 서노련에서 참여한 민경옥, 심상정 등의 중심적인 인물들이 다양한 이론학습을 집중적으로 하였다. 그러나 그 과정에서 서노련 출신자들이 탈퇴를 하고 인노련 출신 활동가들이 중심이 되었다. 1년에 걸친 이론작업 결과 이들은 '민족통일·민주주의·민중해방'을 내세운 삼민혁명론을 정립하였다. 이에 대해 인노련 출신인 이용선은 다음과 같이 말한다.

> 주사파, CA 이런 그룹에 좀 대항한 논리체계를 갖는 조직운동으로 전환해야 한다, 그리고 '우리한테 맞는 노선을 만들어야겠다.' 그래서 '우리나라는 민족문제를 해결하는 거다. 민주주의 문제를 해결하는 거다. 그 다음에 민중이 주체가 되어야 한다'는 거죠…. 세 갠데 '민족문제는 반미로 가는 게 아니다. 민족통일로 가야 된다' 이래서 '민족통일, 민주주의, 민중해방'이 된 거죠. 그래서 '민족통일민주주의노동자동맹', 이른바 삼민동맹이지.

이처럼 변혁론을 정립하면서 한편에서는 조직원들을 모아 조직체계를 구축해 갔다. 이 그룹은 지도 중심으로 중앙을 세워내고 인천, 안양, 서울 등의 지역체계를 갖추었다. 동시에 1987년 말부터 기관지의 성격을 띤 『노동자의 깃발』 준비호를 발간하였다. 이 기관지를 통해 삼민혁명론을 선전하거나 지역 노동자투쟁의 상황을 게재하기도 했다. 또 1987년 노동자대투쟁의 분위기를 타고 이 그룹의 활동가들이 여러 현장에서 노조를 만들면서 대중적 기반을 다져 나갔다. 그 결과 1988년 10월 부천 작은자리에서 서울, 인천, 경기남부 등 각 지역 대표자들 30여 명이 참여해 창립대회를 가졌고, 그 자리에서 기본노선을 발표해 합의를 보았다. 이로써 서·인노련의 잔류세력들은 삼민혁명론을 좀더 체계화하여 정치조직으로의 재건에 성공하였다. 삼민동맹은 결성 이후 주요활동은 기관지를 통한 강령의 선전작업을 중심으로 공장활동의 지원과 선진적 노동자의 교육활동 등을 벌였다. 그러나 이 그룹은 창립 1년 6개월 만인 1990년 4월 25일 이후 조직 탄압사건으로 조직원 17명이 구속되어 활동이 정체되었다.

② 정치서클 통합과 초기 인천지역민주노동자연맹

•반(反)NL-CA의 인천노동자계급해방투쟁동맹의 결성•

1986년 서·인노련의 해체 이후 NL-CA의 노선 논쟁으로 노동운동 내부가 혼란에 휩싸인 상황에서도 인천지역에서는 노동현장에 기반을 둔 정치서클들의 움직임이 가시화되기 시작했다. 소규모 지역서클로 부평, 부천, 주안·하인천에 있던 세력들이 모여 1986년 5월경에 '인천노동자계급해방투쟁동맹'(약칭 '투쟁동맹')을 결성하였다. 이 조직의 결성은 최봉근, 정태윤, 노회찬, 황광우 등이 주도했다. 투쟁동맹에 참여한 서클들의 상황과 문제의식에 대해 살펴보면 다음과 같다.

주안·하인천 지역의 그룹은 노회찬을 중심으로 형성되었다. 노회찬은 1983년부터 단신으로 노동현장에 이전해 있었다. 그는 1984년 이후 학생운동가들이 집단적으로 대거 이전해 오자 이들을 지도하여 노동현장에 안착시키는 역할을 하는 한편, 1985년 이후에는 현장에서 발굴된 노동자들을 교육시키는 역할을 하는 등 지역활동에 전력하였다. 당시 상황에 대한 노회찬의 기억은 다음과 같다.

저는 처음에 혼자 갔었어요. 혈혈단신으로 가서 취직하고 내가 공단지도까지 직접 다 그려야 했고. 노동청 영등포 자료실까지 가가지고 산업체 자료들 다 찾고…. 혼자서 하고 경기도에 친구 한 명 있는데… 몇 달에 한 번씩 보는 관계였고…. 그런데 한 1, 2년 지나니까 갑자기 위장 취업자들이 진짜, 트럭으로 오는 것 같더라구…. 오는 사람들이 도움을 요청하고 나는 책임지지 않을 수 없는 상황이고, 그래서 서클을 만들었는데, 그 서클을 만들 때 그 이후에 대한 나름대로의 전망이 있었어요. 그래서 사람들을 한쪽으로 몰아버렸어요…. 제가 관련해 만든 서클은 일부러 하인천, 주안 쪽에 기반을 만들었죠. 그러면서 자연스럽게 제가 서클 책임지는 과정으로 가죠.[노회찬 구술]

이 그룹은 현장활동을 중심으로 하면서도 지역 정치활동의 일환으로 선전물 배포 등의 활동도 진행했다. 구성원들은 대부분 노동현장에서 활동하였고 일부 선진적 노동자들이 참여하여 구성원이 100여 명에 이르렀다. 이런 주안·하인천의 서클과 비슷한 방식으로 활동을 하던 부평의 서클, 부천의 서클이 운동 전망을 둘러싸고 모임을 시작했다. 모임의 출발은 부평서클의 정태윤의 제안에서 시작됐다.최봉근 인터뷰(MBC, 〈이제는 말할 수 있다〉 92회, 2005).

이때 각 서클의 대표로 참여한 사람은 정태윤, 최봉근, 노회찬이었다. 이들은 논의를 통해 NL세력과 제헌의회그룹의 등장으로 노동운동 내부에 사상의 혼란이 심하다고 판단하여 '반反교조주의, 반反NL과 반反CA'를 내세우며 공동으로 운동을 벌여나가기로 하였다. 이에 대해 노회찬은 "경계했던 것은 교조주의였다. 소련에서 만드는 교과서, 북한에서 만든 교과서를 보고 북한, 소련을 천국으로 생각하고 그것을 닮아 가려는 노력들은 우리 문제를 푸는 데 큰 약점을 갖게 된다고 봤다"고 당시 상황을 말했다. 그러나 이 시기에 이 그룹도 그 이상의 이념을 정립하지 못하고 있었다.노회찬 인터뷰(MBC, 〈이제는 말할 수 있다〉 92회, 2005). 또 이 모임에서는 서클 수준을 뛰어넘는 지역 조직을 건설하는 것에 합의하고, 이를 위해 서클 간의 통합추진과 정치조직 건설의 선결 과제로서 대중운동의 활성화 및 조직기반을 형성하기로 했다. 이후 서클을 통합하여 투쟁동맹을 건설했는데, 이는 1986년 중심적 인물들의 1년여간의 내부 비밀토론을 거쳐서 만들어졌다. 전체 참여자 수는 파악하기 어렵다고 한다.황광우 인터뷰(MBC, 〈이제는 말할 수 있다〉 92회, 2005). 당시 투쟁동맹을 결성하게 된 문제의식에 대해 노회찬은 다음과 같이 말한다.

> 문제의식이… '서클을 뛰어넘는 조직을 만들자'는 거고, 전국을 전망할 능력과 상태는 아니었기 때문에… 대안으로서 서클의 통폐합, 그 다음에 정치조직 건설…. 이때… 이중조직인 거죠. 대중 앞에 나서는 조직이 있고, 그런 조직을 지도하는 핵심지도 단위가 있는 거고. 그래서 핵심지도 단위를 먼저 만든 겁니다. 서클의 단계가 완전히 해소되지 않은 중간에 이게 생겼지만… 그 단위를 완결된 형태로 생각하지 않았고, 그 당시에는 정당에 대한 개념은 있었어요. 그러나 '정당을 쉽게 아무나 만드는 게 아니다'라는 생각을 하고 있었고, 따라서 상당한 대중운동의 능력과 조직기반을 갖는 게 선행되어야 된다고 생각했죠.

투쟁동맹은 1987년 박종철 고문치사사건을 계기로 국민적 분노 속에 투쟁의 분위기가 형성되자 '살인·강간·고문정권 타도를 위한 인천노동자투쟁위원회'(약칭 '타투')라는 공개 투쟁조직을 결성하여 대외활동을 전개하였다. '타투'에서는 정태윤, 황광우, 김상준, 정은호, 한선화, 홍승기, 이현숙 등이 중심적으로 활동했고, 최봉근은 투쟁동맹과 '타투'를 조정하는 역할을 담당하였다. 타투는 1987년 2월 5일자 '타투 결성을 알린다'는 부제가 달린 「장기집권 획책하는 살인강간고문정권 타도하자」라는 선전물을 통해 그 목적이 "노동자계급의 정치적 구심 형성에 부분적으로 기여하면서 투쟁 속에서 노동자계급이 나아갈 길을 구체적으로 제시하기 위한 것"이라고 밝혔다. 이를 위해 "대중에 뿌리내린 반反군사독재 민주주의 연합전선으로 발전"해 나갈 수 있도록 노력해서 "범국민적 저항운동을 광범위하게 조직"할 것을 주장하였다. 이에 대해 황광우는 다음과 같이 말한다.

> 이 조직이 만들어진 것은 87년 2월일 텐데… 두 가지 목적이 있었는데, 하나는 86년에 이미 '정세가 군사정권의 위기가 가속화되어 가고 있다.' 그러니까… 이제 터져 나오기 시작하는 상황이기에 보다 적극적인 대중정치활동이 필요하다는 판단을 했고. 그래서 바로 우리가 늘 생각해 왔던 '인민노련(지역정치조직)에 박차를 가해야 한다' 해가지고, 이미 여러 정파들을 만나기 시작하고… 그 결실은 나중에 87년 6월 26일 조직창립으로 드러나게 되지만, 86년 말부터 그 작업은 지속하고 있었거든요.

•인천지역민주노동자연맹의 결성과 분열•

1985년 구로동맹파업 이후 5·3인천항쟁, 한미은행 점거농성 등을 담당했던 정치조직인 서노련과 인노련이 1986년 하반기 해체상태에 들어감에 따라 이후 노동자들의 정치투쟁을 선도하는 조직이 부재하였다. 특히 1987년 박종철 고문치사사건 이후 투쟁의 열기가 높아지고 6월 민중항쟁으로 전환되면서 인천지역의 노동운동 세력은 공동투쟁체를 만들어 투쟁전선을 형성하기 시작했다. 이에 대해 투쟁동맹의 노회찬과 NL세력의 안재환은 다음과 같이 기억한다.

박종철 고문치사사건이 벌어지니까, '이거는 따지고 뭐하고 할 때가 아니다' 그래서 '공동투쟁체를 만들자' 그 존재를 드러내는 조직으로. 우리는 '정파를 초월해서 궁극적 목적이 같으면 같이 해야 된다'는 생각이 많았기 때문에, 이제 '좌우 가리지 않고 하자' 해서 인천의 제 정파들에게 제안을 했고…. 나중에 인노회로 정리된 NL성향의 조직도 여기 참여를 했죠. 이 조직이 박종철 고문치사사건 이후에 2월 7일, 3월 3일 투쟁했고, 4월 가서는 인민노련 준비 작업에 들어가는 모태가 되죠.[노회찬 구술]

86년엔 5·3항쟁 그 다음에 아시안게임 반대투쟁, 성고문사건, 그 다음 87년에 박종철 이렇게 넘어가지 않습니까?… 86년 한참 많은 가두시위나 이런 거를 여러 NL서클들은 당연히 계속 연락망을 가지고 200명, 300명씩 조직동원을 했고, 그 다음에 저희가 제파PD, 다른 PD계열하고도 했는데…. 그래서 이거는 이념적으로 차이는 있지만 이른바 '정치투쟁과 현장투쟁을 결합을 해야 된다' 여기에 거의 동의가 되고, 이런 흐름에 같이 선 거죠. NL이든 PD든. 논쟁은 많이 있었지만 실제 투쟁들을 같이 했죠.[안재환 구술]

이런 공동실천을 통해 1987년 4월경부터 투쟁동맹은 인천지역의 NL서클들과 연계하여 정치조직 결성을 논의하였다. 특히 6월 민중항쟁이 진행됨에 따라 노동운동 세력을 중심으로 노동자의 조직적 진출과 정치적 입장의 표명, 일관된 투쟁계획과 지도가 긴박하게 요구되는 상황이었다. 그 결과 투쟁동맹과 NL그룹이 동거하는 '정치적 대중조직'인 인민노련이 1987년 6월 26일 부평역 가두시위과정에서 공개적으로 결성되었다.(초기 인민노련 결성) NL세력과 반反NL세력이 공동으로 조직을 결성한 것은 1980년대 들어 인민노련이 처음이자 마지막이었다. 이는 당시 긴박한 정치상황이 다른 정치 경향과도 공동실천을 하도록 강제했기 때문이었다. 인민노련 참여정도에 대해 NL그룹의 안재환은 다음과 같이 말한다.

NL계열에서는 A서클, B그룹 등 여러 서클들 중에 인민노련으로 들어가 이중멤버십을 갖고 거기 가입을 한 거고. 선진노동자라든가 또는 현장경험이 얼마 안 된 학생 출신들이라든가 그런 인원들은 제외하고 정치적 활동이 가능한, 최소한 경험이 있는 사람들로 가려서 거기로 파견이 된 거죠. 그러니까 인민노련엔 실지로 그렇게 많은 사람들이 가지는 않았지요. 그런데 노회찬 계열 쪽은 올인을 한 거 같아요.

그러나 인민노련 결성 직후에 있었던 6·29선언은 고양되던 국면을 빠르게 이완시켰다. 인민노련은 한국사회의 성격, 정세인식 등에서 비롯된 견해 차이, 조직의 위상, 투쟁방침 등을 둘러싸고 내부 논쟁을 거듭했다. '정치적 대중조직'으로서의 인민노련의 위상과 관련해서 NL그룹은 그것을 노동자의 대중조직인 노동조합과 같은 위상을 가지는 것으로 주장하였다. 이와 달리 투쟁동맹은 전위조직과 대중조직의 중간쯤에 위치하면서 전위조직의 역할을 대신하는 것으로 주장하였다. 또 대통령선거 전술 및 투쟁방향에 대해서는 NL그룹은 직선제 개헌 및 과도정부수립을 주장하였고, 투쟁동맹은 독자후보전술을 주장하였다.인천지역민주노동자연맹 편, 『87, 88년 정치위기와 노동운동: 인노련 선집』, 거름, 1989, 182~207쪽.

결국 1987년 10월 대의원대회에서 장시간의 토론 끝에 정치조직이라는 조직성격 규정과 민중민주정부 수립을 전략목표로 설정하는 투쟁동맹 쪽의 입장이 강령개정에 기본방향으로 채택되었다. 이에 NL그룹은 조직을 탈퇴하여 '인천지역노동자연합준비위원회'(약칭 '인준위')를 결성했고 남은 투쟁동맹은 정치조직 건설을 목표로 조직의 성격전환을 강행하였다. 그러나 문제는 조직 결성 이후 3개월 동안의 논쟁 때문에 제대로 된 공동실천을 하지도 못한 점이었다. 노동자대투쟁이 발전되는 시점에 대중투쟁을 방기했던 것이다.

③ 다산보임그룹의 형성과 조직 탄압사건

다산보임그룹은 1970년대 각 대학에 탈춤반, 전통문화연구회 등이 만들어지는 과정에서 기독교청년회의 문화활동인 '대학연합 탈춤팀'의 움직임으로 시작됐다. 연합탈춤팀은 초기부터 학생운동과 노동운동을 연결하여 활동을 했다. 그 결실로 1978년 말에 민주노조인 반도상사노조에 탈춤반을 결성하였고, 뒤이어 원풍모방노조, 동광모방노조에도 탈춤반을 만들었다.김남일, 『원풍모방 노동운동사』, 삶이보이는창, 2010, 373~374쪽. 노동조합에 탈춤반을 구성하는 것과 동시에 1980년대 들어 모임체계를 갖추면서 대학연합 농촌활동과 공장활동을 추진하면서 학생운동가들이 노동문제에 관심을 갖도록 시도했다. 이런 활동을 기반으로 1983~84년에는 노동문제에 관심을 갖는 팀(노티)을 서울대, 서울교대, 연세대, 한신대 등에 구성하여 학생운동 내부에 점차 세력을 넓혀 갔다.

연합 단위에서는 조직관계를 이원화시켜 비공개 학습그룹인 '진영'과 문화활동 중심의 '화자'를 구성했고, 여러 대학에서 다수 참여한 80학번들이 모임의 중심 역할을 하기 시작했다.[현광일 구술] 이 그룹의 노동운동에 대한 참여방식의 논리는 OFOut field – LMLabor Movement론과 IFIn field – LMLabor Movement론이었다. OF-LM은 학생운동가들이 노동운동에 수평적 이동을 해서 현장 외곽에서 정치선전과 선동을 하기 위한 체계라고 할 수 있었다. 이를 위해 이 그룹은 다산기획과 보임을 두어 학생운동가들의 노동현장 이전 구조를 구축하였고, 이전팀을 마친 이들을 지역과 현장으로 이전시키기 시작했다.[17] IF-LM은 학생운동가 출신들이 노동현장으로 완전한 존재이전

17 다산보임사건 관련해서 발표된 치안본부 남영동 대공수단의 수사결과 내용에는 "외국서적 번역회사(다산기획), 서적표지 디자인회사(보임기획)를 차려 놓고, 일본 등지로부터 공산서적 등 좌경이념서적 100여 종을 들여와 이를 번역, 출판사(백산서당)에 넘겨 대학가에 좌경이념서적을 대량 보급=이념공장 역할을 함. 『철학교정』(소련아카데미 발간), 『반뒤링론』(엥겔스 저), 『국가와 혁명』(레닌 저) 등 일어판 342권, 영어판 60권 등을 압수했다"는 내용이 확인된다(『동아일보』, 1986년 4월 14일자).

을 해서 철저히 노동자가 되고 현장에서부터 노동자 권력을 형성해 소비에트 방식의 아래로부터의 혁명을 모색하려는 것이었다. 이에 대해 다산보임에서 활동했던 박성인은 다음과 같이 말한다.

> 논란은 OF-LM하고 IF-LM간의 관계였고, 변혁론 등은 계속 토론 중이었지. 왜냐면 존재이전론은 지식인이 완전히 노동조합으로 존재이전을 해야 된다는 거였거든. 그 당시 어떻게 표현을 했냐면 '점화론'하고 '시추론'이 있었어요. 그러니까 변혁론 구상을 하는데, 시추론은 구멍을 깊게 뚫고 들어가서 밑에 고여 있는 것이 쪼여 주면 올라오는 식의 자유론을 구상하는 것이라는, IF-LM론은 그런 거에서 나오는 거고. 점화론은 불을 붙여 주는 거지. 그래서 '점화를 깊게 해야 된다'라고 하는 것이었고.

이들은 독특한 개념을 사용하였고 독자적인 실천을 모색했기 때문에 당시 노동운동 내부에서 그 개념이 보편화되지 않았다. 이들은 변혁론을 정립하지는 않았지만, 기존의 노동운동 논리와 역사를 검토하고 현실을 분석하면서 독자 개념을 만들어 나갔다. 예를 들면 혁명론에서는 러시아의 '소비에트혁명'과 프랑스의 '코뮌혁명'을 사유하면서 한국 상황에 맞는 혁명론을 세워 나가려 노력하였다. 그 때문에 당시 노동현장론과 준비론, 무림·학림논쟁 등의 운동논리를 인정하지 않았고, 처음부터 '독자적 전위당 건설'을 조직활동의 과제로 삼았다.[박성인 구술]

이 그룹은 1982년 하반기부터 학생운동가들을 노동현장으로 진출시키기 위한 노동현장 이전팀을 구성하였다. 이전팀들은 노동운동 또는 변혁론의 바탕이 되는 이론학습, 특히 한국근현대사와 한국의 노동운동사 및 사회주의운동사 등의 학습을 방대하게 진행한 것이 특징이었다. 이 과정에서 구성원들은 자신들의 사상적 기반과 변혁적 노동운동에 대한 지향을 다양한 방식으로 고민했다.

최초의 이전팀은 1982년 하반기에 여성 3인과 남성 2인으로 구성됐다. 이들은 공동생활을 하면서 낮에는 직업훈련소 등에서 기술을 습득하고 저녁에 세미나를 했다. 진행기간은 1년 정도였다. 첫 이전팀에 참여했던 이훈구는 이에 대해 다음과 같이 기억하고 있다.

> 4학년 2학기 땐가 학교에서 손을 놓고 '이전팀'을 하게 돼요. 82년에 이전팀이 처음 만들어져 이전팀 1긴데, 여자 셋, 남자 둘이었죠. 방을 구해서 여자방, 남자방 나눠 합숙하면서 낮에는 직업훈련 다니면서 기술을 배우고, 여자들은 봉제를 했고, 남자들은 용접을 배워요. 저녁에는 세미나 하는 거지. 기간은 우리 때는 1년이었나, 6개월이었나…. 철학부터 시작해서, 경제학부터 근현대사… 국제노동운동사, 그런 거를 커리커리큘럼 짜서 했지.

초기에 이전팀을 지도했던 이는 다산보임의 중심인물이었던 김상복이었다. 그는 1차 이전팀에 이어 2차 이전팀을 구성했는데, 이 팀에는 남성 11명과 여성 1명이 참여했고, 77학번부터 81학번까지 서울대, 연세대, 한신대, 동덕여대, 서강대 등 여러 학번, 여러 대학 출신들이 어우러져 있었다. 이 팀은 1984년 가을에 구성되어 안양에 방 3칸의 독채를 전세 내어 1기와는 달리 집중적인 학습을 하였다. 매일의 일과는 낮에는 각자 학습하고 저녁에 세미나와 토론을 하는 방식이었다. 초기 구상은 1년을 진행하는 것이었으나 진행 중에 보위 문제로 중단되었다. 이 이전팀의 목표는 "한국역사에서 혁명론을 찾는다"는 것이었다. 학습내용은 이와다 히로시岩田弘의 『현대국가와 혁명』을 기본으로 하면서, 당시 출간된 한국근현대사, 공산당사와 노동운동사를 커리큘럼을 짜서 진행하였다.[18] 이전팀 2기는 1기에 비해 사상적 기초형성을 더욱 강조하였고 학습 커리큘럼이 좀더 체계화되었다. 2기 이전팀의 학습과 토론내용에 대해 당시 참여했던 유길종은 다음과 같이 기억하고 있다.

> 당시 한국사회에 혁명론 형성이 안 돼 있었어요. 무림·학림 정도였지…. 우리가 현장 이전을 하려면 실천적 혁명론이 있어야 된다고, 그래서 '한국역사로부터 혁명론을 찾는다' 이거였지…. 암전홍이와다 히로시岩田弘의 『현대국가와 혁명』 보면서, 이건 일본 얘기인 거고. 그럼 한국사회는 어떤 형이 맞는 거냐…. '한국사회의 원형으로부터 어떤 것이 맞고 어떤 게 실패를 했고 하는 것을 봐야 된다.' 그래서 커리를 짜서 세미나를… 개항기에서 해방 전후까지 하고 조선공산당사도 쭉 보고…. 1차 조선공산당사건들 보고 '왜 그렇게 됐는가? 뭐가 문제인가?' 등. 그때 논란은 사구체논쟁 하면서 '식민지반봉건이냐, 식민지 자본주의냐' 결론은 못 낸 상태였어요…. 다른 하나는 스탈린주의에 대한 비판이었는데… 나는 스탈린을 좀 옹호했

18 초기에는 일본어판을 번역한 필사본으로 학습을 했다고 한다. 이 책은 1986년 5월 '이론과실천'이라는 출판사에서 출간되었다. 주요 내용은 일본학자인 이와다 히로시(岩田弘)와 가와카미 다다오(川上忠雄)가 마르크스의 국가론을 현대 자본주의 변화, 사회주의혁명 과정 및 사회주의 국가에서 발생하는 모순에 대해 비판적으로 검토한 것이다.

던 입장이었고…. '전시 공산주의에서 어떡하라는 거냐? 당연한 거 아니냐' 이런 체제 수호적 입장에서 주장하고, 선배는 그 자체가 갖는 문제를 얘기했던 거 같아요.

한편 1984년와 1985년도에 형성된 이전팀은 같은 학번, 성별로 구성하였는데, 그 출발은 80학번부터였다. 이는 1980년 이후 학생운동가들이 양적으로 팽창되고 집단적으로 노동현장으로 이전하는 분위기가 형성된 것의 반영이었다. 80학번 중심의 이전팀은 사상적 기초학습과 한국근현대사를 공부한 점에선 이전의 팀들과 같았지만, 여기에 계급론, 즉 한국사회의 계급분화과정, 노동자의 지위 등을 중심으로 한국사회구성체와 혁명론의 이론적 기초, 혁명적 지식인의 역할, 현장운동방법론 등의 학습이 새로이 추가되었다. 이런 이전팀 운영은 1986년 다산보임사건으로 타격을 받았으나, 1988년 정도까지는 지속된 것으로 보인다.

이전팀을 통해 배출된 남성들은 중공업 사업장에 진입하기 위해 직업훈련소를 경유하여 선박, 용접 등의 기술을 습득했다. 예를 들어 어떤 이들은 인천조선소의 직업훈련소에 들어가서 용접을 배우고, 경력을 쌓기 위해 중소기업에 취직해서 일을 하기도 했다. 또 여성들은 방직, 고무, 봉제, 전자 업종 등에 취업했다.[현광훈 구술] 이들은 다른 학생운동가들이 공장에 진입하는 방식보다 좀더 체계화되어 한국산업의 구성을 파악하기도 했는데, 그 예로 한국 경제가 중화학공업인 자동차산업을 중심으로 하청구조가 형성되어 있다고 파악하였다. 그 결과 이들은 자동차 공장 및 그 중심 하청들을 전략사업장으로 보았고 이를 집중공략의 대상으로 선정하는 등의 움직임을 보인 것이었다. 이전팀을 통해 배출되는 구성원이 많아지면서 업종의 선택만이 아니라 지역에 대한 고려도 이루어졌다. 이들은 1985년경에는 서울, 인천, 안양, 성남 등의 수도권만이 아니라 소수이지만 남부지역인 울산, 마산, 창원 그리고 부산으로 내려가 현장 진입을 시도했다.[유길종 구술]

이처럼 조직체계를 구축하려는 시도와 동시에 각 지역에 구성원들이 노동현장에 진입하던 중에 이들은 정권의 탄압을 받았다. 1986년 3월 25일 보임기획사무실을 치안본부 대공수사단에서 급습하여 대표 고경대, 김상복 외 11명을 연행해 가고, 오후에 다산기획대표 고성국, 백산서당 사장 이범 외 2명을 추가 연행해 갔다. 다음날인 3월 26일 치안본부 대공요원 4명이 백산서당에서 압수영장도 없이 책과 원고 등 200여 질을 압수해 갔다. 이 조직 탄압사건을 정보당국은 '다산보임사건'이라 불렀다.『동아일보』, 1986년 4월 14일자. 이 탄압사건으로 다산보임그룹은 중앙지도력에 타격을 받았다. 이는 1987년 이후 여러 지역에서 나타나는 조직운동 방향을 둘러싼 갈등과 그 과정에서 전국을 아우르는 공동의 지도력을 세워 내지 못하는 주요 요인이 되었다.

4절

정치조직의 운동방식과 한계

앞에서 본 것처럼 1985년 이후 정치조직운동이 대두하면서 정치조직들이 결성되거나 쇠퇴 또는 태동하기 시작했다. 이 조직들은 전위조직 건설을 둘러싸고 서로 다른 방식을 모색하였다. 그러나 정치조직운동은 1980년대 사상적 제한성과 항상적 탄압 상황이라는 조건 속에서 등장했기 때문에 한편에서는 정부의 탄압으로부터 조직을 보위해야 했고, 다른 한편에서는 다른 정치조직들과 경합하면서 조직 내적 지도력을 형성해야 했다. 각 정치조직의 조직운영 방식에 대해 당시 문헌자료에서는 '민주집중제'에 대한 언급 이외에는 구체적인 상황을 파악하기 어렵다. 그 때문에 정치조직운동의 일반적 운영방식과 문화 등을 규명하는 데는 한계가 있다. 그러므로 이 절에서는 주로 당시 정치조직들에 참여했던 주체들의 개인적 경험을 중심으로 그 한계의 일부를 살펴보도록 하겠다.

1) 보위·규율의 기능과 조직정체성 형성방식

① 역사적 경험의 단절과 사상적 취약성

1985년 8월 서노련의 등장은 수도권지역을 중심으로 변혁적 노동운동의 조직적 주체들이 형성되기 시작했음을 의미했다. 개별적이고 분산적인 노동운동이 보다 목적의식적인 운동으로 변화할 가능성을 보여 주었다.

그러나 초기 정치조직운동은 여러 문제를 표출했다. 일부 정치조직에서는 조직운영에서의 권위주의, 외적으로는 다른 분파와의 공동실천을 인정하지 않는 배타성, 나아가 잘못 이해된 계급중심성과 문화의 경직성 등을 낳아 그 과정에서 활동가들이 상호 갈등과 내적 균열을 겪기도 했다. 이는 변혁적 노동운동이 그 역사적 경험의 단절로 인한 사상적 기반의 취약성과 폭압적 탄압상황에 의해 규정된 측면이 강하다. 이에 대해 살펴보면 다음과 같다.

우선 노동운동 세력의 사상적 기반이 취약했다는 근본적인 문제를 들 수 있겠다. 당시 노동운동가들은 사회주의를 지향했지만 그것은 막연한 운동의 방향일 뿐이었고, 자본주의 사회구조의 모순을 해결할 대안사회로서 추상적으로 견지된 것이었다. 사회주의 사상과 운동원리, 그 경로에 대한 것은 모색되지 못한 상태였다. 그 예로 서노련이 주창한 '노동해방된 사회'란 반공이념 속에서 사회주의 사회 건설을 공공연하게 주장할 수 없는 시대상황을 반영하는 동시에, 당시 노동운동 세력들이 사회주의사회에 대한 인식과 그 건설 경로에 대한 고민이 부재했음을 반영하고 있다고 할 수 있다. 이런 상황에 대해 인노련의 지도부였던 김진국과 서노련에서 활동했던 유시

주는 다음과 같이 말한다.

> 1983~84년 본인을 포함한 다수의 활동가들이 견지하고 있던 이념은 '노동자가 주인되는 사회 건설' 정도였으며, 이는 표현상의 제약 때문만이 아니라 당시의 대체적인 이론적 수준을 반영하는 것이었습니다. 사회주의라는 관념은 운동의 방향을 가리켜 주는 가치 개념 정도로 인식되었을 뿐, 현실의 노동운동을 발전시키기 위한 과학적 지침으로 구체화되지 못하고 있었습니다. 기껏해야 '사회주의적 상상력을 발전시킨다'는 모토 아래 급진적이고 비현실적인 몇 가지 구호를 제시하는 정도였습니다. 실로 스스로를 사회주의자로 자처하던 활동가들의 수준은 이념적으로나 이론적으로 낮은 상태에 있었던 것입니다. 김진국, 「혁명, 그 필연적 승리를 향하여」, 이진경 외, 『선진노동자의 이름으로』, 72~73쪽.

> 우리 시대가… 선택의 여지가 없었어…. 한편에 극악한 군사독재 정권이 있는데… 거의 정반대 것을 우리는 학습을 하잖아요? 저들이 소위 사회주의자라는 것을 비판하는 것을, 우리가 진저리를 치는 자들이 사회주의를 비판하는 것은 씨알도 안 먹히는 얘기였거든요. 그러니까 한 나라나 한 사회의 사상은, 전통이라는 게 중요한데, 우리에게는 소화할 사상이라는 전통이 없었던 거예요. 들어왔던 사회주의라는 경험은 있지…. 왜 우리 손으로 뭔가를 쟁취했던 그런 사상적 깊이라든가 이런 게 없잖아요? 선택의 여지가 없는 거죠. 그거는 그 시대, 그 세대의 운명이었다고 생각해요. 달리 피해 갈 도리가 없었어요. [유시주 구술]

더욱이 1980년대 전반기 노동운동이 침체된 속에서 노동현장에 투신한 학출활동가들에게는 1980년대 중반까지도 자신을 노동자로 변화시키고 노동운동가로서의 정체성을 획득하는 것이 당면 목표였다. 그 때문에 이들은 노동현장의 일상적 활동과 노동조합 결성에 골몰해 있었다. 이 과정에 형성된 정치조직들은 각기 자신들의 입장이 유일하게 올바른 것이라 선전하였고, 대다수의 활동가들은 어느 정파의 입장이 올바른 것인지를 알기 위해 여러 정파의 문건과 그 실천 내용을 견줄 수밖에 없었다. 초기 현장활동가들에게 여러 정치이론에 대한 비판적 독해는 상당히 어려운 문제였다. 이런 상황에 대해 인노련과 인민노련에서 활동했던 황광우는 다음과 같이 기록했다.황광우, 『잎새에 이는 바람에도 나는 괴로워했다』, 75쪽.

> 85년 겨울…… 어느 날 본인과 아주 가까운 한 동기가 느닷없이 CNP가 무엇인지 알고 있으면 말해 달라고 부탁했다. 나는 그 당시 CD의 부르주아적 성격을 비판할 순 있어도, ND와 PD의 차이를 구별할 수 있는 상태가 아니었다. 당시 노동현장에 종사하던 대다수의 동지들은 어떻게 하면 노동조합을 만들 것인가, 어떻게 하면 파업투쟁을 성공적으로 이끌 수 있겠는가 하는 문제에만 관심을 두어온 상태였기 때문에, 노동현장의 바깥에서 불어오는 논쟁의 바람에 속수무책이었다. 그렇게 묻던 그 동지가 한 달 후엔 '혁명의 전략과 전술 없인 혁명을 수행할 수 없다'는 명제를 고집하며 자신의 일상 업무를 독서와 연구 쪽으로 바꾸었다. …… 또 한 달 후, 그 동지는 나에게 페테스부르그 투쟁동맹과 같은 지역의 전위조직을 건설하자는 제안을 했고 …… 또 한 달이 지나면 …… 그 동지가 '주체사

상'을 받아들여서……. 그때 나는 좀 이상했다. '사람이 어떻게 자신의 주장을 한두 달 만에 정립할 수 있으며 또 한두 달 만에 사상의 기본을 이리저리 옮길 수 있는가.'

위와 같이 활동가들이 사상과 이론적 동요를 겪는 상황은 공단 주위의 자취방에서 유사하게 벌어졌던 것 같다.황광우, 앞의 책, 77쪽. 몸은 현장에 있지만 사회주의사회 건설을 꿈꾸고 있던 이들에게 마르크스와 레닌주의, 심지어 주체사상의 권위를 빌려 등장하는 정치노선, 조직노선 등에 대해 비판하고 나서는 것은 쉽지 않은 일이었다.

다음으로 정치조직운동의 역사적 경험의 단절 역시 1980년대 등장하는 정치조직운동의 취약한 기반으로 작용하였다. 조직이 이론 또는 노선으로 제출한 운동방향은 조직원들이 노동현장을 기반으로 한 대중운동이라는 현실의 실천을 통해 검증해야 했다. 즉 대중운동의 구체적 경험들이 다시 조직을 매개로 그 집단의 노선이나 이론의 정합성을 검증해 나가면서 이론과 실천의 긴장된 상호작용이 이루어질 때만이 조직은 생명력을 갖고 성장하며, 그 과정에서 당건설의 경험과 역량이 축적되는 것이다. 이런 상호작용을 지켜 나가는 것이 조직운동이고 조직운영의 핵심이라고 볼 수 있다. 그러나 정치조직운동의 초기 단계에서는 사상적으로 미숙하고, 동시에 조직운동의 경험이 축적되어 있지 못하기 때문에 정치조직에 대한 이해는 낮고 전위당 건설이라는 목적만이 앞서면서 실천과정이 굴절되기도 했다. 이런 문제는 한국의 사회주의 운동경험, 이론 등의 역사적인 유산과 단절된 채, 당시 노동운동의 단계에 걸맞지 않은 조직이론을 현실에 적용하면서 나타났다. 그 예로 제헌의회그룹을 들 수 있는데,

그 조직구조와 조직활동 방식은 전적으로 레닌의 저작인『우리의 조직적 과제에 관해 한 동지에게 띄우는 편지』에서 차용한 것이었다.

② 탄압상황과 보위문제

마지막으로 정권에 의한 폭압적 탄압이라는 객관적 상황 역시 정치조직운동의 방식을 규정하는 중요한 요인이었다. 1985년 하반기 들어 정권의 탄압이 다시 강화되고 1986년 정치조직들에 대한 직접적인 탄압이 가해지는 상황에서 정치조직운동이 형성되었다. 그 때문에 정치조직운동은 비합법·비밀주의를 취할 수밖에 없었다. 비밀주의는 정권에 대해서만이 아니라 조직 내부와 다른 조직과의 관계 모두를 아우르는 범주였다. 철저한 비밀, 즉 조직에 대한 보안을 유지하는 것만이 조직을 안정적으로 운영할 수 있는 조건이었다. 그러나 조직 보위가 우선시 되다보니 조직운영에서 지도와 피지도 간의 원활한 소통을 위한 조직 내 민주주의에 주의를 기울이기보다는 외부로부터 조직을 보위하는 일에 온 힘을 기울여야만 했다. 그 때문에 정치조직 내적으로는 조직원들의 다양한 경험과 상황을 소통하기 어려웠고, 정치조직 간에도 주장하는 입장에 있어 올바름의 여부를 검증할 조건을 형성하기 어려웠다.

실제 당시 정치조직들은 정권의 감시와 탄압에 대응하여 일상에서 보안을 위한 여러 장치를 나름대로 만들어 갔다. 항시 뒤를 조심하는 것, 만남과 모임의 알리바이를 서로 만들어 놓는 것, 가명과 조직기구 등에 가칭을 사용하는 것 등이 그것이다. 이에 대해 서노련 활동에 참여했던 노동자 성훈화는 다음과 같이 말하고 있다.

1986년에 제가 지역에서 공부하는 소모임을 두 개 했는데, 우리는 '첫째도 보안, 둘째도 보안' 항상 주변을 경계하면서 지냈고…. 요업개발에서 해고되고 안양에서 친구와 자취를 하고 있었는데… 퇴근해서 집에 오는 중에 미행하는 사람이 있어서… 근처 화장실에 숨어서 1시간 이상을 있다가 집에 들어가기도 했어요. 그 당시 우리는 '미행', '보안' 이런 문제에 아주 민감했잖아요. 별것도 아닌 문제로 잡혀가면 나만이 아니라 내 주변에서 일하는 모든 사람들이 위험해지니까…. 이전의 경험이 있어서 저는 더 경계가 심했고요.

이는 정치조직들의 조직원 확보 및 훈련 기준 중의 하나가 보위능력을 갖추는 것이라는 점에서도 알 수 있다. 예를 들어 제헌의회그룹은 조직원 선정 기준을 "전국적으로 널려 있는 적의 포위망과 감시의 눈길을 뚫고 안정적이고 지속적으로 활동할 수 있는 비밀활동 능력을 갖춘 사람들"로 규정했다. 특히 노해동에서 분리해 나온 소수파들이 조직원을 확보하기 위해서 300일간 수행했던 소위 '지옥훈련[1]과 필수 실천'의 목표 중에는 '비밀활동 능력의 훈련'이 중요 사항으로 포함되어 있었다. 그 내용은 다음과 같다.

1) 비밀활동의 중요성을 전위조직활동의 필수요건으로 철저하게 자각하는 것.

2) 주변 조건의 변화에 따라 스스로를 변신할 수 있는 능력의 함양.

1 이를 위해 학습은 '변증법적 유물론', '사적 유물론', '국가론', '정치경제학', '혁명론', '국제공산주의 운동사'와 '한국 프롤레타리아트 운동사', '전술론', '조직론', 다른 정치세력의 노선비판 등을 학습했다고 한다(김미영, 『마침내 전선에 서다』, 273쪽).

3) 비밀원칙을 일관되게 견지하되 지나치게 강조함으로써 사업을 중단시키는 일이 없도록 비중감각을 유지하는 것.
4) 약속시간 엄수, 기록·소지품·이빨 및 비선확보, 용어사용 및 음성 조절, 용모 상태·미행경계 능력을 체현하는 것.
5) 적의 미행 및 침탈 시 침착, 기민, 치밀하게 대응하고 수사를 받을 시 적의 마수가 확대되지 않도록 하는 능력 제고.김미영, 『마침내 전선에 서다』, 271~272쪽.

특히 4)에서 그 상세한 내용을 보여 주는데, '이빨 및 비선 확보'란 조직원들 사이에서 통용되었던 약어이다. 이빨이란 구속되었을 때 여타 조직원 및 조직전체를 보호하기 위해 사전에 관계를 둘러싼 정황을 짜놓는 것이다. 예를 들어 왜 그때 그 장소에 왔는가, 용무는 무엇인가, 왜 그런 유인물 등을 가지고 있었는가, 어떤 관계로 왜 만났는가 등에 대해 미리 정해 두는 것이다. 특히 여러 사람이 한꺼번에 잡힐 것을 우려하여 동일 조직의 같은 단위에서 활동하는 사람들은 항상 그들의 단위 이상으로 수사가 확대되는 것을 막기 위해 '이빨 맞추기'를 모일 때마다 하였다고 한다.은수미, 「한국노동운동의 정치세력화 유형연구: 노동운동과 시민운동의 관계구조 분석」, 서울대 사회학 박사논문, 2005, 180쪽.

또 비선확보는 각 단위 혹은 연결 관계가 상당 부분 훼손될 경우 개별 조직원들이 고립상황이 될 것에 대한 보완책이었다. 조직원 일부가 구속될 경우 구속에서 벗어난 개인들이 다시 조직과의 연결을 맺기 위해서는 예외적인 상황에서의 비밀연락 시간과 장소를 미리 만들어 두어야 했다. 정부의 탄압을 받았던 정치조직들이 지도부의 구속이라는 상황이 발생해도 조직활동을 지속할 수 있기 위한 조건을 사전에 만들었던 것이다.

일상적인 조직 보위를 위해서는 다른 사람들이 조직원들 간의 대화를 알아듣지 못하도록 약어 혹은 비어卑語를 사용하고, 불심검문을 받지 않도록 복장이나 눈빛을 단정하게 하며, 항상 미행을 염두에 두고 그것을 확인하는 다양한 훈련을 하는 것 등도 중요했다. 특히 일상에서 언어를 축약해 약어로 사용하였다. 예를 들어 노동운동은 노운 또는 엘엠(LM), 혁명운동은 알엠(RM), 계급투쟁은 계투 또는 스트(ST), 경제투쟁은 경투, 사회주의사회는 쏘사회, 사회주의적 활동은 쏘활, 러시아혁명은 러알, 무장봉기는 무봉, 자아비판은 자비, 상호비판은 상비 등의 약어로 칭하는 것이다.민주이념연구소 편, 『급진운동권 용어: 해설집』, 원일정보, 1989, 113~124쪽. 그리고 이러한 약어의 사용은 '운동권'의 언어문화로 굳어졌다. 노동자들 중에서도 정치운동과 관련을 맺고 있는 이와 그렇지 않은 이들을 구분할 수 있는 기준이 될 정도로 약어의 사용은 활발했으며, 이는 변혁적 노동운동권 안팎을 구분 짓는 문화가 되기도 했다.

③'철의 규율'과 조직운영방식

1986년 전후로 일부 정치조직들은 사상적 기반의 부재와 탄압 상황 속에서도 인맥, 학맥 등의 관계망을 타고 형성되었다. 이론학습을 매개로 하여 '선전그룹'은 소그룹적 방식으로 주변을 조직하였고 이로써 일부 정치조직이 형성되었다. 그 과정에서 조직의 지도력은 자연스럽게 선전그룹을 이끌었던 이들이 장악하였다. 이 지도력은 정치사회적 문제 등에 대해 체계적이고 논리적으로 분석하고 해석할 수 있는 이론적 자원을 동원하여 이론을 생산해 내는 이들에게서 나왔다. 그리고 그것이 이들을 통해 진리효과를 낳는 기제로 작동하였다. 특히 다른 정파들과의 사상투쟁이나 논쟁이 벌어질 때는 조직의 이론이나 사상적 역량은 더 중요한 위치를 차지했다. 또 조직원을 확보하는 과정에서도 이들에게는 설득력이 필요했다. 이에 대해 다산보임에서 활동했던 박성인은 다음과 같이 말한다.

> 특정 정파에서의 의사구조와 지도력 형성 이런 문제인데, 큰 틀에서… 조직이라는 게 선전그룹에서 시작해서 좀더 확장돼 나가면서… 조직적 지도력이라는 게, 주로 세미나를 통한 방법이라든지… 규율로 강제하는 방식으로 형성이 돼 가는 건데. 조직이 제대로 서려면… 대중적으로 부딪히는 문제까지 조직 내에 들어와서 새로운 내용들을 통해서 순환이 되고, 그리고 거기서부터 내용들이 좀 진전이 돼 나가면서, 하여튼 이런 구조들이 정착해 들어가는 것일 텐데…. 초기 과정에서 그런 것들을 축적시켜서 할 만큼의 역량이 안 된 속에서 경직성, 그러니까 지도의 문제들이 있고. 또 경험 자체의 누적도 굉장히 중요하거든. 그런데 굉장히 편협하고 작을 수밖에 없었고. 그런 점에서 총체적으로 철학적인 문제들이 깔려 있다고 생각해요.

그러나 초기 정치조직들은 조직 성격에 대한 관점이 제대로 정립되어 있지 못한 상태에서 조직을 결성한 측면도 있었다. 특히 지도의 역할과 피지도와의 관계, 조직과 조직의 관계, 나아가 대중조직과 대중운동에 대한 부분에서 더욱 그러했다. 그리하여 조직의 지도력은 이론으로부터 시작되었으나 점차 정보력, 결정 권한 등이 결합하여 지도력을 형성하는 것으로 나타나기도 했다. 그 결과 조직에는 위계가 형성되고 규율을 잣대로 한 검열이 만들어졌다. 그리고 충성을 강요하는 요소들이 나타나기도 했다. 이런 상황에 대해 다산보임의 구성원이었던 이훈구는 다음과 같이 말한다.

> 정보의 힘이 있고, 그 다음에 결정의 힘이 있지. 결정력을, '조직이 결정한 거 아니냐', 결정의 비중, 정보의 비중… 그 다음에 필요의 비중, 상황의 비중, 이런 것들이 권력을 낳고, 위계를 낳죠. 검열을 낳고, 소위 충성을 낳고, 충성을 강요하고. 정보독점이라는 것이… 사실은 뭐 보안문제 때문에 있는 건데, 정보당국은 다 알고 있는데 우리끼리 보안하느라고 정보가 통제된 거죠.

당시 정치조직들은 그 운영원칙으로 민주집중제를 표방했지만 이러한 민주와 집중은 실제로는 보위 때문에 위로부터의 지침 전달이나, 상부로부터의 하부에 대한 지도 형식으로 나타날 수밖에 없었다. 그조차도 일대일의 점조직 형식을 취하거나 문서보고라는 소통 방식을 취하는 것이었다. 그리하여 조직 보위를 위한 조치는 조직 상·하부 간의 소통을 경직시키는 요소가 되기도 했다.

또 조직의 유지를 위해서는 규율을 통해 상호규제력을 만들어가야 했다. 그 때문에 조직원 가입요건이나 조직원이 지켜야 할 필수사항에 반드시 들어가는 것이 '규율준수'라는 항목이었다. 심지어 그 규율은 '철의 규율'로 표현될 정도로, 조직을 유지하는 데 있어 핵심요소 중의 하나가 되었다. 조직의 체계화는 일정한 위계질서를 구축하는 방식이 되었고, 규율은 일면 조직원을 통제하는 기제로 작동하기도 했다. 이러한 조직규율에 대해서 인노련에서 활동한 김진국과 다산보임의 박성인은 다음과 같이 기억하고 있다.

> 조직활동의 경험도 매우 일천하여 지도부의 결정에 무조건 복종하는 것을 미덕처럼 생각하였으며, 자신의 견해를 의사결정과정에서 개진하지 않은 것을 겸손으로 여기기도 …… 더 큰 문제는 그 같은 결정과 집행을 수행하는 조직 및 조직원의 범위, 즉 누가 조직원이고, 누구는 아닌지조차 불분명한 상태였습니다. 조직이 이중 삼중으로 중층화되고 갈등이 심화되었으며, 이로 인해 초기에 가졌던 열정은 감소되고, 정세의 어려움으로 활동이 위축되면서 분열을 수습하기 어려운 정도로까지 진행되었습니다.김진국, 「혁명, 그 필연적 승리를 향하여」, 이진경 외, 『선진노동자의 이름으로』, 72~73쪽.

> 80년대의 정파라는 게 비합법일 수밖에 없는 조건이었고, 결국 의사결정 과정에서 위로부터 결정이 되고 그거에 대해서 지침을 내려가는 방식으로 일을 처리하고. 그 다음에 어떤 사안들이 부딪혔을 때, 그 사안들에 대해서 개인들이 판단할 여지가 거의 적었죠. 위의 결정에 조금이라도 벗어나면 가차없이 쳐버리는 방식의 그런 시대였죠.[박성인 구술]

조직 보위와 규율은 조직원들의 조직활동에 대한 규정만이 아니라, 조직원들의 개인적인 생활과 동선까지 규제하는 통제방식으로 나타나기도 해 조직원들을 대상화시키고 비주체화시키기도 했다. 그 결과 하부 조직원들은 조직에 대한 불만에서 불신으로 조직 활동을 중단하기도 했다. 이런 상황에 대해 구로동맹파업 이후 서노련에 참여해 활동했던 노동자 서태원은 다음과 같이 말한다.

> 서노련의 편집부에 있다가… 지역 소모임 쪽으로 옮겼어요. 가장 큰 문제는… 분파가 너무 많아서 서로에 대한 신뢰가 없었어요. 같은 사람도 저 팀이면 배척을 할 정도고 만나지 말아야 했어요…. 아무리 지도부라 해도… 우리도 나름대로 주관성이나 객관성을 다 가질 수 있는 부분인데 그것까지 자기 밑에 두고자 하는 것이 저는 마음에 안 들어요. 우리를 조금만 더 믿어 주고… '우리가 하는 일이 옳다' 생각하면 다른 사람 만나 나도 얘기할 수 있는 건데…. 그런데 자기는 다 만나면서 밑에 사람들은 왜 못 만나게 하냐고. 만나고 오면 지도부한테 불려가서 '어떤 일이 있었냐' 확인당하고…. 누가 이런 거 하냐고.

1986년 이후 서노련, 남노련, 반제동맹, 다산보임, 제헌의회 등 여러 정치조직사건이 터지면서 조직 보위를 위한 보안수칙을 지키는 것은 비합법 조직운동의 생명이 되기도 했다. 심지어 1987년경에 형성된 한 정치조직의 경우는 조직운영 방식을 모두 일대일의 점조직 방식으로 운영하면서 철저한 보안수칙을 강조하였는데, 그 결과 실제 이 조직은 1980년대 내내 정부의 조직 탄압을 피할 수 있었다. 그런데 조직의 보위는 지켜냈지만 조직원들의 경우 철저하게 사생활이 인정되지 않아 일상의 모든 부분이 검열 대상이 되어야 했다. 이에 조금이라도 어긋나는 경우는 자아비판서를 제출해야 했고, 그에 따른 냉엄한 비판을 받아야 했다. 이에 대해 당시 이 그룹의 조직원이었던 박정순은 다음과 같이 기억하고 있다.

> 취약점이 보안투쟁이었어요. 조직에서 우리보고 찢어져서 살라고 해서 보안상 남편과 함께 살 수 없었어요. 나는 사실 혼자 있는 걸 못 견디거든, 외로움도 타지만 무서움도 많거든요. 나는 활동하면서도 계속 누군가와 같이 살았거든. 그런데 조직의 지침상 혼자 살아야 했어. …… 그러다 여노한국여성노동자협의회의 한 선배가 있었어요. 그 남편이 반제동맹인가 봐, 난 몰랐지. …… 그 언니를 따라가서 저녁을 먹었어요. 그 뒤에 한두 번 더 만났나? 그 남편이 노선이 뭔지 모르는데. 여튼 그것도 조직에 얘길 하지. 조직에서 '당장 방을 빼라.' 이사 온 지 한 달 정도밖에 안 됐을 텐데, 방은 빠지지도 않고 갈 데는 없는데 이사를 가야 돼요. …… '보안에 대해 너무 나이브하다'. '보위투쟁!' 촉각을 세우고 긴장하면서 뒤를 살피고 다녀야 되는 거지. …… 그러면서 조직에서 보안투쟁과 관련해서 사사건건 걸리는 거에 대해서 자비서자기비판서를 내라고 해요. 내가 밤 새워서 구구절절이 몇 장을 썼어요. 그걸 가지고 읽고 토론을 했는데, 엄청 씹히지, 대목대목, 문장, 행간을 읽으면서 보이지 않는 것까지 다 찝어 내면서 했는데. 그때는 내심 감정까지 들키는 것도 싫었어요. 그 토론을 하고 돌아오는 길에 철철 울면서 걷던 기억이 나요. 너무 가슴이 아프고 싫어서…. 너무 힘들었어요. 그래서 내가 왜 이러고 여기 있어야 되는 건지, '자세나 품성이나 그런 게 되지 않는다면, 그걸 힘겹게 꿰매 가면서까지 억지로 내가 노동운동가로 살아야 되나' 너무 힘들었어요.

보통 정치조직의 지도부는 현장활동가들의 구체적인 상황판단을 통해서 그 사업장의 대중활동 방식을 판단했다. 즉 노동현장의 활동에 대해서는 직접 실천하는 이의 판단을 존중하면서 투쟁이나 조직활동을 공유했다. 반면에 현장활동가들은 사업장 중심의 구체적인 활동에 대해 조직관계 또는 지도부를 통해 재해석하면서 개별 사업장의 대중활동이 갖는 의미를 전체 운동에서 위치지어 나갔다. 그러나 초기 정치조직운동의 미숙성은 조직 내의 비민주성 또는 일방적인 지도력을 관철하려는 모습으로 나타나기도 했다. 특히 지도부가 대중활동의 경험이 없이 이론으로만 운동을 인식한 경우에 대중의 행동방식을 제대로 알지 못하면서 나타났다. 거기에 노동현장의 성과를 과시하기 위한 선동 위주의 활동 방식, 조급성 등은 현장활동가의 기반을 뿌리째 뽑는 결과를 낳기도 했다. 이에 대해 김영준은 1986년 대원운반기계의 투쟁과정에서 나타난 조직의 지도부와 현장활동가의 갈등경험을 다음과 같이 말한다.

> 대원운반기계에 86년 2월경 들어가서… 두세 달도 안 지났는데… 어느 날 그 모임에 누가 와서 '대원운반기계에 아무개라는 사람이 있다. 그 사람하고 같이 뭣 좀 상의를 하라.' 일종의 지시죠. 그래 내가 정색을 하고 '전혀 준비가 안 되어 있다. 적어도 내가 거기에 있는 걸 너네들이 아는데, 있는 사람의 의견을 들으려고 하지도 않고 일방적으로 하는 게, 지도냐'라고 지도 방식을 놓고 싸우기 시작을 해요. 그런데 어느 날 현장에서 나한테 와서 아는 체 하는 놈이 있어, 몇 마디 해보니까 전혀 준비가 안 된 거야. 그냥, 불끈불끈하면서 '사장이 말야' 어쩌고 하더니, '이래야 되겠냐'고 책임없이 막 선

동성 발언하고 떠들고 다니는 거예요. 그래 이걸 말리고 밖에 그 지도를 만나서, '걔는 문제가 있다. 전혀 준비돼 있지 않은데' 그랬더니 들은 척도 안 해요. …… 5·3항쟁 이후 어느 날 느닷없이 파업하겠다고 이 활동가가 설쳐 대자 사장이… 성질부리면 노동자를 쇠파이프로 막 때리는데, 이미 작업장 분위기는 어정쩡하게 손을 놓은 상태고. 여기서 기가 꺾이면 방법이 없겠다 싶어 나도 동조한 거죠…. 파이프 들고서… 그런데 그 싸움이 며칠이나 갑니까. 그 다음 날 사장이 '너, 나오지 마' 이렇게 되고. 다시 현장은 돌아가고… 난 해고당했죠.

결국 이 사업장에서 일회적 선도투쟁으로 인해 현장활동가들은 아무런 성과없이 해고되었다. 그에 대한 평가과정에서 현장활동가가 대중 상태를 무시한 지도부의 관념적이고 무모한 투쟁 지도를 비판하자, 지도부는 이를 경험주의로 몰아붙이는 모습으로 대응했다. 특히 이런 현장활동 방식은 서노련의 1986년 임금인상투쟁에서도 드러났듯이 당시 정치조직들과 활동가들의 대중운동에 대한 인식의 문제가 근저에 깔려 있었다.

④ 정체성 형성방식 — '아(我)와 타(他)'의 구분

1985년부터 노동운동 세력 간에 논쟁이 시작되어 1986년에는 정치조직들 사이에 노선을 둘러싸고 사상투쟁이 심각하게 벌어졌다. 우선 1985년 하반기에는 투쟁노선을 둘러싸고 정치주의·경제주의 논쟁이 벌어졌고, 1986년에는 정치노선을 둘러싸고 NL-CA가 대립하였으며, 1987년 이후에는 NL-PD의 대립이 부각되었다. 이런 노선 논쟁은 주로 팸플릿이나 조직들의 기관지를 통해서 진행되었다. 논쟁은 변혁운동의 방향을 둘러싼 고민의 반영으로 이후 실천방향을 모색하는 데 바탕이 되기도 했다. 또 활동가들이 혁명운동에 대한 자각과 인식을 높이는 데에도 기여했다. 사상투쟁은 사회변혁의 올바른 길을 찾기 위한 것이다. 그 때문에 논쟁에서 지적된 문제와 오류를 극복하기 위하여 학습과 토론을 반복하면서 상호간의 인식을 공유하고 입장과 관점의 차이를 조정(사상통일)해 내기도 했다. 예로 NL세력의 경우 초기에 한국사회의 성격을 식민지 반봉건적 사회로 규정했는데, 논쟁 이후 식민지 자본주의사회로 정정하는 모습도 있었다.

또 1980년대 정치조직들은 그들의 조직 자체를 당이라고 언명하지는 않았다. 물론 제헌의회그룹처럼 자임하는 '전위'가 있었지만, 대부분의 정치조직들은 그들의 조직활동이 전위당을 건설하기 위한 경험과 역량 축적의 과정이라는 인식을 갖고 있었다. 이는 다른 정치조직들의 존재를 인정하고 있다는 것을 의미했다. 이에 대해 다산보임에서 활동했던 이훈구는 다음과 같이 말한다.

> '우리가 당이다'라고 하지 않은 거를 '당은 우리만 만들 수 있는 게 아니다' 이런 사고가 있구…. 당적 주체의 확대, 심화, 뭐 이런 것이지, 그래서 그거를 위한 투쟁, 실천을 하지, '당적 질서의 축적을, 당적 주체의 확대와 역량강화를 어떻게 할 것인가?', 또 '그런 걸 위해서 실천기획, 현장기획 같은 거를 어떻게 할 것인가' 이런 부분들이… 중요하죠.

그러나 정치조직 간의 사상투쟁이 경쟁의 양상을 띠면서부터는 서로를 '좌익기회주의적', '우익기회주의적', '종파주의적', '소아병적', '대중추수적' 등으로 몰아붙이며 규정하는 방식으로 나타나기도 했다. 정치조직 간의 사상투쟁은 치열했으며 심지어 적대적인 양상을 띠기도 했다. 이것이 일정하게 정치조직의 정체성 형성과 조직의 지도력을 형성하는 기제로 작동하기도 했다. 결국 사상투쟁은 타자와의 관련 속에서 자신의 입론을 구성하고 정당성을 찾는 행위로서, 주로 대립적인 관계에 있는 노선의 오류를 지적하고 비판하는 내용으로 채워졌다. 그 때문에 논쟁은 다른 이론이 오류라는 것을 밝힘으로써 자기 조직의 정당성을 입증하려는 시도로 연결되기도 했다. 이러한 태도는 상대에 대한 강한 공격성으로 나타났다. 상대의 이론은 토론대상이나 검토대상이 아닌 공격대상으로 설정되는 것이다. 당시 정치조직운동의 모습에 대해 다산보임의 박성인은 다음과 같이 말한다.

> 선전주의그룹들이… 레닌의 '외부도입론'에서 의식과 실천, 이 문제를 너무 크게 분리해 갖고, 마치 노동자들을 학습시켜야 되는 대상으로만 보고, 혁명의 지도자는 그것만 하면 되는… 곡해되는 지점들이 많았고. 그게 전정신전국적 정치신문으로 가서… 사실상 지도능력은 하나도 없는데 앉아 갖고 선전 중심으로 뭐든지 풀려고 하고, 뭐 이런 그룹은 소모임을 선전 중심으로만 가져갔고. 결과적으로 실천하고 괴리되고, 정체성을 가지려면 '타'를 '공공의 적'을 만들면서 자기정체성을 만드는 궁핍함을 보이는 거지.

노선의 올바름은 주로 '과학'이라는 잣대를 통해 다른 노선을 부정하거나 열등한 것으로 취급하기도 했다. 이때 자신의 이론이 과학적임을 입증하는 것은 이론의 체계성, 논리성 등이기도 하지만, 더 중요한 것은 변혁이론의 정통성, 즉 마르크스·레닌주의 저작과 그것에 대한 올바른 독해의 여부였다. 조직들 사이에서는 경쟁에서 우위를 점하고, 조직 내적으로는 마르크스·레닌 저작을 권위로 삼아 지도력을 관철시키려 했다. 다음의 인용문은 1980년대 나온 조직운동에 관한 주장을 담은 팸플릿인데, 논의를 전개하는 과정에 주요 근거로서 레닌 저작물을 지속적으로 언급하고 있는 것에서도 위와 같은 점을 엿볼 수 있다.

> 노동운동 내에서 과학적 이념의 경향이 승리하기 위해서는, 그리고 피티혁명운동에서 승리하기 위해서는 …… 참고 삼아 레닌의 글을 보자. 그의 책자 『일보전진 일보후퇴』에서 이렇게 썼다. …… 대동단결을 주장하며 사상투쟁을 거부하는 자들에게도 그러려니와, 이런 엉뚱한 이들에게 꼭 들려주고 싶은 레닌의 말이 있다. ……「혁명적 피티 전위당의 조직계획」, 1986.

> 소아병그룹은 구로공투의 모든 업적을 자기들만의 것으로 치부하면서 레닌 선생의 『무엇을』『무엇을 할 것인가』에서 자신들의 논리를 검증한다. 레닌 선생은 1907년에 펴낸 그의 팸플릿 12년간의 모음집 서문 『무엇을』 편에서…… '나의 『무엇을』이라는 팸플릿에 대하여 많은 오해들이 존재하고 있는 것 같다……' 지금까지도 계속되고 있는 남한 운동가들의 『무엇을』에 대한 오해는…… 『무엇을』 논거

로 세우면서 자신들의 경험주의적 논리를 더욱 관념적으로, 인텔리답게 웅변하기 시작했다.「남한 사회주의자의 당면 조직적 과제에 대하여」, 1986.

이처럼 정치조직 형성단계에서는 각 조직 간에는 자신들의 노선이 옳다는 확신 속에서, 그 노선을 중심으로 주위의 활동가들을 조직하려 했다. 다양한 이론과 노선이 현실의 대중운동과 결합하여 그 올바름을 검증받도록 촉구하고 장려하는 문화가 아니라 일부에서 상호 배타시하는 문화가 형성된 것이었다. 이는 다른 정치조직이나 그 조직원들을 무시하는 패권적 태도로 나타나기도 했다. 이에 대해 다산보임그룹의 활동가였던 현광일은 다음과 같이 말하고 있다.

> 나를 CA에서 스카우트 해가려고 후배가 와 가지고… '여기는 주의가 이러니까, 이리 오십시오.' 내가 현장 리더십이 있으니까. CA가 학생조직이잖아요? 지역 왔는데 기반이 없으니까, '선배님, 저희에게 와서 현장 쪽을 맡으시면…' 그런 얘기부터 시작해요. 또 성수지역으로… 안산지역에서 NL 애들이 엄청 몰려왔어, 지역을 장악하려고…. 그 당시에 NL이 완전히 다수였으니까, 지역을 물량으로 들어와서 성수가 떼공격을 받아요…. 79학번이 대장으로 내려온다는 얘기야…. 그래서 내가 '한번 만나자' 그랬지. 그 대장이 나를 보더니 '재교육 받고 전향하라'고…. 하도 어이없어 가지고… 아니, 지역에서 내가 어떤 라인인 걸 다 아는데 와서… 논의할 생각도 안 해요. 논의할 거리도 안 된다는 거죠.

여러 정치그룹의 성원들이 공동으로 참여하는 반합법·공개 단체활동 과정에서도 정치조직 간의 패권적 행동들이 나타났다. 논의 과정에서 자신들의 입장이 관철되지 않을 경우 공동실천을 위한 논의와 민주적 결정, 또는 그 결정에의 복무라는 원칙을 무시한 채, 결정내용이 다르면 실천과정에 참여하지 않는 모습이 나타나기도 했다. 그 예로 정파를 떠나서 모였던 1987년 '서울지역해고노동자복직투쟁위원회'에서 활동했던 박정순은 다음과 같이 말한다.

> 당시 CA가 가장 튀죠. 나머지도 약간씩 차이가 있고, 개인적 성향도 있고. 논쟁을 하면 NL, CA, PD 이렇게 세 부류쯤 되고…. 그때 NL 쪽 사람들은 파워를 갖고 힘으로 관철시키려는 건 없었으니까, 타협시킨다는 기조가 있었어. PD처럼 끝까지 정파주의적 태도를 가지고 '내 안이 관철 안 되면 안해', PD들은 그런 면이 있었다고 나는 평가해요. 어떤 때는 그렇게 판을 깨고 나가…. 분파적 행동을 보이니까 비판을 했죠.

비합법 공동실천 구조에서도 이런 문제는 드러났다. 비합법이라는 조건 탓에 각 정치조직들은 서로의 조직력을 잘 알지 못하기 때문에, 일부 자신들의 조직력을 부풀려 발언하거나 보위를 빙자하여 그 책임을 회피하는 모습도 있었다. 심지어 투쟁이 일어난 사업장에 선전물만을 배포해 놓고 그 사업장이 마치 자신들의 정치조직이 관할하는 곳처럼 행동하면서 영역 다툼도 자주 일어났다. 이에 대해 정치조직들의 논의모임에 참여했던 김영준은 다음과 같이 기억하고 있다.

제가 86년 가을쯤부터 비합법 조직 간의 공동활동을 하는데, 집회 시위 조직해 내고… 유인물 뿌리러 다니고. 그런데 비공개 조직이라는 이름하에 어느 선에서 과감히 책임을 져야 될 부분들을 전혀 지지 않고…. 예로 어떤 일을 할 때 구역을 나눠서 책임을 맡으면 '우리는 100장 소화. 어디는 200장 소화' 그러면서 역량을 점검하는 거예요. '너희 진짜 그만한 역량 있냐' 이제 '있다'고 하는데… 자꾸 하다 보면 점검이 되잖아요? 펑크가 나니까. 그런 데서 오는 불신. 작풍에 대한 거부. 이런 것들이 중첩되면서…. 87년에는 밤마다 회의하고 현장파업이 터지면 유인물 돌리는데, 현장에 가서 더 발전된 형태로 나가도록 하는 역할보다는, 거기서 오는 성과를 자기네 조직으로 가져가려고 하고. '그 현장은 우리가 주도적으로 지도하고 있다'는 식의 뒷자리 앉아서 하는 게 컸어요, 부정적으로 이야기하면.

또 한 조직이 주최하는 집회에 다른 정치조직의 조직원들이 집단적으로 몰려가 공개적으로 상대 조직을 부정하면서, 자신들의 정치노선을 따를 것을 선동하고 방해하는 모습도 나타났다. 이런 상황에 대해 서노련에 참여했던 최규님은 다음과 같이 기억하고 있다.

서노련이 주최하는 집회인데… 구속됐던 노동자들이 발표도 하고. 그때 와서 무지하게 씹고 간 사람들이 제헌의회 쪽이에요…. 굉장히, 일방적이었던 것 같아요. 내가 봤을 때는 노동운동을 활성화하고 그 다음에 조직을 더 강하게 하기 위해 채찍이 필요하지 파괴가 아니었거든…. 같은 운동을 하면서 굉장히 적대시하는, 그리고 내

조직이 아니면 절대 배타하는 그런 모습들이. 정말 노동운동을 키우기 위해서는 '이러이런 점이 문제 있다', 분명히 서노련이 문제가 있으니까 '이런 부분은 보강을 하라' 해야 하는데, '니네들은 잘못됐으니까 해체하고 우리 밑으로 들어와라' 이런 식이에요. 그날 운동에 대한 환상이 완전히 깨져요.

2) 배타성과 문화의 경직성

① 일방적 규정짓기 — '딱지 붙이기'

변혁적 노동운동이 본격적으로 등장하면서 노동운동에는 여러 변화가 나타났다. 사회변혁에서의 노동자계급의 중심성이 보다 분명하게 주장되었고 그에 입각한 전위조직 건설은 공통의 과제가 되었다. 또 그에 따른 부수적인 문화가 형성되었다. 가장 일반적으로 나타나는 모습은 '레테르 붙이기', 일명 '딱지 붙이기'로 표현되는 것으로서 '나 또는 우리'와 다른 '타자 및 다른 그룹'의 정치적 경향에 대해 일방적인 규정을 가하는 모습이었다. 이 시기 부정적 언표로 많이 사용된 것은 나로드니키, 경제주의자, 소시민성(소부르주아적 문화) 등이었다. 이런 규정은 물론 정치적 입장을 분명히 세우기 위한 과정이기도 했다. 이는 노동자계급의 문화형성 및 혁명적 전위로 성장하기 위한 자세 확보 등을 위해 필요한 요소와 부정적인 요소를 구분하는 것이었으며, 후자를 경계하면서 혁명운동에 복무하게 하기 위한 기준이자 그 검열 내용이 되기도 했다. 그러나 그 기준은 도식적이거나 경직되어 있을 때가 많았다. 개인이나 집단의 상황과 특성 등을 간과

하면서 타자에 대한 배타적인 방식으로 사용되어 노동운동의 문화를 굴절시키기도 했다. 이에 대해 이훈구는 다음과 같이 말한다.

> 1980년대에는, 지금도 그런 요소가 없지 않아 있는데, 상당히 아픈 기억이고, 지금도 주의해야 할 것이라고 생각을 하는데, 소위 딱지, 탁! 개량주의자, 기회주의자, 관료주의자, 조합주의자, 소부르주아지! 이렇게 수없이 단정하는 딱지 붙이기. 사람이 평생을 살아가는데 얼마나 우여곡절이 많고, 개별은 얼마나 더 다층다양하겠어요. 그런 점에서 그런 역동성이나 통사성을 빼 버리고, 그 다음에 그의 현실성, 이런 걸 빼 버리고, 거기다 '딱지', 단정을 하는 게 아주 일상화됐죠. 그런 것이 검열을 만들고, 경직을 만들고, 헌신의 담론을 누적시키고. 그래서 헌신하지 않으면 배반이고, 불충실한 거고, 비운동적이고 반조직적이고, 이런 식의 거를 나는 80년대 내내 견지해 왔던 것 같아요. 그걸로 인해서 그런 행위를 당한 사람들은 어떨까? 또 그렇게 해 놓고 난 다음에 그와 어떻게 관계를 맺어 왔는가? 관계가 끝이죠, 끊어지고.

우선 '나로드니키적 경향'은 학생운동 시기에 이념서클에서 상대적으로 체계적인 사회과학 학습을 하면서 성장한 80년대 학출활동가들이 학습이 덜 체계적이었던 70년대 학출활동가들을 향해 가하는 규정이었다. 70년대 학출활동가들은 노동현장 투신을 이념지향적인 것만으로 받아들이지는 않았다. 그 이외에도 도덕적인 측면과 사회적 약자에 대한 감성적인 측면이 혼재되어 변혁운동에 대한 목적이 뚜렷하지 않았던 경향이나 분위기가 있었다. 이에 반해 80년대 학번들은 투쟁대상을 분명히 하여 학생운동을 조직적으로 접근했으며 그 속에서 긴박감을 갖고 활동했다. 그리고 그 활동에 있어서도 '혁명'을 지향하는 목적의식이 더 뚜렷한 편이었다. 이 때문에 1980년대 중반 노동운동을 주도하던 80년대 학출활동가들은 70년대 학출활동가들의 현장중심적 태도에 대해 '나로드니키적'이라거나, '현장주의'라고 비판하기도 했다. 이에 대해 70년대 학번인 이훈구는 다음과 같이 말한다.

> 대상화를 하고 막 찍어 누르고 이러니까… 그런 검열에서 밀리죠. '아, 저 사람처럼은 안 하고' 하면서… 알아서 검열을 하고. 앞에서 딱지는 안 붙였지만, 수없이 많은 그런 판단이 주변에 있었지. 예를 들면 민중주의니, 대표적으로 나로드니키. 80, 81, 뭐 세미나 조금 체계적으로 한 애들은 우리 7자들은 (70년대 학번—인용자) 다 나로드니키고 공상파이고, 그분들은 다 과학파들이고… . 또 현장만능, 현장중심주의, 뭐 이런 것도 있었고요.

노동운동에서 드러나는 세대 간의 차이가 일방에 의해 규정되는 것이었다면, 같은 정치조직 내부에서도 이념을 중시하는 경향에서는 대중운동과 노동조합을 중요시하는 활동가들의 모습에 대해서는 '조합주의', '경제주의', '노동자의 플러스 1'이라며 노동자의 수만 늘리는 데 도움이 되는 활동가라고 딱지를 붙이기도 했다. 이런 상황에 대해 서노련에서 활동했던 유시주는 이렇게 말한다.

> 나는 후배들을 지도하는 모임을 하다가… 활동가들의 학습문제가

대두돼 가지고 그때 알게 된 다른, 그게 학생운동에서 조직적으로 건너온, 나중에 그쪽이 CA계열이었던 것 같아, 그쪽이랑 해서 활동가들 원전 공부하는 거를 해요. 그러다 서노련 신문에 어떤 기사를 쓰라는 오다가 떨어져서 내가 썼는데, 그걸 …서울대 79학번이야…, 완전 이론가로 투입된 사람…. 나중에 CA쪽에 쟁쟁한 이론가였는데, 내 글이 조합주의적이라는 거야. 나의 태도를 가지고… '너 같은 태도는 천만 노동자의 플러스(+) 1밖에 안 되는 태도'라는 거예요. 그 사람은 '의식은 밖으로부터 주어진다'라고 하는 레닌이 했다는 말을 엄청 신봉하는 사람이었다고 해요.

정치활동 과정에서 학출활동가들이 여전히 많은 비판을 받는 부분이 '소시민(소부르주아)적 태도'에 대한 것이었다. 학출활동가들도 개인마다 차이가 있었지만, 좀더 감성적이고 관계 중심적인 사람들의 경우는 냉정하게 주변관계 정리가 되지 않은 경우도 있었고, 생활습성에서도 긴장감이 적은 느슨한 태도를 갖고 있기도 했다. 그러나 '철의 규율' 속에서 단련되어야 할 활동가들에게는 이런 태도들이 허용되지 않았다. 이들은 개인주의적이고 감상주의적이어서 '소시민적'이라는 비판을 받게 되었다. 또한 이러한 태도에 있어 활동 내용을 둘러싼 비판적 논쟁이나 상호비판이 심지어 개개인의 인격을 훼손하는 모습으로까지 나타나면서, 그 관계를 견디지 못하는 경우도 있었다. 개인의 특성을 변화시키기 어려워 스스로 경계하고 있음에도 자신을 분해하여 검열하는 비판을 받아야 했다. 심한 경우에 비판은 "활동가로서의 자질이 없다"는 '낙인' 찍는 내용으로 가해지기도 했다. 이런 분위기에 적응하지 못하여 운동을 정리하는 학출활동가들도 많았다. 이에 대해 박정순과 김영준은 다음과 같이 기억하고 있다.

> 조직관계를 정리하기 직전에 '프티적이다' 이런 말을 정말 징그럽게 들었어. 매사에 자비서자아비판서를 쓸 때 조목조목 따지면서 '이게 무슨 자비서냐' 이러면서 모멸감과 모욕감을 느끼게 하면서…… 내가 진심으로 하는 운동에 대한 기본적인 애정이나 정의감이나 이런 거를, 이렇게까지 딱지를 붙여 가며, 그 따위로는 운동하지 마라는 비난을 먹어야 되는 건가? …… 그때는 더 이상은 나를 쥐어짜지 못하겠고, 강제로 나를 더 이상 바꾸지 못하겠어서 '이렇게는 못 하겠다' 싶어서 정리를 했어요. '프티부르주아적이다!' 이건 내 삶에 있어서 가장, 가장, 가슴 아리게 했던 딱지였던 것 같아요. 어떻게 보면 뗄 수 없었고, 지닐 수밖에 없는 한계였는데, 그걸 자꾸 몰아세우니까 인정하기보다는 무너졌지…. '그래, 나는 아닌가 보다. 더 이상은… 아닌가 보다.'[박정순 구술]

> 참, 우리가 그때 얼만큼 교조적이고 경직되었고…. 그중에 과학적인 인식으로 무장되진 못했다 하더라도, 진정으로 노동자들의 삶에 대해서 관심을 갖고 그들의 삶에서 오는 고통을 정말 함께… 괴로워했던, 이런 친구들의 상당 숫자가, 주변의 끊임없는 논쟁과 자기비판을 하라는 거에 시달리다가 그만둔 사람도 여러 명 됩니다. 그중에 어떤 친구는 어느 날 나한테 와서 '형님, 나 정말 이렇게 이렇게 살고 싶은데, 나 이 사람들하곤 같이 못하겠다. 이 사람들하고 부딪치는 게 싫어서 나 떠나겠다. 차라리 비굴하지만, 나 학삐리로 돌아

가겠다.' 그러고 눈물을 흘리면서 가는 친구들을 봤어요.[김영준 구술]

정치조직의 배타적·규정적 문화에 적응하지 못하는 이들이나 결혼 등으로 조직 활동과 운동을 정리하는 이들에게는 여지없이 '배신자'라는 낙인이 찍힌다. 또한 노선의 갈등 속에 정치조직을 옮겨나 가는 경우 역시 '배신자'라는 낙인을 찍는다. 개인의 상황과 사정에 대한 배려, 고민과 갈등에 대해 소통을 하기보다 규정이 우선시 되다 보니, 조직이나 운동을 정리하게 되면 이들의 대부분의 인간관계는 단절되기도 했다. 조직운동에 처음 참여하는 선진적 노동자들의 경우는 이런 분위기를 견디기 어려워했다. 처음으로 정치조직인 서노련에 참여했던 노동자 나윤희는 이런 상황에 대해 다음과 같이 말한다.

저는 솔직히 서노련이… 그게 이해가 안 됐거든요. 자기하고 의견이 안 맞더라도, 이야기하다 보면 같은 사상이고 가족 같고 그럴 텐데, 욕을 하면서 '막, 배신'이니 어쩌니 해가면서. 나도 솔직히 우왕좌왕 했거든요. 내가 계속 이 일을 해야 하는지, 취직해서 나도 나가면 배신자가 되는 게 아닌가 하는 생각이 들더라구요…. 우리 문화패 가르쳐 준 사람도… 학생 출신인데… 우리가 연습할 데가 없으니까 그 사람이 아는 선배들의 극단 같은 데 연습 공간을 부탁해서 우리한테 제공해 줬거든요. 그분이 결혼하면서 조직을 떠났더니 '배신자' 라고 욕을 하는 거예요. 생각이 조금만 다르면 '배신자' 라고. 하다 보면 내가 언제까지 한다는 보장은 없잖아요…? 그런 게 무섭기도 하고 내가 서노련을 말없이 나와요.

② 굴절된 계급 중심성— 계급 이기주의

한편 1980년대 노동운동은 1985년 구로동맹파업을 통해 노동자대중의 정치투쟁의 가능성을 인식하고 사회변혁운동에서 노동자계급의 중심성을 주장하였다. 이를 바탕으로 노동자계급의 조직화가 여러 방식으로 모색되었다. 그러나 정치조직들은 변혁운동에서의 노동자계급의 중심성을 일정하게 계급이기주의로 변질시키기도 했다. 이런 모습은 단적으로 1986년 부천경찰서 성고문사건에 대한 노동운동 세력의 대응에서 나타났다. 인천지역의 노동운동, 특히 당시 노동운동을 주도하던 인노련은 이 투쟁에 적극적으로 결합하지 않았다. 그 이유는 당시 성고문을 그저 일반적인 고문의 하나로밖에 인식하지 않았을뿐더러 노동자 계급중심성을 잘못 받아들여 계급이기주의로 사고했기 때문이었다. 당시 상황을 감옥에서 들었던 권인숙은 다음과 같이 기록하고 있다.

> 단식을 종료하고서도 계속 밖에서의 성고문 싸움에 관심을 기울이느라 우리는 정신이 없었다. 특히 노동운동하는 사람들이 이 문제에 대해서 아주 미온적인 태도를 보이는 것에 불만은 상당히 컸다. 노동자들의 계급성이 담보되지 않은 싸움이기 때문에 본격적으로 나서서 싸우는 것에 대한 반대의견이 크다는 이야기가 들릴 때는 다들 새파랗게 질려 말문을 열지 못하기도 했다. 잘못 이해된 계급의식에 빠졌다고 볼 수밖에 없는 당시 노동운동 단체 지도부들의 판단은 우리에게 큰 실망을 안겨주었다. …… 노동운동의 앞으로의 전망을 어둡게 느끼게 하는 구체적인 판단자료가 될 만한 것이기 때문이다. 권인숙, 『하나의 벽을 넘어서』, 216쪽.

당시 인노련 집회에서 사회를 보던 신정길은 부천서 성고문사건 항의투쟁을 알려서 동참하기를 요청하러 왔던 구속자 대표의 제기를 무시했던 상황에 대해 다음과 같이 말한다.

> 7월 말경인가, 주안5동 성당에서 열린 인노련 상반기 결산집회였는데, 그때 가족들이 와서 성고문사건에 대해 노동운동하는 사람들이 관심을 갖고 투쟁에 동참해 줄 것을 촉구했어요. '같이 하자'고. 그런데 내가 '그런 것은 이 자리에서 이야기할 문제가 아니다. 그런 문제에 대해 관심 갖지 말아야 한다' 아예 깔아뭉갰어. 전체 분위기도 그랬고…. 그 이후 두고두고 반성하고 후회했어요. 스스로 운동의 관점을 재정립하는 계기가 됐고.

이는 당시 대부분의 활동가들이 한국사회를 자본주의로 인식하면서 계급문제의 해결만이 사회문제를 해결할 수 있다는 단선적 인식의 반영이었다. 즉, 사회는 노동자와 자본가 계급만이 존재하며, 그 때문에 두 계급 사이의 계급투쟁만이 올바르고 중요한 것으로 도식화된 경직된 분위기가 형성되었던 것이다. 특히 이론학습을 하면서 사회주의 일반론을 배우는 과정에서 '세계에는 두 개의 계급밖에 없다. 자본가와 노동자는 화해할 수 없는 적대적 관계이며 오직 비타협적 투쟁을 통해서만 이를 극복할 수 있다'라는 논리는 당시 대부분의 활동가들에게는 중요한 실천의 지침이 되었다.박윤배, 『다시, 노동해방의 깃발로 우뚝 서기 위하여』, 새길, 1991, 34~35쪽. 자본가와 정권에 대한 단호한 투쟁만이 노동자계급의 도덕이며 그외의 것은 기회주의적인 요소로 인식되었던 경직된 사고가 만연하였다. 그밖의 다양한 사회현상이나 계급 이외의 젠더나 지역간 문제, 비적대적인 모순 등에 대한 인식과 고민 자체가 부재한 상태였다.

③ 대상화된 인간관계

또 1980년대에는 이념과 노선과 조직이 중심이 되다 보니 인간관계 역시 일정하게 상호 대상화되는 일도 있었다. 이념과 노선을 주도하는 지도부들은 그들 스스로가 조직과 운동의 중심에 서기 위해 다른 이들을 대상화시키기도 했고, 당시 대부분의 활동가들은 혁명운동이라는 목표가 최우선이 되면서, 다른 것들은 부차화시키거나 배제했다. 이에 대해 서울노련의 대표였던 황인범은 다음과 같이 말한다.

> 활동과정에서 나로 인해서 상처받은 분들도 있을 거예요. 그런 분들에게 속죄하는 의미에서도 상당한 기간 수행이 필요하다고 생각했어요. 내가 너무 자만심에 빠져서 활동한 점도 있었을 거예요. 어떤 때는 …… 이념이라는 게 나를 세우기 위한 도구로 전락하는 것 같더군요. 내 마음이 잘 서고 도덕 윤리적으로 기본이 되고 거기에 이념이 서거나 해야지, 그걸 갖추지 않은 상태에서 이념적으로만, 사회과학적으로만 의식이 성장하다 보면 그건 무너지지 않는가. …… 자기를 정말로 희생할 수 있는, 마음을 비울 수 있는, 이런 게 없으면 정치적 이념이나 사상이라는 것이 자기 출세의 도구로 전락한다'고 봐요. 그러면 운동은 실패하는 거죠.

특히 정치조직 활동을 목숨을 걸고 같이 한 동지라도 조직이 탄압을 받거나 내분으로 와해된 경우는 기본적인 인간관계조차 남아 있지 않은 경우가 많았다. 조직사건으로 구속된 동료가 석방되어 나와도 몇몇 사람들 이외에는 그 누구도 고생한 이에게 위로와 격려를 해줄 여유가 남아 있지 않았다. 오히려 일부의 사람들은 자신의 정치 노선으로 석방자를 끌어들이기 위해 자기 조직의 팸플릿을 넘길 뿐이었다. 그들에게 동료 관계, 인간적 관계는 사라졌고 출감한 이는 오로지 조직화 대상일 뿐이었다. 이런 경우가 적지 않게 있었던 것 같다. 이에 대해 서노련 사무국장이었던 이봉우는 서노련사건으로 구속되었다가 1987년 석방된 뒤의 상황에 대해, 그리고 구로동맹파업의 지원투쟁으로 구속됐다가 1987년 석방된 청계피복노조의 사무장 김영대는 다음과 같이 말하고 있다.

> 87년. 딱 1년 살고 나왔어. 나오니까 서노련 깨져 있는 거지…. 그래도 내가 사무국장을 하다가 들어갔으면 뭔가 만남의 장이 있든 뭐가 있어야 되잖아요? 근데 없어. 물론 개별적으로 아는 사람은 만났는데…. 난 그게 가장 가슴 아프더라고. 내가 진짜 죽을 각오를 하고, 이거를 하다가 고문당해서 죽을 수도 있고… '사회주의를 하자'고 공개적으로 내건 조직인데, 그거보다 더 약한 주장을 했을 때도 작살나게 고문을 당했는데, 내가 왜 각오를 안 했겠어요? 감옥도 각오를 했고. 난 그럴 가치가 있다고 생각을 한 거야.[이봉우 구술]

> 87년 7월 5일에 제가 2년 꼬박 살고 나온 날인데 그때 우연히 구로동맹파업 2주년 기념식이 있었어요…. 그래 급히 가요. 가서 뭐 출감 인사라도 해야 되지 않냐 해서. 그때 얼마나 논쟁이 심했냐면 영

등포 산업선교회에 이렇게 앉아 있는데, 어떤 여자가 와서 나보고 '입장이 뭐예요?' 뭐 'NL이냐? PD냐?'… 물어보더라고. 내가 어떤 입장인지 궁금한 거야…. 어이없어 가지고. 근데 그때 주최측이 나를 소개를 안 하더라고. 계속 지들끼리 갈등, 논쟁 하다 보니까…. 2주년 기념식인데 그 투쟁으로 징역 살고 나온 사람도 소개 안 시킬 정도로…. 참, 황당한 거죠. 또 그날 밤에 청계 갔더니… 환영식이라고 해놓고 논쟁하고 앉아 있어요.[김영대 구술]

혁명이라는 목적이 그 무엇보다 중심이었으며, 이념과 노선이 인간관계보다 우선하였고, 이를 실현하기 위한 조직이 조직을 구성하는 사람들 위에 존재했다. 다음 구술에서 보이듯이 한 중견 조직원은 자신이 소속된 정치조직의 지향과 문화에 대해 비판해도 소통이 안 되자 조직 지도부에 대한 불신으로 조직관계를 정리했다. 그 뒤에 그는 노동상담소운동을 했는데, 그곳까지 이전 조직의 지도부가 찾아와 조직상황에 대해 비밀로 할 것을 요구하면서 그를 협박했다. 조직관계는 정리했어도 적어도 조직 중심에서 같이 활동한 동지로서 인간에 대한 신뢰는 지켰어야 했다. 그러나 조직 보안이 우려되면서 상대에 대한 인간적 신뢰를 무시하는 모습으로까지 나타난 것이었다. 이런 상황에 대해 김영준은 다음과 같이 말한다.

상담소 할 때 찾아오는 노동자들을 봐서 자질이 있어 보이면 비합법조직으로 넘기는, 그때 구조가 그런 식이잖아요? 근데 어느 순간부터 '조직에 보내도 기대할 거 없다. 책임 있는 교육을 시키겠냐, 그 교육이 과연 정말 수긍할 만한 교육이냐' 뭐 그러니까… 서서히 조직관계가 끊어지죠. 어느 날 밤에… 조직 지도부라는 사람이 찾아와서 '당신, 그동안 우리와의 관계에 대해서 어디서 입 한번 뻥끗하면 가만 안 두겠다' 공갈을 하니까, 어이가 없어 가지고…. 말을 그렇게 하지 않지만 사실 공갈조거든요. 그래 내가 '이건 혁명노선에 입각해서 볼 때는 아닐지 모르지만, 사람 사이의 도리도 있다. 그런데 네가 감히 나한테 공갈조로 하는 건 도리가 아니다. 찾아오지 마라.' 그러고 아주 절교선언을 해버린 거지.

요컨대 1980년대 변혁적 노동운동의 등장은 노동운동의 독자적인 이념과 노동자 정치세력화를 위해 새로운 진전으로 보였다. 그러나 그 사상적 기반이 취약했고 역사적 단절로 인해 경험도 일천한 속에서 시작되었다. 또한 정권의 엄혹한 탄압과 침체된 대중운동 속에서 노동자계급의 정치적 각성, 나아가 그들을 정치 주체화하기 위한 정치조직의 형성은 일면 정치조직운동을 굴절시키기도 했다. 조직과 조직 간의 관계에서는 서로를 당건설의 주체로서 인식하면서 공동실천을 시도하기도 했지만, 다른 한편에서는 다른 조직을 비난하고 부정하면서 자기 조직의 정당성을 확보하려 했다. 이는 이론과 정보를 통한 조직 내부의 지도력 형성으로 나타나기도 하여 조직원들의 현장활동을 왜곡시키기도 했으며, 조직의 보위와 규율의 강제 속에 조직원들을 통제하기도 했다. 한편 변혁운동에서 노동자계급의 중심성이 잘못 이해된 계급이기주의는 다양한 사회문제와 의제를 무시하는 경직성을 드러내기도 했다. 이러한 제반의 문제는 정치조직 또는 정치조직운동에 대한 인식의 협소성 및 기능적 인식에 기인하기도 했다.

2부 1장을 맺으며

1980년 목적의식적이고 조직적인 운동의 시도는 전민노련의 결성으로 나타났다. 전민노련은 1970년대 민주노조운동, 학출활동가들의 활동 방식, 남민전의 조직방식과 정치노선 등에 대한 비판 위에, 지식인과 노동자들의 조직적 결합을 바탕으로 제2노총 건설을 지향하는 전국조직을 건설하려 했다. 그러나 1980년 정치상황의 변화와 주체 역량의 한계 속에서 추진한 무리한 전국조직 결성은 신군부정권의 탄압으로 와해되었다.

한편 구로동맹파업 이후 서노련의 등장으로 노동운동은 빠르게 정치화되면서 정치조직운동이 형성되기 시작했다. 유화국면 시기에 일시적으로 살아났던 대중운동은 1985년 대우자동차투쟁과 구로동맹파업 등을 거치게 되었고, 이후 정치조직운동은 크게 세 흐름으로 전개되었다. 우선 선도적 정치투쟁을 주장하던 서노련은 결성에서부터 시작하여 1년여의 활동기간 내내 조직 균열과 갈등을 겪어야 했다. 선도적 정치투쟁의 문제 및 조직구조, 조직운영방식 등에서 비롯된 문제들이었다. 그러나 이보다는 서노련의 대중관에 더 근본적인 문제가 있었다. 즉, 정치선동을 하면 노동자 대중이 정치투쟁에 나설 거라고 대중을 대상화시킨 것이었다. 한편 서노련을 비판하며 대중운동을 강조하던 남노련은 노동현장과 지역에 대중기반을 확보하기 위한 조직체계를 구축해 나가는 노력을 보여 주었다. 그러나 그 과정에서 NL노선으로 전환을 준비하던 중 조직 탄압사건으로 산개하게 되었고, 결국 그 활동성과는 미미한 수준에 그치고 말았다.

1986년 하반기 조직논쟁이 벌어졌고 학생·청년운동진영에서 벌어진 사회성격과 혁명론을 둘러싼 논쟁의 여파가 노동운동에도 불어왔다. 그 결과 정치노선에 따른 조직분립으로 NL세력과 제헌의회그룹이 등장해 노선논쟁을 벌였다. 그러나 이 세력들은 대중과의 결합 정도나 조직력에 맞지 않는 정치조직 건설을 시도하다 1년도 되지 않아 정권의 탄압으로 와해되었다. 또 서·인노련 해체 이후 독자적 문제의식을 갖는 집단들이 새로운 모색을 시도하기도 하였다. 이들은 서·인노련의 실패 원인을 이론 결핍과 노선 문제로 판단한 점에서 동일했다. 이후 이들은 이론정립을 위한 학습과 세력을 결집하는 과정에서 일부는 비주체사상파인 일동그룹으로, 다른 일부는 삼민동맹으로 재건되었다.

이들과는 달리 노동현장과의 결합을 중요시 여기던 정치서클들도 성장하기 시작했다. 정치노선을 정립하지는 않았지만 NL-CA 노선에 반대하는 서클들이 통합하여 1986년 결성된 투쟁동맹은 1987년 고양되는 투쟁 국면을 통해 NL세력과 통합하여 정치적 대중조직인 (초기)인민노련을 결성했다. 그러나 긴박한 국면의 필요에 따른 조직결성은 그 국면이 해소되자 노선 차이로 다시 분열을 했다. 이와 달리 학생운동 세력을 조직화하여 그룹 전체적으로 사상학습을 통해 노동현장 이전팀을 체계적으로 운영하던 다산보임그룹은 1984년 이후 구성원들을 각 지역의 노동현장으로 분산 배치해 지역근거지를 확보하려 했다. 그 과정 속에서 1986년 조직 탄압사건으로 중심역할을 하던 다산과 보임이 해소되었으나, 각 지역에서는 현장활동 역량을 보존한 채 노동현장과의 결합을 지속적으로 시도하였다.

이처럼 초기 형성된 정치조직들은 대중운동과의 강한 결합력을 통해 형성되었다기보다는, 일부는 학생운동에서 형성된 이론을 받아들이는 이념적 정치서클에서부터 정치조직을 건설하려 했고, 다른 일부는 독자적인 이론형성을 중심으로 조직 결성을 하였으며, 또 다른 세력은 현장운동 및 대중적 결합을 중요시하는 조직 형성과정을 보여 주었다. 이런 다양한 정치조직들이 형성되는 과정에서 부정적인 문제들이 정치조직 내부에서 또는 정치조직 간의 관계에서 나타났는데, 이는 대중운동의 발전과 정치조직운동의 성장 속에서 극복해야 할 과제였다.

2장

변혁적 노동운동의 분화

1절

정치조직운동의 분화와 대중운동의 결합방식

1) 변혁적 노동운동의 조직노선에 따른 분화

1987년 노동자대투쟁 이후 대중운동의 발전과 맞물려 여러 정치세력들의 활동이 가시화되기 시작했다. 1986년 하반기부터 전개된 조직노선 논쟁을 통해 제기된 다양한 방식의 조직운동이 등장한 것이었다. 당시 정치세력들의 조직활동은 대부분 비합법-비공개 형식을 취했기 때문에 전체적인 규모와 활동 내용을 파악하는 것은 거의 불가능하다. 따라서 이 책에서는 활동이 가시화된 조직들을 중심으로 당시 조직논쟁의 흐름에 따라 실제 결성된 조직에 대해 살펴보겠다.

우선 본 내용을 참조해 작성한 〈표 2-1〉에서 '정치조직론'을 주장한 세력은 마르크스·레닌주의에 기초한 노동자계급의 전위당 건설을 지향한다는 공통성을 갖고 있었다. 이들의 차이는 사상통일을 중심에 둔 '위로부터의 전위당 건설'을 추진하는 경향과 대중운동과의 결합을 강화하는 가운데 지역정치조직을 형성해 전국화를 추구하려는 경향이 나눠진 데서 생긴 것으로 보인다. 전자의 입장에서 조직운동을 벌인 경우는 선전그룹을 중심으로 전국적 정치조직결성을 시도한 사노맹, '노동계급' 등을 들 수 있고, 후자의 경우는 노동현장에 기반을 둔 지역정치조직을 형성하면서 전위당 건설을 지향한 인민노련, 삼민동맹, 제파PD, 안산노련안산민주노동자연맹 등을 들 수 있다.

이 가운데 안산노련은 1987년 이전에 안산지역을 근거로 '노동자해방투쟁위원회'로 활동하던 그룹이 1988년 5월에 결성한 조직이었다.「전성 공소장」92고합353. 안산노련을 주도한 전성은 10여 명의 주위 사람들과 1985년에 안산으로 노동현장 이전을 했다. 이들은 1987년까지는 '현장에 뿌리 내린다'는 것을 원칙으로 삼아 모두 노동현장에 들어갔다. 이 그룹은 1987년 노동자대투쟁을 겪으면서 선진노동자들의 참여가 늘어났고, '안산 노동자의 집'과 '노동사랑'이라는 단체를 만들어 공개적인 지역활동을 하였다. 1988년 약 60여 명의 조직원들이 참여해서 결성된 안산노련은 반합법 정치조직의 성격을 띠었다. 안산노련은 『노동자의 길잡이』라는 기관지를 발행했지만, 결성 이후에도 현장중심성이 강했기에 정치노선을 정하지 않고 있다가 점차 PD적 경향으로 기울어졌다.[전성 구술]

이와 달리 '노동계급'은 서울대 이념서클인 '농업경제연구회' 구성원인 안민규와 박태호(이진경)가 1987년 5월부터 학생운동가들 사오십 명을 모아 PDRPeople's Democratic Revolution: 민중민주주의혁명론에 따라 조직강령과 규약을 만들어 1989년 4월에 결성한 조직이다. 기관지로 『노동계급』을 5호까지 발간했고, 조직원들을 서울·인천·울산 등에 파견했으며, 서울대 등의 학생운동에서도 조직을 확대하려 노력했다. 그러나 1990년 1월 15일에 박태호가, 1월 23일에는 안민규

〈표 2-1〉 1987년 이후 변혁적 노동운동의 유형

조직유형	조직	결성시기	활동지역	조직목표	기관지
정치조직론	제파PD	1980년대 전반기	서울, 인천, 안양, 마창, 부산, 울산	지역정치조직 → 당건설	
	(후기) 인민노련	1987. 10	인천	지역정치조직 → 당건설	노동자의 길, 정세와 실천
	안산노련	1988. 5.	안산	지역정치조직 → 당건설	노동자의 벗, 노동자의 길잡이
	삼민동맹	1988. 10.	인천, 안양	지역정치조직 → 당건설	노동자의 깃발
	노동계급	1989. 5.	서울, 인천, 울산	전위당 건설	노동계급
	사노맹	1989. 11.	서울, 포항, 울산 등 전국	전국 전위당 건설	월간 노동해방문학
선진노동자론	경수노련	1987.	안산	대중운동에 사상적, 실천적 지도력 확보	전진하는 노동자
혁명적 노동조합론	서울노련	1987. 11	서울	투쟁을 통한 전위조직과 대중조직의 토대 구축	
정치적 대중조직론	인노회	1988. 3.	인천	당의 사상적 기초 형성, 지역정치단체	일꾼의 함성
	안노회	1988. 6.	안산	〃	

가 구속되면서 활동이 정체됐다. 이진경 외, 『선진노동자의 이름으로』, 20~21쪽.

인민노련, 노동계급, 안산노련, 삼민동맹은 1989년 말부터 조직 탄압을 받으면서 활동이 침체됐다. 그 결과 이들 조직은 인민노련과 함께 1991년 한사노당한국사회주의노동당 건설을 추진했다.

다음으로 '정치조직론'을 비판하며 등장한 '정치적 대중조직론'

은 1986년 12월경에 「현정세와 제 임무」라는 팸플릿을 통해 그 입장을 드러냈다. 이 문건에서는 노동자계급의 정치적 임무수행과 투쟁을 위한 조직으로서 '지역노동자 정치투쟁위원회'(약칭 '지역정투위')를 제안하였다. 지역정투위는 전위적 지도를 일정 정도 수행하면서 노동자들과의 결합을 중시한다는 점에서 일반 대중조직과는 다름을 강조했다. 이어 '정치적 대중조직론'은 NL세력과 반反NL세력이 공동으로 결성한 초기 인민노련의 조직위상을 둘러싼 논쟁과정에서 보다 구체화되었다. 이는 초보적인 정치의식을 갖고 있는 광범한 노동자대중을 조직적으로 결집시킬 수 있는 대중정치단체의 성격을 강조하였다. 그리고 이후 공식적으로 「현 시기 남한혁명운동의 조직적 임무에 대하여」(1987. 4.)라는 문건으로 다시 그 입장을 드러내었다. 이 입장의 내용은 당시 상황이 '준비기'라는 판단 아래 대중노선을 강조하고, 전위적 요소는 대중투쟁 속에서 엄격한 단련을 거쳐야 하며, 이들이 전위로 결집되기 위해서는 당의 사상적 기초를 닦는 것이 1차적으로 요구된다는 것이었다.[1] 이런 주장을 펼친 이들은 1988년에 인천부천민주노동자회(약칭 '인노회')와 안산지역노동자회(약칭 '안노회') 등을 결성했다.

안노회는 1986년 안양지역의 공동임투를 평가하는 과정을 통해서 NL성향의 비합법서클로 시작되었다. 이 그룹은 김현덕(총괄역할), 노세극(교육), 정성희(조직), 최창남(연대)이 지도부를 맡아 활

1 그 구체적인 내용은 다음과 같다. 첫째는 전 민중에 대한 정치·사상적 지도를 확고히 보장하며 조직 자체가 이러한 올바른 사상으로 통일되어야 한다. 둘째는 광범한 대중 기반을 가져야 한다. 이를 위해서는 노동계급을 포함한 각 계급과 계층 속에 광범한 대중조직을 건설하고 이를 단일한 통일전선으로 결집시키지 않으면 안 된다. 셋째는 정치사상적으로도 무장되어 조직 실천적으로도 훈련된 활동가들을 충분히 배출해 내야 된다.

동하다가 1988년에 안노회 결성으로 이어졌다. 이들은 노세극이 소장인 안산노동상담소를 통해 지역 대중활동을 벌였으나 1990년대 초까지 안양지역에서는 소수파였다. 이시정, 『안양지역 노동운동사』, 78쪽.

이와 달리 일부의 NL세력은 전위조직 건설을 비판하면서 대안으로 '혁명적 대중조직론'을 주장하였다. 혁명적 대중조직론은 비공개 노조론을 보다 체계화한 것이었다. 이 주장은 노동조합의 기본 형태로 혁명적 노동조합(또는 자주적 노동조합)을 제시하였다. 전위조직은 이론이 아닌 투쟁을 통해 양성된 선진노동자들이 과학적 세계관으로 무장하고, 조직활동을 통한 집단주의를 훈련하고, 노동자 대중과의 공고한 결합을 통해 전국적 단결을 꾀하는 순서로 이루어진다는 것을 강조하였다. 이 입장은 대중운동을 지도하는 혁명적 대중조직을 통해 투쟁 속에서 전위조직의 발전과 대중조직의 토대를 구축해야 한다는 주장이었다. 또 대중과의 결합이 운동 승패의 핵심 문제이며, 대중과의 결합은 '혁명적 결합'이 되어야 한다고 강조했다. 나아가 경제투쟁과 민주노조라면 무조건 탄압받고 파괴되는 상황을 고려할 때, 노동자계급의 구심은 비합법·반합법 조직, 개별사업장을 기초로 하고 지역 수준에서는 조직의 골간을 담보하는 조직의 형태가 되어야 한다고 주장했다. 이들은 혁명적 노동조합을 경제투쟁과 정치투쟁을 통일적으로 수행하는 대중조직으로 보았다.

이 입장은 1987년 11월 1일 서울노련서울노동조합운동연합의 결성으로 가시화되었다. 서울노련은 "노동운동의 방향에 대해 노동조합운동은 투쟁적이고 민주적이며 강력하고 더 나아가 진보적(자주적)이어야 한다"고 밝히고, 그런데 "합법노조는 주체적 역량과 법적 제도적 제약 때문에 투쟁적이고 진보적인 역량을 상당수 포함하고 있는 반합법 노동조합운동 조직을 포괄할 수 없다"고 주장했다. 따라서 비공개 사업장 조직, 지역활동가들, 해고자들이 노동조합적 대중조직으로 모여서 자주적 노동조합운동을 추진해야 한다고 주장했다. 즉 서울노련은 반합법 노동조합조직으로서 역할을 담당하려 했다.「서울노련 결성 선언문」; 황인범 구술.

이런 조직론들과 달리 1987년 처음 등장한 '선진노동자론'은 선진노동자를 변혁적 관점에서 노조활동을 전개하려는 노동자로 규정하면서, 조직성격은 '노조보다 한발 앞선 변혁적 입장(민족해방, 노동해방)을 갖는 것'이라고 주장했다. 이 조직은 첫째 민족민주운동에서 노조가 수행할 수 없는 투쟁을 선도적으로 수행하는 것, 둘째 노동조합에 대한 사상적이고 실천적인 지도·지원을 수행하는 것, 셋째 이러한 실천을 기초로 사상적 내용을 확보해 가는 것을 임무로 설정했다. 그중에서도 선도적 실천을 당면한 주요 임무로 간주했다.김철순 편, 『사회주의자의 실천』 2, 일빛, 1991, 280쪽. 그러나 이런 '선진노동자론'은 조직성격에 노동해방이 추가되고 대중운동에 대한 지원·지도보다 선도적 실천이 주요하게 부각되었을 뿐 기본적인 조직사상은 '혁명적 대중조직론'과 유사했다. 이들은 투쟁을 통하여 올바른 사상의식을 획득해 나가는 것이 가장 대중적이고 현실적인 방도라고 보았다. 그러므로 이 조직론은 노동조합이 수행할 수 없는 선도적 실천을 통해 대중운동에 대한 사상적·실천적 지도내용을 확보하며, 그리하여 대중운동에 대한 지도력의 축적을 통해 혁명적 정치조직으로 성장·전화될 수 있는 토대를 형성하게 된다고 주장했다.

이런 주장을 바탕으로 결성된 경수노련경수지역노동자연합은 경기남부지역에서 노조운동의 주류로 부상했다. 이 조직은 1985년 가을부터 김승호의 지도하에 경기남부 차원의 모임을 갖기 시작해 '노동자권익투쟁위원회'로 활동하다가 1987년 8월 초 '노동자권익쟁취전진대회'를 주최하면서 처음으로 공개집회에 경수노련이라는 공식명칭을 사용했다. 이들은 '반월공단노동상담소'와 '밝은 자리'라는 문화공간을 지역 대중활동의 근거지로 삼으면서, 기관지로는 『전진하는 노동자』(1988년)를 발행했다.이시정, 『안양지역 노동운동사』, 78쪽.

한편 1987년 노동자대투쟁 이후 민주노조운동이 사업장에서 지역과 업종으로, 나아가 전국으로 발전해 가자 변혁적 노동운동에도 변화가 나타났다. 우선 변혁적 노동운동 세력의 활동공간이 대중운동의 발전 추세와 맞물려 전국으로 확장되기 시작했다. 1970년대 학생운동가들이 서울과 인천지역을 중심으로 노동현장에 투신했다면, 1980년대 학생운동가들의 노동현장 투신은 서울, 인천, 안양, 성남지역 등 수도권으로 넓혀졌다. 대중투쟁도 1985년 구로공단의 동맹파업과 인천지역의 대우자동차투쟁처럼 수도권을 중심으로 일어났고, 그 때문에 1985년 직후 초기 정치조직들의 등장 역시 수도권을 중심으로 나타났다. 그러나 노동자대투쟁 이후에는 전국에 민주노조운동이 뿌리내리면서 학생운동가들의 노동현장 투신이나 정치조직들의 활동도 여러 지역으로 확산되기 시작했다. 예를 들어 다산보임그룹 활동가들은 부산, 마산, 울산으로 진출했고, 사노맹은 전국적인 진출을 시도했으며, 인민노련은 울산, 거제, 마창 등에, 그리고 '노동계급' 그룹이 울산, 마창 등에 진출하여 활동하기 시작했다.

다음으로 나타난 변화는 여러 정치세력들이 1986년 하반기부터 대두된 조직노선에 따라 실질적인 정치조직을 형성한 점이다. 특히 이전 시기와 다른 것은 정치적 이념성을 강화함으로써, 대중운동과의 결합력이 상대적으로 높아진 점이었다. 이 시기에 마르크스·레닌의 원전이 출판되어 보급되기 시작한 것도 이러한 정치조직의 형성에 실질적인 영향을 주었다.[2] 이런 조건을 반영하여 정치조직들은 학출활동가들과 선진적 노동자들에게 마르크스주의를 학습시켰다.

이 시기의 정치조직들이 대중운동과의 결합을 높여 나가기 위해 꾀했던 공통된 활동 방식은 다음과 같다.

첫째, 단위사업장에서의 민주노조 결성과 노조활동에 조직원들이 결합하였고, 선진적 노동자층과의 결합 비율도 상대적으로 높아졌다. 즉 정치조직들은 민주노조를 통해 자신의 정치적 영향력을 확대시켜 나가면서 동시에 선진적 노동자층을 조직원으로 참여시켜 갔다. 또한 미조직 사업장의 경우는 민주노조 결성을 위한 활동을 활발히 벌였다.

둘째, 1987년 6월 민중항쟁으로 절차적 민주주의의 확대와 노동자대투쟁을 통해 전국에 민주노조운동이 뿌리내린 힘에 근거해서 정치조직들은 지역마다 노조운동을 지원·지도하기 위해 상담소라는 공개적 노동운동단체를 설립했다. 노동운동단체는 단위사업장 민주노조와 지노협지역별노조협의회의 활동을 지원·지도하면서 한편에서는 선진적 노동자들을 대상으로 한 초보적 정치교육과 정세교육 등을 진행했고, 또한 노동자들이 사회문제를 구조적이고 계급적으로 인식할 수 있는 교육을 벌였다. 그리고 이를 통해 노동단체들은 지역과

2 『자본』 I-1, 2, 3권(이론과실천, 1987), 『공산당선언』(청년사, 백산서당, 1988), 『공산주의에서의 좌익소아병』(돌베개, 1989), 『레닌저작집』 1(전진, 1988), 『레닌의 선거와 의회전술』 I, II(백두, 1989), 『무엇을 할 것인가』(백두, 1988), 『유물론과 경험비판론』, 『제국주의론』 등이 출판되었다(박원순, 『국가보안법연구』 2, 역사비평사, 1992, 164, 176쪽).

[그림 6] 1987년 이후 정치조직운동과 대중운동의 결합방식

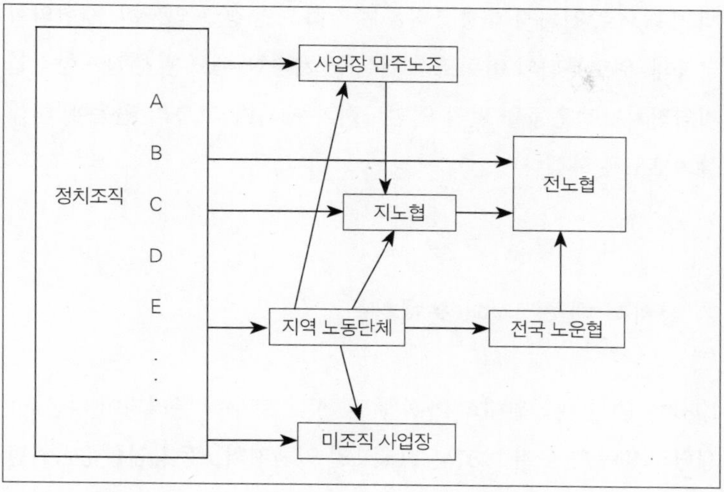

전국의 공동투쟁체인 지역노운협과 전노운협전국노동운동단체협의회으로 결집하여 정치문제에 대해 공동투쟁으로 대응하려 했다.

셋째, 정치조직들은 민주노조운동을 지원하고 그 영향력을 확대하기 위해 각 지노협의 건설부터 전노협 건설 및 그 운영을 위해 조직원들을 파견하였다. 실제 지노협과 전노협의 실무력과 전문력을 갖춘 상근자들은 대부분 각 정치조직에서 파견한 학출활동가들이었다고 해도 과언이 아니다.[3] 이러한 정치조직들이 대중운동과 결합하는 방식은 [그림 6]과 같다.

3 이에 대해 한 연구에서는 다음과 같이 언급하고 있다. 전노협에서는 늘 30여 명 정도가 상근했으며, 전노협이 활동했던 6년 동안 총 90여 명의 상근자가 활동했다고 한다. 그중에 전노협에 이력서가 보관된 이는 49명이고 그중 46명이 학출활동가였다고 한다(정경원, 「노동운동에 나선 사람들—전노협의 상근자들」, 『저항, 연대, 기억의 정치』 1, 문화과학사, 2003, 178~179쪽).

이러한 다양한 조직운동을 참고로 하여, 다음에서는 1988년경 NL세력으로 정치적 대중조직을 주창하고 등장한 인노회, 제헌의회 그룹의 '위로부터의 전위조직 건설'을 계승한 사노맹, 현장지향적인 지역정치조직운동을 벌인 인민노련과 제파PD그룹의 활동에 대해 살펴보도록 하겠다.

2) 정치적 대중조직과 분회활동

1987년 10월 대의원대회 이후 인민노련으로부터 분리되어 나온 NL 세력의 일부가 모여 1987년 11월 1일 인천지역노동자연합준비위원회(약칭 '인준위')를 결성하였다. 그러나 인준위는 결성 4개월 만인 1988년 3월 8일에 자체 해산하였다. 이어 부천과 인천의 NL세력, 일동그룹 등이 모여 새로운 조직결성에 대해 논의했다. 이 가운데 NL 세력은 조직력을 총 결집하여 반공개 조직을 건설하자는 입장을 제기했고, 일동그룹은 조직분할을 통해 반공개 부분끼리 결집하든지 또는 공개 부분끼리 결집하자는 의견을 제시하여 두 입장이 대립하게 되었다.[신정길 구술] 논의는 전자로 정리되어 정치적 대중조직인 인노회[인천부천민주노동자회]가 1988년 5월 인천대에서 공개적으로 창립대회를 갖고 출범하였다. 인노회는 정세에 따라 비공개, 반공개, 공개 조직 등의 조직형태를 달리했을 뿐, 1985년 전후로 인천지역에 형성된 NL세력이 집중된 활동이라 할 수 있었다. 인노회에 참여한 NL서클들은 각기 특성을 달리했는데, 노동조합과 관련이 많은 곳, 이념성이 강한 서클, 또는 문화나 종교 쪽 성향이 강한 서클 등으로, 각 서클

을 결성한 지도부의 특성에 따라 달랐다.[안재환 구술]

인노회는 '자주·민주·통일'의 정치적 이념과 노조와는 다른 역할을 갖는 대중정치단체라는 조직노선을 제기하였다. 이런 주장의 근거는, 우선 '노동자를 조직의 주인으로' 한다는 것이었다. 1980년대 인천지역의 노동운동에 학출활동가들이 들어와 노동자들의 정치적 각성을 높인 긍정적 역할을 한 반면, 노동자들을 주체로 세우기보다는 대상화시킨 부정적인 면도 있었기 때문에 이에 대한 극복이 필요하다는 것이다. 다음으로, 노동운동권의 낡은 풍토를 쇄신해야 할 필요성을 제기했다. 당시 노동운동의 분위기는 학출활동가들이 선진적인 이론이나 학생운동의 경험에 기반을 둔 수많은 '서클'들을 결성하고 노동자들에게 일방적으로 지도를 자처하는 경향이 있었다. 이들은 이른바 '실업자 노동운동'으로서, 공장생활을 하지 않고 노동자들의 삶과 투쟁과는 거리가 먼 논쟁이나 선도적인 투쟁에 빠져 있었다. 그러므로 노동운동은 이런 풍토와 서클의 음모적 체계를 깨고 대중적이고 민주적인 새로운 틀이 필요하다는 점을 주장했다.

이런 문제의식 아래 인노회는 선진적 노동자들과 학출활동가들로 구성되었는데, 그중에 학출활동가들은 회원 자격규정에 '현장경험이 10개월 이상인 자'라는 규정을 두고 있었다(「회칙」 제3조 2 회원). 이런 규정은 회원들이 현장활동의 경험을 충실히 갖출 것을 강제하기 위한 것이었다.[안재환 구술]

인노회의 조직체계는 [그림 7]처럼 대의원대회와 상집위원회, 회장과 사무국장 체계로 이루어졌다. 그리고 사무국 밑에는 조직부, 정책실, 교육부, 홍보부, 투쟁부(선동조) 등의 부서를 두고 있었다. 초기 부서활동은 전문성을 확보하지는 못해 사업을 기획해 내는 면

[그림 7] 인천부천민주노동자회 조직체계

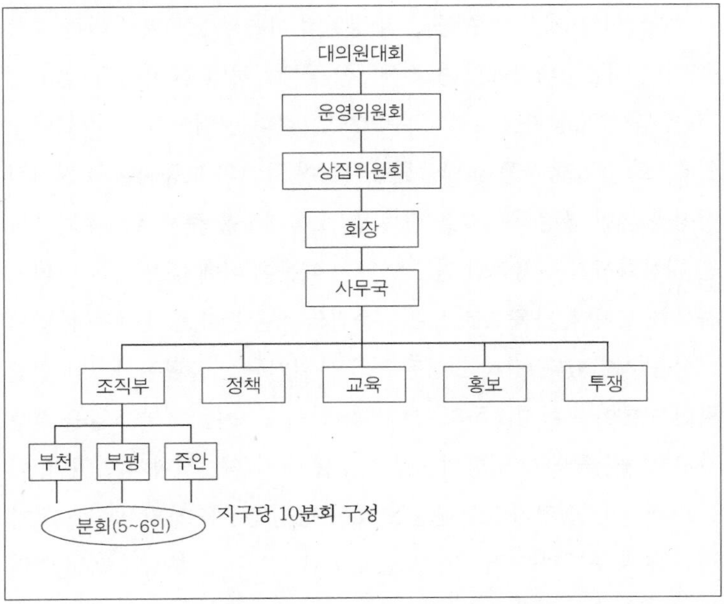

※『일꾼의 함성』 창간호, 1989. 5. ; 안재환, 신정길 구술을 참조하여 작성

에서 부족한 점을 보였다. 이들은 조직부 밑에 주안, 부평, 부천지역에 지구위원회를 두고 지구위원장을 중심으로 조직활동을 벌였다. 지구위원회 산하에는 5~6명 단위의 '분회'가 각 지구당 10여 개 안팎으로 형성되어 있었다.

인노회의 모든 회원은 '분회'라는 정치소모임에 배치되었고, 노동자들은 이 분회활동 속에서 단련되었다. 전체 조직원은 200여 명 안팎이었다. 분회활동으로 각 분회는 거점을 만들어 회원들은 보통 1주일에 1회의 모임을 했는데, 이 분회모임에는 회장이나 지부장들이 참여를 했다. 예를 들면 주안분회는 주안 사랑교회를 주요 거점으로 삼았고, 부천분회는 석왕사를 주요 거점으로 삼아 모임을 가졌다. 그밖에 분회모임은 회원의 자취방에서 진행하기도 했고, 노동현장에서 회원들이 파업을 하는 경우에는 분회원들이 직접 파업현장에 찾아가서 격려하기도 했다. 회원모임에서는 정세교육이나 각 회원들의 활동방향에 대한 것을 일상적 교육으로 했고, 지역 차원의 투쟁이 있을 때는 가두투쟁을 조직하기도 했다.[안재환 구술]

분회는 반공개 상태였지만 회원들은 서로에게 공개된 상태에서 친목을 도모하였다. 회원들은 집회나 파업현장에서 자신들이 인노회 소속임을 알렸고 이로써 공개 활동과 반공개 활동 사이의 경계가 무너지기도 했다. 이에 대해 교선부에서 활동했던 신정길은 다음과 같이 말한다.

> 내가 교선부에서 일하면서 대의원대회 의장도 하면서 지도부회의도 참여했고. 근데 이 친구들은 분회가 서로 공개하고 만나고. 회칙 보면 알지만 '서로 돕고 놀고' 이런 거라고. 그래서 친목계처럼 생일잔치도 같이 모여서 하고 이렇게 했다고. 분회까지도 다 반공개인 거죠. 파업 현장에 가면 '우리는 인노회 뭐 부평지구 제 몇 분회 누굽니다' 이렇게 다 했으니까, 완전 공개를 한 거지. 그래서 내가 '그렇게 하려면 우리 강령을 낮춰야 한다' 그리고 '활동계획을 거기에 맞추고, 집에선 ○○문건 읽고 해서는 안 된다. 이거 활동을 나눠야 된다' 그거를 처음부터 이 사건으로 구속될 때까지 주장한 거지. 그런데 거기에 대해서 뚜렷하게 문제의식을 안 갖고, 다분히 '우리 숫자 많다' 이거지.

이처럼 공개와 반공개 활동영역이 명확하지 않은 속에서도 인노회는 대중적인 교육이나 체육대회 같은 대중적인 공개행사를 벌이기도 했다. 1988년 인천의 정석항공고등학교에서 체육대회를 열었을 때는 150명 정도의 인원이 참여하였고, 12월 말에 부평신협회관에서 노동자 송년대잔치를 열었을 때는 700여 명의 인원이 참여했다.『인노회 탄압백서』, 1989, 21쪽. 회원들은 집회, 시위현장 또는 공장에서 만나며 상호 교류들이 있었지만, 조직 일부에서는 많은 인원이 공개적으로 모이는 것에 대한 문제의식을 가지고 있기도 했다.

한편 인노회는 부천지역의 일신전기노조, 아남전자노조 등과 관계를 맺고 있었고, 부평에 있는 데코레코, 남일금속, 코스모스, 마이크로전자, 한독금속 등에 회원들이 노조 간부로 활동하고 있었다. 인노회는 주위 사업장의 임금인상투쟁과 노동조합 결성을 지원했는데, 예로 파업투쟁 중이던 데코레코에 회원들이 회원임을 밝히고 노래극공연을 지원했고, 위장폐업투쟁 중이던 동신전자에 회원들이 모금한 기금을 전달하고 식량을 지원하기도 했다. 보양산업의 파업투쟁 때는 지원과정에서 인노회 회장이 연행당하기도 했다.『인노회 탄압백서』, 22쪽. 그러나 노조활동에 대해 인노회 집행부에서는 직접적으로 개입하거나 지도하지 않는다는 원칙을 세우고 있었다. 각 노조활동은 소속 회원들이 직접 활동을 벌이도록 촉구했고, 노조나 사업장 활동 관련한 문제에 대해서는 분회에서 토론을 해서 해결하는 방향으로 진행했다. 이에 대해 안재환은 다음과 같이 말한다.

저희가 따로 노조를 지도하지를 않았어요…. 이게 나중에 보니까 우리한테는 약점으로 나타나더라고. '노동조합 지도력이 떨어진다'

는 거죠. 저희가 조직이 어려워질 때 여러 회원들하고 활동가들이 석탑의 장명국 씨나 이목희 씨가 있었던 한국노동연구소, 그쪽으로 많이 옮기기도 했어요. 그 이유가 인노회가 정치적으로 너무 강하기 때문에 노출되거나 탄압받기 쉽고, 노동조합에 대한 지도력, 실무 지도력이 떨어지거든요.

그밖에도 인노회는 다른 정치세력과의 연대활동도 벌였다. 전국연합, 대학생 조직인 인천대학생대표자협의회와 전국대학생대표자협의회, 노동단체로는 전노운협과 인노운협 등에 대부분 회장이 직접 참여하여 연대하였다.

한편 1년여에 걸친 활동에 대해 인노회는 『일꾼의 함성』이라는 회지 창간호에 자체 평가를 다음과 같이 했다. 인노회는 노조 결성, 어용노조 민주화, 소모임이나 정치적 색채를 띤 노동자 서클 등을 만들어 활동하기도 했지만, 뚜렷한 목표도 없이 공장에 취업하거나 반대로 취업을 꺼리는 이들을 통해 그 부정적 경향이 나타나기도 했다. 또한 회원들 간에 친목을 강조하여 '예전과는 달리 회원들이 어울려 자주 술을 마시는 현상'이 나타나고, 그 결과 투쟁성이 떨어지고 사업을 대충하는 분위기가 형성되기도 했다고 자기비판을 했다. 인노회는 '대중정치단체'로서의 역할 면에서 홍보사업, 교육사업, 정치집회 등을 독자적으로 실시하거나 지역의 운동단체들과 연대하여 실천하기도 했다. 그러나 공개적인 사업체계를 갖고 전문적인 실무진을 구성하지 못한 까닭에 효과적으로 사업들을 전개하진 못했다. 인노회가 가장 중심적으로 벌여 온 사업은 정치투쟁 사업이었다. 그러나 이는 지역 노동자 조직에서 동원한, 소수의 투쟁을 만드는 수준이었다고 평가되었다. 인천부천민주노동자회, 『일꾼의 함성』 창간호, 1989, 10~11쪽.

이러한 조직평가 이후 인노회는 조직활동과 대중활동을 보다 강화하려고 시도했지만 1989년 1월 26일 회원 유봉인과 정규옥이 치안본부로 연행되어 국가보안법 위반으로 구속되는 사건이 일어나게 된다. 『한겨레신문』, 1989년 1월 28일자. 치안본부가 2개월에 걸쳐 미행을 한 끝에 이들의 연행이 이루어졌는데 이때 인노회 문건이 발견되고, 이로써 인노회에 대한 수사가 본격화된다. 2차 탄압으로 1989년 2월 8일에 사무국원 6인이 치안본부로 연행되어 갔다가 5명이 구속되기에 이른다. 또 3차로 3월 27일에 인노회의 회원 이광석, 4월 1일에는 강병권, 한기성, 송명진이 연행되어 구속되었다. 뒤이어 4차로는 4월 28일에 부천 사회문화연구소의 손형민 사무국장, 김민상, 조성옥, 박종근 등이 구속되었다. 『한겨레신문』, 1989년 2월 17일자. 마지막으로 6월 3일 회장 안재환, 6월 7일 신정길, 14일에는 이동진이 연행되어 구속되었다. 그밖에도 사무차장 고남식 등 4명이 수배되었다. 『한겨레신문』, 1989년 6월 6일자.

1989년도 조직 탄압 이후 남아 있던 인노회의 구성원들은 인천지역사회운동연합(약칭 '인사련')의 노동분과로 들어갔다. 인사련은 일반시민, 노동자 등이 참여하는 곳으로 노동단체의 성격은 약했다. 그 때문에 이들은 노동분과에서 활동을 하면서 동시에 인사련의 다른 회원들처럼 지역운동을 벌였다.

이처럼 1987년 전후 NL세력은 산개론에 근거해서 공장을 근거지로 한 채 활동가들이 소규모로 모여서 정치역량을 쌓아가고 있었다. 그러나 대중운동의 발전과정에 개입하기 위해 산개해 있던 NL세력들은 정치활동을 위한 정치적 대중조직을 결성했지만, 위의 활동에서 알 수 있듯이 공개활동의 영역과 비합법적 조직활동이 혼재되어 있었다. 이런 조직방식은 실제 대중운동과의 결합을 강화시키지는 못한 채 공안당국의 주목을 끌 수밖에 없었다. 비공개 조직원들조차 공개된 속에서 조직의 보위를 지킬 수 없는 조건이었다. 결국 인노회는 결성 이후 1년도 채 안 되어 탄압으로 와해되었다.

3) '위로부터의 전위조직' 건설과 공장소조

① 노동자해방투쟁동맹의 분열

노해동은 제헌의회 재건그룹으로 불릴 만큼 제헌의회의 이념적 노선을 계승했다. 그러나 노해동은 1987년 대선과정에서 내부 분열을 겪었다. 노해동의 다수파는 주로 조직국 성원으로 구성되어 있었으며, 소수파는 주로 『선봉』 편집부 성원들로 구성되어 있었다. 노해동 내부의 다수파와 소수파의 대립은 1987년 대선투쟁과 1988년 제13대 총선투쟁 과정에서의 대응방안을 둘러싸고 첨예화되었다. 1987년 대선 시기 다수파(박종운 등)는 민주연립정부론을 주장하였고, 소수파(백태웅, 박기평 등)는 민중집권론을 주장하며 대립하였다. 의견대립은 1988년 제13대 총선시기에도 지속되었다. 총선을 앞두고 당면 정세에 대한 판단 및 전략전술적 대응방법을 둘러싸고 다수파는 '민주국회 확보'를 주장하였고, 소수파는 이에 반대하여 '노동자계급의 전위정당 건설'을 주장하였다. 이러한 조직 내부의 대립은 결국 소수파의 탈퇴로까지 이어졌다.[김철수 구술]

전위정당 건설을 주장했던 소수파는 1988년 4월 1일 「왜 우리는 '선봉그룹'에서 분리선언을 하는가」라는 제목의 성명서를 통해 노해동에서 분리한다는 것을 공식적으로 밝혔다. 「분리선언」에서는 "노동계급 전위정당 건설을 구체적인 일정으로 올려놓는 일, 당면 계급투쟁 전선에서 프롤레타리아트의 영도를 부인하는 기회주의적 노선에 대한 비판, 사회주의에 대한 전면적이고 목적의식적인 선전선동계획의 필요성" 등을 강조하였다. 당시 소수파는 분리선언 때 200여 명으로부터 위임서와 서약서(조직체계 구성 및 새로운 조직화의 위임)를 받았다. 이때 합의사항은 "본격적인 혁명적 사회조직을 건설한다(전위조직과 대중조직을 명확히 구분하고 강고한 지도부를 갖는 조직)는 내용·대중적 전위조직·전국적 체계·4개월간의 지옥훈련" 등이었다.조희연, 『현대 한국 사회운동과 조직』, 한울, 1993, 176쪽. 이들은 이후 사회주의노동자동맹출범준비위(당시의 명칭은 노동조합지도자대회준비위)를 결성하고, 1988년 6월 조직활동의 지침서라 할 수 있는 「사노맹 출범의 역사적 의의와 사노맹준비위의 당면임무」라는 문건을 작성하여 사노맹의 조직방향을 정리했다.

잔류한 다수파 역시 상이한 의견그룹 간에 논쟁을 벌이며 대립하다가 대중운동 속으로 산개할 것을 결의하고 1988년 말에 해체했다. 해소그룹이 발간한 팸플릿은 「우리는 왜 신식민지 국가독점자본주의론을 폐기하는가」였다. 다수파는 이후 NL세력으로 결합했는데, 당시 논쟁상황에서 다수파에 속했던 김이경은 다음과 같이 말한다.

> 다수파는 '신식민지 국가독점자본주의라며 혁명이 다가온다고 했는데 그렇지 않다. 사람들의 의식은 그렇지 않다. 정세분석이 틀렸다. 사회구성에 대한 게 틀렸기 때문'이라고 판단했고, 동요하는 부

르주아를 어떻게 볼 거냐를 놓고 소수파는 '타격해야 된다', 우리는 '아니다. 동요하는 세력이지만 일면 타격·일면 견인해야 된다' 이러면서 갈라지기 시작해요. 그래서 '우리가 잘못했다. 너무 급진적인 노선이었다. 조직 해산하자'는 게 다수파였고, 그 지도부는 해산에 동의하고 흩어져 버렸어. 근데 지역에 내려간 우리들은 동의하지 않았어요. '우리만 믿고 있는 후배들을 어떻게 버리고 가냐…' 어쨌든 '조직적으로 함께 왔으면 마지막까지 책임을 지고 노선정립을 하자' 해서 나중에 NL로 정리가 된 거죠.

② 남한사회주의노동자동맹의 결성과 조직활동[4]

사노맹 결성의 준비단계인 '사회주의노동자동맹준비위원회'(약칭 '사준위')는 1988년 4월경부터 시작하여 1989년 11월 사노맹이 정식 출범하는 시기까지 활동하였다. 사노맹의 결성준비는 1988년 4월 1일 노해동에서 소수파가 분리선언을 한 뒤 1988년 6월 1일 「사노맹 출범의 역사적 의의와 사노맹 준비위의 당면임무」라는 창립취지문을 작성해 배포함으로써 시작되었다. 그후 사준위는 1년 7개월 동안 조직결성을 준비하였다.

우선 1989년 초까지 사준위는 조직원 확보와 조직의 물적 기반을 확보하기 위한 작업을 진행하면서 조직체계를 재구축해 갔다. 구체적으로 조직원 확보를 위해서 혁명적 사회주의자라고 자부할 수

4 사노맹에 대해서는 조희연, 『현대 한국 사회운동과 조직』에 조직구조와 체계, 조직활동에 대해 체계적으로 정리되어 있고, 국가안전기획부에서 검거 때마다 발표한 자료집, 공소장 등에 의해서도 상세히 밝혀진 편이다.

있는 자격요건을 확보하기 위한 '지옥훈련'과 당장 실천에 옮겨야 할 조직사업, 물적 조건 확보 및 선동 등의 '필수실천' 등을 주요 사업으로 설정했다. 이를 위해 1988년 6월부터 10월경까지 중앙 및 지방의 핵심조직원 50여 명이 사상교육, 체력단련, 무술습득 등을 하였다.김미영, 『마침내 전선에 서다』, 264~265쪽.

다른 한편으로 사준위는 조직체계를 재정비하면서 제헌의회 시기를 뛰어넘는 새로운 조직체계를 구축하려는 시도를 했다. 각 지역에 기초적인 인적 배치가 완료된 후에 본격적으로 대중사업을 시작했다. 그 기본방향을 정식화한 것은 『일대전환』이라는 팸플릿으로 대중사업 방식, 노조활동 방식, 비합법 정파활동 방식 등의 대중적 전환을 표방했다.[5] 사준위는 사노맹 결성 직전까지 중앙골간조직의 분화와 지방조직의 분화, 외곽조직 및 프랙션조직 건설을 위해 각 운동단체의 파견망을 구축하고 각계 영역에서 활동가들의 조직화를 시도했다. 예를 들면 지역별·업종별 노동조합전국회의, 전국농민회총연맹, 노동자대학, 전국민족민주운동연합, 여러 대중단체들(종교단체) 등을 통한 조직화였다. 대중조직에 파견된 조직원들은 정보수집에서부터 정치적 지도력의 행사에 이르기까지 다양한 사업을 하기 시작했다. 이러한 사준위 시기를 거쳐 1989년 11월 전국노동자대회 장소에서 사노맹의 출범을 선언했다.

사노맹의 결성 이후 조직활동에는 다음과 같은 변화가 있었다.

5 그 내용은 대중운동 및 조직들에 개입해 들어가 대중활동을 강화하는 것이었다. 즉, 운동단체 속에 들어가서 조직원을 발굴하는 것, 학생운동에 개입하여 정치지도를 수행하면서 과거 제헌의회그룹의 영향력하에 있던 학생운동 세력을 정비하여 조직대오로 편제해 내는 것, 『월간 노동해방문학』의 발간을 통하여 정치적 방침을 공개해 내는 것 등이었다(국가안전기획부, 『소위 확대개편 된 사노맹 조직실체』, 1992, 163쪽 참조).

첫번째 시기는 출범 및 조직의 성장기(1989년 11월~91년 2차 사노맹사건 직전까지)라 할 수 있는데, 1989년 11월 공식출범한 뒤 『일대전환』에 기초하여 1990년까지 활동한 시기를 일컫는다. 1차 사노맹 사건에도 불구하고 이 시기에는 전면적인 대중활동으로의 전환 및 체계 정립을 시도했다.

두번째 시기는 조직사수투쟁 및 사회주의운동의 새로운 모색 시기(1991년~92년 4월 3차 사노맹사건 직전까지)라고 할 수 있다. 이 시기에는 우선 1991년 3대 혁신의 제안인 "사회주의체제의 붕괴 및 사회주의운동의 새로운 모색 필요에 기초하여 이념 혁신, 조직체계 혁신, 조직활동 혁신" 등을 추구했다. 그 뒤 2차 사노맹사건으로 박노해, 김진주 등이 구속되면서 조직 혁신에 대한 전면적인 검토가 진행됐다. 한편 이 시기에 인민노련으로부터 한사노당 건설에 참여할 것을 제의받으면서 전위정당 결성문제를 본격적으로 논의하였다. 그 결과 사노맹은 한사노당 건설에 불참을 결정하고 합법·비합법 동시결성론으로 그 입장을 정리했다.

세번째 시기는 사노맹의 붕괴 및 재건투쟁의 실패(1992년 4월 ~95년) 시기다. 1992년 4월 3차 사노맹사건이 터지고 9인 중앙위원 전원과 500여 명의 조직원들이 구속을 당하면서 조직의 지도력이 붕괴되었다. 또한 30여 곳에 달하는 합법적인 재정사업을 벌이던 곳들이 붕괴되면서 조직의 재정적 기초도 무너졌다. 이런 타격 이외에도 내부자료 등 조직적 자원의 90% 이상이 안기부에 의해 파악되었다. 그 와중에 재건중앙을 결성하여 조직재건활동을 펼쳤으나 지속되는 구속으로 사실상 활동이 불가능하였고, 대중적 기반은 급속히 붕괴되었다. 그 결과 사노맹 해소론이 제기되면서 이를 둘러싼 갈등이 야기되었고, 반半합법적 영역으로의 이전을 결정하였다. 그 뒤에 민중정치연합을 결성했다가 진보정치연합과 통합하였으나, 1995년 실질적 해소를 했다.[6]

한편 사노맹 결성 이후 1991년 1월까지의 준비과정에서 확보된 조직 기반에 따라 조직 목표를 실현하기 위한 활동을 해왔기 때문에 우선적으로 이 시기를 중심으로 살펴본다. 이 기간에 사노맹의 조직 활동은 골간조직을 확보하여 분화시켜 갔고, 외곽조직을 확산시켜 나갔다. 동시에 민중운동의 대중조직에 대한 영향력을 확대하기 위하여 프랙션을 더욱 확대해 가는 모습을 보였다. 이에 대해 살펴보면 우선 사노맹은 다양한 매체를 통하여 자신의 정치적 입장을 공개적으로 여러 운동영역 및 활동가들에게 홍보하려 했다. 사노맹은 사회주의 이념을 선전·선동하는 합법적인 매체로서 『월간 노동해방문학』을 정기적으로 발행하여 활동가 및 선진적 노동자들에게 직접적으로 영향을 미칠 수 있는 우회적인 경로를 확보하였다. 그 밖에도 부정기적인 팸플릿인 『긴급전술결의』, 『한걸음 더』, 『새벽바람』 등을 발행해 이념을 확산할 수 있는 기제로 삼았다.

다음으로 대학원생과 전문연구 역량을 갖춘 소수의 연구자들을 중심으로 '남한사회주의과학원'을 수립하려 했다. 이는 사회주의 이념에 대한 전문적인 연구와 사노맹의 선전·선동활동의 자료 개발 및 노동계급당 강령 작성을 위한 이론적 토대를 구축하려는 기구였다. 동시에 이 조직은 사상투쟁, 이론투쟁의 영역에서 전위정당 건설을

6 이상에 대해서는 조희연의 『현대 한국 사회운동과 조직』, 안기부 사노맹사건 관련 자료, 김철수 구술을 참조하여 정리했다.

위한 사노맹의 외곽조직이 될 수 있었다.[7] 또한 사노맹의 외곽조직으로서 '사회주의학생연구소'의 설립을 들 수 있다. 이는 1990년 1월 중앙위원인 백태웅과 남진현이 중심이 되어 '선진적인 학생정치조직'으로서의 전국민주주의학생연맹에 대한 조직적 지도를 수행하려는 의도였다.

[그림 8] 1990년경 사노맹의 조직구도

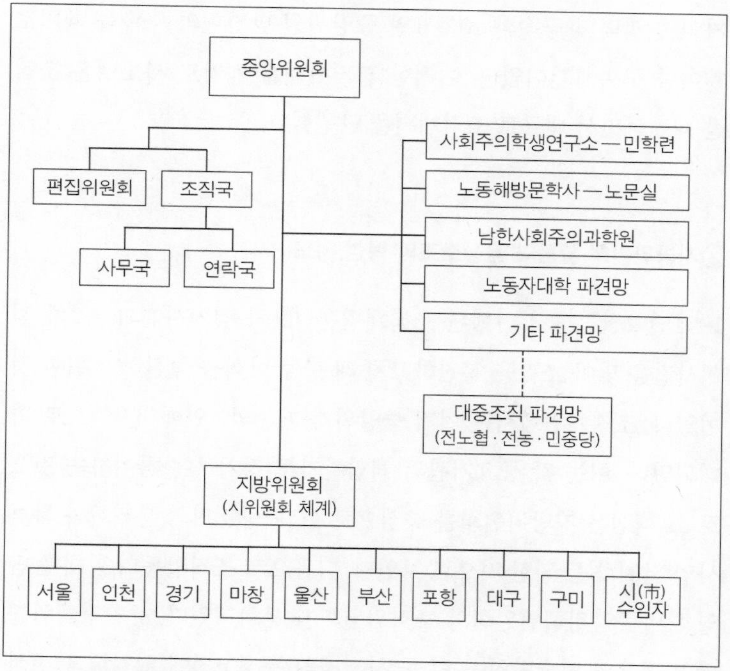

※조희연, 『현대 한국 사회운동과 조직』, 324쪽 재인용.

7 사회과학연구원이 독자적인 연구단체로서 일종의 연구자 전위조직일 뿐, 사노맹의 조직원으로만 구성된 것도 아님을 강조하며 이곳에는 다양한 분야의 연구자들이 참여하고 있다는 주장도 있다(조희연, 앞의 책, 325쪽).

마지막으로 파견자망을 구축하려던 시도를 들 수 있다. 이들 조직은 대중운동의 발전과정에서 결성된 각종 대중단체 및 운동단체에 조직원을 파견하여 영향력을 행사하려 했다. 이것은 출범 당시에 비해 확대된 규모로 이루어진 듯했다. 예를 들면 전노협, 민중당 등에 파견자망을 구축하려 했고, 전국농민회총연맹에도 파견자를 보냈다. 이처럼 사노맹은 조직확대를 추진하던 과정에서 조직 탄압 상황을 맞게 되었다. 제1차 검거는 1990년 9월 17일 사노맹 중간책임자인 현정덕의 구속과 10월 1일 중앙위원 남진현의 구속을 계기로 일어난 구속사건이었다. 이러한 검거사태를 계기로 사노맹은 조직을 쇄신하면서 대규모 조직개편을 단행했다.

③지방위원회 활동과 공장소조의 형성 시도

1991년 2월경까지 진행된 조직개편은 제1차 검거사건과 제2차 검거사건을 맞아 조직을 복원하고 종래 활동 방식을 혁신하기 위한 것이었다. 조직개편에서는 먼저 중앙위가 기존의 4인에서 9인으로 확대되었다. 이는 각 중요기관의 책임자가 결정기구에 참여하는 것으로 그 핵심은 지방위원회를 중심으로 한 '지방조직의 분권화와 독자사업 단위화'를 위한 것으로 보인다. 다음으로 조직활동의 확대를 반영하여 중앙정책위원회와 조직위원회가 분화되었다. 중앙정책위는 당면 정세와 전술방침 수립 등 사노맹의 투쟁노선에 입각한 선전선동의 내용을 정리해 내고 외곽조직 및 파견망 조직의 활동방침, 대중단체의 투쟁방침을 안출하는 등 정책적 지도임무를 주로 맡았다.국가안전기획부, 「조직개편 투쟁에 관한 지침」, 『사노맹 유인물분석』 제8집, 1991. 10., 106쪽.

다음 조직위원회는 조직적 지도임무를 담당하는 곳으로서 연락통신부와 사무부, 지방사업부, 대중사업부(파견부)로 나누어져 있었다. 지방위원회는 이전 체계에서는 9개의 지역위원회로 되어 있었는데, 각 지방위원회를 광역화하여 4개 권역으로 나누어 활동하였다. 기존의 지방위원회는 독자적인 결정 권한이 제한되었으나 분권화하면서부터 광역지방위원회는 자신의 관할사업에 대해서 독자적인 결정 권한을 갖게 되었다. 각 지방위원회의 상황을 보면, 수도권위원회는 서울·인천·경기지역위원회로 구성되었고, 영남위원회는 울산준비위원회, 마창준비위원회, 대구·포항 수임자, 부산 수임자 망으로 구성되어 있었다. 실제 수도권위원회와 영남위원회의 역량은 거의 비슷한 수준이었는데, 영남위원회는 대공장에 대한 영향력을 일정 정도 확보하면서 그 주요한 기반이 공장 역량으로 구성되는 데 반해, 수도권위원회는 대부분 단체파견 역량으로 구성되어 있었다. 영남위원회의 경우 대구지역위원회는 안동, 원주, 포항, 구미 등으로 이루어져 노동자들에 대한 조직사업을 확장하려 했으나, 조직사건 이후에는 대구와 포항에서의 활동에 집중하였다. 중부위원회와 호남위원회는 준비상태였고, 강원·태백·경기도 이천 등에서는 수임자가 활동하는 상태였다. 국가안전기획부, 앞의 자료, 98~106쪽.

지방위원회는 각자의 실정에 따라 중앙의 기관들에 준하는 하부 실무전문조직인 편집국, 사무국, 연락사무국, (정치)선전국 등을 가동하였고, 구성요원은 개별 지방위 산하에 있는 국장들과 부속기관 국장이었다. 또 지방위의 하부에는 공장소조 담당부서가 있었다. 활동이 활발한 지방의 경우 지역을 더욱 세분화하여 지역국을 두는 경우도 있었다. 예를 들면 영남위원회의 경우 발전 속도가 빨라 8개월 사이에 200여 명의 수준으로까지 발전했다고 한다. 영남위는 울산·부산·구미 등의 지역국을 설치했으며, 주 업무는 일반사업부(민족민주운동단체사업, 노동운동단체사업)와 공장사업으로 나뉘어 있었다.조희연, 『현대 한국 사회운동과 조직』, 332쪽.

사노맹의 노동자 대중운동과의 결합을 살펴보면, 1989년 초 『일대전환』 이전에는 주로 학생운동 출신 및 선진적 노동자들을 중심으로 한 내부 훈련에 초점이 맞춰져 공장활동에 활발한 편이 아닌 것으로 파악된다. 그러나 『일대전환』 이후에는 대중조직에서의 프랙션 활동, 지역사업, 지역 단위에서의 공장활동의 활성화를 위한 시도가 이루어졌다. 이는 사노맹 출범 이후에 더욱 확대된 규모로 시도되었다. 그리고 1991년 이후에는 공장활동을 전면적으로 추진하는 방향에서 사업이 이루어졌던 것으로 보인다. 우선 이러한 시도는 다양한 프랙션 조직이라고 할 수 있다.[8] 사노맹은 전국회의 산하 노동법 개정 및 임금인상투쟁본부에 파견자를 두세 명 보냈고, 노동자대학과 전노협 등에도 파견자를 보내서 활동하도록 했다.

다음으로 사노맹은 전국의 여러 공장에 세포조직을 만들려고 시도하였다. 안기부 발표자료에 따르면 전국 사업장을 혁명의 요새로 만들기 위하여 성남·안산·창원·포항··울산·태백 등의 기업노조와 업종별 노조, 서울··부산 등 대도시의 병원, 지하철, 운수노조 등에 조직원을 파견하였으며, 전국의 가능한 사업장에서 특히 서울수도권과 울

8 프랙션(fraction)이란 일반적으로는 정당이 대중 단체의 내부에 조직하는 당원 조직을 의미한다. 여기서는 1980년대 정치조직들이 각계 각층의 사회운동조직, 특히 민주노조운동이나 노동운동단체들에 자신의 프랙션을 만들어 그 조직의 정보를 수집하고 가능한 한 자신의 정치적 입장과 조직적 입장을 관철하려고 시도하는 것을 의미한다.

산 등 동남공업단지 내에서 공장소조작업을 하려고 노력했다. 국가안전기획부, 『사회주의혁명 지하조직의 활동전모』, 1992, 28쪽. 공장소조 활동은 각 지방위원회에서 관할하였다. 지방위는 중앙조직에 상응하는 다양한 활동을 전개하는데, 지역에 존재하는 노동운동단체에 파견망을 둠으로써 조직적 연관관계를 확보하려고 시도했고, 동시에 공장사업부를 두어 개별 공장에 자신의 조직원을 확보하고 그것을 공장프랙션 혹은 공장세포조직으로 발전시키려 하였다. 수도권만 살펴보아도 서울에는 아남산업·갑일전자·나우전자·샤니전자 등 9개 공장, 인천지역은 한라중공업·후지케크코리아·코리아스파이스·대림산업 등 7개 사업장, 성남지역에는 삼영전자·영문구·OPC, 경기지역은 해태제과·롯데제과·대우전자·만도기계 등 11개 공장을 포함해 30여 개 공장과 관련을 맺어 가려 했다. 영남지역도 비슷한 양상으로 나타난다. 부산지역에는 화승실업 등에 고무공장 노동자소조, 마창지역은 범한금속·금성사·동양전자 등에, 울산지역은 현대자동차·동양나일론·효성금속 등 3개 공장, 포항·경주 지역은 포항제철·로공업·풍산금속 등 5개 공장에서 활동을 시도했다. 국가안전기획부, 앞의 자료, 28쪽.

이러한 조직화 시도와 함께 계기에 따라 파업투쟁을 확산하기 위한 선전·선동작업을 전개했고, 이러한 작업을 체계화하기 위하여 중앙조직국 산하에 공개 투쟁조직인 '노동해방선봉대', 비공개 투쟁조직인 '사회주의선봉대', '선동소조' 등을 결성하여 집회나 파업투쟁이 있는 곳에 투입하여 선전선동을 벌였다. 또 공장소조들의 활동을 지원하여 투쟁효과를 높이기 위해 수도권에는 '구로지역 선동소조'가 결성되어 「해방공단」이라는 선전물을 제작하였다. '경기남부지역 선동소조'에서는 「민들레 홀씨되어」라는 선전물을 제작하여 배포하기도 했다.국가안전기획부, 『사회주의혁명 지하조직의 활동전모』, 32~37쪽. 그러나 이러한 공장소조활동은 수사당국에 의해 일면 과대하게 파악된 면이 있는데, 실제 관련성을 맺고 있는 사업장에서 시도 단계였던 것으로 보인다.

이상에서 살펴본 바와 같이 사노맹은 레닌의 조직론에 근거하려 했지만, 제헌의회그룹처럼 과도하게 의식성을 강조해 의식, 육체 훈련 등을 통한 조직원 확보 방식과 이념 형성을 중심으로 한 조직 구조 및 선전·선동활동에 더욱 많은 투여를 했다. 즉 사노맹은 이론을 중심으로 한 사상투쟁, 선전과 선동을 중시하는 '위로부터의 당 건설론'에 입각해 있었다. 사노맹은 노동운동을 중심으로 설정하면서 학생운동, 농민운동, 문화운동 등에도 영향력을 확보하기 위한 시도를 했고, 이를 통해 전체 계급의 전위조직을 건설하려 한 점에서 다른 정치조직들과는 차이를 보인다. 사노맹은 대중운동과의 결합을 강조했음에도 불구하고 대중운동과의 결합은 다소 늦게 시도되었다. 각 대중조직에 파견망을 통한 영향력 행사와 더불어 전국 주요 공업단지에 다수의 활동가들을 배치해 공장소조활동을 시도했으나 지속적인 조직 탄압사건 등으로 그 결합력이 미약했던 것 같다.

4) 지역정치조직과 대중선전지의 발간

① 마르크스·레닌주의 정치조직으로의 재조직화

NL세력이 분리해 나가면서 남은 투쟁동맹그룹은 인민노련을 노동자계급에 대한 정치적 지도를 기본임무로 수행하는 정치조직으로 명확히 규정하려 했다. 이에 대해서는 『정세와 실천』 제2호에 다음과 같은 조직규정 내용이 실려 있다.

> 첫째, 인민노련의 조직원은 정치활동을 제대로 수행할 수 있는 노동자로 한정되어야 한다. …… 둘째, 인민노련의 정치활동의 영역을 넓혀야 한다. 주요활동 공간이 될 생산현장의 노동자들 사이에서 정치적 선전·선동 및 조직사업을 행할 수 있는 활동가가 조직원으로 확충 …… 그리고 지난 7·8월 투쟁에서 광범하게 형성된 노동조합 틀 속에서 노동조합을 정치적으로 지도할 수 있는 역량을 구축하는 것이 긴급한 과제로 되고 있다. 셋째, 위와 같은 조직사업을 수행하기 위해서 그동안 서클 단위로 분산된 채 수공업적으로 활동해 온 핵심적, 선진적 역량들의 인민노련으로 점차적인 이동 배치가 요청된다.

위의 인용문에서 알 수 있듯이 인민노련은 궁극적으로 지역 노동자계급의 조직화를 임무로 하는 '정치적 구심'으로 그 역할을 규정하고 있다. 조직체계는 중앙집행위원회를 중심으로 하여 조직부, 홍보부, 특수사업부로 구성되었고 이 부서들은 다음과 같은 활동을 담당했다.

우선 홍보국은 전위조직 건설을 위한 이론적 기초를 확립하기 위해 기관지를 발행하였다.『신동아』 6월호, 1990, 487쪽. 초기에는 노동운동과 민중운동의 주요 이론 및 전술적 쟁점을 다루는 『정세와 실천』을 주대환이 중심이 되어 발행을 했고, 또 황광우가 중심이 되어 파업현장과 노동자들의 생활 등의 내용을 다루는 대중신문인 『노동자의

길』을 따로 발행했다.[노현기 구술]

1988년 중반에는 선진노동자를 위한 신문 발간을 목적으로 『정세와 실천』을 폐간하고 『노동자의 길』을 소책자로 발간했다. 개편된 『노동자의 길』은 민중운동과 노동운동에 대한 당면 실천지침과 전국의 노동운동 동향을 다루었다. 또한 선진적 노동자들의 계급적이며 정치적인 각성을 촉구하기 위해 매춘, 주택, 마약 등 현실 문제들에 대한 원인분석을 시도했다. 이 『노동자의 길』은 학습모임, 시사토론회 등 노동자들을 조직하는 활동에 활용됐다.

다음으로 특수사업은 대선, 총선 등의 정치활동과 대중운동에 참여하는 조직원들의 활동을 총괄하는 사업이었다. 당시 정치조직들은 전노운협, 인천노운협, 공실위, 인노협 등에 조직원을 파견하였다. 특수사업은 공개활동이었다. 다른 정파들과 공동으로 활동하는 것이므로 조직원 간의 직접적인 만남이나 모임보다는 공식적인 활동에 주력했다. 공식적인 내용은 기관지를 통해 밝히고 구체적 사업추진은 해당 단체의 조직원들끼리 논의하는 방식으로 진행됐다.

마지막으로 조직골간인 조직부는 그 산하에 부평, 주안, 부천의 3개 지구위원회를 구성했고, 그 아래로 4~5명 단위의 현장활동가들의 소모임을 만들었다. 조직국장이 지구위원장들을 통해 조직의 결정사항과 활동방향을 전달·토론하고 지구사업을 보고받는 방식으로 운영됐다. 지구위원회는 주 1회 정기모임을 갖고 주로 대통령선거 문제 등의 정세, 지역 노동운동 상황에 대한 평가와 노동운동의 방향 등을 중심으로 논의하면서 동시에 기관지 『정세와 실천』을 교재로 사상학습을 진행하는 방식으로 운영됐다. 이런 논의를 바탕으로 지구위원들은 산하의 분회에 참여하여 조직방침을 전달하고 현장활동

[그림 9] 1989년 인민노련의 조직구조

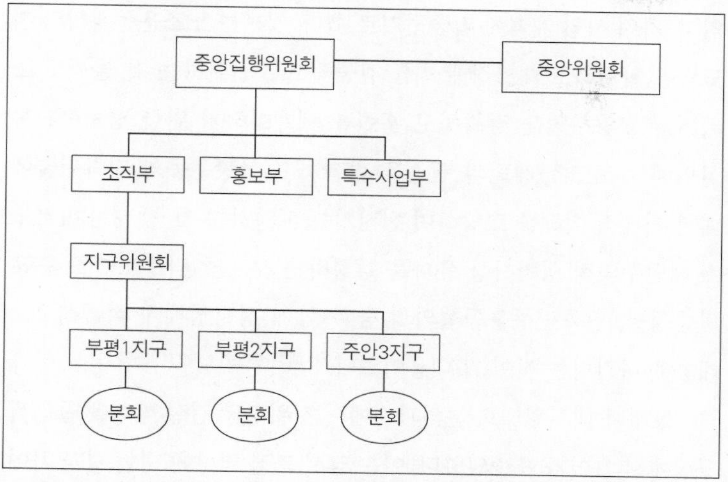

※「오동렬 공소장」; 윤철호, 『그렇소 우리는 사회주의자요』, 일빛, 1990 참조 작성.

을 둘러싼 논의를 진행했다. 이런 논의들이 다시 분회에서 지구위원회를 거쳐 조직부로 수렴되는 방식이었다.「오동렬 공소장」

한편 1988년 10월 2일 제2차 대의원대회는 인민노련 활동의 전환점이 되었다. 그 핵심내용은 마르크스주의에 입각한 강령제정 준비를 결정했고 동시에 조직원들이 마르크스주의에 따른 사상적 정체성을 확보해 나가는 방향을 결정한 것이었다.[9] 이는 인민노련이 전위당 건설을 위한 정치조직으로 조직을 재정립할 것을 목표로 삼았다는 것을 의미했다.

9 참석자는 조직국장 노회찬, 홍보부장 황광우, 총무부장(가명 한부장), 2지구 위원장, 3지구 위원장 노병직, 1지구 대의원 2명과 오동렬, 2지구 대의원 1명 , 3지구 대의원 1명 등이었다(「오동렬 공소장」).

이를 위해 대회에서는 1988년 10월부터 1989년 9월까지 다음의 네 가지 사업 계획에 집중하기로 했다. 첫째는 노조운동에서의 지도력을 확립하고 대공장 분회를 집중적으로 건설하는 것, 둘째로 조직원의 교양사업을 강화하고 훈련을 체계화하기 위한 정치학교를 설립해 마르크스·레닌의 원전을 학습하고 혁명운동의 전략전술에 대한 기본적 이해를 교양하며 선전가를 배양하는 것, 셋째는 마르크스·레닌주의적 정치사상 유파를 형성하는 것, 마지막으로 전노운협, 민중정당, 민족민주운동협의회 등과 함께 정치정세에 적극적으로 대응해 나간다는 것이 그 내용이었다.「주대환 공소장」, 92고합352호.

그러나 대의원대회 논의과정에서 전위정당 건설 방식을 둘러싼 구상에서 차이가 표출되었다. 이는 당시 조직 역량에 대한 평가 차이가 반영된 것이었는데, 이론영역을 담당한 측과 조직영역을 담당한 측의 의견이 나뉘었다. 인민노련의 이론담당인 황광우는 '전국적 정치신문 발간'을 통해 마르크스·레닌주의적 정치사상 유파를 형성해야 한다고 주장했다. 이에 대해 조직부의 노회찬과 오동렬 등은 정치신문 발간은 마르크스·레닌주의적 정치사상 유파가 형성된 이후 그 속에서 자연스럽게 이루어지는 것이라 보았으며, 인민노련의 상황에서 정작 시급한 것은 정치학교라고 주장하였다. 그리고 그 근거로 두 가지를 들었다. 우선 당시 인민노련이 이전에 존재했던 정치적 대중조직의 여러 유산들을 극복하지 못하고 있으며, 조직원들이 과학적 사회주의에 대한 단편적 지식밖에 없다는 것이다. 또 전국적 정치신문의 위상에 걸맞게 현실운동의 경험을 풍부하게 담아낼 수 있는 이론 역량이 부족하다는 판단도 있었다. 그리고 전국적 정치신문은 인민노련만의 신문일 수 없으며 마르크스·레닌주의 사상을 가지고 있는 정치조직 모두의 것이 되어야 한다는 판단도 같은 맥락에서 이뤄졌다. 즉 전국적 정치신문은 인민노련과는 조직적으로 구별되는 발간 주체에 의해 만들어져야 하며, 그러한 발간을 위해 적극 기여하는 것까지만 인민노련은 결정할 수 있다고 주장했다. 이 논쟁은 결국 전국적 정치신문 발간에 인민노련이 적극 복무한다는 정도로 정리되어 전국적 정치신문 발간 건은 기각되었다.「주대환 공소장」, 92고합352호.

이 논쟁에서 확인되는 것은 인민노련 역시 레닌의 '전국적 정치신문'을 사상투쟁과 사상통일을 이루는 중요한 매개로 받아들여 당을 건설하는 데 주요한 사업으로 인식하고 있다는 것이다. 그러나 이들은 제헌의회그룹 등이 주체 역량과 무관하게 무리한 전위정당 건설을 시도하다가 실패한 것에 대해 경계하면서 역량에 맞는 조직운동 방식을 취해 그것이 전위당 건설에 복무할 수 있도록 조직운동을 추구하는 현실적인 모습을 취했다.

이후 열린 중앙집행위원회에서는 2차 대의원대회의 결정사항을 위해 구체적인 사업계획을 수립했다. 조직부는 전국적 범위의 노조운동에 대해 정치적 지도를 수행할 수 있는 프랙션망을 건설하여 운용하고, 선진 노동자층에 대한 조직화사업의 강화를 통해 주요 공장과 대중조직에 핵심단위를 구축해 나갈 것을 기획하였다. 이는 바로 노동자정당의 조직적 기초를 구체화하는 일로 인식하고 있었기 때문이다. 홍보부는 1989년 1월 초까지 정치학교 개설 준비를 하기로 했다. 마르크스·레닌주의 원전을 조직원들에게 체계적으로 학습시키기 위해 주요 저작들을 연구해서 학습지침을 마련하고 정치학교 및 조직 각 단위에서 학습을 진행할 계획을 세웠다. 그리고 한국역사와 혁명이론, 주체사상에 대한 비판 등은 『노동자의 길』이나 새로운 사상 이론지를 통해서 사상지도를 하고자 하였다. 또 총무부는 조직 기풍을 다잡아 조직 집중력을 만들어 내려 했다. 총무부는 전 조직원의 보위 문제에 대한 일상적인 점검을 강화하고, 사업을 보다 계획적으로 추진하는 과정에 전 조직원을 동참시키는 작풍 수립, 상호보고 체계의 정비, 효과적인 예비조직원 프로그램의 정비 등을 추진하기로 결정했다.「오동렬 공소장」;「주대환 공소장」, 92고합352호. 이처럼 2차 대의원대회와 뒤이은 중앙위원회를 기점으로 인민노련은 조직 내적으로는 정치적 정체성을 강화하는 데 박차를 가했고, 조직운영 면에서는 조직원의 참여를 독려하는 분위기를 형성하면서 상하부 간의 소통체계를 정비해 갔다.

이어 인민노련은 대중운동에 대해서는 선진노동자층과의 결합을 강화하고 대공장 사업에 대한 개입을 높여 나갔다. 그리고 다른 한편에서는 인천에 집중되어 있는 인원을 전국적 대중사업을 위해 지방에 파견했다. 이 시기에 박신철은 거제, 신지호와 최봉수는 울산, 한승주는 창원 등에 파견되었고, 각 지역에서 대중운동 기반을 넓혀 나가기 시작했다.

이런 전환은 조직원 확보방식과 교육방식에도 빠르게 반영되어 나타났다. 일례로 조직원 가입방식을 보면, 1987년 말은 인민노련이 NL그룹과 분리하면서 정치조직으로 전환하던 초기여서 1987년 11월 30일경 인민노련에 참여한 오동렬의 경우 인민노련 강령에 대해 동의를 표명하는 것으로 조직원 가입이 승인되었다.「오동렬 공소장」 그러나 1988년 말경 인민노련에 참여하는 노현기의 경우는 조직체계가 정비되면서 강령을 중심으로 한 정치교육을 집중해서 받아야 했다. 노현기는 1986년 부천지역 홍양(주)의 해고자로서 공실위의 홍보부에서 활동을 하다가 인노협의 홍보부장으로 일했다. 그녀가 인민노련에 참여한 이유는 정치노선에 대한 판단보다는 노조운동의 방향을 둘러싼 인민노련의 지침에 공감했기 때문이었다. 이처럼 대중운동의 경험을 갖춘 이들은 그 활동경력이 인정되어 강령을 중심으로 한 변혁노선 위주로 교육이 이루어졌다. 이 교육과정에 대해 노현기는 다음과 같이 말한다.

> 저희 팀이 저하고, 민중교육연구소 활동하던 주은경 선배, 네 명인 거 같아요…. 지역에서 나름 난다 긴다 하는 활동을 한 사람들, 특히 현장노동자들을 상대로 활동을 하는 사람들이었어요. 그러니까 신경을 썼을 수 있어요…. 저희는 이미 활동 내용은… 조직원이냐 아니냐 상관없이 '인민노련의 정신이나 내용에 맞게 활동을 하는 사람이다'라는 판단을 한 거예요. 그런 점에서는 긴 기간 교육을 받은 건 아니고 3개월 정도… 기초적인 단계 다 생략한 거고 주로 강령 중심으로 했던 거 같아. 그 강령을 하는 과정에서 참고로 봤던 책들이나 자료들이 꽤 있었고(마르크스·레닌주의 원전—인용자) … 주요 이론가들이 와 갖고 주제별로 강령에 대한 해석이나 관련 자료에 대한 토론 혹은 강독으로 진행했어요.

당시 인민노련은 지역의 대중활동가들을 조직원으로 확보하였다. 특히 노동상담소가 중요한 역할을 했는데, 지역에서 노조 결성이나 투쟁이 일어나면 상담소가 이를 지원하면서 노조 간부들과 관계를 맺었다. 이 과정에서 신뢰가 형성되면 노조 간부들을 상담소 교육에 참여시키고 이어 조직원으로 가입시키기도 했다. 예를 들어 학출활동가인 서은수는 세창물산에서 노조를 결성하고 사무장으로 활동하던 중에 1989년 위장폐업 반대투쟁을 벌였다. 그녀는 투쟁과정에서 여러 정치조직들이 노조 간부들에게 접근하는 것을 차단했다. 그러던 그녀가 인민노련의 지원에 대해서는 호감을 갖고 노조 위원장과 같이 인민노련에 참여하였다. 이들을 통해 세창물산은 인민노련이 관계를 맺는 주요 사업장이 되었다. 이 당시 상황에 대해 서은수는 한 인터뷰에서 다음과 같이 말했다.

> 세창물산… 싸움을 가장 지원을 잘했구 지도해 준 조직이 '우리 (인민노련—인용자) 조직'이었지…. 세창물산 사무장 '꼴통'이란 게 내가 있던 지역에서 유행어였어요. 예를 들면 파업 한 달 하고 정상조업을 들어갔을 때는… 이 조직 저 조직에서 막 오거든. 난 하나도 안 보냈잖아. '가지 마' 그러면서. 여러 조직에서 선진노동자 교육프로그램이라고 탁 가지고 와. 그 당시에는 사노맹 이런 데서 막 가지고 왔어. 안 봐, 몰라, 안 보내. 그러니 얼마나 꼴통이야. 조직도 없지…. 나중에 우리 조직 이빨이 가장 잘 먹혔지…. 나랑 위원장을 잘 잡았거든. 박현귀, 「80년대 변혁운동가들의 정체성 변화과정: '운동권' 출신의 여성 모임을 중심으로」, 서울대 인류학과 석사논문, 1996, 36쪽에서 재인용.

이 시기의 조직 가입기준은 상당히 엄격하여 조직원이 되기 위해서는 6개월 동안 '예비과정=예비조직원' 과정을 거쳐야 했다. 예비조직원은 다음 〈표 2-2〉에서 알 수 있듯이 『노동자의 길』 등 기관지와 마르크스·레닌의 저작을 학습하면서 과학적 사회주의에 대해 인식을 하고 그에 기초한 현실 분석능력을 배우는 과정을 거쳤다.

〈표 2-2〉 조직원의 사회주의 이념학습 과정

가) 동조자 포섭단계 현장의 조직원과 노동상담소 등의 공개 거점에 배치된 조직원에 의해 포섭	◇기초적인 학습교양 - 『노동자의 길』 33호, 자본가에 대한 환상을 버리자 - 『노동자의 길』 30호, 임금이 노동의 대가인가? - 『노동자의 길』 31호, 노동자계급은 왜 빈곤에서 벗어날 수 없는가? - 『노동자의 길』 33호, 노동해방에 대한 정확한 생각을 갖자 - 『노동자의 길』 35호, 노동해방을 위한 정치학 - 『공산당 선언』(마르크스, 엥겔스)
나) 예비조직원 단계 •동조자 포섭과정에서 기초적인 사상학습을 마친 노동자는 조직으로부터 일정한 임무(파업선도, 가두정치선동 및 투쟁)를 부여받아 활동하면서 3~6개월 동안 사상학습과 검열을 받게 된다. •상부 지도선은 3~6개월간의 사상학습과 부여된 임무의 수행정도에 대한 (소견서) 평가서를 작성하고 예비조직원은 자신의 투쟁경력과 계급성향 및 사상성 등을 내용으로 자기소개서를 작성하여 조직상부에 제출하고, 조직상부에서는 예비조직원의 조직가입 여부를 결정한다.	◇사상학습과목 제1회(기초교양) : '모택동, 자유주의를 배격하자'. 제2회(혁명론, 전략사상): 강령(『노동자의 길』 32호), '남한혁명이론에 대하여'(『노동자의 길』 33호) 제3회(혁명론, 전략사상): '다시 한 번 개량주의를 비판한다'(『민중권력』 2호), '전진하는 프롤레타리아의 이정표'에 대해서(『민중권력』 2호) 제4회(정세분석과 정치투쟁전술—6월투쟁과 창립시기): '반제반파쇼운동의 신국면과 혁명적 노동운동의 긴급한 임무'(『민중권력』 1호) 제5회(정세분석과 정치투쟁전술—대선과 총선시기) : "자주·민주·통일의 깃발을 높이 들고 투쟁, 투쟁, 투쟁"에 대한 의견서(87.11.13) 제6회(정세분석과 정치투쟁전술—총선 이후 시기) : '노동운동과 현정세'(『노동자의 길』 30호), '모든 역량을 파쇼악법개폐투쟁으로' (『노동자의 길』 32호) 제7회(노동조합운동의 전술) : '민중운동연합 결성방식에 대한 우리의 견해'(『정세와 실천』 4호) 제8회(노조운동전술—88년) : '11월 18일 투쟁의 의의와 이후 투쟁방향'(『노동자의 길』 33호), '상반기 대중사업의 방향과 과제'(『정세와실천』 5호) 제9회(규약과 회의록 검토) : ①규약, ②운영위 회의록, ③2차 정기대회 회의록
다) 조직원단계	- 가입절차는 강령에 대한 질의응답, 환영사 낭독, 조직가입자 선서 순. - 조직원 사상 학습과목 : 공산당선언, 세계사회주의운동사(포스터), 반뒤링론(엥겔스), 자본론, 국가와 혁명(레닌)

※치안본부, 「인민노련사건의 전말」, 1989. 11. 15. 참조 작성.

특히 인민노련은 조직원의 반수 이상을 노동자 출신으로 하는 것을 원칙으로 정했다. 그 때문에 학생 출신들은 견습기간이 노동자보다 훨씬 길었다.MBC 『'이제는 말할 수 있다' 자료집』, 2005. 그러나 인민노련의 최고 지도부에 노동자들은 없었다. 이를 놓고 보면 노동자들을 우대한다는 의미는 이들의 대중적 지도역량과 대중운동의 경험을 높이 평가하면서 동시에 이들을 통해 노동현장에 기반을 형성하려던 의도로 파악된다.

> 지식인들이, 지식인끼리 모여 가지고 어려운 얘기하는 운동은 의미가 없고. 대중 속으로 파고들고 함께 하는 실사구시實事求是가 상당히 중요하다고 봤고요.[노회찬 구술]

> 명망가 몇 명들 머리 싸매 가지고… 인천에만 무슨 단체 수백 개 들어봤는데 제대로 존속되고 있었던 적이 별로 없거든, (인민노련은—인용자) 다른 조직들과 차별성이 굉장히 큰 거예요. 현장에 뿌리를 갖고 있나 안 갖고 있나, 현장 활동가들과 긴밀하게 연대를 갖고 있느냐가 가장 컸다고 봐요…. 학생 출신 활동가를 조직에 받아들이는 것을 굉장히 까다롭게 벽을 높였구요. 선진노동자들은 기본 수양을 받게 되고 의지가 있으면 조직원으로 받아들이는 정책을 의식적으로 펼쳤고.김창덕 인터뷰(MBC, 〈이제는 말할 수 있다〉 92회, 2005)

② 노동조합운동과의 결합방식

인민노련의 일상활동은 노동조합 건설과 노동자 권익쟁취, 연대사업, 민중의 정치세력화 도모, 당 건설을 위한 사상적·조직적 기초를 다지는 일 등의 네 가지 부문이었다. 각 영역의 활동 방향은 기관지의 해석을 기초로 하여 조직원들이 창의적이고 독자적인 판단을 갖고 활동하는 것을 중요하게 여겼다고 한다. "문건에는 답이 없다. 조직의 철학과 정신에 근거해 스스로 판단하고 행동하라"는 방침은 공안기관의 수사망을 피하기 위한 어쩔 수 없는 선택이기도 했으나, 적어도 조직원들이 '세세한 지침으로 가르쳐 주는 것이 아니라' 자발적인 판단에 맡길 수 있다는 '사상적 통일성'에 대한 자부심의 발로라는 설명도 있다.노병직, 「새 세상을 향한 우리의 운동」, 이진경 외, 『선진노동자의 이름으로』, 197쪽.

한편 조직의 골간이 되는 현장활동과 노조운동에 대한 지도 및 지원 활동은 크게 세 부분으로 나누어 살펴볼 수 있겠다.

첫째, 노동조합운동의 전망과 방향을 제시하는 것이다. 1987년 노동자대투쟁 이후 인민노련은 발전하는 노동자들의 투쟁과 민주노조운동에 발맞춰 매 시기 노조운동의 현황에 대한 평가, 전망과 대안 등을 제출했는데, 이는 노조운동의 이념 정립과 방향에 영향력을 미치려는 것이다. 이런 움직임은 팸플릿이나 『정세와 실천』, 『노동자의 길』 등의 기관지에서 찾아볼 수 있는데, 주요 내용은 지역민주노조협의회 건설 제안, 전노협의 성격과 임무 및 건설방안, 민주노총과 산별조직 건설의 방향 등에 관한 것이었다. 특히 노조운동 방향과 관련하여 다른 입장들과 공개적인 논쟁을 벌였다. 주로 '전국민주노조총연합'(제2노총) 건설의 경로로서 전노협 건설의 필요성과 관련된 논쟁으로 '노총민주화론'을 주장하는 장명국이나 전노협 시기상조를 주장하는 김승호와 논쟁을 벌였고, '즉각적인 제2노총 건설'을 주장한 이목희와도 논쟁을 벌였다.노병직, 「새 세상을 향한 우리의 운동」, 이진경 외, 『선진노동자의 이름으로』, 168~171쪽.

둘째, 노조나 사업장에 대한 지원 단위로 조직원을 편제하여 관리했는데, 초기에는 부천, 부평, 주안·하인천으로 나누어 각 지구 책임자가 4~5인으로 구성된 분회를 관리하는 방식으로 운영했다. 이후 인민노련사건이 터지고 1990년 조직이 재건된 뒤에는 중소사업장과 대기업으로 나누어 관리했다. 이때는 전국조직 준비로 구舊지도부가 빠진 데다가 조직사건으로 20여 명이 구속되고 상당수 인원이 수배상태가 되었을 때이므로, 그 이전보다 적은 규모로 효율적인 관리를 하고자 하였다. 또 이때 대기업에서 민주파들이 노동자들로부터 지지를 확대해 가는 시기였기 때문에 대기업을 지원하기 위한 역량을 집중적으로 배치하려 했다.

당시 인민노련이 관련한 사업장은 콜트악기, 태원낚시대, 동미산업, 한국조아, 한국테코레크, 삼익악기, 아남전기, 서홍산업, 연경전자, 대림통상, (주)진도, (주)우일, (주)흥양, 제약, 경동산업, U.S마크네틱, 삼기전자, 대양전기, 명성전자 등이었다.치안본부, 「인민노련사건의 전말」, 1989. 11. 16. 특히 경동산업이나 명성전자 같은 대공장의 경우에는 활동가들을 계속 투입하여 노동조합 결성 및 노조민주화 활동을 벌여 인민노련 관련 사업장으로 만들어 갔다.

예를 들면 경동산업의 경우는 1984년부터 학출활동가 황광우, 최봉근 등이 취업해서 활동하다가 해고되자 뒤이어 박병우가 들어갔다. 이들은 이후 인민노련의 중심 지도부가 되었다. 이 과정에서 노동자 이건탁 등의 선진적 노동자들이 활동의 주체로 변화해서, 일부는 인민노련 조직원으로 참여했고 다른 이들은 사업장 내부의 노조민주화모임에 결합했다. 인민노련은 활동가 배치만이 아니라 노조민주화운동의 방향에 대한 지원·지도, 나아가 현장 노동자소모임에서도 정치교육을 시도했다.황광우, 『잎새에 이는 바람에도 나는 괴로워했다』, 44~53쪽 참조 작성. 그 사례는 〈표 2-3〉의 ○○산업 노동자들에게 『공산당 선언』을 학습시킨 것에서 구체적으로 찾아볼 수 있다.[10]

그러나 노동자 정치교육이 위의 사례처럼 반드시 잘 진행된 것은 아니었다. 당시 대부분의 민주노조 간부들은 자신이 소속된 노조와 지노협 활동, 전노협 건설 등의 현실 실천 사안에 쫓기거나, 당면한 구체 실천에 매몰되어 정치학습의 필요를 간과하기도 했다. 물론 이들도 자신이 당면한 실천과제를 통해 정치학습의 필요를 느낄 때는 상당히 적극적인 태도로 참여했다. 이에 대해 명성전자 위원장이었던 김기자는 다음과 같이 기억하고 있다.

> 학습모임에는… 노동운동사라든지 노동운동론이라든지 이런 것들을 갖고 하잖아요? 그러면 나는 지금 바빠 죽겠고 전노협, 지노협 관련해서 대안을 찾고 싶은데, 매번 그런 걸 하니까 나랑은 상관없는 얘기니까 관심이 없었고…. 그러다가 전노협 건설 관련해서 교

10 이 사업장에서 원전학습을 하게 된 상황은 "○○산업은 금속제품의 대기업이다. 보안의 필요상 가명을 사용했다. 현재 노동조합 민주화활동이 매우 활발하게 진행되고 있다. 보고서의 작성자는 ○○산업의 선진노동자들과 『공산당선언』 학습을 이끈 선전가이며, 이 모임을 조직하는 데는 같은 현장에서 활동하고 있는 노동자 조직가 1인의 역할이 주도적이었다. 87년부터 다양한 현장 실천활동을 해온 ○○산업에서는 다수의 선진노동자층이 형성되어 노조민주화 추진위원회도 있었고 지도부도 있었지만 제대로 기능을 하지 못했다. 또 선진노동자층이 여전히 낮은 의식적 각성의 수준에 머물러 있었다. 이 두 가지 문제를 동시에 해결하기 위해 핵심 노동자 몇 명에게 과학적 사회주의에 대한 선전을 수행해야겠다고 판단. 1989년 임투가 정리된 시점"이라고 밝히고 있다(황광우, 「그렇소, 우리는 사회주자요!」, 『잎새에 이는 바람에도 나는 괴로워했다』, 44쪽).

〈표 2-3〉 ○○산업의 선진 노동자들과 『공산당 선언』 학습 사례

학습 차수	학습 내용
1차	『공산당 선언』의 제1부 「부르주아지와 프롤레타리아트」중 50쪽까지만 했다. 노동자들에게 읽어오게 했고, 처음에는 강독을 했다. 시대적 배경을 설명했다…. 토론은 힘들었다…. 많은 설명을 했다. 역사가 계급투쟁의 역사라는 것….
2회	50쪽 부르주아지의 혁명적 역할에서부터 56쪽까지 이루어졌다. 자본주의 사회와 프롤레타리아트의 형성에 대한 부분을 충실하게 이해시키는 데 주력했다.
3회	56쪽의 프롤레타리아트의 발전 단계에 관한 것이었다. 번갈아 가면서 읽고, 내용을 요약하고, 토론하는 식이었다. 현실과 가장 쉽게 연결되는 부분인 듯. "부르주아지는 자신의 정치적 목표를 달성하기 위하여 프롤레타리아트 전체를 동원해야 했으며, 또 당시에는 그것이 가능했다"는 대목에서는 87년 6월 투쟁에서 대선투쟁에서 각 계급, 각 정파가 어떻게 활동했는지 전했다.
4회	학습방법을 약간 바꾸기로 했다. 보조 자료를 통해서 노동자들이 토론을 할 수 있도록 준비시켜 해설 위주를 벗어날 수 있을 것이라는 판단을 내렸다. 『공산당 선언』 제2부 「프롤레타리아트와 공산주의자」를 3회에 걸쳐서 학습했다. 네번째 학습에서는 사적 소유의 철폐문제를 토론하기 위해 독점과 관련된 자료들을 주었다.
5회	교육문제와 여성문제에 대한 자료를 사전에 주어 발제를 분담시켰는데, 노트에 몇 페이지씩 꼼꼼하게 정리해 왔다.
6회	69쪽의 프롤레타리아트 독재에 대해서 다루었다. 가장 기분 좋은 대목 중의 하나. 부교재는 『러시아 혁명사』 제3권의 앞부분, 혁명 과정의 권력 수립과정과 혁명 이후의 정치·경제조치와 혁명과정을 생생하게 아는 데는 『러시아 혁명사』가 좋다고 판단한 것.
7회	『공산당 선언』 제4부 「각종 반정부 당들에 대한 공산주의자들의 태도」를 다루었다. 부교재는 『사회주의자』 창간호에 실린 「혁명적 노동자는 어떻게 실천할 것인가」를 선택했다. 4부는 사회주의자의 활동 원칙을 핵심적으로 제시하고 있음을 강조했다.

※황광우, 「그렇소, 우리는 사회주자요!」, 『잎새에 이는 바람에도 나는 괴로워했다』, 47~52쪽 참조 작성.

육이 있었는데, 강사가 전노협이 왜 건설되어야 하는지, 활동가라고 하면 현장에서 어떤 실천을 어떻게 해야 되는가, 구체적으로 그 얘기를 쫙 하는데 거기에 빨려들었어요. 너무너무 감동스럽고, 그러면서 그때 제가 처음으로 '나도 활동가가 되고 싶다!' 그런 생각을 했고. 그래서 나는 그 교육을 받고 난 다음 날부터, 그 왜 괜히 우쭐한 거 있잖아요? 마음이 풍성해 가지고. 나도 준활동가는 되지 않을까…. 그러면서 나도 활동가가 되면… 전노협을 건설하고 그 속에서 할 수 있는 것들이 너무너무 많고…. 그 속에서 실제적으로 노동자들이 정치세력화되어 가는 과정까지를 밟아 가야 되는 건데, 그러기 위한 현장에서 기초적인 활동, 선전 이런 걸 해야 되고.

한편 명성전자도 인민노련이 역량을 집중하던 전략사업장이었는데, 민주노조 결성과정을 보면 다음과 같다. 명성전자는 450명 규모로 부평에서 가장 큰 사업장 중의 하나였다. 이 사업장에는 1987년에 노동자 김기자가 입사해 활동을 하다가 다른 정치조직의 활동가 2인과 같이 현장활동가 모임을 만들어 사업장 활동방향을 같이 모색했다. 이후 인민노련에서는 중원전자 출신의 선진적 노동자를 입사시켰으나 그녀가 퇴사하자, 다시 다른 학출활동가를 배치했다. 이들의 주도하에 1988년 들어 노조 결성준비를 본격적으로 했다. 우선 노조결성준비위원회를 구성한 뒤에 노동조합에 대한 교육을 민중교육연구소(약칭 '민교연')에서 받았다. 이어 1988년 8월에 노동조합을 결성하여 김기자가 위원장이 되고 인민노련의 학출활동가가 사무장이 되어 노조의 중심으로 활동했다.[김기자 구술] 명성전자 노조의 교육, 소모임 등을 바탕으로 한 대중활동 방식이나 특히 단체협약

내용은 인천지역 노동조합의 모범이 되기도 했다.

단위사업장의 노조활동이 안정화되자 명성전자가 중심이 되어 인천지역 전자업종노조 대표자모임을 추진하였다. 업종 간 연대활동은 인민노련이 기업별 노조를 업종별·산업별로 전환시켜 간다는 대중조직 사업방침에 따른 것이었다. 노조 간의 연결은 민교연을 통해서 이루어졌다. 전자업종노조 대표자모임은 이어 조합원 간의 교류를 통해 같은 업종 노동자로서 공감과 단결을 높이기 위한 공동문화행사 등을 벌였다. 이러한 노조 간부들과 조합원들의 연대활동을 바탕으로 1989년 임금인상 시기에 전자업종의 공동요구를 내거는 공동투쟁을 조직해 성공하기도 했다. 이에 대해 김기자는 다음과 같이 기억하고 있다.

> 89년에 전자업종모임을 했던 거죠. 인민노련이 앞서가는 사고가, '업종별 전환이 돼야 된다'고 하는 문제의식들이 있었어요. 당시에 전자 쪽이 제일 강했으니까 '전자업종부터 하자' 이런 거예요…. 그러니까 우리 사업장이 크고, 그 다음에 제가 민교련 그쪽 사람들이 그런 어떤 업종모임, 이런 거의 필요성을 느끼고 그래서 '명성 위원장이 좀 해봐라', 뭐 이러면서 꾸린 게 인노협 안에든 바깥에서든… 다 망라해서 전자 쪽 노동조합 대표자 모임을 했죠. 그래서 같이 공동요구안도 만들었고, 같이 문화활동도 했고, 그 다음에 전자업종 행사도 했었어요. 한 800명 정도 모여서 같이 공연도 하고. 그때 17개 사업장인가? 인천지역 전체를 대상으로… 미가입 사업장도 많이 망라가 됐어요. 그중에 3~4개 사업장은 그러면서 인노협 가입도 하고. 그래서 공동요구안이 2,487원이었는데 그거를 100% 다

따내는 거를 목표로 하고…. 그래서 2400원, 2300원… 그 근사치로 다 따냈어요.[11]

명성전자노조의 조직력을 기반으로 김기자 위원장은 인노협의 사무처장으로 활동의 폭을 넓혀 나갔다. 당시 인노협은 NL경향인 한국노동문제연구소 이목희 그룹의 영향력이 강했는데, 이에 대항하여 한국노동문제연구소의 활동에 반대하는 입장을 갖고 있던 인민노련과 PD계열 세력이 결합하여 김기자 위원장을 사무처장으로 내세운 것이었다.[김기자 구술]

셋째, 위의 명성전자의 사례에서 알 수 있듯이 노조 결성과 활동에 대한 지원은 주로 지역의 노동상담소인 민교연에서 담당했다. 이는 노조운동이 지역의 공개, 반공개 단체 간의 유기적 결합을 통해 이루어지고 있다는 것을 의미했다. 인민노련은 노동조합에 대한 공개적인 지원 및 선진적인 노동자들을 조직하기 위해 인천 민교연, 부천 민교연, 새날상담소, 주안골목(내일을 여는 집) 등의 상담소를 지역마다 만들었다.

자연발생적으로 고양된 대중운동에 대해 전문적이고 헌신적인 지원과 결합하기 위해, 자발적 투쟁에 대한 지원조직일 뿐만 아니라

11 『인노협신문』(제11호, 1989년 2월 1일자)에는 이 전자업종 활동에 대해 다음과 같은 기사가 실렸다. "인노협 산하 및 인천지역 15개 전자업체 노조가 주최한 '신년 전자인의 밤'이 800여 인천지역노동자가 참여한 가운데 1월 20일 신협회관에서 성황리에 열렸다. 김기자 위원장은 전자인의 밤을 개최하게 된 취지연설을 통해 '이번 행사가 인노협 최초의 업종별 행사'임을 강조하고, 이를 계기로 임투준비를 함께 수행하며 89년 임투를 승리로 이끌자고 하였다. …… 아남전자, 알팩스, 삼우공업, 진성전자, 몬트레스, 대한마이크로 등이 참여했다."

이 지원을 통해 목적의식적 운동과 결합케 하는 안내소이기도 한 것이다. …… 노동상담소는 공장의 경계선 밖에서 공장 노동자와 거주 지역 대중에게 선동과 투쟁을 조직하는 전진기지가 되어야 한다. 직접 찾아가서 자신의 존재와 할 수 있는 일을 홍보해야 하며, 상담이 교육과 조직으로 연계될 수 있도록 다양한 시도를 해야 한다. 정명수, 「상반기 대중사업의 방향과 과제」, 『정세와 실천』 5호, 1988. 3.

위의 인용문에서 알 수 있듯이 인민노련은 상담소의 역할을 노조활동을 지원하는 것과 동시에 그 과정에서 목적의식적인 운동이 결합할 수 있는 매개역할을 하는 것이라고 보았다. 즉 인민노련은 상담소를 통해 지역 노동자층에 대한 영향력을 확대하고자 했으며, 동시에 상담소를, 상담이나 교육 등을 받으러 오는 노조 간부들을 선별해서 조직원으로 확보할 수 있는 창구로 인식했다.

그 때문에 상담소는 초기에는 노조 지원과 노동조합에 대한 교육활동을 중심으로 프로그램을 진행하다가 1988년 10월 이후에는 노조 간부들의 초보적인 정치의식화를 위한 정치학교로 발전하게 되었다.[12] 정치학교는 사회주의에 대한 학습의 입문으로서 노조 실천을 뛰어넘는 정치적 실천에 대한 안내를 목표로 하였다.

정치교육은 〈표 2-4〉에서 알 수 있듯이 4개 강좌 총16회로 구성

12 그 필요성에 대해 민교연은 "노조 결성, 노조 일상활동, 임투 등의 교육으로는 노동자들이 변혁적인 관점에서 노동운동이 어떠한 지위와 임무를 부여받고 있는지 독재정권과 독점재벌을 타도하고 미일 제국주의를 몰아내는 투쟁에 운동가들은 어떻게 참여해야 하는지, 더 나아가 노조활동에 대한 지식만이 아니라 정치, 경제, 사회 등에 관한 노동자의 사상을 가지려면 어떻게 해야하는가에 대한 답을 얻기에는 대단히 부족하다. 노동자의 입장에서 사회를 분석하고 세상을 보는 눈을 가지고 인생을 사는 자세를 가져야 한다. 이를 위해 철학, 경제학, 정치학 등을 학습해야 한다"라고 밝힌 바 있다(인천민중교육연구소, 『새로운 정치교육』, 1992).

〈표 2-4〉 인천 민교연의 정치교육 프로그램

제1강좌 : 노동자의 철학	1회 : 노동자의 철학은 무엇이며, 왜 필요하가 2회 : 세상을 보는 바른 눈—유물론과 관념론 3회 : 노동자의 역사—사적 유물론 4회 : 노동자 계급의 역사적 사명과 올바른 인생관
제2강좌 : 자본주의	1회 : 임금과 노동자(노동자의 경제학과 임금론) 2회 : 자본의 축적과 노동자의 삶 3회 : 제국주의 4회 : 노동해방이란?
제3강좌 : 한국사회	1회 : 경제가 왜 사회의 토대인가—한국의 경제(1) 2회 : 경제가 왜 사회의 토대인가—한국의 경제(2) 3회 : 한국의 정치 4회 : 변혁운동의 과제와 전망
제4강좌 : 노동조합운동론	1회 : 노조의 성격과 임무, 발전법칙(노조운동 일반이론) 2회 : 한국노동운동사 3회 : 한국노조운동사(민노운동의 현황과 과제) 4회 : 노조, 정치투쟁, 정치조직

※ 인천민중교육연구소, 『새로운 정치교육』, 1992.

되어 있고 각각의 강좌는 상대적 독립성을 가지고 운영됐다. 강좌시행 이전에 상담소는 노동자들을 대상으로 한 설문조사를 실시하여 노동자 상태, 교육 경험, 의식수준에 대해 일차적으로 분석하여 교육과정에 반영시키는 작업을 시도했다. 이 교육은 1989년부터 1990년까지 총 7회 실시했다.

그러나 정치학교는 체계적인 의식을 형성하기 위한 것으로써, 당시 노조 간부들에게 필요한 정세와 실천방향에 대한 문제를 해결하는 데에는 한계가 있었다. 이에 민교연은 정치학교의 성과를 바탕으로 그 내용을 보완하여 정치선전교육을 한 축으로 발전시켜 나가면서 동시에 정치폭로·선동사업을 일상적으로 조직하기 위한 노력을 기울였다. 1991년 12월 '새로운 정치교육'이라는 노동교실을 만든 것이 그 예가 될 수 있을 것이다. 노동교실은 '1회: 노조운동에 대하여, 2회: 임금론의 기본원칙과 산업구조조정을 중심으로 한 현재의 한국경제, 3회: 총선과 노동자 정치세력화' 등과 같은 내용으로 구성되었다.인천민중교육연구소,『새로운 정치교육』, 1992.

한편 인민노련의 노동조합운동에 대한 지원·지도 활동은 당시 지역연대조직인 인노협에 실무자를 파견하는 것을 통해서도 진행되었다. 당시 인민노련 조직원으로 인노협에 실무자로 파견된 이는 조직부장, 홍보부장, 교육부장 등이었다. 인노협 파견자들은 인노협에서 인민노련의 방침을 관철시키려 했다. 파견자들은 조직과의 논의구조를 갖고 또 실무자 간의 논의구조를 갖고 있었다. 특히 인민노련 기관지인『노동자의 길』은 이들이 실천방향을 잡는 데 길잡이 역할을 했다. 그러나 정치조직의 방향제시는 당면하고 있는 인노협의 구체적인 사안 모두를 답해 줄 수 있는 수준은 아니었다. 이에 대한 당시 인노협 홍보부장이었던 노현기는 다음과 같이 말한다.

> (면담자: 인노협 활동과 인민노련의 관계는?) 저는 현영 언니(조직담당—인용자)랑 만나 이야기를 하고, 또 인노협 내부에 다른 인민노련 활동가랑 이야기를 하고 이랬지만, 제가 알아서 했던 측면이 커요. 그러니까 그때『노동자의 길』나오잖아요…? 거기에 나오는 해석과 내가 현실에서 맞는 걸 가지고. 저는 조직이 지나치게 챙겨주는 것도, 바쁜데 오라가라 하는 것도 문제고…. 저는 중요한 건 조직

은 정신이라고 생각하거든요…. 예를 들면 현영 언니가 '뭔가 줄 수 있는 게 없어서 미안해' 그러면 '주는 게 더 문제라고…. 괜히 현실도 안 맞는데 비합법에서 주워듣는 이야기, 내가 하는 몇 마디 갖고 뭔가 지침을 만들어 줘야 된다는 강박감이 조직을 더 기계적으로 만든다.' 그런 이야기를 많이 했어요.

그러나 다른 파견자의 경우는 달랐다. 전체 노조운동의 국면과 상황에 대해 인민노련이 제기하는 것과 직접 현장에 몸담고 실천하는 주체가 판단하는 것이 다를 수 있었다. 또 정치조직의 대중운동에 대한 방침은 원칙적일 뿐 구체적 현실을 돌파할 수 있는 직접적 방침이 되지 못하는 경우도 있어서 파견자가 그 때문에 어려움을 겪기도 했다. 한 예로 인노협에 파견되어 활동하던 상근자는 1989년을 둘러싼 노동운동의 국면에 대한 조직의 지침이 상황에 맞지 않아 노조운동의 방향을 정하는 데 상당한 어려움을 겪었다고 한다.[노현기 구술]

이와 같이 1987년 노동자대투쟁 이후 대중운동의 성장 속에 인민노련이 조직 내적으로는 마르크스·레닌주의에 입각한 정치조직으로 전환하기 위한 이론학습을 벌이면서 동시에 대중운동에 적극 개입했다. 이처럼 조직 안팎의 사업이 일정한 궤도에 오르자 인민노련은 전국조직 건설을 위해 조직을 이원화했다. 1989년 여름 주대환, 노회찬, 최봉근, 황광우 등의 지도부가 인민노련을 나가고 오동렬, 윤철호, 정광필 등으로 새로운 지도부가 구성됐다. 이는 인민노련이 조직활동 방향을 "과학적 사회주의를 학습하고 전파하는 것, 혁명적 노동자그룹을 각 지역에 건설·강화하는 것, 전국적 정치신문을 통해 폭로를 조직하는 것, 그리고 이 세 가지 활동의 통일적인 전개야말로

1989년 독자적인 조직을 창건하는 가장 올바른 접근"으로 정리한 것을 실천에 옮긴 것이었다.[13] 이어 인민노련을 나간 구舊지도부는 다른 그룹에서 합류한 유인렬 등과 함께 '전국적 정치신문'을 표방한 『사회주의자』를 1989년 8월 25일 창간했다.[14] 『사회주의자』 창간을 통해 인민노련은 마르크스·레닌주의에 입각한 당건설 사업을 일정에 올렸다. 황광우는 다음과 같이 기록하고 있다.

> 우리가 인민노련을 탈퇴하고 나와 『사회주의자』라는 지하신문을 만든 이유의 하나는 레닌이 주장한 전국적 정치신문을 현실에 옮겨 보고자 하는 것이었다. …… 레닌이 이룩한 이스크라그룹과 비슷한 것을 손에 쥘 수 있었다. 황광우, 『잎새에 이는 바람에도 나는 괴로워했다』, 223쪽.

그러나 1989년 10월 인민노련 조직 탄압사건이 터지고 이어 노회찬 등이 검거되면서 『사회주의자』 발간은 4호로 중단되었다.[15]

13 이에 대해 다음의 글에서 구체적으로는 설명하고 있다. "수도권지역과 같이 어느 정도 '사회주의운동의 역량과 경험'이 축적된 곳의 경우, 자신의 조직의 질을 더욱 높이면서 그 조직이 혁명적 노동자와 함께 성장하는 조직이 되도록 노력할 것이 요구되며, 아직 어떤 사회주의 운동도 착수되지 못한 후진적인 지방의 경우, 먼저 사회주의자들의 핵심을 건설하고 정치신문과 도움을 주고받으면서, 지역 안의 사회주의 활동을 개시하는 것이 올바른 방침이다. 언제, 어떤 방법으로 노동자 당을 창건할 것인가 문제는, 사회주의 운동이 일정 수준 성장했을 때, 그러한 현실 조건에서 계획·집행할 수 있는 성질의 문제이므로, 지금 예단할 필요는 없다." (황광우, 『잎새에 이는 바람에도 나는 괴로워했다』, 39~40쪽).

14 그동안 "한국의 민족민주운동에서 어떠한 이유에서건 사회주의자로 추궁당하면 '나는 사회주의자가 아니다'라는 선언만 있었지, 스스로 자기를 사회주의자라고 주장한 적은 없었다"며 "모든 금기를 무시하고 완전한 자유를 추구하고자 한다"며 「사회주의자」를 제호로 내세웠다 (「오동렬 공소장」).

15 구속자는 오동렬(서울대 철학과), 윤철호(서울대 철학과), 노병직(서울대 상대), 노회찬(고려대), 정종주(서울대 법대), 최병국, 이현영(서울대 철학과), 최건섭(서울대 법대), 이면재(서울대 정치학), 김진희(서울대 독문과), 권우철(서울대), 신동수(서울대 국사과), 이태주(고려대 영문과), 최남

이와 같이 인민노련은 1980년대 전반기부터 인천지역에 형성되었던 정치서클들이 통합하여 노동현장에 기반을 둔 마르크스·레닌주의 정치조직으로 성장했다. 인민노련의 조직관은 레닌의 당건설론에 입각해 있으면서도 주체 역량의 정도에 따라 조직 건설을 단계적으로 추진하는 방식이었다. 특히 인민노련의 전위당건설론은 여러 정치조직운동의 경험과 세력이 결합하여 지역 차원의 정치조직운동과는 다른 질로 형성된다는 판단을 가지고 있었다. 이에 인민노련 초기에는 대중운동에 집중하였고 대중운동의 발전과 조직 역량이 일정정도 확대되자 이론작업을 통해 기관지를 발간했다. 이런 활동의 결과 인민노련은 당시 인천지역에서 가장 큰 영향력을 발휘하는 정파로 성장했다. 1989년 하반기에는 인민노련과 별도로 다른 운동 세력들과 소통하면서 당건설을 시도했다.

5) 지역분산형 정치조직 건설운동과 대중활동

1980년대 전반기에 정치이념을 공유한 뒤 그 역량을 여러 지역에 분산하여 독자적으로 전위당건설을 지향하던 정치세력인 제파PD그룹도 1987년 이후 그 활동이 가시화되었다. 다산보임그룹 또는 제파PD그룹은 1980년대 정치조직 건설의 흐름인 '위로부터의 당건설운동' 방식과 '아래로부터의 당건설' 방식이 조직 내부에 공존하였고,

기(고려대 경영과), 김창덕, 김혜인(서울대 불문과), 심은남(인하대), 신진화(서울대 독문과), 장인성(서울대 독문과), 김용숙(인쇄노동자) 등이다(『동아일보』, 1989년 10월 19일자; 노병직, 「새 세상을 향한 우리의 운동」, 이진경 외, 『선진노동자의 이름으로』, 171~173쪽).

그 사이에서 두 방식은 긴장관계를 유발하여 상호갈등을 하면서 분열하거나 통합되기도 했다.

이런 제파PD그룹의 특징은 다음과 같다. 첫째, 정치노선과 조직노선 등을 구체적으로 정립하지 않고 혁명에 대한 근본적 문제의식을 견지한 채 구성원들을 전국의 노동현장으로 '존재이전'시켰다. 둘째, 이 그룹은 당시 사용되던 정치운동의 개념과 다른 그들만의 개념 및 혁명운동의 상을 견지하고 있었다. 사회주의혁명의 방식으로 소비에트혁명과 코뮌혁명의 관계를 고민했고, 대중의 혁명성과 의식성의 관계에 대해 '시추론'과 '점화론'의 관점에서 바라보기도 했다. 또 당건설운동의 주체 형성을 노동현장에 존재이전하는 인필드In Field와 지역운동의 개념인 아웃필드Out Field 개념 등을 통해 접근하려 하였다. 셋째, 수도권과 영남권 등의 지역에서 현장활동을 개척하던 이 그룹은 노동자대투쟁 이후 대중운동의 발전 속에서 조직운동 방향을 둘러싼 내부 갈등을 지역마다 표출하기 시작했다. 이러한 특징을 갖는 제파PD그룹의 서울과 인천지역 상황은 이후에 구체적으로 살펴보고, 먼저 다른 지역상황을 중심으로 살펴보면 다음과 같다.

우선 안양PD그룹은 활동가들이 1985년 전후로 안양·군포 등의 노동현장에 진입해 활동을 했고, 그 가운데 해고된 현장활동가들이 1989년 4월부터 9월까지 정치조직 건설의 경로 및 필요성을 선전하기 위한 연구활동을 했다. 이들은 「노동자 계급의 올바른 당건설 경로에 대하여: 초안」 등을 연구해 냈고, 시기와 사안별로 지역 선전물 「메이데이 100주년 기념 한국노동자대회에 부쳐」, 「현정세의 성격과 민민운동의 과제」, 「경기 남부지역 임투 평가」 등을 작성하여 배포하였다.김학원, 「노동자계급의 정치세력화와 노동자정당 건설을 향하여」, 이진경 외, 『선진노동자의 이름으로』, 122~123쪽, 142쪽. 이 선전물들의 출처는 '안양 민주노동자 일동그룹'으로 표기되어 있다. 이런 활동과정 중에 1989년 9월 13일 김학원 등 6명의 선전그룹 성원들이 구속되었다.[16]

다음으로 영남권의 활동은 1985년부터 시작되었다. 부산지역의 경우는 1985년 초 이전팀을 마친 80학번 홍정이와 81학번 4인이 방직산업 노동자들을 조직하기 위해 내려갔다. 현장 안착이 이루어질 즈음 부산지역 출신자들의 '실임그룹'과 연계해 1986년에는 6개월에 걸쳐 지역 선전물 작업을 집중적으로 벌이기도 했다. 이어 1987년에는 다산보임 출신의 박종관 등 3인이 합류하였고, 다시 여성활동가 3인, 남성활동가 2인이 합류하면서 지역정치서클을 형성하였다. 이들은 지역활동으로 '만판'이라는 문화공간을 만들어 풍물강습 등을 매개로 노동자들과의 연계성을 가져갔고, 다른 한편에서는 동국제강의 선진적 노동자들을 조직하였으며, 1988년에는 활동가가 900여 명 규모의 유진상사에서 노조를 결성하기도 했다. 1989년 말에는 '반실임그룹'과 '노동계급' 등의 여러 정파와 같이 노동단체인 부산노동자교육협회를 결성해 교육활동을 벌이면서, 활동가와 선진적 노동자들의 소모임도 운영했다.[홍정이 구술]

마지막으로 마산지역의 활동이다. 1985년부터 80학번 이미숙 등 3인은 이전팀을 마친 후 새로운 지역을 개척하기 위해 마창수출자유공단으로 갔다. 수도권지역이 이미 활동가들이 많이 들어가 있

16 치안본부는 1989년 9월 12일 "안양과 군포 두 군데에 자취방을 얻어 놓고 근로자들을 의식화시켜 기아산업 등 이 일대 14개 기업체에 들여보내 '반제반파쇼 민중민주주의혁명'을 일으키려 한 혐의로 이기동·김혁·이성호·김학원·김대영·이숙희 등을 구속했다"고 발표했다. 이 발표에는 "조직확대와 노사분규를 배후조종하고 결정적 시기에는 일제히 봉기한다는 계획까지 세웠다"는 부분까지 들어 있었다(『서울신문』, 1989년 9월 13일자).

다고 판단했기 때문이다. 이들은 바로 동경실리콘 등의 전자회사에 취업을 해 현장분위기를 익힌 뒤에 3인이 집중된 공동활동을 하기 위해 동광에 입사했다. 그러나 1986년 3월 다산보임사건의 여파로 이들은 활동을 중지하고 퇴사하였다. 이후 6개월 정도 상황을 보다가 재취업했는데, 그중 1인은 1,700여 명 규모의 사업장인 한국시티즌에 입사했다. 한국시티즌에서는 1987년 노동자대투쟁 시기에 노동자들이 자발적 투쟁과정에서 노조를 결성했는데, 이 그룹의 활동가 중 하나가 조합원으로 있다가 이어 부위원장으로 활동했다. 또 다른 활동가들은 중소규모의 하청공장들을 조직하기 위한 지역노조준비 활동을 벌였고, 1인은 마창노련의 선전국장으로 상근활동을 하기도 했다. 그러나 이 지역에는 인원이 더 이상 충원되지 않아 정치서클을 형성하지는 못했다.[이미숙 구술]

한편 1986년 3월 25일 사건으로 인해 다산보임그룹의 수도권 조직은 일부 혼란을 겪었다. 특히 이 시기는 NL과 CA의 논쟁이 부상되던 시기여서 일부의 구성원들이 NL, CA로 방향을 수정하여 조직을 떠나기도 했다. 남은 대부분의 구성원들은 당시 논쟁에 대해 부정적인 태도로 거리두기를 하였다. 이들은 현장에서부터 검증된 이론으로 지도력을 형성해야 한다는 입장이었다.[17] 이들은 비상대책위원회체계를 구축하고 독립된 지역별 조직활동을 펼쳐 나갔다. 1988년까지는 지역대표자회의라는 소통체계를 갖추고, 서울그룹에 정치교육단위를 두어 학생운동을 관리하면서 그룹의 재생산영역을 담당하

17 당시 논쟁에 대해 이 그룹의 다수의 반응은 "실천으로 검증되지 않은 이론논쟁이 무슨 의미가 있으며, 거기에 개입하여 제3의 대안을 내놓아 보았자 소모적인 싸움구도만 더 복잡하게 만드는 것 아닐까"라는 생각이었다고 한다(「서울 제파PD그룹 해산문건」, 1993, 36쪽).

게 했다. 그 이후 각 지역활동 과정에서 여러 균열이 나타났다. 인천과 부천의 대립, 서울 지도부 내의 갈등, 1988년 3·25사건 출소자들의 분산 등이 그것이었다.「서울 제파PD그룹 해산문건」, 35쪽. 균열과 갈등의 내용은 그룹의 지도력 형성방향을 둘러싼 것이기도 하지만, 더 근본적으로는 전위당 건설방식을 둘러싼 것이었다. 다음에서는 서울 그룹과 인천그룹의 활동상황에 대해 살펴보겠다.

① 서울 제파PD그룹의 조직갈등과 대중활동

서울그룹은 지구체계를 갖추어 남부, 중부, 동부 지구로 편재되어 있었다. 지구의 조직적 통일과 또 당면 실천과제에 대한 이론적인 개입을 위해 1987년 말에 이들은 이론팀을 결성했다. 그러나 이론팀은 기본적인 노동운동론과 강령 초안을 작성한 후인 1988년 4월에 해체되었는데, 지도부 내부의 갈등 때문이었다. 이론작업과 실천활동의 균형있는 성장을 주장하는 측과 이론팀이 현실에서 괴리되었을 때 나타날 계급성의 탈각을 우려하는 측이 논쟁을 벌이다가 후자가 승리한 것이었다. 이를 계기로 그동안 서울그룹의 한 흐름이었던 이론과 이념을 강조하던 경향이 일시 쇠퇴했다. 이론활동을 하던 조직원들도 노동단체로 배치되어 이론영역은 1990년 말 신新지도부가 등장할 때까지 존재하지 않았다.「서울 제파PD그룹 해산문건」, 37쪽.

서울그룹은 '현장을 기반으로 조직을 재건한다'는 방침을 세우고 대중운동에 개입하기 위한 조건을 확보해 나갔다. 우선 한국노협한국노동자복지협의회과의 관계를 복원해 한국민주노동자연합(약칭 '한노련', 의장 방용석)으로 재건하면서 공개활동 영역을 개척해 나갔다.

그리고 한노련 본부의 정책실과 편집팀에 기존 이론 역량을 결합시켜 한노련의 기관지 등을 통해 노동운동에 대한 입장을 제기하였다. 또 한노련을 중심으로 남부민주노동자연합(약칭 '남부노련', 의장 조경수), 동부민주노동자연합(약칭 '동부노련', 의장 지명환)을 건설하고, 인천민주노동자연합(약칭 '인천노련', 의장 최연봉)을 재건하였다.[현광일 구술]「서울 제파PD그룹 해산문건」, 38쪽 ;「제6차 정기총회: 한국노동자복지협의회 명칭 및 조직개편총회」 자료집, 1989.

한국노협은 1989년 1월 제6차 정기총회에서 명칭을 한노련으로 변경하고 조직개편을 단행했다. 이 총회에서 한국노협의 활동, 특히 1984년에서 1985년의 활동 평가를 보면 당시 한국노협이 취했던 입장과는 확연히 달라져 있음을 알 수 있다. 그 내용의 핵심은 한국노협이 정치활동에 소극적이면서 의식적이고 계획적인 활동을 펼치지 못했음을 한계로 평가하면서, 이후 변혁적 노동운동을 벌여 나갈 것을 결의한 것이었다. 즉 한국노협은 1985년 학출활동가들과 대립할 때는 정치투쟁을 비판하고 정치학습을 하는 것에조차 소극적인 태도를 보였으나, 노동운동의 변화·발전 속에서 당시 활동 방식을 반성하게 된 것이었다. 물론 이런 운동기조의 변화에는 서울그룹이 크게 영향을 미쳤다. 다음의 인용문은 당시 한노련의 평가 내용이다.「제6차 정기총회: 한국노동자복지협의회 명칭 및 조직개편총회」 자료집, 1989.

> 대중토대의 강화를 주장했음에도 노동운동의 정치적 성장을 도모하기 위한 의식적인 활동계획과 성과를 제대로 조직화하지 못함으로써 양자의 과제를 정확하게 결합해 내지 못하였다. …… 정치적인 입장을 수립하지 못하여 노동자의 정치적 성장을 지도하기 위한 일

관된 대중정치 활동을 하지 못하여…… 1985년 조직분리 이후 내부의 지도력과 실질적인 활동능력에 타격을 입어 활동에 한계를 안고, 고정적인 평가(조합주의, 경제주의)와 그에 대한 반사적인 보수성으로 정치활동에 대한 소극적 대응을 하여 한계를 낳았다.…… 이 한계를 극복하기 위한 과제로 현실운동에 대한 정치적 입장을 정립해 나가고, 당면 노동자 대중투쟁의 지도력을 강화하며 대중투쟁 속에서 대중의 정치의식화를 촉진하는 데 노력하는 것으로 설정하였다.

이 그룹은 1988년 서노협 결성과정과 활동에 적극적으로 참여하였다. 그 방식은 조직원들이 참여한 민주노조의 위원장이나 노조간부들이 직접 서노협의 결정구조에 참여하거나 상근자를 파견하는 식이었다. 또 전노운협, 서울노운협 등의 노동운동단체들의 공동실천에도 한노련과 소속 단체들이 함께 참여했다.

이 그룹은 조직의 골간을 노동현장 단위에 두고 있었고 이를 위해 각 지구에서 현장 기반을 형성하기 위한 활동을 벌였다. 남부지역 현장활동의 성과는 중원전자, 대한광학, KDK, 삼모 등에 조직원들이 들어가서 노동조합을 결성한 것이었다. 특히 구로공단의 대표적인 민주노조인 중원전자에서는 학출활동가 고민택이 1987년 임금인상투쟁을 주도했고 그 성과를 바탕으로 1988년 2월 25일에 민주노조를 결성했다. 그는 노조에서 교육부장을 맡아 노조운동을 활성화시키는 데 노력을 기울였다.[고민택 구술]

이 시기 구로공단에는 민주노조들이 속속 결성되거나 또는 결성과정 중이었기에 점차 공단을 중심으로 한 민주노조 간의 연대활동이 활발해졌다. 중원전자는 그 연대활동의 중심적인 위치에 있었다. 고민택은 노조 간부라는 조건을 활용하여 민주노조 간의 연대활동과 지원활동에 적극적으로 나섰고, 같은 조직원이 활동하는 신안밸브, KDK 등에서 노조 결성을 지원하기도 했다. 당시 구로지역의 연대활동에 대해 고민택은 다음과 같이 기억하고 있다.

> 구로공단의 남성 사업장 노동조합 조직화를 시작하는 거죠…. 대표로 대한광학, 신안밸브… KDK 등등 5~6개의 사업장에서 노조 결성투쟁들을 쭉 하는 거죠. 그중에 나하고 관계 맺는 한 활동가도 신안밸브에 있었는데… 회사에서 구사대니 뭐 폭력을 당해 가지고 죽도록 맞고 쫓겨나온 거야…. 그래서 구로공단 위원장들 모여서 '오늘 즉각 반격, 보복을 해야 된다. 그대로 놔두면 노동조합 안 되니까 오늘 즉각… 회사를 탈환해야 되니까 무기를 준비해야 된다.' 준비를 시켜서 그날 전면 공격을 합니다. 무장을 해서 현장을 재탈환을 해요…. 당시는 구로가 모범적인 실천이 이루어질 때… 중원전자가 연대의 핵심이었죠.

이처럼 남부지구에서는 중원전자, 신안밸브, KDK 등을 중심으로 노동조합을 결성하여 현장 기반을 확대해 나갔다. 또 이 그룹은 한노련-남부노련을 통한 지역 대중활동, 그리고 서노협에 파견한 실무자들의 활동과 연계하여 서노협에 일정한 영향력을 행사하는 세력으로 성장했다.

다음으로 동부지구인 성수의 경우는 1980년대 전반기 다산보임 초기부터 탈춤강습 등을 매개로 하여 형성된 지역 기반이 있었다. 이 그룹은 지역의 대중공간을 통해 노동자들과의 관계를 형성했고,

또 삼성제약노조 등에는 탈춤강습, 교육 등을 매개로 관계가 형성되어 있었다. 그리고 조직원들은 현장에 들어가 있었다. 다산보임사건 이후에 인천지역의 노동현장에 진입해 있던 현광일이 현장을 나와 성수지구의 조직담당 역할을 했다. 그는 이전의 지역 관계들을 재결집하여 바로 조직화 작업에 착수했다. 동부지구는 성수, 창동, 성남의 활동을 포괄했다.[현광일 구술]

성수지구에서는 초기에 10명 이상의 학출활동가들과 다수의 선진적 노동자들이 현장활동을 벌였는데, 그중에 동양○○(미확인), 삼성제약 노동조합, 모나미 등에 현장 기반을 구축하였다. 또한 원풍모방 출신 노동자인 지명환을 의장으로 한 동부노련을 결성하여 공개적인 지역 대중활동을 벌였다. 활동가들의 현장활동과 동시에 탈춤강습을 통한 지역활동을 결합시켜 나갔다. 이에 대해 성수지역에서 활동을 했던 현광일은 다음과 같이 말한다.

> 노동자까지 하면 엄청 되는데… 인텔리는 12, 13명 정도에서 시작이 된 거고. 지역 기반으로는 삼성노조, 동양○○, 제화 만드는 600~700명 되는 회사가 있는데… 여기에 활동가가 있었고. 지역에서 탈춤 조직을 해요…. 그 다음엔… 87투쟁 이후에 어용노조를 바꾸는 싸움을 해내고. 정식으로 얘기하면 인필드-아웃필드가 노동운동을 견인하는 모델화 하려는 시점이 되지. 그 다음 삼성제약은 전체 공개로 하죠. 위원장도 다 알고…. 성수에서 우리가 노동자 조직은 꽤 된 거죠…. 근데 삼성제약에서는 구사대가 들어와서… 노조 사수를 위해서 건대, 세종대, 한양대 학생들하고 노학연대투쟁을 벌여요. 그 투쟁 여력으로 후배들이 동부노련을 띄우고… 모나

미노조 쪽도 오고 지역 노동자들이 많이 참여했죠.

지구의 활동가모임은 간혹 다른 정치조직에서 나온 팸플릿 등을 검토하고 논의했지만 주로 현장활동에 대한 논의를 중심으로 진행되었다. 성수지역은 다른 지역에 비해 노동운동이 늦게 시작되었기 때문에 현장 기반을 형성하는 데 많은 노력이 필요했다. 이에 이 그룹은 현장운동과 지역활동을 결합하는 지역 노동운동의 모형을 만들기 위한 노력을 기울였다. 이런 활동 중에 지구담당자인 현광일을 비롯해 일부 조직원이 구속되었다.[18]

이처럼 현장 기반을 형성하고 지역 대중활동을 확산시켜 가던 서울그룹은 1989년부터 1년여 정도 조직 내분을 겪으며 '비상대책위' 상태가 되었다. 1987년 이후에는 민주노조운동이 발전하면서 지역연대의 틀을 넘어 1989년 전국조직 결성을 추진했다. 이런 과정에 여러 정치조직들이 개입해 저마다 정치적 영향력을 행사하고 있었다. 서울그룹에서도 역시 조직원들이 각 단위에서 독자적으로 판단해서 대응하는 것으로는 정치적 통일성을 가져가기 어렵다는 문제가 제기되기 시작했다. 이에 대해 고민택은 다음과 같이 말한다.

당시 민주노조운동이 활성화되는 상황 속에서, '사회주의 정치활동을 어떻게 할 거냐' 집중적인 토론이 이루어지는 과정에… 굳이 표

18 현광일, 구초혜, 한난석 등은 노동운동 및 의식화학습을 위해서는 자료확보가 중요하다고 판단하여 1987년 4월부터 자료를 수집하였으나, 1988년 6월 2일 『레닌주의의 기초』 등 모두 700여 종의 반체제 유인물 및 서적을 수집한 혐의로 치안본부에 의해 구속되었다(『서울신문』, 1988년 6월 3일자).

[그림 10] 서울 제파PD그룹의 1990년 조직 체계

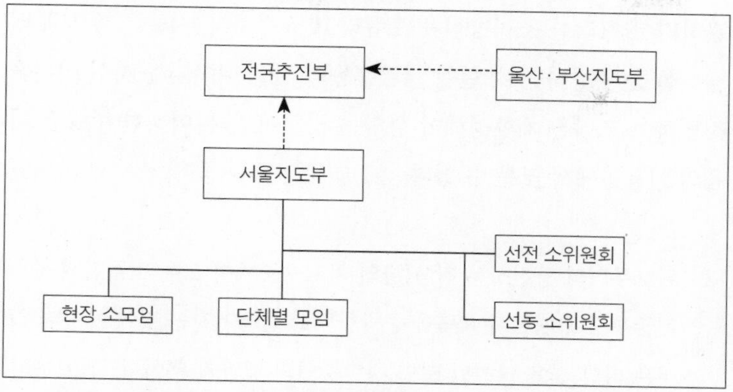

※「고춘완 공소장」, 「정현영 공소장」 등 제파PD 사건 개인 공소장을 참조하여 작성.

> 현하자면 '외부로부터의 사회주의 내용에 대한 인입'…에 대한 약간의 고민들이 발생을 하죠…. 그러면서 조직활동에 대한 문제제기가 등장했고…. 그러니까 89년, 90년이 정치적 역동성이 있었잖아요? 어떤 정치적 상황이 발생하면 그에 대한 판단을 가질 수밖에 없잖아요? 근데 '그 판단을 그 시점에 바로 내리기에는 여러 조건들의 변화과정을 어떻게 볼 거냐'라는 문제가 당연히 있을 수밖에 없는데, 지도부에 판단을 요청하면… 유보되거나 생각과 일치하지 않았거나 이랬겠죠.

조직원들의 문제의식을 대변하는 소장파가 조직활동에 대한 전면적인 비판을 가하면서 지도부와 논쟁을 벌였다. 쟁점은 정치적 지도력 형성의 문제, 나아가 전위조직을 어떻게 형성할 것인가를 둘러싼 것이었다. 지도부는 대중운동의 경험을 총합하는 과정에서 지도

력이 형성된다는 것을 주장했고, 소장파는 그 자체를 경험주의로 비판하면서 그러한 조직방식을 오류라고 규정했다. 이들은 '위로부터 당건설'을 주장하면서, 현실 서클운동의 질을 뛰어넘는 사상·이론을 정립하여 조직을 재형성해야 한다는 입장이었다. 이러한 주장은 다음의 인용문에서 엿볼 수 있다.

> 위로부터의 당건설은 각 서클의 최고수준들이 모여서 각각의 현실 계급투쟁에 대한 정책력을 종합한다고 만들어지는 것이 아니다. 그것은 다만 장을 달리할 뿐인 경험주의의 재판일 뿐이며, '위로부터'라는 개념은…… '기존의 (서클)운동경험을 뛰어넘는 사상의 창출을 통해, 기존 경험을 흡수해 내는 운동'이라는 의미로 해석되어야 한다. 따라서 우리의 당면 과제는…… 그간 완전히 잘못된 당건설 경로를 추구해 온 서클의 방향을 수정하고, 서클의 체질을 개선하여 (과학적 사회주의와 노동운동의 결합의 구현체) 미래에 건설될 당을 위해 필요로 되는 사상과 이를 체현할 우수한 활동가들을 배출해 내는 것이다.「서울PD그룹 해산문건」, 6쪽.

논쟁은 소장파들이 지도부를 구성하는 것으로 귀결됐다. 새로이 형성된 지도부는 조직이 정치활동을 펼칠 수 있도록 준비작업을 했다. 이 작업은 울산-부산지역의 조직들과 공동논의 구조를 형성하며 진행되었다. 이들은 우선 정치조직의 재구축을 위해 마르크스·레닌주의 원전을 중심으로 조직원 전체를 재교육시키기 시작했다. 다음으로 이들은 코민테른선집의 「모범규약」에 입각하여 조직체계를 안착시키기 위한 「규약초안」을 마련했고, 사상지도부 설치의 이론 근거를 제시하기 위한 「조직사상」 문건 등을 정리했다.

서울그룹의 논쟁과 지도부 교체는 당건설 방식을 둘러싼 두 경향의 대립이 응축되어 표출된 것이었다. 하나는 '위로부터의 당건설 노선'을 추구하면서 사상·이론을 형성하여 대중운동과의 결합을 추구해 나가야 한다는 입장이었고, 다른 하나는 현장의 대중적 기반과 대중운동에서 형성되는 지도력을 중심으로 당건설을 추동해 나가야 한다는 '아래로부터 당건설운동'이었다. 서울그룹은 초기에는 후자의 경향으로 활동하다가 신지도부의 등장으로 인해 일시적으로 '위로부터의 당건설운동'을 지향했다.

②인천 제파PD그룹의 형성과정과 대중활동

인천그룹은 1984년 이전팀을 마친 이들이 노동현장에 취업하면서 시작되었다. 이전팀 1세대인 이훈구 등이 인천의 반도기계에서 활동을 하면서 일상투쟁을 벌여 성공했다. 그러나 그 성과를 바탕으로 노조 결성을 시도한 것은 실패했다. 1985년경 80학번 여성 이전팀, 남성 이전팀을 마친 이들이 각기 인천으로 내려오고, 서강대 학생운동가들이 자체 이전팀을 운영해서 집단으로 현장 이전을 해오면서 규모가 확대되자 지역조직 활동을 위한 거점을 마련했다. 지역 거점이 만들어지면서 조직 확대를 위해 부천지역에서 지역활동을 하던 이들을 합류시키고, 기존의 끊어졌던 개인적 관계들도 복원해 나갔다. 그 결과 1987년 직전에 조직원 규모는 50여 명이 넘었다고 한다.

이처럼 이 그룹은 1984년, 1985년에 노동현장으로 이전해 온 이들이 구직하고 적응하는 단계에서 서로 개별적인 관계만 유지하다가 1986년경 노동현장에 안착하면서 현장논의 모임을 만들기 시작했다. 이후 인천·부천에 인원이 대규모로 확장되면서 지역 조직구조를 형성하여 부평, 부천, 주안의 3지구 체계를 구축했다. 각 지구단위 산하에 기본단위로 현장활동가 모임을 구성했는데, 사업장 특성에 따라 봉제업종, 전자업종, 대공장 모임 등으로 나뉘었다. 기본단위 모임은 구성원이 보통 4~6명 정도였고, 내용은 정세 및 팸플릿 등을 매개로 한 정치토론을 하면서도 주로 현장활동에 대한 논의를 했다. 이후 점차 활동가들이 각 현장에서 활동조건을 형성해 나갔으나, 이는 내부의 정치적 지도력이 형성되지 않은 채 지역활동가 1인이 현장문제를 논의해 주고 지원하는 수준이었다.[이훈구 구술]

당시 제파PD그룹은 당건설 문제인 조직노선에 대해 단정적으로 정리하지 않았다. 이들은 '전위당의 건설은 대중투쟁의 고양 속에서 그 토대가 형성되고, 그 과정에서 형성되는 지도력에 따라 경로를 그릴 수 있을 것'이라는 지향만 가지고 있었다. 더욱이 다산보임사건으로 그룹의 중심역할을 담보할 조직이 해체당하면서 각 지역 차원에서 새롭게 조직운동을 만들어 가야 했다. 이런 조직상황은 현장활동과 지역조직의 역할에 대한 서로 다른 판단을 할 수 있는 여지가 있었다. 일부 활동가들은 현장의 대중운동에 중심을 두고 지역활동은 이를 지원하는 수준으로 인식하는 경향이 있었고, 반면에 지역활동가는 현장활동을 지원·지도하면서도 정치조직을 형성하기 위한 조직활동을 중심으로 인식하기도 했다. 이에 대해 이 그룹의 현장활동가였던 유길종은 다음과 같이 말한다.

나는 '대중동력의 다이내믹을 극대화하는 형식으로 가야 되고 그

나머지의 조직적인 고리는 그것을 재현하는 구조, 안과 밖의 구조라는 형식으로 가야 된다. 모든 것의 근원은 현장에 있다. 그 현장의 동력과 투쟁들이 일어나도록 어떻게 촉진할 것이냐, 그거를 어떻게 수렴할 것이냐에 맞도록 활동가가 배치되어야 되고… 바깥 구조는 이것을 위한 서브구조다' 이렇게 본 거예요. 그런데 이쪽은(지역조직—인용자) 다른 구조야, 이건 지휘통제 구조고 현장은 그 하부단위로. 이런 점들에서 상당히 차이가 났던 거 같아요. 그래서 이 관리구조라고 하는 것은 자임한 임시적인 편재에 지나지 않는 것, 이게 당적 권위라든가 지도력들을 가지고 있지 않다는 거죠. 그래서 '너희도 검증받아야 된다'는 입장이었죠.

이런 일상의 갈등이 존재하는 속에 1987년 8월에 인천지역에도 노동자투쟁이 확산되면서 사업장 안에 있던 이 그룹의 활동가들도 대중투쟁에 참여하였다. 이들이 참여한 사업장은 부평공단의 대우자동차, 동국무역, 삼익악기 같은 대공장이었으며, 또 주안지역의 불티나, 삼지산업 등의 중규모 사업장에서도 투쟁이 일어났다. 활동가들은 대우자동차나 삼익악기에서처럼 투쟁과정에서 노동자들의 투쟁지도부로 등장하기도 했고, 동국무역에서처럼 활동가가 입사한지 얼마되지 않은 경우에는 투쟁의 분위기를 익히면서 후속 작업을 모색하는 방식을 취하기도 했다. 그러나 이 그룹은 대공장투쟁의 경우에는 조직이 지도할 수 있는 대중투쟁 경험과 지원 역량의 부족으로 투쟁과정에서 지원·지도관계를 형성하는 데 어려움을 겪었다. 이 상황에 대해 지역활동을 담당했던 이훈구는 다음과 같이 말한다.

어떤 딜레마가 있냐면… 87년 투쟁을 하면서 이 친구들이 조합을 만들고 싸움하고… 이게 사전에 기획된 싸움이 아니고… 다 개별 단위사업장 중심이니까, 팍, 터지면 할 수 있는 게 없죠. 바깥에는 나밖에 없고. 그러면서 삼익악기 싸움이나 갈등이 있는 거예요. 실질적인 지도력들이, 공동활동의 축적 부분들이 미약하기 때문에, 싸움을 하면서 새로운 지도력이 만들어지는 거거든, 새로운 관계가. 그러니까 조직선이라고 해서 갔는데 이게 안 먹혀요…. 하나는 자기가 이전팀에서 했던 것들과 현장에서 달라지는 거죠…. 또 지역에서 이걸 다 지원해야 되는데… 다산보임에서 결합해야 되는데 사건으로 다 날아갔으니까…. 그럼 이걸 현장에서 뽑아 올려서 토론을 통해서 뭘 해야 되니까, 늦지. 막 벌어지고 있는 일에는. 그러니까 토론다운 토론이 안 되거나 방치됐던 게 더 크다고 봐야죠.

이 그룹의 활동가가 관련한 1987년 노동자대투쟁 시기의 대표적인 투쟁은 대우자동차의 사례를 들어 이야기할 수 있겠다. 1985년 대우자동차는 투쟁 이후 활동가들이 해고되고 다른 열성적 노동자들은 부서이동을 당하는 등 노무관리가 강화된 환경에 있었고, 그 때문에 노동자들의 분위기는 위축되어 있었다. 이러한 분위기에서 1985년 12월 8일, 이 그룹의 활동가 유길종이 대우자동차에 입사했다. 그는 입사하여 현장에 안착한 뒤에 1985년도 해고자들과 관계를 맺기 시작했다. 이후 1985년 해고자들은 유길종 등과 같이 현장 노동자들의 불만을 담은 선전물을 현장 곳곳에 비밀스럽게 배포하는 작업을 시작했다. 그 결과 1986년 하반기 들어 현장의 분위기가 조금씩 술렁이기 시작했다. 이 활동가는 주위에 친목소모임을 넓게 형성해 나갔다. 당시 대우자동차에서는 김영만 집행부에 대한 조합원들의 불만이 높아지면서 집행부를 민주파로 바꾸려는 분위기가 형성되어 있었다. 결국 선거에서 반대파인 송석만 집행부가 당선되면서 1987년 임금인상에 대한 기대가 높아졌다. 그러나 노동자들의 바람과는 달리 1987년 임금은 1% 인상에 그쳤다. 기대만큼 실망한 노동자들에게서 불만의 소리가 다시 높아지기 시작했다. 이에 대해 유길종은 다음과 같이 말한다.

> 6월항쟁을 거치면서 나는 '실질적인 투쟁의 계기를 만들고 해야지 활동가가 안착만 해가지고 끝낼 수는 없는 것 아닌가' 이런 생각을 했었고…. 그 다음에 '현장에서도 이거를 실제로 이입을 시켜서 점화론으로 가는 계기로, 실제로 나서야 되는 것 아닌가.' 이런 문제의식을 강하게 가졌죠. 그러면서…'대우에서도 할 때가 된 거 아니냐'고 주장을 했어요…. 해고자들 하고… 바깥에서 '대우원직복직투쟁위원회'를 띄워요…. 나는 현장 분위기가 '역동성이 있다'라고 주장했고, 그런데 박재석 같은 경우는 상당히 신중한 입장으로 '더 봐야 된다. 점검을 해야 된다'는 거였죠. 그런데 노동자들은 점점 '못 살겠다' 많이 힘들어지지.

8월 들어 부평공단의 여러 공장에서 투쟁이 연쇄적으로 일어났다. 대우자동차에서도 8월에 민주노조쟁취투쟁위원회가 결성되어 투쟁을 주도하면서 "어용노조 타도·민주노조 쟁취, 상여금 600% 인상, 가족수당 지급, 부당해고·부서 이동자 전원복직" 등을 요구하며 9월 4일까지 파업을 벌이고 가두투쟁에 나섰다.

한편 1988년 들어 이 그룹의 활동가들도 인천·부천지역의 여러 사업장에서 노동조합을 결성하기 시작했다. 부평 4공단에서는 임금인상 시기에 활동가들이 들어가 있는 대공장인 동국무역, 한독시계, 아남알팩스가 공동으로 투쟁시기를 맞춰 임금인상 및 노동조합을 결성하려는 시도를 했다. 동국무역에서 노동조합을 결성하여 활동가가 사무장을 맡아 파업농성을 벌였으나 한독시계와 아남에서의 투쟁은 대중투쟁으로 발전하지 못하면서 연대투쟁은 실패했다. 주안지역의 경우에는 동신산업, 대림산업, 불티나 등에서 노조 결성과 투쟁을 했다.[이훈구 구술] 부천지역은 범우상사에서 노조를 결성해 활동가가 노조 간부 및 위원장을 하면서 부천지역노동조합협의회(약칭 '부노협')에서 활동하기도 했다. 당시 범우상사 노조 간부로 활동했던 박양희는 다음과 같이 기억하고 있다.

> 빨간 날 놀게 해달라는 요구하고 1,000원 인상요구 가지고… 노사협의회 들어갔는데, 사장이 얼굴이 붉으락푸르락 해. '지금 열심히 일할 때지 놀면서 일할 때가 아니다. 임금인상도 300백 원 생각했었는데 1,000원은 무리하다. 500원까지 생각해 보겠다' 이런 수준. 그래서 사람들이 기대를 잔뜩 했다가… 노사협의회 결과 듣고… 반은 분노, 반은 실망, 뭐 그런 분위기 쫙 깔려서… 6월 6일 작업을 제끼는 투쟁을 시도했죠. 이게 성공한다면 바로 노조 결성하자고 하면서…. 그래 전날에 애들한테 미리 알리고… 6월 6일에 애들이 출근했는지 안했는지를 멀리서 지켜보고 있어. 근데… 말을 해준 사람들은 다 출근을 안 했어요…. 그래서 6월 10일 날, 승리를 확신하고 저녁부터 사람들 20여 명 정도 모았나? 성당에서 계속 투숙하고

월요일 날 노조 보고대회를 하는 식으로 했죠.

그밖에도 연경, 아남산업, 유성기업, 대흥기계, 동양엘리베이터 등에 조직원이 노조의 간부로 활동을 하면서 대중적 결합력을 높여 나갔다. 이러한 노동조합 기반을 바탕으로 부천지구에서는 다른 노동운동 세력 및 민주노조 간부들과 같이 1989년 4월 15일 지역 총파업을 시도하고 가두투쟁을 통해 노동운동 탄압저지와 노조 간부 석방투쟁을 벌였다.[박양희 구술]

이처럼 이 그룹은 활동가들이 사업장을 중심으로 노조활동의 폭이 넓어지자 1989년부터는 지역 대중활동을 펼치기 시작했다. 인노협과 부노협에 쟁의부장, 교선부장 등 실무자를 파견하였다. 또 미조직 노동자들을 조직하기 위한 지역 대중활동으로 주안에서는 업종노조 건설을 목표로 한 '목재노동자의 집'에 활동가들이 결합하였고, 부평지역에는 '봉제노동자의 집'의 봉제노동자회를 중심으로 대공장사업과 소규모공장의 지역노조사업을 결합해 섬유업종 노동자들을 조직하기 위한 활동을 벌였다. 또 부평에는 문화단체인 '우리마당'을 만들어 활동했다.[이훈구 구술] 이에 대해 당시 이 그룹의 봉제공장에서 활동했던 박정숙은 다음과 같이 말한다.

봉제는 작은 규모가 많아서… '한 개 사업장에서 노조를 만들기가 힘드니까, 작은 회사들이 모여서 지역노조를 만들자.' 그렇게 해서 그 대안이 지역노조 결성을 위한 모임을 준비한 거죠. 이때는 활동하는 사업장이 많았어요. 세우실업, 성현산업, 경일통상 뭐 이런 식으로 쪼그만 공장에 다 들어가서 활동을 하면서… 친구들을 데려와서 '청산골 봉제인의 집'에서 소모임도 하고 노동조합 교육도 받고, 그러고 근로기준법이나 기초적인 것들 다 교육받고. 사업장이나 모임에 필요한 유인물 같은 거 부탁을 하면 배포도 해주고.

또한 인천그룹도 노동상담소를 세워 지역 대중활동을 활발히 벌였다. 부천지역에는 부천노동문제연구소를, 부평지역에는 삼민동맹그룹과 공동으로 '노동회관'을 세워 노조 간부들을 대상으로 하는 정치교육 및 노조 지원활동을 벌였다. 당시 인천에는 PD경향으로 제파PD그룹, 삼민동맹, 지역출신자들의 PD그룹 등이 있었다. 이들 정치조직들은 비공개 논의의 장을 마련하여 공동실천을 매개로 조직통합 작업을 추진했다. 그중에 제파PD그룹과 삼민동맹이 먼저 논의가 진전되어 '인천지역노동자동맹'(약칭 '인노동')을 결성하였다. 인노동은 공동투쟁·공동실천을 통해 조직통합으로 나가기 위한 과도적 조직으로 공동선전물을 내고 노동회관을 만들어 공동실천을 하다가 양 조직의 내부문제로 무산되었다. 그밖에 인천그룹은 비주사계열인 일동그룹 등과도 비공개 논의구조를 만들어 공동실천을 모색하기도 했다.[이훈구 구술]

다른 한편에서 인천그룹은 1987년 이후 사업장의 투쟁과 노동조합 활동을 통해 관계 맺은 선진적 노동자들을 조직원으로 확보하기 위한 교육활동을 했다. 그 방식은 선진적 노동자그룹을 만들어 정치교육을 했는데, 변증법적 유물론·역사유물론 등의 철학, 경제학과 경제사, 한국현대사와 노동운동사, 정세 등을 학습했다. 진행은 참석자들이 내용을 정리해 온 후 함께 토론하는 방식으로 이루어졌고, 『공산당 선언』 같은 책은 같이 강독하기도 했다.[박정숙 구술]

1988년 들어 인천그룹에서도 변화가 나타났다. 1986년 말부터 서강대 학생운동가들이 집단적으로 이 그룹에 합류하면서 조직 규모가 확대되었다. 또 조직원들의 노동현장 경험의 축적, 다수의 노동현장 진입 등 조직상황의 변화와 동시에 민주노조운동의 급속한 발전 등이 그 조건이었다. 우선 확대된 인원과 활동력에 맞게 조직구조를 재편하고 지도부를 새로 구성했다. 새로운 지도부는 1986년의 3·25사건 이후 각 지역으로 산개한 다산보임그룹의 조직 역량들을 복원해야 할 필요성을 느끼고 다산보임 시기의 이전팀들이 공동으로 학습했던 내용을 총 정리한 '113문건'을 만들었다. 지도부는 다산보임그룹의 사상적 바탕이 되는 내용을 노선으로 정리한 것이라서 각 지역에 분산된 그룹의 역량을 결집시킬 수 있다고 판단한 것이었다. 그러나 각 지역에서 나타난 반응은 그리 긍정적이지 않았다. 지역마다 현장과 지역활동 경험을 바탕으로 운동방향에 대해 약간의 차이들이 생긴 것이었다. 그 와중에 성수동 지구와 안양지역 그룹이 조직 탄압사건으로 다수가 구속되면서 논의는 중단되었다. 이에 대해 이훈구는 다음과 같이 기억하고 있다.

> 조직복원 얘기가 다시 나오는데, 거기서 「113문건」에 대한 자리매김이나 이런 게 좀 불충분하고, 불균등했어요. …… 우리 인천에서 「113문건」을 만들어서 그걸로, 제파그룹이라는 동질성 아래 노선과 조직에 대한 논의가 가능하다고 판단하고, 군대를 다녀온 70년대 학번 11명이 참여한 이전팀 성원들, 성남·성수·구로·안양 등 지역에서 활동 중인 이전팀 출신 성원들과 논의를 위해 찾아다녔죠. '「113문건」을 자리매김하고 이걸로 다시 조직을 재건하자'……고

제안하는 건데, 그거에 대해서 다들 반응이 긍정적이지 않았고. 거기에 …… 성수동하고 안양에서 조직사건이 터져서 또 단절되는 거죠.

전체 논의는 중단되었지만 논쟁은 인천그룹 내부에서 일어났다. 이들은 이론작업을 위해 『해방의 빛』이라는 기관지 준비호를 발간하였다. 이 과정에서 논쟁이 벌어졌다. 쟁점은 조직활동의 방향과 조직구도를 둘러싼 것이었다. 일부에서는 지도부 구성을 이론지도부와 실천지도부를 분리하고 이론적 영역에서 그동안 축적된 내용을 바탕으로 변혁론을 정리하여 사상적 결합을 높여 나가야 한다는 주장을 했다. 이에 맞서 현장 중심적 경향을 띤 활동가들은 운동의 과제가 현장의 일상활동과 투쟁에서 정치활동을 결합하는 것이라는 판단 아래 이론과 실천의 통합지도부 체계를 구축해야 한다는 주장을 했다.[이훈구 구술] 후자를 주장하던 세력들은 주로 부천지역에 활동기반을 가지고 있었고, 전자의 경우는 현장 경험 없이 바로 지역조직에서 선전활동과 조직활동을 담당하던 이들이었다. 조직 분리로 부천지역은 독자활동을 펼치기 시작했고, 부평과 주안지구를 기반으로 한 세력은 이론지도부와 실천지도부를 구축하기 시작했다.

인천그룹의 논쟁도 조직지도력의 형성방식을 둘러싸고 나타났지만, 이는 당건설 방향에 대한 것으로 1989년 서울PD그룹의 논쟁과 유사했다. 전자의 주장은 그동안 견지되었던 현장 중심의 전위당건설 지향이라는 기조에 대해 사상적 통일성을 통한 '위로부터의 당건설'을 주장한 것이었고, 후자의 주장은 여전히 노동현장을 통해 검증된 지도력과 대중운동 속에서의 당건설의 토대 형성을 주장한 것이었다.[이훈구 구술] 특히 노동현장에서 투쟁경험을 한 후자의 조직원들이 현장활동 경험이 없던 전자의 조직원들의 주장에 대한 불신이 컸던 것도 소통을 어렵게 하였다. 실제 위의 두 주장은 조직분리로 내달을 문제였다기보다는 노동운동에서 항상적으로 내재된 문제인 당건설 방식의 차이, 즉 대중성과 의식성의 문제를 둘러싼 것이었기에, 오히려 그 차이에서 나오는 긴장성을 유지한 채 상호결합하여 조직운동의 질을 높여 나가도록 했어야 했다.

결국 조직분열의 책임을 지고 부평·주안지역의 지도부는 사퇴했다. 지도부 사퇴에는 '113문건'을 매개로 각 지역의 제파PD그룹들을 통일시키려 했던 시도가 실패한 것도 영향을 주었다. 새로운 지도부가 구성되어 부평·주안지역을 중심으로 대중운동에 천착하는 조직운동을 다시 벌여 나갔다.

이와 같이 제파PD그룹은 변혁운동에 대한 기본적 관점과 사상적 경향을 공유한 가운데 구성원들의 자율적인 선택 속에서 각 지역에 역량이 다양하게 배치되어 있었다. 그리하여 지역마다 독자적 정치서클을 형성하였다. 특히 이 그룹은 노동현장에서의 대중활동을 강조하는 경향을 보였다. 이는 자신들이 세운 사상적·이론적 경향을 노동현장과 지역운동의 실천 속에서 검증하고 그에 따른 다양한 조직운동 경험을 축적하여 혁명이론을 형성하기 위한 것이었다. 이런 관점을 견지하기 위해 이 조직은 정파운동의 논쟁구도에 거리를 두고 노동현장에 뿌리내리기 위한 독자적인 활동을 시도했다. 당시 1988년 이후 지역과 전국 차원으로 발전하는 대중운동에 정치적 지도력은 미약할 수밖에 없었다. 그 때문에 서울, 인천 조직에서는 이런 한계를 극복하기 위해 조직논쟁이 벌어졌다. 논쟁의 결과 서울그룹은 지도부를 교체했으며, 인천그룹은 조직분열을 맞게 되었다.

2절

1980년대 변혁적 노동운동의 이념적 분화

1987년 6월 민중항쟁 이후 절차적 민주주의의 진전 가능성과 노동자대투쟁 이후 노동운동의 성장 등으로 정치조직들 간에는 변화가 나타났다. 거기에 인민노련, 삼민동맹, 안양PD, 노동계급, 사노맹 등의 정치조직들이 1989년 하반기부터 집중적인 조직 탄압을 받으면서 1990년 들어서 그 변화는 두드러졌다. 그 결과 [그림 11]에서 알 수 있듯이 인민노련을 중심으로 삼민동맹, 노동계급, 안산노련이 1991년 6월 11일 통합에 합의하고 1991년 7월 한사노당 창립준비위원회를 결성하여 전국적 정치조직 건설을 시도했다.[1] 인민노련을 통해 참여 제안을 받았던 사노맹은 이 과정에 참여하지 않았고, 제파 PD그룹도 그와 같은 당건설 방식에는 비판적이었다.

1 이 모임에는 인민노련의 주대환·황광우, 삼민동맹의 이용선·유병진, 안산노련의 전성, 노동계급의 이상민·최정식, 서울의 윤영상(노동계급), 부천의 이영이, 안양의 안명균(삼민), 대구의 민영창, 광주의 조진태, 구미의 조근래, 울산의 신지호, 수원의 김종관, 마창의 한승주, 부산의 이상귀, 안산의 강영식 등 3개 정파와 11개의 지역대표가 참석하였다(「주대환 공소장」).

[그림 11] 1980년대~2000년 정치조직의 변화

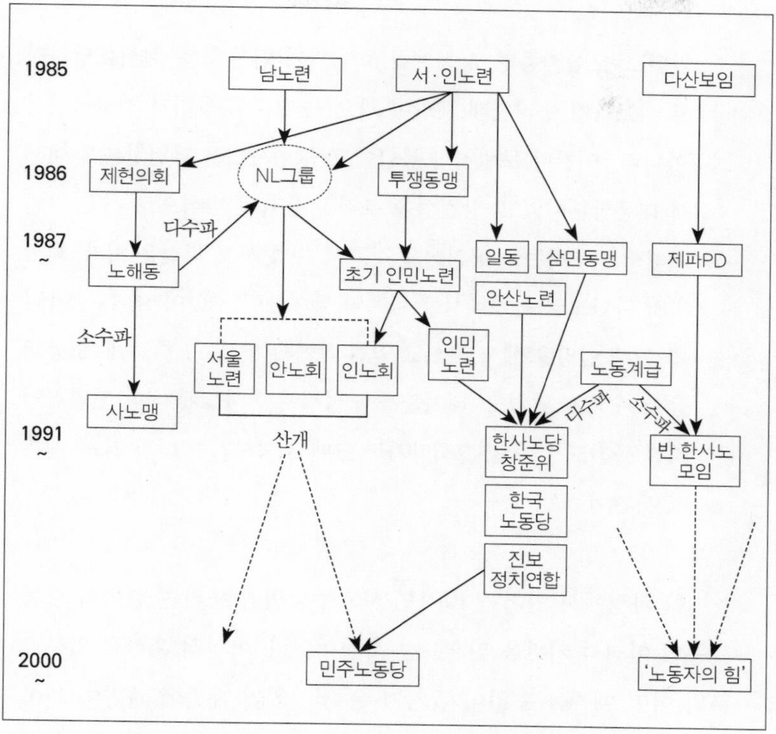

즉, 이 그룹은 대중실천을 통해 검증된 이론을 중심으로 한 사상투쟁과정을 거쳐 당건설을 추진해야 한다는 입장이었기 때문에, 한사노당이 추진하는 정치조직 간의 통합방식에 대해 반대했다. 이에 각 지역에 흩어져 있던 제파PD그룹이 결집하여 노동계급의 소수파 등과 같이 '반反한사노당' 전선을 형성하기 위해 공동대응을 모색했다. 그러나 1991년 제파PD조직사건으로 이 움직임은 중단됐다.「주대환 공소장」, 「전성 공소장」, 「이용선 공소장」. 이 상황에 대해 당시 서울지역에서 활동하며 이 논의자리에 참석했던 고민택은 이렇게 기억하고 있다.

> 인민노련, 삼민동맹, 노동계급, 이 3파가 연합을 해 한사노당하려고… 그쪽이 우리한테 제안이 와요…. 그리고 우리가 검토하면서 '아니다.' 이른바 무원칙한 통합이고…. 한사노는 당건설론에 대해서 대통합론이었고, 당건설을 조직간 통합의 방식으로 하는 거에 대해서 반대하는 문제의식을 갖고서, '반한사노 전선을 치자' 해서 과거 다산보임 관련해서 전국적인 테이블이 구성이 돼요…. 91년에. 그때 안양 쪽에서도 오고 인천 쪽에서 왔고. 그 다음에 '노동계급' 소수파도 있었고. 테이블을 구성해서 한사노에 대한 전면적인 비판 문건도 썼어요. 그러다가… 그때 조직사건이 터진 거죠, 제파 PD사건이.

이 과정에서 일어난 1991년 사회주의권의 붕괴는 변혁적 노동운동의 이념적 기반을 뒤흔드는 사건이었다. 이념적 혼란은 외부로부터 어떤 매개물도 없이 갑자기 온 것이었기 때문에 파장이 더욱 컸다. 이에 대한 반응은 크게 두 흐름으로 나타났다. 우선 제파PD그룹의 경우처럼 현실사회주의의 존재에 의지하기보다는 한국의 현실에 착목하여 실천을 통한 이론을 정립하려던 경향들은 이 사건으로 충격을 받았지만 일정한 거리두기를 시도할 수 있었다. 이 그룹의 울산지역에서 활동했던 박성인과 인천지역의 현장활동가였던 유길종은 이 당시 상황을 다음과 같이 기억하고 있다.

> 소련이 무너졌을 때 나는 큰 충격은 아니었어요. 그게 강도가 좀 다

를 수 있는데, 80년대의 우리가 현실을 접근해 들어가는 태도가 예를 들면 '소련이나 현실사회주의를 이상형으로 삼고 뭔가 그걸 소개한다' 이런 게 아니었거든요. 지금 우리가 부딪히는 현실에서 이 문제를 해명하기 위해서 이론이 필요한, 그거를 해 들어가는 방식으로 접근했기 때문에 접근방식과 관점이 달랐고. 그래서 예를 들면 국가독점자본주의론이 있으면 이걸 소개하는 식으로 운동했던 사람들은 무너져 버린 거였지만. [박성인 구술]

고 시기가 수배되어 있을 때에요…. 우리가 혁명론이나 이런 게 미완의 상태로 남아 있잖아요? 그래서 '쟤들이 잘못했구먼' 뭐 이렇게 반응했죠. 그런데 러시아 상황이나 이런 것은 좀 혼돈스러웠지. 그러니까… 그 붕괴 시스템의 내부적인 어떤 개혁과 이런 것들을 둘러싼 판단들이 명확하지는 못했잖아요? 혁명적 역동성이 관료화되어 붕괴되어 가는 현실이라면, 실제로 '우리의 그림은 뭐가 될 것인가. 우리는 아직 이론을 완성해서 실패한 게 아니니까, 우린 더 잘해야지' 뭐 이런 생각 비슷했고. [유길종 구술]

지역과 활동 영역의 차이가 있음에도 이 그룹 성원들의 위와 같은 유사한 반응은 이전팀에서부터 형성된 한국의 변혁운동에 대해 독자적인 방향을 추구했던 것에서 비롯되었다.

또 NL세력인 주체사상파도 큰 영향을 받지 않았다. 이는 이념적 기반을 주체사상에 두고 있고 그 현실적 근거를 북한 사회주의체제에 두면서, 소련식 사회주의와는 거리를 두고 있었기 때문이다. 당시 울산지역의 NL그룹에서 활동하던 김이경은 다음과 같이 말한다.

소련사회 붕괴 때 별로 동요 없고, 북한이 건재하니까. 예를 들어 소련이 무너지자 당시 사회주의운동이 몰락을 하거든요. 근데 북한은 건재했잖아요? 아무리 고난의 행군이고, 뭐 굶어죽었고 난리를 쳐도, 어쨌든 북의 후계문제가 정리됐고. 그래서 소련 붕괴하고 이때 많이 투항하는 경향에 대한 강한 거부감을 갖고 있었지…. 사회주의가 몰락한 게 아니라고 생각했으니까.

비주체사상파인 일동그룹의 성원들은 앞서 살펴본 것처럼 인노련 해체 이후 마르크스·레닌주의나 주체사상에 대한 교조적 태도를 비판하면서 독자적 노선정립을 시도하며 활동했기 때문에 사회주의권의 붕괴에 대해 큰 타격을 받지 않았다. 이에 대해 일동그룹에서 활동했던 김준도는 당시 상황을 이렇게 말한다.

저희가 북한에 대한 태도와 마찬가지로 소련 사회주의도 '거기는 거기고 우리는 우리다'라는 생각이 상당히 강했던 그룹이었기 때문에 큰 영향을 받지 않았고요. 당시에 사회주의 붕괴와 관련해서 동유럽 관련 서적들도 보고… 토론이 있었고. 영향이 전혀 없다고 할 수는 없었지만, 그래도 저희가 끊임없이 좌우 편향에 대해서 싸운다고 했던 게, 특히 좌우의 교조적인 편향에 대해서 토론들을 많이 했고, 계속 삼민그룹이나 인민노련 쪽에 나타나는 교조적인 경향에 대해서도 싸우기도 했었기 때문에 크게 영향을 받지 않습니다.

그러나 인민노련을 비롯하여 여러 정치조직의 활동가들은 충격을 받았다. 특히 인민노련은 사회주의 몰락을 지켜보면서 노선 전환에 착수했다. 비합법적 전위정당 건설의 어려움과 합법정당 노선으로 전환을 주장하는 「노동자정당 건설 전략에 대해 재고를 요청함」이라는 문건을 통해 이른바 '신노선'이 제출되면서 논쟁이 벌어졌다.[2] 창준위에서도 정당 건설 경로를 놓고 논의한 결과 사회주의 이념을 포기하고 합법정당 결성으로 빠르게 전환을 시도하여 1991년 12월 15일 노동자정당건설추진위원회(약칭 '노정추')를 결성하였다. 이어 1992년 한국노동당(가칭)을 창당하려 했다.「한국사회주의노동당 창당 준비위원회는 1991년 12월 3일자로 해체된 조직이다」, 1992. 1. 18. 이런 합법영역으로의 전환 시도는 사회주의권의 붕괴라는 역사적 사건이 결정적이었지만, 다른 한편에서는 대중운동의 발전과 절차적 민주주의가 진행되고 있는 상황에서 활동 방식이 변화할 필요가 있다는 판단이 영향을 주었다. 거기에 한국자본주의가 발전되면서 개량화의 물적 토대가 형성되고 있다는 판단 등이 작용했다. 이에 대해 인민노련의 지도부였던 노회찬은 다음과 같이 말한다.

> 시대적 상황은, 하나는 세계적인 사회주의권의 붕괴, 또 하나는 87년 7·8월 투쟁인데…. 우리가 처음 현장 들어갈 땐 평생 할 줄 알고 용접 배우고 들어갔는데, 이게 뭐 … 노동조합 만들어지고 전혀 다른 상황이 된 거예요. 그러니까 '비합법정당이 과연 대중들에게 어떤 의미이며 어떤 지도력을 가질 수 있겠느냐. 공공연히 할 수 있

2 신노선은 정통적인 사회주의 노선 및 마르크스·레닌주의에 입각한 혁명적 노선을 폐기하는 대신 합법적인 의회공간을 중심으로 하는 전략을 채택하였다. 즉 신노선은 노동자계급의 중심성을 포기하는 대신 민중의 중심성에 기반하는 정치운동을 주장하였다(주대환, 『진보정치의 논리』, 현장문학사, 1994, 52~71쪽).

는데 굳이 비합법으로 해야 되냐.' 새로운 정세 속에서 비합법 전위 노선은 효율이 떨어지는 것 아니냐는 그런 문제의식이 있는 거예요…. 거기에 사회주의 전위정당 준비조직 만드는 거는 그전부터 계획이 있었던 거고. 문제는 사회주의는 망해 가는 데 전국조직을 만들려 한 거니, 이게 내부적으로는 모순 상태로 돌입한 거죠.

이러한 한국노동당(가)의 출범에 대해 전노운협(특히 경수노련)은 "대중의 광범한 투쟁보다는 선거에서의 득표율을 기반으로 정치세력화를 이루려는 방식"이라고 규정하면서 "추진방식도 음모적이고 비대중적 활동 방식이라서 운동의 분열을 초래하게 될 것"이라는 비판을 제기했다.전국노동운동단체협의회, 『노동운동』, 1992. 1., 144쪽. 거기에 한국노동당(가)이 탄압받는 과정에서 일어난 '탄원서 사건'은 당시 노동운동 세력에 큰 파문을 일으켰다.[3] 한국노동당 관련자들이 "사회주의 이념의 포기, 폭력혁명 포기, 프롤레타리아독재 폐기, 계급정당 포기" 등의 내용을 담은 「탄원서」를 정권에게 제출한 것이었다.「탄원서」 급조된 합법정당 추진도 논란을 일으켰지만 조직 탄압을 받는 과정에서 정권에게 투항했다는 것에 대해 한국노동당(가)의 안팎에서 비판이 제기되었다. 이 사건에 대해 당시 인천지역에서 한국노동당(가) 추진에 참여했던 노현기는 다음과 같이 말한다.

현실에 대한 무지, 그 다음에 그 정치력의 부재. 그러니까 현실에 대한 무지도 전 그렇게 본 거죠, '이 내용 맞을 수 있는데 어떻게 이걸

3 1991년 1월 17일 추진위원장 주대환, 조직부장 전성, 대외협력부장 이용선, 총무부장 민영창을 강제연행했다.

탄원서로 갖다 바칠 수가 있냐?' 이런 게… 상당기간 용납이 안 됐던 내용이기도 했던 거 같아요. 그래서 ○○○씨에 대해서 강령 해설 교육 이후에 굉장히 좋은 인상이었는데, 이 과정 속에서 완전히 무너졌죠.

노동자 정치조직이 비공개·비합법 또는 공개·합법의 형식을 결정하는 것은 주체 역량과 정치정세 등의 주·객관적 상황에 따라 판단될 수 있다. 즉, 주체 역량에 근거해 정치정세를 열거나 열린 정세를 적극 활용하는 방식으로 공개적·합법적 정치세력화를 추동할 수 있다. 문제는 정권에게 '투항'하여 확보하는 합법정당 활동이 운동적 의미를 확보할 수 있는가라는 것이다. 노동자 정치세력화의 한 양식으로 합법정당운동이 갖는 의미는 노동자·민중의 투쟁 현장을 엄호하고 지원하면서 이들의 이해를 제도권 안에서 대변하고, 동시에 사회계층을 지원세력으로 확보하는 역할을 추동하는 것이다. 그러나 한국노동당의 시도는 이런 원칙을 설정하지 않은 채 합법 영역으로의 진출을 우선시하였고 급조된 민중당과의 통합, 총선 패배 등으로 곧 좌절을 맞을 수밖에 없었다.

이와 같은 합법정당 추진의 움직임은 대중운동과 결합하고 있던 전노운협에도 영향을 미쳤다. 전노운협은 각 정치세력들이 공동 실천을 하는 상설투쟁체로서 1988년 이후 민주노조운동과의 밀착되어 직접적인 영향력을 행사하고 있었다. 그러나 1990년 전노운협에서 일부는 합법정당운동을 주장했고 그와 대립된 세력들은 상설투쟁체나 선진노동자조직을 주장했다. 결국 경수노련 등 일부가 잔류했고 분리해 나온 세력은 다시 분화하여 일부는 합법정당 추진세력으로, 다른 일부는 전국노동단체연합으로 결집하였다.[김준도 구술] 전노운협의 분열로 변혁적 노동운동의 대중운동에 대한 결합력은 약화되었다.

한편 사회주의를 지향하는 정치세력도 이념지형의 변화, 정치 정세의 변화, 민주노조운동의 변화 등에 대응해야 했다. 그러나 이들은 일면 조직 탄압사건으로 그 활동이 위축된 것도 있었지만, 변혁지향성이라는 이념만을 견지한 채 직접적인 정치력을 발휘하는 데 있어서 한계를 노출했다.

이처럼 1980년대 변혁적 노동운동은 1987년 6월 민중항쟁 이후 절차적 민주주의의 진전 가능성, 조직 탄압사건, 특히 1991년 현실 사회주의권 붕괴를 계기로 이념적으로 분화되었고 정치세력화의 방식 역시 분화되었다. 사회주의 세력과 사회주의 포기세력, 전위정당 추진과 합법정당 추진세력 등으로 분화되었으며, 전위정당 추진세력은 잠복하였고 합법정당 세력은 실패로 끝났다.

또한 이 시기까지 정치조직에 참여하지 않고 대중운동 속에서 개별적으로 활동하던 활동가들도 두 경향으로 나뉘어졌다. 1970년대 말부터 노동현장에서 활동을 시작해 정치조직에 참여하지 않으면서 당시 서울지하철노조의 지도부로 활동했던 정윤광은 소련 사회주의 방식에 대해 문제의식을 느끼고 있었기 때문에, 소련의 붕괴가 큰 충격으로 다가오지 않았다고 한다.

> 91년도 한창 신문이고 잡지고 학자들이 매일 개념을 바꾸어 '이거 막을 수 있다. 붕괴 안 될 거다. 이 정도만 하다 말 거다'라고. 근데 붕괴되고 대혼란이 왔죠. 나는 페레스트로이카를, 긍정적으로 평가

를 했어요. '스탈린체제는 모순이 있다' 이거까지는 알았거든. '엄청 난 학살이 있고. 또 제국주의'고, 근데 다 무너져 버렸잖아요? 그래 '현실사회주의가 뭔가 잘못됐으니까 무너진 거다. 올바른 사회주의를 세워야 되는 거다' 그렇게 생각을 한 거죠.

그러나 택시노조 이동섭의 경우는 달랐다. 1970년대 노동현장에 투신해 개인적으로 대중운동 속에서 활동했던 이동섭은 노조 지도부로 활동하다가 1990년, 1991년 택시노조 파업으로 구속되었다. 석방되어 나올 때 그는 소련 사회주의 붕괴 소식을 접하고는 큰 충격을 받았다. 물론 당시 노조가 처한 상황도 작용했지만 그 이후에 이동섭은 노동운동을 정리했다.

서울택시 쪽에 8년 가까이 있다가 1991년에 구속됐다가 나와서 그 뒤로 한 3~4개월 같이 더 있었어요. 이제 '후배들을 위해서 나는 좀 은퇴하자' 한 것도 있고, 그때 사회주의권의 어떤 변화도 굉장히 컸던 것 같고, 말하자면 목표, 지향점에 대한 상실이랄까? 이런 게 컸던 것 같아요. 이제 새로운 다른 일을 좀 찾아보자는 생각을 했던 것 같고요.

이와 같이 사회주의권 붕괴에 따른 이념적 충격 이외에도 당시 많은 학출활동가들이 정파적 갈등관계의 문제로, 또는 생활문제로 활동을 정리하기도 했다. 특히 생활문제는 많은 학출활동가들에게 심각한 문제였다. 이들은 20대 중반의 나이에 노동현장에 투신해서 활동할 때는 독신이었기 때문에 큰 문제가 되지 않았던 경제문제가

30대가 넘어 결혼을 하고 자녀를 키우면서 '현실'로 다가온 것이었다. 이런 학출활동가들의 상황에 대해 전노협에서 상근하던 한석호는 다음과 같이 상황을 전한다.

> 전노협 당시… 한 선배가 활동하다가 어느 날 '사표 쓰고 그만두겠다'고. 그래서 그 선배랑 술을 한잔 하면서 '왜 그만두시려고 하냐' 그랬더니 얘기를 하더라고…. 얼마 전에 자기가 퇴근을 하는데 저 앞에서 애들이… 뛰어노는데 그중 한놈이 제일 후줄근하더라는 거예요. 비교가 될 정도로 후줄근한 놈이 자기 아들이더라는 거야. 그러면서 자기가 운동하는 건 그렇지만 자식까지 저렇게 해야 되나, 쟤가 뭔 잘못이 있다고 저래야 되나, 그러면서 생계문제도 있고 그만두겠다고. 그 얘길 하는데 그만두지 말라고 못하겠더라구…. 그때 떠난 사람들 중에 말은 안했지만 많은 사람들이 그런 문제들이 있었어요.

한편 사회주의권의 붕괴와 그로 인해 나타나는 노동운동의 변화 현상, 합법정당 실패와 학출활동가들의 이탈 등에 대해 선진적 노동자들의 반응은 어땠을까. 대부분의 선진적 노조 간부들은 이념문제에서 상대적으로 거리를 두고 있었으며, 무엇보다도 현실 대중운동에 기반을 두고 있었기 때문에 사회주의권의 붕괴에 대해 다소 충격을 받는 정도였다고 한다.[이승숙 구술] 그러나 다수의 학출활동가들이 그와 연동되어 노동운동을 정리하는 모습에 대해 노동자들은 매우 비판적이거나 냉소적이었다. 이에 대해 인천지역의 진성전자 위원장이었던 윤화심과 명성전자의 위원장이었던 김기자는 다음과 같이 기억하고 있다.

저는 동구권 몰락에 대해서 약간 충격은 있었지만 그게 뭐 운동을 접을 정도까지 저런 건가, 그 정도로 의지가 약했냐? 니네가 학생 출신으로 활동했었을 때 그 정도 갖고 떠나야 되냐? 이거에 대해서 저는 굉장히 반감이 있었거든요.[윤화심 구술]

사회주의 몰락하자, 정말 거품이 빠져나가는 것처럼 쭉 빠져나가면서… 그때 학출 선배가 부평에서 만나자고. 그 언니도 떠나려고 한다는 얘기를 하면서 저보고 '많은 사람들이 떠나는데 그거에 대해서 어떻게 생각하냐?' 그래서, 그땐 주로 중심에서 활동을 한 학출들이 떠났는데 '뭐, 일 하다가 자기 삶이 아닌가 보죠. 그러니까 가겠죠.' 그리고 '무슨 남의 나라 사회주의가 몰락한다는 거하고 우리나라하고 무슨 상관이 있는데, 그거 때문에 떠나는 거는 그야말로 관념적인 거고 교조주의적인 거 아니냐? 우리나라에 맞는 사상을 만들어 내면 되는 거지, 그런 거 때문에 가면 자기네 삶들이 아니었던 거 아니냐?' 그랬어요. 나는 그것 때문에 슬프거나 힘이 빠지거나 그런 거 없었어요. 그냥 자기 인생들이 아니니까 이 핑계, 저 핑계 대다가 옳다구나 하고 떠나는 사람들이 많았겠죠.[김기자 구술]

위에서 살펴본 것처럼 1980년대 변혁적 노동운동 세력은 그 역사적 실천경험에 대한 평가를 할 시간도 없이 1990년대 초반 이념적으로 분화되어 청산과 잠복을 하였다. 그 결과 1990년대 전반기는 이념 분화 속에서 노동운동을 모색하는 시기였다. 공개적인 활동으로는 전노운협과 전국노동단체연합, 합법정당 추진세력인 진보정당 추진연합 등으로 분립한 것을 들 수 있다. 그밖에 사회주의를 지향하는 비공개 정치서클들은 각 지역에서 현장을 중심으로 활동을 전개했다. 또한 1990년에 결성된 전노협은 업종·대공장 노동자들과 같이 1993년 전국노동자대표회의를 만들고 이어 1995년 11월에는 민주노총을 건설하였다. 이런 변화과정 속에서 새롭게 한국노동이론정책연구소, 한국노동사회연구소, 영남노동문제연구소 등과 같은 연구소운동이 등장했다. 연구소들은 노동이론, 노동정책 등을 생산하면서 대중운동과 결합해 나가는 한편, 일부는 사회주의 이념과 이론에 대한 재접근을 시도했고 다른 일부는 새로운 대안이념을 모색하기도 했다.

2부 2장을 맺으며

1985년 하반기에서 1987년 전반기 사이, 수도권을 중심으로 정치조직들이 탄압으로 와해되거나 새롭게 등장하는 과정에서 1987년 노동자대투쟁이 일어났다. 그 때문에 정치조직운동은 대중의 폭발적인 투쟁 열기가 전국적으로 확산되는 과정에 조직적으로 결합하지 못했다. 그러나 여러 지역에서 정치조직의 활동가들이나 개별적으로 활동하던 활동가들이 지역 조건에 따라 사업장에서 그리고 지역의 노동단체, 투쟁위원회, 지역서클 등 다양한 조직을 통해 노동자들의 투쟁과 노조 결성에 적극적으로 결합했다. 이어 변혁적 노동운동 세력은 민주노조운동이 사업장을 넘어 지노협 및 전노협을 결성하고 활동하는 데 중요한 기여를 했다.

이런 대중운동의 성장에 힘입어 정치조직운동이 본격화되었고, 다양한 조직노선에 따른 정치조직운동이 등장하였다. 이전 시기와는 달리 이들 정치조직들은 대중운동에 직·간접적으로 결합하기 시작하였다. 특히 지역마다 노동상담소를 결성하여 민주노조운동에의 결합을 보다 공식화시켜 나갔으며, 그 결실로 전노운협이 결성되었다. 그동안 분립되어 있었던 정치조직들은 상설적 공동투쟁 활동을 시도하며 이전보다 일층 발전된 모습을 보여 주었고, 이는 민주노조 운동의 발전에도 일정하게 기여하였다.

이 시기에 정치세력들은 크게 '정치조직론'이나 '정치적 대중조직론'을 추구하는 세력으로 구별해 볼 수 있다. 1987년 산개해 있던 NL세력들은 대중운동의 발전에 따라 조직화를 시도하여 1988년 인노회를 결성했으나 조직 위상의 모호성과 조직 내적 활동의 문제와 탄압으로 인해 1년도 안 되어 다시 산개했다.

한편 전위당 건설을 목표로 한 세력 간에도 차이가 있는데, 사노맹의 경우 노선을 중심으로 사회 각층을 대상으로 한 전위조직 결성을 시도하는 '위로부터의 당건설' 방식을 취했다. 이들도 공장소조건설을 시도하는 등 대중운동과의 결합을 시도했으나 큰 성과를 거두지 못했다. 반면에 노동현장에 기반을 둔 인민노련은 소서클들을 통합하면서 지역정치조직을 결성하였고, 노선을 정리한 후에는 조직원들의 사상과 이론학습을 강화하는 방식을 취했다. 그 뒤 지도부 일부가 인민노련을 탈퇴하여 다른 정치조직들과 결합해 전국조직 건설을 모색하기도 했다. 이런 인민노련의 활동 방식과 다소 다른 것은 제파PD그룹이었다. 이 그룹 역시 당건설을 지향했지만, 사상적 경향만을 견지한 채 대중운동을 중요시했다. 이 그룹은 노동운동에서 벌어지는 노선논쟁에는 거리를 둔 채 그들의 사상적 경향을 대중운동의 경험을 통해 구체화된 이론으로 검증해 나가려 했다. 그러나 노동자대투쟁 이후 대중운동의 성장 속에 이념을 중심으로 한 조직운동을 주장하는 세력이 등장하면서 지역마다 갈등을 겪기도 했다.

이처럼 1987년 이후 변혁적 노동운동 세력은 정치노선의 차이만이 아니라 조직운동에 대한 입장 차이로 다양하게 분립했다. 그 결과 대중운동의 발전 속에서 변혁적 노동운동 세력은 지원·지도의 영향력을 형성하는 과정에서 도태되거나 결합력을 높여 나갔다. 또한 지역정치조직을 바탕으로 전국화하려는 시도도 나타났다. 인민노련, 삼민동맹, 노동계급, 안산노련이 조직을 통합하여 1991년 한사노당을 건설하려 했다. 이런 당건설 방식에 비판적인 제파 PD그룹과 노동계급 소수파는 '반反한사노 전선'을 형성하고자 하였으나 그 과정에서 제파PD그룹 탄압사건으로 중단되었다.

이 와중에 일어난 사회주의권의 몰락은 1980년대 변혁적 노동운동 세력에게 충격으로 다가왔다. 그 반응은 크게 두 가지로 나타났다. 우선 한사노당 추진세력은 노동자 계급 중심성과 비합법전위당 노선 등을 포기하고 합법정당 건설을 위해 한국노동당(가)을 결성하여 민중당과 통합하였으나 그 시도는 실패로 끝났다. 많은 학출활동가들이 운동을 정리하였다. 이와 달리 사회주의권의 붕괴에 일정한 충격을 받았지만 기존의 변혁 노선을 견지하였던 세력으로는 NL세력, 비주사NL인 일동그룹과 제파PD그룹 등이 있었다. 이처럼 사회주의권 붕괴 이후 1980년대 변혁적 노동운동 세력은 노선의 분화에서 이념적 분화로 나아갔다.

결론

1980년대 변혁적 노동운동의 의의와 한계

한국의 노동운동사에서 학생·지식인들의 노동현장 투신은 1930년대 일제강점기하 혁명적 노동조합운동을 통해 등장했다가 단절되었다. 이어 학생운동가들의 노동현장 투신은 1960년대 후반기부터 다시 시작하여 1970년 전태일 분신사건 이후 본격화되기 시작했다. 그 뒤를 이은 1980년대 학생운동가들의 집단적 노동현장 투신은 역사상 유례없는 일이었다. 학생운동가들은 '낮은 곳'에 대한 관심에서 시작되어 혁명을 꿈꾸며 노동자로 '존재이전'을 하여 노동현장에 투신했고, 이들은 1980년대 노동운동의 주체로 등장하면서 노동운동의 지형을 변화시켰다.

1953년 이후 한국의 노동운동은 자연발생적인 노동자투쟁이 중심을 이루었으나 1970년 전태일 분신사건 이후 민주노조운동이 등장했다. 대부분의 민주노조들은 종교계의 지원과 영향을 받으면서 한국노총과 거리를 둔 채 독자적인 노동조합 활동을 전개해 노동조건 개선과 노동자 권리를 확보해 나갔다. 그러나 민주노조운동은 일부 연대활동을 전개하긴 했지만 대부분 기업별 노조의 틀 안에 머물러 노동자 간의 연대 형성 및 노동자계급의 독자적 이념을 형성하는 데는 한계가 있었다. 1980년대 노동현장에 투신한 학생운동가들은 1970년대 민주노조운동을 비판하면서 변혁적 노동운동을 형성했다. 이는 일제강점기와 해방공간기의 사회주의운동이 단절된 지 30여 년 만에 노동운동에 변혁지향성이 복원된 것이었다.

이 책에서는 첫째, 학생운동가들이 왜 노동현장에 투신했는가, 둘째, 학생운동가들의 노동현장 투신으로 등장한 1980년대 변혁적 노동운동의 형성과정과, 정치조직운동과 대중운동의 관계는 어떠했는가, 셋째, 짧은 시간 등장했던 1980년대 변혁적 노동운동의 역사적 의의와 한계는 무엇인가를 주요 과제로 삼아 접근했다. 그 결과를 정리하면 다음과 같다.

첫째, 1부의 1장과 2장에서는 학생운동가들의 노동현장 투신에 대해 그 역사적 변화과정을 추적했다. 이 역사에 대해 기존 연구에서는 구체적으로 정리된 바가 없으며, 다만 1980년대 학생운동가들의 노동현장 투신 상황에 대한 부분적인 연구가 있을 뿐이다. 이에 대해 이 책에서는 1960년대 후반부터 김정강그룹의 노동현장 투신, 고대 노동문제연구소가 고려대 학생운동가들에게 미친 영향, 학생운동가들이 정치이슈 중심의 학생운동에 대한 한계를 인식하고 사회 구조적인 접근을 하려 한 것 등에 그 기원이 있다는 것을 밝혔다. 이와 같은 움직임이 형성되는 중에 일어난 1970년 전태일 분신사건은 학생운동가들이 노동문제와 노동운동으로 관심을 전환하게 하는 계기가 됐다.

학생운동가들의 노동현장 투신은 1970년대 후반기에 학생운동 내부의 현장론과 정치투쟁론을 둘러싼 논쟁을 거치면서 보다 확대됐다. 그러나 이들의 노동현장 투신은 대부분 1970년대 후반기에 이루어졌고 남성이 중심을 이루면서 당시 여성노동자 중심의 민주노조운동에는 별다른 영향을 미치지 못했다.

대신 노동야학이나 크리스천아카데미를 통해 이루어진 학생·지식인들과 노동자들의 연대활동은 1970년대 민주노조운동과 노동자들의 의식변화에 일정한 영향을 주었다. 노동야학은 학생운동의 노동현장론과 맞물려 1970년대 후반기부터 빈민지역과 공단을 중심으로 시도됐고, 노동자들의 의식화와 학생운동가들의 노동현장 투신을 촉진하여 새로운 노동운동 주체를 형성하기 시작했다. 크리스천아카데미는 정치교육을 통해 민주노조 간부들의 의식변화를 추구하는 한편, 한국노총을 대체할 민주노조운동의 전국조직을 고민했다는 점에 그 의미가 있었다. 또 학생운동가들을 노동교육에 참여시켜 노동현장 투신의 폭을 넓히려 시도했다.

이처럼 1970년대 학생운동가들의 노동현장 투신은 노동운동에 직접적인 영향력을 행사할 정도의 독자적 흐름을 형성하지는 못했다. 그러나 1980년대 학생운동가들의 집단적인 노동현장 투신을 위한 싹을 틔웠고, 그 일부는 1980년대 노동운동가로 등장하면서 변혁적 노동운동의 개별적 주체를 형성하는 바탕이 되었다.

이러한 1970년대의 움직임을 바탕으로 1980년대 학생운동가들은 광주민중항쟁의 영향으로 급속히 확대된 이념서클에서 사회과학 학습을 통해 사회주의 이념을 받아들였다. 이들은 노동자계급을 혁명운동의 주체로 조직하기 위해 목적의식적으로 노동현장에 투신했다. 이 시기에 학생운동가들의 대규모 노동현장 투신은 학생운동의 확산과 대중화를 반영한 것이었다. 그 결과 1980년대 노동운동은 학출활동가들의 양적 확대를 바탕으로 독자적인 활동을 벌일 수 있는 인적 조건, 즉 재생산구조를 학생운동에서 확보했다. 구체적으로는 1985년 이후 등장했던 정치조직들이 학생운동과의 연계 속에서 그 인적 자원을 충원받았다.

학출활동가들은 1984년 이후 노동현장에서 노조 결성과 어용노조 민주화투쟁 등을 벌였으나 많은 이들이 해고되어 현장 밖으로 내몰렸다. 이는 학출활동가들의 미숙한 활동도 문제였지만 그보다는 정권과 회사측이 학출활동가들을 대중과 분리시키기 위해 탄압을 강화한 것이 주된 이유였다. 해고자들은 공동으로 노동운동 탄압을 폭로하는 가두투쟁, 점거투쟁을 벌이면서 노동문제를 정치화시키기 시작했다. 이런 학출활동가들의 정치투쟁은 한국노협한국노동자복지협의회 내부에서 1970년대 민주노조 출신의 활동가들과 노동운동의 방향을 둘러싼 대립으로 나타났다. 그 결과 학출활동가들은 독자적으로 노투노동운동탄압저지투쟁위원회와 구민추구로지역노조민주화추진위원회를 결성했다. 정권과 회사측의 탄압으로 노동현장에서 노조 결성이 근본적으로 제약당하는 상황을 정치문제화시켜 현장활동을 지원하려 했던 것이다. 노투는 해고자 역량을 결집하여 새로운 노동운동단체를 결성하려는 데까지 나아갔다. 기존의 연구에서는 1970년대 민주노조운동과 1980년대 노동운동은 이념적으로 단절된 관계로 규정지었다. 그러나 이 책에서는 이 두 세력이 노동운동의 구체적인 실천과정에서 그 방향을 둘러싸고 갈등·대립하면서 학출활동가 중심의 노동운동이 분립하기 시작했다는 것을 규명했다.

이런 학출활동가들의 활동은 1부 3장에서 다룬 1985년 대우자동차투쟁과 구로동맹파업을 통해 1970년대 민주노조운동의 한계를 극복할 수 있는 가능성을 열었다. 특히 구로동파는 유화국면 시기에 일시적으로 탄압이 멈춘 1984년 6월에서 7월 사이 구로지역에 4개의 민주노조가 결성되면서부터 그 준비가 시작되었다. 이 시기 민주노조운동은 기업별 노조의 한계를 뛰어넘기 위해 간부들의 교류, 조합원들의 공동교육과 문화적 교류 등의 다양한 연대활동을 시도했고, 노조 간부들은 비공개 지역소모임에 참여해서 노조의 지도력을 형성해 갔다. 이러한 연대활동은 1970년대 민주노조운동의 조합주의적 한계를 극복하려고 노력한 학출활동가들과 노조 간부들의 의식적인 활동 결과였다. 연대의 질을 높여 나가던 민주노조운동에 대해 정권은 노조 간부를 구속시키는 탄압을 가했고 이에 맞서 민주노조들은 동맹파업을 벌였다. 동맹파업은 노동자들이 노조를 기반으로 정치투쟁을 할 수 있다는 가능성을 제시했다. 그러나 47명 구속과 1,400여 명의 노동자들이 거리로 내몰리면서 그 조직 대안이 부재했다는 한계를 보였다. 구로동파 이후 노동운동은 빠르게 정치화되었다.

둘째, 2부에서는 학생운동가들이 노동현장에 투신하면서 등장한 1980년대 변혁적 노동운동의 형성과정, 그리고 정치조직운동과 대중운동과의 관계에 대해 규명하려 했다. 1985년 이후 등장한 변혁적 노동운동, 즉 정치조직운동은 1987년 노동자대투쟁을 전후로 그 활동 방식의 변화가 있었다. 그러나 기존의 연구에서는 1980년대 변혁적 노동운동을 통시적으로 접근하면서 그 변화에 대해 제대로 포착하지 못했다. 더욱이 정치조직의 활동과 대중운동에 대한 구체적인 연구는 이루어지지 않았다. 이에 이 책에서는 1987년 노동자대투쟁 이전을 '변혁적 노동운동의 형성기'로 보고, 그 이후를 '변혁적 노동운동의 분화기'로 설정해서, 정치조직운동의 변화과정을 추적했다. 정치조직들에 대한 접근은 이론과 노선 중심의 기존 연구방식에서 벗어나, 각 정치조직들의 주체형성과정, 조직활동, 대중운동과의 관계 등에 대해 가능한 구체적으로 접근했다. 이에 대해 살펴보면 다음과 같다.

우선 정치조직운동의 맹아로 볼 수 있는 1980년 등장한 전민노련전국민주노동자연맹은 지식인과 노동자의 연대를 바탕으로 '제2노총 건설'을 추진했다. 전민노련은 1970년대 민주노조운동의 조합주의, 학생운동가들의 장기론적 노동현장 투신 등에 대한 비판을 통해 의식적이고 조직적인 노동운동을 추진하려 시도했다는 점에서 의미가 있었다. 그러나 전민노련은 주체의 역량이 취약했고 정세가 변화된 속에서 급조된 전국조직 건설을 시도하면서 정권의 탄압으로 와해됐다.

이어 변혁적 노동운동은 1985년 서노련의 등장으로 시작되었다. 이 시기에 형성되기 시작한 정치조직들은 사회주의혁명을 지향했으나 변혁의 경로와 그 주체형성 방식을 둘러싸고 차이가 있었다. 우선 서노련은 대중정치투쟁, 선진적 노동자들과 활동가들이 선도적 정치투쟁을 벌여야 한다고 주장했다. 그러나 서노련은 혼재된 조직성격과 조직운영의 비민주성으로 인해 출발부터 혼란을 초래했다. 특히 소수의 선도적 정치투쟁인 대중정치투쟁론은 1986년 임금인상투쟁에서 대중과 분리되면서 실패했다. 또한 조직원들의 조직에 대한 비판을 지도부가 통제하기 시작하면서 조직균열이 가속되었다. 결국 서노련은 해체되었으며 일부의 세력은 NL그룹과 제헌의회그룹에 참여했고, 다른 세력들은 독자적으로 정치이론을 정립하여 비非주체사상파인 '일동그룹'과 삼민동맹을 결성했다. 서노련을 비판하며 대중운동의 중요성을 강조한 남노련은 노동현장에 기반을 형성하려는 노력을 기울이면서 동시에 지역 차원에서 야학–소모임–민주노동자대학–노동자해방사상연구회 등을 통해 노동자들을 수준에 맞게 조직하여 노동운동가로 변화시키려 교육하였다. 그러나 남노련은 대중운동의 중요성을 강조하면서도 1986년 임금인상 시기에 대중적 임금인상투쟁을 실현시키지는 못했다. 그 뒤 NLPDR 노선에 입각한 정치조직으로 전환하는 과정에서 남노련은 정권의 탄압으로 조직이 와해되었고, 조직원들은 산개했다.

1986년 중반부터 정치노선을 내세운 정치조직 형성의 움직임이 등장했다. NLPDR노선과 NDR노선을 내세운 그룹이 노동운동에 등장했다. 인천지역에서는 여러 서클들이 연계하여 NL론을 받아들였고, 그 과정에서 반제동맹그룹이 조직 탄압을 받았다. 또한 서울에서는 마르크스-레닌당 사건으로 명명된 그룹이 조직 결성을 시도하는 단계에서 와해되기도 하였다. 이후 NL경향은 사상적·조직적 토대를 구축하기 위해 산개론을 표방했다. 이런 NL세력을 비판하며 등장한 제헌의회그룹은 서노련보다 더 급진화되어 '전위조직 건설'을 시도했다. 이 그룹은 일부 노동운동 세력이 참여했지만 주로 학생운동 세력을 기반으로 활동했다. 이 그룹의 대중활동은 주로 선전·선동과 가두시위 등으로 나타나 대중운동과 결합하지 못했다. 그 뒤 탄압사건으로 지도부가 구속되자 남은 세력이 노해동노동자해방투쟁동맹을 구성하였다.

이 시기에 새로운 정치조직 건설의 움직임이 나타났다. 인노련 해체 이후 일부 세력이 NL노선을 비판하면서 독자적으로 민족문제와 통일문제를 해결하려는 비非주체사상파인 일동그룹을 형성하였고, 서·인노련 지도부였던 이들이 중심이 되어 삼민주의를 계승·발전시켜 삼민동맹을 형성했다. 이와는 다르게 현장에 기반을 둔 정치서클들이 통합해 결성한 투쟁동맹과 다산보임그룹 등의 정치서클들도 형성되기 시작했다. 이처럼 1986~87년은 대중운동의 침체 속에서 다양한 정치조직들이 형성되는 시기라고 할 수 있겠다.

한편 이 과정에 일어난 1987년 노동자대투쟁은 한국노동운동사에서 최대 규모의 전국적 투쟁으로서 노동운동의 전환을 가져왔다. 기존 연구들은 노동자대투쟁이 '자연발생적'이었고, 1980년대 변혁적 노동운동은 아무런 영향을 주지 못했다고 주장했다. 그러나 이 책에서는 노동자대투쟁이 1970년대 민주노조운동에서 시작되어 1985년도 대우자동차투쟁과 구로동파의 경험을 지렛대 삼아 발전했다고 본다. 또한 노동자대투쟁은 기본적으로 노동자 대중의 투쟁 동력으로 발현되었으나, 그 과정에 각 지역마다 변혁적 노동운동 세력이 다양한 방식으로 결합하여 투쟁의 발전과 확산을 위해 노력했다고 보았다.

당시 정치조직들은 1986년부터 정부의 탄압으로 와해되거나 조직분열과 재편 또는 조직형성단계에 머물러 있었기 때문에 노동자대투쟁에 조직적이고 계획적으로 참여하지 못했다. 그러나 1980년대 변혁적 노동운동 세력은 지역마다의 상황과 조건에 따라 노동자들의 분출되는 투쟁 동력을 확산시키는 데 중요한 매개 역할을 했다. 지역별의 구체적인 상황을 살펴보면 노동자대투쟁의 진원지인 울산지역의 경우 소수이지만 학출활동가가 노조 결성을 주도하거나 울사협을 중심으로 현대그룹 산하의 여러 사업장 노동자들이 공동으로 노조 결성을 도모하기도 했다. 그 결과 울산지역은 현대그룹 산하 사업장에서 노동자투쟁이 활발하게 일어났다. 부산지역에서는 1985년 전후로 형성되어 있던 지역서클의 학출활동가들이 현장과 지역에서 투쟁을 엄호하면서 이를 확산시키기 위한 노력을 했다. 또 마창지역에서는 학출활동가들과 선진적 노동자들이 경노협을 중심으로 투쟁을 벌였으며, 전북지역에서도 '노동자의 집'을 중심으로 하여 학출활동가들의 투쟁지원 활동이 두드러지게 나타났다. 수도권의 경우 서울지역은 학출활동가들의 노조 결성 활동과 해고노동자들의 단체 결성이 주도적으로 이루어졌다. 인천지역은 학출활동가들이 주도적으로 노조 결성을 벌였고, '노동자일동', 인해협, 공실위를 중심으로 한 지역 차원의 투쟁지원 활동도 활발하게 일어났다. 마지막으로 안양지역 역시 1985년 이후 활발한 활동을 하던 학출활동가들이 지역 정치서클을 결성하여 현장 안팎의 노동자투쟁과 노조 결성활동을 벌였다.

이처럼 각 지역에서 현장 안팎으로 학출활동가들과 정치세력들이 노동자투쟁과 조직 결성을 지원했고, 이들은 그 성과를 모아 지역 차원으로 발전시켜 각 지역의 지노협 결성과 운영에 중요한 역할을 했다.

다음으로 1987년 노동자대투쟁 이후 정치조직들의 분화와 대중운동과의 관계를 살펴보겠다. 노동자대투쟁을 바탕으로 한 대중운동의 발전은 정치조직운동에 영향을 주었다. 대중운동의 발전과정 속에서 정치조직들은 이전 시기와 달리 전국으로 그 활동 범주를 확산해 나갔으며, 마르크스·레닌 원전의 출판에 힘입어 이념적 정체성을 높여 나갔다. 정치조직들은 그 영향력의 차이는 있지만, 이 시기에 정치조직들과 대중운동과의 결합방식은 비슷한 양상을 보였다. 현장에서는 노조 결성과 노조민주화투쟁을 벌이거나, 지역에서는 노동상담소를 통해 노조 결성과 활동에 대한 공개적 지원과 정치교육을 실시했다. 또 지노협에 상근자를 결합시키는 등의 활동을 했으며 더불어 기관지와 팸플릿을 통해 노조운동의 정책과 방향에 대해 개입함으로써 더욱 적극적으로 이루어졌다.

그러나 정치조직에 대한 입장과 대중운동과의 결합 정도에는 차이가 있었다. '정치적 대중조직론'에 입각해 결성된 NL그룹의 인노회는 비공개 영역과 공개 영역의 활동이 불분명한 채 공개적 활동을 벌이다가 1년도 채 안 되어 탄압을 받고 다시 산개했다. 노해동 소수파가 1989년 11월에 결성한 사노맹은 학생운동을 중심으로 노동, 농민, 종교계 등을 포괄하는 전위조직을 건설하려했다는 점에서 다른 정치조직과 달랐다. 그러나 결성된 지 1년도 안 되어 정권의 지속적인 탄압을 받아야 했다. 그럼에도 이들은 대중운동과의 결합을 위한 공장소조 건설을 시도했으나 그 성과는 크지 않았다.

인민노련은 1988년 10월 이후 마르크스·레닌주의를 조직 내부에서 강화시키기 위한 노력을 기울이면서 대중운동과의 결합력을 높여 나갔다. 그 결과 인민노련은 인천지역에서 최대의 정치조직으로 성장했다. 또 1988년부터 공식적으로 각 지역에 역량을 파견하여 조직적 기반을 넓혀 나갔다. 1989년 하반기에는 전위당 건설을 위해 일부가 인민노련을 탈퇴하였고, 다른 정치세력과 같이 『사회주의자』를 발간하면서 전국적 정치조직 건설사업을 도모했다. 그러나 이런 활동은 1989년 인민노련 탄압사건으로 중단되었다.

한편 제파PD그룹은 다른 노동운동 세력과는 출발부터 방식을 달리했다. 1986년 다산보임사건 이후에는 서울, 인천, 안양, 부산, 마산, 울산 등의 지역에서 현장을 중심으로 활동했다. 대중운동을 중심으로 한 지도력을 형성하던 서울그룹은 1989년 조직 내적 갈등을 겪고 이론역량을 중심으로 한 조직재편을 했고, 인천지역에서도 1988년 말부터 서울그룹과 유사한 갈등이 나타났으나 조직분규로 귀결되었다.

이러한 정치조직운동은 큰 틀에서 본다면 레닌의 조직론의 영향을 받아 전위조직 건설을 목표로 삼아 활동했으나, 그 구체적인 실현 방식에서는 차이가 나타났다. 이는 1980년대 변혁적 노동운동이 정치조직 건설을 위해, 대중운동과 정치조직운동 간의 관계를 둘러싸고 다양한 방식으로 노동자 정치세력화를 추동하려 했다는 것을 의미했다.

마지막으로 1980년대 변혁적 노동운동의 역사적 의의와 한계에 대해 살펴보겠다. 1980년대 변혁적 노동운동은 반독재민주화운동의 성격을 벗어나 사회구조를 변혁시키기 위한 사회주의 이념을 복원시켰고, 노동자계급의 정치세력화를 과제로 제기했다는 데 그 역사적 의미가 있다. 1980년대는 변혁적 노동운동이 정권의 폭압적 탄압 속에서도 사회주의와 노동운동을 결합하기 위해 분투했던 실험의 시대였다.

대중운동의 침체 속에서 일어난 구로동맹파업은 1970년대 민주노조운동의 한계를 극복하기 위한 활동가들의 의식적인 노력의 결과로서, 노동조합을 중심으로 정치투쟁의 가능성을 열었다. 구로동파 이후 등장한 변혁적 노동운동 세력은 노동운동의 목적을 노동조건개선과 노동자 권리확보 차원을 넘어 국가권력과 사회구조의 근본적인 변화를 추구하는 데 두었다. 나아가 변혁적 노동운동은 노동자계급이 정치의 대상이 아닌 정치 주체임을 제기했고, 노동자 대중운동과 결합하기 위해 노력했다. 이는 1970년대 민주노조운동이 추상적인 범주에서 추구했던 '인간다운 삶'을 넘어, '노동자·민중이 주인 되는 세상'의 건설이라는 대중적 이념을 제시한 것이었다. 한편 변혁적 노동운동은 당시 반독재 민주화운동을 주도하지 못했다. 노동운동은 민주주의의 문제와 변혁운동과의 관계설정을 둘러싸고 대립·갈등했고, 1987년 6월 민중항쟁 이후 형성된 정치국면을 주도하지도 못했다. 그러나 1980년대 변혁적 노동운동은 민중의 민주주의를 위한 사회변혁이념을 한국사회의 실질적 민주주의의 대안으로 제시했다. 특히 1987년 노동자대투쟁을 통해 노동현장에서의 민주주의 문제를 중심으로, 민주주의 내용이 재구성될 필요가 있다는 것을 제기했다. 이처럼 1980년대 변혁적 노동운동을 지렛대 삼아 발전한 민주노조운동은 '노동해방', '평등사회'라는 가치를 대중적 요구로 제시하기도 했다. 이는 민주주의의 내용에서 정치와 경제를 분리시켜 형식적·절차적 민주주의에 제한되었던 것에서 나아가 국민의 다수를 차지하는 노동자계급 삶의 질과 분배문제, 나아가 생산과정과 경제구조의 문제를 제기하면서 민주주의의 내용과 그 질을 심화시키는 데 기여했다.

그러나 1980년대 변혁적 노동운동은 여러 가지 한계를 드러냈고, 1991년 전후로 그 실험의 시대를 마감하였다. 이에 대해 살펴보면 다음과 같다.

우선 초기 정치조직운동에서는 사상적 기반과 주체 역량이 제대로 형성되지도 않은 상황에서 정치조직을 건설하려는 '조급성과 관념성'을 드러내기도 했다. 정치조직을 이념과 노선만을 가지고 형성하려 했던 것이다. 그 예로 제헌의회그룹은 '의식성과 자생성'의 관계에서 의식성을 잘못 이해하여 학습으로 훈련된 자임하는 '전위'를 양성해 전위조직 건설을 시도하였다. 즉 현실과 괴리된 관념적이고 비대중적인 양상을 드러냈다. 이런 조직운동의 방식은 정도 차이는 있겠지만, 당시 선전그룹 중심으로 형성된 정치조직들에게는 하나의 편향으로 관통되고 있었다.

다음으로 변혁적 노동운동은 정치조직 '내부의 정치'의 한계를 보였다. 1980년대 정치조직들은 상호 대립·갈등할 뿐만 아니라 정치조직 내부에서도 갈등과 분열을 겪기도 하였다. 그 예로 서노련은 1986년 임투 이후 선도적 정치투쟁에 대한 비판 등을 제기하였지만, 지도부는 일방적으로 봉합하여 무마하려다가 조직해체로 귀결됐고, 제헌의회그룹은 조직 탄압사건 이후 재건된 노해동에서 정치노선과 정세, 조직운동방향을 둘러싸고 조직을 담당하던 세력과 편집부가 대립하여 결국 조직이 분열되었다. 제파PD그룹도 조직의 지도력 형성방식을 둘러싸고 내적 갈등을 겪으면서 서울그룹은 지도부의 교체로, 인천그룹은 조직분열로 나타났다. 초기 인민노련 역시 NL세력과 비NL세력이 결합하여 조직을 결성했다가 3개월 만에 노선 차이로 분립했다.

이러한 정치조직 내부에서 대립하던 쟁점들은 조직분열의 근거가 되어 새로운 정치조직을 형성하는 근거로 작용했고, 정치조직 내적으로는 조직의 지도력을 형성하는 기제로 작동된 측면도 있었다. 일부의 정치조직들은 조직의 지도력을 형성하거나 정체성을 형성하는 데, '아我와 타他'의 구별을 통해 다른 조직을 비판하고 부정하는 방식을 통한 측면도 있었던 것이다. 이는 탄압 상황 속에서 조직 보위와 규율의 강제를 통해서 가능했다. 그 결과 조직운영의 원칙인 민주집중제에서 '민주'보다는 '집중'에 치우친 운영이 되었고, 그조차 조직의 수직적 운영으로 인해 일면 조직원이 대상화되기도 했다. 심지어 지도력의 수직적 권위는 대중활동까지 굴절시키기도 했다.

또한 변혁적 노동운동은 '정치조직 간의 정치'의 한계를 드러냈다. 정치조직 간에는 자신들의 이론과 노선의 타당성을 실천 속에서 검증해 내려 하기보다는, 실천적 경험을 담보하지 않는 '논쟁'의 영역에서 우열을 가르려는 경향이 있었다. 그 결과 다른 정치이론과 정치세력을 배타시하는 모습을 보임으로써 공동실천 또는 상호검증의 구조를 모색하는 데는 한계를 보였다. 이는 심지어 다른 정치조직의 존재를 부정하는 모습으로까지 나타났다. 그 결과 정치조직 간의 다양한 실천경험이 공동의 자산으로 축적되지 못한 측면도 있었다.

이러한 정치조직운동의 형성과정, 정치조직 내부의 정치, 정치조직 간의 정치에서 나타나는 한계는 정권의 일상적인 감시와 탄압이라는 조건에 의해 규정된 면도 있었다. 정권은 일상적인 감시를 하다가 주로 정치적으로 민감한 시점, 해당 정치조직이 선전서클 차원에서 대중적 선동차원으로 전환되어지는 과정 등에서 정치조직을 탄압하는 양상을 보였다. 우선 집중적 조직 탄압사건이, 1985년 대우자동차투쟁과 구로동파로 대중운동의 성장이 두드러지고, 1986년 5·3인천항쟁으로 노동·민중운동이 개헌국면에 개입하는 시점에서 일어났다. 이 시기는 개헌문제를 둘러싸고 정치적으로 민감한 상황이었다. 이때 일어난 조직 탄압사건은 다산보임사건, 서노련사건, 반제동맹당사건, 마르크스-레닌당사건, 제헌의회그룹사건, 남노련사건 등이었다. 당시 조직체계를 갖추면서 대중운동으로 발돋움하려는 조직들이 집중적인 탄압을 받았다. 그 결과 탄압받은 정치조직들은 그 활동이 위축되거나 해체되었다.

이후 다시 집중된 조직 탄압사건은 1989년 전후로 일어났다. 1987년 6월 민중항쟁과 7·8·9월 노동자대투쟁을 통해 대중운동이 발전하였던 이 시기에는 지역 차원의 조직 결성에서 나아가 전국조직 결성을 목전에 두고 다양한 움직임들이 있었다. 그리고 민주노조운동의 전국조직 건설에 정치조직들이 직·간접으로 결합되어 있었다. 이에 정권은 노동운동에 대한 대탄압을 가하기 시작했다. 그 결과 1989년부터 인민노련사건, 삼민동맹사건, 노동계급사건, 인노회사건, 안양 제파PD사건, 1990년부터 지속된 사노맹사건, 1991년 제파PD그룹사건과 한사노당사건 등이 집중적으로 일어났다. 전체적으로 주요 정치조직들이 대거 탄압을 받은 것이다. 그 결과 정치조직들이 해체되거나 그 활동이 침체됐다.

이처럼 두 차례에 걸친 조직 탄압사건은 1980년대 변혁적 노동운동의 발전에 심각한 타격을 주었다. 다수의 정치조직들이 와해·침체되면서 각 정치조직들에게 형성된 경험들이 축적되지 못하고 단절되었다. 결국 정권의 조직 탄압은 정치조직운동의 다기한 경험들이 축적되고 그를 바탕으로 새로운 발전을 도모하는 데 제약조건으로 작용하였다.

또한 1980년대 변혁적 노동운동의 한계는 역사적 경험의 단절과 반공이념 이외에는 발붙이지 못했던 사회적 상황, 민중을 학살한 정권을 전복해야 한다는 긴박성, 그리고 그 정권의 항상적인 감시와 탄압이 가해지는 시대상황 속에 규정된 것이기도 했다. 이런 조건에 의해 1980년대 변혁적 노동운동은 사상적 기반이 척박한 속에서 마르크스 이념, 러시아의 성공한 사회주의 혁명과 사회주의 국가의 존재를 그 자체로 혁명의 무기로 받아들였다. 이로써 사회주의 이념에 천착하여 혁명운동의 방식을 한국의 상황과 주체적인 경험의 축적 속에서 새롭게 해석할 필요가 있다는 점에 천착하지 못했다. 이를 반영하는 가장 중심적인 내용은 노동자계급의 정치세력화, 즉 전위당 건설을 둘러싼 문제였다. 당시 변혁적 노동운동 세력은 전위당 건설을 중심의 문제로 설정했고 이에 가장 큰 영향을 준 것은 1985년 전후로 보급되기 시작한 레닌의 조직과 혁명에 대한 저작물들이었다.

이런 문제는 1980년대 변혁적 노동운동 세력이 자본주의 사회를 전복시키면 그밖의 문제는 변혁된 사회구조 속에서 해결될 수 있다는 막연한 생각 속에 머물러 그 이상의 대안을 찾지 못했던 것과도 연관되었다. 이들에게는 자본주의체제를 변혁한 이후 건설될 사회주의 사회의 구체적인 상과 그 운영원리에 대한 고민과 모색이 부재했다. 노동자계급이 혁명운동 과정에서 투쟁의 주체만이 아니라 새로운 사회건설의 주체가 되기 위한 방식을 모색할 필요가 있었으나 이들은 '주체 형성'의 실질적 내용이 무엇인지를 천착하지 못한 것이다. '주체 형성' 문제는 전위당건설을 목표로 한 정치조직운동으로 대체되었고 대중운동은 지도와 견인의 대상이 된 측면이 있었다. 이는 정치세력 간의 경쟁구조 속에서 더 강화된 측면도 있었다. 그 결과 정치조직들이 전위당건설을 통해 혁명의 담지자로 설정되었고, 이로써 노동자계급이 변혁주체로 성장할 수 있는 가능성은 간과되기도 했다. 또한 변혁운동에서 노동자계급의 중심성만을 강조했지 노동자계급의 이해를 뛰어넘는 제반 사회관계에서 표출되는 문제들에 대한 개입, 또 그 문제해결의 주체들과의 연대관계를 형성하는 데 한계를 드러냈다. 이들은 일면 노동자계급의 중심성을 계급이기주의로 변질시켰고, 다른 계급·계층과의 연대와 공동실천 속에서 그 중심성을 확보하는 것에도 한계를 보였다

그 결과 변혁적 노동운동이 1990년대 초 현실 사회주의권의 붕괴에 의해 큰 타격을 받는 것으로도 드러났다. 마르크스·레닌주의 이론에 대해 체계적으로 접근하려던 단계에서 일어난 사회주의권의 몰락은 이에 근거하던 정치조직들에게도 큰 타격을 주었다. 모든 정치세력들은 아니지만, 당시 대중운동에 가장 큰 영향력을 행사하던

인민노련을 중심으로 삼민동맹, 노동계급, 안산노련, 각 지역의 주요 정치조직이 공동으로 전위조직을 건설하려던 움직임이 급격하게 변화되었다. 그리하여 이들은 사회주의 이념과 전위당 건설을 포기하고 합법정당으로의 전환을 시도하였다. 물론 이런 움직임과 달리 한국사회의 특수성에 근거해 독자적 정치활동을 펼치던 비주체사상파인 일동그룹과 제파PD그룹, 또는 주체사상에 근거를 두고 있던 NL그룹은 상대적으로 충격을 덜 받았다. 그러나 이들 역시 사회주의권의 붕괴가 한국의 변혁운동에 미치는 영향과 변화하는 상황에 제대로 대응할 조건과 역량을 갖추지 못했다. 이들 역시 차이는 있지만 1980년대의 사상적·이념적 척박함 속에 규정받고 있었기 때문이다.

이처럼 1980년대 변혁적 노동운동은 대중운동과의 결합 관계를 높여 나가던 과정에서 외적 충격과 탄압으로 인해 운동이념과 활동을 급속히 청산하거나 잠복하면서 실패로 끝났다. '짧은' 시간 내에 변혁 이념으로 무장해야 했지만 그것보다 더 짧은 시간 내에 사회주의권의 붕괴라는 새로운 환경이 전개됐다.

여러 한계 속에서도 1980년대 변혁적 노동운동은 노동자계급의 정치세력화라는 과제를 남겼다. 그 경험을 바탕으로, 대중운동과 분리된 정치조직운동은 존립할 수 없다는 것도 보여 주었다. 이는 자본주의를 넘어 새로이 건설될 사회운영의 원리, 그리고 그 주체 형성의 문제와 관련해서 '정치'를 재사유할 것을 제기하고 있다.

부록

참고한 자료들에 대하여

참고문헌 목록

단체와 조직 약어 일람

| 참고한 자료들에 대하여 |

이 책을 쓰는 데 이용된 자료는 학출활동가들의 노동현장 투신과정을 기록한 개인 수기나 기록물 등이 일부 있고, 대중활동 및 투쟁상황을 알 수 있는 투쟁기록, 무크지, 단체선전물 등이 있다. 또 1980년대 정치조직운동에 대해서는 운동 주체가 생산한 팸플릿과 기관지가 있고, 조직사건과 관련해서 사건 또는 개인공소장, 공안당국의 사건발표문, 최후진술서 등이 있다. 이런 문헌자료들만으로는 당시 개인과 조직 활동의 구체적인 상황을 파악하기 어렵기 때문에 주체들의 구술자료를 함께 활용하였다. 이에 대해 구체적으로 살펴보면 다음과 같다.

첫째, 학생운동가들의 노동현장 투신에 대한 주체들의 기록 글로는 당시 발간된 것과 최근에 나온 것들이 있다. 우선 당시 나온 단행본은 『하나의 벽을 넘어서』(권인숙, 거름, 1989)가 유일한데, 이 책에는 권인숙의 노동현장 투신 결정과정 및 초기 노동현장 적응과정이 잘 기록되어 있다. 그밖에 1984년 이후 형성된 유화국면을 틈타고 나오기 시작한 무크지를 통해서 학출활동가들의 노동현장 투신에 대한 글들이 일부 있다. 「노동현장의 지식인들」(황의봉, 『르뽀시대』 2, 실천문학사, 1985)은 필자가 학출활동가들을 만나 그 활동의 특징을 간단히 기록한 것인 반면, 「우리가 왜 위장취업자인가」(『현장 5집』, 돌베개, 1985)는 학출활동가 7인이 노동현장 참여와 활동에 대해 직접 쓴 것이고, 「어느 실천적 지식인의 자기반성」(김문수, 『현장 6집』, 1986)은 인터뷰 형식을 빌려 활동가가 자신의 삶을 전달하는 방식이라는 데 차이가 있다. 그러나 당시 주체들의 기록 글에서 주의할 부분도 있다. 「우리가 왜 위장취업자인가」에서처럼 사업장 투쟁과정에서 해고된 학출활동가들이 개괄적이지만 노동현장 투신과 활동과정에 대해 다양한 모습을 드러내는 반면, '위장취업'이라는 정부와 자본 측의 공세에 대응하기 위한 의도도 엿보인다. 그 때문에 이 글에서는 학출활동가들이 노동현장에 투신한 이유를 밝히는 데 이념적인 문제 등에 대해서는 언급하지 않고 있다는 점에 유의할 필요가 있다. 반면에 김문수의 글은 그가 서노련 활동을 하면서 정치투쟁의 중요성을 주장하기 위해 나온 것으로 판단되어, 1986년 전후 그의 노동운동에 대한 관점을 확인할 수는 있지만, 그 이전 시기 활동에 대해서는 당시 시각으로 재해석될 수 있다는 것을 고려할 필요가 있다.

한편 2000년대 들어 학출활동가들이 자신의 운동경험을 기록한 글이 나오기 시작했다. 단행본으로 나온 『저항의 삶』(정윤광, 백산서당, 2005)은 필자가 1970년대 노동현장에 투신하는 과정과 이후 노동조합 활동이 자세히 기록되어 있다. 『젊음이여, 오래 거기 남아 있거라』(황광우, 창비, 2007)는 1980년대 전반기 노동야학운동 및 노동현장 투신과정, 노동현장의 적응과정 등이 자세히 기록되어 있고 1985~87년 인천지역의 노동운동 상황도 일부 엿볼 수 있다. 그밖에 주요 사건이나 활동을 중심으로 한 기록물로는 「노동운동 투신 동기와 민노련·민학련사건」(이태복, 『역사비평』 27호, 역사비평사, 1994), 「폐허 위에서 다시 싹튼 사회주

의 운동: 70년대 학생운동, 부마항쟁, 한국노동당과 주대환위원장」(민주노동당, 『이론과 실천』 창간준비 4호), 「나의 노동운동과 살아 있는 전태일들」(문성현, 『역사비평』 53호, 역사비평사, 2000), 「영등포산업선교회와 나」(신철영, 『내일을 여는 역사』 34호, 2008) 등이 있고, 개인의 삶과 활동에 대해 압축적으로 정리된 글로는 『같은 시대 다른 이야기: 구로동맹파업의 주역들 삶을 말하다』(유경순 편, 메이데이, 2007) 등이 있다.

이런 활동 주체들의 기록은 개인의 경험과 시선이기는 하지만 시대 상황과 주체들의 의식 및 활동에 대해 살펴볼 수 있다.

둘째, 1980년대 노동자투쟁과 이에 대한 정부 및 자본 측의 대응에 대해 알 수 있는 기본 자료는 신문이다. 그중에 한국기독교사회문제연구원에서 1982년에서 1986년까지 매년 발간한 『노동사회사정』에는 주요 노동관련 신문기사, 일지 및 노동통계자료가 담겨 있어 당시 노동자 상태와 투쟁을 개괄적으로 확인하는 데 도움이 된다. 그러나 신문만으로는 투쟁의 구체적 상황을 파악하는 것이 어렵다. 그러므로 1980년대 대중운동의 상황에 대해서는 1984~86년 학출활동가들의 노조 결성투쟁, 구로공단의 민주노조활동 및 구로동파, 1987년 노동자대투쟁으로 나누어서 다음의 자료들을 통해 살펴보겠다.

우선 1984~86년까지 노동자투쟁 상황은 무크지, 선전물, 투쟁기록글, 단체 기관지 등을 통해 그 양상을 잘 알 수 있다. 당시 발행된 대표적인 무크는 『현장』 1~6집(돌베개, 1985~1986), 『현실과 전망』 1, 2호(풀빛, 1984), 『노동-일터의 소리』 1(지양사, 1984) 등이 있으며, 단체 기관지인 『민주노동』(한국노동자복지협의회, 1985~1987)과 『민주화의 길』(민주화청년운동연합, 1984~1986) 역시 중요한 자료이다. 또 당시 운동주체들이 발행한 소식지들과 『민주노동운동을 향하여』(노동운동탄압저지투쟁위원회, 1985. 4), 『85년 임금인상투쟁』(편집부, 풀빛, 1986) 등이 있는데, 주요 투쟁사업장의 노동자 상황과 투쟁과정이 자세히 정리되어 있어 당시 투쟁의 구체적인 양상을 파악하는 데 필수적인 자료이다.

다음으로 1984년 구로공단 민주노조활동에 대해서는 가리봉전자 노조의 『소식』, 『대우어패럴 노동조합소식』, 선일섬유의 『노보』, 효성물산의 『효성노보』 등에서 구체적인 상황을 파악할 수 있다. 또 1985년 구로동파와 관련해서는 『선봉에 서서』(서울노동운동연합 편, 돌베개, 1986)가 가장 중요한데, 이 자료는 구로동파 직후에 각 사업장 노동자들이 전태일기념사업관에 모여 생활하면서 복직투쟁을 벌이는 가운데 가리봉전자의 유시주가 노동자들과 같이 엮어 낸 것이었다. 그 내용에는 대우어패럴, 효성물산, 가리봉전자 노조 등의 「파업농성일지」가 수록되어 있어서 다른 단체에서 나온 파업투쟁일지나 선전지와 비교해 확인하면 동맹파업의 대체적인 상황을 파악할 수 있다. 그밖에 구로동파 관련 구속자 판결문, 항소이유서(김준용, 공계진, 박경희, 전규자, 추재숙, 안경환 등)도 사업장 상황과 동맹파업 등에 대해 알 수 있는데, 이 자료들은 연구자가 사건 당사자들에게 기증받아 보관하고 있다. 한편 이러한 자료들을 바탕으로 구로동파 관련자 50여 명을 구술해서 정리한 『아름다운 연대』(유경순, 메이데이, 2007)는 1984년 각 사업장의 노조 결성상황, 일상활동과 1985년 임금인상투쟁, 노조 간의 일상 연대활동, 구로공단의 활동가 상황, 동맹파업과 이후 각 사업장 상황 등이 체계적으로 정리되어 있다.

마지막으로 1987년 노동자대투쟁에 대해 파악할 수 있는 기초 자료인 『울산지역 7월 노동자대중투쟁 자료집』(울산사회선교실천협의회,

1987)은 노동자대투쟁을 발화시킨 울산지역의 초기 투쟁상황과 노동자들의 요구사항을 파악할 수 있으며, 『7~8월 노동자대투쟁』(한국기독교사회문제연구원, 민중사, 1987)은 대투쟁의 전국 상황을 개괄적이나마 파악하는 데 도움이 된다. 특히 『'87 노동자대투쟁: 7·8월 인천지역사례』(인천기독교민중교육연구소 편, 풀빛, 1988)는 인천지역의 10여 개 사업장 투쟁을 구체적으로 정리해 놓아서 당시 노동자들의 투쟁동력과 학출활동가들의 역할을 파악하는 데 도움이 되는 자료이다. 그밖에도 2차 자료인 『80년대 부산지역 노동운동』(지역사회문제자료연구실 창립 한돌 기념 논문집, 친구, 1989), 『내 사랑 마창노련』(김하경, 갈무리, 1999), 『안양지역 노동운동사』(이시정, 민주화운동기념사업회, 2007), 『1987년 울산노동자 대투쟁』 1, 2(김호연 외, 울산대학교출판부, 2007), 『전북지역 민주노조운동과 노동자의 일상』(남춘호 외, 한울, 2009) 등은 지역 노동운동사의 흐름 속에서 노동자대투쟁을 이해하는 데 도움이 된다.

셋째, 정치조직운동을 파악할 수 있는 자료들은 당시 조직에서 발간한 팸플릿과 기관지, 선전물 등이 있다. 팸플릿 중에서 주목할 만한 것은 정치조직운동의 초기 문제의식을 담은 「혁명적 피티 전위당의 조직계획」(1986), 「남한 사회주의자의 당면 조직적 과제에 대하여」(1986), 「주체성의 기초 위에 하나가 되자」(1986), 「수령과 반석」(1986), 「올바른 지도노선의 정립을 위하여」(1986), 「남한 혁명운동의 조직노선 상에 있어서 긴급한 과제」(1987), 「현 시기 남한 혁·운의 조직적 임무에 대하여」, 「현 시기 노동운동의 조직적 과제에 대하여」(1988) 등이 있는데, 이는 1980년대 여러 팸플릿을 모은 『한국노동운동논쟁사』(임영일·김형기 편, 현장문학사, 1989)와 『팸플릿 조직노선』(편집부, 일송정, 1989)에 일부 실려 있거나 민주화운동기념사업회에 보관되어 있다. 이런 팸플릿은 1980년대 중반기에 정치조직문제에 대한 정치세력들의 입장을 이해하는 데 도움이 된다.

또 정치조직들의 신문 및 기관지로는 서노련의 『서노련신문』, 남노련의 『횃불』의 경우 노동조직의 신문을 일부 모은 자료집인 『불꽃으로 살아』(1985~87년)에 실려 있다. 이 자료집은 연구자가 소장하고 있다. NLPDR에서 나온 『강철서신』(도서출판 눈, 1989), 인민노련의 기관지인 『정세와 실천』, 『사회주의자』, 『민중권력』, 『노동자의 길』, 삼민동맹의 기관지인 『노동자의 깃발』, 인노회의 기관지인 『일꾼의 함성』 등은 민주화운동기념사업회 및 성공회대민주자료관에 소장되어 있다. 그밖에도 인민노련 기관지의 주요 글을 모은 『87, 88년 정치위기와 노동운동』(인천지역민주노동자연맹 편, 거름, 1989), 『사회주의자의 실천』 1, 2권(김철순 편, 일빛, 1991) 등이 출판되어 있다. 이 기관지에서는 각 정치조직들의 정치적 입장, 정세판단과 활동지침 등을 판단할 수 있다.

이처럼 팸플릿과 기관지는 1980년대 정치조직의 입장과 노동운동의 논쟁을 파악하는 데는 중요한 자료이지만, 정치조직의 활동을 파악하는 데는 한계가 있다.

넷째, 그 때문에 정치조직사건 관련 기록물을 참조하여 조직상황을 확인해야 한다. 조직사건 관련 자료를 모은 『공안사건기록』(세계, 1986)이 있는데, 이 자료집에는 전민노련과 마르크스·레닌주의당 결성기도사건의 공소장이 수록되어 있고, 『민중민주주의를 향하여』이라는 자료집에는 제헌의회사건 당사자들의 공소장, 사건과정, 편지 글 등이 실려 있다. 또한 「전민노련 공소장」과 항소이유서, 「크리스천아카데미 사건 공소장」, 「반제동맹사건 공소장」과 『박충렬 법정증언 자료집』(1986), 「제헌의회 사건 공소장」, 『최민의 의식화 과정』, 「제헌의회사건: 보조자료」 등은 민주화운동기념사업회와 성공회대 민주자료관에 보관되어 있다. 사노맹 사건관련 안기부 발표자료 10여 권이 국회 자료관에 보관되어 있다. 또 남노련 사건 관련 「민주노동자대학 공소장—이재권, 이명춘」, 사노맹사건 관련 20여 명의 개인공소장, 한국사회주의노동자당 창립준비위원회 사건 관련한 주대환, 이용선, 전성, 민영창의 개인 공소장, 1991년 제파PD사건 관련 한 4인의 개인 공소장은 민주사회를 위한 변호사 모임의 자료실에 보관되어 있다. 인민노련사건 관련자의 최후진술서와 사건 관련 정리물인 『그렇소 우리는 사회주의자요』(일빛, 1990)라는 책으로 출판되었으며, 그밖에 『인민노련의 전망』(치안본부, 1989.11.16), 「서노련 사건 공판 자료」(1986)와 「서울 제파PD그룹 해산」(1993)문건 등은 관련자들에게 기증받아 연구자가 보관하고 있다.

이러한 조직사건 관련 재판 자료들은 당시 조직 활동의 큰 틀을 확인할 수 있는 중요한 자료이다. 또한 개인의 공소장이나 최후진술서 등에는 조직활동에 대한 내용 이외에도 개인의 활동 과정을 일부 확인할 수 있다. 그러나 공안당국의 수사과정에서 일부 과대 포장된 면이나 강요된 기록의 측면, 또는 활동 주체가 조직 활동을 보위하기 위해 사실과 달리 기록한 것도 있기 때문에 당시 다른 문헌자료나 구술자료와 비교 검토하여 사용할 필요가 있다.

한편 『선진노동자의 이름으로』(이진경 외, 소나무, 1991)는 삼민동맹, 인민노련, 노동계급, 안양PD그룹 사건으로 구속된 이들 중에 각 조직의 1인이 정리한 글을 모아 출판한 것인데, 당시 각 조직의 정치적 입장 등을 파악하는 데 도움이 된다. 특히 노동자들이 자신의 활동 경험을 정리한 『나 이제 주인되어』(이옥순, 녹두, 1990)와 『마침내 전선에 서다』(김미영, 노동문학사, 1992)에는 서노련, 제헌의회그룹 및 노동자해방투쟁동맹 등에서의 활동경험이 기록되어 있어, 당시 주체들의 조직 활동과 문제의식의 일면을 엿볼 수 있다. 그러나 김미영의 글은 『노동해방문학』에 연재된 것을 엮어 출판한 것으로 사노맹 활동의 중요성을 선전하려는 목적에서 서술된 의도도 있어서 비판적으로 검토할 필요가 있다.

다섯째, 위의 문헌자료들은 1980년대 노동현장의 활동, 조직운동의 흐름을 정리하는 기초적인 실마리를 제공한다는 점에서 중요하다. 그러나 문헌자료로는 정치조직 주체들의 비공개적 활동 등에 대해서 파악할 수 없기 때문에 이 논문에서는 주체들의 구술 자료를 활용하였다. 예를 들어 1970~1980년대 운동 주체들의 구체적인 노동현장 투신이유와 투신과정, 노동현장에서의 적응과 갈등 등의 내용은 문헌자료에서 드러나지 않는다. 더욱이 비공개적인 활동 내용으로 노동현장에서의 활동가 간의 관계형성이나 투쟁에 대한 판단, 정치조직의 구체적인 형성과정과 조직운영 방식, 대중운동과의 관계에서 파생되는 여러 문제들을 구체적으로 파악하는 데 한계가 있다. 그 때문에 이 책에서는 활동주체들의 구술자료를 문헌자료와 같이 활용하였다. 구술자료는 기억의 주관성이라는 특징 때문에 가능한 문헌자료와의 비교, 또는 구술자 간의 비교를 통해 활용하겠다.

구술 대상은 1960년대 중반기부터 1980년대 전반기 노동현장에 투신한 학출활동가들과 이들의 활동과 연관된 노동자들을 중심으로 하였다. 1960년대와 1970년대 노동운동을 한 이가 많지 않기 때문에 대부분의 구술작업을 진행했다. 그중 13인은 노동현장 투신자이며, 5인은 지원 단체에 참여한 이들로서 총 18인이다. 1980년대는 여러 대학에서 많은 이들이 노동현장에 투신했기 때문에, 1970년대 후반기 학번에서 1980년대 전반기 학번 중 주로 정치조직에 직접 참여하여 활동한 이들을 대상으로 하였다. 1970년대 후반기 학번은 21명이며, 1980년대 전반기 학번은 19명이다. 또 노동자들은 1970년대 노학연대 활동부터 1980년대 대중투쟁, 정치조직에 참여한 이들을 대상으로 하였는데 총 24명이다.

정치조직 관련해서는 조직 결성의 초동 주체나 지도부를 선정했는데 그 이유는 위에서 살펴본 것처럼 문헌자료로는 정치조직들의 결성과정이나 활동을 파악할 수 없기 때문에 조직활동의 전체 흐름을 파악하기 위한 것이다. 또 정치조직의 조직원 중에서 노동현장에서 활동한 학출활동가나 노동자들을 대상으로 하였다. 이는 정치조직과 대중운동의 관계를 파악하기 위한 것이다. 그런데 정치조직에 참여한 노동자들의 경우는 20여 년이 지나면서 연락이 어려워 극히 일부만 구술 작업이 진행됐다.

정치조직 관련자들의 구술작업에는 조직마다 구술한 인원에 차이가 있는데, 예를 들어 서노련과 다산보임의 경우는 다른 조직보다 상대적으로 인원이 많다. 그 이유는 다른 조직들은 팸플릿이나 기관지, 특히 공소장, 항소이유소 등의 재판기록물이 있어서 일부 조직 상황을 파악하는 게 가능한 반면, 이 두 조직은 자료가 거의 없어서 여러 주체들을 통해 조직활동을 파악할 필요가 있었다. 더욱이 다산보임의 경우는 다른 정치조직들과 달리 그 출발부터 여러 지역으로 분산해 활동을 벌였기 때문에 그 상황을 파악하기 위한 것도 있었다.

구술작업은 1인 1회 평균 4시간 정도이며 생애사적 방법으로 진행되어 구술자의 성장과정이나 학생운동과정에서부터 노동현장 활동, 정치조직 활동에 대해 아울러 개인적인 이해를 할 수 있었다. 더욱이 구술자들이 참여했던 정치조직이 서로 다르기 때문에 한편에서는 다른 조직에 대한 상황이나 판단도 할 수 있어서, 정치조직들을 비교·판단하는 데 도움이 되었다. 그러나 이는 조직마다 좀더 다양한 활동가들을 구술하지 못한 점이나 특히 지도부와 조직원(학출활동가나 노동자)의 조직운동 경험을 비교해 내지 못한 부분에서 한계도 있다. 또 기억이 갖는 특징인 구술자의 현실 때문에, 특히 현재에도 현장활동을 계속하는 경우에는 현재 가치로서 과거경험을 해석하면서 과거의 활동 의미를 희석시키거나 20여 년 지난 과거 활동과정을 구체적으로 기억하지 못하는 등의 한계를 보이기도 했다. 따라서 이러한 개별 구술자료의 한계를 고려하여 가능한 문헌자료나 다른 구술자료와 비교해서 비판적으로 활용할 것이다.

전체 구술자는 82명인데 앞서 밝혔듯이, 그중에 학출활동가는 1970년대 전반기 학번이 18명, 1970년대 후반기 학번이 21명, 1980년대 학번은 19명이고, 노동자는 24명이다. 구술작업은 연구자가 대부분 직접 진행했다. 1970년대 구술자 중에서 13인은 연구자가 민주화운동기념사업회의 프로젝트로 진행했고, 다른 5인은 민주화운동기념사업회 민주인사 구술자료를 활용했다. 노동야학 관련자 4인은 국사편찬위원회의 프로젝트로 진행한 구술자료를 활용했다. 또 노선금, 이영지, 윤선미의 구술자료는 박정순이 면담한 것에서 도움 받았다. 구술자 중에 개인 사정으로 실명을 공개하지 않기를 원하는 3명은 구술작업 원칙에 따라 실명 대신 가명으로 처리했다. 주요 구술자들의 활동연혁과 구술일시, 장소 등에 대한 내용은 다음과 같다.

[참고] 1970, 80년대 구술자 이력*

1. 1970년대 노동현장 투신자의 경력

구술자명/ 구술일 및 장소	출생 연도 / 출생 지역 / 대학 입학 / 활동 내용	노동운동 기간	현재
1) 김문수 2009년 6월 17일. 구술자 사무실	1951년 / 경북 영천 / 1970년 서울대 / 후진국사회연구회, 청계 소모임 참여. 청계천 또또사. 벽제 제지공장, 한국스위밍센터. 1975년 한일도루코 입사. '무명당' 참여. 1978년 한일도루코노조 교육선전부장, 분회장. 1980년 과학적 사회주의서클 사건 관련 조사. 금속노조민주화투쟁. 1985년 전태일기념사업회 사무국장. 1985년 서노련 지도위원. 1986년 구속. 1990년 민중당 노동위원장. 운동 정리.	1973~ 1991	정치인
2) 김승호 민주화운동 기념사업회 구술자료를 활용한 것으 로 일시와 장 소를 생략함	1949년 / 경북 울진 / 1968년 서울대 / 한국사회연구회. 1976년 성남, 구로 노동현장. 1978~80년 섬유노조. 1981년부터 안양지역서클. 1987~91년 경수노련. 1988~94년 전노운협. 2000년~ 사이버노동대학.	1976~ 현재	노동 운동
3) 김영준 2009년 11월 19일 민주화운동 기념사업회	1947년 / 경기도 부천 / 1968년 연세대 / 한국문제연구회. 1974년 민청학련사건 구속. 1976년 울산 현대중공업 사내하청. 1976년 긴급조치9호 위반혐의 구속. 1977년 현대중공업 복직, 현장 정리. 1984년 노동운동 재개. 1986년 대원운반기계, 해고. 비주사경향그룹 활동, 정리. 1987년 노동상담소. 1990년 민중당 참여, 정리.	1976~ 1990	생업
4) 김정강 2009년 7월 2일 민주화운동 기념사업회	1940년 / 경남 진주 / 1959년 서울대 / 신진회, 정치문학회. 1964년 6·3배후조종과 불꽃회사건 구속. 1966년 '무명당' 결성. 안양 전자공장. 교사생활과 『농원』 잡지사 근무. 보일러 기사로 롯데제과, 1979년 삼립식빵 전기주임 입사. 1980년 과학적 사회주의서클 사건 관련 구속. 운동 정리.	1966~ 1980	생업

* 구술자의 이력은 구술작업을 했던 당해년의 시점에서 작성한 것이다.

5) 신금호 2009년 7월 11일 구술자의 집	1944년 /서울 / 1966년 서울대 / 민족비교연구회. 군입대. 1968년 복학. 중소기업기술진흥센터 용접기술. 문래동 소공장 전전. 도개 홍국탄광. 반공법 위반 혐의 조사. 철공소 노동. 1976~82년 대한전선노조 기획연구실장. 운동 정리.	1968~ 1982	생업
6) 오성숙 2009년 11월 18일 구술자 사무실	1953년 / 전북 익산 / 1971년 이화여대 / 새얼서클. 1972년 구로공단 공장활동 . 1974년 대학생연합시위 관련. 1976년 졸업. 1976년 부평공단 고미전자 입사. 광야교회, 도시산업선교회와 관계. 신분 노출 퇴사. 1977년 『주간시민』 노동담당 기자. 결혼 뒤 1982년 독일. 1988년 여성민우회, 참교육학부모회 회장 활동.	1976~ 1977	생업
7) 이동섭 2009년 11월 30일 구술자 사무실	1954년 / 강원 춘천 / 1972년 강원대 / 1975년 유신체제 비방 선전물 배포·구속. 강제징집. 1978년 구로공단의 소공장. 1980년 복학~5월 제적. '5월 24일 단성사시위' 계획과 구속. 1981년 풀무원. 1984년 강원도 탄광에 광부로 취업. 서울 부광실업 택시기사. 1985년 동양콜택시 민주파 조합원들과 취업카드철폐투쟁. 1989년 민주파 노조집행부 장악. 전국택시노동조합연맹 서울시지부 쟁의차장, 교선부장, 부위원장. 1990년과 1991년 파업과 차량시위, 1992년 투쟁으로 구속. 활동 정리.	1978~ 1992	봉사 활동
8) 이학영 2009년 12월 3일 YMCA 사무실	1953년 / 전북 순창 / 1971년 전남대 / 1973년 문리대 학생회장. 1974년 전남대 민청학련 관련으로 구속. 엠네스티 기술교육. 1977년 성북동 진일실업. 1978년 신설동 학원 선반기술. 부평의 남산화학입사. 민주투쟁국민위원회 참여. 제기동 유압기계 공장. 남민전과 혜성대 참여. 1979년 남민전사건으로 구속. 1983년 출감. 순천 YMCA, 2003년 이후 서울YMCA본부에서 활동.	1977~ 1979	시민 운동
9) 정윤광 2009년 7월 19일 면담자의 용산사무실	1947년 / 경남 고성군 / 1967년 서울대 / 군 복역. 낙산사회과학연구회. 한국문화연구회활동. 대학연합의 두레모임. 1974년 민청학련 사건 구속. 1975년 동천직업훈련소 용접기술. 1977년 인천 취업. 구로동 화성보일러 제작소 . 1979년 부산파이프, 1980년 파업 참여. 1984년 서울지하철 입사. 1987년 서울지하철노조 결성 참여. 조직담당. 1989년 서울지하철 3대 위원장. 직급문제로 파업투쟁, 구속. 노조 위원장 복귀. '연대를 위한 대기업노조회의'사건으로 1991년 구속. 전노협 중앙위원과 대외협력 위원. 전지협 사무처장과 공공부문 대책위 지도위원. 1998년 민주노총 정치위원장. 진보정당 창당추진위 실행위원장과 민주노동당 창당준비위원회 조직위원장. 공공노조 활동.	1975~	노동 운동

10) 최규엽 2009년 9월 4일 새세상 연구소	1953년 /전남 부안 / 1973년 고려대 / 1976년 군 입대. 1979년 현대건설 직업훈련원 용접 배움. 대우중공업 직업훈련원 입소. 대우중공업 취업. 1980년 복학 후 시위 조직, 수배. 1981년 6월 잉꼬법랑 입사. 노조 결성. 같은 해 8월 전민노련 사건으로 구속, 1983년 9월 출감 뒤 택시기사 1종 면허증. 1984년 동일제강 입사. 노조 결성투쟁. 1985년 남노련 결성. 1987년 노동해방사상연구회사건 구속. 1993년 전국연합 정책위원장. 1998년 국민승리21 집행위원장, 2000년 민주노동당 준비위원회 정책위원장, 민주노동당 금천지구당 위원장. 민주노동당 부설 새세상연구소 소장.	1979~	진보 정치 운동
11) 최봉영 2009년 11월 13일 민주화운동 기념사업회	1953년 / 경기도 의정부 / 1973년 고려대 / 10월 유신 반대시위참여. 1974년 12월 시위주도. 1975년 4월 철야농성으로 강제징집. 1980년 10월 복학생 시위주도구속. /1982년 택시회사 운전사취업. 1984년 동광운수. 노조 부위원장. 해고. 1987년 도봉구 창동 동아건설 입사. 1987년 노조 결성 참여. 기획실장, 사무국장. 1989년 구속, 집행유예. 1990년 민중당 참여, 지방자치선거 출마. 활동 정리.	1982~ 1990	생업
12) 최한배 2006년 4월 9일 구술자 사무실	1951년 / 전북 군산 / 1971년 서울대 / 1976년 경동교회 동화모임 간사. 1981년 대우어패럴 보일러 기사. 1984년 노조 결성 지원. 1985년 구로동맹파업 구속. 1987년 6월 항쟁 국민운동본부 노동위원회 사무국장. 1988년 전노운협 사무국장. 1989년 전민련 사무처장. 1991년 구속. 1992년 석방. 이후 생업.	1981~ 1992	생업
13) 황인범 2009년 11월 1일 면담자의 용산사무실	1948년 /충남 부여 / 1969년 서울대 / 1971년 교련반대 시위 참여. 낙산사회과학연구회. 뚝방 빈민촌 봉사활동. 1974년 민청학련사건 배후조정으로 구속. 1979년 보일러 기술 습득. 1979년 병점 남일전지 입사. 1980년 1월 성남 대영상사 기관사로 입사. 신분 노출 퇴사. 1983년 대동화학 기관사 입사, 노조활동과 해고. 1985년 동부노동문제상담소. 1987년 서울노동조합운동연합 위원장. 1988년 서울노동운동단체협의회 공동대표. 전국노동운동단체협의회 활동. 국가보안법 위반 구속. 해고무효소송 승소. '야당대통령후보 단일화운동협의회' 공동대표. 1989년 현장복귀. 비상임시대책위원장으로 파업투쟁. 해고. 1990년 업무 방해 및 노동쟁의조정법 위반 구속. 1991년 행당2동 재개발 강제철거 반대투쟁.세입자대책위원회 대책위원장. 1995년 구청장선거 무소속 출마. 현재 봉사활동.	1995~ 1990	생업

2. 1980년대 노동현장 투신자의 경력

구술자명 /구술일 및 장소	출생 연도 / 출생 지역 / 대학 입학 / 활동 내용	현재
1) 강순옥 2006년 3월 5일 면담자 집	1959년 / 경남 진주 / 1978년 서강대 / 1982년 구로공단 봉제공장 취업. 1984년 효성물산 입사. 1985년 구로동맹파업과 해고. 복직투쟁. 1988~91년 한국음향. 1993~99년 월간『작은 책』편집장.	생업
2) 고민택 2011년 1월 20일 면담자의 용산사무실	1960년 / 전북 군산 / 1982년 서울교대 / 학생운동. 1986년 중원전자 입사. 1987년 임금인상투쟁. 1988년 노조 결성과 교육부장. 1989년 구속. 1991년 제파PD사건으로 구속. 1996년 한국노동이론정책연구소 편집위원. 1999년 민주노총 정책기획실장. 1999년 '노동자의 힘', 2008년 사노준, 2010년 사노위 활동.	노동자정치운동
3) 공계진 2005년 10월 1일 구술자 사무실	1958년 / 경기도 화성 / 1980년 고려대 / 1983년 학내 시위주동 구속. 1984년 부흥사 입사. 1985년 구로동맹파업과 구속. 1987년 남노련사건 구속. 1988년 명동 산업선교회. 1990년 안산 '한벗노동자회' 회장. 1998년 금속연맹 기획국장, 정책국장. 2000년 시화노동정책연구운영. 2004~2009년 민주노동당. 2010년~ 금속노조 정책연구소 소장.	시화노동정책연구소
4) 김이경 2011년 1월 12일 구술자 사무실	1961년 / 서울 / 1979년 숙명여대 / 노동야학. 1982년 시위주동과 구속. 1984년 인천 전자공장 입사, 폐업투쟁. 1986년 제헌의회그룹 참여. 1987년 노동해방투쟁위원회. 울산 이전. 1998년 영남위원회 사건 구속. 2001년 통일연대 사무처장. 2001년 전국연합 민주민권위원장과 2003년 자주통일위원장. 2004년~ '우리겨레하나되기운동본부' 사무총장.	통일운동
5) 김진국 2011년 1월 7일 역곡 카페	1958년 / 강원 철원 / 1977년 서울대 / 노동야학. 역사철학회. 1981년 군입대. 1984~85년 한일스텐레스 입사, 노조 민주화, 해고. 1985년 인노련 결성과 활동. 1988년 삼민동맹 결성과 활동. 1989년 조직사건 구속. 노동운동 정리. 1993년 경실련. 민주당 관련 정치권에 참여. 부천생활정책연구소 소장.	생업
6) 김철수 2011년 1월 25일 면담자의 용산사무실	1956년 / 서울 / 1975년 서울대 / 1975~78년 시위주동 구속. 노동야학. 1980~81년 삼경복장노조 활동. 전민노련 참여. 1981~83년 전민노련사건 복역. 1984~86년 안양지역 노동운동. 1986년 제헌의회그룹. 1987~88년 제헌의회사건 복역. 1989~93년 민중당 조직국, 중앙위원. 1994~96년 사회당추진위 대표, 민정추 공동대표. 정리.	생업

7) 노현기 2011년 1월 17일 구술자 사무실	1964년 / 경기도 파주 / 1982년 한신대 / 1985년 시위주동으로 구속. 1986년 부천 홍양교역 입사, 해고. 1987~88년 민주노조건설공동실천위원회 홍보부. 인민노련 참여. 1988년 인노협 편집부장. 1994년 인천진보정당추진위원회. 1997년 국민승리21 참여. 2000년 민주노동당 인천 지역활동. 2008년~ 진보신당 참여.	시민운동
8) 노회찬 2011년 1월 28일 구술자 사무실	1956년 / 경남 부산 / 1979년 고려대 / 1982년 인천에서 공장생활. 1985년 지역서클 활동. 1986년 노동자해방투쟁동맹. 1987년 인민노련. 1989년 '사회주의' 준비그룹 활동, 조직사건 구속. 1992년 '진보정당추진위원회' 활동. 1997년 '국민승리21' 정책기획위원장. 1999~2008년 민주노동당 부대표, 사무총장 등. 2004~13년 17대, 19대 국회의원. 2008~10년 진보신당 공동대표 및 대표. 2011년 통합진보당. 2012~13년 진보정의당 공동대표. 현재 정의당.	진보정치
9) 민경옥 2006년 3월 16일 구술자 사무실	1960년 / 경남 부산 / 1979년 서울교대 / 화양리 야학, 청운교회 운동 참여. 1983년 대우어패럴 입사. 1984년 신분 노출로 퇴사. 1985년 서노련 활동. 1987년 삼민동맹 준비에 참여. 운동 정리.	생업
10) 박경희 2006년 1월 24일 구술자의 집	1962년 / 강원 원주 / 1981년 서울대 / 1984년 졸업정원제 제적. 1985년 대우어패럴 입사. 신분 노출로 노조 사무직원으로 활동. 1985년 구로동맹파업과 구속. 1986년 서노련 활동. 1987~88년 제헌의회그룹. 1988~89년 울산 현대해고자협의회 활동. 노동운동 정리.	생업
11) 박민나 2006년 4월 1일 동숭동카페	1960년/ 서울 / 1979년 이화여대 / 서클활동. 1984년 (주)롬코리아 입사, 노조활동. 1985년 구로동맹파업 지지투쟁. 1992~98년 마산창원여성노동자회 사무국장. 운동 정리.	생업
12) 박성인 2010년 12월 23일 구술자 사무실	1959년 / 제주 / 1978년 연세대 / 다산보임그룹 활동. 1986년 다산보임사건 구속. 1988~90년 울노협 준비간사와 지역활동. 1991년 제파PD사건 구속. 1995~2007년 한국노동이론정책연구소 정책위원장, 부소장, 소장. 1999~2008년 '노동자의 힘' 기관지위원장, 대표, 중앙집행위원. 2009년 사노준 강령위원장. 2010년~ 사노위 중앙집행위원.	계급정치 운동
13) 박정순 2008년 10월 2회 면담자의 집	1963년 / 서울 / 1981년 서울대 / 1981년 간호학회지 서클. 언더서클. ○○○성당 연합팀-노동야학 참여. 1983년 야학연합회사건 조사. 1983년 청계천과 창동 봉제공장 취업. 1987년 인회전자 투쟁과 노조 결성 시도 및 해고. 서해복투. 1990~91년 비합법정치활동. 1992~97년 노동과건강연구회 활동. 2000~2008년 인성교육프로그램 교육자, 노조교육.	생업

14) 서혜경 2005년 8월 17일 구술자의 집	1959년 / 전북 김제 / 1978년 서울대 / 대학문화연구회와 노동야학. 1980년 구로 요업개발 입사. 1983년 가리봉전자 입사. 1984년 노조 결성과 교육부차장, 부위원장. 1985년 구로동맹파업과 구속. 1986년 4월 석방. 5월 서노련사건 재구속. 1987년 노동인권회관 활동. 1991년 노동운동 정리.	가정주부
15) 신정길 2011년 1월 22일 면담자의 용산사무실	1957년 / 경남 동래 / 1977년 성균관대 / 이념서클 활동. 1983년 버스회사. 1985~86년 인천 대우전자 취업과 해고. 1986년 인노련 해고자복직투쟁위. 1987년 인민노련 참여. 일동그룹 활동. 1990년 인노회사건으로 구속. 1990~93년 인천민주노동자연합, 인천노동운동단체협의회, 인천연합 활동. 1993년 범민련 남측본부 사무차장, 1995년 구속. 2003년~현재 부천 '평화와 통일을 여는 사람들' 공동대표.	통일운동
16) 심명화 2013년 9월 6일 구술자의 집	1959년 / 서울 / 1980년 중앙대 / 서클, 학림사건과 순화교육, 제일교회야학. 1983년 부평공단 취업, 봉제, 전자, 가발공장. 1986년 인노련, 1987년 인민노련 활동. 부천 민교연, 울산 민중당 활동. 1992년 임신으로 운동 정리. 생업과 마을공동체 활동.	마을공동 체운동
17) 심상정 2006년 4월 3일 구술자 사무실	1959년 / 경기도 파주 / 1978년 서울대 / 서클활동. 1980년 구로공단 남성전기 취업. 1983년 대우어패럴 취업. 노조 결성지원. 구로지역 서클조직. 1985년 서노련 결성과 활동. 1988년 서노협 조직부장. 1990년 전노협 조직부장, 금속연맹 사무차장. 2004년 17대 국회의원. 2008년~ 진보신당 창당과 상임공동대표	진보정치
18)안재환 2011년 1월 5일 구술자 사무실	1957년 / 서울 / 1977년 동국대 / 긴급조치 9호 위반 — 동국대 목요회사건으로 구속. 1984~85년 동흥전기노조 결성. 1988년 인노회 회장, 1989년 조직사건으로 구속. 1991~92년 인사련 부의장, 한겨레노동자회 활동. 1992~96년 한국노동운동단체협의회 사무국장. 1998~2004년 실업극복국민운동 부평지원센터장. 2001~2004년 부평남부 자활후견기관장. 2004~2008년 인천 광역자원지원센터 사무국장. 2010년~현재 인천민주화운동계승사업회 집행위원장.	시민운동
19) 유길종 2011년 1월 6일 면담자의 용산사무실	1960년 / 경북 성주 / 1979년 한국신학대학 / 1980년 10월 시위와 구속. 1984년 대우자동차 정수직업훈련소. 1985년 대우자동차 입사. 인천 제파PD그룹활동. 1987년 8월 대투쟁 파업주도, 구속과 해고. 1988년 6월 대우자동차 노조민주화 투쟁으로 구속. 1991년 대공장연대회의 사건으로 수배 1년 뒤 구속. 1995년 대우그룹 복직, 독일 해외근무. 2001년 국내 복귀. 2003년 지엠대우차 사무노위 위원장. 2005년 7월~ 전국금속노조 지엠대우차 사무지부 지부장.	노조운동

20) 유시주 2005년 10월 구술자의 집	1961년 / 경북 경주 / 1980년 서울대 / 1984년 가리봉전자 입사. 노조활동. 1985년 구로동맹파업 참여. 1985년 8월 서노련 활동. 1986년 5월 서노련 사건으로 구속. 1989년 구로노동문학회 활동.	생업
21) 이규 2013년 10월 7일 구술자 사무실	1957년 / 전남 담양 / 1977년 한양대 / 국제경제연구회, 겨레터 야학, 강제징집. 1983,84년부터 안양, 구로지역 노동운동. 1995년 운동 정리.	생업
22) 이선주 2006년 2월 15일 구술자 사무실	1960년 / 경북 대구 / 1980년 서울여대 / 노동야학. 1983년 부흥사 입사. 1984년 노조대의원, 조직부장. 1985년 구로동맹파업으로 구속. 1986년 서노련 참가. 1988년 노동인권회관활동. 노동운동 정리.	생업
23) 이용선 2010년 12월 30일 구술자 사무실	1958년 / 전남 광주/ 1977년 서울대 / 1980~83년 강제징집. 1984년 대우자동차 트럭 도장부 입사. 1985년 대우자동차 파업 농성투쟁 참여 및 노동운동탄압저지투쟁위원회 참여. 1986년 인노련 부위원장. 1988년 전국회의 정책실장, 전노운협 중앙집행위원, 삼민동맹 중앙위원. 1990년 전노협 조직부장. 1991년 한사노당 창당준비위원회 대외협력위원장. 1992년 이후 시민운동.	시민운동
24) 이훈구 2010년 12월 30일 면담자의 용산사무실	1960년 / 서울 / 1979년 아주대 / 탈춤반 활동. 1980년 기청 대학연합 탈반. 1982년 직훈을 거쳐 용접공으로 노동. 1984년 반도기계 비정규직 취업, 인천지역 활동 시작. 1985년~ 지역 상임활동. 1989년 말 인천지역 활동 정리. 1991년 마창지역 노동운동 시도. 1995년 한국노동이론정책연구소 참여. 1999~2004년 '노동자의 힘' 활동. 2003년~ 한국노동보건연구소 활동.	노동운동
25) 장영인 2006년 4월 8일 면담자 집	1959년 / 강원 원주 / 1978년 서울대 / 학생운동. 1982년 구로공단 취업. 1984년 롬코리아 입사.1985년 노조 회계감사. 1985년 구로동맹파업지지투쟁으로 구속. 1988년 민중의 당 활동. 노동운동 정리.	생업
26) 전성 2013년 7월 11일 구술자 사무실	1958년 / 강원도 / 1977년 고려대 / 겨레사랑회. 양평동야학. 1985년 졸업. 안산 현장, 안산노련. 1991년 한사노당, 구속, 1992년 옥중 출마, 경실련 1년, 1993년 정리.	생업

27) 정해랑 2013년 6월 27일 면담자의 용산사무실	1959년 / 서울 / 1977년 경희대 / 동일야학, 서클, 1차구속, 1982년 2차구속. 1983년 성남 노동현장, 생투위, 1990년 민노투맹. 활동 정리.	생업
28) 허명구 2011년 1월 13일 면담자의 용산사무실	1957년 / 강원 원주 / 1977년 서울대 / 성수지역 노동야학 활동. 1982년 구로, 인천지역 노동운동. 비공개 정치서클활동. 1988년 ~ 한국노동교육협회 교육활동. 1995~96년 『사람과 일터』(월간지) 편집주간. 활동 정리.	생업
29) 현광일 2010년 12월 29일 면담자의 용산사무실	1958년 / 인천/ 1977년 연세대 / 1979년~기청 대학연합탈반 활동. 1983년 인천 노동현장. 1986년 성수동 지역서클 활동. 1988년 구속. 운동 정리.	생업
30) 황광우 2013년 5월 7일 구술자 사무실	1958년 / 전남 광주 / 1977년 서울대 / 서클, 난곡야학. 1983년 인천 경동산업 입사. 1986년 인노련. 1987년 인민노련. 1991년 한사노당. 1997년 국민승리21. 2000년 민주노동당, 정리.	생업
기타 (본인이 실명을 밝히기를 거부하거나, 이 책에서의 활용이 적은 경우)	김준도(가명, 서울대 80학번), 실명 비공개. 영상인터뷰, 2011년 1월 27일 / 생업 노선금(서울대 80학번), 박정순 면담자료, 2007년 10월 / 생업 박인도(가명, 고려대 81학번), 실명 비공개, 2011년 1월 25일 / 생업 박양희(인천 간호대 85학번), 구술자 사무실, 2010년 2월 4일 / 노동운동 윤선미(연세대 82학번), 박정순 면담자료, 2007년 10월 / 생업 이영지(서울대 81학번), 박정순 면담자료, 2007년 10월 / 생업 이영희(가명, 서울대 83학번), 실명 비공개, 2006년 4월 6일 / 시민운동 이미숙(상명여대 80학번), 전화 인터뷰, 2011년 1월 28일 / 생업 정해경(서울대 76학번), 면담자의 집, 2007년 4월 10일 / 생업 홍정이(숙명여대 80학번), 전화 인터뷰, 2011년 1월 20일 / 생업	

■ **학생운동 출신 활동가들의 시기별 분포**

시기	학생운동가
1960년대	57학번 김금수, 59학번 김정강, 65학번 신금호, 66학번 김세균 · 이원보, 67학번 정윤광, 68학번 김승호 · 김영준, 69학번 황인범
1970년대 전반기	70학번 김문수 · 이태복 · 최한배, 71학번 오성숙 · 이목희 · 이학영 72학번 이동섭, 73학번 최규엽, 최봉영
1970년대 후반기	75학번 김철수, 76학번 정해경 77학번 이용선 · 김진국 · 안재환 · 전성 · 황광우 · 신정길 · 허명구 · 현광일 · 이규 78학번 박성인 · 서혜경 · 심상정 · 장영인 79학번 노회찬 · 김이경 · 민경옥 · 박민나 · 이훈구 · 강순옥 · 유길종
1980년대 전반기	80학번 공계진 · 김준도 · 황인상 · 심명화 · 유시주 · 이선주 · 홍정이 · 노선금 81학번 박경희 · 박정순 · 박인도 · 이영지, 82학번 고민택 · 노현기 · 윤선미, 83학번 이영희, 85학번 박양희

■ **지원단체 및 정치조직 관련 구술자 분포**

시기	단체 /조직	구술자
1970년대	크리스천아카데미	학출활동가 : 김세균 / 노동자 : 민종덕, 남상헌
	노동야학	학출활동가 : 최한배, 허명구, 김진국, 심상정, 정해랑, 이규, 황인상 노동자 : 이승숙, 이경숙, 김영대
	전민노련	학출활동가 : 이태복, 김철수, 최규엽 노동자 : 양승조, 최태임

1980년대	민주노조 관련		청계피복노조 노조 간부—김영대, 민종덕, 이승숙 구로지역 민주노조들과 구로동맹파업—학출활동가 : 강순옥, 박민나, 서혜경, 이영희, 이선주, 장영인 / 노동자 : 고한순, 김미성, 김영미, 김준영, 김준희, 김현옥, 나윤희, 서태원, 성훈화, 윤혜련, 정영희, 최태임
	정치조직	서·인노련	학출활동가 : 김문수, 심상정, 민경옥, 유시주, 정혜경 (이하 인노련) 이용선, 김진국, 김준도, 신정길 노동자 : 강명자, 나윤희, 서태원, 이봉우, 성훈화, 최규님
		남노련	최규엽, 공계진, 박인도
		제헌의회	학출활동가 : 김철수, 박경희, 김이경 노동자 : 김준희
		인민노련	학출활동가 : 노회찬, 노현기, 심명화, 황광우 노동자 : 김기자
		삼민동맹	학출활동가 : 김진국, 이용선
		다산보임 제파 PD	학출활동가 : (서울)고민택, 현광일 : (인천)유길종, 이훈구, (부천)박양희 : (부산)홍정이: (마산)이미숙 : (울산)박성인 노동자 : 박정숙
		인부노회	학출활동가 : 안재환, 신정길, 허명구
		일동그룹	학출활동가 : 신정길, 김준도, 박○○, 김영준

| 참고문헌 목록 |

1. 자료

■ 수기 · 기록문

권인숙, 『하나의 벽을 넘어서』, 거름, 1989.

김문수, 「어느 실천적 지식인의 자기반성」, 『현장 6집: 전환기의 노동운동』, 돌베개, 1986.

김미영, 『마침내 전선에 서다: 남한 선진노동자의 조직활동 투쟁수기』, 노동문학사, 1992.

문성현, 「나의 노동운동과 살아 있는 전태일들」, 『역사비평』 53호, 역사비평사, 2000.

소준섭 외, 『30년 만에 다시 부르는 노래(긴급조치 9호 철폐투쟁 30주년 기념문집)』, 자인, 2005.

신철영, 「영등포산업선교회와 나」, 『내일을 여는 역사』 34호, 2008.

유경순 편, 『같은 시대 다른 이야기: 구로동맹파업의 주역들 삶을 말하다』, 메이데이, 2007.

______, 『나 여성노동자: 1970~80년대 민주노조와 함께한 삶을 말하다』 1권, 그린비, 2011.

이옥순, 『나 이제 주인되어』, 녹두, 1990.

이태복, 「노동운동 투신 동기와 민노련·민학련사건」, 『역사비평』 27호, 역사비평사, 1994.

주대환, 「폐허 위에서 다시 싹튼 사회주의 운동: 70년대 학생운동, 부마항쟁, 한국노동당과 주대환위원장」, 민주노동당, 『이론과 실천』 창간준비 4호, 2002.

황광우, 『젊음이여, 오래 거기 남아 있거라』, 창비, 2007.

■ 소식지 · 팸플릿

가리봉전자, 『소식』 제1호~10호(1984. 6~1985. 4. 9).

______, 『들불』 제11호~14호(1985. 5. 7~1985. 7. 25).

각 사업장의 선전물 등 노조활동 자료.

노동운동탄압저지투쟁위원회, 『민주노동운동을 향하여: 최근 노동운동탄압 사례』, 1985.

다산보임사건—외부 사건기록물.

대우어패럴, 『대우어패럴 노동조합 소식』 제1호~15호(1984. 9~1986).

대우어패럴, 부흥사 등 사업장의 선전물, 고소고발장.

대우어패럴, 효성물산, 선일섬유, 가리봉전자, 부흥사, 『동맹파업투쟁일지』.

동맹파업 성명서, 선전물(20여 종), 각 단체의 동맹파업 기록 일지.
「동지들에게 보내는 글」, 1986.
민주노조를 위해 싸우는 노동자, 「민주노조의 열매—85년 6월 구로노동자동맹파업」, 1987.
민중문화운동협의회, 『80년대 민중민주운동자료집』, 학민사, 1989.
부흥사, 『끝없는 함성』 제1호(1985. 7. 26) 제2호(부흥해고자 일동, 1985. 7. 26).
서울대 학도호국단 학원자율화추진위원회산하 민중생활조사위원회, 『공장활동지침서』, 1984.
선일섬유, 『선일노조 소식』 제1호~10호(1984. 10. 23~1985. 7. 11).
「수령과 반석」, 1986.
「올바른 지도노선의 정립을 위하여」, 1986.
이장원, 「야학비판」, 1982.
「인식과 전략」, 1983.
인천 민교연 자료, 「새로운 정치교육」, 1990.
제파서울PD그룹, 「해산문건」, 1993.
「주체성의 기초 위에 하나가 되자」, 1986.
「학생운동의 전망」, 1982.
한국노동자복지협의회, 『제6차 정기총회—한국노동자복지협의회 명칭 및 조직개편총회 자료집』, 1989. 1. 15.
「혁명운동의 기수를 제헌의회 소집으로」, 1986.
효성물산, 『효성노보』 제1호~5호(1985. 2. 5~1985. 8. 10).
저자미상, 「구로동맹파업의 올바른 평가를 위하여」, 1987.
저자미상, 「6. 24 연대투쟁에 대한 재평가와 그 현재적 의의에 대하여」, 1987. 7. 5.

■ 재판기록물
검찰청, 『최민의 의식화 과정』, 1987.
구로동맹파업 판결문, 항소이유서(김준용, 공계진, 박경희, 전규자, 추재숙, 안경환).
민주노동자대학사건, 이재권, 이명춘 공소장(1987형제 34875/34888호).
『박충렬 법정증언 자료집』, 1986.
반제동맹사건 공소장, 1986.
사노맹 사건 개인 공소장(백태웅, 박노해, 이은경, 김진주 등 20여 명).
『사노맹 사건 보고서』(1989~1992)
서울노동운동연합, 『단결·조직·투쟁의 정신으로 승리를 향해 전진하자: 서울노동운동연합사건 1심법정투쟁기록』, 1987.
안기부, 『제헌의회사건—개인 의식화 경로』
오동렬 공소장, 윤철호 항소이유서 등, 『그렇소 우리는 사회주의자요』, 일빛, 1990.

인민노련사건, 노회찬 최후진술.
「인민노련사건의 전말」 1989. 11. 15. 치안본부.
'전국민주노동자연맹' 공소장, 이태복 항소이유서 등.
제파 PD 사건 개인 공소장(고춘환, 고민택, 정현영, 강우근 외 8명).
「제헌의회(CA)그룹사건조사발표—보조자료」, 서울지방검찰청, 1987. 2.
크리스천아카데미사건 공소장, 1979형 16567호.
한사노당 사건 개인 공소장(주대환, 이용선, 전성, 민영찬 등).

■ 연감, 백서 등 자료
김봉률, 「노동자 의식실태 조사보고서」, 『일터의 소리』, 1984.
노동부, 『노동통계연감』, 1985, 1986.
______, 『노동백서』, 1985, 1986.
대한상공회의소, 『조사보고—근로자 의식구조』, 1984.
매일경제신문사, 『사업체총람』, 1984, 1985.
섬유노동조합연맹, 『사업보고서』, 1985, 1986.
한국경영자총협회, 『노동경제연감』, 1984~1986.
한국공단연구사, 『한국공단연감』, 1984, 1985.
한국공단연구소, 『한국공단총람』, 1985, 1986.
한국기독학생총연맹, 『근로자 실태조사서』, 1984.
한국노동조합총연맹, 『한국노총』, 1984.
______, 『사업보고서』, 1985, 1986.
한국수출산업공단, 『한국수출산업공단삼십년사』, 1994.

■ 신문 · 잡지
『동아일보』, 『조선일보』, 『한겨레신문』, 『한국일보』, 『신동아』, 『월간중앙』 등 일간지 및 월간지
『르뽀시대』 2집, 실천문학사, 1985.
민주언론운동협의회, 『말』 1~14호.
민주통일민중운동연합, 『민주통일』 1~4호.
민주화운동청년연합, 『민주화의 길』 1~16호.
서울노동운동연합, 『서노련신문』 1~16호
______, 『노동자 신문』 13호~14호.
여성편집위원회, 『여성』 1, 창비.
여성평우회, 『여성평우』 4호, 1985.
영남노동문제연구소, 「특별좌담: 87년 노동자대투쟁 10주년」, 『연대와 실천』, 제38호(1997년 8월).

월간중앙 편, 『80년대 한국사회 대논쟁집』(『월간중앙』 1990년 신년호 별책부록), 중앙일보사, 1990.
인천노동조합협의회, 『인노협신문 축쇄본』, 1989~94년.
전국노동운동단체협의회, 『노동운동』, 1992. 1.
전국노동조합협의회, 『전국노동자신문』, 1989~90년.
한국기독교사회문제연구원, 『노동사회사정』(1984~86년), 민중사.
한국노동자복지협의회, 『민주노동』 제1~20호.
『현실과 전망』 1, 풀빛, 1984.
현장편집부, 『현장』 1~6집, 돌베개, 1984~86.

■ 기타
최영희 홈페이지, http://www.choi1388.or.kr/choi/history.asp.
MBC, 「이제는 말할 수 있다」, 2005, 92회.

2. 주요 논저

■ 논문
김낙중, 「지식인과 노동운동」, 박현채 외, 『한국자본주의와 노동문제』, 돌베개, 1985.
김동춘, 「레닌주의와 한국의 변혁운동」, 『역사비평』 13호, 1990.
김성보, 「광주학생운동과 사회주의 청년·학생조직」, 『역사비평』 6호, 1989.
김세균, 「민주노총의 운동기조와 기본과제」, 한국노동이론정책연구소, 『현장에서 미래를』 2, 1995. 9.
김수영, 「80년대 민중운동의 성장과 과제」, 조진경 외, 『한국사회의 성격과 운동』, 공동체, 1987.
김영수, 「한국 노동자 정치운동과 민주노조운동간의 연대관계」, 한국외국어대 정치외교학과 박사학위논문, 1999.
______, 『한국 노동자 계급정치운동』, 현장에서미래를, 1999.
김원, 「여공 담론의 남성주의 비판」, 서강대 정치학 박사논문, 2003.
______, 「1970년대 가톨릭노동청년회와 노동운동」, 『1970년대 민중운동연구』, 민주화운동기념사업회, 2005.
김인동, 「70년대 민주노조운동의 전개와 평가」, 『한국노동운동론』 1, 미래사, 1985.
김정한, 「5·18광주항쟁 이후 사회운동의 이데올로기 변화」, 『민주주의와 인권』, 제10권 2호, 2010.
김준, 「아시아 권위주의 국가의 노동정치와 노동운동」, 서울대 사회학 박사 논문, 1993.

박정순, 「구로공단 87년 노동자 대투쟁」, 고려대노동대학원 논문, 2009.
박한용, 「일제강점기 조선 반제동맹연구」, 고려대 한국사 박사논문, 2013.
박현귀, 「80년대 변혁운동가들의 정체성 변화과정: 운동권 출신의 여성 모임을 중심으로」, 서울대 인류학 석사논문, 1996.
박회, 「생산과정에서의 노동통제와 노동력의 재생산문제」, 연대 사회학 석사논문, 1985.
______, 「한국 의류 · 전자 수출대기업의 노동과정」, 『연세사회학』 7집, 1986.
방영준, 「한국 저항운동의 이데올로기적 위상에 관한 연구」, 『현상과 인식』 12호 4권, 1988.
송정남, 「한국 노동 운동과 지식인의 역할」, 『한국노동운동론』 1, 미래사, 1985.
______, 「지역 노동운동의 모색」, 『실천문학』 6호, 1985.
오미일, 「1920~1930년대 부산·경남지역 당재건 및 혁명적 노동운동의 전개와 파업투쟁」, 역사문제연구소 편, 『한국근현대 지역운동사 1: 영남편』, 여강출판사, 1993.
오하나, 「1980년대 한국의 노동운동과 학생 출신 노동자」, 서울대 사회학과 석사학위논문, 2006.
유경순, 「서울노동운동연합의 성과와 한계」, 『기억과 전망』 17권, 2007.
______, 「쟁점으로 보는 1970~86년 노동운동사」, 역사학연구소, 『노동자, 자기 역사를 말하다』, 서해문집, 2005.
______, 「1985년 구로동맹파업의 발생과 노동운동사적 위치」, 『역사연구』 11호, 2002.
______, 「청계피복노동조합의 활동과 특징」, 『1970년대 민중운동 연구』, 민주화운동기념사업회, 2005.
윤택림, 「역사인류학자의 시각에서 본 역사학: 구술사 연구를 중심으로」, 『역사문제연구』 6, 2001.
은수미, 「의식화조직, 사회운동, 그리고 대항이데올로기」, 김진균 편, 『저항·연대·기억의 정치 2』, 문화과학사, 2003.
______, 「한국 노동운동의 정치세력화 유형연구: 노동운동과 시민운동의 관계구조 분석」, 서울대 사회학 박사논문, 2005.
이광일, 「한국의 민주주의와 노동정치: 급진노동운동의 이론과 실천을 중심으로」, 성균관대 정치외교학 박사논문, 2000.
이수인, 「대립성의 경합과 일면성의 확산: 1980년대 학생운동」, 『사회와역사』 77집, 2008.
이애수, 「이재유그룹의 당재건운동(1933~36)」, 한국사연구회 1930년대연구반, 『일제하 사회주의운동사』, 한길사, 1991.
이임하, 「1970년대 크리스천아카데미 사건 연구」, 『1970년대 민중운동 연구』, 민주화운동기념사업회, 2005.
이재성, 「인천지역 민주노조운동에 대한 사회운동론적 고찰」, 서울대 정치학 박사논문, 2010,
이해영, 「사상사로서의 1980년대: 우리에게 1980년대란 무엇인가」, 김진균 외, 『1980년대 혁명의 시대』, 새로운 세상, 1999.
이해찬, 「유신체제와 학생운동」, 한승헌 편, 『유신체제와 민주화운동』, 삼민사, 1985.
임영일, 「한국의 노동운동과 계급정치(1987~1995): 변화를 위한 투쟁, 협상을 위한 투쟁」, 부산대 사회학 박사논문, 1997.
정근식·나간채, 「1920~30년대 광주지역의 노동운동」, 『호남문화연구』 21호, 1992.
정명수, 「상반기 대중사업의 방향과 과제」, 인민노련, 『정세와 실천』, 제5호, 1988.
정연순, 「1970년대 노동교육 사례연구: 크리스천아카데미 산업사회 중간집단 교육」, 서울대 교육학 석사논문, 1998.
정영태, 「계급정치의 등장과 한계」, 『한국정치학회보』 25집 2호, 1992.
조연현, 「한국정치변동의 동학과 민중운동: 1980년에서 1987년까지」, 한국외대 정치외교학 박사논문, 1997.
조희연, 「민청세대, '긴조세대'의 형성과 정치개혁 전망」, 『역사비평』 30호, 1995.
______, 「80년대 학생운동과 학생운동론의 전개」, 『사회비평』 창간호, 나남, 1988.
진영훈, 「공업단지 주변 근로자의 주거환경에 관한 연구」, 서울대 환경대학원 석사논문, 1982.
최규엽, 「80년대 노동조합운동 평가를 중심으로」, 『민주노동』 제32호.
최장집, 「한국노동운동은 왜 정치세력화에 실패했는가」, 『한국의 국가와 시민사회』, 한울, 1992.
허영란, 「구술과 문헌의 경계를 넘어서」, 『현황과 방법, 구술·구술자료·구술사』 국사편찬위원회, 2004.
홍승태, 「광주민중항쟁의 좌절과 진보적 노동운동의 모색」, 한국민주노동자연합 편, 『1970년대 이후 한국노동운동사』, 동녘, 1994.
홍현영, 「도시산업선교회와 1970년대 노동운동」, 『1970년대 민중운동 연구』, 민주화운동기념사업회, 2005.

■ 단행본
강만길·성대경 편, 『한국사회주의운동 인명사전』, 창비, 1996.
강신철, 『80년대 학생운동사』, 형성사, 1989.
경찰청, 『해방 이후 좌익운동권 변천사』, 1992.
고려대학교 100년사 편찬위원회, 『고려대학교 학생운동사』, 고려대출판부, 2005.
교육통계연구본부, 『통계로 본 한국교육의 발자취』, 한국교육개발원, 1997.
구해근, 『한국 노동계급의 형성』, 창비, 2002.
국사편찬위원회, 『현황과 방법, 구술·구술자료·구술사』, 2004.
권형철, 『한국변혁운동논쟁사』, 일송정, 1990.
김경일, 『이재유 연구』, 창비, 1993.

______, 『한국노동운동사 2: 일제하의 노동운동 1920~1945』, 지식마당, 2004,
______, 『한국 근대 노동사와 노동운동』, 문학과지성사, 2004.
김귀옥·윤충로, 『1980년대 민주화운동 참여자의 경험과 기억』, 민주화운동기념사업회, 2007.
김남일 정리, 『원풍모방 노동운동사』, 삶이보이는 창, 2010.
김삼웅 편, 『민족 민주 민중선언』, 일월서각, 1984.
김영곤, 『한국노동사와 미래』 2, 선인, 2005.
김영수, 『한국 노동자 계급정치운동』, 현장에서미래를, 1999,
김용기·박승옥, 『한국 노동운동 논쟁사』, 현장문학사, 1989.
김원, 『잊혀진 것들에 대한 기억』, 이후, 1999.
김윤환, 『한국노동운동사 1: 일제하 편』, 청사, 1982.
김장한 외, 『80년대 한국 노동운동사』, 조국, 1989.
김진균 외, 『한국사회론: 현대한국사회의 구조와 역사적 변동』, 한울, 1990.
김철순 엮음, 『사회주의자의 실천』 2, 일빛, 1991.
김하경, 『내 사랑 마창노련』, 갈무리, 1999.
김형기·박현채 외, 『한국 자본주의와 노동문제』, 돌베개, 1985.
김호연 외, 『1987년 울산노동자대투쟁』 2, UUP(울산대학교 출판부), 2007.
남춘호 외, 『전북지역 민주노조운동과 노동자의 일상』, 한울, 2009.
동아일보사 편, 『5공평가대토론』, 동아일보사, 1994.
민영식, 『민주노조운동의 새출발』, 중원문화, 1987.
민주이념연구소 편, 『급진운동권 용어-해설집』, 원일정보, 1989.
민주화실천가족운동협의회 편, 『10대 조직사건』, 아침, 1989.
민주화운동기념사업회, 『한국민주화운동사 연표』, 민주화운동기념사업회, 2006.
민주화운동기념사업회 연구소 편, 『한국민주화운동사』 1~3권, 돌베개, 2008~2010.
민중석, 『남한노동운동사』 1, 들불, 1989.
박원순, 『국가보안법연구』 2, 역사비평사, 1997.
박윤배, 『다시, 노동해방의 깃발로 우뚝 서기 위하여』, 새길, 1991.
박현채 외, 『한국노동운동론』 1, 미래사, 1985.
서울노동운동연합 편, 『선봉에 서서: 6월 노동자 연대투쟁 기록』, 돌베개, 1986.
성공회대학교 사회문화연구소, 『1970년대 산업화 초기 한국노동운동사 연구』, 2002(미간행).
송대성, 『좌경이데올로기: 그 주장과 현장』, 명성, 1987.
송호근, 『한국의 노동정치와 시장』, 나남, 1991.
신동호, 『70년대 캠퍼스』 1~2, 도요새, 2007.
안병욱 외, 『유신과 반유신』, 민주화운동기념사업회, 2005.
안재성, 『경성 트로이카』, 사회평론, 2004.

______,『청계 내 청춘: 청계피복노조의 빛나는 기억』, 돌베개, 2007.
역사학연구소,『함께 보는 한국근현대사』, 서해문집, 2004.
오근석,『80년대 민족민주운동』, 논장, 1988.
오세철,『21세기 자본주의와 한국사회변혁』, 현장에서 미래를, 2001.
우태영,『82들의 혁명놀음』, 선, 2005.
유경순,『아름다운 연대: 들불처럼 타오른 1985년 구로동맹파업』, 메이데이, 2007.
유경순 외,『현자노조 20년사』, 전국금속노동조합 현대자동차지부, 2009.
유범상,『한국의 노동운동이념』, 한국노동연구원, 2006.
윤여덕,『한국초기노동운동연구』, 일조각, 1991.
원풍모방 해고노동자복직투쟁위원회 편,『민주노조 10년: 원풍모방 노동조합 활동과 투쟁』, 풀빛, 1988.
이소선 구술·민종덕 정리,『어머니의 길』, 돌베개, 1990.
이수원,『현대그룹 노동운동, 그 격동의 역사』, 대륙, 1994.
이시정,『안양지역 노동운동사』, 민주화운동기념사업회, 2007.
이원보,『한국노동운동사』 5, 지식마당, 2004.
이재오,『해방후 한국학생운동사』, 형성사, 1984.
이종구 외,『1970년대 산업화 초기 한국노동사 연구: 노동운동사를 중심으로』[연구보고서], 성공회대학교 사회문화연구소, 2002.
이진경 외,『선진노동자의 이름으로』, 소나무, 1991.
이태호,『불꽃이여 이 어둠을 밝혀라』, 돌베개, 1984.
______,『최근노동운동기록』, 청사, 1986.
이혜성,『현장동료와 함께』, 동녘, 1985.
인천기독교민중교육연구소 편,『'87 노동자대투쟁: 7·8월 인천지역사례』, 풀빛, 1988.
인천지역민주노동자연맹 편,『87, 88년 정치위기와 노동운동: 인노련 선집』, 거름, 1989.
장기표,『80년대의 상황과 실천』, 한길사, 1991.
전국민주노동조합총연맹 편,『민주노조 투쟁과 탄압의 역사』, 현장에서미래를, 2001.
전노협백서발간위원회,『전노협백서』(전 14권), 논장, 2003.
전순옥,『끝나지 않은 시다의 노래』, 한겨레신문사, 2004.
전 YH노동조합·한국노동자복지협의회,『YH노동조합사』, 형성사, 1984.
전태일기념사업회 편,『한국노동운동 20년의 결산과 전망』, 세계, 1991.
정인,『노동조합운동론』, 거름, 1985.
조영래,『전태일 평전』, 돌베개, 1983.
조진경 외,『한국사회의 성격과 운동』, 공동체, 1987.
조희연 편,『한국사회운동사: 한국변혁운동의 역사와 80년대의 전개과정』, 죽산, 1990.

______, 『현대 한국사회운동과 조직』, 한울, 1993.
주대환, 『진보정치의 논리』, 현장문학사, 1994.
지역사회문제자료연구실 창립한돌기념논문집, 『80년대 부산지역 노동운동』, 친구, 1989.
차성환 외, 『1970년대 민중운동연구』, 민주화운동기념사업회, 2005.
천성호, 『한국야학운동사』, 학이시습, 2009.
청계피복노동조합, 『영원한 불꽃-청계노조 20년 투쟁사』, 1990.
편집부 편, 『노동운동의 길잡이』, 동녘, 1987.
편집부 편, 『지역운동과 지역실태』, 민중사, 1986.
편집부 편, 『통혁당』, 대동, 1989.
편집부 편, 『85년 임금인상투쟁』, 풀빛, 1986.
편집부 편, 『학생운동논쟁사』, 일송정, 1990.
학술단체협의회, 『1980년대 한국사회 지배구조』, 풀빛, 1989.
한국교육사고, 『구술사 이론·방법 워크샵 자료집』, 2003.
한국기독교교회협의회, 『1970년대 노동현장과 증언』, 풀빛, 1984.
한국기독교교회협의회 인권위원회 편, 『1970년대 민주화운동』 1~5권, 한국기독교교회협의회, 1987.
한국기독교사회개발연구원, 『민주노조로 가는 길』, 정암사, 1988.
한국기독교사회문제연구원 편, 『성남지역실태와 노동운동』, 민중사, 1986.
______, 『1970년대 민주화운동과 기독교』, 한국기독교사회문제연구원, 1983.
______, 『7~8월 노동자 대중투쟁』, 민중사, 1987.
______, 『한국사회의 노동통제』, 민중사, 1987.
한국기독교산업개발원 편, 『대우자동차 파업·농성』, 웨슬레, 1985.
______, 『한국노동운동의 이념』, 정암사, 1988.
한국민주노동자연합, 『1970년대 이후 한국노동운동사』, 동녘, 1994.
한국역사연구회 근현대청년운동사연구반 편, 『한국 근현대 청년운동사』, 풀빛, 1995.
한국역사연구회 현대사연구반, 『한국현대사 3: 1960~70년대 한국사회와 변혁운동』, 풀빛, 1991.
한승헌 외, 『유신체제와 민주화운동』, 삼민사, 1984.
함한희·윤택림, 『새로운 역사쓰기를 위한 구술사 연구방법론』, 아르케, 2006.
현대그룹노조협의회청산위원회 기획, 『사라지는 깃발은 없다: 현대그룹노조총연합 15년 투쟁사』, 시대와사람, 2002.
황의봉, 『80년대의 학생운동』, 예조각, 1986.
황인평 편, 『볼셰비키와 러시아혁명』, 거름, 1985.

| 단체와 조직 약어 일람 |

※ 단체와 조직명은 약어 가나다 순으로 정렬되어 있다. 약어 뒤 괄호 안에 있는 것이 정식명칭이며, 그 옆의 숫자는 해당 단체나 조직이 나오는 본문 쪽수이다.

경노협(경남지역노동자협의회) 375, 376, 392, 676

경수노련(경수지역노동자연합) 362, 389, 394, 658, 659

공실위(인천지역민주노조건설공동실천위원회) 386, 388, 677

구민추(구로지역노조민주화추진위원회) 285, 286, 287, 295, 300, 327, 346, 425, 449, 672

남노련(서울남부지역노동자연맹) 37, 40, 203, 353, 356, 432, 475, 477, 478, 479, 480, 481, 483, 485, 487, 674, 682

남민전(남조선민족해방전선준비위원회) 437, 575

남부노련(남부민주노동자연합) 634

노동자일동(민주노조건설을 위해 싸우는 노동자일동) 385, 386, 388, 677

노문연(고려대 부설 노동문제연구소) 73, 74, 75, 76, 91, 670

노정추(노동자정당건설추진위원회) 657

노투(노동운동탄압저지투쟁위원회) 19, 179, 280, 283, 284, 285,286, 287, 295, 300, 301, 346, 425, 449, 474, 672

노해동(노동자해방투쟁동맹) 363, 524, 547, 595, 596, 675, 678

노해사(노동자해방사상연구회) 481, 482, 483, 484, 485, 488

동부노련(동부민주노동자연합) 634, 637

마창노련(마산창원노동조합총연합) 378

민민노투(민중민주헌법쟁취 노동자투쟁위원회) 484

민민투(반제반파쇼민족민주투쟁위원회) 37, 203, 491, 497, 513, 522

민주노총(전국민주노동조합총연맹) 15, 664

민청련(민주화운동청년연합) 175, 275, 283